Paul Erker
Wachsen im Wettbewerb

Paul Erker

Wachsen im Wettbewerb

Eine Zeitgeschichte
der Continental Aktiengesellschaft
(1971–1996)

anläßlich des
125jährigen Firmenjubiläums

ECON

Die Deutsche Bibliothek – CIP-Einheitsaufnahme

Erker, Paul:
Wachsen im Wettbewerb: Eine Zeitgeschichte der Continental-
Aktiengesellschaft (1971–1996); anläßlich des 125jährigen
Firmenjubiläums / Paul Erker. – Düsseldorf: ECON, 1996
ISBN 3-430-12548-0

© 1996 by ECON Verlag GmbH, Düsseldorf.
Alle Rechte der Verbreitung, auch durch Film, Funk und Fernsehen,
fotomechanische Wiedergabe, Tonträger jeder Art, auszugsweisen
Nachdruck oder Einspeicherung und Rückgewinnung in
Datenverarbeitungsanlagen aller Art, sind vorbehalten.
Schutzumschlag: Roberto Meraner, Düsseldorf
Gesetzt aus der Times, Berthold
Satz: Dörlemann Satz, Lemförde
Gebunden in Buchleinen IRIS der Bamberger Kaliko GmbH, Bamberg,
einer Tochtergesellschaft des Continental-Konzerns, Hannover.
Druck und Bindearbeiten: Freiburger Graphische Betriebe, Freiburg
Printed in Germany
ISBN 3-430-12548-0

Inhaltsverzeichnis

Einleitung 9

Teil I
Die Ära der goldgeränderten Bilanzen: Zur Vorgeschichte 1871 bis 1968   13

Kapitel 1
Gründung, Expansion und globaler Wettbewerb:
Der Aufstieg zum multinationalen Unternehmen (1871–1914) 13

Kapitel 2
»Reengineering« in der Zwischenkriegszeit:
Amerikanische Technologie, Rationalisierung
und Fusionsstrategie (1914/18–1936) 25

Kapitel 3
Scheinexpansion und Rückfall in die Provinzialität:
Die NS-Zeit und die Ära des Wirtschaftswunders (1936–1968) 38

Teil II
Überlebenskampf im Schatten von technischer Revolution
und wirtschaftlicher Rezession 1968–1978 54

Kapitel 4
Krisenwahrnehmung und Krisenverhalten
in einem gewandelten Wettbewerbsumfeld (1969–1973) 54

Kapitel 5
Ausweg aus der Krise? Continental und die Reifenunion-Pläne
mit Phoenix (1970–1972) 75

Kapitel 6
Krisenmanagement unter neuem Vorstand:
Unternehmenspolitik in der Ära Hahn (1973–1979) 90

Kapitel 7
Lohnentwicklung, Arbeitskonflikte und Modernisierung
der »industrial relations« im Schatten der Krise (1970–1976) 121

Teil III
Aufbruch zum internationalen Konzern:
Wachstumsstrategie, Unternehmensstruktur
und Innovationsmanagement (1979–1989) 141

Kapitel 8
Fusionen, Akquisitionen und strategische Allianzen
in einer schrumpfenden Branche 141

Kapitel 9
Auf der Suche nach Wachstumsmärkten: Mehrmarkenstrategie
und Innovationsmanagement 168

Kapitel 10
Wiedererstarken im Windschatten der Konjunktur 197

Kapitel 11
Der Produktionsprozeß als soziales System:
Neue Formen der Arbeitsorganisation 229

Teil IV
Vom Wachstum zur Profitabilität:
Die unternehmensstrategische Wende in den 90er Jahren 251

Kapitel 12
Projekt Varus: Der gescheiterte Übernahmeversuch durch Pirelli 251

Kapitel 13
Vom Reifen zum Fahrzeugsystem:
Unternehmenspolitik und Wettbewerbsstrategie 273

Kapitel 14
Industrial Relations im Schatten neuer Rationalisierungskonzepte ... 293

Schluß 314

Anhang

Quellenverzeichnis 319

Literatur 322

Verzeichnis der Schaubilder 324

Register 325

Einleitung

Zweimal stand die Existenz von Continental in ihrer 125jährigen Geschichte auf dem Spiel, und beide Male – 1971 und 1990 – in den letzten 25 Jahren. Es waren die »klassischen« und in der jüngsten Geschichte der Reifenindustrie typischen Krisen: Das eine Mal ging es zunächst um die Konfrontation mit einem tiefgreifenden technischen Umbruch, das andere Mal um die Abwehr eines unfreundlichen Übernahmeversuches. In der Geschichte von Continental spiegelt sich damit die Entwicklung einer Branche wider, die von heftigen Konkurrenzkämpfen, Konzentrationsprozessen und raschen Innovationszyklen gekennzeichnet ist.

Die Gewichte im internationalen Wettbewerb hatten sich dabei mehrmals verschoben: In der zweiten Hälfte des 19. Jahrhunderts dominierte noch die europäische Gummiindustrie, mit England, Frankreich und Deutschland als Innovationszentren des neuen Werkstoffs Kautschuk; sie wurde abgelöst durch die expandierenden amerikanischen Gummiunternehmen und deren Durchbruch zu massenindustrieller Fertigung noch vor dem Ersten Weltkrieg; die Europäer kombinierten dann in den späten 50er Jahren Massenproduktion und wiederbelebte Innovationsfreudigkeit, um den Amerikanern die Stirn bieten zu können; und schließlich erfolgte die Rationalisierung des Produktionsablaufs durch die expandierende japanische Reifenindustrie mit der dadurch entstandenen Herausforderung an Qualität und Kosten. Am vorläufigen Ende dieser Entwicklung stehen bezeichnenderweise seit 20 Jahren mit Goodyear, Michelin und Bridgestone je ein amerikanischer, europäischer und japanischer Reifenkonzern an der Spitze der Branche, mit deutlichem Abstand zu den Verfolgern.

Kautschuk als einer der ältesten und interessantesten Werkstoffe wandelte sich im Gefolge dieser Entwicklung von der Grundlage für zunächst einfache Konsumware, dann – in der Kombination mit Textilgewebe – zur Basis für höherwertige Gummiartikel und schließlich in der Weiterentwicklung und Verbindung mit zahlreichen anderen Werkstoffen zum Ausgangspunkt für Hochtechnologieprodukte. Der enge Kontakt zu den wichtigsten Zulieferer- und Abnehmerbranchen war dabei ein entscheidender Motor der technischen

Entwicklung. Inwieweit es zu einer fruchtbaren Symbiose zwischen Großchemie, Kautschukverarbeitern und Abnehmerindustrien wie Automobilindustrie, Maschinenbau, Elektroindustrie und Bergbau kam, entschied wesentlich über Innovationen, Technologie und Qualität.

Um in diesem wirtschaftlichen und technologischen Umfeld bestehen zu können, erwies sich die Wettbewerbs- und Innovationsfähigkeit für die Unternehmen als wichtiger Schlüssel. Die Frage nach der Herausbildung, strategischen Umsetzung und Veränderung dieser Kompetenzen bei der Continental AG bildet daher das zentrale Erkenntnisinteresse der folgenden Untersuchung. Was waren die Stärken und Schwächen des Hannoveraner Unternehmens, was die Erfahrungen und Lernprozesse? Wie gestaltete sich das Wechselverhältnis von Marktmechanismen und unternehmerischen Entscheidungsprozessen? Die Darstellung verläuft dabei auf mehreren Untersuchungsebenen in einer Mischung aus Strukturgeschichte der Branche und Verlaufsgeschichte der innerbetrieblichen Entscheidungsprozesse: Es geht einerseits um das Unternehmen Continental im internationalen Wettbewerbsumfeld, andererseits auch um die Entwicklungen in der deutschen Gummibranche im Kontext ihres Zuliefererstatus; vor allem aber werden unternehmensinterne, oft personalisierbare Vorgänge analysiert, seien es F+E-Aktivitäten, Marketingstrategie, Finanzmanagement oder Rationalisierungsmaßnahmen. Der Untersuchungszeitraum konzentriert sich dabei bewußt auf die Phase seit 1970/71, bot sich doch erstmals die Gelegenheit, detailliert und auf breiter Quellenbasis eine gegenwartsnahe Unternehmensgeschichte zu schreiben. So konnten auch Vorstands-, Aufsichtsrats- und Betriebsratsprotokolle einbezogen sowie zahlreiche Interviews mit amtierenden und ehemaligen Vorstandsmitgliedern, Betriebsräten und Managern geführt werden. Im Kontext der internationalen Wettbewerbslage ließen sich so die zum Teil dramatischen inneren und äußeren Veränderungen von Continental in der jüngsten Vergangenheit erfassen. Die gescheiterten Fusionsversuche mit Phoenix in den 70er Jahren werden dabei ebenso untersucht wie die Entscheidungsprozesse und Debatten im Gefolge des Uniroyal-Erwerbs, die Verhandlungen mit Michelin zu Kléber und CTS, die Bewältigung der Radial-Revolution, der Umbruch der Arbeitswelt, das Innovations- und Marketing-Management sowie die Hintergründe zum Übernahmeversuch von Pirelli.

Dieser Ansatz bedingte eine relativ knappe Darstellung der Vorgeschichte, insbesondere auch der nach wie vor im Mittelpunkt des öffentlichen Interesses stehenden NS-Zeit. Nicht zuletzt aufgrund der inzwischen breiten historischen Forschungen zum Verhältnis von Unternehmen bzw. Wirtschaft und NS-Regime stellt diese Phase aber kein Tabuthema im Selbstverständnis der überwiegenden Mehrheit der deutschen Unternehmen mehr dar. Weit mehr repräsentiert dagegen heute die Konfrontation mit der unmittelbaren Vergangenheit die prekäre Phase in der Geschichte der Unternehmen. Manche Wunden falscher Entscheidungen oder heftiger Wettbewerbskämpfe sind kaum verheilt, frühere Kontrahenten sind heute Kooperationspartner, und damals handelnde Personen bekleiden noch leitende Unternehmensfunktionen. Für den Historiker bedeutet das, daß er sich auf einem schmalen Grat zwischen wissenschaftlichem Erkenntnisinteresse und unternehmenspolitischen Gegenwartsinteressen bewegen muß. Daß diese Gratwanderung ohne Intervention seitens des Unternehmens in den Inhalt dieser Studie geglückt ist, beweist allein das Erscheinen des Buches.[1]

Die Untersuchung zeigt ein Unternehmen, das nicht zuletzt aufgrund des harten internationalen Wettbewerbs unter anderem bei Unternehmensfinanzierung, Akquisitionsstrategie und Arbeitsorganisation eine Vorreiterrolle einnahm, zugleich aber Teil der jüngsten, von abnehmender Wettbewerbsfähigkeit geprägten wirtschaftlichen und industriellen Gesamtentwicklung Deutschlands ist. Es ist eine Geschichte der Krisen und Fehler, aber auch der Erfolge und des Lernens, eine Geschichte der Spielräume unternehmerischen Handelns, aber auch von Zwängen, bei dem der Blick zurück den Blick nach vorne schärft. Denn bei der Bewältigung der Zukunft darf die Vorprägung der unternehmenspolitischen Akteure – von den Vorstandsmitgliedern und leitenden Angestellten bis zu den Betriebsräten und Mitarbeitern – nicht übersehen werden. Die Erfahrungen, die das Unternehmen als soziales System während der Problembewältigung in der Vergangenheit kollektiv abgespeichert hat, verdichten sich zu Einstellungen und Verhaltensweisen, die in der Gegenwart die Perzeptionen und Präferenzen für mögliche Wege der Zukunftsbewältigung bestimmen.

---

1 Für Unterstützung und Hilfe danke ich Constanze Werner, Ingrid Russau, Marlies Wahnfried, Hildegard Pohlmann, Cora Kindt, Thomas Grabe und Richard Köhler.

Teil I
Die Ära der goldgeränderten Bilanzen:
Zur Vorgeschichte 1871 bis 1968

Kapitel 1
Gründung, Expansion und globaler Wettbewerb:
Der Aufstieg zum multinationalen Unternehmen
(1871–1914)

Continental, am 8. Oktober 1871 als Continental-Caoutchouc- & Gutta-Per-cha-Compagnie AG in Hannover gegründet, war ein Gemeinschaftsunterneh-men von industriellen Investoren, die bereits in der Gummibranche tätig waren, und mehreren Bankiers. Es war eine Risikoinvestition, denn seit dem Aufkommen der Gummiindustrie in Deutschland Ende der 50er Jahre des 19. Jahrhunderts war es zu zahlreichen Konkursen gekommen. Für 55 500 Mark ersteigerte der Hannoveraner Bankier Moritz Magnus denn auch An-fang 1871 die Konkursmasse der zwei Jahre zuvor Bankrott gegangenen »Neuen Hannoverschen Gummi-Waarenfabrik« und begann, einen Kreis in-teressierter Investoren zu suchen. Obwohl mit der 1868 gegründeten und florierenden Hannoverschen Gummi-Kamm-Compagnie ein mächtiger po-tentieller Wettbewerber am Ort saß, sah Magnus für eine neue Fabrik günstige Ausgangsbedingungen, denn die noch junge und aufstrebende Gummibran-che erschien zukunftsträchtig. Erfolgversprechend war die Unternehmens-gründung vor allem auch dann, wenn – so die Überlegungen – die finanzielle Basis groß genug war, um über eine gewisse Durststrecke in der Anlaufzeit hinwegzukommen, und wenn – und dies war die entscheidende Erkenntnis – eine solche neue Fabrik von den Kräften getragen würde, die bereits Erfahrun-gen und Erfolg aufzuweisen hatten und das Produktionsprogramm auf das ihrer eigenen bereits bestehenden Unternehmungen abstimmten.[2] Magnus nahm Kontakt zu Johann L. Martiny, den inzwischen als Unternehmer in

---

2 Vgl. dazu und zum Folgenden 6610 Zg. 1/63, A 1 sowie H.Th. Schmidt: Continental 1871–1971. Ein Jahrhundert Fortschritt und Leistung, Hannover 1971, S. 10ff., und Wilhelm Treue: Gummi in Deutschland. Die deutsche Kautschukversorgung und Gummi-Industrie im Rahmen weltwirtschaft-licher Entwicklung, München 1955, S. 36ff.

Brüssel tätigen Gründer der Hannoverschen Gummi-Kamm auf, der den Bankier seinerseits mit weiteren Anteilseignern des Kautschukunternehmens zusammenbrachte. Im Laufe des Jahres 1871 fanden eine Reihe von Verhandlungen in Brüssel und Hannover statt, zu denen auch weitere Interessenten hinzugezogen wurden. Nach einer sorgfältigen Marktanalyse und der Diskussion über künftige Absatzmöglichkeiten beschloß man schließlich, sich gegenüber der etablierten und vorherrschenden Hartgummiwarenfertigung wie Kämme und Schmucksachen allein auf die noch neue, aber gute Absatzmöglichkeiten eröffnende Produktion von Weichgummiwaren zu konzentrieren. Man vermied damit eine Konkurrenz zwischen den beiden Unternehmen, besetzte gleichzeitig aber das gesamte sich eröffnende Technologie- und Marktspektrum der Branche. Nach diesem Beschluß traf sich das insgesamt neunköpfige Gründungskonsortium noch einmal in Hannover und zeichnete gemeinsam die erhebliche Summe von 900 000 Mark; etwa eine Hälfte des Aktienkapitals übernahm die »Gummi-Kamm-Gruppe«, die andere Hälfte die »Banken-Gruppe«. Es war der Beginn einer wechselvollen, von enger Kooperation wie heftiger Konkurrenz geprägten Beziehung zwischen Continental und der Gummi-Kamm-Compagnie, die bis zum Ersten Weltkrieg zu den beiden mächtigsten und größten deutschen Gummikonzernen aufsteigen sollten.

Auf der breiten und sicher erscheinenden Kapitalbasis, mit einem fest umrissenen Produktionsprogramm und einem Firmennamen, der gezielt und bewußt bereits auf internationale Marktfähigkeit hin orientiert war, begann man mit einem großzügigen Aus- und Neubau der Fabrik. Knapp zwei Jahre dauerten die Bauarbeiten, ehe Ende 1873 die Fertigung von Gummibällen, Hufbuffern, Gummidichtungen und Schläuchen sowie Kutschwagenbereifungen aus Vollgummi anlief. Doch kaum, daß die ersten Continental-Produkte auf den Markt kamen, da schlitterte das Unternehmen bereits in seine erste Krise. Nach der Boomphase der Gründerjahre um 1870/71 erschütterte die erste Weltwirtschaftskrise die Industrienationen, und der Bau der Fabrik sowie die kapitalintensiven Fertigungsanlagen hatten weit mehr Geld verschlungen als veranschlagt. Dazu kamen Unerfahrenheit mit der neuen Weichgummitechnologie, Managementfehler des eingestellten Fabrikleiters sowie mangelnde Übereinstimmung zwischen den Vorstandsmitgliedern wie zwischen Vorstand und Aufsichtsrat, so daß bis 1876 in schneller Folge vier Fabrikleiter ausschieden. Das erste volle Geschäftsjahr 1874 schloß daher mit einem Verlust von 26 000 Mark ab, und 1875 sah man sich gezwungen, über eine Anleihe frisches Kapital nachzuschießen.[3] Für die Anteilseigner im Aufsichtsrat von Continental war das Anlaß, das offenbar immer mehr aus dem Ruder laufende Unternehmen einer gründlichen Revision der Finanzlage zu unterwerfen. Die Ergebnisse, die dann 1876 Siegmund Seligmann, der

---

3 Vgl. Geschäftsbericht 1874 und 1875.

damit beauftragte junge Angestellte des Bankhauses Magnus, vorlegte, brachten »peinliche Klarheit« darüber, daß nur eine abermalige großzügige Finanzhilfe Continental vor dem Zusammenbruch retten konnte.[4] Die Anteilseigner entschlossen sich schließlich zu einer umfassenden Sanierung der Kapitallage sowie einer Reorganisation der Unternehmensleitung. 147 000 Mark, zu denen alle Aufsichtsratsmitglieder beitrugen, flossen abermals ins Unternehmen, und gleichzeitig wurde Seligmann als Prokurist in die Geschäftsführung von Continental übernommen. Drei Jahre später, im Sommer 1879, wurde der knapp 26 Jahre alte Seligmann zum Direktor und kaufmännischen Leiter ernannt. Zusammen mit dem seit 1876 als technischer Leiter fungierenden Chemiker Prof. Adolf Prinzhorn teilte er sich nun die Unternehmensführung, die in den kommenden 30 Jahren von den beiden sich ergänzenden Männern nachhaltig geprägt wurde.

In der Tat ging es mit Continental in den folgenden Jahren langsam, aber deutlich aufwärts. 1881 zum Beispiel konnte man bereits einen Reingewinn von 283 000 Mark ausweisen, was einer Umsatzrendite von 11 Prozent entsprach. Nach den vergleichsweise mageren Dividenden der Vorjahre schüttete das Unternehmen erstmals 14 Prozent aus. Zehn Jahre seit der Gründung hatte es gedauert, bis Continental sich so weit gefestigt hatte, daß sie ertragreich und gegenüber den konjunkturellen Wechsellagen widerstandsfähig agieren konnte. Die wirtschaftlichen Rhythmen der Branche wurden dabei weit weniger von den Preismechanismen auf den Absatzmärkten bestimmt, die sich ohnehin aufgrund des breiten Produktspektrums von industriellen Abnehmern in der Brauerei-, Bergbau- und Maschinenbaubranche bis zu staatlichen bzw. privaten Kunden für medizinische Artikel, Bekleidung und Spielzeug erstreckte. Was Rentabilität und Preisentwicklung anging, war die Gummiindustrie bis weit in die zwanziger Jahre hinein vor allem von den heftig schwankenden Zyklen der Rohgummipreise abhängig. Wer sich zu früh und zu umfangreich mit Kautschuk eingedeckt hatte, der konnte bei Preiseinbrüchen schnell an die Grenze der Konkurrenzfähigkeit und Liquidität gelangen.

»Die Rohgummipreise«, so klagte der Continental-Vorstand etwa im März 1880, »haben im verflossenen Jahre so bedeutende Steigerungen erfahren, daß, um diese Steigerungen nur einigermaßen zu paralysieren, wir zu verschiedenen Malen Preise für unsere Fabrikate zu erhöhen uns gezwungen sahen. Trotz dieser höheren Notierungen, die bei manchen Artikeln eine Steigerung von 40–50 Prozent ausmachte, haben wir teilweise doch nicht die Preise für unsere fertige Ware erzielen können, die wir den Rohgummipreisen entsprechend hätten erreichen müssen. Es ist uns dadurch ein nicht unwesentlicher Ausfall entstanden.«[5]

---

4 Vgl. dazu die Aufsichtsratsprotokolle, in: 6610 Zg. 1/57, A 1 sowie 6630 Zg. 1/56, A 1–2.
5 Vgl. Geschäftsbericht 1879.

Diese unsichere Lage auf dem Rohstoffmarkt sowie die wachsende Konkurrenz in der expandierenden Gummiindustrie waren auch Anlaß dafür, daß Continental 1883 mit der inzwischen ebenfalls in die Weichgummifertigung diversifizierenden Gummi-Kamm-Compagnie eine strategische Allianz, bezogen auf eine Reihe von technischen Gummiprodukten, schloß, die vor allem die Fertigungskosten beider Unternehmen senken half.[6] Schon damals hatte es auch Überlegungen gegeben, die befreundeten und durch personelle Verbindungen der Aufsichtsräte eng verknüpften Unternehmen zu fusionieren. 1887 waren die Fusionspläne erneut intensiviert, letztlich dann aber nicht ausgeführt worden.[7] An den freundschaftlichen Beziehungen und den Absprachen hinsichtlich des Produktprogramms zwischen beiden Firmen änderte sich dadurch zunächst nichts. Doch die sich schon abzeichnende Entwicklung der Gummiindustrie auf dem Fahrzeugsektor und die sich dadurch radikal verändernden Absatzmärkte machten derartige Absprachen bald zunichte und aus den beiden Firmen erbitterte Konkurrenten.

Im Laufe der 80er Jahre änderte sich das Umfeld für die Gummifabriken radikal, als zuerst in Europa, dann mit einiger Verzögerung in den USA der Fahrradboom einen florierenden Markt für (Vollgummi-)Reifen schuf. Der plötzliche Boom zog eine Fülle von Patenten nach sich, und damit begann in der Kautschukindustrie patentrechtlich geschütztes Wissen eine wachsende Rolle in der weiteren Entwicklung und Unternehmenspolitik zu spielen. Zahlreiche Verfahren, den Reifen auf der Felge zu befestigen, die Widerstandsfähigkeit, zugleich aber auch die Flexibilität der Vollgummireifen zu erhöhen sowie defekte Reifen zu reparieren, wurden erfunden und patentiert. In Europa wie in den USA gab es dabei von Anfang an Versuche, durch Patent-Trusts und Patentmonopole das lukrative Fahrradreifengeschäft zu beherrschen. Eine Flut von Patentprozessen markiert denn auch die turbulente Anfangsära der Gummi- und Reifenindustrie. Während in Amerika beispielsweise die »Clincher Tire Association« Neueinsteigern wie Firestone und Goodyear den Zugang zu der Reifenradtechnologie verwehrte, hatte sich Dunlop in Großbritannien durch sein Luftreifenpatent 1888 ein Monopol in der Reifentechnologie verschafft. Beide Monopolisierungsversuche stellten letztlich aber keine dauerhaften Barrieren für die weitere technische Entwicklung dar. Während der Clincher Trust immerhin bis 1904 wirksam war, dann aber durch unabhängig voneinander entwickelte neue Reifentechnologien von Goodyear und Firestone überholt wurde, war Dunlops Patentmonopol bereits 1890 zu Ende: Man hatte bei Patentprozessen entdeckt, daß der Luftreifen schon 1845 von Robert W. Thompson erfunden und patentiert worden war; angesichts des fehlenden Marktes war die Erfindung damals aber in

---

6 Vgl. Geschäftsbericht 1883.
7 Vgl. dazu 6610 Zg. 2/57, A 1 sowie 6610 Zg. 1/63, A 3.

Vergessenheit geraten. Dunlops Patent war daher ungültig und das »Pneumatik-Know-how« damit allen zugänglich.

Daß die technische Seite der Kautschukfabrikation auch »auf eine wissenschaftliche Grundlage gebracht« werden mußte, war den Gründungsvätern von Continental von Anfang an bewußt und Anlaß für die Einstellung Prinzhorns gewesen. Prinzhorn richtete sich 1892 im Fabrikationsgebäude ein kleines Laboratorium ein, in dem er sich in enger Zusammenarbeit mit dem Fabrikationsleiter Thomas Thorp, einem aus England angeworbenen Ingenieur, um die täglichen Schwierigkeiten bei der Reifenherstellung und Kautschukverarbeitung kümmerte. Daneben oblag Prinzhorn die aufmerksame Beobachtung der Patententwicklung und die entsprechende Vorprüfung auf technische Brauchbarkeit. Für die deutschen Gummiunternehmen war es nicht schwer gewesen, durch die Aneignung des Dunlop-Patents und den Kauf der amerikanischen und britischen Patentlizenzen sich auf dem inländischen Reifenmarkt rasch Vorteile zu sichern. Wer auf die »richtigen« Patente setzte und schnell genug zugriff, der hatte im boomenden Fahrradreifengeschäft die Nase vorn. Continental hatte sich das Fertigungs-Know-how für Vollgummireifen aus den USA geholt (Kelly-Patent für Kutschwagen, Swinehart-Patent für Droschken und Lastkraftwagen), deren Praktibilität geprüft und wesentlich verbessert, so daß man bald nicht nur in Deutschland, sondern auch in Frankreich und vor allen Dingen in England mit dieser Technologie den Markt beherrschte.[8] Mitte der 80er Jahre experimentierte man bereits mit ersten Hohlraumreifen (schwammgummigefüllten Kissenreifen), ehe man sich 1890 an die Fertigung von Dunlop-Luftreifen machte und schon ein Jahr später mit den Continental-Pneumatics für Fahrräder als erster in Deutschland auf den Markt kam, zunächst noch als Schlauchreifen (sogenannte Single-Tube-Reifen). Und ehe Dunlop 1895 mit einer eigenen Fertigungsfabrik nach Deutschland ging, war es dem Continental-Vorstand gelungen, die für die weitere Reifenentwicklung entscheidenden Patente von Welch (Drahtreifen) und Bartlett (Wulstreifen) von Dunlop auf Lizenzbasis zu erhalten.[9]

Praktisch gleichzeitig mit dem Aufkommen der Luftreifen für Fahrräder hatten sich die Entwicklungsbemühungen der Kautschukunternehmen darauf konzentriert, die bekannten Reifenkonstruktionsprinzipien auf die noch vollgummibereiften Automobile zu übertragen. Pionier war hier 1895 das sechs Jahre zuvor gegründete französische Reifenunternehmen Michelin gewesen, allerdings mit einem noch wenig ausgereiften Produkt. Als Continental drei Jahre später 1898 mit seinen ersten Autopneumatics auf den Markt kam (zeitgleich mit den ersten Luftreifen für Autos in den USA), bedeutete das daher praktisch kaum einen technischen wie geschäftlichen Rückstand. Obwohl auch in diesem neuen Reifengeschäftsfeld vor allem amerikanische

---

8 Vgl. dazu S. 73 ff. in dem Bericht, in: 6610 Zg. 1/56, A 8.
9 Vgl. 6610 Zg. 1/56, A 9, Bericht Teuber, S. 5.

Patente eine Wettbewerbsrolle spielten, so begann doch nun der Eigenanteil bei den Entwicklungen und Verbesserungen und damit die Bedeutung von unternehmenseigenen Wissenschaftlern und Ingenieuren zu wachsen.

In der Tat kam bei Continental in den Folgejahren bald neues technisch-wissenschaftliches Personal dazu: 1895 wurde Albert Gerlach, ebenfalls ein promovierter Chemiker, als Assistent Prinzhorns eingestellt; 1897 und 1899 kamen zwei weitere Chemiker und 1901 der erste »Entwicklungsingenieur« hinzu – alle, so scheint es, vom berühmten Polytechnikum der TH Hannover abgeworben, dem damaligen Mekka der jungen Kautschukingenieure und Gummichemiker aus dem In- und Ausland. 1906 arbeiteten bei Continental schließlich fünfzehn »wissenschaftlich gebildete technische Beamte«, teils Chemiker, teils Ingenieure. Im Vergleich zu den in- und ausländischen Konkurrenten verfügte man damit über ein großes, und – wie es schon damals ausländische Besucher bezeichneten – modernes Laboratorium. Das Interesse der Forscher galt dabei zunehmend der angewandten Kautschukchemie. Das große Geheimnis jeden Gummiunternehmens war die Mischung der Gummirohmasse, die von Erntejahr zu Erntejahr entsprechend den Qualitäten des Rohstoffs neu zu bestimmen und für jedes Produkt verschieden war. Gleichzeitig mit der Farbenfabrik Bayer startete Continental 1906 schließlich mit ersten Grundlagenforschungen. Kaum daß der Chemiker Carl Harries in Kiel 1905 die chemischen Bausteine des Kautschuks analysiert hatte, richtete Prinzhorn »nach Rücksprache mit Harries ein weiteres, eigenes wissenschaftliches Laboratorium ein, welches sich speziell mit der Erforschung des Kautschuks beschäftigen soll, mit der Aussicht, eventuell die Synthese desselben zu finden«.[10] Richard Weil, ein Schüler von Harries, wurde mit der Leitung des neuen Labors beauftragt. Erst 1909 lassen sich die ersten intensiven Kontakte zwischen Weil und Fritz Hoffmann im Bayer-Labor nachweisen, wobei die wichtigsten Informationen zuerst direkt zwischen den jeweiligen befreundeten Forschungsdirektoren, bei Bayer Carl Duisberg und auf seiten von Continental der inzwischen an die Stelle Prinzhorns gerückte Gerlach, ausgetauscht wurden.[11] Anders als bei Bayer hatten aber die Continental-Forscher die praktische Verwertbarkeit des neuen Kautschuks, insbesondere seine Möglichkeiten zur Verminderung der Abhängigkeit von den stark fluktuierenden Rohgummipreisen, im Auge. Als man 1911 schließlich den ersten Autoreifen aus Synthesekautschuk fertigte und zur praktischen Erprobung an Duisbergs Privatwagen nach Elberfeld schickte, war sich die Unternehmensleitung in Hannover schon längst klar darüber, daß der Synthesekautschuk weder kostenmäßig noch hinsichtlich seiner technischen Verarbeitbarkeit und physikalischen Eigenschaften auch nur annähernd mit dem Naturkautschuk konkurrieren konnte. Gegen Ende 1913 stellte Continental daher seine Forschungen zur Kautschuksynthese ein.

---

10 Bericht Prinzhorn vom November 1906, in: 6600 Zg. 1/57, A 29.
11 Vgl. dazu im einzelnen 6607 Zg. 1/64, A 2.

Der Arbeitsschwerpunkt der Entwicklungsingenieure lag nach wie vor in der »wissenschaftlich-systematischen Begleitung des Fertigungsprozesses«. Fieberhaft arbeiteten die Gummiingenieure vor allem an der Verbesserung der Konstruktion des Autoreifens. Nur mit Mühe und vielen Überredungskünsten war es der Unternehmensleitung gelungen, Autopioniere wie Benz und Maybach dazu zu bewegen, eigene Versuche mit den neuen Luftreifen zu machen (die aber nur halbherzig durchgeführt wurden). Continental war schließlich gezwungen, 1895 einen eigenen Versuchswagen zu kaufen, um die nötigen Tests und Erprobungen selbst durchführen zu können. Ausgehend von den Erfahrungen mit den Fahrradpneumatics, hatte man zunächst einen verstärkten und vergrößerten Fahrradreifen konstruiert, ging angesichts dessen Anfälligkeit jedoch dazu über, »den Reifen in einer Form zu fabrizieren, das heißt ihm schon in der Fabrikation die runde Fasson zu geben, die er sonst erst im aufgepumpten Zustande besaß«.[12] Diese und andere Weiterentwicklungen der Vulkanisationstechnik brachten dem Unternehmen bald eine Vorreiterrolle ein: 1904 wurde der erste Flachreifen mit Profil, wenig später der erste Reifen mit Gleitschutz entwickelt. Dreizehn in- und ausländische Patente, davon eine Reihe eigener Neuentwicklungen wie etwa zur abnehmbaren Felge, sicherten dem Unternehmen eine breite technologische Basis. Geradezu selbstgefällig, aber auch mit Stolz erklärte man bereits 1906 im Prinzip »die Pneumatikfrage [als] gelöst«.[13]

Mit ihrem entwicklungs- und fertigungstechnischen Know-how bei Reifen und gleichzeitig steigender Nachfrage nach industriellen Gummiprodukten erlangte Continental rasch eine dominierende Marktstellung. Ein dichtes Netz von Niederlassungen in den wichtigsten deutschen Städten sorgte für die Beschaffung und Abwicklung von Aufträgen. Durch ein ausgeprägtes Qualitätsbewußtsein (»Gummi-Garantie«) und eine auf die speziellen Wünsche der industriellen Kunden ausgerichtete Fertigung war man im Marketing den zahlreichen Konkurrenten bald überlegen.

»Durch die billigeren Preise für Rohgummi«, so hieß es etwa bereits im Geschäftsbericht von 1884, »waren wir imstande, uns für das ganze Jahr mit billigem Material decken zu können, was uns nicht nur in die angenehme Lage versetzte, unserer Kundschaft Preisermäßigungen bieten zu können, sondern auch in vielen Fällen die Qualitäten erheblich zu verbessern. Daß diese bedeutenden Konzessionen von unserer Kundschaft voll und ganz gewürdigt sind, beweist am besten der Umstand, daß wir das ganze Jahr hindurch stark beschäftigt waren, und nur unter zu Hilfenahme unserer im Laufe des Jahres fertiggestellten vergrößerten Arbeitsräume imstande waren, die vorliegenden Aufträge zu bewältigen. Die erweiterten Einrichtungen ermöglichten es uns auch, unsere Kundschaft noch prompter als seither zu bedienen, ein Umstand,

---

12 Bericht vom 14. 3. 1905, S. 3 ff., in: 6745, Zg. 1/60, A 1.
13 Ebd.

auf welchen von seiten der Kundschaft bedeutendes Gewicht gelegt wird, und hoffen wir, dieselbe dadurch noch mehr an uns gefesselt zu haben.«[14]

Anfang der 90er Jahre besaß Continental bereits eine so starke Marktposition, daß sie 1894 mit der Gummi-Kamm-Compagnie auf dem boomenden Fahrradreifenmarkt ein Verkaufs- und Preiskartellabkommen schloß, in dem man dem Konkurrenten die Bedingungen im wesentlichen diktierte und damit dessen weitere Expansion kontrollieren konnte. Alle Bemühungen der auf dem Reifenmarkt erst verspätet eingestiegenen Gummi-Kamm-Compagnie, das Abkommen auch auf den Fahrradreifenexport und auf dem Autoreifenvertrieb auszudehnen, wurden von Continental strikt abgelehnt. Erst 1906, acht Jahre nach Continental, kam die Gummi-Kamm-Compagnie mit eigenen Autoreifenentwicklungen auf den Markt. Auch die bereits 1856 gegründete Phoenix-Gummiwerke AG, Hamburg-Harburg, die durch die traditionelle Konzentration auf technische Gummiwaren und Konsumartikel wie Gummischuhe und -mäntel die neue Reifenära zunächst verschlafen hatte, sowie Metzeler (1863 gegründet), die zu lange auf der Basis veralteter amerikanischer Vollgummireifenpatente produziert hatten, waren inzwischen keine ernsthaften Konkurrenten mehr.

Von Anfang an hatte ein heftiger Konkurrenzkampf das Wettbewerbsgefüge der Branche bestimmt. Kartellähnliche Vereinbarungen wie zwischen Continental und der Gummi-Kamm waren die Ausnahme. Nur für wenige Artikel der Gummiwarenindustrie kamen Preiskonventionen – wie etwa das Gummiball-Syndikat von 1893 – zustande. Daß die in der deutschen Industrie gerade in jenen Jahren so stark hervortretende Tendenz zur Kartellierung mit ihrer Kontingentierung der Produktion und Beschränkung der einzelnen Betriebe auf die Herstellung bestimmter Spezialprodukte unter den deutschen Kautschukwarenfabriken nur in geringem Maße ausgebildet war, beruhte in der Hauptsache auf der Vielseitigkeit und Verschiedenartigkeit der Artikel und Qualitäten, die die einzelnen Fabriken herstellten. Dadurch wurden weitgehende Preisvereinbarungen unmöglich. Es kam hinzu, daß die finanziellen Ergebnisse der Fabriken stark voneinander abwichen und infolgedessen gerade die leistungsfähigsten Firmen keine Neigung verspürten, mit anderen, kaufmännisch weniger gut geleiteten Werken in ein vertragliches Verhältnis zu treten.[15]

Weit gewichtigere Konkurrenz erwuchs Continental auf dem Heimatmarkt durch die steigende Einfuhr ausländischer Kautschukwaren. Anhebungen der Zolltarifsätze – vor allem seit 1906 – erschwerten zwar den Marktzugang, aber bereits 1895 hatte Dunlop in Hanau ein Zweigwerk errichtet und produzierte damit innerhalb des Deutschen Reichs. Die deutschen Gummiunternehmen,

---

14 Vgl. Geschäftsbericht 1884.
15 Vgl. dazu Wilhelm Vaas: Die Kautschukwarenindustrie Deutschlands, Diss. Berlin 1921, S. 44 ff., sowie Treue, S. 71.

allen voran Continental, stellten sich allerdings selbstbewußt dem Wettbewerb und versuchten mit allen Mitteln, die handelspolitische Wende zur Schutzzollpolitik zu verhindern.

»Wir möchten hervorheben«, so hieß es etwa im Geschäftsbericht von 1902, »daß die deutsche Kautschukwarenindustrie derart mächtig dasteht, daß von seiten dieser Industrie auf die Erhöhung der Einfuhrzölle für Kautschukwaren nach Deutschland kein Wert gelegt zu werden braucht. Wir halten es vielmehr für weit wichtiger, daß die Zölle nach den für den Export infrage kommenden Staaten keine Erhöhungen erfahren, als daß die deutsche Kautschukwarenindustrie durch hohe Einfuhrzölle Schutz erhält. Wir gehen hierbei von der Voraussetzung aus, daß, wenn die Einfuhrzölle für Kautschukwaren nach Deutschland eine wesentliche Erhöhung erfahren, auch die Vertragsstaaten nicht zögern werden, für die Einfuhr von Kautschukwaren für die betreffenden Länder die Zollsätze zu erhöhen. Dies würde eine ganz erhebliche Schädigung unserer Industrie bedeuten, während wir von der Nichterhöhung der Einfuhrzölle nach Deutschland eine Schädigung der Kautschukwarenindustrie nicht befürchten.«[16]

Continental war in der Tat von Anfang an auch auf den Export seiner Produkte orientiert und dementsprechend auf den Auslandsmärkten – zunächst in Europa, dann aber auch weltweit – aktiv. Das Umfeld, in dem man sich bewegte, war dabei bereits von einer Globalisierung der Märkte geprägt, die als Ergebnis einer langen Phase der weltwirtschaftlichen Integration, quantitativ gesehen, mit einer Weltexportquote von rund 12 Prozent erst wieder Mitte der 70er Jahre des 20. Jahrhunderts erreicht wurde. Um sich Zugang zu den Auslandsmärkten zu verschaffen, setzte Continental zunächst erneut auf strategische Allianzen und Beteiligungen.

»Der Umstand, daß der Ausdehnung unserer Beziehungen nach verschiedenen europäischen Staaten, insbesondere auch nach der österreichisch-ungarischen Monarchie, durch die hohen Zölle unüberwindliche Schwierigkeiten entgegen stehen,« so hieß es dazu im Geschäftsbericht von 1889, »hat es uns schon längst als wünschenswert erscheinen lassen, innerhalb dieser Monarchie selbst zu fabrizieren und damit das vorzügliche Renommee unserer Fabrikate in diesem Reiche in geeigneter Weise zu verwerten. Eine uns gemachte Offerte auf Eingehen engerer Beziehungen zu einem renommierten Etablissement in Breitensee bei Wien, der Österreichisch-Amerikanischen Gummi-Waaren-Fabrik, haben wir aus diesem Grunde akzeptiert und versprechen wir uns von den getroffenen Vereinbarungen dauernd einen guten Erfolg. Als das wesentlichste dieser Vereinbarungen heben wir hervor, daß zwei Mitglieder unseres Aufsichtsrats und die beiden unterzeichneten Vorstandsmitglieder dem Verwaltungsrat des österreichischen Unternhmens beigetreten sind, sowie daß wir denselben unsere langjährigen Erfahrungen zur Verfü-

---

16 Vgl. Geschäftsbericht 1902.

gung stellen. Als Gegenleistung hierfür sind uns 10 Prozent des Aktienkapitals in Höhe von 600 000 FL vergütet.«[17]

Ende 1891 beteiligte man sich in ähnlicher Weise an der belgischen Reifenfirma O. Englebert, Fils & Co. In rascher Folge errichtete man eigene Niederlassungen und Tochtergesellschaften in Frankreich, Großbritannien, Schweden, Dänemark, Norwegen, Rumänien, Italien, Amerika und Australien. Insgesamt war Continental vor Kriegsausbruch in 17 europäischen Ländern mit 48 Niederlassungen sowie in 36 außereuropäischen Ländern mit 62 Vertriebsfilialen vertreten. Der Exportanteil am Gesamtumsatz kletterte dabei rasch auf 54,6 Prozent (1906) und erreichte schließlich 1913 mit über 60 Prozent seinen Höhepunkt – ein Wert, der erst 75 Jahre später wieder erreicht werden sollte.

Angesichts der wachsenden Zollschranken zwischen den europäischen Staaten und auch in Übersee (USA!) waren die Absatzerfolge auf den Auslandsmärkten aber zunehmend gefährdet. Continental leitete daher 1907 eine Wende in seiner Marketing-Strategie ein. Mit erheblichen Investitionsaufwendungen begann man zuerst in Frankreich, dem wichtigsten Auslandsmarkt, dann auch in Italien sowie in Australien mit dem Bau eigener Fabriken und zumindest in der Pariser Fabrik auch mit der Fertigung vor Ort. Das Hannoveraner Kautschukunternehmen war damit 40 Jahre nach seiner Gründung von einer kleinen, kapitalschwachen Gummifabrik mit 200 Belegschaftsangehörigen zu einem multinationalen Konzern geworden, in dem inzwischen mehr als 10 000 Arbeiter und Angestellte beschäftigt waren und der – nicht zuletzt, was Reifen anging – eine Weltmarke repräsentierte. Auf der Suche nach einem Konkurrenten, mit dem man sich messen, aber auch an dessen Entwicklungen man sich orientieren konnte, hatte sich der Blick des Continental-Vorstands dabei mehr und mehr über die deutschen Grenzen hinweg auf Michelin gerichtet. Nachdem der technologische Vorreiter Dunlop nach der Jahrhundertwende durch Managementfehler und Fehlinvestitionen zurückgefallen war, rangen nun der deutsche und der französische, anders als Continental allein auf Reifen spezialisierte Konzern in einem immer stärker von nationalistischen Tönen geprägten Wettbewerbsumfeld um die Vorherrschaft auf dem expandierenden europäischen Reifenmarkt. Die Position der deutschen Reifenindustrie insgesamt war dabei schwächer geworden: auf der einen Seite dauernd und stark steigende Preise für Rohkautschuk, die nicht mehr voll auf die Fertigwarenkonsumenten abgewälzt werden konnten; auf der anderen Seite das Vordringen von Michelin, das über eigene Plantagen verfügte und daher zu günstigeren Preisen liefern konnte. Die deutschen Produzenten unter Führung von Continental mußten ihre Preise zunehmend denen von Michelin anpassen, um den Einbruch des französischen Konkurrenten in den deutschen Markt aufzuhalten. 1910 kam es daher zu einem Abkommen

---

17 Vgl. Geschäftsbericht 1889.

zwischen Continental und Michelin über »die Festsetzung erhöhter Brutto-
preise«, der sich die anderen Firmen anschlossen. Die Entspannung des
Konkurrenzkampfes war jedoch nur von kurzer Dauer.

»In dem Artikel Automobil-Reifen«, so hieß es in dem Geschäftsbericht für
1913 der inzwischen als Excelsior AG firmierenden Gummi-Kamm-Kompa-
gnie, »dauerte der erbitterte Preiskampf zwischen unserer größten deutschen
Reifenfabrik und einer ausländischen unentwegt weiter, nahm sogar noch
schärfere Formen an und drückte das Preisniveau weiter nach unten. Gegen
diese übermächtige, seit langen Jahren eingeführte und mit reichsten Mitteln
arbeitende Konkurrenz kämpfte die Mehrzahl der deutschen Reifenfabriken
durch weitere Preisermäßigungen ihrerseits verzweifelt um ihre Existenz.«[18]

Noch spielten dabei die amerikanischen Reifenkonzerne wie Goodyear und
Goodrich aufgrund der weitgehend voneinander abgeschotteten Märkte dies-
seits und jenseits des Atlantiks keine Rolle. Aber die zunächst hinter der
europäischen Reifenindustrie herhinkende Kautschukbranche in den USA
begann seit 1910 diese an Größe und Innovationsfähigkeit zu überholen.

Umsatz, Gewinn und Dividendenausschüttung von Continental jagten im
Verlauf dieser Entwicklung seit den 80er Jahren des 19. Jahrhunderts von
einem Rekord zum anderen. Nach 27 Prozent Dividende 1884 wurde das
Unternehmen mit Dividenden zwischen 40 und 55 Prozent nach der Jahrhundertwende zur »Dividenden-Königin« der deutschen Industrie. Die Umsätze

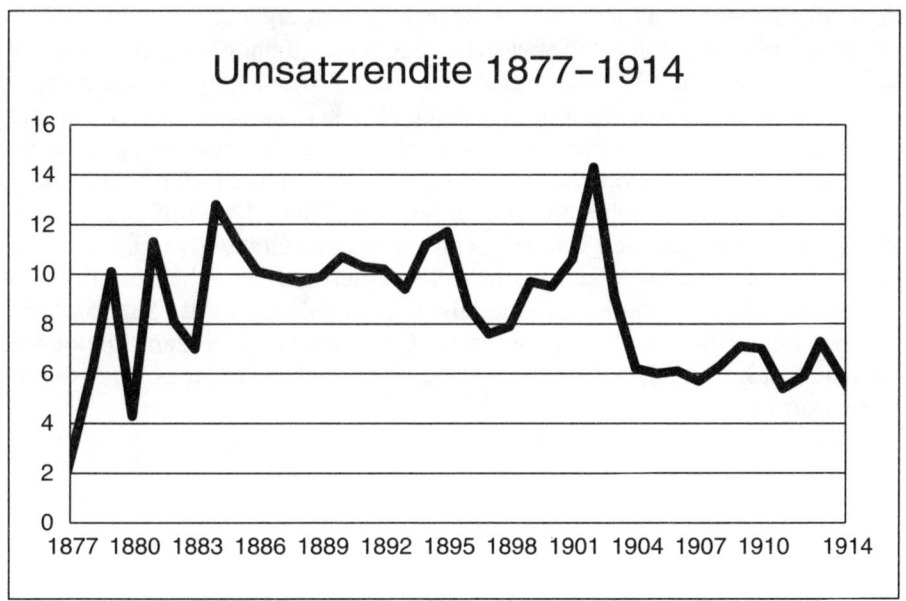

18 Geschäftsbericht Excelsior AG 1913.

explodierten von durchschnittlich 3,3 Millionen Mark Mitte der 80er Jahre auf 15 Millionen Mark zur Jahrhundertwende, um schließlich 1913 mit 119,33 Millionen Mark ihren Höhepunkt zu erreichen. Erwirtschaftete der Vorstand 1889 noch einen Reingewinn von 343 000 Mark, so kletterten die Erträge am Vorabend des Ersten Weltkriegs auf 8,7 Millionen Mark. Die Umsatzrenditen lagen dabei zwischen 8 und 14 Prozent, begannen allerdings im Gefolge des hohen Expansions- und Wachstumstempos und auch vor dem Hintergrund des heftigeren Wettbewerbs seit 1900 wieder deutlich zu sinken.

Der Weg zum Großunternehmen erforderte dabei hohe Investitionen und machte immer neue Kapitalzuflüsse notwendig. Nach der ersten »Krisenanleihe« von 1875 beschaffte sich der Vorstand nun zur Finanzierung der Expansion 1888, 1894 und 1896 zunächst durch weitere Anleihen auf dem Kapitalmarkt die nötigen flüssigen Mittel, ehe 1897 die erste Kapitalerhöhung erfolgte. In dichter Reihenfolge schlossen sich bis 1913 sieben weitere Kapitalerhöhungen an, an deren Ende sich das Aktienkapital von 900 000 Mark auf 15 Millionen Mark mehr als versechzehnfacht hatte. Die Kapitalstruktur war dabei trotz stark wachsender Generalunkosten ziemlich robust. Ein äußerst vorsichtiges und konservatives Finanzmanagement war vorherrschend, in dem rasche und außerordentlich hohe Abschreibungen, vor allem aber die Bildung eines enormen Rücklagenpolsters im Mittelpunkt stand. 1878 war ein erster Spezialreservefonds mit zunächst 25 000 Mark geschaffen worden; 1899 kam der Spezialreservefonds II mit 100 000 Mark hinzu und wurde bis 1905 bei laufender Aufstockung um weitere Reservekonten ergänzt. Die Summe der verschiedenen Spezialfonds belief sich schließlich auf über 21 Millionen Mark und war damit um 43 Prozent größer als das Aktienkapital.[19] Die goldgeränderten Bilanzen von Continental waren aber kein getreues Spiegelbild der deutschen Gummiindustrie. Mit etwa zehn Großunternehmen gegenüber einer Masse mittlerer und kleinerer Gummifabriken hatte sich die Branchenstruktur schnell hierarchisiert und polarisiert. Viele Unternehmen waren infolge der schwankenden Kautschukpreise in Liquiditätsschwierigkeiten geraten. Nur 66 Prozent aller Aktiengesellschaften der Branche konnten beispielsweise 1911/12 überhaupt eine Dividende zahlen, und der Durchschnitt lag hier bei 12 bis 15 Prozent, während Continental 45 Prozent Dividende ausschütten konnte. Der Erste Weltkrieg brachte aber ein jähes Ende dieser Entwicklung.

---

19 Vgl. Geschäftsbericht 1913.

Kapitel 2
»Reengineering« in der Zwischenkriegszeit: Amerikanische Technologie, Rationalisierung und Fusionsstrategie (1914/18–1936)

Der Kriegsausbruch bedeutete für Continental und die deutsche Gummiindustrie nicht nur einen Verlust der wichtigsten Exportmärkte, sondern auch ein Zurückbleiben im technischen Fortschritt sowie tiefgreifende Einschnitte in der Fertigung: Von der Rohkautschukversorgung fast vollkommen abgeschnitten, sah sich der Hannoveraner Konzern gezwungen, sein Forschungs- und Entwicklungspotential auf kriegsbedingte Erfordernisse umzustellen. Unter dem Schlagwort vom »Deutschen Kautschuk« mußten die Untersuchungen zum Synthese-Kautschuk wieder aufgenommen werden, und man war gezwungen, Maßnahmen zur Beherrschung der Regeneriertechnologie, das heißt zur Wiederaufbereitung von Altgummi, zu entwickeln. Die amerikanischen Konzerne dagegen trieben währenddessen unter immer stärkerem Einsatz der Forschungslaboratorien ihre Kenntnisse über die Vulkanisationsverfahren (organische Beschleuniger), rationelle Massenfertigung und kautschukverarbeitende Maschinen ungebrochen voran. In den deutschen Gummiunternehmen übernahm dagegen nun die staatliche Kriegsrohstoffabteilung die Kontrolle über die Fertigung, die man bei Continental nach der Einberufung von mehr als drei Viertel der Belegschaft mit den verbliebenen 2780 (1916) von einst 11 590 Arbeitern (1913) nur mit Mühe und unter häufigen Unterbrechungen aufrechterhalten konnte. All das warf Continental in der Wettbewerbsfähigkeit weit zurück. »Mit schwerer Sorge« blickte daher der Vorstand 1918 in die Zukunft, »müssen wir doch ernstlich befürchten, daß wir auf dem Weltmarkte nicht konkurrenzfähig bleiben und selbst im Inlande bei wiedergeöffneten Grenzen kaum im Stande sein werden, uns der Auslandskonkurrenz zu erwehren.«[1]
    Als sich Continental nach Kriegsende wieder auf die internationalen Reifenmärkte konzentrierte, sah sie sich in der Tat vielfach gewandelten Bedingungen gegenüber. Goodyear war inzwischen weltweit zur Nummer 1 aufgestiegen und drängte ebenso wie Goodrich und die anderen amerikanischen Kautschukkonzerne mit einer überlegenen Technologie und erheblichen Fertigungspotentialen auf die europäischen Märkte. Im Laufe des Jahres 1920 wuchs zwar im Gefolge der Inflation die Exportfähigkeit der deutschen Gummiindustrie, aber die Exportmöglichkeiten hatten gegenüber den Zeiten vor dem Kriege erheblich nachgelassen. Die früheren Kunden hatten sich zum größten Teil anderen Lieferanten zugewandt, und der Wiederaufbau und die Aufrechterhaltung der Handelsvertretungen im Ausland war für deutsche

---

1 Vgl. Geschäftsbericht 1918.

Firmen vielfach zu teuer. Vor allem aber hatte sich in den USA, die bei Kriegsausbruch als Konkurrent der deutschen Gummiindustrie noch kaum eine Rolle gespielt hatten, während des Krieges als Lieferant der alliierten und neutralen Länder eine erhebliche Produktionsstärke weit über dem Sättigungsgrad des heimischen Marktes entwickelt. Die amerikanische Gummiindustrie mußte daher mit allen Nachdruck nach neuen Absatzgebieten suchen, um ihre Kapazität ausnutzen und die investierten Kapitalien verzinsen zu können. Vor allem mußten die deutschen Techniker mit Bestürzung feststellen, daß die USA während der kriegsbedingten Stagnation in den deutschen Betrieben beträchtliche technische Fortschritte gemacht hatten. Neben der verbesserten Reifenvulkanisation mit Hilfe von Heizschläuchen war es vor allem die Verwendung von Baumwoll-Cord-Gewebe anstelle des bisherigen Vollgewebes, die einen großen Fortschritt bedeutete. Wo immer die deutschen Exporteure ehemalige ausländische Kunden wieder aufsuchten, trafen sie auf diese technisch verbesserte, finanziell sehr starke amerikanische Konkurrenz, die ihnen das neue Fußfassen auf dem Weltmarkt außerordentlich erschwerte.

Erst nach und nach gelang es Continental, zumindest einen Teil der verlorengegangenen Auslandsvertretungen wieder zu eröffnen: 1921 war man immerhin wieder mit 28 Niederlassungen in 21 europäischen Ländern und 45 Filialen in 29 überseeischen Ländern vertreten, deren Aktivitäten schließlich 1923 von der mit Sitz in Amsterdam gegründeten »Internationale Continental Caoutchouc-Compagnie« (Interconti) koordiniert und zentral gesteuert wurden. Vor allem aber tobte nun auch auf dem Heimatmarkt ein ruinöser Wettbewerb. Unmittelbar nach dem Krieg waren es, abgesehen von den kleineren, vorwiegend lokalen Bedarf deckenden Werken, ungefähr zehn größere und große deutsche Fabriken, die um den Absatz auf dem deutschen Markt kämpften. Mit dem Fortfall der Einfuhrverbote im Jahr 1925, an deren Stelle nun nur noch ein sehr geringer Einfuhrzoll trat, kamen in kurzer Zeit etwa 15 ausländische Firmen hinzu: Amerikaner, Franzosen, Belgier, Briten, Österreicher und seit 1928 auch Russen. Zwar wuchs der Reifenverbrauch in Deutschland mit der langsam aufkommenden Automobilindustrie, doch nicht proportional zu dieser, da die Reifen besser geworden waren. Mehr denn je erwiesen sich alle Kartellierungsversuche wie etwa die von 1914 bis 1926 bestehende »Preiskonvention deutscher chirurgischer Hart- und Weichgummiwarenfabriken« als erfolglos, nachdem die ausländischen Konkurrenten wie auch die deutschen Kartellmitglieder alle Regulierungsbemühungen insgeheim durch Rabattgewährungen unterliefen. In einer Kehrtwendung gegenüber ihrer Haltung vor dem Krieg forderten die deutsche Gummiunternehmen, allen voran Continental, nun stärkere staatliche Hilfen durch Steuersenkungen und scharfe Zollschutzbestimmungen.

»Die Lage in der gesamten Gummiindustrie, besonders aber in der Reifenindustrie«, so klagte der Vorstand etwa im Geschäftsbericht 1926, »hat sich im

Laufe des abgelaufenen Geschäftsjahres immer ungünstiger gestaltet. Die erzielten Preise stehen in Folge des scharfen inländischen und ausländischen Wettbewerbes in einem Mißverhältnis zu den Gestehungskosten, und wir sehen für die nächste Zukunft auch hierin keine Besserung, da eines Teils die inländischen Produktionsstätten zu groß für den deutschen Markt sind und andererseits die unter wesentlich leichteren Bedingungen arbeitende ausländische Gummiindustrie uns bei dem relativ geringen Schutzzoll, den die deutsche Bereifungsindustrie genießt, eine fühlbare Konkurrenz macht [...] Wenngleich wir durch Umstellungen und Verbesserungen in der Fabrik unsere Leistungsfähigkeit außerordentlich erhöht und unsere Gestehungskosten sehr heruntergedrückt haben, können wir doch – wenigstens für eine Reihe von Jahren – auf einen entsprechenden Zollschutz nicht verzichten.«[2]

»Unsere Gummiindustrie«, so lautete schließlich die auch öffentlich immer lauter werdende Kritik an der mangelnden Wettbewerbsfähigkeit der Branche, »ist für eine Sanierung an Haupt und Gliedern gründlich reif. Man drängt im Ausland auf Arbeitsteilung von Werk zu Werk, auf Normalisierung und Typisierung der Produktion, rationelle Betriebsführung und gesunde, gleichmäßige Preisbildung. Und dabei hätte doch die deutsche Gummiindustrie alle Veranlassung, gründliche Einkehr zu halten. Ein Energie- und Materialverbrauch, zumal in den Hilfsbetrieben, der jeglicher rationellen Produktion spottet, ein Leerlauf der Arbeitsgänge, eine Verschwendung der Abfälle, ein technischer Konservatismus, eine Verzettelung der Kräfte und eine Zersplitterung ohne gleichen durch Mangel jeder Arbeitsteilung und Typisierung, ein Alleswollen und ungezügelter Konkurrenzkampf, der alle Launen der Verbraucher mitmacht: Das sind die Sünden unserer Gummiindustrie, hier liegen Fehlerquellen ihrer Preiskalkulation, die stets ein Vorwärtskommen und eine Konkurrenzfähigkeit mit dem Auslande verhindern werden.«[3] Im Continental-Vorstand hatte man allerdings demgegenüber schon mit Kriegsende begonnen, eine umfassende Strategie des Wiederaufstiegs einzuleiten, die sich zunächst auf die Verbesserung der Innovationsfähigkeit und Technologieführerschaft in Europa konzentrierte, dann eine radikale Rationalisierung der innerbetrieblichen Fertigungsabläufe zur Senkung der Fixkosten bei gleichzeitiger Erhöhung der Produktivität implizierte und schließlich eine umfassende Neuordnung der Organisationsstrukturen mit sich brachte, an dessen Ende 1929/30 ein mit fast 17 000 Beschäftigten und einem Umsatz von 183 Millionen Reichsmark marktbeherrschender und als »Gummi-Trust« kritisierter Konzern stand.

Der in den USA entwickelte neue Cordreifen war ein Quantensprung in der Technologie der Reifenkonstruktion, der den Reifen nicht nur weit geschmeidiger und damit geschwindigkeitstauglicher sowie komfortabler machte, son-

2 Vgl. Geschäftsbericht 1924 und 1926.
3 Vgl. *Der technische Handel*, 1926, bzw. Treue, S. 211.

dern auch die Wärmeentwicklung und den Kraftstoffverbrauch verringerte. Hatte 1912 die durchschnittliche Lebensdauer des Autoreifens ca. 6000 km betragen, so waren es nun Anfang der 20er Jahre mit dem Cordreifen 15 000 km und 1932 infolge von weiteren Verbesserungen ca. 25 000 km. Zudem zog die neue Reifenkonstruktion eine Reihe von Nachfolgeinnovationen nach sich: Erst jetzt wurde es möglich, vom aufwendigen Hochdruckprinzip (9 atü) abzugehen und nach und nach Niederdruckreifen (Ballonreifen) mit schließlich nur noch drei atü zu fertigen. Damit war auch eine technologische Barriere überwunden, die bisher die Einführung von Luftreifen bei Lastkraftwagen aufgrund der zu hohen Belastung verhindert hatte. Seit Mitte der 20er Jahre entwickelte sich ein boomender Lkw-Reifenmarkt für sogenannte Riesen-Ballon-Reifen. Der Continental-Vorstand sah sich daher 1918 vor der Herausforderung, möglichst rasch an das neue Reifen-Know-how zu gelangen und gleichzeitig die Reifenproduktionsanlagen entsprechend grundlegend umzubauen, denn die Cordreifen-Technologie erforderte völlig neue Fertigungsmethoden.

Die Unternehmensleitung hatte schon vor 1914 freundschaftliche Beziehungen zur amerikanischen Industrie, insbesondere zu Goodrich, geknüpft. Diese Kontakte wurden nun nach Kriegsende wieder intensiviert, zumal Goodrich selbst seine Fühler nach Europa auszustrecken begann. 1920 vereinbarten beide Unternehmen schließlich ein weitreichendes Kooperationsabkommen. Goodrich stieg mit einer 25prozentigen Beteiligung bei Continental ein und übernahm einen Sitz im Aufsichtsrat. Die Deutschen hatten dafür nun Zugang zum neuesten technischen Know-how des an vierter Stelle in der Welt rangierenden amerikanischen Reifenkonzerns. Die Hannoveraner profitierten dabei von der durch Kollegialität und Kooperation geprägten Forschungsorientierung der amerikanischen Unternehmen. Ganz anders als die von Geheimniskrämerei und Entwicklungswettlauf geprägten europäischen Reifenunternehmen herrschte im Forschungs- und Entwicklungsbereich zwischen den amerikanischen Wettbewerbern ein »außerordentlich reger Geist der Zusammenarbeit [...] Es herrscht die allgemeine Überzeugung, daß in Technik und Wissenschaft mehr durch Zusammenarbeit erreicht wird als durch Isolierung [...] Der amerikanische Gummiwarenfabrikant glaubt nicht an den Erfolg einer Geheimniskrämerei, sondern nur an den eines Gedankenaustausches, der zu weiteren Fortschritten führt.«[4] Eine rege Reisetätigkeit der leitenden Continental-Ingenieure in die USA setzte ein. Sie kehrten mit umfangreichen Berichten, Blaupausen der neuesten Verarbeitungsmaschinen, neuen Rezepturen und Kenntnissen über den letzten Stand des Reifen-Designs nach Hannover zurück, wo man sich in den Labors und Werkstätten sofort an die Umsetzung und entsprechende Anpassung der Kenntnisse machte.[5] Zumindest was die Cordreifen-Technologie anging, konnte man

---

4 Vgl. A. van Rossem: Die amerikanische Gummiindustrie und ihre wissenschaftliche Arbeit, Berlin 1928, S. 69 f.
5 Vgl. etwa den 150-seitigen »Goodrich-Bericht« des Fertigungsleiters von 1921, in: 6500 Zg. 1/58, A 2,1.

dabei auch auf eigene Vorkenntnisse und Erfahrungen zurückgreifen. Schon vor dem Ersten Weltkrieg hatten die Reifenbauingenieure mit Cordfäden experimentiert. Mit der damaligen Vulkanisationsmethode (Dornheizung) waren aber keine befriedigende Ergebnisse erreicht worden. Die amerikanischen Firmen hatten 1915/16 aber das Heizschlauchverfahren entwickelt, mit der die Herstellung von Mehrlagenreifen aus dünnen Cordfäden möglich wurde.

Nicht in seiner Unternehmenskultur und seinem Managementstil, aber in seiner Technologie und seiner Fertigungsrationalisierung wurde Continental bald zum »amerikanischsten« und damit weiterhin führenden Reifenunternehmen in Deutschland. Bereits ein Jahr nach der Beteiligung von Goodrich brachte man 1921 den ersten Cordreifen auf den Markt, 1924 – nur ein Jahr nach den technologischen Vorreitern Firestone und Michelin – dessen weiterentwickelte Form, den Niederdruck-Ballon-Reifen (»Conti-Cord«). In immer kürzeren Zyklen präsentierte Continental weitere Entwicklungen auf der Basis der neuen Technologie. 1927 brachte man den weiterentwickelten Lkw-Luftreifen auf den Markt, 1928 den ›Conti-Rekord‹, und 1932 den ›Conti-Aero‹ ein Reifen mit niedrigerem Querschnitt und neu entwickeltem Profil, der das Laufgeräusch weiter senkte und die Lebensdauer erhöhte. Von Goodrich übernahmen die Continental-Chemiker auch die Beimischungen von Gasruß, wodurch die Reifen haltbarer und jetzt auch erst ganz schwarz wurden. Der Wissenstransfer und die Innovationsanstöße aus Amerika verschafften dem Unternehmen schließlich in Deutschland wie Europa wieder die Technologie- und Marktführerschaft. »Der Continental-Cordreifen«, so konstatierte der Vorstand im Geschäftsbericht 1921 zufrieden, »hat eine ungeteilt günstige Aufnahme gefunden und ist infolge seiner erheblichen Überlegenheit über Reifen anderer Systeme dazu berufen, den Markt zu beherrschen, sobald er in größeren Mengen lieferbar sein wird.«[6] Und in der Tat nahm Continental 1925 mit Marktanteilen bei Pkw-Reifen von 74,2 Prozent und bei Lkw-Reifen von 91,3 Prozent auf dem Inlandsmarkt eine dominierende Stellung ein.

Die Aufnahme neuer Forschungsbereiche, die wachsende Bedeutung der Kautschukchemie und nicht zuletzt auch der Einfluß der forschungs- und entwicklungsorientierten Mentalität des amerikanischen Partners hatten dazu geführt, daß Zahl und Besetzung der Laboratorien bei Continental gegenüber der Vorkriegszeit stark expandierten. Etwa 250 »technische Beamte« (Ingenieure, Chemiker und Laboranten) arbeiten inzwischen in den entsprechenden Abteilungen, und die einsetzende Verwissenschaftlichung der Reifenindustrie machte nun auch vor den Fertigungssälen nicht halt. Der wachsende Einfluß von Chemikern und Ingenieuren auf den Produktionsprozeß ging dabei nicht ohne Reibungen vor sich. Continental war ein ausgesprochener Meisterbetrieb, in dem die wissenschaftlich geschulten Forscher und Entwickler eher außerhalb der Fertigungspraxis standen. Wohl erarbeiteten und ent-

---

6 Vgl. Geschäftsbericht 1921.

wickelten sie in den Forschungslaboratorien die Grundlagen, übten aber auf die Durch- und Ausführung wenig Einfluß aus. Im Mischsaal, der Reifenwikkelei und an den Vulkanisierpressen herrschte das Erfahrungswissen der Meister. Sie setzten selbständig Akkorde fest, bestimmten die Abmessungen der Einlagen, variierten beim Wickelprozeß willkürlich Länge und Breite und veränderten auch die Klebefähigkeit der gummierten Einlagen, wenn ihrer Ansicht nach damit oder mit einem anderen chemischen oder physikalischen Verhalten etwas nicht stimmte. Mehr und mehr wurde aber nun der Konstrukteur und der Ingenieur verantwortlich im Fabrikationsablauf tätig. In der vorbereitenden Konstruktion wurden Spezifikationen angefertigt, in denen alle Bauelemente aufgeführt, alle Mischungsqualitäten genannt und die Heizdauer sowie das zu verwendende Formenmaterial vorgeschrieben waren. Den einzelnen Fabrikabteilungen wurden nur die jeweils notwendigen Teile dieser Spezifikation überlassen, um eine gewisse Geheimhaltung der gesamten Verfahrensweise zu ermöglichen. Änderungen konnten nicht mehr nach Gutdünken, sondern nur durch Eingriffe des verantwortlichen Ingenieurs vorgenommen werden.

Die umfangreiche Rationalisierungswelle, die in den 20er Jahren die deutsche Industrie erfaßte, unterwarf auch bei Continental diese Arbeitsabläufe weiteren tiefgreifenden Änderungen. Mehr als in den meisten anderen Branchen hatte sich die Reifenindustrie zunächst vor allem auf eine Modernisierung der Fertigungsanlagen konzentriert, die nicht nur durch die neuen Technologien erzwungen wurde, sondern gleichzeitig auch den Produktivitätsrückstand gegenüber den USA verringern helfen sollte. Mitte der 20er Jahre produzierte Goodyear allein 35 000 Reifen pro Tag, während die gesamte deutsche Reifenindustrie etwa 5000 Reifen pro Tag herstellte. Begleitet von strikten Kostensenkungsprogrammen hatte Continental schließlich 1928 die Fertigungsanlagen nicht nur bei Reifen, sondern auch bei technischen und chirurgischen Gummiwaren auf den neuesten Stand gebracht. Angesicht der wachsenden Steuer- und Personalkostenlasten sah der Vorstand aber seine Bemühungen zur Verbesserung der Profitabilität immer wieder durchkreuzt.

»Steuern und soziale Lasten«, so hieß es im Geschäftsbericht 1928, »sind bei weitem der wesentlichste Faktor in unseren Handlungsunkosten. Wenn man bedenkt, wieviel Mühe und Sorge darauf verwandt wird, die Handlungsunkosten auch nur um einige 100 000 Mark bzw. Bruchteile von Prozenten zu senken, um dadurch nicht nur in Deutschland, sondern auch auf dem Weltmarkte wettbewerbsfähig zu bleiben, so wird es begreiflich erscheinen, daß die leitenden Organe eines Wirtschaftsunternehmens oftmals Mutlosigkeit befällt, der bestehenden Schwierigkeiten Herr zu werden, wenn sie sich einem solch starren Ausgabeposten, auf den sie gar keinen Einfluß haben, gegenüber sehen.«[7]

7 Vgl. Geschäftsbericht 1928.

Was schließlich die Rationalisierungsmöglichkeit der einzelnen Fertigungsabläufe anging, war branchenintern eine heftige Debatte entbrannt. Die nach wie vor breite Produktpalette bei den Gummiunternehmen, die große Typenvielfalt und damit das Vorherrschen der ›economies of scope‹ gegenüber Großserienfertigung – so die eine Meinung – erwiesen sich als sperrig gegen das tayloristische Rationalisierungskonzept mit seiner Aufteilung in kleine Arbeitseinheiten. Auf der anderen Seite dagegen wurde auf die beträchtlichen Rationalisierungspotentiale vor allem in der Reifenfertigung hingewiesen, nicht nur durch den verstärkten Einsatz von chemischen Beschleunigern, die den Zeit- und Energieaufwand bei der Vulkanisation um 50 Prozent senkten. Eine Kombination von Fließfertigung (Fordismus) und Arbeitsteilung (Taylorismus) versprach hier allemal auch »sowohl in bezug auf die Raschheit wie auf die Güte der Arbeitsleistungen« günstige Ergebnisse erzielen zu können und insbesondere auch »die unnötigen Laufereien der Arbeiter nach Material«, wodurch bis zu ein Drittel der Arbeitszeit verlorenging, zu vermeiden.[8]

Der Continental-Vorstand reagierte auf diese Zwänge und Chancen einer wirtschaftlicheren und effizienteren Fertigung mit einem spezifischen, auf das Unternehmen zugeschnittenen Rationalisierungssystem, das tayloristische und fordistische Elemente verknüpfte und sich deutlich von den Rationalisierungskonzepten der anderen deutschen Unternehmen unterschied: dem sogenannten Bedaux-System. Kernpunkt des nach dem 1911 in die USA ausgewanderten Franzosen Charles Bedaux benannten Systems war ein Arbeits- und Zeitstudienkatalog, der den Anspruch erhob, die menschliche Arbeitsleistung objektiv auf der Basis einer Maßeinheit (1 Bedaux) zu messen. So komplex, wenig transparent und nachvollziehbar dabei die Zusammensetzung der theoretischen Maßgröße Bedaux war, so kompliziert und aufwendig war erst recht die praktische Durchführung der »Bedauxisierung« der Fabrikabteilungen und deren Auswertung bzw. lohnsystematische Umsetzung.[9] Lohntechnisch war das Bedaux-System ein einfaches Prämienlohnsystem bei gewährleistetem Stundenverdienst. Die Prämien wurden nach der effektiven Leistung festgesetzt und in einem täglichen Aushang in der Werkstatt angeschlagen. Besonders niedrige Bedaux-Werte wurden mit roter Tinte vermerkt. Täglich war also der individuelle Wirkungsgrad wie auch jener der gesamten Werkstätten für jedermann zugänglich sichtbar. Das sollte zur Folge haben, nicht nur den Wettbewerb zwischen den Arbeitern anzuheizen, sondern auch die Konkurrenz unter den einzelnen Fertigungsabteilungen zu fördern, denn die Werkstattmeister und Betriebsingenieure wurden an den erwirtschafteten Bedaux-Prämien beteiligt. Auf der Basis der garantierten Lohnklassen handelte

---

8 Vgl. dazu Otto Lange: Die deutsche Gummiindustrie nach dem Kriege, Diss. Leipzig 1926, S. 249 ff.
9 Vgl. dazu auch Otto A. Friedrich: Entlohnung in der amerikanischen Gummi-Industrie. Bedaux-System, in: *Gummi-Zeitung* 1927, Nr. 45, S. 2533 f.

es sich bei den Bedaux-Löhnen daher um ein flexibles, die individuelle wie kollektive Leistung honorierendes Akkordlohnsystem.

Aus betriebswirtschaftlicher Sicht war das Bedaux-System ein geradezu modern anmutendes Betriebsführungs- und Betriebsrechnungssystem, denn die Bedaux-Analyseblätter gaben – in Wochen- und Monatsübersichten zusammengestellt – ein klares Bild von den Kostenfaktoren und dem jeweiligen Rentabilitätsgrad (das heißt den Leistungsfaktoren) der Werkstätten und Betriebsabteilungen. Praktisch auf einen Blick konnten Arbeitsverluste, Leerlauf, Abfall usw. festgestellt werden, das heißt auch, ob der Abteilungsmeister richtig disponiert hatte oder nicht. Entsprechende Werte auf dem Bedaux-Analyseblatt gaben unmittelbar Anlaß, den Ursachen von Leistungssenkungen und Kostensteigerungen nachzugehen. Einmal etabliert und eingespielt, ergab sich durch die Bedaux-Analysen sozusagen ein permanenter Zwang zur systematischen Aufdeckung und Bekämpfung von betrieblichen Verlustquellen sowie zu dauernden Betriebsverbesserungen technischer und organisatorischer Art. Auch die Auswirkungen und Effektivität neuer Arbeitsverfahren ließen sich damit überprüfen und vergleichen. Alles in allem also mußte das Bedaux-System für die Unternehmer wie die Belegschaft in der Stabilisierungs- und Deflationskrise seit 1925 als goldener Schlüssel zur Verbesserung der Lage erscheinen.

Obwohl das Bedaux-System als übergreifende Rationalisierungsbewegung in Deutschland nicht verankert werden konnte, erwies sich dieses Rationalisierungskonzept aber bei Continental als erfolgreich. Schon kurz nachdem das Gummiunternehmen mit der Einführung von Bedaux am 23. Februar 1927 in der Veloschlauch-Heizungsabteilung begonnen hatte, wurden jährliche Kostenersparnisse von 28 000 Reichsmark errechnet und schließlich offenbar auch erreicht, denn bereits im Herbst 1927, nach sieben Monaten Bedaux und Umstellung weiterer Fertigungsabteilungen auf das neue System, berichtete der seit 1926 nach dem Tod von Seligmann als neuer Generaldirektor fungierende Willy Tischbein begeistert von »überraschenden Ergebnissen« und »einigen 100 000 Reichsmark Ersparnissen«.[10] Im Februar 1928 arbeiteten schließlich bereits 60 Prozent der Gesamtbelegschaft nach Bedaux (das heißt 5500 Leute). Die durchschnittliche Leistungssteigerungen betrugen zwischen 40 und 50 Prozent bei Verdienststeigerungen für die Arbeiter um 18 Prozent und gesamten Lohnkosteneinsparungen von 25 bis 30 Prozent.[11] In dem »Jahresabschlußbericht über die Bedaux-Einführung in den Continental-Gummiwerken AG« vom Dezember 1929 wurden schließlich Gesamterspar-

10 Brief Willy Tischbein vom 1. 9. 27, in: 6610 Zg. 1/57, A 24,2.
11 Vgl. dazu auch den Bericht von Willy Tischbein vom 14. 4. 1929, in: ebd. In einer Reihe von Werksabteilungen hatte es allerdings Reibereien und Probleme bei der Umstellung auf das neue arbeitsorganisatorische System gegeben. Oft vergingen mehrere Monate von der aufwendigen Erhebung der Bedaux-Werte bis zur Umsetzung in den Arbeitsalltag, wo das neue System bei den Arbeitern wie bei den Meistern zum Teil auf heftigen Widerstand stieß.

nisse von 5,318 Millionen Reichsmark bei Kosten von 0,5 Millionen Reichsmark konstatiert. Allenthalben ging bei Continental seit 1924 – nicht zuletzt allerdings auch infolge der wachsenden Maschinisierung der Fertigung – die Produktivität bis 1929 deutlich nach oben und verdreifachte sich, während der Lohnkostenanteil, bezogen auf den Umsatz, im selben Zeitraum von 17,5 Prozent auf deutlich unter 10 Prozent sank. Wo noch 1925 ein Reifendreher am Tag 12 Autodecken herstellte, da wurden 1929 bereits 40 Reifen gefertigt. Und in der Autoschlauch-Abteilung produzierte ein Arbeiter in 8 Stunden statt 110 bis 130 Schläuchen nun 450 bis 500 Stück. Die Ersparnisquellen für den Betrieb durch das Bedaux-System lagen daher weniger in Lohnkostensenkungen, sondern weit mehr in der Beseitigung von Leerlauf und in der technisch organisatorischen Verbesserung des Arbeits- und Fertigungsprozesses.

Der verschärfte Wettbewerb hatte schließlich auch in der Gummiindustrie die Konzentrationsbewegung in Gang gesetzt. Schon früh hatte der Continental-Vorstand auf Akquisition und Fusion statt auf strategische Allianzen, das heißt Kartelle, als Krisenstrategie gesetzt. Die Geldflüssigkeit der Inflationszeit ausnützend, hatte man daher 1921 damit begonnen, größere Mengen Aktien des Hauptkonkurrenten Excelsior aufzukaufen. 1923 hatte man schließlich drei Viertel des Aktienkapitals in der Hand und versuchte nun, anläßlich einer Kapitalerhöhung der Excelsior, diese ganz zu übernehmen. Doch der letztlich unfreundliche Übernahmeversuch scheiterte, unter anderem am Widerstand von Betriebsrat und Belegschaft. 1927 startete Continental einen neuen Anlauf, den Konkurrenten gesellschaftsrechtlich in den eigenen Konzern zu integrieren. Nach einer Million Reichsmark Verlust im Vorjahr war die Excelsior finanziell angeschlagen, und als im Zuge der notwendig gewordenen Sanierung erneut eine Kapitalerhöhung mit Neuemission von Aktien erfolgte, verfügte Continental über 98 Prozent des Aktienkapitals. Damit war eine der Hauptschwierigkeiten für die Fusion, das Problem der Abfindung der Excelsior-Aktionäre, aus dem Weg geräumt. Außerdem waren die noch im Jahr zuvor von Continental-Aktionären geäußerten Bedenken, daß der Zusammenschluß zu einer Belastung des Unternehmens führen würde, durch einen Gewinnabschluß im Geschäftsjahr 1927 weitgehend gegenstandslos geworden. Am 10. Dezember 1928 billigte die außerordentliche Generalversammlung der Excelsior einstimmig den Fusionsvertrag, gemäß dem das Unternehmen rückwirkend zum 1. Januar 1928 in der Continental AG aufging. Nun kamen auch die schon seit längerem geführten Verhandlungen mit anderen potentiellen Fusionspartnern zu einem schnellen Abschluß. Am 26. April 1929 beschloß die Generalversammlung der Peters-Union (Aktienkapital 5,16 Millionen Reichsmark) die 1926/27 mit 26,11 Millionen Reichsmark fast den gleichen Umsatz wie die Excelsior erzielt hatte, rückwirkend zum 1. Oktober 1927 den Zusammenschluß mit Continental. Die Titan B. Polack AG in Waltershausen/Thüringen (Aktienkapital 2,1 Millionen Reichsmark) folgte am 13. Juni 1929. Schließlich wurden am 1. Oktober 1929 auch die Liga-

Gummiwerke in Frankfurt am Main voll übernommen. Dagegen scheiterten die Fusionsgespräche mit der Mittelland Gummiwerke AG, Hannover, deren Generalversammlung am 17. August 1929 die Liquidation beschloß. Continental übernahm lediglich das Lager und einen Teil der Maschinen. Auch die Verhandlungen mit den Phoenix-Gummiwerken in Harburg zerschlugen sich, weil Continental auf einer Vereinheitlichung der Reifenherstellung bestand, die letztlich die Verlegung der Reifenerzeugung nach Hannover bedeutet hätte.[12]

Durch die Fusionen verfügte Continental nun über acht Fertigungsstätten, und alle waren wie das Stammwerk in Hannover Mischbetriebe, in denen sämtliche Produktionslinien von technischen, chirurgischen und Konsumgummiwaren bis zur Reifenherstellung vertreten waren. Eine Ausnahme bildeten lediglich die beiden Werke der Peters-Union in Frankfurt und Korbach, zwischen denen eine Arbeitsteilung nach Automobil- und Fahrradreifen-Fertigung bestand. Obwohl damit nun beträchtliches Synergie-Potential in der Fertigungsstruktur des neuen Konzerns bestand, beließ der Vorstand zunächst alles beim alten.

»Der Vorteil [der Fusion]«, so erklärte Tischbein auf der Hauptversammlung vom April 1929, »erblicken wir nicht nur im gegenseitigen Austausch von Fabrikationserfahrungen, Zusammenlegung der Verwaltungsgeschäfte, des Einkaufs und der chemischen und technischen Versuchsstätten, sondern auch vor allem darin, daß wir die Vertriebsstellen nicht nur im Interesse von Ersparnissen, sondern auch im Interesse von besserer Bedienung der Kundschaft zusammenlegen. Im Interesse der Wettbewerbsfähigkeit ist natürlich nicht daran gedacht, die Eigenart jeder einzelnen Firma in bezug auf Fabrikation und Verkauf ihrer einzelnen Artikel wesentlich zu ändern.«[13]

Die Weltwirtschaftskrise machte diese Pläne aber schnell zunichte und zwang Continental zu einer umfangreichen Restrukturierung ihrer Fabriken. Die Werke der Liga-Gummiwerke AG in Frankfurt am Main und der Mittelland AG in Hannover wurden sofort stillgelegt. Ebenso wurde die Produktion in Waltershausen zunächst eingeschränkt und dann 1931 ebenfalls stillgelegt. Die Peters-Union-Fabriken in Frankfurt und Korbach sowie das ehemalige Excelsior-Werk in Hannover-Limmer arbeiteten zunächst weiter, aber es war schnell ersichtlich, daß auch dieser Zustand nicht zu halten sein würde. Schon Mitte 1931 mußte auch das Frankfurter Werk stillgelegt werden, und in den beiden Hannoverschen Werken wurde weiter scharf rationalisiert. In Limmer wurde die Reifenproduktion aufgegeben und der größte Teil der technischen Gummiwarenfertigung konzentriert. Das Werk Hannover übernahm die ge-

---

12 Vgl. dazu *Frankfurter Zeitung* vom 15. 3. 1929 sowie 6610 Zg. 2/57, A 2,2, Unterakte 8, und Friedrich Sander: Untersuchungen über die Strukturwandlungen in der deutschen Kautschukindustrie gegenüber der Vorkriegszeit, Diss. Innsbruck 1930.
13 Vgl. Hauptversammlung vom 30. 4. 1929.

samte Autoreifenherstellung, ferner die großtechnische Produktion wie Transportbänder, Treib- und Keilriemen sowie Artikel des Schuhbedarfs.[14]

Auch die Rechnung des Continental-Vorstands nach flexibleren, marktorientierten Vertriebsstrukturen ging nicht auf. Obwohl alle Niederlassungen der Fusionsfirmen unter ihrem alten Namen als GmbHs bestehen blieben und Continental damit eine Art Mehrmarkenstrategie verfolgte, gelang es nicht, die Marktanteile der Continental-, Excelsior-, Polack- und Peters-Union-Reifen zu addieren. In der Erstausrüstung wie im Ersatzgeschäft gingen die Marktanteile des Konzerns bei Lkw-Reifen 1930 auf 53 Prozent, bei Pkw-Reifen auf 70,5 Prozent deutlich zurück.[15] Mit ein Grund dafür waren allerdings auch die inzwischen chaotischen Verhältnisse im deutschen Reifenhandel. Ein allgemeines »Schleudern und Rabattgeben« war gang und gäbe, obwohl der Handel durch seine Organisationen mit dem Produzenten Nettolisten und Verkaufspreise festgesetzt hatte. Diese Preisen standen jedoch nur auf dem Papier. Die Konsumenten konnten überall Autoreifen mit bis zu 30 Prozent Rabatt kaufen. Die Auswüchse im Reifengeschäft waren schließlich so groß, daß alle, Industrie, Handel und letzten Endes auch die Verbraucher an einer Verbesserung der Verhältnisse interessiert waren. Seit 1928 wurden daher Verhandlungen geführt, die schließlich am 1. Januar 1929 zum sogenannten »Kraftwagenreifen-Vertrag« führten, einem Absatz- und Umsatzkartell zwischen Produzenten und Handel.

Dennoch verschärfte sich der Konkurrenzkampf weiter. Im Schatten der Weltwirtschaftskrise brach die Nachfrage schlagartig ein, vor allem in der Erstausrüstung, wo Continental einen Absatzrückgang von 30 Prozent hinnehmen mußte. Im Kampf um die schrumpfenden Märkte brach ein ruinöser Verdrängungswettbewerb insbesondere gegen die amerikanischen Konkurrenten auf dem Inlandsmarkt aus, die die deutschen Reifenhersteller mit radikalen Preisnachlässen bis zu 50 Prozent des Herstellerpreises unterboten. In diesen Wettbewerbsmechanismen konnten selbst die großen US-Konzerne, deren Preise 1931 um 25 Prozent über der deutschen Konkurrenz lagen, nicht mehr mithalten. Ihre Marktanteile im deutschen Reifengeschäft sanken daher auf 4,5 Prozent (Goodyear) bzw. 2 Prozent (Goodrich). Mit 50 Prozent bzw. 22 Prozent gelang es auf diesem Wege Continental und der deutschen Dunlop, ihre Position in der Wirtschaftskrise zu verbessern, allerdings auf Kosten der eigenen Rentabilität. Dennoch drängten in den Krisenjahren gleichzeitig zwei der schärfsten ausländischen Konkurrenten mit eigenen Fabriken in Deutschland auf den Heimatmarkt von Continental: 1929 eröffnete Englebert in Aachen, 1930 Michelin in Karlsruhe produzierende Zweigwerke. Die Verschärfung des Wettbewerbs auf dem deutschen Reifenmarkt wog für Continental um so schwerer, als der Konzern seit Mitte der 20er Jahre aufgrund der

---

14 Vgl. dazu auch Geschäftsbericht 1930.
15 Vgl. dazu auch 6600 Zg. 2/56, A 5.

stagnierenden internationalen Wettbewerbsfähigkeit mehr und mehr auf den Inlandsmarkt angewiesen war. 1925 war der Anteil des Exportgeschäfts am Gesamtumsatz bereits auf 23,5 Prozent gesunken und hatte 1932 schließlich nur noch 17 Prozent erreicht. Erstmals, allerdings nur kurzzeitig, erlebte Continental damit die Mechanismen und Folgen des Umschlagens vom Verkäufer- in einen Käufermarkt mit Überkapazitäten, Zwang zum Preisdumping und Verdrängungswettbewerb unter den Reifenherstellern. Dennoch war es dem Konzern mit Hilfe seiner Modernisierungs- und Rationalisierungsstrategie gelungen, im rauhen Wettbewerbsumfeld der 20er Jahre zu überleben und anders als viele deutsche Unternehmen auch die Weltwirtschaftskrise weitgehend unbeschadet zu überstehen.

Die turbulenten, von Inflation und Weltwirtschaftskrise geprägten Zwischenkriegsjahre hatten dabei vor allem in der Kapitalstruktur des Unternehmens ihre Spuren hinterlassen. Die Geldaufblähung hatte auch bei Continental zu einer langen Reihe von Kapitalerhöhungen geführt, an deren Ende 1923 ein Aktienkapital von 600 Millionen Mark Stammaktien stand, bei einer auf 10 Quadrillionen Mark explodierten Bilanzsumme. Eine Bilanzierung hatte in den Jahren des Währungsverfalls ihren Sinn verloren, entscheidend war allein, daß es dem Unternehmen gelang, von der hohen Liquidität mit einer Ausweitung ihrer Investitionen und damit des Anlagekapitals zu profitieren.

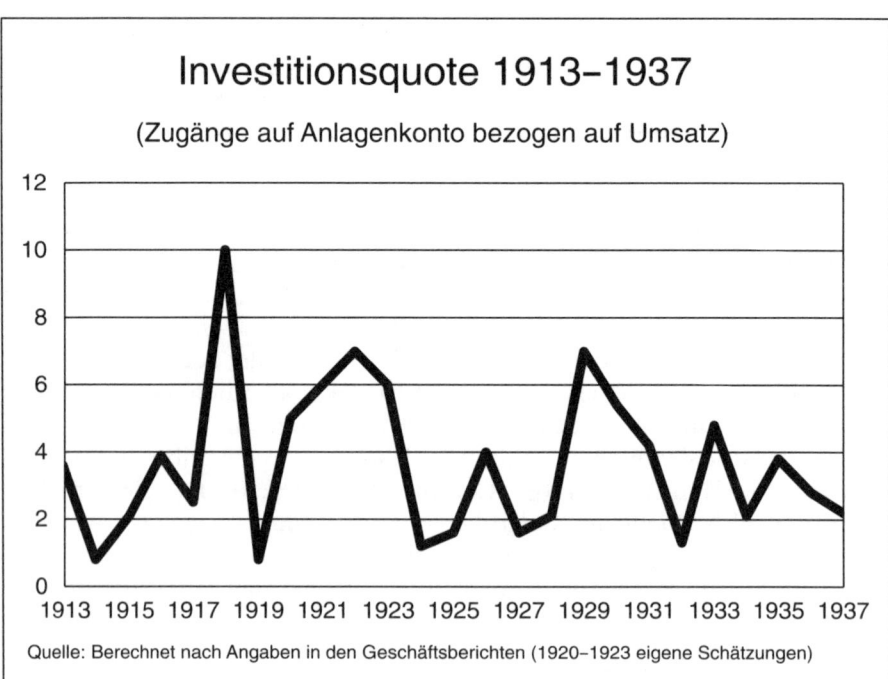

Investitionsquote 1913–1937

(Zugänge auf Anlagenkonto bezogen auf Umsatz)

Quelle: Berechnet nach Angaben in den Geschäftsberichten (1920–1923 eigene Schätzungen)

Continental war dabei wie alle deutschen Unternehmen infolge des Währungsverfalls für ausländische Konkurrenten zu einem billigen Übernahmeopfer
geworden. Um so größer war daher die Bedeutung der freundschaftlichen
Kapitalbeteiligung von Goodrich, die für Continental bzw. deren deutschen
Anteilseigner ein 1929 dann auch wahrgenommenes Rückkaufsrecht beinhaltete. Zum Schutz vor unfreundlichen Übernahmen hatte man dennoch zusätzlich erstmals auch Vorzugsaktien mit anfangs vierfachem, schließlich 20fa-
chem Stimmrecht ausgegeben. Die Währungsreform von 1923 hatte dann den
Schleier der Liquidität zerrissen und auch Continental in akute Liquiditätsnot
gestürzt. Die Verschuldung wuchs rasant auf zunächst 25,5 Prozent der Bilanzsumme (1924), erreichte 1925 bedrohliche 50,1 Prozent und pendelte sich in den
Folgejahren zwischen 30 (1926) und 40 Prozent (1929) ein. Mit Mühe gelang es,
sich mit Hilfe einer 1926 begebenen 8-Prozent-US-Anleihe über 20 Millionen
Reichsmark, das heißt der Hälfte des Aktienkapitals, über Wasser zu halten.

Die Stabilisierungskrise seit 1924, nach den in der Inflationskonjunktur
hohen Umsätzen, Gewinnen, Produktivitätsraten und auch Investitionsquo-
ten zeichnete sich auch in sinkenden Umsatzrenditen ab, die sich von etwa
5 bis 6 Prozent auf 2 bis 3 Prozent halbierten. Von der weltweiten Rezension im
Jahr 1921 – die die amerikanischen Reifenkonzerne an den Rand des Kon-
kurses brachte – war Continental wegen der Inflation verschont geblieben; das
eigentliche Krisenjahr der deutschen Reifenindustrie wurde daher die Wirtschaftskrise von 1926, aus der zumindest der Hannoveraner Konzern aber
gestärkt und die Früchte seiner Rationalisierungsbemühungen erntend her-
vorging. Die insgesamt niedrigen Umsatzrenditen der Zwischenkriegszeit
spiegeln allerdings die tatsächliche Profitabilität nur unzulänglich wider, da
zum einen extrem hohe und rasche Abschreibungen auf die ausgewiesenen
Gewinne drückten, zum anderen aber auch nun eine verstärkt auf (versteckte)
Rücklagenbildung statt Dividendenausschüttung orientierte Finanzpolitik
dominierte. Geradezu charakteristisch war dabei auch das antizyklische Investitionsverhalten des Gummikonzerns: 1918, 1926 und 1929/30 wurden bei
Durchschnittsquoten von 3 Prozent des Umsatzes mit 10,4 und 5 bis 6 Prozent
erhebliche Summen entgegen den Konjunkturverlauf investiert. Trotz der
gesunkenen Renditen und der veränderten Ausschüttungspolitik zahlte Continental auch in den Krisenjahren vergleichsweise hohe Dividenden. Nach
30 Prozent zwischen 1918 und 1920 und 10 Prozent 1924 und 1925 blieb man
erstmals in der Geschichte des Konzerns im Krisenjahr 1926 ohne Dividende,
zahlte aber in den Folgejahren bereits wieder bis zu 9 Prozent (1929) und
senkte die Ausschüttungen auch 1930 nur auf 8 Prozent ab. Bei der Frage, ob
die für das Geschäftsjahr 1931 auszuschüttende Dividende auf 6 Prozent
herabgesetzt oder ob sie auf Kosten der Substanz auf Vorjahreshöhe gehalten
werden sollte, kam es allerdings zu einer Kontroverse zwischen dem Vorstand
und den Anteilseignern. Deren Zusammensetzung hatte sich mit dem Einstieg der Familie Opel als neuer Großaktionär deutlich geändert. Die Familie

hatte nach dem Verkauf ihrer Werke an General Motors im Jahr 1929 einen Teil der Aktien erworben, die Continental von Goodrich zurückgekauft hatte. 1932 besaß sie rund 25 Prozent des Continental-Kapitals. Ihr nahestehende Kreise verfügten über weitere 12 Prozent, so daß diese Gruppe in der Generalversammlung einen beherrschenden Einfluß ausübte. Bei der Beratung über die Dividende für 1931 beharrte sie auf einer Zahlung von 8 Prozent, und der Vorstand, der angesichts der fortdauernden Krisensituation eine über 6 Prozent hinausgehende Zahlung für äußerst bedenklich hielt, gab schließlich nach, da der Ausgang der Abstimmung sehr unsicher gewesen wäre. Der für die erhöhte Dividendenausschüttung benötigte Mehrbetrag wurde einem neugeschaffenen Dividendenausgleichs- und Wertberichtigungsfonds entnommen, der in Höhe von 8 Millionen Reichsmark durch Auflösung stiller Reserven gebildet worden war. Auch für 1932 wurden auf Druck der Großaktionäre 8 Prozent Dividende ausgeschüttet, für die abermals erhebliche Mittel aus der Auflösung stiller Reserven entnommen werden mußten.[16] Bis zum externen Wachstumssprung infolge der Fusion war Continental dabei nach dem Einbruch in den Kriegsjahren nur noch wenig aus eigener Kraft gewachsen. Erst seit 1929 stieg der Umsatz-Index deutlich über den Vorkriegsstand, um aber in der Weltwirtschaftskrise wieder auf knapp die Hälfte abzusinken. Eine Erholung setzte erst Mitte der 30er Jahre ein. Die Weltwirtschaft hatte sich erholt, und auch der Binnenabsatz begann infolge der nun auch in Deutschland einsetzenden Automobilisierung rasch zu wachsen. Continentals Erstausrüstungsanteil kletterte 1937 bereits wieder auf nahezu 50 Prozent, aber es war symptomatisch für das neue wirtschaftspolitische Umfeld, daß im gleichen Jahr der Exportanteil des Konzerns am Gesamtumsatz auf marginale 6,6 Prozent weiter absank. Auf Continental kamen Zeiten zu, in der die so mühsam und unter schmerzhaften Lernprozessen wiedergewonnene Wettbewerbsfähigkeit im Gefolge eines diktatorischen Regimes und des von ihm angezettelten Weltkrieges sowie einer beispiellosen Nachkriegsboomphase wieder verlernt und verloren wurde.

Kapitel 3
Scheinexpansion und Rückfall in die Provinzialität:
Die NS-Zeit und die Ära des Wirtschaftswunders
(1936–1968)

Wie alle deutschen Unternehmen wurde auch Continental seit der Machtübernahme durch das NS-Regime mehr und mehr in ein System der gelenkten Marktwirtschaft mit stark planwirtschaftlichen Elementen einbezogen. In der neuen, nationalsozialistischen Wirtschaftsordnung blieb das privatwirtschaft-

16 Vgl. Bericht über die Generalversammlung, in: *Deutscher Volkswirt* vom 6. 5. 1932.

liche Eigentum zwar formal unangetastet. Aber durch Rationierung und Kontingentierung bei Rohstoffen, durch staatliche Vorgaben für das unternehmerische Handeln und durch das allmähliche Einfrieren der wirtschaftlichen Rechnungssysteme, wie Preise, Löhne und Zinssätze, war die Lenkungsfunktion des Marktes außer Kraft gesetzt. Nach und nach, gleichsam geräuschlos, war eine staatlich verwaltete und gelenkte Wirtschaft entstanden, die insbesondere im Bereich der Produktion, der Arbeitskräfte und der Investitionen tief in die unternehmensinternen Belange eingriff. Die staatliche Wirtschaftslenkung wurde für die deutsche Kautschukindustrie zunächst in der im Mai 1934 vom Reichswirtschaftsministerium aus devisentechnischen Gründen eingerichteten »Überwachungsstelle für Kautschuk« spürbar. Damit war das Ende der freien Wirtschaft im Bereich des Gummis erreicht. Schnell erfolgte der erste Eingriff in die Produktion selbst bei der Fahrradbereifung, die nur noch in wenigen, ganz bestimmten Qualitäten hergestellt werden durfte. Für die Reifen alter Produktion wurde eine genaue Bestandsaufnahme bei Fabrikanten und Großhändlern angeordnet und der Verkauf einstweilen untersagt. Darüber hinaus wurde infolge der sich ständig verschlechternden Devisenlage die Kautschukindustrie gezwungen, nicht die Einfuhr von Rohstoffen nach der Produktion, sondern diese nach der bewilligten Devisenmenge auszurichten. Mehr und mehr rückte damit auch wieder die alte Regeneriertechnologie in den Mittelpunkt. Die Einrichtung der »Überwachungsstelle Kautschuk« war nur der erste Schritt zur staatlichen Lenkung von Produktion und Vertrieb. Für jeden Produktzweig wurden nun staatliche Zwangskartelle in Form »marktregelnder Verbände« gebildet, deren wichtigster die »Wikrafa« (Wirtschaftsstelle für Kraftfahrzeugreifen GmbH, Berlin) war. Der Wettbewerb zwischen den Konkurrenzfirmen fand bald nur noch in den Korridoren des Wirtschafts- und Rüstungsministeriums sowie in den zahlreichen Ausschüssen und Fachgruppen statt, in denen um Rohstoffzuteilungen und Rüstungsaufträge gerungen wurde. Mehr präventiv als von der propagierten »Selbstverwaltung der deutschen Industrie« überzeugt, hatte Continental die wichtigsten Posten in diesen Gremien mit eigenen Managern zu besetzen versucht, galt es doch gegenüber Phoenix als nun plötzlich aufstrebenden Konkurrenten, »eine Stärkung [dessen] Position unter allen Umständen zu vermeiden«.[1]

Im Continental-Vorstand wurden diese Entwicklungen mit deutlicher Skepsis und Zurückhaltung verfolgt. Von einer Profilierung als »NS-Betrieb« war man wohl auch deshalb weit entfernt, da seit der Gründung im Vorstand und vor allem im Aufsichtsrat mehrheitlich Vertreter aus jüdischen Bankiers- und Unternehmerkreisen saßen. Die »Arisierung« des Konzerns vollzog sich dabei mit dem Ausscheiden fast aller jüdischer Aufsichtsratsmitglieder anläßlich der Sitzung am 10. Mai 1933 lautlos. Im Vorstand dagegen erfolgte 1934 ein

---

1 Vgl. zum Folgenden vor allem die Protokolle der wöchentlichen Vorstandssitzungen vom 3. 12. 34 bis 4. 12. 45, in: 6603 Zg. 3/85, A 3, hier Protokoll der Vorstandssitzung vom 20. 10. 38.

»natürlicher« Wechsel, da Willy Tischbein die Altersgrenze erreicht hatte. Mit Carl Gehrke übernahm als neuer Betriebsführer zunächst ein alter Vorstands-kollege Tischbeins das Ruder, ehe im Januar 1938 Fritz Könecke den Vor-standsvorsitz übernahm, ein junger, aber keineswegs nationalsozialistisch gesinnter Manager. Unter ihm setzte der Vorstand seine von Anfang an eingeschlagene Haltung des Primats der Unternehmensinteressen gegenüber den Staats- und Regimeinteressen fort, auch wenn man sich als mächtiger und wichtigster Exponent einer nun politisierten und zu einer der Schlüsselbran-chen im Rüstungs- und Kriegskalkül erklärten Kautschukindustrie den Zugrif-fen der NS- und Wehrmachtsbehörden besonders ausgesetzt sah. Die Zwänge, mit denen das Unternehmen konfrontiert war, begannen bei der Rohgummi-zuteilung durch den Reichskommissar für die Kautschukwirtschaft. Nicht nur, daß man angesichts der geringen Kontingente laufend mit Rohstoffknappheit zu kämpfen hatte und daher immer wieder die Fertigung drosseln mußte; die Zuteilungen waren zudem auch überwiegend an die Bedingung der aus-schließlichen Verarbeitung für Reifen geknüpft und damit ein Instrument indirekter Produktionssteuerung durch den Staat. Der Bereich Technische Produkte verlor damit bei Continental immer mehr an Bedeutung. Und nicht nur was die Quantität der gefertigten Produkte sowie die Produktpalette anging, sondern auch hinsichtlich der Qualität griff nun das Regime in die Unternehmensbelange ein. Mehr als andere Konzerne war das Reifenunter-nehmen von devisenintensiven Rohstoffimporten – sei es Ruß und Baum-wolle aus Amerika oder Kautschuk aus Malaysia angewiesen. Die nationalso-zialistische Autarkiepolitik zwang nun zur Verwendung von heimischen Synthese- und Ersatzrohstoffen wie Buna, Regenerat, Zellwolle, Kunstseide und deutschem Gasruß. Diese Ersatzrohstoffe waren in ihrer Qualität weit schlechter als die Naturprodukte und auf den vorhandenen Maschinen nur unzureichend bearbeitbar. Aufwendige Umstellungen des Fertigungspro-zesses waren notwendig. Noch Mitte 1935 hatte sich der Continental-Vorstand wegen des drohenden Qualitäts- und damit befürchteten Imageverlustes vehe-ment gegen den Einsatz von Synthese-Kautschuk gewehrt, und im Dezember 1935 war es nur mit Mühe gelungen, Anordnungen aus Berlin über den Beimischungszwang von deutscher Zellwolle statt Baumwolle im Reifencord-gewebe zunächst zu verhindern.[2] Letztlich war man aber gezwungen, auf der Basis der neuen Rohstoffkomponenten einen neuen Reifen zu konstruieren und zu entwickeln, der eine deutlich schlechtere Qualität aufwies. Betrug der Anteil von Naturkautschuk 1932 noch 94,4 Prozent, so waren es 1942 nur noch 35,2 Prozent und 1943 schließlich 5,9 Prozent. Die jahrzehntelangen For-schungs- und Entwicklungsbemühungen um eine höhere Lebensdauer, ge-ringere Rollwiderstände und verbesserte Haftung der Reifen waren damit auf einen Schlag obsolet geworden, und hilflos mußte der Vorstand mit ansehen,

2 Vgl. dazu Protokoll der Vorstandssitzung vom 11. 5. 35 und vom 11. 12. 35.

wie der technische Vorsprung von einst dahinschmolz.[3] Es war unabwendbar,
daß die deutsche Gummi-Industrie ihre qualitative Konkurrenzfähigkeit gegenüber dem Ausland noch im Laufe des Jahres 1934 einbüßen und sich die
Verbraucher in Deutschland mit zweit- und drittrangiger Ware würden begnü-
gen müssen. Die Gummi-Industrie ging zwar einer Zeit besserer Beschäftigung und höherer Verdienste, aber keineswegs einer Phase größerer Stabilität
und höherer Qualitätsfertigung entgegen.

Und dennoch – so widersprüchlich es erscheinen mag – war die NS- und
Kriegszeit bei Continental gleichzeitig von einer Intensivierung der Forschung und Entwicklung begleitet. Der Boom der deutschen Autoindustrie
und die Autarkieforschung in den Aufrüstungsjahren legten letztlich erst den
Grundstein der Entwicklung der deutschen Kautschuk- und Reifenindustrie
zur forschungs- und entwicklungsorientierten Hochtechnologiebranche, deren Durchbruch allerdings erst nach 1945 erfolgte. Synthese-Kautschuk sollte
sich als der Werkstoff der Zukunft etablieren, und in engen und intensiven
Kontakten zwischen den Forschungslabors der IG Farben und den Entwick-
lungs- und Versuchsabteilungen von Continental wurden die Deutschen zunächst bald führend in der neuen Reifentechnologie. Mitten im Kriegsjahr
1943 gelang den Continental-Ingenieuren zudem eine Erfindung, die in der
Nachkriegszeit zum gängigen technologischen Prinzip der Reifen wurde: Da
Reifenschläuche aus Buna nicht hergestellt werden konnten, experimentierte
man an einem luftdichten Sitz des Reifenmantels an der Felge, der die Schläuche überflüssig machen würde. Als Continental 1943 schließlich den schlauchlosen Reifen allerdings beim Reichspatentamt anmelden und schützen lassen
wollte, bezweifelte dieses, daß »die Anmelderin den behaupteten technischen
Fortschritt glaubhaft machen [kann]«. Die Patentangelegenheit verzögerte
sich schließlich auch durch die Kriegswirren, und nach dem Krieg war es daher
dann die amerikanische Reifenindustrie, die mit der Innovation zuerst auf den
Markt kommen konnte.[4] Auch der Einsatz von Kunstseide in den Cordfäden
wies prinzipielle technologische Vorteile gegenüber dem alten Baumwoll-
Cord-Gewebe auf. Dabei hatten sich die Reifenentwickler zunehmend auch
Gedanken über den prinzipiellen Ersatz der Baumwollcordkarkasse durch
einen neuen Festigkeitsträger gemacht. Unter dem Vorzeichen der Autarkieforschung und ihrer Suche nach billigeren Ersatzstoffen lag die Verwendung
von Stahl auf der Hand. Man befand sich dabei in intensivem Wettlauf mit
Michelin, deren Anstoß zu entsprechenden Forschungen allerdings in der
Automobiltechnik lag. 1935 hatte der französische Reifenhersteller den Automobilhersteller Citroën gekauft, der wegen seiner eigentümlichen Frontan-
triebstechnologie an den Rand des Bankrotts geraten war. Durch die hohe
Belastung der Vorderreifen, der die damalige Reifentechnologie nicht gewach-

3 Vgl. Protokoll der Vorstandssitzung vom 25. 6. 37.
4 Vgl. dazu auch Treue, S. 339.

sen war, drohte das neue Antriebsprinzip zu scheitern, und Michelin sah sich zur Entwicklung eines neuen Reifens gezwungen. Beide Unternehmen hatten bis Kriegsbeginn trotz ihrer unterschiedlichen Herangehensweise Fortschritte gemacht, aber allein Michelin war es gelungen, das Problem der Verbindung von Draht und Gummi fertigungstechnisch in den Griff zu bekommen und noch 1939 einen »Metallic-Reifen« für Lastkraftwagen auf den Markt zu bringen. Obwohl Continental im Laufe des Krieges zumindest teilweise Zugriff auf das Michelin-Wissen erhielt und man sich in Hannover ein beträchtliches »Stahl-Know-how« aufbauen konnte, gelang es aber nicht, das Fertigungsproblem zu lösen. Dabei hatte Continental – um all diese neuen Aufgaben zu bewältigen – seit Mitte der 30er Jahre begonnen, sein F+E-Potential auszubauen. Die Zahl der Chemiker und Ingenieure verdoppelte sich auf über 200, und Anfang 1939 beschloß man die Gründung eines zentralen Forschungsinstituts, das – mit Schwerpunkt auf die chemische Entwicklung – in enger Anbindung an die gleichzeitig im Bau befindliche neue Buna-Reifenfabrik geplant war. Es konnte seine Arbeit im Kriege aber nicht mehr aufnehmen.

Die massivsten Eingriffe des NS-Regimes erfolgten neben der Forschung und Entwicklung sowie der Fertigung aber in der Investitions- und Finanzpolitik von Continental. Zunächst sah sich der Vorstand von den Reichsbehörden auf dem Inlandsmarkt zu immer neuen und aus Sicht der Unternehmensleitung riskanten Investitionen gezwungen. Da man in den 20er Jahren beträchtliche Fertigungskapazitäten aufgebaut hatte, behalf man sich in Hannover auf entsprechende Anordnungen höherer Fertigungsleistungen durch die Rüstungsstellen zunächst mit der Auslastung und Umschichtung der vorhandenen Kapazitäten zu Lasten des Zivilbedarfs. Anfang 1938 jedoch beschloß der Vorstand, vor den Toren der Stadt das spätere Stöckener Reifenwerk zu bauen, das auf eine Kapazität von 100 Tonnen Mischungen und 7200 Reifen pro Tag ausgelegt und damit so groß wie die gesamte bisherige Kapazität war. Auch dieser Entschluß, ein für damalige Verhältnisse gigantisches Bauvorhaben in Angriff zu nehmen, war nicht ohne Druck der Machthaber in Berlin zustande gekommen. Schon früh hatten für den Luftschutz zuständige Stellen die gefährdete Lage des Stammwerks Vahrenwald bemängelt und auf einen Neubau unter Berücksichtigung aller Sicherungsmaßnahmen gedrängt. Darüber hinaus war die Verarbeitung des synthetischen Kautschuks in Vahrenwald nur in geringem Umfang möglich. In dem neuen Werk sollte schließlich vor allem auch der neue »VW-Reifen« produziert werden, aber mit Kriegsbeginn verzögerte sich der Weiterbau, und erst im August 1942 lief die Autoreifenproduktion mit letztlich nur 650 Reifen pro Tag maximaler Kapazität an.

Während die Errichtung des Stöckener Werks auch den Interessen des Unternehmens entgegenkam, so bahnten sich zwischen Unternehmensleitung und Reichswirtschaftsministerium Mitte der 30er Jahre heftige Konflikte um die geforderte finanzielle Beteiligung des Reifenherstellers am Aufbau der Ersatzrohstoffindustrie an. Ultimativ hatten dabei die NS-Behörden beschlossen, daß die Kautschukfirmen eine neue Gasrußfabrik errichten und die entsprechenden Kosten übernehmen mußten. Nicht nur die Baukosten liefen schnell von geplanten 3 Millionen Reichsmark auf 7 Millionen Reichsmark aus dem Ruder; rasch war auch klar, daß statt der vom Reichswirtschaftsministerium ursprünglich veranschlagten 25 Pfennige pro Kilogramm Ruß sich die tatsächlichen Gestehungskosten auf über 75 Pfennig belaufen würden und damit weit über jeder Rentabilitätsgrenze lagen.[5] Erhebliche Mittel mußten die Reifenunternehmen auch für die Errichtung der Buna-Anlagen der IG Farben aufbringen und ihrerseits gleichzeitig riesige Mischwerk-Kapazitäten aufbauen, »obwohl«, so klagte der technische Direktor in der Vorstandssitzung vom 4. Februar 1937, »die zweckmäßige Verarbeitungsmethode für das Buna noch wenig erforscht ist [...] Der Druck des Amtes für deutsche Rohstoffe sei aber so stark, daß man der Bestellung von weiteren Mischwerken nicht ausweichen kann, so daß mit zusätzlichem Geldbedarf gerechnet werden muß.«[6] Als »ausgesprochenes Kriegsrisiko« stufte man im Vorstand auch die Aufforderung der Rüstungsbehörden vom September 1939 ein, eine zweite Fabrikationsstätte für Flugzeug-Tankschläuche zu errichten. Weigerte sich Continental, so bestand die Gefahr, wertvolle Mischungsrezepturen und damit Know-how abgeben sowie das nach wie vor bestehende rentable Friedensgeschäft aufgeben zu müssen. Der Vorstand beschloß schließlich, die zusätzlichen Fertigungskapazitäten in Korbach zu errichten und sich so wenigstens mit 50prozentigen Staatszuschüssen gleichzeitig eine Modernisierung der dortigen Fabrikanlagen finanzieren zu lassen.[7]

Mit Kriegsbeginn verlagerten sich die Interventionen und der Lenkungsdirigismus des NS-Regimes zunehmend auf die Auslandsinvestitionen von Continental. Sie liefen auf einen Expansionskurs des Reifenkonzerns hinaus, der vor allem an den staatlichen Rüstungserfordernissen und weniger an unternehmensstrategischen Interessen orientiert war. Mitte der 30er Jahre hatte Continental noch zunächst damit begonnen, eine eigene Exportstrategie zu entwickeln, um der allenthalben sinkenden Präsenz auf den Auslandsmärkten entgegenzusteuern. 1935 war in Spanien mit dem Bau einer Reifenfabrik begonnen worden, und gleichzeitig entwarf man Pläne für die Errichtung – wenn auch meist kleinerer – Fertigungs- wie Vertriebsniederlassungen in den USA, Italien, der Schweiz und Holland. Mit Dunlop und Vredestein liefen dabei auch erste Kooperationsgespräche. Aber all diese Überlegungen zerschlugen sich, je schärfer die Devisen- und Exportrestriktionen des NS-Regimes wurden und der Kriegsausbruch näher rückte. Continental war gezwungen, die Exportgeschäfte über eine neue, in Hannover angesiedelte Holding, die Continental Caoutchouc Export AG, zu koordinieren und abzurechnen, ohne

5 Vgl. Protokoll der Vorstandssitzung vom 17. 10. 1936.
6 Vgl. Protokoll der Vorstandssitzung vom 4. 2. 1937.
7 Vgl. Protokoll der Vorstandssitzung vom 29. 9. 1939.

allerdings die in Holland sitzende Interconti aufzulösen. Sie sicherte weiterhin
zunächst über Umwege zumindest teilweise den Devisenbedarf des Konzerns.[8]

Als man im Oktober 1938 in Kooperationsverhandlungen mit dem österreichischen Reifenunternehmen Semperit eintrat und wenige Monate später
zu einem Abkommen mit Know-how-Transfer durch Continental und einer
50prozentigen Kapitalbeteiligung an zwei Auslandswerken Semperits in Polen
und Jugoslawien kam, nutzten die Hannoveraner ein letztes Mal ihre verbliebenen unternehmenspolitischen Handlungsspielräume.

»Die Vorteile einer möglichen Verbindung«, so hieß es dazu in der Vorstandssitzung vom 20. Oktober 1938, seien »im Augenblick zwar nur andeu-
tungsweise sichtbar. Aber das ganze bekäme größeres Gewicht, wenn wir uns
vorstellen, daß bei Nichtzustandekommen der Verbindung diese Vorteile
dann auf die Seite unserer Konkurrenz zu liegen kommen. Eine Stärkung der
Position Phoenix muß unter allen Umständen vermieden werden. Des weiteren scheint der Hinweis wichtig, daß unsere wissenschaftlichen und technischen Kenntnisse den Ostmarkfabriken und auch anderen schwachen deutschen Fabriken mehr oder weniger stark durch Druck der Berliner Stellen zur
Verfügung gestellt werden müssen, bzw. könnten. Es erscheint zweckmäßig,
diesem Druck entgegenzuwirken durch eine von uns gewählte Verbindung.«[9]

1941 ging schließlich unter Abgabe der Beteiligung am polnischen Werk die
Fabrik im slowenischen Kraijn ganz in den Besitz von Continental über, und
ein Jahr zuvor hatte man auf Initiative der Reichsbehörden in Posen ein
Zweigwerk des polnischen Reifenherstellers Stomil zugeschlagen bekommen.
Es blieben die beiden einzigen Auslandsfabriken im Krieg. Beides waren
relativ kleine Fabriken mit knapp 1000 Beschäftigten, für die Continental
erhebliche Modernisierungsinvestitionen aufbringen mußte. So große Expan-
sionsmöglichkeiten sich im Gefolge der ersten Kriegserfolge des Regimes im
Rahmen der allenthalben entwickelten nationalsozialistischen Großraum-
Wirtschafts-Planungen auch in den folgenden Jahren ergaben, so vorsichtig
und an den alten Kategorien der europäischen Marktaufteilung unter den
Wettbewerbern orientiert verhielt sich der Continental-Vorstand. In den besetzten belgischen und französischen Gebieten etwa fielen eine Reihe von
Reifenfabriken insbesondere von Michelin und Goodrich an die Deutschen.
In der Form von Betreuungs- und Pachtfirmen beließ man aber diesen Werken
ihre rechtliche Eigenständigkeit und beschränkte sich auf die Überlassung des
Synthesekautschuk-Know-hows. Der Vorstand legte schon allein deshalb aus-
drücklichen Wert darauf, sich gegenüber Michelin »fair und korrekt zu verhalten«[10], da man sich bewußt war, daß man nach dem Kriege wieder einem

8 Vgl. Protokoll der Vorstandssitzung vom 23. 11. 1936.
9 Vgl. Protokoll der Vorstandssitzung vom 20. 10. 1938.
10 Vgl. Protokoll der Vorstandssitzung vom 2. 2. 1943.

mächtigen Konkurrenten gegenüberstehen würde. Als bereits im Mai 1941 auf der Tagesordnung der Vorstandssitzung an erster Stelle der Besprechungspunkt »Zusammenarbeit Continental/Michelin/Goodrich« stand, ging es daher erst in zweiter Linie darum, den augenblicklichen strategischen Vorteil für eine nachhaltige Schwächung der Konkurrenten auszunützen. Mitte 1940 hatten auch intensive Gespräche über eine Zusammenarbeit mit Pirelli begonnen, die im Juli zu einem Abkommen über den Erfahrungsaustausch der Buna-Vearbeitung führten. So intensiv sich aber auch die weiteren Beziehungen bis 1944 entwickelten, so war das Verhältnis zwischen Continental und Pirelli letztlich deutlich vom Ringen um eine zukünftige, dem Konkurrenten überlegene Wettbewerbsposition geprägt. Continental war darauf bedacht, den Italienern nicht allzuviel technisches Know-how zu überlassen, und Pirelli seinerseits versuchte mit allen Mitteln, einen Einstieg der Deutschen auf dem italienischen Heimatmarkt zu verhindern.[11] Im Herbst 1942 schloß Continental schließlich einen Kooperationsvertrag mit dem schwedischen Gummiunternehmen Gislaved. Er sollte nicht nur langfristig den Zugang auf den skandinavischen Markt sichern, sondern kurzfristig auch einen Versorgungskanal für Rohgummi über das neutrale Land eröffnen.

Massiv griff das NS-Regime schließlich in die Finanz- und Ertragsentwicklung von Continental ein. Wie alle deutschen Unternehmen verzeichnete auch der Hannoveraner Konzern in der NS-Zeit erhebliche Gewinne. Der Rüstungsboom ließ Umsätze wie Erträge in die Höhe schnellen. Allerdings war Continental dabei in eine Industriepolitik des Regimes eingebunden, die sich auf das Unternehmen ambivalent auswirkte. Einerseits hatte man seitens des Regimes die Möglichkeit zu Gewinnerwirtschaftung als Anreizsystem bewußt belassen und zum Teil noch ausgeweitet. Andererseits sorgte eine rigide staatliche Preispolitik und vor allem auch eine Begrenzung der Dividendenausschüttungen für ein staatlich reglementiertes Abschöpfen der Gewinne.

Im Juli 1937 etwa berichtete Könecke auf der Vorstandssitzung über Preisfragen im Reifengeschäft, »daß die von uns errechneten Preise, gesehen zur Konkurrenz, ungünstiger als früher liegen [...] Für Verdienstanteil haben wir in unserer Kalkulation 6 Prozent vom Umsatz eingesetzt, ein Satz, der uns auch anläßlich verschiedener Nachprüfungen genehmigt wurde. In Anbetracht der durch den Zoll und auch durch mengenmäßige Ausweitung hervorgerufenen Umsatzsteigerung erscheint eine Reduzierung des Gewinns ratsam. Es wird vorgeschlagen, für das Reifengeschäft neuerdings 4 ½ Prozent Gewinn und für das technische und sonstige Geschäft 6 Prozent zu berechnen. Es soll eine schärfere Preisüberwachung im technischen und sonstigen Geschäft einsetzen, um überhöhte Verdienste auf das notwendige Maß zu beschränken.«[12]

---

11 Vgl. dazu zum Beispiel Protokoll der Vorstandssitzung vom 5. 8. 1940 und vom 24. 10. 1942.
12 Vgl. Protokoll der Vorstandssitzung vom 12. 7. 1937.

»Übermäßige Gewinne« flossen über hohe Steuern ebenso in die Staats-
kasse wie alle über 8 Prozent ausgewiesenen Dividendenausschüttungen. Das
NS-Regime hatte ein System geräuschloser Kriegsfinanzierung aufgebaut,
dem auch Continental unterworfen war. Dabei war das Unternehmen allerdings durch seine auch weiterhin beibehaltene Tradition hoher Dividendenzahlungen bald aufgefallen. Während die anderen Aktiengesellschaften schon
längst ihre Ausschüttungen auf ein Minimum reduziert hatten, schüttete
Continental bis 1939 unbeirrt zwischen 11 und 14 Prozent aus und mußte sich
bald Anfeindungen von Parteistellen gegen die »gemeinschaftsschädigende
Bereicherung der Anteilseigner« gefallen lassen. Nach und nach ging aber
auch Continental dazu über, die tatsächlichen Gewinne nicht mehr auszuwei-
sen und als stille Reserven oder aber Vergrößerung des Anlagekapitals im
Unternehmen zu belassen. Die offiziell festgestellten Umsatzrenditen, die
sich auf ca. 5 Prozent eingependelt hatten, sanken damit nach 1936 auf ca. 2 bis
3 Prozent ab. Die jährlichen Zugänge des Anlagevermögens stiegen gleichzeitig von etwa 3 Millionen Reichsmark (1934) auf über 10 Millionen Reichsmark
(1942), bezogen auf den Umsatz von 2,4 Prozent auf über 6 Prozent (1939), um
allerdings bis 1942 wieder deutlich auf 4,5 Prozent abzusinken.

Dennoch kann angesichts dieser Zahlen – anders als in weiten Teilen der
Eisen- und Stahlindustrie, der Chemie-, Automobil-, Flugzeug- und Elektroindustrie sowie der Banken – von Continental als Profiteur der Rüstungs- und
Kriegszeit kaum die Rede sein. Man war sich im Vorstand weitgehend klar
darüber, daß das Unternehmenswachstum überwiegend eine Scheinexpansion war, die über den Krieg hinaus kaum Bestand haben würde. An künftige
Absatzmärkte in den osteuropäischen Ländern glaubte keiner, und die neuer-
worbenen Auslandsfabriken besaßen daher für die Zukunft wenig strategischen Wert. Weit mehr, als die NS-Zeit zum Ausbau der eigenen Position zu
nützen, war man allenthalben darum bemüht, den Aufstieg unliebsamer in-
ländischer wie ausländischer Konkurrenten für die Nachkriegszeit zu verhindern. So gut es ging, versuchte der Vorstand den Einfluß des NS-Regimes auf
die Führungsstrukturen, die betrieblichen Arbeitsbeziehungen und auf die
Umstellung der Produktion gering zu halten. Dennoch arrangierte sich letztlich auch Continental mit dem neuen System. Wie in allen größeren deutschen Unternehmen kamen seit Ende 1943 Zwangsarbeiter und seit Juli 1944
KZ-Häftlinge zum Einsatz, insgesamt ca. 7000 Frauen und Männer aus Frankreich, Rußland, Polen und Belgien, die schließlich ein Drittel der Beschäftigten ausmachten. In der Bandbreite unternehmerischen Verhaltens in der NS-
Zeit, von zwangsläufiger Verstrickung, professioneller Selbstmobilisierung,
opportunistischer Anpassung und skrupelloser Nutznießerschaft rangierte der
Continental-Vorstand dennoch am oberen Ende des Spektrums. Der Gummi-
konzern gehörte zu jenen wenigen Unternehmen, die, wie die AEG, in der
Zwischenkriegszeit auf dem Weg waren, sich zu hochinnovativen und wettbewerbsfähigen multinationalen Konzernen zu entwickeln, im Gefolge der Ent-

wicklungen der NS- und Kriegszeit dabei aber so nachhaltig geschwächt und zurückgeworfen wurden, daß ihnen auch in den 50er und 60er Jahren eine Rückkehr und ein Anknüpfen an die Zwischenkriegszeit nicht mehr gelang.

Bei Kriegsende war das Produktionspotential Continentals trotz einer weitgehenden Zerstörung des Vahrenwalder Stammwerks nur wenig beeinträchtigt. Noch 1945 hatte man auf Anforderung der britischen Militärregierung die Reifenfertigung wieder aufgenommen. Der enorme Bedarf der Besatzungstruppen ließ die Umsatzzahlen noch vor der Währungsreform rasch in die Höhe schnellen. Die für die Verarbeitung von synthetischem Kautschuk konzipierten Anlagen mußten nun wieder auf den streng kontingentierten Naturkautschuk umgestellt werden. Synthese-Kautschuk durfte auf Anordnung der Alliierten zunächst nicht importiert und später auch nicht hergestellt werden. Die für die Freigabe von Rohmaterialien in Norddeutschland zuständigen Stellen der Militärregierung hatten jedoch im Verwaltungsgebäude des Buna-Reifenwerks von Continental ihren Sitz genommen, was dem Unternehmen allein schon wegen der Nähe zu den aus der Kautschukbranche stammenden Offizieren manchen Vorteil verschaffte. Im Continental-Werk residierte zunächst auch die Abteilung Kautschuk des bizonalen Verwaltungsamtes für Wirtschaft sowie der neugegründete Verband der deutschen Kautschukindustrie. Wie in allen deutschen Großunternehmen gaben sich in den ersten Nachkriegsmonaten auch bei Continental nun amerikanische und britische Technikoffiziere die Klinke in die Hand, um sich ein genaues Bild über eventuell verwendbares Know-how zu machen. Zumindest was die amerikanische Seite anging, ging es dabei schon bald nicht mehr um technologische Ausbeutung oder geistige Reparationen – sah man doch schnell, daß die amerikanische Reifenindustrie in der Kriegszeit einen weiten technischen Vorsprung erreicht hatte –, sondern um die Wiederaufnahme alter oder die Anknüpfung neuer Geschäftsbeziehungen. Von seiten Dunlops dagegen gab es im Juni 1947 den unverhohlenen Versuch, die schwierige Lage des alten Konkurrenten zu einer nachhaltigen Schwächung zu nutzen. Der englische Reifenkonzern sah sich im Heimat- wie Auslandsmarkt erheblichen Problemen gegenüber und befürchtete über kurz oder lang gegenüber einer wiedererstarkenden Continental ins Hintertreffen zu geraten. Man informierte daher die Hannoveraner Unternehmensleitung, »daß Dunlop vorschwebt, den Export der Continental zu übernehmen bzw. auch teilweise nur zu lenken, das heißt uns Direktiven zu geben, an wen und wohin wir die einzelnen Waren verkaufen sollten, um damit gewissermaßen den Conti-Export mit dem der Dunlop-Rubber-Comp. nach deren Wünschen zu koordinieren«.[13] In der Tat spielte man bei Continental bereits wieder mit dem Gedanken, so rasch wie möglich an die Exporterfolge der 20er Jahre anzuknüpfen. Zunächst jedoch galt es, das Unternehmen wieder aufzubauen. Bis auf den als unbelastet eingestuften

---

13 Vgl. Aktennotiz vom 5./6. Juni 1947, in: 6610 Zg. 1/85, A 3.

Vorstand Ernst Fellinger waren alle Direktoren im Rahmen der Entnazifizierung entlassen worden. An ihre Stelle rückten unter Fellinger als neuem Generaldirektor nur wenig jüngere Continental-Manager aus der zweiten und dritten Linie. Mit der Währungsreform von 1948, »auf die [der Vorstand] aber von langer Hand sorgfältig vorbereitet war«[14], gingen auch die von Währungsverfall, anhaltender Zwangswirtschaft und Ernährungskrise geprägten unmittelbaren Nachkriegsjahre zu Ende.

Gezielt machte sich der Continental-Vorstand wie nach dem Ersten Weltkrieg daran, zunächst und vor allem die technische Kompetenz und damit die Innovationsfähigkeit des Unternehmens wiederherzustellen. »Gegenüber dem die Bildung der Weltmarktpreise maßgeblich bestimmenden amerikanischen und englischen Wettbewerb und auch den in den einzelnen Ländern bestehenden Kautschukwarenfabriken«, so mußte man sich in der Unternehmensleitung eingestehen, »sind wir preislich [und auch technologisch, so hätte man hinzufügen müssen] nicht wettbewerbsfähig.«[15] Mehr als nach dem Ersten Weltkrieg lag es nahe, sich im Zuge der »Amerikanisierung« der deutschen Wirtschaft nach Kriegsende an der auf ihrem Höhepunkt stehenden amerikanischen Reifenindustrie zu orientieren und über Lizenzverträge und Erfahrungsaustausch das neueste Know-how bei Reifenchemie, Reifenkonstruktion und Reifenfertigung zu beschaffen. Je schneller und genauer man den Geist der »Big Five« Goodyear, Goodrich, General Tire, Firestone und US Rubber (später Uniroyal) nachahmte – so die allgemeine Devise –, desto eher schien eine Rückkehr zur Wettbewerbsfähigkeit garantiert. Während Phoenix sich an Firestone orientierte und auch eine Kapitalbeteiligung der Amerikaner erfolgte, nahm Continental Mitte 1948 seine alten Geschäftsbeziehungen in die USA auf und schloß, diesmal mit General Tire, 1949 ein Kooperationsabkommen ohne gesellschaftsrechtliche Verknüpfungen, das vor allem den Zugang zu den Lizenzen und Patenten der Amerikaner bedeutete. Mehr noch als in den 20er Jahren reisten nun Vorstand, Entwicklungsingenieure und Reifenchemiker aus Hannover ins Reifenmekka nach Akron/Ohio, um mit Konstruktionsunterlagen, Maschinen und Rezepturen zurückzukehren.[16] Forschung und Entwicklung bei Continental hieß jetzt, die neuen Erkenntnisse, Verfahren und Methoden zur sogenannten Diagonal-Reifen-Technologie[17] aus Amerika so rasch wie möglich zu beherrschen und in die eigene Fertigung umzusetzen. Und Continental lernte schnell. Schon 1953 hatte man technologisch mit den Amerikanern gleichgezogen. »Der von langer Hand vorbereitete

---

14 Vgl. Geschäftsbericht 1947.
15 Vgl. Geschäftsbericht 1950.
16 Vgl. 6610 Zg. 1/65, A 30; vgl. auch Treue, S. 325 ff.
17 Das Kernstück des Diagonalreifens war die Karkasse. Sie wurde aus mehreren Cordgewebelagen aufgebaut. Die diagonal zur Lauffläche verlaufenden Corde einer jeden Lage gaben dem Reifen den Namen. Sie kreuzten sich mit denen der benachbarten Lagen unter einem Winkel von rund 40° und waren an den Radkernen im Wulst des Reifens verankert. Beim Radialreifen dagegen verlaufen die Cordfäden der Karkasse auf dem kürzesten Weg (radial) von Wulst zu Wulst.

Plan der völligen Neuschöpfung unserer gesamten Kraftfahrzeug-Reifen«, so hieß es dazu im Geschäftsbericht, »wurde nach gründlicher wissenschaftlicher Vorarbeit und umfangreicher Erprobung Wirklichkeit mit dem Beginn der Lieferung unserer neuen R-Reifen für Personenkraftwagen im Spätherbst des Jahres. Inzwischen ist auch die Umstellung für das ganze Lastkraftwagen-Reifenprogramm erfolgt.«[18] 1954 beendete Continental die General-Tire-Kooperation und hängte sich nun an das Entwicklungs- und Marktpotential des Weltmarktführers Goodyear. In einem neuen Abkommen übernahmen die Deutschen die Fertigung von Goodyear-Reifen in ihren Fabriken, erhielten dafür aber das entsprechend neueste Reifen-Know-how. Personal und Budget der F+E-Abteilungen wurden dabei deutlich aufgestockt. Standen 1950 den noch etwa 50 Chemikern und Ingenieuren erst 5 Millionen DM (1,6 Prozent des Umsatzes) zur Verfügung, so waren es Anfang der 60er Jahre – inzwischen unter dem organisatorischen Dach eines eigenen Vorstandsbereichs F+E – inzwischen ca. 200 Forscher und Entwickler, deren Etat auf 25,6 Millionen DM (2,4 Prozent des Umsatzes) aufgestockt worden war. 1955 brachte Continental als erstes deutsches Reifenunternehmen den schlauchlosen Reifen nun auch serienreif auf den Markt. 1960 zog man schließlich auch mit der von der amerikanischen Reifenindustrie neu entwickelten Gürtelreifen-Technologie (Textilgürtel mit Rayon-Cord-Karkasse) gleich. Bei dem »Neuen Continental Reifen«, so versicherte der Vorstand im Geschäftsbericht, »handelt es sich nicht um die mehr oder minder isolierte Züchtung einer gerade gewünschten besonderen Eigenschaft, sondern um eine von Grund auf neue, optimale Kombination aller Eigenschaften, die ein Autoreifen heute hinsichtlich Sicherheit, Fahrkomfort, Schnelligkeit, Bodenhaftung, Geräuscharmut, Kurvenstabilität und Lebensdauer erfüllen muß.«[19] Die rasche Entwicklung mit ihren kurzen Innovationszyklen schien damit in der Reifentechnologie abgeschlossen. Forschung und Entwicklung bei Continental standen in den Folgejahren ganz im Zeichen der immer aufwendigeren Bemühungen zur weiteren Verbesserung der mehr und mehr ausgereiften Diagonal- und Textilgürtelreifen-Technologie sowie zur Verbilligung der Herstellungskosten.[20]

So erfolgreich Continental bei der Wiedergewinnung der Innovationsfähigkeit war, es handelte sich letztlich nur um die Aneignung des technischen Fortschritts, der auch bei den Konkurrenten beherrscht wurde. Die reifentechnologischen Innovationen hatten ihre Exklusivität verloren, denn auch Dunlop, Phoenix, Pirelli, Metzeler und Fulda hatten sich mit Hilfe der freigebigen amerikanischen Reifenkonzerne auf den neuesten technischen Stand gebracht. Continental hatte zwar allein aufgrund seiner Größe auf dem expandierenden deutschen Inlandsmarkt mit seinem 1959 bestehenden Gesamtvo-

18 Vgl. Geschäftsbericht 1953, S. 7.
19 Vgl. Geschäftsbericht 1960, S. 9.
20 Vgl. dazu auch Geschäftsbericht 1964, S. 6.

lumen von ca. 12 Millionen Reifen im Wert von knapp einer Milliarde DM eine beherrschende Stellung wiedererlangt: Man führte mit einem Marktanteil von 40 Prozent vor Dunlop (18 Prozent) und Phoenix (12 Prozent) und einer noch erst mit ein Prozent beteiligten Michelin. Aber der Wettbewerb entschied sich zunehmend über Produktivität und Rentabilität, und hier setzte Phoenix unter der agilen Leitung von Otto A. Friedrich als Vorstandsvorsitzender dazu an, auf den einst übermächtigen Konkurrenten nicht nur aufzuschließen, sondern den Hannoveranern auch den Rang als Nummer 1 in Deutschland abzulaufen. Friedrich hatte schon 1948 im Rahmen der Debatte um die künftige Kartellgesetzgebung in Deutschland zum Angriff auf die »Continental-Übermacht« geblasen.[21] Von dem neuen, auf Dunlop und Michelin fixierten Continental-Vorstand weitgehend unbemerkt, hatte sich die Harburger Firma zu einem überaus dynamischen Unternehmen gewandelt. Mit einer aggressiven Marketingpolitik und einem rigiden Kostenmanagement nahm man Continental nach und nach Marktanteile in der Erstausrüstung wie im Ersatzgeschäft ab, und seit Anfang der 60er Jahre häuften sich nun auch beim Continental-Vorstand besorgte Berichte über das vergleichsweise immer schlechtere Abschneiden der Hannoveraner. Zwischen 1960 und 1965 etwa hatte Continental seine Umsätze je Mitarbeiter nur um 12,3 Prozent steigern können, Phoenix dagegen um 34,9 Prozent, bei gleichzeitiger Absenkung der Personalkostenanteile, die bei Continental dagegen deutlich wuchsen.[22] Und dieser Abstand vergrößerte sich in der zweiten Hälfte der 60er Jahre zugunsten von Phoenix weiter. Zwischen 1966 und 1970 stiegen die durchschnittlichen Personalkosten je Beschäftigten bei Continental um fast 40 Prozent, während im selben Zeitraum die Gesamtleistung je Mitarbeiter nur um 18 Prozent zunahm. Das Unternehmen wurde in einer Zeit gestiegener Kapitalintensität zugleich auch personal- und lohnkostenintensiver.

Die sich in den Nachkriegsjahren einspielenden Marktmechanismen in Deutschland, die wie eine Glasglocke die heimische Reifenindustrie vor heftigeren Wettbewerbskämpfen schützten, hatten die Bequemlichkeit von Continental gefördert.[23] Begünstigt durch die seit der Währungsreform durchweg gute Branchenkonjunktur war es auf dem Markt für Ersatzbereifung niemals zu offenen Preiskämpfen gekommen. Es war nicht nur Preisstarrheit sondern auch Preisgleichheit festzustellen. Wenn trotzdem relativ häufig Preisänderungen eintraten, dann lag das nur an außergewöhnlich starken Schwankungen der Kautschukpreise, die vor allem in der Korea-Krise Anfang der 50er Jahre rapide in die Höhe schnellten. Die verhältnismäßig starke preisliche Interdependenz bei Reifen führte seitens der Hersteller zu dem Bemühen,

---

21 Vgl. dazu Volker Berghahn, Paul J. Friedrich: Otto A. Friedrich, ein politischer Unternehmer. Sein Leben und seine Zeit, 1902–1975, Frankfurt am Main 1993.
22 Vgl. dazu 6615 Zg. 1/73, A 1.
23 Vgl. dazu unter anderem Gustav Karow: Der deutsche Reifenmarkt. Struktur und Wettbewerbsverhältnisse, Diss. Köln 1963.

einen scharfen Preiswettbewerb von vornherein zu verhindern bzw. zu erschweren. Da ein offizielles Preiskartell nicht möglich war, versuchte man durch andere Bindungen und Verträge, das preispolitisch relativ ruhige Wettbewerbsklima zu erhalten und zu sichern. Die wichtigste Möglichkeit dazu bot das Instrument der vertikalen Preisbindung (»Preisbindung der zweiten Hand«), das heißt, die Herstellerfirmen schrieben den von ihnen belieferten Händlern Festpreise vor, an die sie sich beim Weiterverkauf zu halten hatten. Diese seit 1953 geltende Regelung war zwar 1961 vom Bundeskartellamt aufgehoben worden, trat nach entsprechenden Klagen der Reifenindustrie aber seit 1962 wieder in Kraft. Daneben waren auch Handelsspannen und ein Jahresbonus einheitlich geregelt, letzterer in Form eines Gesamtumsatzrabattkartells. Man hat sich, da ein offizielles Preiskartell verboten war, mit diesen Instrumenten eine Art Kartellersatz geschaffen. Zwar wurde die Preisbindung autonom gehandhabt, aber in der Praxis stellten sich bei jeder Preisänderung immer wieder auf den Pfennig genau gleiche Preise ein. Den Reifenherstellern konnten dabei explizite Preisabsprachen nicht nachgewiesen werden. Offene Absprachen wurden vielmehr durch ein gut arbeitendes und seit langer Zeit bestehendes System der Preisführerschaft ersetzt, bei dem die drei führenden Firmen Continental, Dunlop und Phoenix, die zusammen rund zwei Drittel Marktanteil besaßen, als Preisführer abwechselnd in Erscheinung traten, die Hannoveraner aber eindeutig ›primus inter pares‹ waren. Zwar kam es auch zu verdeckten Preiszugeständnissen an die Händler. Sie gingen aber meistens von den kleineren Firmen aus, die dadurch ihren Marktanteil zu vergrößern suchten, ohne allerdings die großen Reifenunternehmen damit ernsthaft gefährden zu können.

In der Erstausrüstung dagegen funktionierten die Absprachen unter den Reifenherstellern nicht in annähernd gleichem Maße. Den 10 Reifenherstellern standen Mitte der 60er Jahre etwa 20 Automobilhersteller gegenüber, und der Vergleich der Erlösentwicklung von Erstbereifung und Ersatzreifen verzeichnete bei insgesamt sinkenden Zahlen ein erhebliche stärkeres Absinken in der Erstausrüstung. »Die zu Beginn 1966 mit den Automobilherstellern geführten Gespräche zur dringenden Anhebung der notleidend gewordenen Reifenpreise in der Erstausrüstung«, so klagte der Continental-Vorstand im Geschäftsbericht, »kamen nur zu einem äußerst bescheidenen Zwischenergebnis [...] Nur durch den gestiegenen Mengenumsatz konnten diese Einflüsse soweit aufgefangen werden, daß der Wertumsatz auf Vorjahreshöhe blieb.«[24] Allenthalben zeichneten sich hier schon die Mechanismen des bilateralen Oligopols ab, die in den 80er Jahren zu den spannungsreichen Beziehungen zwischen Zulieferern und Automobilindustrie führten.

Geblendet von den Mengenkonjunkturen der Wirtschaftswunderzeit und im Gefolge des deutschen Automobil-Booms von einem Umsatzrekord zum

---

24 Vgl. Geschäftsbericht 1966, S. 11.

nächsten jagend, leitete Continental Anfang der 60er Jahre eine neue Expansionspolitik ein. In Dannenberg und Northeim wurde mit der Errichtung neuer Fertigungsstandorte im TP-Bereich begonnen und 1961 schließlich der Bau einer neuen Reifenfabrik außerhalb Deutschlands, im französischen Sarreguemines (Saargemünd), beschlossen, in dem 1964 dann die ersten Reifen produziert wurden. Rein formal war Continental damit wieder ein multinationales Unternehmen, zumal in der zweiten Hälfte der 60er Jahre eine Reihe neuer Auslandsvertriebsgesellschaften in Italien, Portugal und Großbritannien hinzukamen sowie auch eine Beteiligung in Südafrika eingegangen wurde. An der Heimatmarkt-Orientierung des Vorstandes und auch an der marginalen Auslandsmarktpräsenz änderte das aber nur wenig. Von 1950 bis 1969 verdoppelte sich zwar der Exportanteil am Gesamtumsatz, erreichte aber letztlich nur ganze 16 bis 17 Prozent. Trotz massiver und von Jahr zu Jahr steigender Investitionen, die vor allem zwischen 1964 und 1967 mit insgesamt 380 Millionen DM ein Rekordniveau erreichten, verzeichnete das Unternehmen nur mäßige und tendenziell sinkende Produktivitätszuwächse, die seit 1960 nur noch zwischen ein und zwei Prozent jährlich betrugen – ein Indiz dafür, daß weit mehr in Erweiterungen als in Rationalisierung und Modernisierung investiert wurde. Erst 1968 machte man sich daran, ein umfangreiches Rationalisierungsprogramm durchzuführen, das durch Integration und Optimierung der

Entwicklung der Produktivität 1936–1969

(jährliche Veränderungsraten in %)

Berechnet nach Angaben in den Geschäftsberichten

Arbeitsverfahren und des Materialflusses – das hieß im wesentlichen der Abbau der noch aus den 20er Jahren stammenden Etagenfertigungsweise – eine deutliche Kostensenkung erwarten ließ.

Seit Mitte der 50er Jahre bereits brachen auch die Umsatzrenditen drastisch von bis zu 8 Prozent auf 3 bis 4 Prozent im Durchschnitt ein, eine Folge der sich seitdem immer weiter öffnenden Schere zwischen Wert- und Mengenumsatzentwicklung.[25] Trotz der anhaltenden Hochkonjunktur mußten die Gewinne zunehmend durch Sondererträge, das heißt aufgelöste Reserven und veränderte Bewertungen des Umlaufvermögens, aufgewertet werden.[26] Besorgt hatte man registrieren müssen, daß 1969 mit 34,3 Millionen DM Gewinn nach Steuern gegenüber dem Vorjahr knapp 7 Millionen verloren worden waren. Dazu kam, daß sich die Gewinnschwelle des Unternehmens, das heißt der break-even-point, immer weiter hinausschob und erst bei einem Umsatz von 1,04 Milliarden DM (das heißt 83,5 Prozent des damaligen Umsatzes) erreicht wurde. Von den amerikanischen Wettbewerbern wußte man, daß sie bereits bei 70 Prozent ihres Umsatzes in die Gewinnzone kamen.[27]

»Wir müssen [ernsthaft] darauf hinweisen«, so hieß es im Geschäftsbericht für 1970, »daß praktisch nicht viel mehr als die Dividendensumme erwirtschaftet worden ist, ein Ergebnis, das für die künftige Absicherung des Unternehmens nicht ausreicht, weil im Verhältnis zu den notwendigen Investierungen zu wenig Eigenkapital gebildet werden kann. Unsere Bilanzrelationen haben sich verschlechtert. Da der Finanzbedarf des Unternehmens in den nächsten Jahren weiterhin sehr hoch sein wird, benötigen wir dringend eine Phase, die es gestattet, die Kapitalbasis zu stärken.«[28]

Bei einer eingehenden Analyse der betriebswirtschaftlichen Zahlen hätten in der Vorstandsetage von Continental eigentlich alle Alarmglocken schrillen müssen. Doch seit man 1964 zum Club der Umsatzmilliardäre der deutschen Industrie gehörte, es nach dem Konjunktureinbruch von 1966/67 mit Umsätzen wie Gewinnen wieder rasch aufwärts ging und man schließlich auf einer bequemen Eigenkapitalbasis von 50 Prozent saß, glaubte sich der Vorstand für die Zukunft gut gerüstet.

25 Vgl. dazu auch Geschäftsbericht 1959, S. 9.
26 Die ausgewiesenen Jahresüberschüsse betrugen knapp 40 Millionen DM. Die für 1967 ausgegebenen 61,3 Millionen DM enthielten aber 32,0 Millionen DM periodenfremde Erträge, so daß effektiv nur 29,0 Millionen DM erwirtschaftet wurden. Vgl. dazu im einzelnen Geschäftsberichte 1966, S. 12, 1967, S. 10 und 1969, S. 12.
27 Vgl. Protokoll der Aufsichtsratssitzung vom 4. 3. 1970, in: Registratur Vorstandssekretariat.
28 Vgl. Geschäftsbericht 1970, S. 12.

Teil II
Überlebenskampf im Schatten von technischer Revolution und wirtschaftlicher Rezession 1969–1978

Kapitel 4
Krisenwahrnehmung und Krisenverhalten in einem gewandelten Wettbewerbsumfeld (1969–1973)

Während man sich im Vorstand von Continental im Glanz der Umsatzzuwächse und Gewinne der »Wirtschaftswunderjahre« sonnte, braute sich am Horizont ein radikaler Strukturwandel der Gummibranche zusammen, der die Reifenwelt grundlegend veränderte. Schon seit Mitte der 60er Jahre hatte sich das Wettbewerbsumfeld zu wandeln begonnen, als die deutschen Reifenhersteller unter immer stärkeren Wettbewerbsdruck ausländischer Hersteller gerieten. Diese überschwemmten den deutschen Markt mit Billigangeboten von Diagonalreifen oder belieferten durch eigene Produktionsstätten in Deutschland den nach den USA inzwischen zweitgrößten Reifenmarkt der Welt. »Bei Reifen«, so registrierte die Hannoveraner Unternehmensleitung besorgt in ihrem Geschäftsbericht 1964, »ist die Internationalisierung des heimischen Marktes weiter vorangeschritten; denn die Einfuhrzollbelastung von nur noch 3,8 Prozent stellt praktisch keine Abschirmung gegen ausländische Hersteller mehr dar. Der in- und ausländische Wettbewerb hat sich dementsprechend weiter verschärft und im Verlauf des Jahres zu nachgebenden Preisen in der Erstausrüstung geführt.« In keinem anderen Land tummelten sich so viele amerikanische, italienische, französische, englische, österreichische, niederländische und skandinavische Reifenhersteller. Insbesondere die amerikanischen Reifenkonzerne drückten in den deutschen Markt und machten Continental die Vorherrschaft in der Erstausrüstung der deutschen Automobilindustrie streitig. Im Ersatzgeschäft durchbrachen nun immer mehr Versandhändler, Discounter und Tankstellen die Absatzreglementierungen und versorgten ihre Kundschaft mit Importreifen aus Osteuropa, Japan, Schweden und Israel.

Auf die aggressive Konkurrenz aus dem Ausland hatten die großen deutschen Reifenunternehmen Continental, Phoenix und Metzeler viel zu spät reagiert und zunächst versucht, dem Importboom durch eine gemeinsame

Handelsmarke (»Union«) zu begegnen. Der Billigreifen kam freilich nie in den Handel, da die deutsche Dunlop AG im letzten Moment absprang. Continental versuchte daher mit einer eigenen Handelsmarke (»Concord«) ins Geschäft zu kommen. Als die ausländischen Konkurrenten dennoch immer mehr Marktanteile gewannen, blieb den deutschen Reifenunternehmen nichts anderes übrig, als den Handel mit großzügigen Rabatten bis zu 50 Prozent zu ködern.[1]

Veränderte Marktbedingungen hatten sich auch bei den technischen Kautschukprodukten ergeben. Der ausländische Konkurrenzdruck war hier gleichermaßen spürbar, und der sich abzeichnende Strukturwandel bei den Abnehmerbranchen Bergbau und Maschinenbau sorgte für zunehmend schwankende Auftragseingänge. Dazu kam, daß man im Kunststoffzeitalter der 60er Jahre glaubte, in diesen verheißungsvollen, neuen Werkstoff diversifizieren zu müssen. General Tire, Goodyear und Goodrich hatten es in Amerika, die Metzeler AG in Deutschland vorgemacht, und alle anderen folgten. In der Produktion von Schaumstoffen und PVC-Böden sah auch der Continental-Vorstand ein neues, vielversprechendes und drittes technisches Standbein, durch das die einseitige Abhängigkeit von der sich dem Ende des Nachkriegsbooms nähernden Automobilindustrie überwunden werden sollte.[2] Man investierte kräftig und übersah, daß man sich damit in einen Markt begeben hatte, in dem die großen Chemie-Konzerne dominierten, die mit der Kunststoff-Technologie weit erfahrener und konkurrenzfähiger waren.

Neben dem veränderten Wettbewerbsumfeld zeichnete sich vor allem aber ein Umbruch der Technologie ab: In der Reifenkonstruktion vollzog sich ein Übergang vom Diagonal- zum Radialprinzip (Gürtelreifen), wobei aber Textilgürtel und Stahlgürtel miteinander konkurrierten. Im Vorstand hatte man den Wandel zwar erkannt, aber man setzte auf den falschen technologischen Pfad. Noch ganz der Nylon-Cord-Philosophie der Amerikaner verschrieben, entschied man sich für den Textilgürtelreifen, hatte man doch auch beim Weltmarktführer Goodyear um eine Einschätzung der neuen Technologie nachgefragt und dort ein eindeutiges, ablehnendes Urteil gehört. Es sollte sich als besonders ausgeprägte Variante eines deutlich national eingefärbten NIH-Syndroms (›not invented here‹) herausstellen. Eher halbherzig hatte man zwar auch Reifen auf der Basis der von Michelin favorisierten Stahl-Cord-Philosophie entwickelt, die Versuche dann aber offiziell abgebrochen.

»[Wir] haben«, so hieß es explizit im Geschäftsbericht 1965, »uns für den Textilgürtel entschieden; denn auch hier gilt das Wort vom Besseren als dem Feind des Guten. Der neue Continental-Gürtelreifen mit seinem Gürtel aus dem in Zusammenarbeit mit führenden Faserherstellern völlig neu entwickel-

---

1 Vgl. 6603 Zg. 1/75, A 1,1 sowie *Der Spiegel* vom 22. 11. 1971.
2 Vgl. u. a. Geschäftsbericht 1967, S. 9 und S. 13, sowie 1968, S. 10, und Bericht des Vorstandes, in: *Conti intern* 2/1969, S. 3.

ten CRG-Cord vereint die hohe Kilometerleistung des Stahlgürtelreifens mit dem Fahrkonfort des bisherigen Textilgürtels. Für diesen Reifen wurde auch ein ganz neues Profil entwickelt, das die Eigenschaften dieses Reifens hinsichtlich Rutschfestigkeit und Spurtreue weiter verbessert. Die Produktionskapazitäten für diese Reifen stehen bereits z. T. zur Verfügung bzw. befinden sich im Ausbau.«[3]

Vor allem in den Zweigwerken Stöcken und Korbach wurden nun große Neuanlagen für die Pkw-Textilgürtelreifen-Fertigung errichtet, aber auch im Saargemünder Lkw-Reifenwerk die Maschinen umgerüstet und gleichzeitig die Kapazitäten erweitert. Insbesondere Stöcken sollte zum modernen Radial-Reifenwerk mit neuen Misch- und Kalandersälen ausgebaut werden, und zudem plante man eine neue Radialreifenfabrik in Italien (Brixen).

Die technologische Aufholjagd

Als der Stahl-Radial-Reifen von Michelin seinen Marktanteil von 1970 (10 Prozent) bis 1972 (37 Prozent) mehr als verdreifachen konnte, wurden alle unternehmenspolitischen Bemühungen der Hannoveraner Makulatur. Innerhalb kurzer Zeit sackten die Marktanteile der deutschen Reiferhersteller von etwa 75 Prozent auf knappe 30 Prozent ab. Continental, die als Marktführer 1969 noch ca. 45 Prozent der Pkw-Reifen und etwa 40 Prozent der Lkw-Reifen geliefert hatte, sah 1972 ihre Marktanteile auf 20 bis 25 Prozent abstürzen. Die Umsatzeinbrüche waren dabei zunächst auf dem Ersatzmarkt erfolgt, da der Stahlgürtelreifen des französischen Reifenkonzerns – entgegen den bisherigen Innovationsmechanismen – seinen Siegeszug hier angetreten hatte. Der französische Reifen wies mit 60000 km eine doppelt so hohe Lebensdauer bei höherer Belastbarkeit als die Diagonalreifen auf, und angesichts einer inzwischen ausgereiften Fertigungstechnik sowie einer eigenen Stahlcordfabrik konnte Michelin seine Reifen zu einem nur wenig über den Herstellungskosten der Textilgürtelreifen liegenden Preis verkaufen. Mehr und mehr Verbraucher griffen daher zu dem neuen Reifen. Verunsichert von dem sich abzeichnenden Vormarsch Michelins hatte der Vorstand von Continental bereits Ende der 60er Jahre eine Rundreise zu den deutschen Autoherstellern unternommen. Dort bekam man aber zu hören, daß die gleichzeitig auch härteren und damit unbequemeren Stahlgürtelreifen für deutsche Autos unakzeptabel wären. In der Tat hätte die Ausrüstung mit den neuen Reifen Veränderungen in der technischen Konzeption der Kraftfahrzeuge, insbesondere ein stabileres Fahrwerk, bedingt, die niemand in der deutschen Automobilindustrie vorzunehmen bereit war. Solange aber die Autokonzerne nicht mitzogen, machte auch eine erneute kostspielige Umrüstungen der Fertigungsanlagen für die Reifenindustrie keinen Sinn. Beruhigt kehrte man daher

---

3 Vgl. Geschäftsbericht 1965, S. 13.

nach Hannover zurück. Auch eine Umfrage bei den Verbrauchern, die der Vorstand hatte vornehmen lassen, sorgte für Entwarnung. Adolf Niemeyer, Verkaufsvorstand und zugleich Vorstandssprecher, präsentierte eine Studie zum Ersatzmarkt, in der die Verbraucher auf die Frage, was ihnen am Reifen das wichtigste sei – Sicherheit, Lebensdauer, Komfort etc. –, die überwiegende Mehrheit den Sicherheitsaspekt genannt hatte, kaum einer den dann aber für das Kaufverhalten bald entscheidenden Faktor von Preis und Kilometerleistung. Wen man auch fragte, ob die Konkurrenz, die Erstausrüster, die Verbraucher oder die Zulieferer der Festigkeitsträgerindustrie – alle räumten dem Radial-Stahlgürtel-Reifen keine Zukunftschancen ein. So konzentrierte man in Hannover daher die Forschungs- und Entwicklungsbemühungen auf die weitere Verbesserung der Textilgürtelreifen und deren billigere Produktion.

Der Siegeszug des Michelin-Reifens ließ sich aber nicht aufhalten. Nahezu hilflos mußten die traditionellen Reifenproduzenten in Deutschland mit Continental an der Spitze zusehen, wie der französische Konkurrent ihnen im Ersatzgeschäft ihre Marktanteile weiter aus der Hand nahm. Als schließlich auch die deutschen Automobilunternehmen unter dem wachsenden Druck der Kunden auf die Stahlgürtelreifen umrüsteten und begannen, bei vorderradgetriebenen Fahrzeugen stärkere Motoren einzubauen, wodurch die Kilometerleistung der Diagonalreifen von 15 000 bis 25 000 km auf 5000 bis 8000 km rapide abfiel, brachen die Marktanteile der deutschen Reifenhersteller auch in der Erstausrüstung plötzlich ein. Aus einst glänzenden Gewinnen wurden über Nacht riesige Verluste.

Hektisch versuchte der Vorstand von Continental das Ruder herumzureißen und vor allem die F+E-Aktivitäten zu intensivieren. Weder organisatorisch noch personell war aber die Continental-Forschung auf die technische Revolution des Stahlgürtelreifens vorbereitet. Jahrelang hatte man den F+E-Bereich, der nun plötzlich in den Mittelpunkt des Unternehmensinteresses rückte, stiefmütterlich behandelt. Schließlich besaß man mit dem Diagonalreifen ein reifes Produkt, das man fertigungstechnisch wie konstruktionstechnisch beherrschte und das sich im Gefolge des Automobilisierungsbooms der Nachkriegszeit praktisch von allein verkaufte. Personell verfügte man zwar über hochqualifizierte Mitarbeiter, aber man war »falsch« organisiert: Konstruktion und Chemie/Forschung hatten sich im Laufe der 50er Jahre immer mehr auseinanderentwickelt; jeder hatte sich eine eigene Entwicklung aufgebaut und begonnen, ein Eigenleben zu führen. Eine funktionale Unternehmensorganisation hatte diese Zersplitterung zementiert.[4] Letztlich jeweils verschiedenen Vorstandsbereichen zugeordnet, standen auf der einen Seite die Reifeningenieure, die nur den konstruktiven Teil des Reifens zu entwickeln und zu prüfen hatten. Ihr Denken kreiste um die mechanischen und physikalischen Probleme von Rollwiderstand, Reibungskoeffizienten und Druck-

---

4 Vgl. Interview Mauk am 15. 2. 1995.

belastungen der Karkasse. Auf der anderen Seite standen die Reifenchemiker, seit jeher die Gralshüter der traditionell bestgehüteten Geheimnisse der Gummifabriken, der Rezepturen der Gummimischungen, und mit den Problemen der Gummihaftung auf den jeweiligen Cordmaterialien befaßt. Da keine Verantwortlichkeit für die eigentliche Entwicklung existierte, endeten Differenzen in der Dauerfehde zwischen beiden Forschungs- und Entwicklungsgruppierungen immer bei den jeweiligen Vorständen, ohne eine wirkliche Lösung der Probleme herbeizuführen.[5] Der von der Konstruktion her eher »einfache« Diagonalreifen hatte lange die Mischungstechnologie und reifenchemischen Innovationspotentiale in den Vordergrund rücken lassen und damit den Chemikern ein größeres Gewicht verschafft. Das begann sich erst in der anbrechenden Radialreifen-Ära zugunsten der Konstrukteure und Reifeningenieure zu ändern.

Zahlreiche Konfliktlinien und organisatorische wie kommunikative Barrieren durchzogen daher den F+E-Bereich. Chemie und Konstruktion waren zwar Ende der 60er Jahre in einen Vorstandsbereich zusammengeführt worden, ergänzt durch die für die fertigungstechnische Umsetzung der Entwicklungsprodukte verantwortliche Formen- und Maschinenfabrik (FMF) sowie eine Qualitätssicherung. An der rein funktionalen Ausrichtung hatte sich aber nichts geändert. Insgesamt 1040 Ingenieure und Chemiker, 588 für Reifen und 452 für technische Artikel, arbeiteten in den Labors und Versuchseinrichtungen. Die Mehrzahl des Leitungspersonals waren Diplomingenieure (22 von 34), an deren Spitze aber mit Oskar Müller ein Chemiker stand. Müller wandte sich heftig gegen jede weitere Umorganisation, insbesondere eine etwaige Dezentralisierung und Divisionalisierung, fürchtete er doch ein Wiederaufleben der alten Grabenkämpfe. Tatsächlich behielt der F+E-Bereich in den folgenden Jahren weitgehend unverändert seine Zentralfunktion. Dennoch zeigte sich, daß die Forschungs- und Entwicklungsarbeit kaum produktbezogen und die Einführung eines systematischen Produktplanungsprozesses sowie eine entsprechende Projektbearbeitung der Entwickler dringend erforderlich war. Vor allem im Bereich der TP-Forschung lag wegen der zahlreichen unterschiedlichen Produkte und Technologien eine Subdivisionalisierung nahe.

Es gab weitere Schwachstellen in der Innovationsfähigkeit: Obwohl bereits nahezu 80 Prozent der gesamten F+E-Aktivitäten auf die Weiterentwicklung bestehender Produkte, die Verbilligung der Fertigung und die allgemeine Fabrikbetreuung gerichtet waren, konnte von einer systematischen Beschäftigung mit der Verfahrensentwicklung keine Rede sein. Es ist eine Besonderheit der Fertigungsverfahren in der kautschukverarbeitenden Industrie, daß oftmals gleichzeitig mit der mechanischen Bearbeitung der Produkte eine chemische Veränderung des Werkstoffs stattfindet. Tausende von Spezifikationen

---

5 Vgl. ebd. sowie Julius Peter: Dehnbare Erinnerungen. 1000 Stunden Gummiindustrie, Ratingen 1993,
   S. 4 ff.

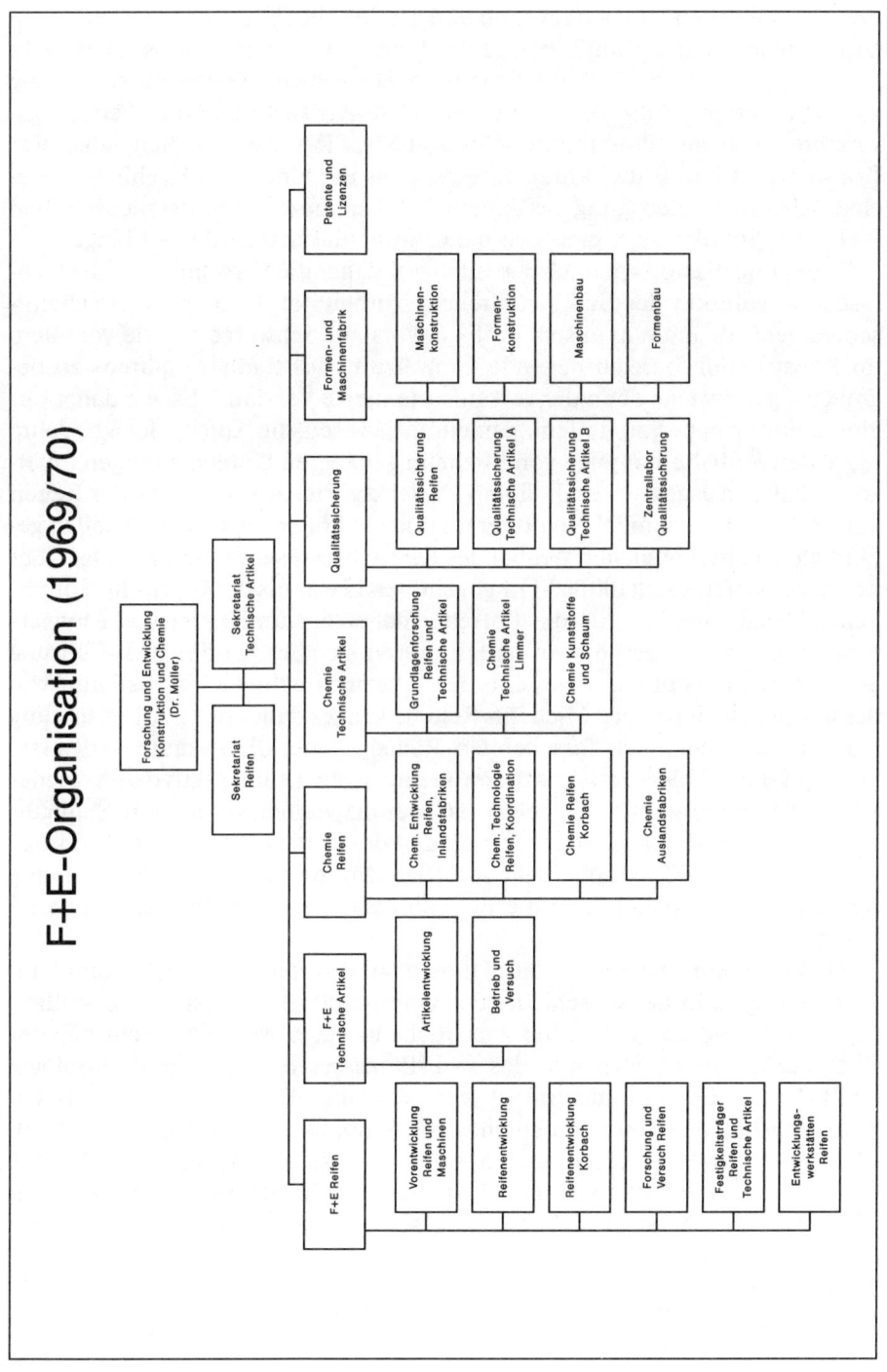

F+E-Organisation (1969/70)

mußten von seiten F+E vorgegeben und vereinheitlicht werden, und dennoch konnte man nicht verhindern, daß die Produkte zwar funktions- aber nicht fertigungsgerecht entwickelt, Fertigungsanlagen nicht oder nicht rechtzeitig auf neue Verfahren umgestellt und vor allem Artikelaufbau und Fertigungsverfahren von der Produktion selbständig variiert wurden. Seit jeher war Konstruktion und Entwicklung eines Reifens das eine, die maschinelle, mechanische Massenfertigung das andere – und an dieser Schnittstelle zwischen F+E und Produktion zeigten sich bei Continental beträchtliche Mängel.[6]

Weder organisatorisch noch personell war daher die Forschung auf die technische Revolution des Stahlradialreifens vorbereitet. Geprägt vom »chemischen Denken« hatte man sich im F+E-Vorstand schwergetan, die vor allem im Konstruktionsbereich liegende Umwälzung des Radialverfahrens zu begreifen – geschweige denn der verkaufsorientierte Vorstand. Es war daher nur eine kleine Gruppe von Reifeningenieuren gewesen, die Anfang der 60er Jahre die ersten Radialreifentypen von Michelin genaueren Untersuchungen unterzogen hatte. Ausgestattet mit einem Dreiecksgürtel aus Stahl war der Reifen konstruktiv noch ziemlich unausgereift und bei hohen Geschwindigkeiten gefährlich, da ein plötzlicher Wegfall des Kraftschlusses auftreten konnte. Aber der neue Reifen hielt 100 000 km gegenüber 15 000 bis 25 000 km herkömmlicher Diagonalreifen. Als die Forscher daher ein umfangreiches Entwicklungsprogramm vorgeschlagen hatten, waren sie aber bei der F+E-Führung auf Bedenken gestoßen. Angesichts der nahezu einhelligen Überzeugung von der Chancenlosigkeit des Michelin-Reifens kam es daher nur zur Einrichtung einer kleinen, heimlich forschenden Radialgruppe, die – kaum, daß erste bescheidene Erfolge erzielt wurden – ihre Entwicklungsaktivitäten wieder einstellen mußte.[7] Als sich ab etwa 1967 der inzwischen verbesserte Stahlgürtel-Reifen doch durchzusetzen begann und der Vorstand unter dem Eindruck der absackenden Marktanteile die sofortige Umorientierung der Entwicklung forderte, wurden daher auch die Reifeningenieure und Chemiker »kalt« erwischt.

Es begann ein Periode des Nachahmens und Kopierens, der Irr- und Umwege und eine in der Geschichte der Gummiindustrie beispiellose Aufholjagd.[8] Wie groß der Vorsprung von Michelin dabei war, macht ein näherer Blick auf die Besonderheiten des F+E-Prozesses in der Reifentechnologie deutlich. Die Gummiindustrie ist wohl diejenige Branche mit der größten Fertigungstiefe, an deren Anfang der Wertschöpfungskette der Rohstoff, am Ende aber ein High-Tech-Produkt steht. Anders als in der Autoindustrie beispielsweise beginnt die F+E-Arbeit daher bereits beim Rohmaterial, beim Kautschuk und beim Festigkeitsträger. Moderne Reifen bestehen aus einer

6 Vgl. »Projektmanagement im Rahmen eines Produktplanungsprozesses als Voraussetzung für erfolgreiche Entwicklungsarbeit«, McKinsey-Bericht vom Juli 1971, o. Sign., in: Conti-Archiv.
7 Vgl. Interview Mauk am 15. 2. 1995.
8 Vgl. dazu und zum Folgenden auch Peter: Erinnerungen, S. 107 und S. 121 ff.

Vielzahl von Einzelteilen. Jedes dieser Teile hat seine besondere Funktion im Reifen und besteht demgemäß aus unterschiedlichen Gummimischungen und Festigkeitsträgern. Jede Gummimischung besteht ihrerseits wieder aus zahlreichen unterschiedlichen Komponenten. Die extremen Anforderungen an die Reifen erforderten daher ein hohes Maß intensiver Erforschung der funktionalen Zusammenhänge zwischen Einflußparametern und Entwicklungszielgrößen. Weiterhin mußten sich die Forscher auch mit dem Reifenzubehör, wie Schläuchen, Ventilen, Wulstbändern und Felgen befassen, denn erst diese Teile zusammen bildeten zusammen mit dem Reifen ein technisches Anwendungssystem. Schließlich gehörte zu den Forschungs- und Entwicklungsaufgaben auch die Entwicklung eigener Technologien für die Herstellung der Materialien, der Halbzeuge und der Reifen selbst. Und noch eine Besonderheit der Reifenindustrie gab es: Nicht nur die Serienproduktion der Reifen und des Zubehörs gehörte zu den Forschungsaufgaben, sondern auch die eigene Produktion der Fertigungshilfsmittel, der Heizformen und der Konfektionsmaschinen.

Lange Entwicklungszeiten, hohe Entwicklungskosten und eine große Kapitalbindung waren und sind daher Kennzeichen des Produktentwicklungsprozesses. Es waren diese langen Innovationszyklen, die mehr als hundert Jahre das Denken in der Gummiindustrie geprägt hatten. Genaugenommen war auch die Entwicklung des Radialreifens diesen Rhythmen gefolgt. Die ersten Versuche mit Stahlcordreifen hatte man bei Michelin bereits Mitte der 30er Jahre gemacht, im Krieg, so gut es ging, weitergeführt und nach 1945 intensiviert. Vor allem in den 50er Jahren war durch eine Reihe von Einzelinnovationen der Grundstein für die neue Reifentechnologie gelegt worden: Reifenstahlcord, die Lösung des Haftproblems, die Erarbeitung des Radialgürtelprinzips, der Reifenaufbau und die Formentechnologie sowie die entsprechenden Kautschukmischungen. Dennoch folgte noch ein weiterer jahrelanger Trial-and-error-Prozeß, ehe die entsprechende Kombination von Reifenfachwissen und Technologien Ende der 60er, Anfang der 70er Jahre zu dem als serienmäßig herstellbares Qualitätsprodukt Stahlgürtelreifen geführt hatte. Eine simple Kopie des Produktes durch die Verfolger war daher nicht möglich. Da man in den F+E-Abteilungen noch kaum etwas über so entscheidende Einflußfaktoren wie Gürtelbreite, Gürtelkrümmung, Lagenabstand, Verschweißungsgrad und Härte der Aufpreßmischung der neuen Reifentechnologie wußte oder aber noch ganz in der Perspektive des diagonalen Denkens zu verstehen suchte, blieb den Reifenforschern letztlich nichts anderes übrig, als mühsam alle Komponenten und Parameter der Reifentechnologie neu zu untersuchen. Dazu kam, daß Michelin um die Innovation einen umfangreichen Patentschutz aufgebaut hatte.

Auch die Ende der 60er Jahre kurzzeitig wirksame F+E-Kooperation mit Dunlop und Pirelli hatte die Aufholjagd für Continental nur wenig beschleunigt. Im März 1966 war es nach nur kurzen Verhandlungen zunächst zwischen

Continental und Pirelli zu einem umfassenden Kooperationsvertrag gekommen. Im Bereich der technischen Artikel waren darüber hinaus bei Zahnriemen und Schläuchen sogar gemeinsame Unternehmen geplant und insgesamt im Vetriebssektor eine Reihe von Vereinbarungen getroffen worden.[9] Im Januar 1968 war die Kooperation um Dunlop erweitert worden. Ziel des geschlossenen »Principal agreement« war »der Austausch technischer Erkenntnisse und Informationen bezüglich der Herstellung von Luft-Reifen« sowie gemeinsame Entwicklungsprojekte, »mit der Absicht, die Kosten der technischen Entwicklung zu reduzieren und Ersparnisse in der Herstellung der Erzeugnisse zu erzielen zwecks Verbesserung der Wettbewerbslage für die Beteiligten«.[10] Eigentlich besaßen die drei Konkurrenten damit ein beträchtliches F+E-Potential, um Michelin Paroli bieten zu können. Aber die Stahlgürtel-Technologie war bei den Treffen der Entwicklungskomitees offenbar kein Thema, und von einer Koordination der F+E-Anstrengungen konnte keine Rede sein. Man konzentrierte sich auf die Produktions-Technologie, und auch dabei waren die gegenseitigen fertigungstechnischen Kontakte allenthalben von Mißtrauen geprägt gewesen. So nützlich der Gedankenaustausch allgemein für die Konstrukteure und Entwickler war, so verfolgte doch letztlich jeder seine eigene Fertigungstechnologie, so daß Versuche, einzelne als vorteilhaft erkannte Maschinen und Fertigungsabläufe in das eigene Design des Produktionsprozesses einzufügen, scheiterten.[11]

Es dauerte bis Anfang 1970, bis man in den Labors und Entwicklungsabteilungen Continentals die grundsätzlichen chemischen und konstruktiven Probleme der neuen Technologie gelöst hatte. Optimistisch verkündete daher der Vorstand im Geschäftsbericht 1969: »Die Entwicklung eines neuen Pkw-Radialreifens mit Stahlcordgürtel ist weitgehend abgeschlossen [...] In einigen Fertigungsstufen konnten die neuen Erkenntnisse in den Arbeitsprozeß übernommen werden.«[12] Die Bewältigung des Hauptproblems lag aber noch vor den Entwicklern, denn die eigentliche Schwierigkeit der Stahlgürtel-Technologie lag in der Serienfertigung. Während sich bei der Mischungstechnologie mit Ausnahme des Stahlcordhaftsystems gegenüber dem Diagonalreifen nur wenig änderte, kam es in der Verfahrenstechnik zu einschneidenden Veränderungen. Nicht nur, daß die Radialreifen einen zusätzlichen Fertigungsschritt erforderlich machten (Zwei-Stufen-Verfahren von Wickelmaschine bezüglich der Karkasse und von Gürtelmaschine bezüglich des Rohlings) und damit insgesamt eine personalintensivere und kostenträchtigere Fertigung bewirkten.

---

9 Vgl. Zusammenfassung der Schlußbesprechung Continental-Pirelli vom 25. 5. 1966, in: 6610, Zg. 1/90, A 1.
10 Vgl. Das Abkommen vom 1. 1. 1968, in: ebd.
11 Vgl. F+E-Bericht vom 2. 9. 1970, in: 6603 Zg. 1/75, A 1,1 sowie Interview Flothow am 8. 2. 1995.
12 Vgl. Geschäftsbericht 1969, S. 11.

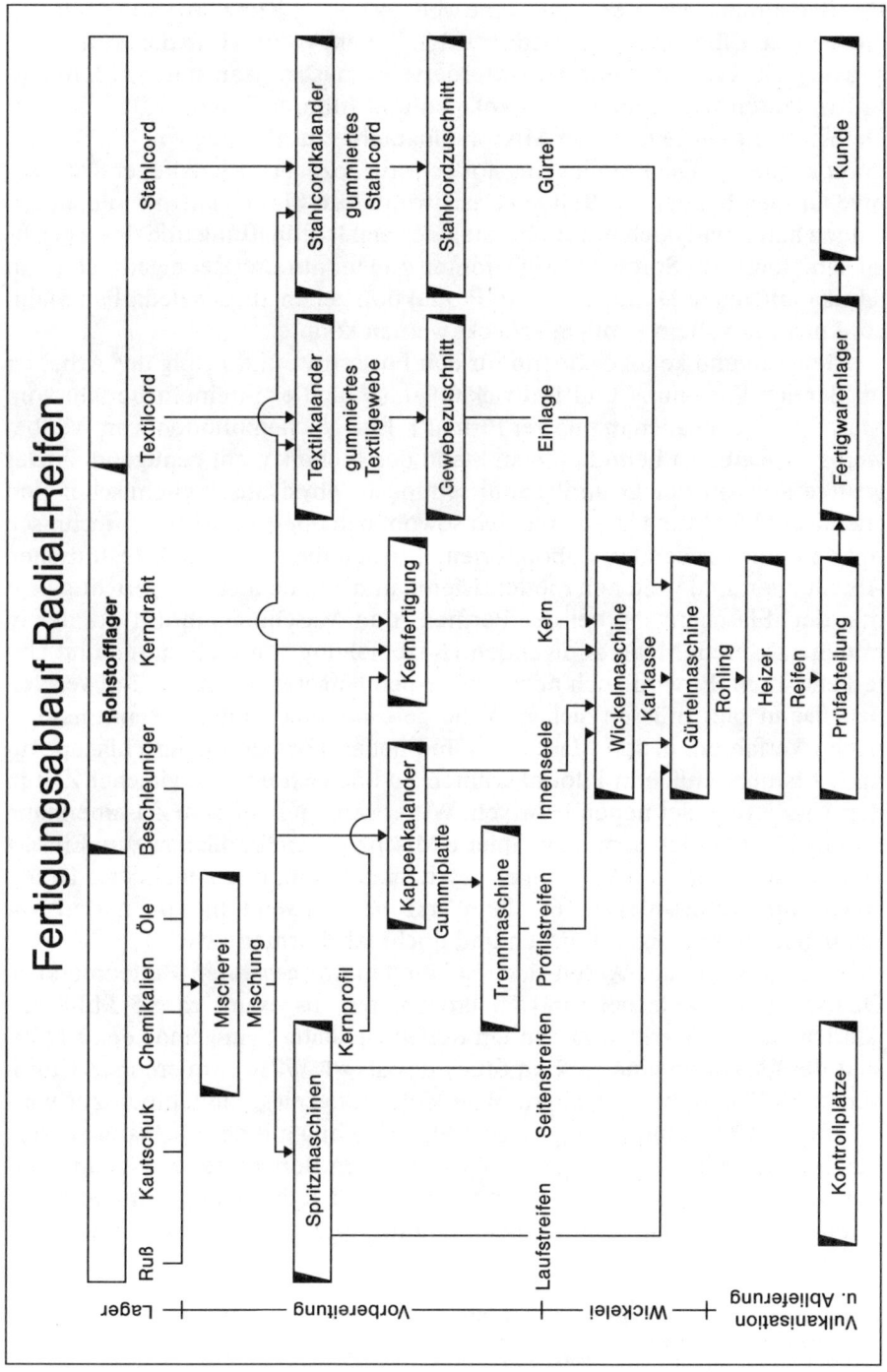

Fertigungsablauf Radial-Reifen

Der Radialreifen erforderte auch eine weitaus höhere Konzentration auf qualitative Fragen, die mit einem beträchtlich höheren Anspruch an die Fertigungsgenauigkeit verbunden war. Das erforderte zwangsläufig auch neue Meß- und Prüfverfahren wie Holographie-Anlagen und Infrarot-Prüfeinrichtungen zur Defektortung sowie Röntgen-Mikroradiographie zur Prüfung von Mischungshomogenitäten. Die Entwicklungsfortschritte bezogen sich daher erst auf wenige Größen bei den SR-Reifen (Geschwindigkeit bis 180 km/h), und allenthalben hatte man noch mit Problemen der Stahlcordhaftung und des Abriebs zu kämpfen.[13] Im Sommer 1970 konnten zudem nur drei der eigentlich neun fabrikationsreifen Dimensionen in Produktion gehen, da der Bedarf an Stahlcord nicht in vollem Umfang gedeckt werden konnte.

»Generell und kennzeichnend für den Fortschritt und Erfolg der Arbeiten im Bereich Forschung und Entwicklung«, so hieß es in einem Bericht vom März 1970, »sind auch in unserer Firma: 1. Ein ›Nachempfinden‹ von Wettbewerbsfabrikaten ist beim heutigen Stand der Technik nicht genügend. 2. Der weitere Ausbau der Grundlagenforschung in physikalisch-chemischer und chemischer Richtung ist unerläßlich sowohl personell als auch prüftechnisch mit den entsprechenden Laboratorien. 3. Auch die anwendungstechnischen Abteilungen sind weiter zu modernisieren und aufzubauen. Folgerichtig liegt nun der ›Flaschenhals‹ bei der Formen- und Maschinenfabrik trotz der in immer stärkerem Maße erfolgenden Hinzuziehung von Lieferanten und Unterlieferanten. Er wird auch noch über einen längeren Zeitraum dort verbleiben. Denn hier müssen sich nun die gewonnenen neuen Erkenntnisse in neuen Verfahren, neuen Maschinen und neuen Formen niederschlagen, zunächst hauptsächlich in Pilotmaschinen und danach bzw. zu gleicher Zeit in der Ausstattung der neuen Fabriken. Wir erwähnen in diesem Zusamenhang nur die Hauptprojekte: neukonzipierte Mischanlagen für die neu zum Einsatz kommenden ›harten‹ Mischungen, Spritzmaschinen, neu konzipierte Drahtcordgummierungsanlagen für alle Werke bei Verwendung von harten Mischungen, Reifenheizer, Formen und nochmals Formen!«[14]

Ende 1971, als der Anteil der Radialreifen am gesamten Reifenmarkt in Deutschland bereits bei rund 50 Prozent der insgesamt ca. 35 Millionen jährlich auf den Markt kommenden Reifen lag, hatte man gerade erst 500000 statt der geplanten eine Million Stück des als »TS 771« firmierenden Continental-Radialreifens produziert. »Die Notwendigkeit, Maßnahmen zur wirtschaftlichen Massenfertigung in Übereinstimmung mit der hoch angesetzten Fertigungsqualität zu halten«, hieß es in einem Bericht des Forschungsvorstandes vom 7. Oktober 1971, »zwang wiederholt zu Fertigungsunterbrechungen in den einzelnen Ausführungen und führte damit zu Produktionsausfäl-

---

13 Vgl. die verschiedenen Forschungs- und Entwicklungsberichte zu den Aufsichtsratssitzungen, hier vom 4. 3. 1970, in: Registratur Vorstandssekretariat.
14 Vgl. F+E-Bericht zur Aufsichtsratssitzung vom 4. 3. 1970, S. 4, in: ebd.

len, die nicht wieder aufgeholt werden konnten. Auch das Einfahren neuer Dimensionen in die Produktion erforderte wesentlich mehr Zeit, als wir vorausgeplant hatten.«[15] Mitte 1972 hatte man dann schließlich auch die Entwicklungsprobleme bei den Pkw-Radialreifen für höhere (HR) und höchste (VR) Geschwindigkeiten gelöst und die Prototypen nach und nach in die Produktion übergeführt. Ende 1972 fertigte man knapp 2 Millionen Reifen in inzwischen 14 Dimensionen, aber mit einem vollen Sortiment und ausreichenden Kapazitäten rechnete man erst für 1974. Von den vier Phasen der Einführung eines neuen Reifens hatte man damit die ersten drei Hürden genommen: die Entwicklung des Reifens bis zur Serienreife in der Entwicklungsphase; die – noch unter Federführung von F+E – unter fabrikationsmäßigen Bedingungen erfolgte Anpassung des Reifens an die Erfordernisse des Betriebs in der Übergabephase; sowie die langsame Steigerung der Fertigung, nun unter Leitung und Verantwortung der Produktion, in der Einführungsphase. Von der Serienfertigung, der Phase, in der alle gegebenen Sollwerte erfüllt sind und die Produktion beherrscht wird, war man aber noch entfernt. Und das zweite Hauptproblem war, daß man in den Fertigungskosten noch 20 bis 30 Prozent über dem von Michelin inzwischen erreichten Niveau lag. Der Abstand zum Technologie- und Marktführer war kleiner geworden, aber bis sich die Entwicklungsergebnisse auch in entsprechenden Umsatz- und Ertragszahlen niederschlugen, mußte Continental von der Substanz zehren.

Absturz in die roten Zahlen

Als Alfred Herrhausen in der Aufsichtsratssitzung vom 16. Oktober 1970 zum Aufsichtsratsmitglied bestellt und nur einen Monat später, am 19. November, neuer Aufsichtsratsvorsitzender wurde, befand sich Continental bereits im freien Fall. Der Eintritt Herrhausens markiert eine Zäsur in der Geschichte des Unternehmens und läutete den Beginn einer Ära ein, die bis zu dessen Ermordung im November 1989 dauerte. Es war eine Besonderheit gewesen, daß Herrhausen nicht durch eine Hauptversammlung gewählt, sondern durch gerichtliche Berufung nach § 104 Aktiengesetz bestellt worden war. Ende 1969 hatte die Familie Opel, seit den 30er Jahren Großaktionär bei Conti, ihren Anteil an die Deutsche Bank verkauft und Georg von Opel seinen Aufsichtsratsvorsitz an deren Vorstandsmitglied Karl Klasen übergeben. Als Klasen wenig später zum Präsidenten der Deutschen Bundesbank gewählt wurde, hatte Hans Janberg, ebenfalls Mitglied der Deutschen Bank, den Aufsichtsratsvorsitz übernommen. Janberg starb aber nur zweieinhalb Monate später überraschend, und so mußte der junge Herrhausen einspringen. Innerhalb eines Jahres hatte Continental damit vier Aufsichtsratsvorsitzende gehabt, was mit

15 Vgl. Produktionsbericht zur Aufsichtsratssitzung vom 7. 10. 1971, S. 4, in: ebd.

dazu beigetragen haben dürfte, daß die angesichts der turbulenten Entwicklungen um so dringenderen Beratungs- und Kontrollfunktionen gegenüber dem zunehmend unsicher agierenden Vorstand nahezu fehlten.

Herrhausen sah von Anfang an weit deutlicher als der Vorstand die dramatische Lage, in die das Unternehmen geraten war: Die Billigimporte, begünstigt durch die Aufwertung der D-Mark bei gleichzeitig stark wachsenden eigenen Lohnkosten setzten Continental bei den Diagonalreifen unter Druck; zugleich stand man bei den neuen Radialreifen noch auf verlorenem Posten, da man in diesem rasch wachsenden Segment zunächst kaum Marktanteile gewinnen konnte. Continental stand mitten in diesem Umstrukturierungsprozeß, als Anfang der 70er Jahre auch ein gesamtwirtschaftlicher Konjunkturabschwung einsetzte. Das Bild, das sich den Aufsichtsräten auf der Sitzung Mitte Oktober 1970 aus den eher zögerlichen Ausführungen des Vorstandes bot, war nun auch im Spiegel der betriebswirtschaftlichen Zahlen zunehmend desolat.[16] Die Kapitaldecke des Unternehmens war merklich dünner geworden und mit für 1971 absehbaren 250 Millionen DM Bankverbindlichkeiten (gegenüber 32 Millionen im Jahr 1969) an einen kritischen Punkt angelangt. Die Relation von Anlagevermögen und Eigenkapital wies eine wachsende Unterdeckung auf, und an Abschreibungen waren gerade einmal 67 Millionen DM erwirtschaftet worden, so daß der Anlagezugang nur zu knapp 54 Prozent daraus finanziert werden konnte. Das waren für die bisherige Finanzierungspraxis von Continental »ungewöhnliche und besorgniserregende« Zahlen. Verantwortlich für die Auszehrung der finanziellen Substanz des Unternehmens war ein zweites, großes Investitionsprogramm, in dem der Vorstand zwischen 1969 und 1972 insgesamt nahezu eine halbe Milliarde DM (479 Millionen DM) verausgabte. Am Ende, so versprach man sich und auch dem Aufsichtsrat, werde eine »neue Continental« stehen.

Im Aufsichtsrat stießen diese Pläne aber auf deutliche Skepsis. An die schnellen Gewinne von 111,4 Millionen DM, die der Vorstand schon für 1971 zum Schuldenabbau vorhersagte, glaubte im Aufsichtsrat keiner.[17] Bedenklich war aber auch, daß man die Umstrukturierungen vornahm, ohne die neue Reifentechnologie ausreichend zu beherrschen. Das lange verfolgte Projekt einer neuen Radial-Reifenfabrik in Brixen (Italien) stand zudem politisch auf äußerst wackligen Füßen, und bei den Investitionsprojekten im TP-Bereich zeigte sich bei genauerem Hinsehen, daß sich erwarteter Umsatz und vorgenommener Kapitaleinsatz nahezu die Waage hielten, das heißt nicht viel mehr herauskommen würde, als man vorher hineingesteckt hatte. Der Vorstand war offensichtlich drauf und dran, die Kapitalsubstanz, die allein als freie Rücklagen Ende 1970 immerhin 88 Millionen DM betrugen, zu verschleudern. Der Aufsichtsrat drückte angesichts dieser Lage auf die In-

16 Vgl. zum Folgenden Protokoll der Aufsichtsratssitzung vom 16. 10. 1970, in: ebd.
17 Vgl. Protokoll der Aufsichtsratssitzung vom 16. 10. 1970, in: ebd.

vestitionsbremse.[18] Die Skepsis und Vorsicht des Aufsichtsrats war durchaus berechtigt. Denn während Umsatz und Erträge bei Reifen wie TP gleichermaßen weiter zurückgingen und insbesondere im August 1972 ein dramatischer Einbruch für das erste Halbjahr zu konstatieren war, war man mit weiterhin geradezu explodierenden Personalkosten konfrontiert, die 1972 auf 22 914 DM je Mitarbeiter gestiegen waren. Mit einem von 36,4 auf 47,5 Prozent anschwellenden Anteil der Personalkosten am Umsatz (im Vergleich zu 26,7 Prozent bei Michelin) stand Continental im Branchenvergleich nun einsam an der Spitze.[19]

Aber nicht nur die Finanzstruktur des Unternehmens hatte sich jäh verschlechtert. Auch die Fertigungsstruktur, insbesondere bei Reifen, präsentierte sich als ineffizient. Anders als Michelin mit seiner ganz auf einen Reifentypus ausgelegten Fertigung hatte Continental ihre Produktionsanlagen mit drei, auch in der Herstellungsart völlig verschiedenen Reifentypen in 550 Dimensionen regelrecht verstopft. Wachsende Überkapazitäten bei Diagonalreifen standen dabei anhaltend hoch ausgelastete Fertigungsanlagen bei Textilgürtelreifen und extremen Kapazitätsengpässen bei Stahlradialreifen gegenüber, die noch durch Engpässe bei Drahtcord und im Formenbau vergrößert wurden. Für 1971 rechnete man gerade mal mit 7 Prozent des eigentlichen Bedarfs an fabrizierten Stahlgürtelreifen. Alles in allem: Man war bei sinkenden Erlösen mit einem extrem steigenden Finanzierungs- und Kapitalbedarf konfrontiert, und das Beunruhigende aus Sicht des Aufsichtsrates war, daß kein Ende dieser Entwicklung abzusehen war. Ob sie wollte oder nicht, Continental war ohne Rücksicht auf die verschlechterte Ertragslage gezwungen, die Investitionen für die Umstrukturierung der Werke auf die neue Reifentechnologie weiterzuführen. Beunruhigend war aber auch, daß der Vorstand gegenüber den Realitäten offenbar zunehmend die Augen verschloß und allenthalben Optimismus verbreitete.

Geradezu stolz hatte man etwa im Mai 1970 von einem »sehr guten Reifenumsatz, insbesondere bei Diagonalreifen (plus 56 Prozent)« im Ersatzgeschäft berichtet und im März 1971 auf den wieder gegenüber dem Umsatz stärker gestiegenen Reingewinn verwiesen. Man glaubte sich damit schon über den Berg und wies auf »die ungeheuren Anstrengungen« hin, »die erforderlich waren, um diesen Ausgleich herbeizuführen«.[20] Auf die zunehmend bohrenden Fragen des Aufsichtsrates, insbesondere von Herrhausen und seinem Stellvertreter, Hans L. Merkle, wurde aber schnell offenbar, daß die optimistischen Prognosen des Vorstandes auf Sand gebaut waren, hatte man doch in

---

18 Mit einer auf 1970 bis einschließlich 1974 bezogenen Investitionsintensität (Anteil der Investitionen am Umsatz) von 7,1 Prozent lag Continental schließlich noch vor Goodyear (6,9 Prozent) und weit vor Phoenix (4,5 Prozent).
19 Vgl. 6615 Zg. 1/93, A 1. Wie groß die Lücke inzwischen war, die zwischen Personalaufwand und Betriebsergebnis klaffte, zeigt auch eine Indexierung auf der Basis von 1960. Während die Personalkosten (1970) die Marke 220 erreichten, bewegte sich das Betriebsergebnis auf knapp 50.
20 Protokoll der Aufsichtsratssitzung vom 4. 3. 1971, in: Registratur Vorstandssekretariat.

den Planungen etwa für 1971 bei TP einen um 54,2 Millionen, bei Reifen einen um 100 Millionen DM höheren Erlös vorgesehen. Schon im März 1970 hatte der Vorstand in der Aufsichtsratssitzung bestätigt, »daß der Radialstahlcord-Reifen für Pkw von der Continental beherrscht wird«. Man habe eine Fertigungsmethode entwickelt, die es erlaube, Radialreifen auf den bisherigen Maschinen herzustellen und sei ab Juli mit dem neuen ›Conti-TS-Reifen‹ lieferfähig.[21] Der Abstand zu Michelin, so bekräftigte man weiter, werde zunehmend geringer. »In den Eigenschaften sind wir mit Michelin auf einer Höhe, in der Laufleistung jedoch liegen wir um 20 Prozent unter Michelin. Wir kennen jedoch die Begründung und werden bis Ende 1970 voll aufgeholt haben.«[22]

Auch ein Jahr später war der Optimismus noch nicht verflogen und erst, als nicht nur die Erträge, sondern Mitte 1971 auch die Umsätze dramatisch einbrachen, kam Krisenstimmung auf.[23] Erstmals war im Bericht über das erste Halbjahr 1971 von einem beträchtlichen Ertragsrückgang die Rede und die Krise damit auch in der Öffentlichkeit nicht mehr zu verheimlichen. Ganze 29 Prozent machten inzwischen erst die Radialreifen am Gesamtumsatz aus (28 Prozent Erstausrüstung und 29 Prozent Ersatzgeschäft), während die Wettbewerber bereits 49 Prozent ihrer Umsätze aus Radialreifen-Geschäften mit der Erstausrüstung und 62 Prozent im Ersatzgeschäft bestritten.[24] Längst produzierte man die alten Diagonalreifen nur noch auf Halde, die nun zu Millionen in Werkshallen lagerten und weiteres Kapital – allein von 1969 auf 1970 ein Plus von 83 Millionen DM – banden. Es war kein Wunder, daß Herrhausen und Merkle auf der Aufsichtsratssitzung Anfang Oktober 1971 »ihre ernste Sorge ausdrückten, ob es der Continental gelingt, die Zeit durchzustehen, die erforderlich ist, die Neuentwicklungen auf den Markt zu bringen, insbesondere mit Rücksicht darauf, daß die Konjunktur in den nächsten Monaten zweifellos eine weitere Abschwächung bringen wird«.[25] Die altehrwürdige Continental steckte ohne Zweifel ausgerechnet im 100. Jubiläumsjahr ihres Bestehens in ihrer tiefsten Existenzkrise, und keiner ahnte, daß dieser Zustand insgesamt fast zehn Jahre anhalten sollte.

McKinsey und die Folgen

Das desolate Bild wurde noch verstärkt, als der Bericht der Unternehmensberatungsfirma McKinsey vorlag, die man Anfang 1970 ins Haus geholt hatte. Der Vorstand bekam hier noch einmal ungeschminkt bestätigt, daß das Unter

---

21 Vgl. Protokoll der Aufsichtsratssitzung vom 4. 3. 1970, S. 8, in: ebd.
22 Ebd., S. 9.
23 Vgl. Geschäftsbericht 1970 sowie Protokoll der Aufsichtsratssitzungen vom 4. 3. 71 und 5. 5. 71, in: Registratur Vorstandssekretariat.
24 Vgl. die Statistik vom 8. 9. 1971, in: 6603 Zg. 1/75, A 1,1.
25 Protokoll der Aufsichtsratssitzung vom 7. 10. 1971, S. 6, in: Registratur Vorstandssekretariat. Vgl. auch den deutlichen Brief von Herrhausen an den Continental-Vorstand vom 19. 1. 1971, in: 6621 Zg. 1/92, A 1,1.

nehmen im internationalen Vergleich mit seiner Eigenkapitalrendite sowie der Umsatz- und Gewinnentwicklung zunehmend den Anschluß verlor und die sich verschlechternde Kostenstruktur die Spielräume für Gewinne und Abschreibungen immer geringer werden ließ. Das Vertriebssystem war zudem völlig veraltet: Continental war bei technischen Produkten wie Reifen von wenigen großen Abnehmern abhängig. Dadurch hatte man die Verbindung zum Endverbraucher und damit zum Markt verloren. Das Festhalten am Prinzip der Händlertreue bedeutete eine weitgehende Abtretung der Marketing-Funktion an den Handel, wobei aber dieser gleichzeitig versuchte, das Finanzierungsrisiko an den Hersteller zurückzuverlagern. »Continentals Geschäftsgebaren«, so faßte der McKinsey-Report zusammen, »wird durch die Tradition der Nr. 1 in Deutschland wesentlich geprägt: Verpflichtung zum Generalisten, zum breitesten Sortiment und die Tradition von über 30 000 technischen Artikeln; traditionell starke Ausrichtung auf die einheimische Automobilindustrie (und dadurch extrem konjunkturanfällig); Bewußtsein eines Preisführers; loyales Festhalten am Händlerprinzip, sowie Image eines konservativen Unternehmens«.[26] Continental zeige ein Marktverhalten, das ihr den Vorwurf eintrage, »es nicht nötig zu haben«. Es sei geprägt von mangelnder Flexibilität und fehlender Aggressivität im Nutzen von Marktchancen. Forschung und Entwicklung richte sich nicht auf die Schaffung neuer Produkte, sondern auf die Lösung konkreter, vom Kunden gestellter Aufgaben und auf die Verbesserung herkömmlicher Artikel oder Herstellungsverfahren.

Der McKinsey-Bericht machte aber auch auf einen weiteren Schwachpunkt des Unternehmens aufmerksam: die veralteten und verkrusteten Organisationsstrukturen. Die Continental Gummi-Werke AG war ein durch und durch funktional organisiertes Unternehmen, das in seinen Strukturen allemal den 20er Jahren näher war. Die Übertragung der bürokratischen Ranghierarchien auf das Unternehmen gestattete dem in einer »Zentrale« residierenden Vorstand die Durchsetzung seines Willens von der Spitze bis zur Basis. Daran hatte sich, nicht nur bei Continental, sondern bei vielen anderen deutschen Unternehmen, auch Ende der 60er, Anfang der 70er Jahre wenig geändert. Das neue Aktiengesetz vom 1. Januar 1966 hatte zwar in demokratischer Reformwut das Kollegialprinzip verpflichtend gemacht, und neben den technischen und kaufmännischen Direktor war inzwischen noch ein Vorstand für Forschung und Entwicklung, Produktion und Marketing gerückt. Aber letztlich war dahinter noch die alte Dreiteilung in Verwaltung, Fabrikation und Verkauf sichtbar. Von einem gesamtunternehmerischen Denken konnte keine Rede sein. Im Gegenteil: »Ausgeprägtes Bereichsdenken sowie Kommunikationsbarrieren und Autarkiebestrebungen der fast monolithische Blöcke bildenden einzelnen Bereiche«, konstatierten die McKinsey-Berater innerhalb von Con-

---

26 McKinsey-Report »Organisatorische Erfordernisse für gewinnbringendes Wachstum in der Zukunft«, 1. Zwischenbericht vom Juni 1970, S. 18, in: Conti-Archiv, o. Sign.

tinental. Chemie, Reifenkonstruktion und Produktion trugen ihre funktionalen Schlachten am Vorstandstisch aus. Tiefe Gräben zwischen den Funktionsbereichen paralysierten das Unternehmen.[27] Die zahlreichen Ausschüsse, Arbeitskreise und Kommissionen, die man zur Koordination und Lösung interfunktionaler Probleme eingesetzt hatte, verschlimmerten die Lage eher, als daß sie halfen.[28] Statt Schnittstellenmanagement zu betreiben, verzettelte man sich in endlosen Debatten, da Entscheidungsbefugnisse und Kompetenz gegenüber den Bereichen fehlten. Die meisten Entscheidungen mußten letztlich bis zur Vorstandsebene getragen werden und belasteten diese mit dem operativen Tagesgeschäft. Auch von mittel- und langfristigen unternehmerischen Zielsetzungen sowie modernen Führungsmethoden konnte keine Rede sein. Es existierte kein einheitliches Berichtssystem für die Unternehmensleitung, und die systematische Unternehmensplanung war so wenig ausgeprägt, daß sich sogar Herrhausen Anfang 1971 in einem Brief an den Vorstand zu einem Nachhilfeunterricht in modernem betriebswirtschaftlichen Rechnungswesen veranlaßt sah.[29]

Continental litt schließlich an erheblichen Schwächen im Personalmanagement. Jahrelang hatte man den Führungskräftenachwuchs vernachlässigt, seit Anfang der 60er Jahre zwar den Anteil der hochqualifizierten Angestellten erheblich ausgeweitet, diese aber weitgehend als Bereichsspezialisten in beamtenähnlichen, traditionellen Leitungspositionen »verhungern« lassen. Mit jährlichen Raten von 9 Prozent lag hier die Fluktuation daher extrem hoch. Die Probleme bei den Führungskräften betrafen aber auch den Vorstandsbereich. Mit einem Durchschnittsalter von 59 Jahren war der Continental-Vorstand 1970 deutlich überaltert.[30] Es war kein Wunder, daß diese, in den alten, langsamen Innovationszyklen kontinuierlicher Verbesserungen der 30er, 40er und 50er Jahre denkenden Gummi-Manager Schwierigkeiten hatten, den sprunghaft beschleunigten technischen Wandel zu begreifen und mit ihm unternehmenspolitisch fertig zu werden.

Auf die Analyse der Unternehmensberater reagierte der Vorstand skeptisch, aber letztlich griff man nach dem Strohhalm der Verbesserungsvorschläge, die einen Ausweg aus der verfahrenen Lage versprachen. Prägung eines neuen

---

27 Vgl. auch Peter: Erinnerungen, S. 143 ff.
28 Arbeitskreise für Artikelentwicklung, zentraler Geschäftsführungsausschuß für die Beteiligungsgesellschaften, Generalleitung Schuhbedarf, Arbeitskreis für reifentechnische Probleme, Kommission Artikelbereinigung, Kommission Kostenkontrolle.
29 Vgl. Brief Herrhausens an den Vorstand vom 19. 1. 71, in: 6621 Zg. 1/92, A 1,1.
30 Wie in allen deutschen Großunternehmen hatten auch bei Continental Anfang/Mitte der 60er Jahre die Wirtschaftswunderkapitäne aus Altersgründen die Vorstandssessel geräumt. Aber damit war kein wirklicher Generationenwechsel erfolgt. Jahrzehntelang bewährte und in der alten Continental großgewordene Männer der zweiten Ebene rückten nun nach, nur wenig jünger als die Altvorstände. Drei der Ex-Direktoren waren seit 1936 bzw. 1939 bei Continental beschäftigt, die übrigen drei seit 1949/50. Im Aufsichtsrat dagegen hatte Mitte der 60er Jahre eine deutliche Verjüngung eingesetzt. Vgl. dazu insgesamt demnächst Paul Erker, Toni Pierenkemper (Hrsg.): Die deutschen Unternehmer zwischen Kriegswirtschaft und Wirtschaftswunder. Studien zur Erfahrungsbildung von Industrieeliten, München 1997.

Führungsstils durch Berufung eines neuen Vorstandsvorsitzenden, Einrichtung neuer Konzernfunktionen, insbesondere für Personal/Recht, Finanzen/Information sowie Konzerntechnik/Logistik, Konzentration auf die dringenden Probleme im Reifenbereich sowie Erarbeitung einer Unternehmensstrategie lauteten die Empfehlungen der McKinsey-Leute.[31] Dabei glaubte man, an der funktionalen Organisationsstruktur letztlich wenig verändern zu müssen. Außer den beim Vorstandsvorsitzenden angegliederten neuen und zentralen Konzernfunktionsbereichen plädierte man für eine Teildivisionalisierung: Die Bereiche Technische Produkte und Reifen sollten getrennt werden, aber letztlich nur TP auch subdivisionalisiert, das heißt mit echter Ergebnisverantwortung und Unterstellung der Funktionen Marketing, F+E und Produktion organisiert werden, während der Reifenbereich streng funktional in Verantwortung von drei »Reifenvorständen« (Reifenmarketing, Reifen F+E, Reifenfertigung) gegliedert bleiben sollte. Offenbar war der Vorstand von den Vorteilen dieser Unternehmensorganisation nicht überzeugt, denn man bat die Berater, einen Gegenentwurf des Vorstandes zu prüfen, der nahezu auf eine sofortige, reine Divisionalstruktur hinauslief. Reifen und TP sollten als echte Geschäftsbereiche mit jeweils Marketing und Produktion organisiert und nur Forschung und Entwicklung als weitere Konzernfunktion zentralisiert werden.[32] McKinsey aber riet dringend ab.

Was schließlich am 6. April 1971 mit großem Aufwand als neue Organisationsstruktur der Continental-Gummi AG eingeführt wurde, war ein schlechter Kompromiß aus beiden diskutierten Modellen.[33] Der Konzern wurde in drei zentrale Ressorts (Personal/Recht, Finanzen/Information, Technik/Logistik) und vier operative Ressorts gegliedert, wobei einzig die Trennung Marketing-TP und Marketing-Reifen auf eine Divisionalisierung hindeutete. Produktion sowie Forschung und Entwicklung blieben funktional. Letztlich war damit alles beim alten geblieben. Die neue Unternehmensstruktur repräsentierte allenfalls ein – wie sich zeigen wird, von Herrhausen bewußt angesteuertes – Provisorium. Nach wie vor war etwa kein Vorstandsvorsitzender bestimmt worden.[34]

Continental war mit ihrem Problem der nur halbherzig betriebenen Umorganisation allerdings kein Einzelfall. Fast alle deutschen Großunternehmen hatten sich Ende der 60er, Anfang der 70er Jahre daran gemacht, neue Organisationsprinzipien einzuführen. Sie hatten divisionalisiert, dezentralisiert und horizontal koordiniert. Geändert hatte sich oft nur wenig. Für Continental markiert dennoch die »Neuorganisation« vom April 1971 einen Einschnitt. Es war der Beginn der Divisionalisierung des Konzerns und läutete damit einen Prozeß ein, der – von Schüben und funktionalen Rückschritten gekennzeichnet – letztlich bis heute andauert.

31 Vgl. den komprimierten Abschlußbericht vom 24. 11. 1970, S. 6f., in: Conti-Archiv, o. Sign.
32 Ebd.
33 Vgl. die Organigramme und Informationsschreiben des Vorstandes vom 6. 4. 71, in: 6603 Zg. 1/74, A 1.
34 Zu den Gründen vgl. das nächste Teilkapitel.

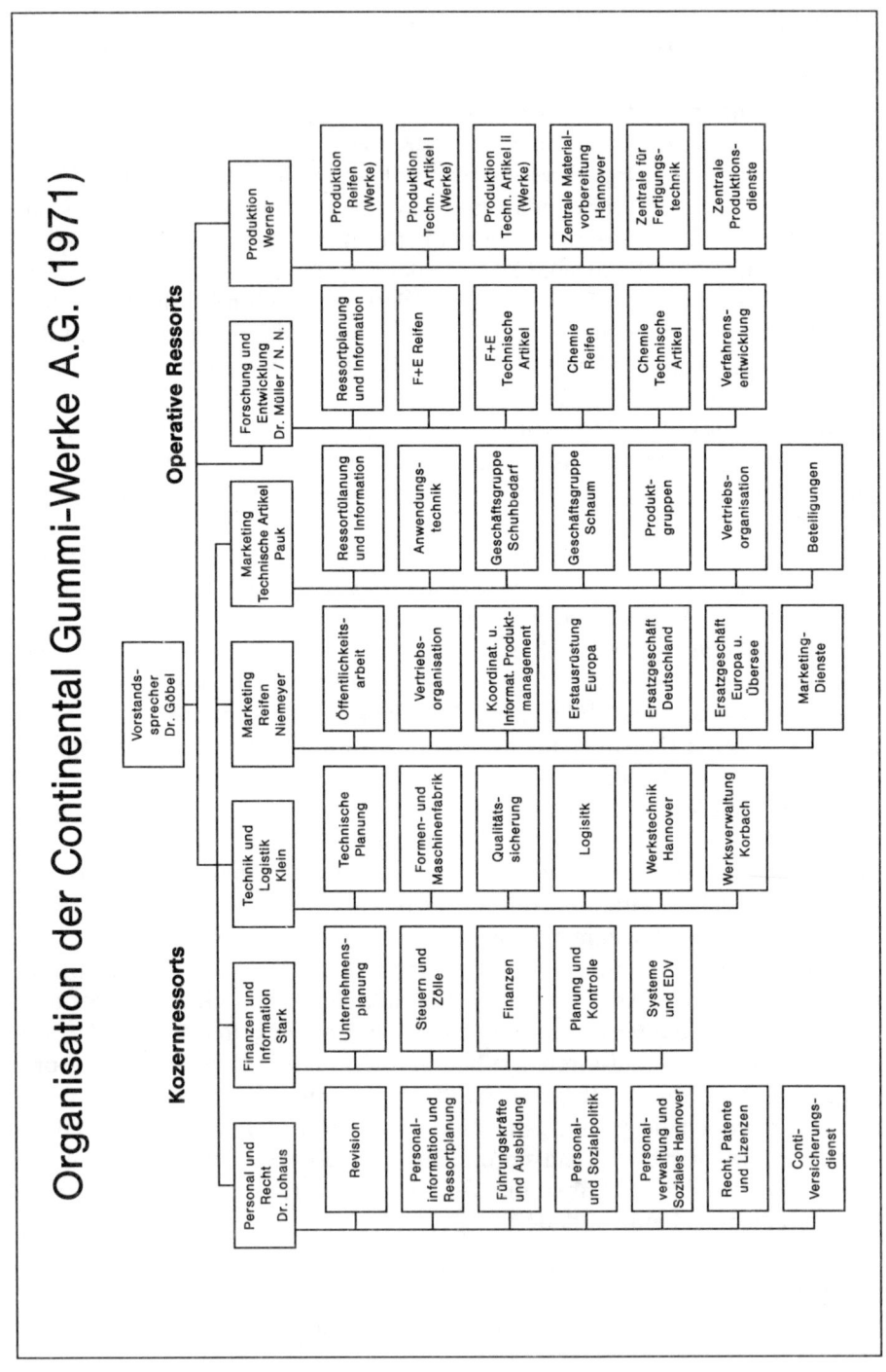

Organisation der Continental Gummi-Werke A.G. (1971)

Nicht nur in der Frage der Unternehmensorganisation erwies sich der Rat der McKinsey-Leute als zweifelhaft. Als die auf rasche Ergebnisverbesserung schielenden Berater etwa feststellten, daß die durchschnittlichen Inlands-Stückerlöse für Pkw-Reifen bei der Lieferung an die Erstausrüstung (mit knapp 30 DM) nicht einmal halb so groß waren wie im Ersatzgeschäft, lag es für sie nahe, den Ausstieg aus der Erstausrüstung zu Gunsten eines forcierten Engagements im Ersatzmarkt zu propagieren. In der Tat verschob daraufhin der Vorstand die Gewichte seiner Marketingbemühungen – und verschlimmerte dadurch nur noch die Lage, da vor allem über den Kontakt zu den Automobilherstellern das notwendige Wissen über technische Entwicklungen sowie ein Großteil des Zugangs zu den Ersatzmarktkunden lief. Geradezu einen Flurschaden richteten die Unternehmensberater auch mit ihrer Empfehlung zur Zentralisierung an. Verbittert mußten die Werksleiter hinnehmen, daß nun nahezu alle Entscheidungen in die Zentrale nach Hannover verlagert wurden. Die Werksleitungen wurden aufgelöst und an ihre Stelle eine auf Rumpffunktionen reduzierte Werksverwaltung gesetzt.[35]

Auf Anraten von McKinsey hatte der Vorstand schließlich als Versuch zur akuten Krisenbewältigung drei Projektteams eingesetzt, die, direkt dem Vorstand unterstellt, Maßnahmen zur Ergebnisverbesserung und Kapazitätssteigerung in der Produktion, eine straffere Ausrichtung der Forschungs- und Entwicklungsaufgaben auf die Erfordernisse des Marktes und die Gewinnbildung des Unternehmens sowie die Erstellung eines Jahresplanes für 1971 und dabei vor allem Kostensenkungsziele im Fixkostenbereich betrieben. In einer Phase, in der praktisch das Schicksal des Unternehmens vom F+E-Bereich abhing, geriet dieser dabei organisatorisch wie personalpolitisch in die Diskussion. Obwohl eine Stärkung erforderlich war, mußten die Forschungs- und Entwicklungseinheiten bei der Ausstattung mit Personal wie Forschungsmitteln in den Einsparungsrunden nun fast überdurchschnittlich Federn lassen: Die Zahl des Forschungspersonals ging von etwa 1200 Ende der 60er Jahre auf knapp 900 (1973) zurück, und auch das F+E-Budget wurde von ca. 50 Millionen DM (1971) auf 41,6 Millionen DM (1973) gekürzt. Insbesondere die kleine Grundlagenforschungsabteilung sah sich in ihrer Existenz bedroht und befürchtete, dem Versuch, die 4500 F+E-Einzelprojekte auf etwa 1000 Vorhaben zu konzentrieren, zum Opfer zu fallen.[36] Entnervt und offensichtlich überfordert bat am 1. Juli 1971 F+E-Vorstand Müller schließlich um seine Entlassung. Nur kommissarisch war daraufhin die Leitung Gerhard Mauk übertragen worden und formell im Vorstand durch den Produktionsvorstand vertreten. Die

---

35 Vgl. im einzelnen Peter Knorr: Continental. Werk Korbach 1970–1988 (MS), in: Conti-Archiv, o. Sign., sowie Interview Flothow am 8. 2. 1995 und »Neue Definition der Verantwortung für Produktion und Werke«, McKinsey-Bericht vom 1. 4. 1971, in: Conti-Archiv, o. Sign.
36 Vgl. Protokoll der Aufsichtsratssitzung vom 7. 10. 1971, S. 6, in: Registratur Vorstandssekretariat sowie die verzweifelten Denkschriften der »angewandten chemischen Forschung«, in: Nachlaß Eckelmann (1945–1973), in: Conti-Archiv, o. Sign.

personelle Führungslosigkeit des F+E-Bereichs sollte nur ein Provisorium sein. Doch das Provisorium dauerte schließlich zweieinhalb Jahre, bis Januar 1974.[37]

Erstmals ging man auch daran, systematisch und mit Hilfe moderner betriebswirtschaftlicher Methoden die Lage des Unternehmens zu analysieren. Man hatte haarsträubende Defizite aufgedeckt, wie das Fehlen jeglicher systematischer Absatzplanung sowie eine völlig veraltete Bedarfsermittlung für Halbfabrikate und Rohstoffe; der effektive Nutzungsgrad der Maschinen war unbekannt und damit auch eine Steuerung der Kapazitäten unmöglich. Letztlich erzeugten diese Projektteams allerdings mehr Unruhe als Verbesserungen, da oft die Kostensenkungsziele weit überhöht angesetzt und unmittelbar nach der Jubiläumsfeier 1971, bei der man noch die Ausgabe von Belegschaftsaktien gefeiert hatte, Massenentlassungen geplant und bekanntgegeben worden waren. Tatsächlich setzte ein beträchtlicher Abbau der Belegschaft ein. Von den 28 100 Continentälern (1970) waren drei Jahre später nur noch 23 400 im Unternehmen beschäftigt.

Obwohl man damit kurzfristige Einsparungen von etwa 20 Millionen DM erreichte, mußte man 1972 eine weitere Verschlechterung der Lage hinnehmen. Der am 4. März 1972 veröffentlichte Aktionärsbrief zeichnete denn auch ein recht trübes Bild. Was in Branchenkreisen schon länger vermutet worden war, wurde jetzt bestätigt: Continental hatte nur wenig über die Kostendeckung hinaus erwirtschaftet und die Produktion gegenüber dem Vorjahr um 7,5 Prozent zurücknehmen müssen. Längst ging es nicht mehr nur um das »Abstreifen belastender Verzierungen« aus der Vergangenheit, wie der Finanzvorstand Stark noch auf der Bilanzpressekonferenz im Mai 1971 hatte glauben machen wollen.[38] Der break-even-point war inzwischen bei 93 Prozent des Umsatzes angelangt, und das Betriebsergebnis von 71 Millionen hatte sich bis März 1972 auf 31,5 Millionen halbiert.[39] Das Ergebnis spiegelte die Hiobsbotschaften wider, die sich seit März 1972 häuften: Bei VW, dem Hauptabnehmer in der Erstausrüstung, zeigte der Umsatz einen Rückgang von 22 Prozent, und auch bei den anderen Automobilfirmen verlor man rasch Marktanteile. In der Tat hagelte es aus den Automobilunternehmen Kritik an der mangelnden Qualität der Pkw-Stahlgürtelreifen Continentals. Die Retourenquoten erreichten allein 1971 ärgerliche 3,5 Prozent, und in Erwartung weiterer Umtauschverluste sah man sich gezwungen, für 1972 insgesamt

---

37 Vgl. dazu auch die umfangreiche Aktennotiz des Produktionsvorstandes Werner vom 11. 12. 1972, in: 6603 Zg. 1/75, A 1,1.
38 Vgl. FAZ vom 26. 5. 1971.
39 »Der Vorstand«, so kritisierte der Aufsichtsrat auf seiner Sitzung am 1. 3. 1972 denn auch, »ist in seinem ganzen Denken noch mit der Situation der letzten Hochkonjunktur und Krise in den 1966/67er Jahren behaftet, wo das Problem war, daß man nicht genügend Kapazitäten hatte und bei der einsetzenden Hochkonjunktur dann nicht alle Umsatzchancen wahrnehmen konnte. 1970/72 sei aber das Problem, daß nicht nur genügend Kapazitäten fehlten, sondern auch das falsche Produkt da ist.«

10 Millionen DM zurückzustellen. Auch das Exportgeschäft, wegen der dort anhaltenden Diagonalreifen-Ära lange ein Ausgleich für die zurückgehenden Inlandsumsätze, brach nun ein, da die Versuche, Reifen für amerikanische Fahrzeuge zu fertigen, scheiterten.[40]

Im November 1972 mußte der Vorstand gegenüber dem Aufsichtsrat einen weiteren Erlöseinbruch bei Reifen von nahezu 40 Prozent eingestehen. »Wir haben den vor zweieinhalb Jahren an dieser Stelle angekündigten Wettlauf mit der Zeit hinsichtlich der Fertigung von Stahlgürtelreifen nicht für uns entscheiden können, so daß die Kapazitäten von Michelin und Uniroyal auf dem deutschen Markt wirksam wurden, bevor wir die entsprechenden Produkte anbieten konnten«, lautete das alarmierende Fazit.[41] Kein Wunder, daß Herrhausen »die geschilderte Entwicklung [...] für bestürzend« hielt. »Im Jahr 1972«, so konstatierte er offen, »nimmt offenbar die Fallgeschwindigkeit [von Continental] erheblich zu.«[42] In der Tat: War das Betriebsergebnis 1971 gegenüber dem Vorjahr bereits von plus 69,4 Millionen auf plus 17,5 Millionen (das heißt um 51,9 Millionen DM) geschrumpft, so stürzte es 1972 tief in den Minusbereich ab. Fast ausschließlich von Reifen verursacht, mußte man einen Umsatzverlust von 127,5 Millionen DM hinnehmen. 1972 war daher im Betriebsergebnis ein Verlust von 68,4 Millionen DM zu verzeichnen, der sich letztendlich auf einen tatsächlichen Ergebnisverlust von 91,7 Millionen DM für das Geschäftsjahr 1972 summierte.[43] Erstmals nach dem Krieg verzeichnete Continental damit ein negatives Betriebsergebnis. Aus eigener Kraft schien offenbar keine Rettung mehr möglich zu sein. Es war daher kein Wunder, daß Herrhausen den Ausweg aus der Krise in der Fusion und der Zusammenarbeit aller deutschen Reifenkonzerne sah.

Kapitel 5
Ausweg aus der Krise?
Continental und die Reifenunion-Pläne mit Phoenix (1970–1972)

Die Krise war ungeachtet aller branchenspezifischen Ausprägungen kein Einzelfall, sondern Teil eines umfassenden Strukturwandels der deutschen Wirtschaft Anfang der 70er Jahre. Denn die 60er Jahre markierten eine Phase des »technologischen Übergangs«, in der der Nachkriegsboom, noch von den technischen Innovationen der 20er und 30er Jahre getragen, durch ein Wirtschaftswachstum abgelöst wurde, dessen Grundlage zunehmend technische

---

40 Vgl. etwa das Schreiben der Qualitätssicherung Reifen vom 7. 10. 71, in: 6603 Zg. 1/75, A 1,1 sowie das Schreiben von Vorstandssprecher Niemeyer vom 14. 6. 72, in: ebd.
41 Vgl. Protokoll der Aufsichtsratssitzung vom 6. 11. 72, S. 5, in: Registratur Vorstandssekretariat.
42 Vgl. Protokoll der Aufsichtsratssitzung vom 2. 6. 72, S. 7, in: ebd.
43 Vgl. Aufsichtsratssitzung vom 21. 3. 73, Bericht des Vorstands, in: ebd.

Neuerungen waren.[1] Zu diesem Wandel kam die grundlegende Veränderung der Wettbewerbssituation. Mit dem Ende der Boomjahre bekamen die Unternehmen nun auf dem Heimatmarkt plötzlich den wachsenden Konkurrenzdruck ausländischer Unternehmen zu spüren. Die Jahre des Hochpreislandes Deutschland unter dem bequemen Schirm einer Preisbindung waren vorbei. Es war eine Phase, die unternehmens- wie wirtschaftshistorisch eine tiefe Zäsur markierte, fielen doch angesichts der 1973 dann noch hereinbrechenden Ölkrise aus Sicht der meisten Unternehmen firmeninterne, »hausgemachte« Probleme mit einer durch den technischen Wandel ausgelösten Strukturkrise und dem weltwirtschaftlichen Konjunktureinbruch zusammen. Während das Ruhrgebiet mit dem Niedergang seiner alten Industrien zu kämpfen hatte, vollzog sich in den übrigen Wirtschaftsregionen Deutschlands – wenn auch nach außen hin weniger dramatisch – ebenso ein durchaus krisenhafter, struktureller Anpassungs- und Wandlungsprozeß der »neuen« Industrien, dessen Folgeerscheinungen eine Fusions- und Konzentrationsbewegung war. Sie schien einen Ausweg aus der Krise zu bieten. Zugleich rückten in deren Verlauf die Großbanken ins industriepolitische Rampenlicht.

Bewegungen in der Branchenstruktur

So waren in der Reifenindustrie nicht nur die Märkte, sondern ebenso die Branchenstrukturen seit Mitte der 60er Jahre in Bewegung geraten und begannen sich grundlegend zu verändern. Unaufhaltsam waren die ausländischen Konzerne durch Firmenaufkäufe und Gründung von Tochterunternehmen im Vormarsch, allen voran die amerikanischen Reifenriesen. Hermann Joseph Abs, der Grandseigneur der deutschen Industrie und damalige Vorstandsvorsitzende der Deutschen Bank hatte das wohl vorausgesehen und schon Anfang der 60er Jahre versucht, einen großen deutschen Reifenkonzern zu schmieden. Aber der Vorstand von Continental hatte das über Abs vermittelte Angebot, Metzeler, Fulda und Veith zu übernehmen im Gefühl der eigenen Überlegenheit ausgeschlagen.[2] Die Fulda-Reifenwerke waren daraufhin 1961 von Goodyear und 1964 Veith von Pirelli übernommen worden. Firestone hielt seit den frühen 50er Jahren eine wesentliche Beteiligung an der Phoenix, Uniroyal und Goodrich produzierten in eigenen Werken in Aachen bzw. in Koblenz. Dazu kamen Michelin und Dunlop, die mit ihren Tochterunternehmen seit jeher die Branchenstruktur in Deutschland geprägt hatten. Von den neun deutschen Reifenherstellern befanden sich daher Anfang 1970 sieben

---

1 In der Chemieindustrie vollzog sich etwa der Übergang von der Kohlechemie zur Petrochemie, in der Elektroindustrie von der Röhrenelektronik zur Transistor- und Mikrochip-Technologie und in der Textilindustrie von der Baumwoll- zur Chemiefaser. Die technologische Basis ganzer Branchen änderte sich zum Teil ziemlich plötzlich und grundlegend.
2 Vgl. dazu Hinweis in: Protokoll der Aufsichtsratssitzung vom 2. 7. 1971, S. 4, in: Registratur Vorstandssekretariat.

voll oder zum Großteil in ausländischem Besitz.[3] Die verbliebenen zwei bzw. nach dem Ausstieg von Firestone drei deutschen Reifenunternehmen Continental, Metzeler und Phoenix mußten sich damit auf einen hart umkämpften Markt gegen Konkurrenten behaupten. Mit einem Umsatz von 1,6 Milliarden DM rangierte Continental als größter deutscher Reifenhersteller abgeschlagen auf Platz 9 der Weltrangliste, die von Goodyear mit 10,3 Milliarden DM Umsatz angeführt wurde.[4] Kein Wunder, daß allenthalben Klagen über das Versäumnis laut wurden, die ausländischen Firmenkäufe rechtzeitig abzuwehren, und dem Bundeskartellamt »Schrebergartendenken« vorgeworfen wurde. Als sich schließlich noch Anfang 1970 Dunlop und Pirelli zusammentaten (Dunelli), schien es für den verbliebenen Rest der deutschen Reifenindustrie zu spät zu sein, den sich abzeichnenden Untergang aufzuhalten.

Im Vorstand von Continental war darüber aber kaum Aufregung entstanden. Gelassen beruhigte man den Aufsichtsrat, daß der Zusammenschluß »an unserer Wettbewerbsituation nichts ändern [wird]«[5]. Es bestünde ja bereits seit längerer Zeit eine begrenzte Zusammenarbeit mit beiden Konkurrenten, insbesondere bei Forschung und Entwicklung sowie vor allem in der Drahtcord-Fertigung, und diese werde – so hätten beide Unternehmensvorstände der Continental erklärt – wie bisher weiterlaufen. In der Tat hatten Dunlop wie Pirelli ursprünglich daran gedacht, die seit Ende der 60er Jahre bestehende Kooperation (CDP) in eine gesellschaftsrechtliche Fusion überzuführen und auch Continental in den Zusammenschluß mit hineinzunehmen. Im Herbst 1969, noch ehe die Deutsche Bank als Großaktionär das Ruder übernahm, war ein entsprechender Vorschlag der beiden Konkurrenten an Hannover gegangen, der Continental zweifellos durch die Aufnahme der deutschen Dunlop und von Veith-Pirelli zu einem sehr viel größeren Unternehmen gemacht hätte, allerdings auf Kosten der Aktienmehrheit.[6] Sie hätte sich in ausländischer Hand befunden, und daher hatte der Vorstand das Beteiligungsangebot abgelehnt.

Der Dunelli-Zusammenschluß hatte sogar Michelin beeindruckt, war man doch dadurch hinsichtlich Umsatz und Größe in der Branchenhierarchie überrundet worden. Der französische Konzern bot daraufhin seinerseits Continental eine enge Kooperation an, die den Hannoveranern allerdings kaum einen Zugriff auf die neue Radial-Technologie verschafft und – so befürchtete man – ebenfalls zu einer Beherrschung durch den übermächtigen Partner geführt hätte. Der Vorstand lehnte daher ab. Die zahlreichen Kooperations- und Fusionsangebote Ende der 60er Jahre verstrichen daher ungenutzt. Erst

---

3 Vgl. zur Branchenlage *Wirtschaftswoche* vom 14. 1. 1972.
4 Die weiteren Plätze: Dunelli, Firestone, Uniroyal, Goodrich, Michelin und General Tire (mit immer noch dem doppelten Umsatz von Continental). Dicht hinter Continental folgte damals noch Bridgestone.
5 Protokoll der Aufsichtsratssitzung vom 4. 3. 1970, S. 2, in: Registratur Vorstandssekretariat.
6 Vgl. Bericht des Vorstands in der Aufsichtsratssitzung vom 4. 3. 1970, S. 2, in: ebd.

als die Familie Opel Ende 1969 ihr 10prozentiges Aktienpaket an die Deutsche
Bank verkaufte und ein Jahr später auch Firestone ihr seinen Anteil an der
Phoenix überließ, kam neue Bewegung in die Reifenbranche. Abs und Herrhausen als Aufsichtsratsvorsitzende bei Phoenix bzw. Continental trieben nun
das Projekt eines starken deutschen Reifenkonzerns – der alte industriepolitische Traum des Vorstandsvorsitzenden der Deutschen Bank – erneut voran,
und der Zusammenschluß von Continental und Phoenix sollte dabei offenbar
auch das Meisterstück des jungen Herrhausen werden. Aber die Fusionsverhandlungen, die zwei Jahre lang die Gemüter in der Öffentlichkeit wie hinter
den Kulissen bewegten wie kaum ein anderes industriepolitisches Thema,
scheiterten.

Die Pläne der Großaktionäre

Den Anstoß zur Aufnahme von Verhandlungen hatte zunächst ein gleichlau-
tender Brief von Herrhausen und Abs vom 18. Dezember 1970 an die beiden
Vorstände von Continental und Phoenix gegeben.»Durch die Freigabe des
bisher bei Firestone liegenden Phoenix-Pakets [ist] eine Entwicklung möglich
geworden, die bisher blockiert schien«, hieß es ohne lange Einleitung.»Der
Gedanke, im Rahmen einer größeren deutschen Lösung Phoenix und Continental zusammenzuführen, kann dadurch jetzt wieder mit Aussicht auf Erfolg
aufgegriffen werden.«[7] Abs und Herrhausen präsentierten ein kompliziertes
gesellschaftsrechtliches Stufenkonzept, wie die Anteile der jeweiligen Hauptaktionäre – Deutsche Bank, Bayer, Münchner Rück und die Gruppe Tanneber-
ger – Schritt für Schritt zusammengeführt werden sollten. Continental sollte
nach einer Kapitalerhöhung 84 Prozent des Phoenix-Kapitals übernehmen
und im Austausch gegen Phoenix-Aktien den Aktionärsgruppen Continental-
Aktien übertragen. Dann, so war geplant, würden die vier Großaktionäre ihre
Beteiligungen in einem Pool bzw. Konsortialvertrag miteinander verbinden.
Daraus ergebe sich »eine für die Conti günstige Stabilisierung« und »ein recht
potenter Rückhalt für alle denkbaren Entwicklungsmöglichkeiten der Zukunft«.[8] Die Vorstände wurden aufgefordert, »erste Konkretisierungen in
Angriff« zu nehmen.

Auf einer Besprechung der beiden Vorstände in der Zentrale der Deutschen
Bank Anfang Januar 1971 wurde das weitere Vorgehen festgelegt. Eile tat
offenbar not, da Goodyear bei der Deutschen Bank bereits seinerseits Interesse am Aktienpaket von Continental angemeldet hatte. Gesellschaftsrechtliche Fragen, so legte man bei der Besprechung fest, sollten zunächst keine
Rolle spielen, vielmehr so rasch wie möglich ein »optimales Konzept« zur
Erreichung eines auf 60 bis 80 Millionen DM Kosteneinsparungen geschätzten

---

7 Vgl. Brief Herrhausens an den Vorstand der Continental vom 18. 12. 1970, in: 6621, Zg. 1/92, A 1,1.
8 Ebd.

Synergieeffektes entwickelt werden. Beide Vorstände sollten jeweils unabhängige Konzepte und Vorstellungen erarbeiten und bei einem weiteren Treffen Ende Januar vorlegen.[9]

Dennoch standen Fragen der gesellschafts- und aktienrechtlichen Gestaltung des angestrebten Fusions- bzw. Kooperationsmodells bald im Vordergrund, da sich zeigte, daß die Deutsche Bank in ihrer Rolle, die Interessen der Großaktionäre zu koordinieren, Probleme hatte. Offenbar lief bald alles zunächst auf eine industrielle Führung des neuen deutschen Reifenkonzerns durch die Bayer AG hinaus. Bayer, über eine Minderheitsbeteiligung zunächst vor allem bei Metzeler engagiert, hatte als größter europäischer Hersteller von Synthese-Kautschuk ein unmittelbares Interesse an einer starken deutschen Reifenindustrie. Aus Liquiditätsgründen hatte man sich an der von der Deutschen Bank gebastelten Schachtelbeteiligung zunächst nicht beteiligt. Aber die Deutsche Bank gab den Leverkusenern die Versicherung, nicht ohne ihr Einverständnis über die ›Reifenschachtel‹ zu verfügen. Und noch 1971 holte man sich Wilhelm Meyersheim aus dem Bayer-Vorstand neu in den Continental-Aufsichtsrat. Es ging, so hieß es in einem Brief Herrhausens vom 19. Mai 1971 rückblickend, »im Grunde genommen um zwei Komplexe: Um eine einvernehmliche Regelung unter den beteiligten Hauptaktionären und um eine wirtschaftlich optimale Zusammenführung der beiden Unternehmen.«[10] Das jeweilige komplizierte Zusammen- und Gegeneinanderspielen auf diesen beiden Ebenen sowie die vielfachen Rückbeziehungen zwischen Unternehmensvorständen und Großaktionären bestimmten in der Tat im Folgenden das Geschehen.[11]

Inzwischen hatten in den Unternehmen die Vorbereitungen für das weitere Vorgehen eingesetzt. Intern herrschte auf beiden Seiten über eine enge Zusammenarbeit grundsätzlich Einverständnis. Phoenix, der deutlich kleinere der beiden Konkurrenten, fühlte sich seit der Trennung von Firestone allein zu schwach, und auch Continental sah in der Fusion nicht zuletzt angesichts der noch üppigen Liquiditätspolster der Harburger eine Stärkung ihrer Marktposition und Wettbewerbsfähigkeit.[12] Von der Fertigungspalette her nahezu identisch klafften beide Unternehmungen allerdings in ihrer unternehmensstrategischen Entwicklung und Ausrichtung weit auseinander. Während sich Phoenix in einer Defensivstrategie durch eine konservative Finanzpolitik in der Krise über Wasser zu halten suchte, war bei Continental durch antizyklische Investitionen die Modernisierung der Fertigung als Vorwärtsstrategie eingeleitet worden. Ihr drohte dabei allerdings nun finanziell die Luft auszugehen. Eine Kooperation mit Phoenix, so hoffte der Hannoveraner Vorstand,

---

9 Vgl. Aktennotiz über die Besprechung vom 7. 1. 1971, in: 6621 Zg. 1/92, A 1,2.
10 Brief Herrhausens vom 19. 5. 1971, in: 6603 Zg. 1/75, A 1,1.
11 Vgl. auch Aktennotiz vom 8. 1. 1971, in: ebd. sowie *Entreprise* vom 22. 5. 1971 und *Wirtschaftswoche* vom 14. 1. 1972.
12 Vgl. auch *FAZ* vom 26. 1. 1971.

würde die dringend nötige finanzielle Atempause schaffen, während Phoenix von den Forschungs- und Entwicklungs- sowie Fertigungsinvestitionen von Continental zu profitieren hoffte.

Aber schon bei den Detailfragen nach Art und Größe der möglichen Synergieeffekte und Einsparungsmöglichkeiten gab es unterschiedliche Auffassungen. Während die Phoenix-Manager vor allem im Bereich Verwaltung, Logistik und F+E durch eine Zusammenarbeit rasche Kostendegressionen erwarteten und Rationalisierungsvorteile durch Austausch von Produktionen suchten, sah man bei Continental eher bei Einkauf, Vertrieb und im Finanzbereich Synergiepotentiale; vor allem aber strebte man eine Zusammenlegung von Kapazitäten und den Aufbau spezialisierter, hochmechanisierter Fabrikationsstätten mit optimalen Losgrößen an, welche gegebenenfalls durch Offtake-Verträge zur Belieferung des Partners ergänzt werden sollten. Erst recht gingen, wie sich rasch zeigen sollte, die Vorstellungen hinsichtlich der gesellschaftsrechtlichen Form der Kooperation auseinander.[13]

Die Verständigung über den notwendigen Austausch von betriebsinternen Informationen zog sich mehrere Wochen hin. Ende Januar hatte man gerade mal von seiten Continentals einen Fragenkatalog an Phoenix überreicht, während man sich dort offenbar noch wenig weitere Gedanken gemacht hatte. Im Februar nahmen schließlich erste gemeinsame Kooperationsgruppen die Arbeit auf. In insgesamt fünf Arbeitsgruppen (Methoden der Kosten- und Erfolgsrechnung, Artikelkalkulation, Investitionsplanung, Größenordnung und Zusammensetzung der Gemeinkosten sowie Einsatzbreite und -methodik in der Arbeitswirtschaft) suchte man nach Möglichkeiten, die unterschiedlichen Rechnungs- und Steuerungsmethoden zu koordinieren, einander anzugleichen und auf einen gemeinsamen Nenner zu bringen. Die Gespräche kamen aber nur schleppend voran.

»Phoenix hält sich in den Arbeitsgruppen sehr zurück«, hieß es in einer Conti-internen Notiz vom Oktober 1971 über den Stand der Arbeitsgespräche. »Allgemein sind Stand und Fortschritte der Diskussionen mit Phoenix nicht befriedigend [...] Unsere Versuche zur Initiative sind fruchtlos, solange nicht den leitenden Herren bei Phoenix entsprechend deutlich wie bei uns die Entscheidung des Aufsichtsrats über die Art und Weise des Vorgehens bekannt ist.«[14]

In der Tat hatte der Aufsichtsrat bei Continental am 4. März 1971 durch einen offiziellen Beschluß dem Vorstand die notwendige Rückendeckung zum »vorbehaltlosen Austausch« der erforderlichen Detailinformationen gegeben. Während bei Phoenix trotz Zusicherungen von Abs, einen gleichlautenden

13 Vgl. die spätere Zusammenfassung der Position vom 27. 4. 1971, in: 6603 Zg. 1/75, A 1,1 sowie »Plan für die Entwicklung und Steuerung der Zusammenarbeit zwischen Continental und Phoenix« vom 27. September 1971, in: ebd.

14 Vgl. Chronologie der Aktivitäten betreffend Kooperation Continental-Phoenix vom 14. 10. 1971, in: 6603 Zg. 1/75, A 1,2, hier Notiz vom 15. 03. 1971.

Aufsichtsratsbeschluß herbeizuführen, nichts dergleichen geschehen war.[15] Bei einer Besprechung zwischen Herrhausen, Abs und dem Phoenix-Vorstand, die einen Tag zuvor, am 3. März 1971 in Frankfurt stattfand, zeigte sich aber deutlich, daß der eigentliche Bremser der Phoenix-Vorstand selbst war. Er habe, so der Phoenix-Vorstandsvorsitzende Kolb, aus seinen Gesprächen mit den Herren des Vorstandes von Continental den Eindruck gewonnen, daß als Lösung die Herstellung eines Mutter-Tochter-Verhältnisses angestrebt werde, bei dem Phoenix Tochter von Continental werden solle. Statt einer schnellen Fusion, wie sie Herrhausen anstrebte, sei er dafür, »den Weg des Zusammengehens langsam und behutsam zu gehen« und »eine organische, schrittweise Lösung der Zusammenführung beider Unternehmen herbeizuführen«[16]. Wenngleich sich rechnerisch bedeutende Rationalisierungserfolge ergäben, so stünden dem beträchtliche Risiken, insbesondere auf den Gebieten Markt, Marke und Personal, gegenüber. Herrhausen äußerte für Kolbs Haltung Verständnis, glaubte daraus aber »keine grundsätzlichen Widerstände gegen die Zusammenarbeit« ableiten zu müssen und drückte für das weitere Vorgehen aufs Tempo, so daß sich nun Abs zu der Warnung veranlaßt sah, »die durch die Aktionärsverhältnisse bei Phoenix gegebene leichtere Verfügbarkeit über das Schicksal der Gesellschaft nicht zum Nachteil der Phoenix auszunutzen«[17].

Für Herrhausens Drängen gab es vor allem auch gesellschafts-, aktien- und kartellrechtlich gute Gründe. In einer internen Studie der Deutschen Bank wurde deutlich darauf hingewiesen, daß 1972 die Hauptvorteile des Umwandlungssteuergesetzes (Befreiung von Gesellschafts- und Grunderwerbsteuer) ausliefen. Eile war aber auch deshalb geboten, da es Tendenzen zur Verschärfung des Kartellrechts gab, die eine Fusion der beiden Gummiunternehmen unmöglich machen würde. Berücksichtigte man zudem noch das aktienrechtliche Procedere von den Aufsichtsratsbeschlüssen über die Einberufungsfristen der Hauptversammlungen bis zur Anmeldung beim Handelsregister, so mußte laut Studie zwischen Großaktionären und Gesellschaften spätestens in der zweiten Maihälfte 1971 Einvernehmen hergestellt sein.[18]

Als sich Herrhausen und der Continental-Vorstand im Mai 1971 zu einer Besprechung trafen, war klar, daß, um die Sache nicht weiter zu verzögern, Zugeständnisse gemacht werden mußten. Herrhausen sah ein, daß ein Zusammengehen nur schrittweise erfolgen konnte, weil eine schnelle Vollfusion sich im Markt nachteilig auswirken würde. Man entwickelte daher einen neuen Stufenplan, der von einem Kooperationsvertrag und der Bewertung der Ge-

---

15 Vgl. Protokoll der Aufsichtsratssitzung vom 4. 3. 1971, in: Registratur Vorstandssekretariat, und »Chronologischer Ablauf der Kooperationsgespräche Continental-Phoenix in der Zeit vom 18. 12. 1970 bis 17. 03. 1972«, in: 6603 Zg. 1/75, A 1,1.
16 Protokoll vom 3. 3. 1971, in: 6603 Zg. 1/75, A 1,1.
17 Ebd.
18 Vgl. die Studie vom 25. 03. 1971, in: 6600 Zg. 1/73, A 10.

sellschaften über die Herstellung eines Mutter-Tochter-Verhältnisses mit Beherrschungsvertrag durch Continental bis zur Fusion durch Aufnahme reichte. Offenbar war Kolb zunächst bereit, diesen Plan zu akzeptieren, aber Abs und der übrige Phoenix-Vorstand erhoben nun insbesondere gegen den Beherrschungsvertrag Einwände. Ende Mai 1971 präsentierte schließlich Phoenix ein Gegenmodell, das auf eine gleichberechtigte Kollektivführung beider Unternehmensvorstände hinauslief. In einem Zusammenarbeitsvertrag sollten sämtliche Bereiche abgestimmt und die dafür notwendigen Koordinationskompetenzen einem gemeinsamen Kreis von Kooperationsbeauftragten übertragen werden. In zwei bis vier Jahren, so die Vorstellungen des Phoenix-Vorstandes, würde dadurch eine weitgehende gemeinschaftliche Ausrichtung der beiden Unternehmen erreicht sein und dann der Beschluß zur Fusion, allerdings nicht durch Aufnahme der Phoenix durch Continental, sondern durch Neubildung einer neuen Aktiengesellschaft, getroffen werden können.[19] Es war klar, daß das Vorstellungen waren, die nun ihrerseits in Hannover auf Ablehnung stießen.

Fusionstrauma und Bewertungskonflikte

Nach fünf Monaten intensiver Verhandlungen und Gespräche waren die beiden Kautschukunternehmen weiter entfernt voneinander denn je. Die beiden Kooperationsentwürfe klafften sowohl hinsichtlich der Detailregelungen bei den einzelnen Sachbereichen als auch in der Frage der Zeitabläufe sowie der dahinterstehenden Fusionsmodelle weit auseinander. Spätestens jetzt war der von Herrhausen bzw. von der Deutschen Bank vorgesehene Zeitplan Makulatur geworden. Nach wie vor drängten zwar der Continental-Vorstand und Herrhausen in den folgenden Wochen und Monaten auf eine rasche Einigung, aber mehr denn je setzte man bei Phoenix auf eine Verzögerungstaktik. Zahlreiche Änderungsentwürfe des Kooperationsvertrages wurden juristisch zerpflückt. Mal wurden kartellrechtliche Bedenken vorgebracht, mal unternehmensstrategische Vorbehalte geäußert, mal die Interessen der Großaktionäre vorgeschoben und dann wieder auf psychologische Rücksichten gegenüber Kunden und Belegschaft verwiesen. Es war offensichtlich, daß hier die beiden ältesten Wettbewerber auf dem deutschen Markt miteinander rangen, zwei selbstbewußte und traditionell auf Eigenständigkeit bedachte Rivalen. Vor allem der seit jeher kleineren Phoenix saß seit 1929, nach dem ersten gescheiterten Fusionsversuch, das Trauma der übermächtigen Continental im Bewußtsein. Bei Phoenix herrschte die schiere Angst, von der größeren Continental erdrückt zu werden; in einem Memorandum des Vorstandes war etwa die Rede von der »Fusionsproblematik des Gewichts der 26 000 Conti-Leute gegenüber 10 000 Phoenixianern«[20].

---

19 Vgl. Schreiben Weinlig an Lohhaus vom 27. 05. 1971 inkl. Vertragsentwurf, in: ebd.
20 Vgl. das Memorandum vom 13. 09. 1971, in: 6603 Zg. 1/75, A 1,1.

In der Tat war zu erwarten, daß die erhofften Rationalisierungseffekte einseitig zu Lasten der Phoenix gehen würden. Die im Aufbau befindlichen neuen Continental-Werke in Korbach, Northeim und Dannenberg erforderten eine schnelle Auslastung durch entsprechende Reduzierungen in Harburg, da die Produktion in den moderneren Anlagen weit kostengünstiger war als in den überfüllten, alten und größtenteils mehrstöckigen Werksanlagen der Phoenix.

»Die Verflechtung von Conti und Phoenix«, so hieß es warnend in dem Memorandum weiter, »führt, gleich mit welchem Druck die Unternehmen zusammengepreßt werden, noch nicht zu einem Gegengewicht gegen die technische Sonderstellung von Michelin. Der Vorsprung kann nur langsam aufgeholt werden, aber eine Zusammenfassung der Forschung und Entwicklung verbessert die Aussichten erheblich. Die Verflechtung bringt unter keinen Umständen eine sofortige Lösung der Finanzierungsprobleme beider Unternehmen. Ein gezielter konzentrierter Einsatz der verfügbaren Mittel schafft jedoch Möglichkeiten zu Erweiterung der Selbstfinanzierungsbasis in der Zukunft. Beides setzt nach dem Vorstehenden einen vorsichtigen Beginn der Zusammenarbeit auf der Basis einer langfristigen Konzeption voraus. Phoenix scheint das Risiko eines überstürzten Vorgehens ungleich viel größer als das Vorgehen eines behutsamen, stufenweisen Abbaus der hundertjährigen Schranken bei gleichzeitigem Aufbau gemeinsamer Institutionen.«[21]

Alle Vermittlungsversuche der Deutschen Bank hatten an den gespannten Beziehungen der beiden Unternehmen nichts ändern können, nicht zuletzt da sie diese historisch gewachsenen, psychologischen Hürden nicht beachteten und auf rein gesellschaftsrechtliche Kompromisse hin orientiert waren. Als sich etwa Mitte Juni 1971 die beiden Vorstände mit dem jeweiligen Aufsichtsratspräsidium bei der Deutschen Bank in Essen zu einer Besprechung des bisherigen Verhandlungsstandes trafen, versuchte man die Divergenzen der Vertragsentwürfe durch zwei sich ergänzende Verträge (einen Basisvertrag und einen Durchführungsvertrag) zu regeln, ohne aber den eigentlichen Streitpunkt der Form des Zusammengehens zu klären. Das Klima zwischen den beiden Vorständen war dabei inzwischen schon deutlich kühler geworden und der Ton schärfer. Für Continental käme, so erklärte Niemeyer bei einem erneuten Treffen mit dem Phoenix-Vorstand einen Tag nach der Essener Besprechung kategorisch, nur eine Fusion durch Aufnahme der Phoenix in Frage, da man den Aktionären nicht zumuten könne, »die Continental sozusagen aufzugeben, lediglich weil die Firma Phoenix aufgenommen werden soll«[22]. »Das Haus Continental«, so lautete daraufhin die Antwort aus Hamburg, »sucht offenbar zwar der Form halber eine Vereinbarung mit Phoenix, will aber dem Inhalt nach Phoenix nicht als gleichberechtigten Partner für eine

---

21 Ebd. S. 14.
22 Gesprächsprotokoll vom 22. 6. 1971, in: 6603 Zg. 1/75, A 1,1.

Zusammenarbeit anerkennen.«[23] Man könne doch im Hause Phoenix nicht davon ausgehen, »daß wir unbesehen alles akzeptieren, was von dort vorgelegt wird«, hieß es dazu aus Hannover. »Alle unsere Vorschläge«, so beschwerte sich Niemeyer auch gegenüber Herrhausen, »wurden bisher rundweg abgelehnt.«[24]

Es war kein Wunder, daß sich angesichts dieses Standes der Verhandlungen der Phoenix-Vorstand trotz mehrmaligen Drängens bei der Preisgabe unternehmensinterner Informationen sehr zurückhaltend zeigte, insbesondere was Fragen der Verkaufspolitik anging. Das Bild, das man sich bei Continental daher von dem Konkurrenten machen konnte, bezog sich zunächst vor allem auf den Finanzbereich. Und hier mußte man eingestehen, daß das Harburger Unternehmen besser dastand: Phoenix hatte wegen der sehr viel defensiveren Beteiligungspolitik und einer konservativen Investitionsstrategie bei weitem keinen so starken Ertragseinbruch erlitten wie Continental. Sowohl die Liquidität und die Selbstfinanzierungskraft als auch die Erträge lagen bei Phoenix zum Teil deutlich besser.[25] Beim Vergleich der Produktionsstruktur drängte sich dem Continental-Vorstand allerdings ein anderer Eindruck auf. Die drei Harburger Werke waren in ihrer Baukonzeption für moderne Fertigung unzureichend und nicht mehr anpassungsfähig. Schon kurzfristig kamen damit auf das Unternehmen wegen der fehlenden Rationalisierungsmöglichkeiten Kostenbelastungen zu, die, so die Continental-Analysten, »schließlich das ganze Unternehmen in eine Sackgasse führen«.[26] Phoenix, so ihr Fazit, stand der eigentliche und weit schärfere Ertragseinbruch als bei Continental erst noch bevor.

Im gemeinsamen Bewertungsausschuß, der die Voraussetzungen für die Kapitalverflechtung klären sollte und in dem daher jeder versuchte, sein Unternehmen in möglichst günstigem Licht erscheinen zu lassen, waren die Auseinandersetzungen damit vorprogrammiert. Was die Substanz- und Ertragsbewertungen, berechnet aus den Zahlen der Vergangenheit, anging, schnitt Phoenix deutlich besser ab. Als Umtauschverhältnis der Aktien kamen daher die Phoenix-Leute auf eine Quote von 1 : 2,08 (oder acht Continental-Aktien für vier Phoenix-Aktien) zugunsten von Phoenix. Das war aus Sicht des Vorstandes von Continental unakzeptabel, sah man sich doch für die Zukunft weit besser gerüstet. Man forderte daher eine Einrechnung der Zukunftserträge in die Ertragsbewertung, an deren Ende ein für Continental weit günstigeres Bewertungsverhältnis von 1 : 1,6 stehen müßte. 1973/74, so argumentierte man nicht zu unrecht, kämen bei Continental etwa 70 Prozent der

23 Schreiben Phoenix an Continental vom 18. 10. 1971, in: ebd.
24 Vgl. Besprechungsvermerk vom 21. 6. 1971, in: 6603 Zg. 1/75, A 1,2.
25 Anlagevermögen zu Umlaufvermögen bei Continental 50:50, bei Phoenix 33:68; Verzinsung des Eigenkapitals 1969 bei Continental 12,7 Prozent, bei Phoenix 25,7. Vgl. Grobanalyse vom 13. 1. 1971, in: 6603 Zg. 1/75, A 1,1.
26 Vgl. Schlußbericht der Betriebsbesichtigungen vom 18. 5. 1971, in: ebd.

Produktion aus modernen Fertigungsbetrieben, während es bei Phoenix nur etwa 30 Prozent sein dürften. Auch bei F+E, der eigenen Formen- und Maschinenfabrik sowie dem Zugang zu günstigem Stahlcord durch die Beteiligung an der Drahtcord-Saar GmbH habe Phoenix, unter anderem bedingt durch die jahrelange Anlehnung an Firestone, Continental in zentralen Bereichen für die zukünftige Entwicklung im Reifenbereich nichts entgegenzusetzen. Selbst bei technischen Produkten, der traditionellen Domäne von Phoenix, sah sich Continental technologisch wie fertigungsorganisatorisch weit zukunftsträchtiger ausgerichtet.[27] Bewegung in die starren Fronten zwischen den beiden Unternehmen bringen konnte nur noch abermals der Druck der Großaktionäre.

Tatsächlich hatten die Großaktionäre inzwischen ihre weiteren Vorstellungen abgestimmt. Als Kolb und Niemeyer Mitte Oktober 1971 zu einer Besprechung in die Zentrale der Deutschen Bank gerufen wurden, sahen sie sich von Herrhausen und Abs mit der Aufforderung nach einer raschen Fusion konfrontiert.[28] Die drei Hauptaktionäre hatten inzwischen ihren Besitz an Continental- und Phoenix-Aktien in einer Beiteiligungsgesellschaft, der Corona GmbH, gepoolt und traten damit nun mit 62,5 Prozent Anteil an Phoenix und 33 Prozent an Continental als formeller Großaktionär auf. Anfang Dezember schienen daher alle strittigen Punkte geklärt. Die Deutsche Bank hatte noch einmal Rücksprache mit der Automobilindustrie genommen und dort allgemein eine Befürwortung bei der Schaffung einer starken deutschen Reifengruppe angetroffen, dergegenüber man keine nachteilige Behandlung in der Erstausrüstung plante. Anders lagen die Dinge im Ersatzgeschäft, wo für Phoenix größere Einbrüche zu befürchten waren. Aber der vorgesehene Erhalt beider Marken und die Aufrechterhaltung der getrennten Vertriebswege versprachen eine Verminderung des Risikos. Nachdem sich Franz Heinrich Ulrich, der neue Vorstandsvorsitzende der Deutschen Bank, noch einmal von beiden Unternehmensvorständen versichern ließ, daß das Zusammengehen von Continental und Phoenix eine »Befruchtung der technischen Leistungsfähigkeit erwarten« ließ, die den Vorsprung von Michelin rascher aufzuholen helfen würde, präsentierte er den Beschluß der Großaktionäre: Continental und Phoenix würden trotz der höheren Kosten aber wegen der günstigen psychologischen Effekte auf dem Weg der Verschmelzung durch Neubildung fusioniert werden und unter dem neuen Namen »Continental-Phoenix-Aktiengesellschaft« firmieren. Alle Vorstandsmitglieder der beiden Gesellschaften sollten übernommen werden, Kolb den Vorsitz und Niemeyer den stellvertretenden Vorsitz übernehmen. Noch für den 15. Dezember 1971 wurden zeitgleich Aufsichtsratssitzungen beider Unternehmen festgelegt, um dort den offiziellen Fusionsbeschluß zu treffen; Mitte Juni sollten dann die Zu-

27 Vgl. diverse Notizen und Sitzungsprotokolle des Bewertungsausschusses vom 16. 8. 1971 bis 14. 4. 1972, in: 6603 Zg. 1/75, A 1,2.
28 Vgl. Aktennotiz über die Besprechung in Düsseldorf vom 19./20. 10. 1971, in: ebd.

stimmungen auf den Hauptversammlungen eingeholt werden.[29] Das umstrit-
tene Bewertungsverhältnis wurde auf 1 : 1,75, das heißt sieben Continental-
Aktien zu vier Phoenix-Aktien festgelegt.

Die Würfel waren offenbar gefallen, und allenthalben verkündeten daraufhin die Tageszeitungen die Geburt des neuen deutschen Reifenkonzerns. Im
Grunde genommen war mit den getroffenen Regelungen ein Großteil der
ursprünglichen Forderungen des Phoenix-Vorstandes weitgehend erfüllt, und
es war daher eigentlich erstaunlich, daß auf seiten des Continental-Vorstandes
anläßlich der Dezember-Aufsichtsratssitzung keinerlei gemischten Gefühle
herrschten. Möglicherweise glaubte man mit dem designierten Aufsichtsratsvorsitzenden Herrhausen und einer knappen Mehrheit der Continentäler im
Vorstand das tatsächliche Gewicht des eigenen Unternehmens gewahrt.[30] Der
von den Großaktionären verordnete Konsens zwischen den Hannoveraner
und Harburger Unternehmensvorständen hielt letztlich aber nur wenige Wochen. Gerade ein Mal hatte sich Ende Februar die gemeinsame Fusionsvor-
bereitungsgruppe in Frankfurt zu ersten Detailbesprechungen getroffen, da
tanzte Phoenix bereits wieder mit einer Fülle neuer Vorschläge, Modelle,
Forderungen und Bedenken aus der Reihe. Hauptargument Kolbs war dabei
nun der Hinweis auf sozialpolitische Rücksichtsnahmen und Handlungs-
zwänge. Eine Fusion auf Kosten der Phoenix würde, so Kolb, nie und nimmer
von der Belegschaft und den Betriebsräten mitgetragen werden und das neue
Unternehmen zudem mit beträchtlichen Kosten für Sozialpläne in Höhe von
50 bis 60 Millionen DM belasten. In der Tat regte sich in den Belegschaften
Widerstand. Allenthalben herrschte Unruhe über die arbeitsmarktpolitischen
Folgen der Fusion, wurden Anfragen, Protesterklärungen und Forderungska-
taloge an die Vorstände gerichtet. »Es herrscht Unruhe in der Belegschaft
darüber«, so hieß es etwa in einer Erklärung der Arbeitnehmervertreter von
Continental im Aufsichtsrat vom 1. März 1972, »daß der Vorstand sich völlig
überrollen läßt von der Phoenix. Bisher muß man annehmen, daß die Conti
von der Phoenix übernommen wird.«[31] Das aufgewühlte innerbetriebliche
Klima wurde noch durch die heftige innenpolitische Diskussion über die
baldige neue Mitbestimmungsregelung zusätzlich angeheizt.[32] Dazu kamen
die anstehenden Betriebsratswahlen. Bei Phoenix wie Continental standen die
Betriebsräte unter dem Druck der traditionell starken kommunistischen Be-
triebsgruppen, die Stimmung gegen die »belegschaftsfeindliche Aktion des
Großkapitals« zu machen suchten. Nicht zuletzt auch aus diesem Grund
beschlossen daher die Hannoveraner wie Harburger Betriebsräte, der beabsichtigten Fusion die Zustimmung zu verweigern. Kolb kamen diese Wider-

---

29 Vgl. Aktennotiz der Besprechung vom 8. 12. 1971, in: ebd.
30 Vgl. Protokoll der Aufsichtsratssitzung vom 15. 12. 1971, in: Registratur Vorstandssekretariat.
31 Vgl. die Erklärung, in: 6621 Zg. 1/92, A 1,1.
32 Vgl. zum Beispiel auch die Erklärung der IG Chemie Papier Keramik vom 20. 12. 1971 und 1. 3. 1973
    sowie Informationsschreiben des Betriebsrats vom 14. 01. 72, in: 6603 Zg. 1/75, A 1,1.

stände aus der Belegschaft nicht ungelegen, und er begann, sie nun für seine Verzögerungsstrategie zu instrumentalisieren.

Aber auch zwischen den Vorständen brach nun wieder offener Streit aus, als Weinlig, der zweite Mann im Phoenix-Vorstand hinter Kolb, bei einer Besprechung Anfang März 1972 Continental als »ein nicht fusionsfähiges Unternehmen« bezeichnete, »das in den letzten Jahren glücklos operiert hätte«, und Kolb wenig später in der Presse mit der süffisanten Bemerkung zitiert wurde, daß »wir unsere Zahlen nicht mit roter Tinte schreiben«. Empört konterte Niemeyer mit der Feststellung, »daß nicht die Conti eine Fusion benötige, sondern Phoenix«, die die negativen Folgen ihrer nicht ausreichend vorhandenen F+E erfahren werden müsse.[33] Als sich die Groß-aktionäre und Vertreter der Vorstände Anfang April in Frankfurt zu einer erneuten Besprechung einfanden, war der Riß nicht mehr zu kitten. Der Vorstand, so hieß es in einer Erklärung Continentals, sei der einstimmigen Auffassung, daß Kolb als Vorstandsvorsitzender der Fusionsfirma nicht mehr tragbar sei und durch eine neutrale Persönlichkeit ersetzt werden müsse. Im übrigen sei man überzeugt, daß man aufgrund seiner Größenordnung und der erheblichen Vorleistungen die Probleme der Zukunft auch allein bewältigen könne.[34]

Das Scheitern bankendominierter Ordnungspolitik

Im Kreis der Corona-Gesellschafter begann man sich prinzipielle Überlegungen zu machen. Entweder, so überlegte man auf einer Besprechung im Sommer 1972, würde man den bisherigen Zustand belassen und die Fusionsidee, nun allerdings ohne Zeitdruck, weiterverfolgen oder aber beide Aktienpakete an Interessenten veräußern, »weil der Ordnungsprozeß offenbar nicht durchsetzbar [war]«. Als dritte Möglichkeit dachte man daran, die Phoenix-Aktien ohne lange Verhandlungen auf Continental zu übertragen und dadurch ein Mutter-Tochter-Verhältnis herzustellen; und schließlich überlegte man, eine der beiden Beteiligungen an Dritte zu verkaufen. Man entschied sich schließlich, offenbar vor allem auf Drängen der Deutschen Bank, für die erste Alternative. Im November 1972 startete Herrhausen schließlich einen letzten Versuch. Man habe, so teilte er am 27. November den Vorständen von Phoenix und Continental in Düsseldorf auf einer Besprechung mit, ein neues Konzept, das sog. Abs-Modell entwickelt, wonach aus aktienrechtlichen Gründen zunächst Continental ihr betriebsnotwendiges Vermögen in eine besondere Gesellschaft ausgliederte und damit zur Holding werde. Diese sollte in einem zweiten Schritt dann die Mehrheit von Phoenix übernehmen. Auf diese Weise sollte es endlich möglich sein, eine einheitliche Konzernpolitik zu verwirk-

---

33 Vgl. Aktennotiz über die Unterredung vom 9. 3. 1972, in: 6603 Zg. 1/75, A 1,2.
34 Vgl. Vermerk vom 10. 04. 72 und Erklärung des Vorstandes vom 10. 04. 1972, in: ebd.

lichen.[35] Gemeinsam erhoben nun der Continental- wie der Phoenix-Vorstand gegen diese oktroyierte Verschmelzung heftige Bedenken, die Herrhausen schließlich zu der kaum versteckten Drohung veranlaßten, »daß die Deutsche Bank ihr Engagement nicht aufrechterhalten kann, wenn dieser letzte Versuch nicht gelingt«. Die Vorstände von Phoenix und Continental, so erklärte Niemeyer daraufhin in seltener Einmütigkeit, hätten sich auf zwei andere Alternativen geeinigt. Die Corona, so der Vorschlag, solle ihren Namen in »Vereinigte Gummiwerke« ändern und zu einer Leitungsholding ausgebaut werden, oder aber man gründe eine neue Gesellschaft, die als »Vereinigte Gummiwerke AG« von der Corona die Continental- und Phoenix-Aktien übernehme. Im Laufe der Diskussion wurde aber bald klar, daß letztlich alle drei Modelle keine Chance auf Verwirklichung hatten. Die Fusion als erhoffter Ausweg aus der Krise war gescheitert, und letztlich hatten beide Unternehmen im Wettlauf mit dem Strukturwandel wertvolle Zeit verloren.

Das Branchenumfeld hatte sich währenddessen weiter verschlechtert. Freie Kapazitäten und hohe Lagerbestände, Importe aus Niedrigpreisländern sowie das Währungsgefälle hatten beträchtliche Preiseinbußen verursacht. Und während die Phoenix- und Continental-Vorstände um einzelne Vertragsklauseln stritten, gewannen Michelin, Uniroyal und Dunlop/Pirelli weitere Marktanteile hinzu. Continental war durch Umsatzeinbußen in der Reifen-Erstausrüstung und im Winterreifengeschäft tiefer in die roten Zahlen gerutscht, und auch bei den technischen Artikeln zeigte sich keine konjunkturelle Belebung. Aber auch Phoenix war im Laufe des Jahres 1972 in ein Ertragstal gerollt, hatte einen deutlichen Umsatzeinbruch sowie verstärkten Preisverfall und Kostendruck hinnehmen müssen. Das war denn auch einer der Gründe, die offiziell für das Scheitern der Fusions- wie Kooperationsverhandlungen angegeben wurde. »Das entscheidende Faktum«, so Herrhausen gegenüber der Presse, »ist die desolate Lage der beiden Firmen.«[36] Ein weit verbreiteter Grundsatz in der Wirtschaft – daß die Bereitschaft zur Kooperation oder Fusion von Unternehmen in schlechten Zeiten am größten ist – hatte damit seine Gültigkeit verloren. Unbestreitbar war die Reifenehe ein Wunschtraum von Abs gewesen, der sich aber als Phoenix-Aufsichtsratsvorsitzender offenbar in die traditionellen Konfliktlinien der beiden Altkonkurrenten hatte hineinziehen lassen. Abs war es zum Beispiel vor allem gewesen, der die für Phoenix günstige Aktientauschparität durchgedrückt hatte. Herrhausen sah die Dinge weit nüchterner, wenn auch er sich von seiner Verantwortung als Aufsichtsratsvorsitzender von Continental nicht ganz freimachen konnte. Daß in den Vorstandsetagen der Großaktionäre vorrangig gesellschafts- und steuerrechtliche Überlegungen eine Rolle spielten, stellte sich schnell als weiterer Grund der gescheiterten Fusion heraus. Die eigentlich heiklen Probleme, das Mar-

---

35 Vgl. Aktennotiz über die Besprechung vom 27. 11. 72, in: ebd.
36 Vgl. »Die vertagte Fusion«, in: *Die Zeit* vom 30. 6. 1972.

kenproblem und vor allem das sozialpolitische Problem wurden dadurch lange ausgeklammert. Das hatte gute Gründe, denn um einen von Anfang an durchschlagenden wirtschaftlichen Nutzen aus einer Vollfusion zu ziehen, hätte es angesichts der nahezu identischen Produktionspalette der Entlassung von 3000 bis 5000 Belegschaftsangehörigen bedurft. Das Gros davon wäre auf Phoenix entfallen. Wer die arbeitspolitische Situation in Harburg jedoch kannte, mußte wissen, daß eine solche Freisetzung von Arbeitskräften in diesem Raum zu einem Politikum ersten Ranges geführt hätte. Auf der anderen Seite wären durch die Zusammenlegung der Marken und der Vertriebsorganisation beider Unternehmen mit Sicherheit Markteinbußen entstanden. »Es scheint fast«, so hieß es in einer Notiz des Vorstandes von Continental vom April 1972, »als sei man bei der Zusammenführung beider Unternehmen vor echte Widersprüche gestellt: schnelle Realisierung der wirtschaftlichen Synergien gegenüber Minimierung der menschlich-sozialen Anpassungsprobleme.«[37]

Was auf dem Papier der Deutschen Bank als industriepolitisches Strategiekonzept perfekt aussah, wäre mittelfristig daher wohl kaum mehr als ein totgeborenes Kind gewesen. Das angesichts der traditionsbelasteten Differenzen auch gesellschaftsrechtlich auf einen Kompromiß hinauslaufende Konzernmodell hätte kaum ein funktionierendes Unternehmen hervorgebracht. Insbesondere was die europäische und internationale Konkurrenz- und Überlebensfähigkeit einer deutschen Reifenunion anging, war deutliche Skepsis angebracht. Schon allein aufgrund der Tatsache, daß es eigentlich keinen reinen deutschen Markt mehr gab, hätte eine »Vereinigte Gummiwerke Gesellschaft AG« als deutscher Reifenkonzern nicht in die Branchenlandschaft gepaßt. Er wäre gefährlich von der Erstausrüstung abhängig gewesen, und die Möglichkeit, sich zu einem europäischen Unternehmen zu entwickeln, wäre langfristig behindert worden. Herrhausen war weitsichtig genug gewesen, dies zu erkennen. Von Anfang an hatte er daran gedacht, den deutschen Fusionskonzern auch für eine Erweiterung im Sinne einer europäischen Lösung des Branchenproblems offenzuhalten. Vor allem als sich im April 1972 unter Mitwirkung einer Gruppe europäischer Großbanken und von Michelin ein neuer Fusionskonzern zwischen der österreichischen Semperit und dem französischen Kléber-Unternehmen abzeichnete, hatte er sich daher eingeschaltet. Die Bemühungen um eine eventuelle Erweiterung um den deutschen Phoenix-Continental-Konzern blieben allerdings erfolglos.[38]

Enttäuscht wandte Anfang 1973 Herrhausen daher die Aufmerksamkeit wieder auf die Gesundung von Continental aus eigener Kraft. Seit 1969, als man die große Krise herannahen sah, war bei dem Hannoveraner Gummikonzern zwar vieles geschehen: Man hatte die Organisationsstruktur des Unter-

---

37 Vgl. Notiz vom 17. 4. 1972, in: 6603 Zg. 1/75, A 1,1.
38 Vgl. Schreiben Herrhausen an Niemeyer vom 12. 4. 1972, in: 6621 Zg. 1/92, A 1,1 sowie vom 1. 9. 1972, in: 6603, Zg. 1/74, A 1.

nehmens umgekrempelt, die Produktionsstrukturen zu modernisieren begonnen, das Fertigungsprogramm gestrafft, erhebliche Investitionen in die zukünftigen Technologien getätigt, die Forschung und Entwicklung belebt und strategische Kooperationspartner von außen gesucht. An der kritischen und existenzgefährdenden Lage von Continental hatte das alles aber nur wenig geändert. Im Gegenteil: Da vieles nur halbherzig und wenig koordiniert durchgeführt worden war, hatte man die Dinge zum Teil noch verschlimmert. Alles in allem präsentierte sich Ende 1972 Continental als ein im Umbruch stehender Konzern, aber keiner wußte offenbar wie und wohin. Für einen wirklich neuen Anfang, so Herrhausens Überzeugung, war letztlich daher eine neue Führungsmannschaft nötig, deren Aufgabe seiner Ansicht nach um so leichter erschien, als mit 1972 »für die Conti das schwierigste Jahr bereits vorüber ist«[39]. Mit der ersten Überlegung sollte Herrhausen recht behalten, mit der zweiten sollte er sich jedoch zumindest teilweise irren.

Kapitel 6
Krisenmanagement unter neuem Vorstand:
Unternehmenspolitik in der Ära Hahn (1973–1979)

Die vom Vorstand 1972 eingefahrenen Verluste hatten schließlich die Corona-Aktionäre auf den Plan gerufen. Auf einer Sitzung am 22. Dezember 1972 beschlossen die Vertreter der Deutschen Bank, Münchner Rück und von Bayer eine »Empfehlung« an den Aufsichtsrat von Continental, »geeignete personelle Maßnahmen auf der Managementseite zu ergreifen, um den Stabilisierungsprozeß zu unterstützen«[1]. Herrhausen hatte keine Bedenken, diesen Beschluß umzusetzen, hatte doch der Vorstand Anfang 1973 zum wiederholten Male die noch wenige Wochen zuvor dem Aufsichtsrat gegenüber als sicher zu erzielend ausgewiesenen, optimistischen Planungsdaten für das Geschäftsjahr zurücknehmen und als unerreichbar erklären müssen.[2] Als sich im März 1973 zwischen Vorstand und Aufsichtsrat eine Debatte um die künftige Dividenden- und Bilanzpolitik anbahnte, war der Wechsel der Unternehmensführung bei Continental bereits entschieden.

Die Suche nach einem erstmals als solcher auch fungierenden Vorstandsvorsitzenden war dabei nicht einfach gewesen. Seit der Umorganisation 1970 eigentlich geplant, aber wegen der Fusionsverhandlungen mit Phoenix offengelassen, hatte Herrhausen nun Probleme, geeignete Manager zu finden, die bereit waren, den maroden Gummi-Konzern zu sanieren. Erst der fünfte Bewerber, Carl H. Hahn, als Marketing-Chef bei VW gerade aufgrund von

39 Brief Herrhausens vom 2. 1. 1973 an den Vorstand, in: 6603 Zg. 1/75, A 1,1.
1 Vgl. Brief Herrhausen v. 15. 1. 73, in: 6621, Zg. 1/92, A 1,1.
2 Vgl. Brief Niemeyer an Herrhausen vom 13. 2. 73, in: ebd.

Differenzen mit seinem Vorstandsvorsitzenden ausgeschieden, gab ein bedingtes Ja. Die Bedingungen Hahns bezogen sich zum einen auf die Zusage, sich so schnell wie möglich eine neue Führungsmannschaft im Vorstand zusammenstellen zu können. Zum anderen aber machte Hahn seine Wahl vom positiven Ausgang eines Gesprächs mit dem Hannoveraner Betriebsratsvorsitzenden Günter Bartilla und der Zustimmung der Arbeitnehmervertreter im Aufsichtsrat abhängig.[3] Am 1. April 1973 übernahm er schließlich die Unternehmensleitung.

Das Zweite Restrukturierungsprogramm

Als Hahn nur wenige Wochen später, am 11. Mai 1973, dem Aufsichtsrat einen ersten Lagebericht präsentierte, standen vor allem zwei Beobachtungen im Mittelpunkt: Trotz laufendem Anstieg des Kapitaleinsatzes, so zeigten die Daten, stagnierte der Umsatz seit Jahren. Die Bilanzsumme entsprach daher inzwischen weitgehend der Umsatzhöhe – ein untrügliches Indiz für die weitgehend verpufften Investitionsprogramme und die immer schlechtere Kapitalnutzung bei drastisch wachsender Verschuldung. »Das [damals] eingeleitete Strukturierungsprogramm verschlechterte zum Teil sogar noch die Situation, da es sich zu sehr auf neue Gebäude anstatt auf neue Maschinen und Technologien konzentrierte«, lautete denn auch rückblickend das vernichtende Urteil Hahns über die Investitionspolitik des Altvorstandes.[4] »Die Conti«, so Hahns Schlußfolgerung, »muß daher mit allen nur denkbar möglichen Mitteln expandieren.«[5] In einem Brief an den Aufsichtsrat im September 1973 präzisierte Hahn seine Analyse des Reifenunternehmens: Die Fabriken der Continental, so war darin zu lesen, sind größtenteils sowohl vom Produktprogramm als auch von den Produktionsabläufen her falsch strukturiert, die Arbeitsbedingungen in weiten Bereichen nicht mehr zeitgemäß. Daraus resultierend war die Arbeitsproduktivität niedrig. Im Zuge des ersten Restrukturierungsprogramms war zwar sehr viel Geld in Northeim, Stöcken, Korbach und Saargemünd investiert worden. Die klassischen Stammwerke in Hannover hatte man jedoch vernachlässigt, so daß dort ein überalterter und auch in seiner Struktur zersplitterter Maschinenpark mit sieben bis acht unterschiedlichen Reifenwickelmaschinen vorherrschte. »Die Vertriebswege sind weitgehend ineffizient, es werden zu lange Innovationszeiten benötigt, und das Ressort Forschung und Entwicklung hat, da Konzeptionen aus dem Marketingbereich nicht vorliegen, keine langfristige Entwicklungsplanung«, hieß es in dem Brief weiter.[6] Dazu kam, daß, vom

3 Vgl. Protokoll des Gesamtbetriebsrats vom 15. 3. 73, S. 5, in: Ablage Konzernbetriebsrat Continental (Korbach), o. Sign.
4 Vgl. den bilanzierenden Bericht Hahns über seine Amtszeit vor dem Aufsichtsrat am 12. 12. 1980, S. 25, in: Registratur Vorstandssekretariat.
5 Protokoll der Aufsichtsratssitzung vom 11. 5. 73, S. 4, in: ebd.
6 Vgl. den rückblickenden Bericht Hahns vor dem Aufsichtsrat am 22. 5. 75, S. 15, in: ebd.

Aufsichtsrat vielfach übersehen, das Unternehmen im TP-Sektor den technischen Anschluß mindestens ebenso verloren hatte wie im Reifenbereich. Continental, so stellte Herrhausen daraufhin resigniert fest, war vom einstigen Aushängeschild zum Schlußlicht der deutschen Kautschukindustrie geworden. Ein zweites Restrukturierungsprogramm für das Unternehmen war daher dringend erforderlich. Es galt, in einer Phase, in der das Unternehmen Verluste in der Größenordnung von 10 Millionen DM im Monat machte, zu retten, was noch zu retten war.

Angesichts dieser Lage plädierte Hahn dafür, ungeschminkt die Verlustausweisung von letztlich 75 Millionen DM für 1972 vorzunehmen und auf jegliche Bilanzkosmetik zu verzichten. Wichtiger als der vom Aufsichtsrat befürchtete Prestigeverlust sei es, endlich reinen Wein einzuschenken und gegenüber Belegschaft und Führungskräften klar zu zeigen, in welch kritischer Situation sich Continental befände und wie groß die vor ihr liegende Aufgabe sei, das Unternehmen wieder in die Gewinnzone zurückzuführen. Wie ernst die Lage war, wurde deutlich, als Hahn das Continental-Hochhaus im ›Sales-and-leaseback-Verfahren‹ zu Geld machte, um die Verluste abzudecken. Eine rasche Präsentation ausgeglichener Ergebnisse war utopisch. Im Gegenteil: Hahn kündigte für 1973 bzw. 1974 weitere Verluste in Höhe von geschätzten 60 Millionen DM an. Das war, so zynisch es klingt, bereits ein ehrgeiziges Ziel, bedeutete es doch gegenüber dem Betriebsverlust von 1972 eine Verlustreduktion um 30 Millionen DM.

Es war ein langes Fegefeuer, durch das Hahn Continental mit seinem Restrukturierungsprogramm trieb. »Management by walking around« hieß seine Devise, und sein unangemeldetes Auftauchen in den Büros, Entwicklungslabors und Fertigungsabteilungen, mit dem er der ›Conti-Behäbigkeit‹ ein Ende zu machen versuchte, war sprichwörtlich und gefürchtet. Im Mittelpunkt seiner Krisenstrategie stand dabei zum einen das Bemühen, durch qualitativ hochwertige Produkte das verlorengegangene Terrain bei der Erstausrüstung wieder zurückzugewinnen. Ein umfangreiches Qualitätsverbesserungsprogramm (QVP) wurde beschlossen und die Qualitätssicherung als Zentralfunktion organisatorisch direkt beim Vorstandsvorsitzenden verankert. »Wir müssen die Technik so beherrschen, daß alle Reifen so rund sind, daß wir die nicht runden Reifen wegwerfen können«, lautete Hahns hoher Anspruch. Die allenthalben geübte Praxis, bei Erstausrüstungsaufträgen die fünffache Zahl von Reifen zu produzieren, dann die qualitativ besten herauszusuchen und den Rest zu Schleuderpreisen im Ersatzgeschäft loszuschlagen, sowie das Schmuggler-/Zöllnerverhältnis von Fertigung und Endkontrolle mußten ein Ende haben. »Tire uniformity«, die absolute Gleichartigkeit der Reifenteile in einem durch die natürliche Rohstoffeigenschaft des Kautschuks als ›unstable process‹ gekennzeichneten Massenfertigungsprozeß sowie die Schaffung optimaler Rundlaufeigenschaften waren die beiden Hauptprobleme, mit denen Continental in der Fertigung zu kämpfen hatte. Man befand sich in einem Teufelskreis, aus dem man nur mit Qualität herauskommen konnte, und Hahn lernte indirekt von Michelin, daß der Konkurrent zweifellos eine Qualitätspolitik hatte, die Continental als Maßstab erreichen, wenn nicht gar übertreffen mußte.[7]

Unter Hahn wurde nun das Ziel eingeführt, daß die Fertigung 100 Prozent der Qualitätsnorm erreichen mußte, die von der Erstausrüstung gefordert wurde, plus einer Sicherheitsmarge – und das letztlich sowohl für das Erstausrüstungsgeschäft wie das Ersatzgeschäft. Die Garantie gleicher Reifenqualität in beiden Märkten war damals keineswegs selbstverständlich und sorgte für ein breites Echo in der Öffentlichkeit. Der Vorstandsvorsitzende ließ die Continental-Reifen mit einer gelben Banderole versehen und machte sie damit wieder zu einem Qualitäts- und Markenprodukt im Ersatzgeschäftsmarkt, das Continental langfristig auch wieder in das Erstausrüstungsgeschäft zurückführte. All das war eine erste Revolution und markierte den Bruch mit den bisherigen Maßstäben, hatte sich der Hannoveraner Reifenhersteller doch jahrzehntelang im Verkauf vor allem auf die Wirkung seines traditionell guten Namens verlassen.

Lizenzstrategie im Fertigungsbereich

Hahn sah zudem rasch, daß Continental das nötige Know-how für die Massenfertigung auf der Basis des neuen Qualitätsniveaus kurzfristig nicht selbst entwickeln konnte. Für aufwendige und langwierige Eigenentwicklungen blieb im Kampf gegen das finanzielle Ausbluten aber keine Zeit. Continental begann daher bei Reifen – wie auch bei technischen Artikeln – auf der ganzen Welt Know-how zu kaufen, um die bestehenden Schwächen und Lücken schnell überbrücken zu können. Das war abermals eine Revolution in den Augen der Alt-Continentäler, hatte man doch jahrzehntelang als Technologieführer selbst das eigene technische Wissen für gutes Geld ins Ausland verkauft. Fremdes Know-how und nicht im eigenen Unternehmen entwickelte Fertigungsverfahren zu übernehmen, lag bis dato außerhalb des Vorstellungsvermögens der Ingenieure und traf daher auf entsprechende Widerstände. Hahns Lizenzstrategie zeigte aber rasche Erfolge: Mit Hilfe des italienischen TP-Unternehmens Elastor, zu dem man über eine Beteiligungsgesellschaft Kontakt aufgenommen hatte, gelang es im Bereich der Schwingmetall- und Formartikel technische Rückstände wettzumachen; im Keilriemensektor war es das Know-how des amerikanischen Weltmarktführer Dayco, das man sich zuerst von alten Pensionären zusammengeklaubt hatte. Als man dem Konkurrenten die daraufhin entwickelten Continental-Maschinen zeigte, erhielt man schließlich das restliche Wissen auch offiziell und leitete die Rückeroberung des Keilriemengeschäfts ein.[8]

---

7 Vgl. Interview Hahn am 11. 5. 1995.
8 Vgl. ebd. sowie Protokoll der Aufsichtsratssitzung vom 20. 5. 74, in: Registratur Vorstandssekretariat.

Was die notwendigen Kompetenzen und Fähigkeiten in der Reifenfertigung anging, so half Hahn ein Zufall. Noch in seiner ersten Woche bei Continental hatte er Besuch vom Europa-Chef der Uniroyal, Baron Albert Englebert, bekommen, der in den 50er Jahren sein belgisches Werk mit einer Filiale in Aachen und einer Fabrik in Frankreich an den amerikanischen Reifenkonzern verkauft hatte. Englebert hatte durch seine Nähe zu Frankreich und durch die jahrzehntelange Konkurrenz zu Michelin als erster in Europa bereits Anfang der 60er Jahre die Verfolgung aufgenommen und war dadurch Anfang der 70er Jahre nun näher als jeder andere an die Michelin-Maßstäbe der Reifenkonstruktion und Reifenfertigung herangekommen. Auf den Mutterkonzern war Englebert inzwischen wenig gut zu sprechen, da die Uniroyal-Manager – ohne jegliches Interesse für die Stahlgürteltechnologie – die als ETTO (European Tire and Textil-Operations) firmierenden europäischen Tochterfirmen zunehmend zur Deckung des eigenen Kapitalbedarfs heranzogen und sonst vernachlässigten.[9] Hahn und Englebert nahmen sofort Verhandlungen über ein Kooperationsabkommen auf, und bereits damals war auch schon der Gedanke einer eventuellen Fusion aufgekommen. Ein Jahr später, im März 1974, konnte Hahn im Aufsichtsrat den Abschluß eines Know-how-Vertrages mit Uniroyal präsentieren: Der zum 1. Januar 1974 wirksame »Vertrag über technische Hilfeleistung mit Uniroyal Inc., USA« sowie ein gleichzeitig abgeschlossener »Kaufoptionsvertrag mit Uniroyal, Aachen« hatten eine Laufzeit von zehn Jahren und sahen für Continental gegen Zahlung von einer Million Dollar sowie einer umsatzabhängigen Lizenzgebühr von ein bis drei Prozent der Netto-Verkaufserlöse eine weltweite Lizenz der Uniroyal-Fertigungstechnik vor. Beide Vertragspartner verpflichteten sich, ihr Pkw-Reifen-Know-how gegenseitig offenzulegen, und im Falle einer Nutzung von Continental-Wissen mußte Uniroyal eine Lizenzgebühr zahlen. Für das Hannoveraner Unternehmen brachte der strengster Geheimhaltung unterliegende Vertrag eine Fülle von Vorteilen, denn die Herstellungskosten von Stahlgürtelreifen bei Uniroyal lagen aufgrund konstruktiver Unterschiede im Reifen selbst sowie fortgeschrittener Mechanisierungsgrade in der Produktion mit ca. 15 Prozent vom Reinerlös deutlich niedriger. Über die Zusammenarbeit mit Uniroyal hoffte man daher, ohne übermäßigen Risiko- und Kapitaleinsatz in einteinhalb- bis zweieinhalb Jahren, das heißt in relativ kurzer Zeit, diese Nachteile wettzumachen.[10]

Hahn intensivierte schließlich als dritten Bereich die F+E-Bemühungen. Während man bei Pkw-Reifen vor allem im Bereich der Fertigung zurücklag, allenthalben noch im Entwicklungsstadium mit einem entsprechend größeren technologischen Abstand zu Michelin. Da bei Lastkraftwagen die technischen Vorteile des Radialreifens gegenüber dem Diagonalreifen aufgrund der anders-

9 Vgl. Interview Hahn am 11. 5. 1995.
10 Vgl. Bericht Hahns im Aufsichtsrat am 21. 3. 74, S. 9, in: Registratur Vorstandssekretariat.

artigen Gebrauchseigenschaften wie vor allem Runderneuerungsfähigkeit, Tragfähigkeit und Kosten zunächst weit weniger deutlich waren als bei Personenkraftwagen, hatte hier die Radialisierung zudem erst zeitlich verzögert eingesetzt. Dennoch war abzusehen, daß sich auch bei Lkw-Reifen bis Ende 1979 der Stahlgürtelreifen durchsetzen und den alten Diagonalreifen vollständig verdrängen würde.[11] Daß auch bei den Lkw-Reifen das Radialprinzip vorherrschen würde, hatte man in den F+E-Abteilungen von Continental schon Ende der 60er Jahre gesehen, aber erst seit Anfang der 70er Jahre die entsprechenden Entwicklungsarbeiten intensiviert. Wie bei Pkw-Reifen war man bei Continental aber aufgrund des fehlenden Know-hows und der versuchten Nutzung der bestehenden Fertigungsmaschinen erst den Umweg über die Gemischtbauweise, das heißt Lkw-Radialreifen mit Textilkarkasse und Stahlcordgürtel, gegangen, ehe man die Entwicklung und Fertigung von Ganzstahlreifen nach dem von Michelin vorgegebenen Standard in Angriff nahm. Dazu kam eine weitere, spezifische Änderung des Konstruktionsprinzips: der Übergang von den mit Schlauch, zweigeteilter Felge sowie Wulstband ausgestatteten Schrägschulterreifen zu den schlauchlos und ohne Wulstband bei einteiliger Felge zu fahrenden Steilschulterreifen. Allein diese Änderung führte zu deutlichen Verbesserungen der Gebrauchseigenschaften wie Laufruhe, Lenkungspräzision und Abnutzung. Dazu kamen schnellere Montage, größere Sicherheit und ein insgesamt geringeres Gewicht des Reifen-Felgen-Systems mit entsprechenden Kosteneinsparungen beim Kraftstoffverbrauch. Die Ganzstahlbauweise brachte zusätzlich den Vorteil der Langlebigkeit mit ein. Es waren daher zunächst drei Entwicklungsprogramme gewesen – Schrägschulterreifen in TS-Bauweise, Schrägschulter in GS-Bauweise und Steilschulterreifen in GS-Bauweise – mit denen sich die Continental-Entwickler im Bereich der Lkw-Reifen beschäftigten.[12] Mühsam mußte das Triumvirat Maschinenkenntnisse, Reifenkenntnisse und Technologiekenntnisse in vielfach ganz anderer Konstellation als beim Pkw-Reifen neu definiert und bestimmt werden. Neue Fertigungsmaschinen und Vulkanisierungsformen mußten entwickelt werden, und vor allem erforderte die neue Lkw-Reifentechnologie wieder »mehr Chemie«, das heißt eine größere Konzentration auf Laufflächenprofile und Mischungstechnologie.

Im Vergleich zu den Wettbewerbern standen die Hannoveraner Lkw-Reifen-Entwickler im Verfolgerfeld aber gar nicht so schlecht da. Von Dunlop hatte man in der CDP-Phase zwar einige wertvolle Kenntnisse gewonnen, besaß aber den Engländern und auch Pirelli gegenüber bald einen deutlichen Know-how-Vorsprung. Auch im Rahmen der geplanten Kooperation mit Phoenix hatten die Continental-Entwickler schnell gesehen, daß bei den Harburgern bezüglich

11 Vgl. auch J. Peter, G. Mauk: Entwicklungsstand und Tendenzen der Reifenindustrie in der BRD, Manuskript vom August 1977 (21 Seiten), in: Conti-Archiv.
12 Vgl. Geschäftsbericht 1972, S. 7 sowie Heinrich Meyer: Nutzfahrzeugbereifung, in: *Motor-Service* 2/78, S. 74–79.

Lkw-GS-Reifen nichts zu holen war.[13] Einzig Goodyear hatte zu diesem Zeitpunkt, als Michelin schon mit dem vollen Reifensortiment auf dem Markt war, seine Entwicklungen in allen Dimensionen offenbar abgeschlossen – dicht gefolgt von Semperit, die aufgrund einer persönlichen Bekanntschaft eines Semperit-Managers mit François Michelin in der Kriegszeit als einziger Konzern eine Lizenz des französischen Reifenkonzerns für Lkw-Reifen erhalten hatte, auch den Drahtcord von Michelin bezog und daher statt der Gemischtbauweise sofort mit der Fertigung von Ganzstahlreifen hatte beginnen können.[14]

Unter Hahn wurden die F+E-Aktivitäten nun ganz auf die zukunftsträchtigen Steilschulter-Ganzstahlreifen konzentriert und die Einführung der als Prototyp entwickelten neuen Konfektionstechnologie forciert, in der der Reifen schon vor der Vulkanisation noch auf der Aufbaumaschine in seine »richtige« Reifenform gebracht und damit ein erheblicher Rationalisierungseffekt erreicht wurde.[15] Dazu kam nun auch hier das massive Hinzuholen von Knowhow von Außen: entwicklungstechnisch durch das Abwerben des Lkw-Reifenspezialisten Julius Peter von Semperit und fertigungstechnisch durch eine Erweiterung der Zusammenarbeit mit Uniroyal. Noch 1974 hatte Hahn Verhandlungen aufgenommen, deren Ziel der Umbau der Fertigungsstätte Saargemünd in ein von Uniroyal und Continental gemeinsam betriebenes »reinrassiges Lkw-Reifenwerk« war. Nach langen Verhandlungen wurde schließlich im Frühjahr 1977 der zweite Vertrag mit Uniroyal (›Technology Exchange und Off-take-Agreement‹) geschlossen, in dem festgelegt wurde, daß beide Partner ihr gesamtes Know-how für große Lkw-Radialreifen während der sieben Jahre laufenden Vertragsdauer kostenlos austauschten und Uniroyal sich gleichzeitig verpflichtete, 50 Prozent der neuen Fertigungskapazitäten von Continental auszulasten.[16] Anstelle von Saargemünd war inzwischen – trotz der höheren Lohn- bzw. Fertigungskosten – Stöcken als reines Lkw-Werk vorgesehen; dennoch standen für Continental unter dem Strich den ca. 8 bis 10 Millionen DM Investitionskosten Zahlungsverpflichtungen bzw. Gewinnabführungen von Uniroyal sowie vor allem eigene Rationalisierungsgewinne in der Lkw-Reifenfertigung in Höhe von 60 Millionen DM gegenüber. Die günstigen Vertragsbedingungen zeigten offenkundig, wie weit sich zwischen den beiden Kooperationsabkommen mit Uniroyal das Gewicht zugunsten von Continental verschoben hatte.

Hahn machte sich schließlich als nächstes daran, das »dritte Standbein«, den Bereich der Tochter- und Beteiligungsgesellschaften zu sanieren. Weitge-

---

13 Vgl. Bericht Mauk vom 2. 9. 1970, in: 6603 Zg. 1/75, A 1,1 sowie Bericht Werner vom 11. 1. 73, in: 6621, Zg. 1/92, A 1,1 und den F+E-Bericht zur Aufsichtsratssitzung am 4. 3. 1970, in: Registratur Vorstandssekretariat.
14 Vgl. Vorstandsbericht im Aufsichtsrat am 21. 3. 73, S. 12, in: ebd. sowie Interview Peter am 25. 8. 1995.
15 SAV-Maschine → Schulteraußenverfahren. Vgl. F+E-Bericht vor dem Aufsichtsrat am 12. 12. 74, in: Registratur Vorstandssekretariat sowie Interview Mauk am 15. 2. 1995.
16 Vgl. Bericht des Vorstandes im Aufsichtsrat am 12. 12. 74 sowie am 4. 4. 77, in: Registratur Vorstandssekretariat.

hend unbemerkt, da weder vollständige noch zuverlässige Unterlagen vorlagen, hatte das in den 60er und noch Anfang der 70er Jahre überwiegend zufällig und ohne strategisches Konzept zusammengetragene Konglomerat von schließlich 77 Gesellschaften mit etwa 11 000 Beschäftigten und einem Umsatz von knapp einer Milliarde DM dem Mutterkonzern erhebliche finanzielle Kraft entzogen. »Die Continental«, so stellte Herrhausen im Rückblick resümierend fest, »hat mit diesen Gesellschaften Beträge verloren, die weit über die Verluste hinausgehen, die Continental als produzierende Gesellschaft selbst erwirtschaftet hat.«[17] Tatsächlich war von dem einst stolzen Beteiligungsbereich nach dem Zweiten Weltkrieg zunächst nicht viel übriggeblieben. Allein die 1929 bzw. 1935 gegründeten drei Holding-Gesellschaften Continental Caoutchouc Compagnie GmbH, Continental Caoutchouc Export AG und Union Mittelland Gummi GmbH, denen die dann Mitte der 60er Jahre wieder einsetzenden Beteiligungserwerbe eingegliedert wurden, bestanden fort.[18] 1966 hatte man 50 Prozent der traditionsreichen, auf Transportbänder spezialisierten Franz Clouth Rheinische Gummiwarenfabrik AG, Köln erworben, ein Jahr später 25 bzw. 58 Prozent der Anteile der Göppinger Kaliko und Kunstlederwerke GmbH sowie die Hälfte einer dann als Rhein-Conti-Kunststoff-Technik GmbH, Heidelberg, firmierenden Kunststofffabrik. Gegen technisches Know-how hatte man sich zudem Beteiligungen an TP-Fabriken in Spanien (ECSA) und Südafrika (Conti-Calan) gesichert, 1970 schließlich mit dem Erwerb der Labortex auch in Brasilien. Zusammen mit bereits erworbenen Kapitalanteilen unter anderem in Italien, Portugal, Iran und Österreich ergab sich das Bild eines regional wie produktmäßig zersplitterten Beteiligungsbereichs, der zudem noch organisatorisch bei den verschiedenen Fertigungsbereichen angegliedert war.

Die Beteiligungsgesellschaften waren insgesamt im wesentlichen drei großen Gruppen zuzuordnen: Zum einen waren es Rohstofflieferanten für Continental wie die Deutsche Gasrußwerke GmbH und die Drahtcord-Saar GmbH, zum anderen gab es Produzenten von Continental-ähnlichen Fertigungsprogrammen im TP-Bereich, wie Labortex und Conti-Calan, und schließlich die große Gruppe von Handelsgesellschaften (zum Beispiel die ausländischen Handelsgesellschaften für Reifen und TP in England, Frankreich, Italien, Spanien und Schweden), zu der auch eine Reihe von insgesamt 13 Reifenhandelsbetrieben in der Bundesrepublik gehörten, an ihrer Spitze die Vergölst GmbH in Bad Nauheim.

Als Hahn sich Anfang 1974 einen ersten Überblick zu verschaffen suchte, zeigte sich, daß das finanzielle Engagement von Continental in diesem Bereich insgesamt 277 Millionen betrug, dem für den Zeitraum von 1970 bis 1973

---

17 Vgl. Protokoll der Aufsichtsratssitzung vom 19. 12. 79, S. 23, in: ebd.
18 Vgl. dazu den ausführlichen Bericht zur Beteiligungspolitik der Continental, in: Protokoll der Aufsichtsratssitzung vom 12. 12. 1974, in: ebd.

Erträge von gerade 15,2 Millionen DM gegenüberstanden. Zwölf der 38 Kerngesellschaften standen kurz vor dem Zusammenbruch oder schrieben tiefrote
Zahlen. Insbesondere der Reifenhandel hatte sich zum Sorgenkind Nummer 1
entwickelt, da Continental – wie schon der McKinsey-Report bemängelt hatte –
nach wie vor mit insgesamt 203 Millionen DM Außenständen (Ende 1974)
belastet war und damit im deutschen Reifenhandel gleichsam eine Bankfunk-
tion übernommen hatte. Als auch der Reifenhandel von der Konjunktur- und
Strukturkrise der Branche betroffen wurde, begannen die einsetzenden Zu-
sammenbrüche ganzer Handelsketten Continental zusätzliche, empfindliche
Verluste zuzufügen. 1974 bescherte etwa der Zusammenbruch der Tyresoles/
Reifag-Gruppe dem Hannoveraner Konzern Verluste von 73,4 Millionen DM.
Nicht zuletzt um das Risiko weiterer ungeplanter Belastungen auszuschließen,
übernahm Continental schließlich Ende 1974 beachtliche 99 Prozent der Ver-
gölst GmbH als größtem Reifenhändler, einschließlich der dort inzwischen
aufgelaufenen Verluste in Höhe von 13 Millionen DM. Der Vorstand leitete
damit auch eine prinzipielle Wende in seiner bisherigen Vertriebspolitik ein.
Continental ging dazu über, als Hersteller nun auch zunehmend den Handel in
eigener Regie zu übernehmen, ungeachtet der Proteste aus dem unabhängigen
Fachhandel, der sich damit einer übermächtigen Konkurrenz ausgesetzt sah.
Die seit Anfang der 60er Jahre einsetzende vertikale Konzentration und Integration im deutschen Reifenhandel erreichte damit einen ersten Höhepunkt.
Der Vorstand begann gleichzeitig auch die Position des Reifenkonzerns im
ausländischen Vertrieb zu stärken. 1977 gründete man in Österreich und der
Schweiz sowie in den USA neue Vertriebsgesellschaften und suchte damit die
zunehmende Öffnung in den europäischen und amerikanischen Markt. Die
ausländischen Vertriebstöchter wurden schließlich auch zunehmend divisional, das heißt getrennt nach den Sparten Reifen und technische Artikel,
geführt und in eine internationale Marketingstrategie eingebunden.

Mit viel Mühe und unter Hinnahme weiterer Verluste[19] zeichneten sich
schließlich erste Konsolidierungserfolge ab. Aus den ursprünglich von Hahn
für die Sanierung veranschlagten ein bis zwei Jahren waren schließlich fünf
Jahre geworden, ehe ein einheitliches Berichtswesen eingeführt und die Beteiligungsgesellschaften – obzwar schon 1974 zu einem eigenen, dem Vorstandsvorsitzenden zugeordneten Unternehmensbereich zusammengefaßt – in die
Strategie des Gesamtkonzerns eingebunden werden konnten.

Hahn wechselte schließlich auch die Vorstandsmannschaft aus und holte
sich jüngere und qualifiziertere Manager von außen – auch hier ein revolutio-

---

19 Sorgen bereiteten dem Vorstand in der zweiten Hälfte der 70er Jahre vor allem die Beteiligungen im
   TP-Bereich. Gezielte Desinvestitionen im chronisch-defizitären Schuhgeschäft (Alsa-Schuhbedarfs-
   GmbH) sowie Ende 1978 der Ausstieg aus der Beteiligung der Rhein-Conti-Kunststoff-Technik
   GmbH hatten zwar erste Konsolidierungserfolge gezeigt. Aber die Tochtergesellschaften in Spanien
   (ECSA) und Brasilien (Labortex) schrieben trotz wiederholter Finanzspritzen aus Hannover rote
   Zahlen. Vgl. auch die Berichte in den Aufsichtsratssitzungen vom 26. 5. 1977 und vom 6. 4. 1977, in:
   Registratur Vorstandssekretariat.

när anmutender Bruch mit der Unternehmenstradition, da die Vorstände bisher immer aus dem eigenen Management rekrutiert worden waren. Continental war damit eines der ersten deutschen Unternehmen, das mit dem bis dahin ehernen Gesetz der unternehmensinternen Vorstandsrekrutierung in der deutschen Wirtschaft gebrochen hatte und eine Entwicklung einleitete, die später auch bei den meisten anderen Konzernen zur Regel wurde. Bereits ein Jahr nach seinem Amtsantritt konnte Hahn im Frühjahr 1974 die wichtigsten Schlüsselpositionen neu besetzen: Horst Urban, zuvor Controller bei BMW, als Nachfolger für Hans Stark im Ressort Finanzen/Beteiligungswesen, Julius Peter, ehemals Chefchemiker bei Semperit, als Vorstand des vakanten F+E-Bereichs, Hans-Georg Wenderoth, der Vater des Golfs und früher Produktionschef bei VW als Nachfolger von Heinz Werner in der Fertigung und schließlich Wilhelm Schäfer, zuvor Verkaufsleiter bei Dunlop/Hanau, der die Funktionen des Altvorstandes Adolf Niemeyer im Bereich Marketing/Reifen übernahm. Niemeyer war keineswegs entlassen worden, sondern bekleidete formal hinter Hahn die Position des stellvertretenen Vorstandsvorsitzenden, ehe er schließlich im Juli 1975 – ebenso wie die Altvorstände vor ihm – aus Altersgründen ausschied. Im April 1976 ging schließlich auch Hans-Christian Pauck als Leiter Marketing/Technische Artikel in den Ruhestand, abgelöst durch Norbert Dahlström, der vom amerikanischen Chemiekonzern Monsanto kam, zum 1. Mai 1978 allerdings bereits wieder durch Peter Haverbeck, dem einzigen Continentäler in der neuen Vorstandsriege, ersetzt wurde. Letztlich zog es sich daher bis Ende 1978 hin, bis der Letzte aus der alten Vorstandsriege ausschied: Werner Klein, der den Vorstandsbereich Einkauf und Logistik geleitet hatte und dessen Funktionen nun unter den anderen Ressorts aufgeteilt wurden.[20]

Die Umbesetzungen im Continental-Vorstand hatten eine neue Konstellation geschaffen, die das weitere unternehmenspolitische Handeln des Konzerns prägen sollte: Es war weniger die nur kurzzeitige Gegenüberstellung von alten versus neuen, Conti-intern geprägten versus unternehmensextern sozialisierten Managern, da die Altvorstände unter der straffen Regie Hahns nur noch wenig zu sagen hatten. Bedeutsamer war vielmehr die nun allenthalben spürbare Konfrontation der »Automobilleute« wie Hahn, Urban und Wenderoth, die in kurzen Innovationszyklen und Projekt-Managementmethoden dachten, mit den in den langen Innovationszyklen der Branche denkenden »Gummileuten« wie Peter, Haverbeck und Schäfer. Die einen drückten aufs Tempo, forderten und erwarteten schnelle Veränderungen, die anderen wiesen auf die bremsenden Eigengesetzlichkeiten der Branche hin und warnten vor einer Übersteuerung des nach wie vor schwerfälligen Konzerns.[21]

---

20 Gerhard Lohauß, der selbst erst 1971 den damals neuen Vorstandsbereich Personal und Recht übernommen hatte, machte schließlich im Frühjahr 1980 für Hans Kauth, zuvor Personalleiter bei Ford, Platz.
21 Vgl. auch Interview Peter am 25. 8. 1995 und Interview Schäfer am 10. 5. 1995.

Der lange Weg zur Divisionalisierung

Die Neubesetzung der Vorstandsressorts ging mit einer Umorganisation des Konzerns einher, die die Divisionalisierung weiter vorantreiben sollte. »Straffung der Führungsfunktionen, Abkehr von der funktionalen bzw. bereichsbezogenen Organisation und Hinwendung zur artikel- bzw. spartenbezogenen Organisation« lautete die Devise der von Hahn noch 1974 eingeleiteten organisatorischen Veränderungen. Es ging dabei zunächst weniger um die Grobstruktur des Konzerns, sondern vor allem um die Neuausrichtung innerhalb der Ressorts sowie die Kompetenz- und Funktionsbereinigung zwischen den Vorstandsbereichen, die bis dahin trotz (und zum Teil wegen) McKinsey ungeklärt geblieben waren und die alten funktionalen Grabenkämpfe hatten wieder aufleben lassen. Im Ressort Produktion etwa wurden nun alle technischen Einheiten zusammengefaßt und die drei bisher selbständigen Bereiche – Technische Planung, Werkstechnik Hannover und Stabsstelle Produktion – zu einer Einheit, der »Zentralen Technik« zusammengelegt.[22] In der Organisation der Werke kehrte man wieder zu dem Werksleiterprinzip zurück und deren klarer Verantwortlichkeit gegenüber dem Produktionsvorstand und richtete vor allem innerhalb der Reifenfabriken mit den »Technischen Diensten« eine neue Einheit ein, die später dem sogenannten ›industrial engineering‹ anderer Großunternehmen entsprach. Reorganisiert wurde auch der F+E-Bereich (Vereinigung von Konstruktion und Chemie zur ›Entwicklung‹, Ausrichtung auf Artikelgruppen und Übergabe der Betriebsbetreuung an die Produktion sowie eine erste Subdivisionalisierung durch Ernennung jeweils für Lkw- und Pkw-Reifen verantwortlicher Entwickler) sowie das Ressort Finanzen und Information, in dem Urban vor allem mit dem Aufbau eines zentralen wie dezentralen Controlling begann. Auch das Marketing erfuhr Veränderungen (Einrichtung einer »Zentralen Marketingplanung« sowie Neuschaffung der Funktion »Intercompany-Geschäfte/Off-take«). Und schließlich übernahm der Vorstandsvorsitzende selbst drei Zentralstellen, von denen die wichtigste die neue Funktion »strategische Unternehmensplanung« unter Leitung des von Hahn aus dem universitären Bereich abgeworbenen BWL-Professors Tumm war.

Erst im April 1977 erfolgte ein auch nach außen hin sichtbar neuer Schub in Richtung Divisionalisierung. Die seit langem diskutierte Aufgliederung in die Sparten Reifen und Technische Artikel wurde nun endlich Wirklichkeit. Peter, zuständig nun allein für die unter »Technik Reifen« firmierende und zusammengelegte Forschung und Entwicklung sowie Produktion bei Reifen und Schäfer als Leiter des Reifen-Marketings bildeten zusammen die Führung des neuen Unternehmensbereichs Reifen. Die Sprecherfunktion dieses Unter-

---

22 Vgl. dazu und zum Folgenden Bericht Hahns vor dem Aufsichtsrat vom 12. 12. 1974, S. 26 ff., in: Registratur Vorstandssekretariat.

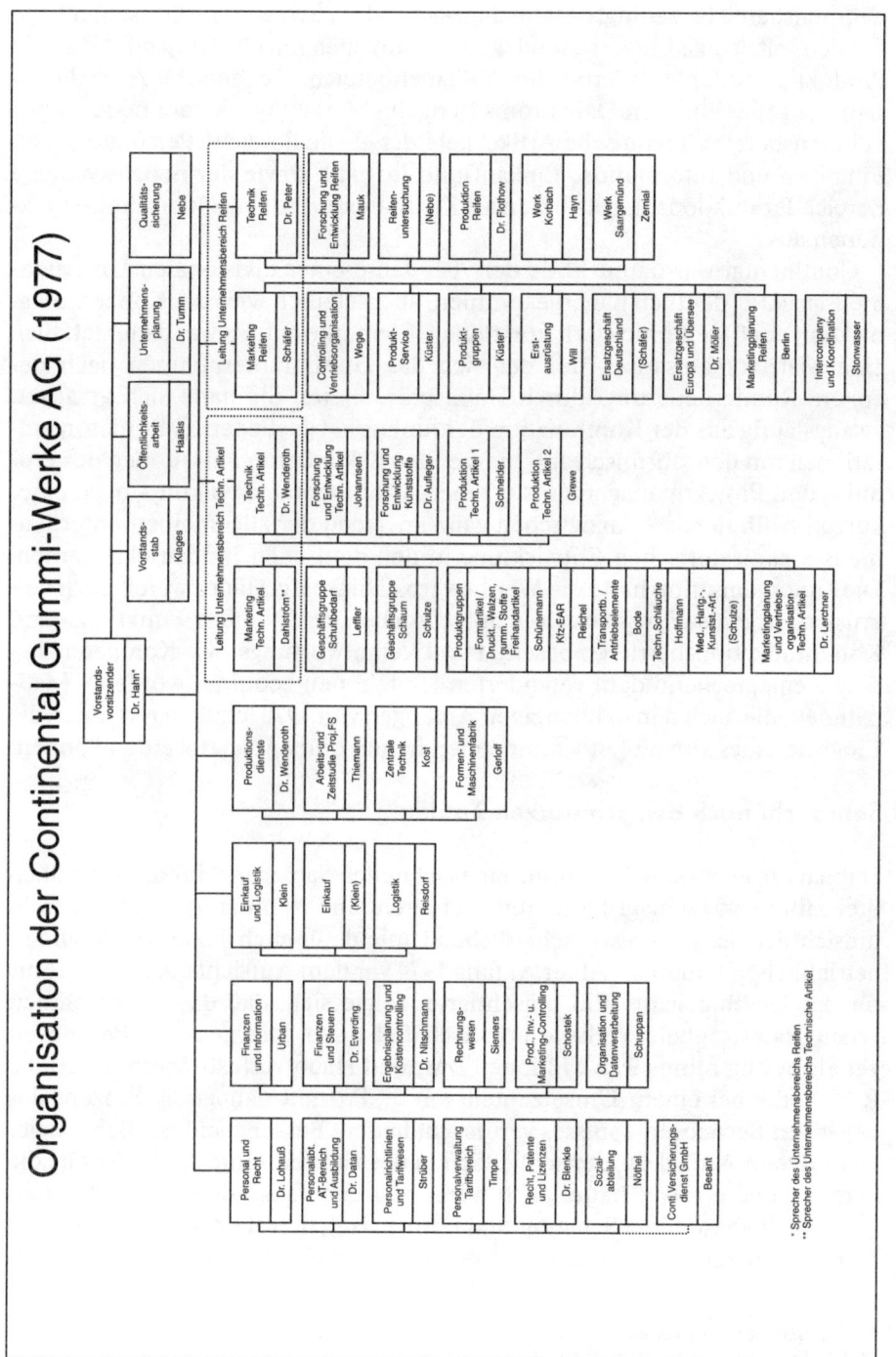

Organisation der Continental Gummi-Werke AG (1977)

* Sprecher des Unternehmensbereichs Reifen
** Sprecher des Unternehmensbereichs Technische Artikel

nehmensbereichs bedingte Hahn angesichts der nach wie vor kritischen Lage für sich selbst aus. Entsprechend wurden nun auch im TP-Bereich F+E sowie Produktion unter Wenderoth im Aufgabenbereich »Technische Artikel« zusammengefaßt und mit Dahlströms Bereich »Marketing TA« der neue Unternehmensbereich Technische Artikel gebildet.[23] Die Bereiche Personal/Recht, Finanzen und Information, Einkauf und Logistik sowie der neugeschaffene Bereich Produktionsdienste übten als Zentralressorts dabei Querschnittsfunktionen aus.

Continental war damit Ende der 70er Jahre einer divisionalen Unternehmensstruktur deutlich nähergekommen, aber letztlich wies die Konzernorganisation noch weiterhin stark funktionale Elemente auf. Es war daher letztlich eine Matrixorganisation, mit der sich das Gummiunternehmen nach der ersten ›Runderneuerung‹ durch Hahn präsentierte. Sie hatte sich geradezu zwangsläufig aus der Kombination der funktional gegliederten Primärorganisationen mit den stürmisch aufkommenden Sekundärorganisationen des Produkt- und Projektmanagements ergeben. Continental lag damit – nach einer kurzen Aufholphase – inzwischen ganz im Trend der allgemeinen unternehmens-organisatorischen Entwicklung in den deutschen Industriekonzernen. Die Umorganisation hatte die Wettbewerbsfähigkeit gestärkt, waren doch verkrustete Organisationsstrukturen aufgebrochen, traditionelle Funktions- und Kommunikationsbarrieren beseitigt und Verantwortungs- wie Kompetenzbereiche entsprechend dem veränderten Umfeld neu geordnet worden – Maßnahmen, die nach den halbherzigen Anfängen von 1970 letztlich nur durch die Eingriffe eines von außen Kommenden hatten durchgesetzt werden können.

Sehnsucht nach den schwarzen Zahlen

Hahn hatte aber seine Rechnung einer schnellen Sanierung, für die er letztlich drei Jahre veranschlagt hatte, mit mehreren Unbekannten gemacht, sowohl hinsichtlich des gesamtwirtschaftlichen Umfelds als auch bezüglich der innerbetrieblichen Situation. Als er Anfang 1974 vor dem Aufsichtsrat das Ergebnis für das Geschäftsjahr 1973 präsentierte, zeigte sich, daß das Unternehmen erneut katastrophale Verluste erwirtschaftet hatte. Das gesamte Betriebsergebnis betrug minus 99,6 Millionen DM, und Hauptverlustträger blieben die Reifen, die bei einem Umsatzanteil von 57 Prozent nahezu 80 Prozent des negativen Betriebsergebnisses verursacht hatten. Besser stand der Bereich der technischen Artikel da, der schließlich in der zweiten Jahreshälfte bereits die Gewinnzone erreicht hatte, auch wenn hier ebenfalls noch einige Produktgruppen, insbesondere Schaum- und Formartikel, tiefrote Zahlen schrieben.[24] Nur zaghaft zeigte sich Licht am Ende des Tunnels, denn immerhin war das

---

23 Vgl. Bericht Hahns vor dem Aufsichtsrat am 4. 4. 1977, S. 31 ff., in: ebd.
24 Vgl. Bericht Hahns vor dem Aufsichtsrat am 21. 3. 1974, in: ebd.

bereinigte Betriebsergebnis gegenüber 1972 um 8 Millionen DM verbessert sowie ein leichtes Umsatzplus von 7,7 Prozent zu verzeichnen und damit der Abschwung gestoppt. Vor allem außerordentliche Einflüsse, die sich auf einen Kostenzuwachs von insgesamt 100 Millionen DM gegenüber 1972 summierten, hatten die Gesundung erschwert. Die erste Ölkrise 1973/74 bewirkte eine rapide Verschlechterung der Konjunkturlage, in deren Gefolge die Automobilindustrie drastisch ihre Fertigungszahlen herunterfuhr, die Rohstoffpreise sowie Zinskosten förmlich explodierten, bei gleichzeitig anhaltendem Anstieg der Lohnkosten. Dazu kamen nun in der Kautschukindustrie wachsende Überkapazitäten sowie Paritätsveränderungen der D-Mark. Continental, so rechnete Herrhausen daher dem Vorstand vor, müsse weitere, erhebliche Rationalisierungsfortschritte machen und den derzeitigen Pro-Kopf-Umsatz von ca. 54 000 DM auf 85 000 bis 90 000 DM steigern, wollte sie überleben und in eine einigermaßen befriedigende Ergebnissituation gelangen.

Schon 1974 konnte Hahn erheblich bessere Zahlen vorlegen. Das Unternehmensergebnis belief sich auf nur noch minus 30 Millionen DM, so daß die kumulierten Verluste, die man seit 1972 vor sich herschob, unter der 100-Millionen-DM-Grenze gehalten werden konnten. Die Verluste kamen nun allein aus dem Reifenbereich, während man im TP-Geschäft durch Preissteigerungen und Verschiebungen im Produkt-Mix, das heißt durch die verstärkte Konzentration auf gewinn- und absatzträchtige Produkte zu Lasten von Produkten mit geringeren Gewinnmargen, inzwischen durchweg schwarze Zahlen schrieb. Aber erneut mußte das Unternehmen infolge der nun voll durchschlagenden Auswirkungen der Weltwirtschaftskrise Mehrbelastungen von 120 Millionen DM verkraften – allein die Rohstoffpreise hatten sich im Geschäftsjahr um 30 Prozent erhöht.[25] Dazu kamen außerordentliche Belastungen aufgrund der Konkurse zweier großer Reifenhandelsunternehmen. Ohne diese Sondereinflüsse, so konstatierte Hahn gegenüber dem Aufsichtsrat, hätte Continental den break-even-point schon erreicht. Man habe sich, erläuterte Herrhausen auf der Hauptversammlung im Juli 1975, im vergangenen Jahr »bis auf Sichtweite den schwarzen Zahlen genähert«[26].

Das Geschäftsjahr 1975 brachte schließlich mit einem mageren aber positiven Betriebsergebnis von 8 Millionen DM die erhoffte Wende in der Ertragsentwicklung. Insbesondere in der Fertigungsproduktivität hatte Continental seit 1972 rapide Fortschritte zu verzeichnen, die sich nun auszuzahlen begannen. Im Formartikelsektor etwa hatte man die Produktionszeiten durch Automatisierung und Maschinisierung auf 68 Prozent der ursprünglichen Zeiten gesenkt und damit die Arbeitsproduktivität um 47 Prozent erhöht. In allen Fertigungsbereichen war der Ausstoß der Heizpressen wesentlich gesteigert

---

25 Vgl. Geschäftsbericht von 1974, S. 5 sowie Bericht Hahns vor dem Aufsichtsrat am 19. 3. 75, in: Registratur Vorstandssekretariat.
26 Vgl. den Bericht über die Hauptversammlung, in: *Hannoversche Allgemeine Zeitung* vom 17. 7. 75.

worden und dadurch eine kostengünstigere Großserienfertigung möglich.[27] In der Reifenfertigung betrugen die Kostensenkungen infolge der Zusammenarbeit mit Uniroyal sowie der erstmals in großem Maßstab eingesetzten neuen Reifenaufbaumaschine (SAV) ca. 2 Millionen DM pro Monat, bei gleichzeitig deutlich erhöhter Fertigungsleistung.[28] Im Werk Stöcken etwa hatte sich die Schichtleistung für große Lkw-Radialreifen von 24 (1971) auf ca. 50 Reifen (1975) verdoppelt, ebenso die Zahl der gefertigten Karkassen an der Konfektioniermaschine. Auch die Leistungen der Stahlcordkalander waren von 15 m pro Minute (1974) auf 28 m pro Minute gesteigert worden.[29] Nicht nur die Geschwindigkeit der Fertigung, auch die Qualität der Produkte hatte sich aber gleichzeitig erhöht – und all das bei inzwischen drastisch, auf 19 600 Belegschaftsangehörige reduziertem Personalbestand. Entsprechend deutlich war der Umsatz pro Kopf der Belegschaft allein von 1972 (48 554 DM) bis 1975 (70 000 DM) um 44,2 Prozent gestiegen. So deutlich diese Fortschritte waren, so hatte Continental damit doch in den meisten Bereichen erst ihren Produktivitätsrückstand wettgemacht und das Niveau der Wettbewerber im Verfolgerfeld erreicht. Von einem Erreichen des Michelin-Standards, der den Hannoveraner Reifen-Managern als Meßlatte galt, war man noch deutlich entfernt.

Daß sich die verbesserte Produktivität und Rentabilität nicht in einem besseren Unternehmensergebnis niederschlugen, hatte mit den inzwischen weiter verschärften Wettbewerbsbedingungen zu tun, die seit der Ölkrise auf dem kautschukverarbeitenden Sektor in Form von gnadenlosen Preiskriegen und Rabattkämpfen herrschten. Vor allem Goodyear und Michelin lieferten sich im Bereich der Radialreifen eine Schlacht um die Vorherrschaft auf dem europäischen Ersatzreifenmarkt. Alle Sanierungsbemühungen des Vorstands schienen daher umsonst zu sein, denn sämtliche Produktivitätsgewinne und Kosteneinsparungen wurden in kürzester Zeit von Absatzrückgängen und Preiseinbrüchen wieder aufgezehrt. Entsprechend komplex hatte sich daher auch 1975 für Continental die Absatzlage auf dem Reifenmarkt entwickelt: Während man in der Erstausrüstung ein Plus von 11,6 Prozent verzeichnete, gab es zum Teil drastische Einbrüche im Ersatzgeschäft (minus 6,6 Prozent) bzw. vor allem im Export (minus 20 Prozent).

1976 verzeichnete man bei Pkw-Reifen im Ersatzgeschäft Deutschland gerade noch 12 Prozent Marktanteil, in der Erstausrüstung war der Anteil sogar auf 19 Prozent gesunken. Auch die Umsatzentwicklung im TP-Geschäft war rückläufig (minus 8 Prozent), wenngleich hier trotzdem noch ein positives Ergebnis verbucht werden konnte. Continental litt unter den perfekt funktionierenden Mechanismen einer Marktwirtschaft, in dem ständig die Kosten ge-

---

27 Zu den Produktivitätsfortschritten im TP-Bereich vgl. auch im Detail die umfangreiche »Dokumentation Rationalisierung«, in: 99301 Zg. 1/95, A 1,1 und A 1,2.
28 Vgl. Bericht des Vorstandes vor dem Aufsichtsrat am 13. 5. 75, S. 31 ff., in: Registratur Vorstandssekretariat.
29 Vgl. Bericht Wenderoth vor dem Aufsichtsrat am 15. 12. 1976, S. 35 ff., in: ebd.

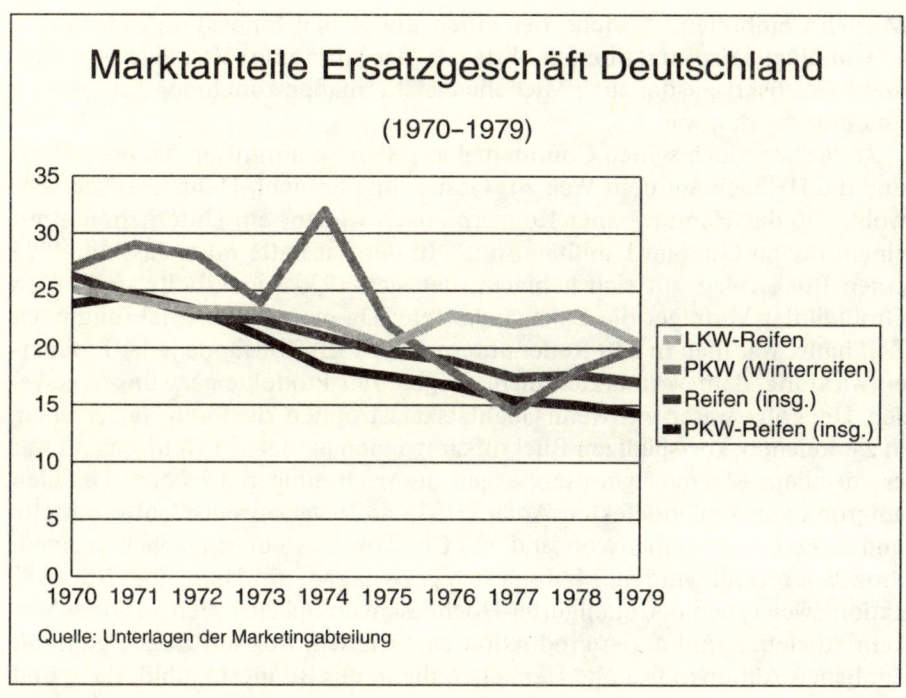

Marktanteile Ersatzgeschäft Deutschland

(1970–1979)

Legende:
- LKW-Reifen
- PKW (Winterreifen)
- Reifen (insg.)
- PKW-Reifen (insg.)

Quelle: Unterlagen der Marketingabteilung

senkt, dadurch aber auch die Produktivität und die Kapazitäten erhöht wurden sowie neue Produkte eingeführt – wie Stahlgürtelreifen oder Keilriemen mit verdoppelter und verdreifachter Lebensdauer – und damit wiederum Leerkapazitäten geschaffen wurden. Das einzige Mittel, um überschüssige Kapazitäten zu beseitigen, war der Preis, der das Ziel hatte, Hersteller und deren Kapazitäten zu eliminieren. Mit anderen Worten, die Kautschukindustrie und mit ihr Continental war dazu verurteilt, ständig Fabriken zu schließen, weil aufgrund der hohen Qualität und Langlebigkeit der Mengenbedarf immer weiter zurückging. Es war eine Abwärtsspirale in einem Verdrängungswettbewerb, von der man sah, daß das Eigenkapital der darin verwickelten Unternehmen nicht mehr lange halten würde, und Continental geriet, je mehr sie ihre Position innerhalb der Branche verbesserte, immer mehr in deren Sog.[30] Der Hannoveraner Reifenkonzern war dabei, sozusagen von dem Teufelskreis der unternehmensinternen Abwärtsbewegung in der ersten Phase der Branchenkrise in den inzwischen immer mächtigeren Strudel der zweiten Phase der Branchenkrise zu geraten. Denn die Wettbewerbsmechanismen der Branche begannen sich zu ändern, je mehr die Konkurrenten den Vorsprung von

---

30 Vgl. auch »Die deutsche Reifenindustrie steht vor dem endgültigen Infarkt«, in: *Industriemagazin* vom März 1974.

Michelin einholten. Anstelle der durch die Radial-Innovation induzierten »Technologiekrise« trat nun seit Mitte der 70er Jahre eine »Verdrängungs- und Wettbewerbskrise«, der auch Michelin gleichermaßen zunehmend ausgesetzt und unterworfen war.

Zunächst jedoch schien Continental aus dem Schlimmsten heraus zu sein und die Halbzeit auf dem Weg zur Gesundung erreicht. Hahn aber sah sehr wohl, daß der Hannoveraner Konzern »nach wie vor ein Unternehmen mit einem hohen Grad an Labilität« war.[31] In der Tat hatte noch das Jahr 1975 einen Rückschlag mit sich gebracht, der sich 1976 wiederholte und einen Großteil der Verfolger die Existenz kostete: Da man weder Erfahrung noch Zeit hatte, war man in den Reifenunternehmen zur Todsünde jeder Produktentwicklung, dem Vermarkten nicht ausgereifter Produkte gezwungen gewesen. Die Folge waren weltweite Qualitätskatastrophen, die ihren Niederschlag in zahlreichen, kostspieligen Rückrufkampagnen fanden. In Deutschland war es vor allem Metzeler gewesen, gegen die nach einigen schweren Unfällen aufgrund von Reifendefekten Anfang 1975 die Staatsanwaltschaft ermittelte und deren Unternehmensvorstand und Chefkonstrukteur schließlich in einem Prozeß verurteilt wurden. Man sah sich gezwungen, mit Hilfe einer Rückrufaktion zwei Typen der Stahlgürtel-Hochgeschwindigkeitsreifen aus dem Verkehr zu ziehen und deren Produktion einzustellen. Zug um Zug folgten mit ähnlichen Aktionen fast alle Hersteller, die in der Bundesrepublik Rang und Namen hatten, von Goodyear über Phoenix bis zu Kléber.[32] Den Anfang der Rückrufaktionen hatte dabei schon im Februar 1975 Continental gemacht, noch ehe es zu Unfällen mit ihren Reifen gekommen war. Man hatte, nachdem aufgrund verbesserter Prüfverfahren in den Reifenlabors die Gefahr von Gewebebrüchen sowie Haftproblemen der Gürtellage auf dem Unterbau festgestellt worden waren, die Flucht nach vorn angetreten und insgesamt 40 000 Conti-Contact-Winterreifen zurückgerufen. Durch eine zusätzliche Nyloncordbandage zwischen äußerer Lauffläche und Stahlunterbau wurde das Problem schnell gelöst.

Dennoch setzte in der Öffentlichkeit eine breite Diskussion um die Sicherheit der Reifen und die Produktqualität der Reifenunternehmen ein. Der Ruf der gesamten Branche stand auf dem Spiel, spätestens als Continental im November 1976 sich zu einer erneuten Rückrufaktion von insgesamt 100 000 zwischen 1973 und 1975 produzierten Sommerreifen gezwungen sah. Während die Konkurrenzunternehmen in Deckung gingen und versuchten, ihre Reifenmängel totzuschweigen, nützte Hahn die Debatte um ein Reifensicherheitsgesetz in Europa, um staatliche Kontrollen und Konstruktionsvorschriften, um Continentals neue Qualitätsphilosophie zu propagieren und der verstärkten unternehmensinternen Qualitätssicherung das Wort zu reden. Man lud eine

---

31 Vgl. Protokoll der Aufsichtsratssitzung vom 12. 4. 1976, in: Registratur Vorstandssekretariat.
32 Vgl. auch »Tod bei Tempo 180«. Kann der Staat für bessere Reifen sorgen?, in: *Die Zeit* vom 10. 10. 75.

Reihe von Journalisten ein, sich in den Entwicklungslabors, Versuchs- und Fertigungsabteilungen von der inzwischen verbesserten Fertigungsqualität selbst ein Bild zu machen.[33] Tatsächlich zeigten die Erstausrüsterfreigaben, das heißt die strengen Prüfungen durch die Automobilindustrie, die der aussagekräftigste Indikator für die Reifenqualität ist, durchwegs eine positive Entwicklung.

»Bei den Pkw-TS-SR-Reifen«, so konstatierte ein unternehmensinterner Bericht, »hat Continental das Michelin-Niveau bereits beinahe erreicht. Bei HR- und VR-Reifen ist der Abstand zu Michelin mit ca. 50 Prozent aber noch sehr groß [...] Bei kleinen und großen Lkw-Radialreifen konnte der Abstand zu Michelin verringert werden. Inbesondere bei großen Lkw-Radialreifen erreicht Continental, nur durch wenige Freigaben getrennt, bereits das Niveau von Michelin.«[34]

In der Tat wurde Continental 1977 bei Opel zum »Lieferanten des Jahres« gekürt, was bedeutete, daß die Hannoveraner Reifen den wenigsten Anlaß zu Reklamationen gegeben hatten. Der zweite entscheidende Indikator für die Reifenqualität waren die Retouren-Erwartungen aus dem Ersatzgeschäftsmarkt. Und auch hier zeigte Continental inzwischen gegenüber 1973 eine deutliche Senkung, bei Pkw-Reifen von 1,6 Prozent auf 0,5 Prozent, bei kleinen Lkw-Reifen von 6 auf 2 Prozent und bei großen Lkw-Reifen von 10 auf 3 Prozent. Der Abstand zu Michelin war hier allerdings deutlicher, da man für den französischen Konkurrenten allenfalls Retourenerwartungen zwischen 0,1 Prozent (Pkw) bis 1,2 Prozent (Lkw-Reifen) schätzte.

All dies, der Verdrängungswettbewerb in der Branche sowie die Rückschläge auf dem Reifenmarkt, ließen Continental 1976 geradezu zwangsläufig wieder in die roten Zahlen zurückrutschen. Statt der geplanten 19,3 Millionen DM plus sackte das Betriebsergebnis auf minus 21,7 Millionen DM ab. Schwerpunkt der Verluste war – trotz des inzwischen wieder einsetzenden Konjunkturaufschwungs und Produktionssteigerungen in der Automobilindustrie – nach wie vor der Reifensektor. »Wir haben in der Vergangenheit den Preisdruck einfach unterschätzt«, mußte Hahn gegenüber den Aktionären die plötzliche Revision der optimistischen Vorstandsprognosen einräumen.[35] Dazu kamen Einbrüche im Ersatzgeschäft, in dem sich zunehmend die Langlebigkeit der Stahlgürtelreifen bemerkbar machte. Insbesondere das Werk Stöcken wies zudem überdurchschnittliche Fertigungskosten auf, während die Werke Saargemünd und Korbach inzwischen deutlich verbesserte Kostenstrukturen verzeichneten. Negativ schlug auf das Unternehmensergebnis nach

33 Vgl. u. a. Gerhard Mauk: Qualitätssicherung in der Entwicklung, in: *Gummibereifung* 2/1976 sowie Siegfried Neebe: Qualitätssicherung in der Reifenfertigung, in: ebd. 1/1976 und auch das Interview mit Hahn, in: *Der Spiegel* 74/1976.
34 Vgl. F+E-Bericht für die Aufsichtsratssitzung vom 15. 12. 1976, S. 31, in: Registratur Vorstandssekretariat.
35 Vgl. u. a. *FAZ* vom 21. 12. 76.

wie vor auch die finanzielle »Bewältigung der Vergangenheit« im Beteiligungsbereich durch.[36] Auch wenn man schließlich in der Bilanz ein bereinigtes
Unternehmensergebnis von plus 8 Millionen DM auswies, so zeigte sich doch,
daß sich erneut für das Unternehmen die Existenzfrage stellte. Die Kapitalre-
serven von Continental waren zum größten Teil aufgebraucht: Von einem
schon knappen Eigenkapital von 422,2 Millionen (1972) waren Ende 1976 nur
noch 356,8 Millionen übrig, während die Gesamtverschuldung von 262,2
Millionen DM (1972) auf 416,5 Millionen DM gestiegen war. Continental, so
sah es jedenfalls Herrhausen, war dabei, am Reifensektor letztlich zu »ver-
bluten«.

Ausstieg aus dem Reifengeschäft?

Ende 1976 setzte daher eine Grundsatzdebatte über die zukünftige Unternehmensstrategie von Continental ein, in deren Verlauf es zu heftigen Kontroversen zwischen Aufsichtsrat und Vorstand kam. Der Ruf nach dem Ausstieg aus
dem Reifengeschäft wurde laut, und es war insbesondere Herrhausen selbst
gewesen, der für eine alleinige Konzentration auf das TP-Geschäft plädierte.
Der break-even-point, so konstatierte er, verschiebe sich immer weiter nach
oben, da der Vorstand mit seiner reifenzentrierten Unternehmenspolitik gerade denjenigen Bereich forciere, der den niedrigeren und zudem noch sinkenden prozentualen Deckungsbeitrag erbringe. Man müsse sich fragen, ob das
der richtige, strategische Denkansatz sei.[37] Um den internationalen Konkurrenzkampf bestehen zu können, sei letztlich ein Michelin-ähnliches Kostenni-
veau und damit eine vergleichbare technische und technologische Struktur
erforderlich. Herrhausen bezweifelte, »ob dies bei der Continental gegeben
ist«[38]. In der Tat war das Unternehmen bei der Innovationsfähigkeit an seine
Grenzen gestoßen. Das Forschungsbudget stagnierte angesichts der ange-
spannten Finanzlage bei knapp 3 Prozent des Umsatzes und reichte nur aus,
kurz- bzw. mittelfristige Probleme in Angriff zu nehmen. Insgesamt standen
ca. 50 Millionen DM zur Verfügung und damit gerade ein Fünftel der Summe,
die Goodyear und Michelin jeweils pro Jahr für F+E ausgaben. Es lag auf der
Hand, daß man damit über kurz oder lang entwicklungsstrategisch nicht
würde mithalten können und wieder ein technischer Rückstand drohte.

Tatsächlich war – so sah es zumindest ein Teil des Aufsichtsrats – Continental in der zweiten Hälfte der 70er Jahre offenbar gerade schon wieder dabei,
sich eingestehen zu müssen, eine zentrale technische Innovation verpaßt zu
haben. Denn 1978 präsentierte der Konkurrent Phoenix der Öffentlichkeit den
sogenannten Polyurethan-Reifen – aus Kunststoff gegossen statt aufwendig

36 Vgl. Protokoll der Aufsichtsratssitzung vom 15. 12. 76 sowie vom 4. 4. 77, in: Registratur Vorstandssekretariat.
37 Vgl. Protokoll der Aufsichtsratssitzung vom 15. 12. 1977, S. 35 ff., in: ebd.
38 Ebd., S. 38.

aus Kautschuk gewickelt – und sorgte damit in der noch allenthalben unter dem Radial-Trauma leidenden Reifenwelt für neue Aufregung. Auch Firestone und Goodrich hatten erhebliche F+E-Aufwendungen in die scheinbar zweite Reifenrevolution gesteckt, und nun schien es aber Phoenix mit Hilfe von Bayer gelungen zu sein, die technischen Probleme gelöst zu haben.[39] Verärgert zitierte Daimler Benz die Continental-Entwickler nach Stuttgart, um sich die Nachlässigkeit des Hauptzulieferers erklären zu lassen, und im Aufsichtsrat äußerte Herrhausen seine Befürchtung, »daß man plötzlich mit dem Phoenix-Reifen in einer völlig neuen Realität leben könnte«.[40] Die Einschätzung des Kunststoff-Reifens durch die F+E-Ingenieure bei Continental war aber einhellig und eindeutig: Der gegossene Reifen werde in der Zukunft keinerlei Bedeutung haben, er sei weder von den Rohstoffkosten noch von seinen physikalisch-chemischen Eigenschaften her für den Pkw- und Lkw-Reifenbereich geeignet. Alles sei letztlich nur eine geschickte PR-Maßnahme von Phoenix. Die Continental-Forscher behielten recht. Sang- und klanglos verschwanden die noch kurz zuvor stolz präsentierten Reifen-Prototypen Anfang 1979 in der Versenkung.

Dennoch war abzusehen, daß angesichts des Trends zu höheren Geschwindigkeiten bei gleichzeitiger Senkung des Kraftstoffverbrauchs neue Reifen, das heißt die zweite, weiterentwickelte Generation der Stahlgürtel-Reifen, konstruiert werden müßten und damit die Notwendigkeit von F+E-Investitionen drastisch zunahm. Doch woher sollte ein Unternehmen wie Continental, das im Grunde forschungsintensiv sein müßte, diese Mittel nehmen? Für Herrhausen lag der Ausweg aus diesem Dilemma in dem sukzessiven Ausstieg aus dem Reifengeschäft zugunsten des »Nicht-Reifen-Bereichs«, schienen hier doch allemal Gewinne zu holen zu sein und auch die technologische Basis von Continental inzwischen wieder ausreichend stark. Das Unternehmen, so riet Herrhausen dem Vorstand, sollte daher den Bereich Technische Artikel in Zukunft schneller wachsen lassen, zumal auch alles darauf hindeute, daß hier größere Expansionspotentiale bestünden als im Reifensektor.

Was Herrhausen und die Befürworter des Reifenausstiegs allerdings übersahen, war, daß Continental trotz der schwarzen Zahlen auch im TP-Sektor noch allenthalben Wettbewerbsrückstände verzeichnete und man letztlich mit den gleichen Strukturproblemen wie im Reifensektor zu kämpfen hatte, die im Fabrikationsbereich sogar noch größer waren. Überall wurde noch die Tradition von Continental praktiziert, alles herzustellen, das heißt, möglichst über das gesamte Produktspektrum zu verfügen. Das hatte dazu geführt, daß man letztlich auf keinem Sektor mehr die Technologieführerschaft besaß und an Wettbewerbsfähigkeit verloren hatte, zumal der TP-Bereich zunehmend in den Schatten der Reifenpolitik geraten und – so die Klagen – die Forschung

---

39 Vgl. die diversen Presseberichte, u. a. *SZ* vom 8. 12. 78 sowie auch Peter: Erinnerungen, S. 123 ff.
40 Vgl. Protokoll der Aufsichtsratssitzung vom 15. 12. 78, S. 21, in: Registratur Vorstandssekretariat.

lange zugunsten des Reifenbereichs vernachlässigt und »wie ein Stiefkind behandelt« worden war.[41] Der dadurch aufgestaute technologische Nachholbedarf war trotz der Lizenznahmen und intensivierten eigenen Entwicklungsarbeiten noch keineswegs gedeckt. Allenthalben befand man sich noch im Übergang von alten, unwirtschaftlichen Technologien zu neu anlaufenden Fertigungsverfahren.

Zudem herrschte auf den TP-Märkten keineswegs weniger Konkurrenz. In vielen Sektoren gab es gleichermaßen Überkapazitäten, Preiskämpfe und Importdruck, nur daß man es hier zunehmend mit vielen mittelständischen, hochflexiblen und innovativen Firmen zu tun hatte. Generalisten wie Continental, Dunlop, Metzeler und Pirelli konkurrierten mit Spezialisten, die entweder – wie der Freudenberg-Konzern oder der britische TP-Spezialist BTR – mehrere Tätigkeitsgebiete, das heißt TP-Produkte in kleinen Einheiten, aufwiesen, oder aber – wie Draftex, Meteor oder Optibelt – hochinnovativ und profitabel sich auf ein technisches Produkt konzentrierten. In Deutschland allein waren es in den 70er Jahre etwa 90 TP-Firmen, mit denen sich Continental den Markt streitig machte. Differenziert wie die Wettbewerberlage war auch der »TP-Markt« und seine Kundenstruktur. Hauptabnehmer bei Transportbändern zum Beispiel war der Bergbau, wobei es sich um einen weltweit gespannten Markt handelte. Das galt auch für beschichtete Gewebe (zum Beispiel Drucktücher für die Druckindustrie) und Luftfedern, die vor allem im Eisenbahnbau Anwendung fanden. Schlauchtechnik und Antriebselemente waren europäische Märkte, in denen neben der Automobilindustrie der Maschinenbau und die Elektroindustrie (»weiße Industrie«) als Nachfrager auftraten. Bei Formartikeln, Profilen, Schaum- und Schuhbedarf schließlich fand Continental auf dem deutschen Heimatmarkt insbesondere unter der Bauindustrie seine Hauptabnehmer. Die Produkte wurden dabei nahezu ausschließlich für industrielle Erstanwender hergestellt. Ein nennenswertes Ersatzgeschäft gab es, anders als im Reifenbereich nicht. Statt Massenfertigung dominierten individuelle Lösungen für hochkomplexe Spezialprodukte. Insgesamt prägte aber auch hier die Abhängigkeit von der Automobilindustrie mit etwa 60 Prozent des Umsatzes die Abnehmerstruktur, nur wenig gemildert durch die Belieferung der anderen Branchen mit ihren eigenen Konjunkturzyklen. »Bei EPDM-Profilrahmen«, so klagte etwa im April 1978 der Technikvorstand Dahlström, »müssen Aufträge der Automobilindustrie zu Preisen akzeptiert werden, die unter der Reinerlösuntergrenze liegen.«[42]

Es gab daher eine Reihe guter Gründe, daß Hahn den von Herrhausen empfohlenen Rückzug aus dem Reifengeschäft strikt ablehnte. Mit Reifen, so seine Überzeugung, war Geld zu verdienen. Die Existenz des Konzerns sei zwar augenblicklich gefährdet, langfristig aber bestünde die Chance, im Wett-

---

41 Vgl. Protokoll der Aufsichtsratssitzung vom 15. 12. 78, S. 51., in: Registratur Vorstandssekretariat.
42 Vgl. Vorstandsprotokoll vom 24. 4. 78, S. 3, in: 6600 Zg. 1/78 A 1,3.

bewerb zu überleben. Ohne Reifen dagegen war der Untergang von Continental eine beschlossene Sache, zumal »in der gegenwärtigen Lage Reifenfabriken nicht einmal verschenkt loszubekommen« seien. Für das Hannoveraner Unternehmen gebe es keine Alternative zu dem Weg, um jeden Preis im Reifengeschäft zu überleben. Da eine andere Entscheidung »die Liquidation des Unternehmens bedeutet, muß von Conti eine offensive Reifenpolitik verfolgt werden«, lautete daher nach wie vor Hahns Devise.[43] In einer Zeit, in der jeder für verrückt galt, der eine Zukunft im Reifensektor sah und sich nicht ausschließlich den technischen Gummiartikeln zuwandte, hielt der Vorstandsvorsitzende unbeirrt an seiner langfristigen Strategie fest. Reihenweise gingen die Wettbewerber um ihn herum den anderen Weg: Ende 1977 zog sich Goodrich aus dem europäischen Reifengeschäft zurück, auch Phoenix kündigte seinen Ausstieg an, und selbst bei Metzeler war es nur eine Frage der Zeit, bis man den Wettbewerb aufgab. Vieles deutete aber darauf hin, daß sich das Blatt wieder rasch wenden würde, zeichnete sich doch bereits ein »blindes Hineininvestieren in den TP-Bereich ab, vor allem durch ehemalige Reifenhersteller«. Wachsende Überkapazitäten mit entsprechendem Druck auf die Preise – und damit letztlich Verhältnisse wie im Reifengeschäft, dem man ja gerade entfliehen wollte – waren über kurz oder lang vorauszusehen. Der scheinbar sichere Fluchtweg würde in einer Sackgasse enden.

Die Debatte um die zukünftige Ausrichtung von Continental zog sich auch über die folgenden Jahre hin. Im August 1977 verabschiedete der Vorstand schließlich »strategische Leitlinien«, in denen das zukünftige Produktspektrum festgelegt wurde. Rigoros wollte man sich von Verlustbringern trennen. Im TP-Sektor bedeutete das die kurz- und mittelfristige Aufgabe einer Reihe von »Traditionsartikeln« wie Sport- und Haushaltsartikel, Zell- und Schwammgummi, technische und graphische Walzen, aber auch von Bodenbelägen, Gummimatten und Kunststoffen. Im Reifensektor bereitete man dagegen den Ausstieg aus der Flugzeug- und EM (Earth Moover)-Reifenfertigung vor.[44] Vor allem aber leitete man nun auch im TP-Bereich ein umfassendes Restrukturierungsprogramm ein. »Der Vorstand der Continental-Gummiwerke AG hat Anfang 1977 beschlossen«, so hieß es in einem Strategiepapier vom 25. November 1977, »die Organisation im Bereich Technische Artikel den geänderten Markterfordernissen anzupassen mit dem Ziel, den Unternehmensbereich nachhaltig rentabler zu gestalten. Insbesondere soll der insgesamt sehr komplexe Unternehmensbereich in überschaubare und ergebnisverantwortliche Teilbereiche (profit center) untergliedert werden.«[45] Grundlage der Neuorganisation war eine »marktnahe Organisation«. »Wir haben beschlossen« so hieß es dazu in dem Strategiepapier, »zur Erfüllung dieser Ziele bewegliche

---

43 Vgl. Protokoll der Aufsichtsratssitzung vom 15. 12. 1976, S. 15, in: Registratur Vorstandssekretariat.
44 Vgl. Protokoll der Vorstandssitzung vom 8. 8. 1977, in: Registratur Vorstandssekretariat sowie Vorlage vom 24. 8. 1977, in: 6600 Zg. 1/78 A 1,2.
45 Vgl. Strategiepapier vom 25. 11. 1977: »Die Neuorganisation im Bereich TA«, in: 6603, Zg. 1/85, A 7,2.

und überschaubare Einheiten zu schaffen, die nach Anwendungsbereichen ausgerichtet sind. Wir wollen auf diese Weise verstärkt mitwirken, die Probleme durch unsere Produkte und Systeme zu lösen.«[46] Die neuen Organisationseinheiten vereinten erstmalig auf der Ebene von Geschäftsgruppen die drei Hauptfunktionen Marketing, Entwicklung und Fertigung. Die beiden letztgenannten Funktionen wurden jeweils unter eine technische Gesamtleitung gestellt. Insgesamt wurden acht Geschäftsgruppen gebildet: Die Geschäftsgruppe Transportbänder, beschichtete Gewebe, Schläuche, Formartikel, Antriebselemente, Profile, Luftfederbälge und Spezialprodukte. Bei ihnen lag nun die Verantwortung für die Entwicklung, Fertigung und für Marketing, das heißt, die Werke waren gleichsam Gastgeber für die Fertigungen diverser Geschäftsgrupen in ihrem Bereich. Die vordringliche Aufgabe bestand darin, die bestehenden Werke grundsätzlich den beiden großen Unternehmensbereichen Reifen und Technische Artikel zuzuordnen bzw. im Idealfall jeweils ein TP-Werk (Northeim, Dannenberg, Hannover-Limmer, Hannover-Vahrenwald) einer Geschäftsgruppe zuzuordnen. In der Realität zeigte sich jedoch, daß die Fertigungen weitgehend quer durch sämtliche Werke verliefen und erst nach einer Werkstrukturbereinigung eine Verbesserung zu erwarten war.

Die Strategie war dabei auf den weiteren Ausbau profitabler Produkte und Marktsegmente ausgerichtet. Zu Ausbauprodukten waren Transportbänder, technische Schläuche, Form- und Schwingmetallartikel, Antriebselemente und Profile sowie Luftfedern erklärt worden. Über die Aufnahme von Profilen und Formartikeln in diese Liste, den Haupverlustbringern mit dem größten technologischen Nachholbedarf, war es dabei zwischen Hahn und Dahlström zu heftigen Konflikten gekommen, die schließlich zum Ausscheiden Dahlströms führten.

»Continental«, so rechtfertigte sich Hahn später vor dem Aufsichtsrat, »hätte es sich leisten können, diese Geschäftsgruppen zu schließen. Einer der Gründe aber, warum sich der Vorstand entschloß, auch in diese Gruppen zu investieren, war das Schicksal der Werke Limmer und Vahrenwald. Die Aufgabe der Formartikelproduktion würde das Schließen von Limmer bedeuten; die Fabrik Vahrenwald wäre durch den Fortfall der Profilproduktion noch stärker belastet, als sie es ohnehin schon aufgrund der schwierigen Fertigungen aus der Vergangenheit ist.«[47]

Nicht zuletzt auch mit Rücksicht auf die engen Verbindungen zur Automobilindustrie entschloß man sich daher, die Geschäftsgruppe Profile auszubauen und die erforderlichen hohen Investitionen in die veralteten Anlagen vorzunehmen.

Obwohl Hahn für 1977 schließlich wieder ein positives Betriebsergebnis von 14,9 Millionen DM und einen letztlich ausgewiesenen Bilanzgewinn von

---

46 Vgl. ebd.
47 Vgl. Protokoll der Aufsichtsratssitzung vom 12. 12. 1980, in: Registratur Vorstandssekretariat.

20,2 Millionen DM vorweisen konnte, war klar, daß »das Überleben des Konzerns nur aufgrund des weiteren Angreifens der Reserven und der Ergebnisse aus dem TP- sowie Beteiligungsbereich möglich gewesen war«[48]. Die Umsätze bei Reifen (+7,8 Prozent) wie bei TP (+2,7 Prozent) waren wieder gestiegen, aber der Reifenbereich blieb in den roten Zahlen. Der Hauptverlustträger war diesmal der Lkw-Reifensektor, während das Pkw-Reifengeschäft erstmals ausgeglichen abschnitt.[49] Mit aller Macht wollte Hahn nun nach außen hin demonstrieren, daß der Hannoveraner Reifenkonzern wieder gesund war. Durch eine Änderung der Bewertungen, den Übergang von der degressiven zur linearen Abschreibung und den daraus resultierenden »Bewertungsgewinnen«[50], sowie vor allem durch Entnahme von 55,5 Millionen DM aus den insgesamt 93 Millionen DM belaufenden freien Rücklagen wurde der seit 1972 aufgehäufte Verlustvortrag von 81,2 Millionen DM getilgt. »Der bisher in der Bilanz gleichsam als ›Mahn-Posten‹ ausgewiesene Verlustvortrag hat vor allem bei ausländischen Betrachtern zu Fehlinterpretationen in der Beurteilung unseres Unternehmens geführt«, hieß es dazu im Geschäftsbericht.[51]

Hahn mußte sich dennoch auf der Hauptversammlung im Juli 1978 deutliche Worte fallen lassen. Es war das sechste Jahr, in dem der Vorstand in puncto Dividende mit leeren Händen vor die Aktionäre trat und viele Anteilseigner dabei noch immer nicht begriffen hatten, wie es zu der für sie plötzlichen Krise von Continental gekommen war. Von einer »Hauptversammlung der Resignation« war die Rede, trotz aller Durchhalte-Appelle und Konsolidierungserfolge Hahns.[52] Die vom Vorstand erhoffte und auch gegenüber dem Aufsichtsrat erneut prognostizierte Ertragswende fand aber nicht statt: 1978 wurde wieder ein Minus von 26 Millionen DM erwirtschaftet, trotz eines Mengenwachstums. Daß in der europäischen Branche inzwischen Reifenkapazitäten des Eineinhalbfachen vom Continental-Fertigungspotential stillgelegt worden waren, hatte kaum Auswirkungen gehabt, da letzten Endes ein Ausgleich durch den Produktivitätsfortschritt erfolgte und die anhaltend heftigen Preiskämpfe weiter einen Großteil der Rationalisierungserfolge aufzehrten. Ganze 3,8 Millionen DM wies man daher letztlich aus kosmetischen und psychologischen Gründen in der Bilanz als Gewinn aus. Es war nur wenig Trost, daß man besser als der Branchendurchschnitt abgeschnitten hatte. Die

---

48 Vgl. Protokoll der Aufsichtsratssitzung vom 10. 4. 78, in: ebd.
49 Vgl. Geschäftsbericht 1977, S. 6.
50 Die lineare Abschreibungsmethode verteilt die Wertminderung des Anlagevermögens gleichmäßig auf die gesamte Nutzungsdauer, während bei der degressiven verstärkt in den ersten Jahren abgeschrieben wird.
51 Vgl. Geschäftsbericht 1977, S. 5.
52 Vgl. die Protokolle der Hauptversammlungen, in: Conti-Archiv, o. Sign. sowie die jeweiligen Hauptversammlungsstenogramme, in: *Blick durch die Wirtschaft* vom 27. 7. 1978 sowie auch die Stimmungsbilder der vorausgegangenen bzw. nachfolgenden Hauptversammlungen, in: ebd. vom 17. 8. 74, 19. 8. 74, 28. 8. 75 und 12. 7. 76.

Aushöhlung des Konzerns durch den Reifenbereich drohte unaufhaltsam weiter voranzuschreiten.[53]

Ende 1978, knapp sechs Jahre nach dem Beginn der Konsolidierungsbemühungen des neuen Vorstandes, machte sich daher im Aufsichtsrat Resignation breit. »Die Zahlen zeigen sehr deutlich«, so äußerte Herrhausen, »daß es unter den obwaltenden Umständen kein Rezept gibt, die Überlebenschancen der Continental tatsächlich zu garantieren. Es ist kein Überleben möglich, wenn das Unternehmen jedes Jahr am Rande des Ertrags dahinvegetiert oder gar Verluste macht. Ohne genügend zu investieren und zu forschen kann das Unternehmen dem internationalen Wettbewerb nicht standhalten.« Seit Jahren habe er mit allen ihm zu Gebot stehenden Kräften um die Überlebenschancen gekämpft, jetzt falle ihm jedoch nichts mehr ein und er wisse nicht, was er noch machen solle. Ohne Drohendes in den Raum stellen zu wollen, müsse er sich natürlich auch überlegen, ob er überhaupt noch in der Lage sei, eine solche Funktion weiter auszuüben.[54] Hahn bekräftigte demgegenüber unbeirrt seine Haltung, »daß es von der Strategie her keine Rezepte oder Ausweichmöglichkeiten gibt, als auf dem eingeschlagenen Pfad weiterzugehen«[55]. Continental, so hielt der Aufsichtsrat aber im April 1979 dem Vorstand entgegen, entwickele sich – wenn man sich die Betriebsergebnisse ansehe – nicht vorwärts sondern rückwärts. »Wenn man vor der Frage steht, das ganze Unternehmen aufzugeben – und dabei kann es sich aus heutiger Sicht nur noch um ein, zwei oder drei Jahre handeln – oder das Unternehmen zu sanieren, so muß es innerhalb der Conti zu einer Schrumpfung kommen, und zwar in Richtung auf Verlagerung zu kostengünstigeren Standorten.« Der Vorstand müsse daher wohl oder übel den Gedanken einer Teil-Liquidation ergreifen, und das bedeute »das Ausmärzen der Fabriken, die strukturell zu teuer sind«[56]. Es war offenkundig, daß das Hannoveraner Unternehmen aus eigener Kraft nicht gesunden konnte, da waren sich Aufsichtsrat und Vorstand einig. Die alte Idee einer Fusion der deutschen Reifenunternehmen drängte sich damit wieder auf.

Aufruhr in Harburg: Erneute Fusionsversuche

Hinter den Kulissen waren die Bemühungen der unter Führung der Deutschen Bank in der Corona zusammengeschlossenen Großaktionäre auch nach 1972 weitergegangen, Continental und Phoenix doch noch zu fusionieren. Die Verhandlungen waren schon Ende 1973 offenbar wieder so weit gediehen, daß man glaubte, endlich am Ziel zu sein. Da Anfang 1974 aber von Phoenix her,

---

53 Vgl. Protokoll der Aufsichtsratssitzungen vom 10. 4. 78 und vom 15. 12. 78 sowie vom 6. 4. 79, in: Registratur Vorstandssekretariat, siehe auch Geschäftsbericht 1978, S. 5.
54 Vgl. Protokoll der Aufsichtsratssitzung vom 15. 12. 78, S. 57, in: Registratur Vorstandssekretariat.
55 Ebd.
56 Vgl. Protokoll der Aufsichtsratssitzung vom 6. 4. 79, S. 24, in: ebd.

wie schon in früheren Jahren, Widerstand gegen das gemeinsam ausgehandelte Konzept auftauchte, hatten die Corona-Gesellschafter nach Ansicht von Herrhausen »wohl endgültig« das Fusionsprojekt ad acta gelegt.[57] Hahn hatte damals die von der Corona gewünschten Verhandlungen nur halbherzig geführt, da er die Konsolidierung im eigenen Hause für weit dringlicher hielt. Wenn, dann sah er eine Zukunft von Continental viel eher als Tochtergesellschaft des Goodyear-Konzerns oder aber zusammen mit Uniroyal.

Gleichzeitig mit dem Scheitern der Gespräche war aber von anderer Seite neue Bewegung in die deutsche Kautschuk-Branche gekommen. Bayer hatte den zunehmend angeschlagenen Metzeler-Konzern zu 100 Prozent übernommen, und dadurch lebten die alten Spekulationen einer Konzentration der deutschen Reifenindustrie wieder auf. Aber der Chemie-Konzern winkte zur Enttäuschung der Deutschen Bank ab und brachte seine Metzeler-Anteile nicht in die Corona ein.[58] Dennoch wies damit die deutsche Reifenindustrie enge Kapitalverflechtungen auf wie nie zuvor, ein Trend, der sich auch in der internationalen Kautschuk-Branche zeigte. Nicht nur als Produzenten von Reifen waren viele Unternehmen miteinander verwandt oder verschwägert, sondern auch bei den Vorprodukten und technischen Gummiwaren wie Drahtcord, Schuhe, Schaum und Ruß eng miteinander verflochten. Nur im Vertrieb arbeiteten die Konzerne getrennt, mitunter aber auch das nur rein äußerlich, da die Rationalisierungsbestrebungen selbst das Marketing oft schon unter einen gemeinsamen Hut gebracht hatten. Nach außen hin aber war man streng darauf bedacht, das Bild der Selbständigkeit der einzelnen Unternehmen zu wahren, weil nach dem ehernen Gesetz des Reifenmarktes die Zusammenlegung von zwei Reifenmarken keine Addition, sondern eher Verluste im Umsatz brachte.[59] Ungeachtet ihrer Verflechtungen lieferten sich vor allem die drei verbliebenen deutsche Reifen-Konzerne einen erbitterten Konkurrenzkampf. Mit dem Bayer-Engagement bei Metzeler war Continental ein gefährlicher Wettbewerber entstanden, der mit den Millionen des Chemie-Konzerns als Sanierungs- und auch Subventionskapital im Hintergrund der finanziell angeschlagenen Continental das Leben schwermachen konnte – und es dann schließlich auch tat.

In einem eindringlichen Memorandum an Herrhausen versuchte daher Hahn im August 1976 seinerseits eine Lösung zur Bereinigung dieser Wettbewerbslage anzustoßen. Das »Continental-Memorandum« enthielt zunächst einige grundsätzliche Aussagen zur Situation des Unternehmens und daraus abzuleitenden Maßnahmen.[60] Es war gedacht als Diskussionsgrundlage und

---

57 Vgl. Herrhausen auf der Aufsichtsratssitzung vom 21. 3. 1974, in: ebd.
58 Vgl. dazu u. a. *Die Zeit* vom 20. 9. 74: »Der Löwe schläft. Deutschlands Reifenhersteller sind zu krank, um zu fusionieren.«, sowie »Bayer und die Reifen«, in: *Börsenzeitung* vom 13. 8. 74.
59 Vgl. auch »Branchen-Analyse Gummi-Industrie« in: *Effekten-Spiegel* 45/1976, sowie »Die Verflechtungen in der internationalen Reifen-Industrie«, in: *KfZ-Betrieb und Automarkt* vom 27. 6. 1974.
60 Vgl. das Memorandum, in: 6600 Zg. 1/78, A 1,1.

Versuch, »die Überlegungen und sehr rasch auch die Aktivitäten der Corona auf das [darin enthaltene] Konzept zu konzentrieren, und gipfelte in folgender Empfehlung:

»Nach wie vor erscheint es uns im Hinblick auf Überkapazitäten und das Hochkostenland Deutschland unrealistisch, irgendeinen Käufer für Reifenkapazitäten in Deutschland oder in USA zu finden [...] Angesichts dieser Situation ist es aus industriellen und volkswirtschaftlichen Gründen unverantwortlich, daß drei deutsche Reifenfabriken von einer im internationalen Vergleich relativ unbedeutenden Größenordnung parallel F+E sowie Rationalisierung mit relativ großem Aufwand und mit dem Ergebnis des Schaffens weiterer Kapazitäten bei unbefriedigenden Ergebnissen einschließlich des zusätzlichen Drucks auf Preise betreiben. Die Betriebsverluste von Phoenix und Continental in den letzten vier Jahren muß man in Verbindung zu Bayer-Verlust-Investitionen bei Metzeler in der Größenordnung von 500 Millionen DM sehen. Das Kapital von Bayer reicht zweifellos aus, sämtliche Bemühungen von Phoenix und Conti so lange wie notwendig zu neutralisieren, und mit Hilfe der seit Anfang 1975 zu beobachtenden Preispolitik von Metzeler kommt es somit zu einem Anhalten des besonders intensiven Preiskampfes der deutschen Reifenfabriken innerhalb Deutschlands [...] Wir sehen daher ein Zusammengehen der deutschen Reifenindustrie in einer Dreier-Lösung als erforderlich an. [Sie] bringt zwar ein erhebliches Risiko mit sich, insbesondere auch einen großen Kapitalbedarf für Strukturumstellungen, der aber nicht größer ist als das, was Bayer sowieso in Metzeler investiert und darüber hinaus die deutschen Fabriken durch Preiskämpfe im Reifensektor ohne Unterlaß verlieren.«

Hahns Initiative blieb nicht ohne Wirkung. Tatsächlich nahmen alle drei Unternehmen Gespräche über Möglichkeiten einer Konzentration im Reifengeschäft auf. Anfang Dezember 1976 bekamen die Verhandlungen aber eine plötzliche Wendung »in der Weise«, so die Darstellung vom Phoenix-Vorstand Weinlig vor dem Aufsichtsrat, »daß Continental und Metzeler eine Fusion der beiden Gesellschaften ansteuerten und Phoenix von einem sehr hohen Roß herunter mehr oder weniger freundlich aus diesem Club hinauskomplimentierten. Eine dritte Marke zu verkraften sei im Zuge einer geplanten Rationalisierung nicht sinnvoll, hieß es, und im übrigen sei Phoenix sowieso auf dem Reifensektor zu unbedeutend.«[61] In der Tat hatten im Herbst 1976 intensive Kooperationsverhandlungen zwischen Continental und Metzeler eingesetzt, und Anfang April 1977 legte der Continental-Vorstand Bayer das Angebot vor, Metzeler zu übernehmen. Auf einer Sitzung der Corona-Gesellschafter am

---

61 Ausführungen von Weinlig auf der Aufsichtsratssitzung der Phoenix-Gummiwerke AG am 21. Oktober 1977 in Frankfurt, in: Phoenix-Archiv, Ordner Continental-Phoenix/Fusion. Der Phoenix-Vorstand zog daraus die radikale Konsequenz und beschloß, jegliche Reifenproduktion, soweit sie nicht auf Pkw und leichte Transporter ausgerichtet war, so kurzfristig wie möglich auslaufen zu lassen. Dieser Ausstieg aus dem Lkw-Reifengeschäft war der Beginn der bald gänzlichen Aufgabe der Reifenproduktion.

5. April in Frankfurt präsentierte Hahn sein Konzept: Alle betriebswirtschaftlichen Daten sprächen dafür, daß sich hinsichtlich Investitionen, Marketing, Produktpalette und Rationalisierungsmaßnahmen für alle Beteiligten aus dem Verbund Continental-Metzeler Vorteile ergäben. Die beste Lösung sei der Erwerb von Metzeler durch Continental gegen Ausgabe von Continental-Aktien aus einer Kapitalerhöhung, inklusive eines einmaligen Strukturzuschusses von Bayer in Höhe von 145 Millionen DM. Bayer vermeide damit ein langsames, weit kostspieligeres Aussteigen aus dem Reifen und gewinne mit der neuen Continental einen potenteren Kunden. Die leidigen, auf dem Rücken der Reifenunternehmen ausgetragenen Interessenkonflikte Bayer-Metzeler einerseits und Corona andererseits könnten endlich beendet werden, und auch die Tür für ein Hinzukommen der Phoenix sei nicht zugeschlagen.[62]

Bayer lehnte jedoch das Angebot Hahns ab. Die Corona, so ließ man Hahn und Urban nach den internen Beratungen unterrichten, sähe im gegenwärtigen Zeitpunkt keine Möglichkeit, den »sehr weitgehenden Vorschlägen« zu folgen. Bayer sei aber bereit, die Konkurrenzsituation zu mildern. Da Hahn und Urban keine Gelegenheit hatten, die Gegenargumente von Bayer zu hören und gegebenenfalls zu entkräften, baten sie schließlich um eine gesonderte Unterredung mit dem Bayer-Vorstand. Als die beiden Vorstände am 4. Mai 1977 in Leverkusen eintrafen, war die endgültige Ablehnung des Chemiekonzerns zu der Fusion aber längst gefallen. Alle drängenden Hinweise, »daß die Zeit für eine Neuordnung der deutschen Reifenindustrie langsam aber sicher ablaufe«, und alle Hinweise auf die Finanzierungsfähigkeit bei einer käuflichen Übernahme von Metzeler waren umsonst. Die Gründe lagen letztlich innerhalb des Chemiekonzerns, dessen risiko- und auch verlustreiche Akquisitionspolitik nicht nur im Reifen- sondern auch im Faserbereich im Vorstand stark umstritten war. Herbert Grünewald, der Vorstandsvorsitzende, machte keinen Hehl daraus, daß er Metzeler und Continental zusammentun, bei Continental die Mehrheit übernehmen und beide Konzerne sanieren wollte. Aber er hatte sich im Vorstand damit nicht durchsetzen können. Metzeler, so bedeutete man immerhin den Continental-Vorständen, werde sich innerhalb der nächsten Jahre aus dem Reifengeschäft vollkommen zurückziehen, und es bleibe Continental überlassen, sich die Metzeler-Marktanteile zu erobern.[63] Jeglicher Zusammenarbeit auf dem TP-Sektor erteilte man allerdings eine Absage.

Für Continental war damit das eingetreten, was sie am meisten befürchtet und durch die Fusion gerade zu verhindern versucht hatte. Metzeler würde mit Dumpingpreisen ihre letzten Reifen auf dem Markt losschlagen, damit die

---

62 Vgl. Ergebnisprotokoll der Corona-Sitzung vom 5. 4. 1977 sowie Präsentation Hahns, in: 6610, Zg. 1/90, A 2.
63 Vgl. Ergebnisprotokoll des Gesprächs mit Bayer vom 4. 5. 77 sowie eine gesonderte Gesprächsnotiz dazu vom 6. 5. 77, in: ebd.

Preisspirale nach unten beschleunigen und gleichzeitig kompensatorisch neue Kapazitäten im TP-Bereich errichten. »Im Hinblick auf diese Realitäten«, so lauteten die Schlußfolgerungen von Hahn und Urban aus dem Leverkusener Gespräch, »muß Continental seine Planungen nunmehr endgültig ohne das Metzeler-Projekt vorantreiben. Wir werden dabei unverändert mit der Fortsetzung der Misere im Reifengeschäft rechnen und befürchten zudem, daß die gleichen Probleme aufgrund der von Bayer an Metzeler gewährten Finanz- und Forschungsmittel nunmehr auch in den Technischen-Artikel-Markt hineingetragen werden.«[64]

Hahn reagierte ohne lange zu zögern mit einer zweiten Initiative. In einem Brief an Herrhausen vom Juli 1977 schlug er die Übernahme von Phoenix durch Continental per Kauf vor.[65] War der Erwerb von Metzeler primär auf die Bereinigung des Reifenproblems ausgerichtet gewesen, so stand hinter dem Phoenix-Erwerb nun (auch im Gegensatz zu 1970/71) vor allem die Absicherung gegenüber den sich zunehmend abzeichnenden Problemen im TP-Sektor. Für den von Hahn veranschlagten Kaufpreis von 85 Millionen DM hätte Continental auf einen Schlag einen Umsatzblock von etwa 500 Millionen DM in diesem Bereich erworben und ihren Gesamtumsatz bei technischen Produkten auf über eine Milliarde DM erhöht. Dazu kamen Verbesserungen der Fixkostenstruktur, eine Vergrößerung des Entwicklungspotentials und eine Harmonisierung der Investitionsplanungen. An Know-how war allerdings nach Auffassung der Continental-Ingenieure auch im TP-Bereich bei Phoenix nicht viel zu holen, sah man sich doch angesichts der vorangetriebenen Spezialisierung vor allen Dingen bei Transportbändern, gummierten Stoffen und Schläuchen inzwischen mit einem deutlichen technologischen Vorsprung.[66] Alles in allem jedoch wäre Continental nach der Übernahme im TP-Sektor den heraufziehenden Wettbewerbsstürmen gegenüber ausreichend gewachsen gewesen und nicht dazu verurteilt, die bitteren Erfahrungen des Verdrängungsmechanismus im Reifengeschäft für ihr zweites geschäftliches Standbein noch einmal machen zu müssen.

Hahns Übernahmeprojekt stieß bei den Großaktionären nun auf offene Ohren, und man war auf dessen Drängen bereit, auf der für den 19. September anberaumten Sitzung der Corona-Gesellschafter über den Vorschlag zu entscheiden. In Harburg lösten die Übernahmeaktivitäten des Continental-Vorstandes allerdings helle Empörung aus und wurden allenthalben als Handstreich empfunden, hatte man doch – ohne vorhergehende Gespräche mit dem Hannoveraner Wettbewerber – erst wenige Tage vor der entscheidenden

---

64 Ebd.
65 Vgl. im Detail die Vorstandsvorlage »Erwerb der Phoenix AG durch die Continental AG« vom 9.9.77, die schließlich (ungeplant und vorzeitig) auch in die Hände des Phoenix-Vorstands gelangte, in: Phoenix-Archiv, Ordner Continental-Phoenix/Fusion.
66 Vgl. die diversen Verhandlungs- und Gesprächsunterlagen vom Sommer 1975, in: 6621, Zg. 1/92, A 1,2.

Sitzung überhaupt von den Plänen erfahren. Es war daher kein Wunder, daß man in der Corona-Sitzung erbitterten Widerstand gegen die Vorschläge Hahns leistete. Continental und Phoenix, so argumentierte man, paßten gar nicht zusammen, da die Hannoveraner »die gesamte Zukunftsproblematik durch die Brille eines Massengut-Herstellers sehen«, der gezwungen ist, »so viel Menge wie möglich zusammenzuraffen, um Kosten auf eine möglichst breite Basis zu verteilen«. Phoenix kennzeichne dagegen »das Streben nach gediegenen, stets zu Erneuerung drängenden Spezial- und Qualitätserzeugnissen«[67]. Alles was man daher anbot, war der Verkauf oder die Verpachtung des Rheinsdorfer Reifenwerkes. Die Großaktionäre konnten sich auch dieses Mal nicht gegen den Widerstand der Phoenix durchsetzen. Denn als Weinlig erfuhr, daß er künftig nur noch die zweite Geige spielen und sein Unternehmen die Eigenständigkeit verlieren würde, hatte er sofort den Phoenix-Betriebsrat informiert und um Unterstützung gebeten. Das Fusionsprojekt geriet damit – anders als von Continental und auch der Corona geplant – plötzlich in den Strudel der öffentlichen Diskussion und wirbelte auch politisch Staub auf. Schon als die Corona-Gesellschafter zusammen mit den beiden Unternehmensvorständen am 19. September zusammengetroffen waren, war das ursprüngliche Konzept nicht mehr durchsetzbar. Längst wußten die Medien von der bevorstehenden Entscheidung (»Große Reifen-Fusion ist beschlossene Sache«), und Gewerkschaften und Betriebsrat mobilisierten vor den Phoenix-Werktoren in Flugblättern den Widerstand der Belegschaft (»Werden die Phoenix-Gummiwerke heute verkauft?«), so daß sich die Deutsche Bank noch am selben Tag zur Aussetzung der Börsennotierungen beider Gummiunternehmen veranlaßt sah.[68]

Ausschlaggebend für die gescheiterte Übernahme war politischer Druck aus Bonn und Hamburg gewesen, denn angesichts der offenbar drohenden Entlassung von 5000 Phoenixianern hatten der SPD-Wahlkreisabgeordnete Herbert Wehner und Hamburgs Bürgermeister Klose interveniert und die Deutsche Bank zurückschrecken lassen. »Ganz Hamburg wurde mobilisiert«, resümierte ein Sprecher der Deutschen Bank, und resigniert fügte er hinzu: »Wenn ein Unternehmenschef heute mit seinem Betriebsrat solidarisch ist, kann keine Macht der Welt mehr etwas dagegen machen.«[69] In aller Eile wurde daher eine neue Lösung auf der Corona-Sitzung gebastelt: Die Corona-GmbH sollte in eine Aktiengesellschaft umgewandelt (»Corona Deutsche Kautschuk AG«) und als Holding für die ihre Eigenständigkeit behaltende Phoenix und

---

67 Stellungnahme des Phoenix-Vorstandes vom 15. 9. 77, in: Phoenix-Archiv, Ordner Ordner Continental-Phoenix/Fusion.
68 Vgl. die Berichterstattung in der Presse, u. a. *Handelsblatt* vom 20. 9. 77, *SZ* vom 23. 9. 77 und *Börsen-Zeitung* vom 24. 9. 77.
69 Vgl. *Die Zeit*: »Eine letzte Chance für die deutsche Reifenhersteller: Zwei feindliche Brüder landeten unter einem noch undichten Dach« vom 30. 9. 77 sowie *Wirtschaftswoche* vom 6. 1. 78 und *Der Spiegel* vom 26. 9. 77, dort auch ein Interview mit Hahn. Vgl. auch *SZ* vom 27. 9. 77.

Continental fungieren. Hahn und Weinlig sollten gleichberechtigt die zukünftigen Geschicke des Konzerns leiten, wobei Hahn die Federführung für die Reifenseite und Weinlig für den Sektor Technische Artikel zufallen sollten.[70] Es war ein Konzept mit vielen Fragezeichen, denn wer von den drei Großaktionären in Zukunft das Sagen haben würde, wie sich vor allem Bayer mit seinen Metzeler-Interessen verhalten würde und wer von den beiden Unternehmen in welchem Ausmaß von den notwendigen Rationalisierungsmaßnahmen betroffen werden würde, blieb ungeklärt – abgesehen davon, daß von einer einvernehmlichen Konzernführung Hahn/Weinlig wohl nie die Rede hätte sein können. In Harburg wurde die Holding-Lösung aber wie ein Sieg gefeiert. Gemeinsam verkündeten Vorstand und Betriebsrat von Phoenix per Aushang am Schwarzen Brett: »Die Angst vor einer Überfremdung durch die Conti ist gebannt.« Für Hahn dagegen gab es »weder Sieger noch Besiegte«. Trotz der verlorenen ersten Runde war er davon überzeugt, daß mit der Corona-Lösung wenigstens der Durchbruch der Fusionsidee geschafft sei. Das neue Konzept sei nur »konstruktiv ein wenig umständlicher als das Conti-Konzept«, werde aber dasselbe bewerkstelligen.

Es dauerte aber nur wenige Wochen, bis abzusehen war, daß auch die Holding-Lösung nicht in die Praxis umzusetzen war. Offenbar war es den Großaktionären nicht gelungen, sich über die weiter einzuleitenden Maßnahmen zu einigen. Herrhausen jedenfalls informierte schließlich Mitte Dezember 1977 den Continental-Vorstand, daß auch die Corona-Lösung gescheitert sei. Eine Woche später löste sich die Corona auf, allerdings nicht ohne die Vereinbarung getroffen zu haben, auch später ohne vorhergehende Konsultation der Deutschen Bank nichts mit Aktienpaketen von Continental und Phoenix zu unternehmen. Mit dem Rückzug der Großaktionäre war der deutschen Reifenunion endgültig die Luft ausgegangen. Ein allerletzter (gescheiterter) Versuch, den Hahn im Frühjahr 1978 durch Gespräche mit dem Bayer-Vorstand unternahm, war letztlich nur noch ein episodenhaftes Nachspiel.[71] Mehr als sieben Jahre hatten sich die Bemühungen hingezogen, durch aktive Industriepolitik eine Neuordnung der deutschen Gummibranche zu erreichen. Die Entscheidung trafen dann aber nicht die Großaktionäre, sondern der Markt, dessen Mechanismen Phoenix und Metzeler zum Ausstieg zwangen. Die Situation in der deutschen Kautschukindustrie war in der Tat »kein Ruhmesblatt für die deutschen Unternehmer«, wie Herrhausen im Rückblick eingestand.[72] Der Continental-Aufsichtsratsvorsitzende selbst hatte sich aber nichts vorzuwerfen, hatte er doch alles versucht, zwischen den sich bekämpfenden Vorständen wie Großaktionären eine koordinierende und

---

70 Vgl. auch *FAZ* vom 21. 9. 77.
71 Vgl. die diversen Besprechungsnotizen mit dem Bayer-Vorstand und Metzeler-Vorstand vom März 1978, in: 6610, Zg. 1/90, A 2.
72 Vgl. Protokoll der Aufsichtsratssitzung vom 15. 12. 78, S. 15, in: Registratur Vorstandssekretariat.

vermittelnde Rolle zu spielen. Mit der Reifenunion waren aber prinzipiell Fusionen und Kooperationen in der deutschen Gummiindustrie als Krisenstrategie zumindest auf nationaler Ebene gescheitert.

Kapitel 7
Lohnentwicklung, Arbeitskonflikte und Modernisierung der »industrial relations« im Schatten der Krise (1970–1976)

Turbulenzen ergaben sich aber auch im Inneren des Unternehmens. Für ein Überleben und eine Bewältigung der Krise war es Voraussetzung, die aus den Fugen zu geraten drohenden Arbeitsbeziehungen, die in den Krisenjahren erheblichen Belastungen ausgesetzt waren, neu zu ordnen. Continental war seit jeher für sein autoritäres Betriebsklima bekannt, in dem aber noch ein Betriebsgemeinschafts-Denken herrschte, das weniger in den Kategorien des Klassenkampfes und der Konfrontation von Arbeit und Kapital verankert war, sondern weit mehr die Betriebsharmonie in den Vordergrund stellte. Das Ende der »Wirtschaftswunderjahre« hatte das Verhältnis zwischen Unternehmensleitung und Betriebsrat nun aber merklich rauher werden lassen. Die Reifenunternehmen, die in einem eigenen »Arbeitgeberverband der deutschen Kautschukindustrie« organisiert waren, standen dabei einer IG Chemie gegenüber, die vor allem in den von einer starken KPD-Tradition geprägten Arbeitnehmervertretern der Kautschukindustrie noch einen vergleichsweise radikalen und »linken« Flügel besaß.[1] Die sich in die Defensive gedrängt sehende Geschäftsleitung von Continental hatte zwar jedes Mal laut über die »überhöhten Lohnforderungen« geklagt und vor »den Gefahren einer nicht produktivitätsorientierten Lohnpolitik« gewarnt,[2] letztlich dann aber doch immer den Forderungen nachgegeben.

Im Vergleich zu den schrillen Tönen, die 1970 das innenpolitische Klima zwischen Arbeitgebern und Gewerkschaften prägten, war das noch eine eher moderate Haltung. Im Arbeitgeberverband etwa sprach man von der »Eskalation der Lohnentwicklung, die die schlimmsten Befürchtungen übertroffen habe«[3]. Zusammen mit Bundesbankpräsident Klasen rechnete man Bundesregierung wie Gewerkschaften vor, daß sich die Lohnstückkosten in Deutschland drastisch um 11,5 Prozent erhöht hatten und die Bundesrepublik damit innerhalb der EWG neben Italien an der Spitze der Lohnerhöhungen lag, im Produktivitätszuwachs dagegen auf den letzten Platz abgerutscht war. Der

---

1 Vgl. allgemein zur Geschichte der IG Chemie nach 1945: Hundert Jahre Industriegewerkschaft Chemie, Papier, Keramik (1890–1990), hrsg. vom Hauptvorstand der IG Chemie, Köln 1990, S. 491 ff.
2 Vgl. Geschäftsbericht 1969.
3 Vgl. Protokoll der Vorstandssitzung des BDA vom 16. 3. 71, in: 6600 Zg. 1/73, A 25–27. Vgl. dazu insgesamt Volker Berghahn: Unternehmer und Politik in der Bundesrepublik, Frankfurt 1985, S. 318 f.

Industriestandort Deutschland, so die düstere Prognose, sei in Gefahr. Die Gewerkschaften ihrerseits sparten nicht mit Angriffen auf die Unternehmer, denen man überzogene Profitinteressen zu Lasten der Arbeitnehmer unterstellte und vorwarf, die Preise aus politischen Gründen zu überhöhen, um durch eine Krisenpsychose die Regierung zu stürzen. Hinter der Radikalität der gewerkschaftlichen Rhetorik stand aber auch eine Verunsicherung und der Schock der wilden Streiks, die Ende der 60er/Anfang der 70er Jahre in zahlreichen Unternehmen ausgebrochen waren und eine drohende Radikalisierung und Entsolidarisierung der Gewerkschaftsmitglieder signalisierten.

Auch Continental wurde von dieser Entwicklung erfaßt. Ausgehend von wilden Streiks im Herbst 1969 in der Stahlindustrie und im Bergbau war seit Beginn des Jahres 1970 eine Lohnwelle durch alle Wirtschaftszweige gegangen. Im Mai 1970 sah sich der Vorstand der Forderung einer Tarifanhebung um 15 Prozent gegenüber. »Die Verhandlungen«, so hieß es dazu in einem Bericht der Personalabteilung, »verliefen recht zähflüssig und schwierig, weil die Forderung weit über den Produktivitätsanstieg hinausging.«[4] Sie scheiterten schließlich. Noch vor Abschluß des Schlichtungsverfahrens war es daraufhin im Werk Vahrenwald zu kleineren, im Werk Limmer zu größeren Arbeitsniederlegungen gekommen. Der Höhepunkt der Unruhen war am 8. Juli 1970 zu verzeichnen, als einige hundert Mitarbeiter vom Werk Limmer zum Hochhaus zogen und dort ein Gespräch mit dem Vorstand erzwangen. Der neutrale Schlichter konnte schließlich die IG Chemie nur zu einem Abschluß bewegen, der mit 13,5 Prozent über das hinausging, was in anderen Wirtschaftszweigen und in der Gummiindustrie in Hessen und Hamburg vereinbart worden war. »Vermutlich«, so hieß es dazu in dem Bericht weiter, »bestand ein Zusammenhang zwischen der Höhe des Abschlusses und den Arbeitsniederlegungen in unseren Betrieben. Im Interesse des Arbeitsfriedens und zur Vermeidung von Produktionsausfällen wurden Zugeständnisse gemacht, die das unter normalen Umständen vertretbare Maß überschritten. Auch dem Schlichter ging es letzten Endes darum, die Ruhe wieder herzustellen.« Für Continental bedeuteten die Ergebnisse der Tarifrunde 1970 einen sprunghaften Anstieg der Lohn- und Gehaltssumme um 18,9 Prozent. Wesentlichen Anteil daran hatte aber auch die zum 1. Januar 1970 für die gewerblichen Arbeitnehmer eingeführte Lohnfortzahlung im Krankheitsfall, die sozialpolitisch von wesentlicher Bedeutung war, da sie eine weitere Gleichstellung mit den Angestellten brachte.

Die Continental-Betriebsräte hatten sich gegenüber den spontanen Arbeitsniederlegungen vielfach ambivalent verhalten. Besorgt notierte man in der Personalleitung, daß »nicht alle Betriebsräte bei solchen Unruhen abwehrend oder besänftigend eingriffen«. Manche würden die Aktionen insbesondere auch dadurch unterstützen, daß sie »ausdrücklich Verständnis für die Unruhe-

---

4 Vgl. dazu und zum Folgenden den Bericht vom 5. Mai 1971, in: 6600 Zg. 1/73, A 11.

stifter zeigten und dann von ›berechtigter Unruhe‹ sprachen. Trotz bestehender Friedenspflicht erhofften sie sich von dem von den Unruhen ausgehenden Druck eine Verbesserung der Verhandlungsposition der gewerkschaftlichen Tarifkommission.« Bei den Unruhestiftern handele es sich vielfach »um junge Arbeitnehmer mit einer links-extremen politischen Einstellung, die, bezogen auf ihre Arbeitsleistung, gut beurteilt werden und deren politisches Ziel es ist, die Konfrontation zu suchen. In bestimmten Betriebseinheiten, wie zum Beispiel in der Formen- und Maschinenfabrik in Limmer, treten solche Agitatoren besonders häufig auf.« Offensichtlich bahne sich eine neue Entwicklung an, die dadurch gekennzeichnet sei, daß Arbeitsniederlegungen und sonstige Protestaktionen bei laufenden Tarifverträgen und bestehender Friedenspflicht vorgenommen würden. »Die Gewerkschaften wirken dieser Tendenz nicht energisch genug entgegen, weil sie ihrerseits von radikalen Gruppen unter Druck gesetzt werden [...] Die Ereignisse der jüngsten Vergangenheit im sozialpolitischen Raum zwingen zu der Erkenntnis, daß wir in den nächsten fünf bis zehn Jahren mehr oder weniger mit einer permanenten Unruhe leben müssen.«[5]

Das Jahr 1971 brachte in der Tat neue Unruhen. Mit insgesamt 4,5 Millionen verlorenen Arbeitstagen durch Streiks und Aussperrungen – mehr als im ganzen Jahrzehnt zuvor – erreichte die Konfrontation zwischen Arbeitgeber und Gewerkschaften in der deutschen Wirtschaft ihren Höhepunkt. Ausgangspunkt der Konflikte bei Continental war die Forderung der in der Wartung und Instandsetzung eingesetzten Handwerker unter der Belegschaft, das für sie geltende spezielle Akkordsystem (UMS-System) abzuschaffen und dafür nach der höchsten Zeitlohngruppe bezahlt zu werden.[6] Anfang Mai 1971 war es in Stöcken zu einem ersten Warnstreik gekommen, der am 13. Mai in einem dreitägigen wilden Streik mündete. Als Kern der Unruhen kristallisierte sich abermals die Formen- und Maschinenfabrik (FMF) in Limmer heraus. Die dort beschäftigten Handwerker repräsentierten eine besondere Gruppierung innerhalb der Continental-Belegschaft, besaßen sie doch nicht nur als Handwerker ein anderes berufliches Selbstverständnis als die Gummiarbeiter und waren als »Metaller« traditionell radikaler und streikfreudiger als die zu den Chemiearbeitern zählenden übrigen Continentäler. Die FMF-Handwerker standen darüber hinaus auch in der Tradition des »roten Limmer«, das seit jeher ein Werk mit überdurchschnittlich hohem gewerkschaftlichen Organisationsgrad und stark kommunistisch orientierter Belegschaft war, in der noch allenthalben das alte »Excelsior«-Sonderbewußtsein fortlebte. Im Vahrenwalder Stammwerk dagegen arbeitete eine politisch und gewerkschaftlich weit gemäßigtere Belegschaft, die zudem infolge der Verlagerung der Reifenfertigung nach Stöcken viel von ihrer Homogenität verloren

---

5 Vgl. ebd. und dort auch die vertraulichen Berichte zu den Betriebsversammlungen im August 1970.
6 Vgl. zum Folgenden die Unterlagen in: 6600 Zg. 1/73, A 4.

hatte. Die Arbeiterschaft in Stöcken wiederum, dem in der NS-Zeit gebauten und damit jüngsten Continental-Werk, spiegelte in Zusammensetzung und Orientierung deutlich die Turbulenzen der Kriegs- und Wirtschaftswunderjahre wider: Sie war vergleichsweise jung, gewerkschaftlich eher unterdurchschnittlich organisiert und mit einem Ausländeranteil von zum Teil 30 Prozent am heterogensten. Und schließlich waren da noch die Korbacher Werksangehörigen, die schon allein durch die räumliche Entfernung zur Hannoveraner Zentrale und die tarifregionale Zugehörigkeit zu Hessen ein Eigenbewußtsein besaßen. Es war eine kleinstädtisch, ländlich geprägte Arbeiterschaft, vor der bei den Betriebsweihnachtsfeiern nicht wie in Limmer radikale Vertrauensleute die Rede hielten, sondern der örtliche Gesangverein auftrat. Es war alles in allem eine heterogene Gesamtbelegschaft, in der angesichts des Eigenlebens der Fabriken schon der Gesamtbetriebsrat alle Mühe hatte, die vielfachen Werksinteressen und -egoismen zugunsten konzernweiter Arbeitnehmerinteressen zu koordinieren. Eine Solidarisierung auf der Basis von werksübergreifenden Interessen – geschweige denn von Klasseninteressen – zu erreichen, war daher schwer.

Zwischen Betriebsrat und Unternehmensleitung waren angesichts der Arbeitsniederlegungen sofort Verhandlungen zu einer »möglichst raschen Lösung des Handwerkerproblems« aufgenommnen worden. Man vereinbarte einen paritätisch besetzten Ausschuß, der bis Anfang Juni Änderungsvorschläge bezüglich der Bezahlungshöhe der Handwerker vorlegen sollte. Die erhoffte Beruhigung der Lage trat allerdings nicht ein. Den Radikalen – es handelte sich um die DKP-Betriebsgruppe und die Betriebsgruppe der KPD/ Marxisten-Leninisten – gelang es, die Stimmung unter den Handwerkern weiter anzuheizen. In Flugblättern und den Betriebszeitungen »Roter Reifen« und »Roter Conti-Arbeiter« machten sie Front gegen die »rechten Gewerkschaftsführer« und riefen zu einer breiteren Solidarisierung unter der Continental-Belegschaft auf.[7] Mehr als einige Dutzend Handwerker aus den technischen Betrieben in Stöcken und Vahrenwald schlossen sich den streikenden FMF-Handwerkern aber nicht an, so daß insgesamt nur 625 Continentäler für ihre Interessen in den wilden Streik traten. Der Großteil von ihnen marschierte aber am 18. Mai, dem 3. Streiktag, erneut durch Hannover zum Verwaltungsgebäude und versuchte, Vorstand wie Betriebsrat unter Druck zu setzen. Das militante und bedrohliche Auftreten blieb nicht ohne Wirkung.[8] Der Vorstand lehnte zwar jegliche Gespräche mit der selbstgewählten Streikleitung ab, aber noch am Abend des 18. Mai legte man eine zusätzliche Vereinbarung mit dem Betriebsrat vor: Die Lohnerrechnung nach dem umstrittenen Akkordsystem wurde bis Anfang Juni mit sofortiger Wirkung ausge-

7 Vgl. auch »Tätigkeit der radikalen Gruppen im Betrieb«, Bericht des Personalvorstands an den Aufsichtsrat am 28. 11. 1971, in: 6600 Zg. 1/73, A 13.
8 Vgl. auch »Folgerungen aus dem letzten wilden Streik«, Notiz der Personalabteilung vom 21. 5. 71, in: 6600 Zg, 1/73, A 4 sowie Interview Datan vom 15. 2. 1995.

setzt und die Überprüfung der Handwerkerlöhne »mit dem Ziel einer Aufbes-
serung« zugesagt.[9] Der wilde Ausstand war damit beigelegt, aber nur zu
deutlich bekamen die Betriebsräte auf den folgenden Betriebsversammlungen
zu hören, »daß sie durch das Betriebsverfassungsgesetz zu sehr gebunden
seien, so daß es auch weiterhin notwendig wäre, die Aktivitäten von den Vertrauensleuten aus zu entfalten«[10].

Die Konzessionsbereitschaft des eingeschüchterten Vorstandes machte sich
auch bei den offiziellen Tarifverhandlungen bemerkbar. Mit 8 Prozent Erhöhung der Tarife fiel das Verhandlungsergebnis in der Kautschukindustrie um
ein Prozent höher als in der Chemischen Industrie aus, in der die Arbeitgeber
zudem am Beginn der Laufzeit des neuen Tarifvertrages eine zweimonatige
Ermäßigung erreicht hatten.

»Wir standen bei den Verhandlungen letztlich vor der Frage«, so zog man in
der Personalabteilung der Continental im Rückblick ein Fazit der Tarifsituation des Jahres 1971, »ob wir wegen dieser ›Atempause‹ die Ungewißheit eines
Arbeitskampfes auf uns nehmen sollten. Die Erfahrungen aus den bisherigen
Schlichtungen und die Stärke der IG Chemie in der Gummiindustrie (Arbeiter über 95% organisiert) legten eine Verneinung dieser Frage nahe. Durch die
mit einer sich verschärfenden Auseinandersetzung verbundenen Emotionen
hätten wir außerdem gerade den Gruppen wieder Rückhalt verschafft, gegen
die sich jetzt auch bei der Gewerkschaft Gegenkräfte bemerkbar machen. Wir
mußten davon ausgehen, daß ein Arbeitskampf in der Gummiindustrie für die
IG Chemie wahrscheinlich erfolgreicher verlaufen wäre als jetzt in der Chemischen Industrie. Trotz erheblicher Bedenken wegen der mit diesem Tarifabschluß verbundenen Belastung hat deshalb eine eindeutige Mehrheit der
Mitgliedsfirmen des niedersächsichen Arbeitgeberverbandes der Gummiwarenindustrie dem Verhandlungsergebnis zugestimmt.«[11]

Mit Hahn als Vorstandsvorsitzendem ging die Unternehmensleitung aber
angesichts der anhaltenden Krise von Continental nun stärker auf Konfronta-
tionskurs zum Betriebsrat. Im Sommer 1974 kündigte sie Massenentlassungen
an, denen bis Jahresende insgesamt 1000 Continentäler zum Opfer fallen
sollten. Hauptbetroffene waren mit über drei Vierteln die Angestellten, deren
Anteil bei Continental in den Boomjahren überproportional stark gewachsen
war und nun auf ein »normales« Maß zurückgeführt werden sollte. Der Betriebsrat legte jedoch sein Veto ein und erwirkte einen Einspruch beim Arbeitsgericht, da er seine Mitbestimmungsrechte verletzt sah.[12] Die Verhandlungen vor dem Arbeitsgericht endeten schließlich mit der Auflage an beide
Kontrahenten, sich über einen Sozialplan zu einigen. Betriebsrat und Ge-

---

9 Vgl. Information des Vorstandes an die Belegschaft, in: ebd.
10 Vgl. Aktennotiz über die Betriebsversammlung vom 26.–28. 7. 1971, in: ebd.
11 Vgl. Tarifsituation und Personalkostenentwicklung 1971 vom 9. Juli 1971, in: 6600 Zg. 1/73, A 13.
12 Vgl. Sitzungsprotokoll des Gesamtbetriebsrats vom 8. 8. 1973 und vom 24. 10. 1973, in: Ablage
   Konzernbetriebsrat Continental.

schäftsleitung verständigten sich dann außergerichtlich: Statt 1000 standen nur noch 477 Arbeitnehmer auf der schwarzen Liste des Vorstandes, wobei ein beträchtlicher Teil Frühpensionäre bzw. Arbeitnehmer waren, die die flexible Altersgrenze in Anspruch nehmen konnten. »Die Massenentlassungsaktion«, so resümierte man im Gesamtbetriebsrat im Oktober 1973, »die sehr viel Sorgen und Ärger gebracht hat, ist somit als beendet zu betrachten. Es ist anzunehmen, daß die Continental in nächster Zukunft einen solchen Weg nicht wieder beschreiten wird.«[13]

Im Sommer 1975 präsentierte Hahn allerdings einen Katalog von Forderungen, die von Betriebsrat wie Belegschaft als schmerzhafter Schnitt in die tariflichen wie außertariflichen Besitzstände empfunden wurden. In einem sogenannten Fünf-Punkte-Plan forderte Hahn eine pauschale Korrektur der Akkordzulagen, eine Änderung der Schichtzeiten, ein Aussetzen der laufenden Gratifikationszahlungen, eine Kürzung der Jahresleistungsprämie und schließlich ein striktes Alkoholverbot in den Werken. Der Betriebsrat sah sich damit in einer Zwickmühle, bedeutete doch die Haltung zu den Plänen der Unternehmensleitung »eine Gratwanderung, die sowohl nach der einen wie nach der anderen Seite einen Absturz zur Folge haben konnte«[14]. Wenn die wirtschaftliche Misere von Continental echt war, woran die Arbeitnehmervertreter allerdings trotz der ständigen Klagen der Unternehmensleitung zweifelten, dann konnte eine Ablehnung des Fünf-Punkte-Plans letztlich das Ende des Unternehmens mit verursachen. Auf der anderen Seite »würde uns die Belegschaft verprügeln, wenn wir der Geschäftsleitung Zugeständnisse machen, und am Jahresende würde sich herausstellen, daß diese Zugeständnisse nicht notwendig waren«[15]. Der Betriebsrat entschied sich schließlich für einen ablehnenden Kurs, obschon er sich auch hier nicht mehr der einhelligen Zustimmung in der Belegschaft sicher sein konnte. Hahn hatte die Betriebsversammlungen im August 1975 dazu benutzt, »ordentlich auf den Putz zu hauen und der Belegschaft Konfrontation vor Augen zu führen und die Palette zu vertreten, die der Vorstand uns überreicht hatte. Ohne nennenswerte Reaktion der Belegschaft. Das hat eigentlich verdeutlicht, wie weit unseren Kollegen im Betrieb die Angst schon im Nacken saß.«[16] In einer prekären Lage sah sich der fast 40köpfige Gesamtbetriebsrat von Continental aber auch deshalb, da zwei der Hannoveraner Betriebsräte den radikalen DKP-Gruppierungen angehörten und sich daher der Vorstand mit seiner Informationspolitik nur an die Mindestanforderungen des Gesetzes hielt. Zahlreiche Konfliktlinien zogen sich daher in der zweiten Hälfte des Jahres 1975 quer durch das Unternehmen – Auseinandersetzungen innerhalb des Betriebsrates über die weitere Konfrontationsstrategie, Spannungen und eine Verhärtung des Verhältnisses

13 Vgl. Sitzungsprotokoll des Gesamtbetriebsrats vom 24. 10. 1973, in: ebd.
14 Vgl. Sitzungsprotokoll des Gesamtbetriebsrates vom 24. 10. 1975, in: ebd.
15 Ebd.
16 Vgl. ebd., S. 12.

zwischen Betriebsrat und Unternehmensleitung und schließlich auch nach wie vor Vorwürfe und Unmut von Teilen der Belegschaft und der Vertrauensleute gegenüber dem Betriebsrat. Als die Unternehmensleitung im Dezember 1975 die Betriebsvereinbarung über die sogenannte »Dreischichtzulage« kündigte, entluden sich die aufgestauten Spannungen Anfang 1976 in einem neuen Arbeitskonflikt.

Der wilde Streik vom Februar 1976

Die Kündigung der aus dem Jahr 1961 stammenden Betriebsvereinbarung bedeutete für die insgesamt 3000 im Dreischichtsystem arbeitenden Continentäler eine durchschnittliche Einkommenseinbuße von bis zu 300,- DM im Monat. Betroffen war diesmal die »Stammarbeiterschaft«, die Reifenwickler, Spritzmaschinen- und Kalanderführer sowie die Reifenheizer. Der Betriebsrat, der heftig gegen die Lohnminderung protestierte, war in einem Dilemma, denn der Vorstand ließ sich von seinem Kürzungsprogramm nicht abbringen, und das Betriebsverfassungsgesetz gab den Betriebsräten keine rechtliche Handhabe, den Lohnabbau zu verhindern. Auch der IG Chemie waren die Hände gebunden, da die Bezahlungsregelung für die dritte Schicht kein Bestandteil des Tarifvertrags war. Erst nach weiteren massiven Protesten des Gesamtbetriebsrats war die Unternehmensleitung zumindest zu einem partiellen Einlenken und zum Abschluß einer neuen Betriebsvereinbarung bereit. »Im Interesse des Betriebsfriedens«, so hatte der Betriebsratsvorsitzende Bartilla am 19. Januar 1976 an Gerhard Lohauß, den Personalvorstand, geschrieben, »müssen wir dringend davor warnen, Ihre Ankündigung, nicht mehr zahlen zu wollen, in die Tat umzusetzen, weil die Durchführung dieser Maßnahme unabsehbare Konsequenzen nach sich ziehen kann.«[17] Der Vorstand war zu Zugeständnissen bei den Schichtzulagen auch deshalb bereit, da für ihn die Einsparung von Personalkosten nur ein eher nachgeordnetes Motiv für seine Maßnahme war. Weit wichtiger war für ihn die mit einer Neuregelung verbundene Flexibilisierung bei Arbeitszeit und Löhnen. Das Ziel war ein neuer Schichtrhythmus, der zu einer Harmonisierung der Anfangs- und Endzeiten in den Continental-Werken führen sollte, sowie eine Neuordnung der Pausenregelung – aus Sicht der Fertigungssteuerung der wichtigste Punkt – die eine bessere Nutzung des ›Mensch-Maschine-Systems‹ und damit mehr Ordnung im Betriebsablauf bringen würde. Bei der Lohnzahlung war an die Einführung des Pufferlohns, als Vorstufe zu einem späteren Kontrakt- oder Pensumlohn, gedacht. Aus Sicht der Beschäftigten ein weitgehend gleichbleibender Monatslohn, eröffnete der Pufferlohn in der Perspektive der Unternehmensleitung weitreichende Möglichkeiten zur Festlegung bestimmter Arbeitspausen und zur Flexibilisierung durch das Auffangen von Beschäftigungsspitzen und

---

17 Vgl. Brief Bartillas vom 19. 1. 76, in: ebd.

-tälern bei Planungs- und Steuerungsschwierigkeiten in der Fertigung durch sogenannte Zeit- und Leistungskonten.

»Durch vorgegebene Arbeitspensen, die für alle Mitglieder einer Einheit festgelegt und erfüllt werden sollen«, so rechnete die Produktplanungsabteilung den Vorteil der neuen Lohnform für die Fertigungssteuerung vor, »tritt eine Nivellierung der Zeitgrade ein. Das fördert die Gruppenbildung. Durch Gruppenbildung ermöglicht man die Zusammenfassung von Einzelvorgängen zu Ablaufstufen, das heißt fertigungstechnische Blockbildung, und die Blockbildung führt zu weniger Zählstellen. Es wird erreicht, daß nicht mehr nach ›abgegebener‹ Leistungsmenge im Sinne des ›stimmenden‹ Lohnes, sondern nach wirklich erreichter Leistung geplant und gesteuert werden kann.«[18]

Am 19. und 29. Januar 1976 trafen schließlich Unternehmensleitung und Betriebsrat entsprechende neue Rahmenregelungen und vor allem eine neue Betriebsvereinbarung, die nur noch eine Teilkürzung der Akkordzulagen vorsah. Für die betroffenen Mitarbeiter liefen sie letztlich auf Lohneinbußen zwischen 30 und 120 DM im Monat hinaus.[19] Der Betriebsrat hatte die Neuregelung nur zähneknirschend akzeptiert; aber man war in der Zwangslage, entweder dem immerhin auf die Hälfte reduzierten Lohnabbau offiziell zuzustimmen oder aber die ersatzlose Streichung aller bisheriger Regelungen wegen einer fehlenden Betriebsvereinbarung zu riskieren.[20] Vor allem aber war man sich bewußt, daß die betroffenen Arbeiter für den Lohnabbau und die Zustimmung des Betriebsrats kein Verständnis haben würden. Kaum daß die Betriebsvereinbarung bekanntgegeben wurde, legten auch Teile der Belegschaft in der Reifenfabrik Vahrenwald ihre Arbeit nieder und diskutierten heftig über die Neuregelung. Vorwürfe wie »der Betriebsrat hat uns verschaukelt« und »der Betriebsrat steckt mit der Firmenleitung unter einer Decke« wurden laut, und die Aufforderungen der Unternehmensleitung und des Betriebsrats, die Arbeit sofort wieder aufzunehmen, ignoriert. Erst als sich der Vorstand bereit erklärte, einer Delegation aus dem Kreis der Streikenden weitere Informationen zur Betriebsvereinbarung zu geben, wurde die Arbeit für den Rest des Tages wieder aufgenommen. Am Montag, dem 2. Februar, traten die Heizer der Reifenfabrik Vahrenwald aber erneut in einen wilden Streik, dem sich am darauffolgenden Tag weitere Arbeiter aus der Reifenfabrik Stöcken und der TP-Fabrik Vahrenwald anschlossen. Die mit knapp dreihundert Belegschaftsangehörigen anfangs kleine Zahl der Streikenden hatte sich damit rasch auf insgesamt 1300 erhöht.[21] Die Unternehmensleitung reagierte nun kompromißlos. Ultimativ forderte man die sofortige Wiederaufnahme der Arbeit und drohte anderenfalls damit, »die Betriebsteile stillzulegen, wo

18 Vgl. Notiz der Produkt- und Planungsabteilung vom 16. 12. 1975, in: 6610 Zg. 1/87, A 1.
19 Vgl. die Vereinbarungen und das Ergebnisprotokoll vom 19. 1., in: ebd.
20 Vgl. auch Info-Blatt des Betriebsrats und der Vertrauensleute Nr. 1, 3/1976, in: ebd.
21 Vgl. auch *HAZ* vom 4. 2. 76.

infolge des wilden Streiks kein geregelter Arbeitsablauf mehr möglich sei, und streikende und vom Streik betroffene Mitarbeiter aufgrund der Rechtssituation keine Bezahlung erhalten würden«[22]. Gleichzeitig leitete man das Anhörungsverfahren mit dem Betriebsrat »zur fristlosen Kündigung von einigen Rädelsführern« ein.

Die angekündigten Aussperrungs- und Kündigungsmaßnahmen der Unternehmensleitung zeigten in der Tat ihre Wirkung. Die Streikfront bröckelte, und mehr und mehr Stimmen wurden in der Belegschaft laut, die angesichts des drohenden Lohnausfalls und der Entlassungen gegen eine Fortführung des wilden Streiks waren. Nach und nach kehrten noch am Abend des 3. Februar die Reifenwickler und Heizer an ihre Arbeitsplätze zurück, und im Laufe des 4. Februar, nach vier Tagen, brach die Streikbewegung endgültig zusammen. Die radikalen inner- wie außerbetrieblichen Gruppierungen, die erneut versucht hatten, die Unruhen in ihrem Sinne auszunutzen, waren diesmal auf wenig Resonanz gestoßen. Der Betriebsrat sah sich dennoch in einem Erklärungsnotstand für sein Verhalten. Geradezu verzweifelt hatte man angesichts des großen Unmuts, der sich bald mehr gegen die Gewerkschaften und die als »Betriebsratsfürsten« gebrandmarkten Arbeitnehmervertreter als gegen die Unternehmensleitung richtete, darauf hingewiesen, daß man »in Übereinstimmung mit den protestierenden Kollegen die sofortige Außerkraftsetzung der [allerdings eben erst selbst unterschriebenen] Vereinbarung und die Beibehaltung des bisherigen Zustandes« fordere. Die Rechtslage verbiete es aber, während der noch laufenden Friedenspflicht des Tarifvertrages wegen übertariflicher Lohnbestandteile einen Arbeitskampf zu beginnen oder eine spontane Arbeitsniederlegung zu unternehmen.[23] Man war bemüht, die Protestbewegung wieder in die geregelten Konfliktaustragungsmechanismen der Tarifverhandlungen zu kanalisieren. »Der Fall Conti zeigt deutlich«, so lautete das Fazit von Betriebsrat und Gewerkschaftsvertretern, »daß Löhne und Gehälter nur dann wirklich gesichert sind, wenn sie durch Tarifverträge vereinbart sind. Betriebliche Lohnregelungen werden in der Flaute leicht zur Sanierung angeschlagener Unternehmensfinanzen zum Nachteil der Belegschaft abgebaut.«[24] Bei den anstehenden Tarifverhandlungen in der Kautschukindustrie kündigte Benno Adams, der Bezirksleiter der IG Chemie für Niedersachsen und Conti-Betriebsrat, denn auch einen »heißen Sommer« an. Das, was den Conti-Arbeitern in der Lohntüte entfalle, werde man in den anstehenden Tarifforderungen wieder hereinzuholen versuchen und auf eine weitere Absicherung übertariflicher Leistungen dringen, »notfalls durch Erzwingung eines Haustarifes«[25].

Der vor dem Hintergrund von Warnstreiks und sich verschärfenden Tarifauseinandersetzungen in der gesamten deutschen Industrie ablaufende Ar-

---

22 Vgl. Schreiben vom 3. 2. 1976, in: 6610 Zg. 1/87, A 1.
23 Vgl. Flugblatt vom 3. 2. 76, in: ebd.
24 Ebd.
25 Vgl. auch *FAZ* vom 5. 2. 1976.

beitskonflikt bei Continental hinterließ ein gereiztes Betriebsklima, das sich auch in den Tarifverhandlungen der folgenden Jahre bemerkbar machte. Im Zentrum der Verhandlungen stand das Ringen um den weiteren Abbau bzw. den Erhalt der übertariflichen Leistungen. Es ging dabei um Zusatzregelungen (laufende Gratifikation, übertariflicher Teil der Jahresgratifikation, interne Zwischenlohnstufen und interne Drei-Schicht-Zulage), die jährlich mit insgesamt 26 Millionen DM zu Buche schlugen. Bei einem informellen Gespräch mit den Betriebsratsvorsitzenden hatte der Vorstand rasch Einigkeit darüber erzielt, daß die betriebliche »Absicherung von Zusatzleistungen bei Continental unter Wettbewerbsaspekten firmenpolitisch falsch ist«, und daß die Unternehmensleitung eine deutliche Reduzierung der übertariflichen Leistungen vornehmen würde, daran ließ sie keinen Zweifel. Man war aber bereit, einen Abbau in Stufen vorzunehmen, allerdings unter der Bedingung, »daß kein Arbeitskampf gegen uns geführt wird«[26]. Denn aus Sicht des Vorstandes ging es dabei vor allem darum, die bislang praktizierte Politik der Gewerkschaften zu durchbrechen, die ein ungeschriebenes Junktim zwischen Tarifabschluß und einer weiteren Absicherung der außertariflichen Leistungen zur Regel gemacht hatte. Jede Tariferhöhung schlug bei Continental damit immer sofort effektiv durch, da die Unternehmensleitung keinen Spielraum besaß, die Tariferhöhungen auf außertarifliche Regelungen anzurechnen und damit etwas nach unten zu drücken, wie es etwa in den Unternehmen der Chemischen Industrie praktiziert wurde. Jahr für Jahr waren die Tarifverhandlungen daher mit der Absicherung der laufenden, außertariflichen Zusatzleistungen belastet gewesen, und auch jetzt ließ der Betriebsausschuß die Unternehmensleitung wissen, »daß der Abschluß eines neuen Tarifvertrages äußerst erschwert würde, wenn der Vorstand von Continental auf einem ersatzlosen Wegfall der laufenden Gratifikationen bestehen werde«[27]. Man einigte sich schließlich auf ein »Einfrieren« der Jahresgratifikation und eine Umwandlung der laufenden Gratifikationen in eine betriebliche vermögenswirksame Leistung. Es war letztlich ein Kompromiß, mit dem beide Tarifparteien leben konnten.

Kaum daß der Hauptverhandlungspunkt vom Tisch war, kam es aber während einer Sitzung zwischen Vorstand und Betriebsrat erneut zu einer offenen Konfrontation. Es war letztlich die nach wie vor desolate Lage des Unternehmens und die nach Ansicht der Arbeitnehmervertreter verfehlte und hilflose Politik des Vorstandes, die Gegenstand der Auseinandersetzung wurde. »Der Ist-Stand der Aktivitäten des Vorstandes«, so kritisierte ein Betriebsratsvorsitzender, »sieht zur Zeit so aus, daß der Vorstand laufend etwas macht, das viel Geld kostet und nicht weiterhilft.«[28] Es war ein tiefsitzende Mißtrauen

---

26 Vgl. die Protokolle der Gespräche zwischen Personalabteilung und den Betriebsratsvorsitzenden der Werke vom Sommer bzw. Herbst 1977, in: 6610 Zg. 1/87, A 1. Hier vgl. Protokoll vom 9. 8. 1977.
27 Vgl. Schreiben vom 30. Juni 1978, in: ebd.
28 Vgl. Sitzungsprotokoll Gesamtbetriebsrat vom 19. 10. 78, in: Ablage Konzernbetriebsrat Continental.

gegenüber dem Krisenmanagement des Vorstandes, hinter dem letztlich die offene Frage stand, inwieweit man im Interesse des Unternehmensüberlebens die notwendigen schmerzhaften Einschnitte mittragen konnte und sollte, ohne aber den Interessen des Vorstandes Vorschub zu leisten und diejenigen der Belegschaft preiszugeben. Ende 1978/Anfang 1979 entschloß sich der Betriebsrat nun zu einer härteren Gangart. Wie schlecht die Lage von Continental auch sein mochte, so die Haltung, »es nützt nichts, wenn wir den Vorstand in diesem Jahr nicht in angemessenem Rahmen zur Kasse bitten, weil sich die Situation eher verschlechtert, aber nicht verbessert«[29]. Aus der Unternehmensleitung bekamen die Arbeitnehmervertreter daraufhin den Vorwurf zu hören, daß, »wer glaubt, im Reifensektor für die nächsten drei und vier Jahre neben den Lohn- und Gehaltssteigerungen noch Belastungen von mehr als 12 Prozent festschreiben zu können, entweder den Ernst der Situation noch nicht erkannt hat oder an der Aufrechterhaltung der Reifenfertigung in Deutschland nicht mehr ernsthaft interessiert ist«[30].

Die Gewichte zwischen Gewerkschaften bzw. den Betriebsräten und der Unternehmensleitung befanden sich nach der letztlich unentschiedenen Machtprobe von 1976 damit weiter in der Schwebe. Der zuvor in die Defensive geratene Vorstand hatte im Laufe der Krisenjahre immer mehr die Oberhand gewonnen, aber den Arbeitnehmervertretern war es gelungen, sich Handlungsspielräume zu bewahren. Nun drohte ein neues Messen der Kräfteverhältnisse, die durch die Ereignisse um die Einführung des neuen Mitbestimmungsgesetzes um so mehr einer weiteren Belastungsprobe ausgesetzt waren, zugleich aber damit auch auf eine neue Grundlage gestellt wurden.

Die Auseinandersetzungen um die Mitbestimmung

Wie in nahezu allen deutschen Großbetrieben hatte man auch in der Vorstandsetage von Continental tiefsitzende Ängste gegenüber einer Mitbestimmung der Arbeitnehmer gehegt und Horrorszenarien von unternehmerischer Entscheidungsbehinderung und Fremdbestimmung sowie von einer »Entartung des Betriebs zum Tummelplatz politischer Agitation« an die Wand gemalt.[31] Die Ereignisse um die wilden Streiks schienen die schlimmsten Befürchtungen der Unternehmensleitung zu bestätigen. Das militante Auftauchen der Radikalen in der Vorstandsetage hatte einen geradezu traumatischen Schock hinterlassen, der den Continental-Vorstand zu einem noch entschiedeneren Mitbestimmungsgegner machte, auch wenn man deutlich

---

29 Vgl. Sitzungsprotokoll Gesamtbetriebsrat vom 8. 3. 79, in: ebd.
30 Vgl. Notiz über das Gespräch zwischen Personalleitung und Betriebsratsvorsitzenden vom 8. 3. 79, in: 6610 Zg. 1/87, A 1.
31 Vgl. einige entsprechende BDI-Broschüren, in: 6600 Zg. 1/73, A 25–27 sowie Manuskripte und Notizen des Personalvorstandes, in: 6600 Zg. 1/73, A 3. Allgemein zur »Belagerungsmentalität« der Unternehmer, Berghahn, S. 319 ff.

zwischen den gemäßigteren Betriebsräten und Vertrauensleuten und den Radikalen zu unterscheiden wußte.[32] Als im Januar 1972 zunächst das Inkrafttreten der novellierten Fassung des Betriebsverfassungsgesetzes anstand, sah man daher allenthalben ein Einfallstor zur Entmachtung der Unternehmer Wirklichkeit werden. In der Tat wurden Umfang und Ausmaß der möglichen Teilnahme an betrieblichen und unternehmensrelevanten Entscheidungsprozessen deutlich erweitert. Der Betriebsrat wurde vergrößert und erhielt insbesondere im wirtschaftlichen Bereich, bei der Personalführung sowie in sozialen Angelegenheiten Mitbestimmungsrechte. Betriebsführung und Unternehmensleitung waren zu wesentlich umfangreicheren Informationen über die gegenwärtige und geplante Entwicklung des Unternehmens gezwungen. Vor allem auch für das leitende Management bedeutete das neue Betriebsverfassungsgesetz, daß seine Entscheidungsbefugnisse erheblich berührt waren und nun ein verstärktes Zusammenwirken mit dem Betriebsrat erforderlich war. Sollte nicht ein Teil der Unternehmensführung auf die ebenfalls in ihrer Kompetenz erweiterten und paritätisch besetzten Einigungsstellen verlagert werden, stellte das Gesetz hohe Anforderungen an die Kooperationsbereitschaft aller Beteiligten.[33] »Das Anfang des Jahres in Kraft getretene Betriebsverfassungsgesetz stellt uns vor einige Probleme«, hieß es dazu in einem Bericht des Personalvorstands an den Aufsichtsrat. »Es tangiert in weiten Bereichen die unternehmerische Entscheidungs- und Planungskompetenz. Außerdem bringt es eine Komplizierung und Verlangsamung der betrieblichen und unternehmerischen Entscheidungsprozesse mit sich. Wie sich die neue Grundordnung der Betriebe konkret auswirken wird, kann jedoch erst nach Ablauf einer gewissen Einführungsphase berurteilt werden.«[34]

Erleichtert merkte man im Vorstand aber schon nach wenigen Monaten, daß entgegen den Befürchtungen weder die Welt untergegangen noch der soziale Friede im Unternehmen zerstört worden war.[35] Im Gegenteil: Erstaunt registrierte man, daß die Betriebsräte nun plötzlich die Geschäftsberichte lasen und diese offenbar auch noch verstanden. Die Geschäftsleitung wurde in den Betriebsausschußsitzungen mit detaillierten Fragen zur Unternehmenspolitik und -entwicklung konfrontiert, und auch im Aufsichtsrat traten die Arbeitnehmervertreter nun mit Kommentaren und Vorschlägen zur Restrukturierung und zum Krisenmanagement von Continental auf.[36] Es war unübersehbar, daß Betriebsräte und Gewerkschaften über das neue Betriebs-

---

32 Vgl. auch Interview Datan vom 15. 2. 1995.
33 Vgl. auch allgemein Harald Jürgensen: Entwicklung der Mitbestimmung in der Bundesrepublik Deutschland, in: Hans Pohl (Hrsg.): Mitbestimmung. Ursprünge und Entwicklung, Wiesbaden 1981, S. 74 ff. Vgl. diverse Unterlagen, in: 6600 Zg. 1/73, A 9.
34 Vgl. Bericht zur Aufsichtsratssitzung vom 1. 3. 1972, in: 6600 Zg. 1/73, A 13.
35 Vgl. auch zu den Erfahrungen bei Daimler Benz: Richard Osswald: Lebendige Arbeitswelt. Die Sozialgeschichte der Daimler-Benz AG von 1945 bis 1985, Stuttgart 1986, S. 84 ff.
36 Vgl. zum Beispiel Erklärung der Arbeitnehmervertreter im Aufsichtsrat vom 21. 3. 73, in: Registratur Vorstandssekretariat.

verfassungsgesetz nicht nur Mitbestimmung, sondern auch Mitverantwortung praktizierten. Bei Continental ging das schließlich so weit, daß zwischen dem Betriebsrat Hannover, den Arbeitnehmervertretern im Aufsichtsrat und den Mitgliedern des Wirtschaftsausschusses intensive Gespräche über die Frage geführt wurden, »ob das Unternehmen richtig geführt wird, ob die Organisation innerhalb dieses Unternehmens und der Betriebsstätten noch den modernen Erkenntnissen einer wirtschaftlichen Führung gerecht wird«, um zu versuchen, »das Unternehmen wieder in eine etwas andere Richtung zu bringen«.[37]

Ungeachtet dieser Entwicklung brachte das Mitbestimmungsgesetz von 1976 neuen Konfliktstoff. Obwohl das Gesetz im Juli 1976 beschlossen wurde, dauerte es bis September 1979, bis auch bei Continental als einem der letzten deutschen Großunternehmen sich der paritätisch besetzte Aufsichtsrat konstituieren konnte. Zu den Verzögerungen hatte die Verfassungsbeschwerde der Arbeitgeberverbände gegen die Anwendung des neuen Gesetzes geführt, der sich die deutsche Schutzvereinigung für Wertpapierbesitz mit einer Klage gegen den Vorstand und die Arbeitnehmervertreter von Continental hinsichtlich der Zusammensetzung des Aufsichtsrates anschloß. Da die Klage aufschiebende Wirkung hatte, konnten im Gegensatz zu allen anderen mitbestimmungspflichtigen Unternehmen keine Wahlmännergremien aufgestellt und damit entsprechende Wahlen eingeleitet werden. Erst nachdem das Bundesverfassungsgericht am 1. März 1979 die Vereinbarkeit des Mitbestimmungsgesetzes mit dem Grundgesetz erklärt hatte, zog auch die Schutzvereinigung ihre Klage zurück.[38] Bei den Continental-Betriebsräten und Vertrauensleuten war darüber um so mehr Mißtrauen und Unmut entstanden, als trotz aller späteren Dementis der Continental-Vorstand die aufschiebende Klage mehr oder weniger deutlich unterstützt hatte.[39] Wenig Gutes für die künftige Zusammenarbeit verhieß in den Augen der Arbeitnehmervertreter auch ein vom alten Aufsichtsrat eilig eingebrachter Entwurf zur Änderung der Unternehmenssatzung, der dem Aufsichtsrat wesentliche Kompetenzen, u. a. das Recht auf Zustimmung zur Erteilung von Prokuren, bei der Aufnahme von Anleihen und Krediten sowie bei einer Beteiligung an anderen Unternehmen bzw. beim Abschluß von Interessengemeinschaftsverträgen, entzog und zukünftig alleine dem Vorstand einräumte.[40] Die Satzungsänderung, die auf der

---

37 Vgl. Sitzungsprotokoll Gesamtbetriebsrat vom 15. 3. 73, in: Ablage Konzernbetriebsrat Continental. Die Vorschläge flossen schließlich im Herbst 1973 in ein – vom Vorstand allerdings nicht sehr ernst genommenes – »Weißbuch: Continental Gummiwerke AG. Der Versuch einer Situationsanalyse. Vorschläge zur Beseitigung von Schwachstellen – Aufzeigen von möglichen Wegen zur Wiedergesundung« ein, das Aufsichtsrat wie Vorstand übergeben wurde. Vgl. das Weißbuch (Ms), 23 Seiten, in: Ablage Konzernbetriebsrat Continental.

38 Vgl. auch Sitzungsprotokoll des Gesamtbetriebsrats vom 25./26. 6. 1979, in: Ablage Konzernbetriebsrat Continental.

39 Vgl. auch *Conti intern* vom März 1979.

40 Vgl. im Detail Benno Adams: Mitbestimmungsreport (Manuskript 1985), S. 19 sowie Protokoll der Hauptversammlung vom 7. 9. 1979.

Hauptversammlung im September 1979 beschlossen wurde, bedeutete mithin eine Schwächung des Aufsichtsrates zugunsten eines demgegenüber gestärkten Vorstandes – eine Konstellation, die in Zeiten einvernehmlicher Politik unproblematisch war, im Falle künftiger Interessenunterschiede und divergierender unternehmenspolitischer Orientierungen sich aber zum Nachteil des Unternehmens auswirken konnte. Die Anteilseigner dachten noch allenthalben in den Konfliktkategorien zwischen Arbeit und Kapital; daß einmal die zentrale Konfliktlinie zwischen Aufsichtsrat und Vorstand laufen würde, konnten sie sich zu diesem Zeitpunkt für die Continental nicht vorstellen.

Die zehn Arbeitnehmervertreter, die Ende 1979 in den Aufsichtsrat einzogen, gingen daher »mit einer gewissen Skepsis in dieses neue Gremium hinein«.[41] Allen, Kapitaleignern wie Arbeitnehmervertretern, war dabei klar, daß mit der Bestellung des neuen Arbeitsdirektors, der zum April 1980 die Stelle des in den Ruhestand tretenden Personalvorstandes Lohauß übernehmen würde, bereits die erste ernsthafte Bewährungsprobe auf die Funktion des Mitbestimmungsgesetzes bei Continental sein würde. Nach eingehender Diskussion hatten sich Betriebsrat und Vertrauensleute darauf geeinigt, aus ihrer Mitte Hans Nöthel vorzuschlagen. Man beschloß, Kontakt mit Hahn aufzunehmen, da klar war, daß Herrhausen eine derartige Entscheidung nicht ohne Rücksprache mit dem Vorstandsvorsitzenden von Continental fällen würde. Als sich die Arbeitnehmervertreter am 5. November 1979 mit Hahn trafen und ihren Vorschlag unterbreiteten, war dessen Antwort kurz und bündig: Er wolle einen »jungen Mann mit fachlichen Qualitäten« und werde daher dem Aufsichtsrat einen eigenen Kandidaten vorstellen. Er lehnte es ab, »über den Vorschlag [des Betriebsrats] überhaupt nachzudenken«.[42] Alle deutlichen Hinweise der Arbeitnehmervertreter auf die prekäre Situation, die entstehen würde, wenn es zu einer Konfrontation käme, wischte Hahn vom Tisch. Ohne das Einvernehmen und ohne vorherige Information mit den Arbeitnehmervertretern im Präsidialausschuß des Aufsichtsrats schlug Hahn dann Hans Kauth vor. Es war kein Wunder, daß sich daraufhin beträchtlicher Unmut unter den Arbeitnehmervertretern breitmachte, aber auch Herrhausen zeigte sich über die Rolle, die auf ihn zuzukommen drohte, wenig glücklich. Als die Frage des Arbeitsdirektors am 19. Dezember 1979 Thema der Aufsichtsratssitzung wurde, zeigte sich bald, daß vor allem auch hinsichtlich Amt und Bedeutung der neuen Vorstandsposition unterschiedliche Vorstel-

---

41 Vgl. Mitbestimmungsreport, S. 45. Es waren Benno Adams, Bezirksleiter der IG Chemie und dann stellvertretender Aufsichtsratsvorsitzender, Heinz Tristram, Betriebsrat Vahrenwald, Rudolf Alt, Betriebsratsvorsitzender Stöcken, Siegfried Brauns, Willi Goldschald, Betriebsratsvorsitzender Vahrenwald, Rudolf Häßler, Betriebsratsvorsitzender Limmer, Joachim Kost als Vertreter der leitenden Angestellten und Werksleiter Vahrenwald, Eberhard Schlesies, Geschäftsführer der Verwaltungsstelle Hannover der IG Chemie, Wolfgang Schultze, Vorstandsmitglied des DGB-Niedersachsen und Hermann Westerhaus, Betriebsratsvorsitzender Korbach.
42 Vgl. den Bericht auf der Sitzung des Gesamtbetriebsrats vom 14. 11. 1979, in: Ablage Konzernbetriebsrat Continental.

lungen zwischen Unternehmensleitung und Arbeitnehmervertretern bestanden. Für die Betriebsräte war klar, daß der Arbeitsdirektor einer aus ihren Reihen sein mußte, da er dann den kürzesten Draht zur Belegschaft hätte. Man sah den Arbeitsdirektor als Mittler zwischen Unternehmensleitung und Belegschaft bzw. Betriebsrat, der das »soziale Gewissen« des Vorstandes zu sein und dafür zu sorgen habe, daß die Belange der Arbeitnehmer so gut wie möglich berücksichtigt werden.[43] Der Arbeitsdirektor, so die Vorstellung, müsse zu zwei Dritteln auf seiten der Arbeitnehmerschaft und nur zu einem Drittel auf Seiten des Vorstandes stehen.[44] Hahn dagegen sah den Arbeitsdirektor als »normales« Vorstandsmitglied mit entsprechenden Kompetenzen und Verantwortungsbereichen, und letztlich damit in der ungebrochenen Kontinuität zum alten Personalvorstand.

Empört brachte Adams auf der Aufsichtsratssitzung die Kritik der Arbeitnehmervertreter über das Vorgehen Hahns vor: »Ich muß Ihnen sagen, daß mich diese Art der Behandlung einer für die Arbeitnehmer so wichtigen Frage erschüttert hat. Wenn das in Zukunft der Stil in diesem Aufsichtsrat und das Verhalten des Vorstandes zu der Arbeitnehmerbank sein soll, dann müssen wir mit Bedauern feststellen, daß die von uns sogar schriftlich angebotene Kooperation offensichtlich nicht gewünscht wird.«[45] Die daraufhin einsetzende lebhafte Diskussion ließ zwar auf seiten der Anteilseigner Kompromißbereitschaft und den Vorschlag einer eventuellen Suche nach einem neuen, dritten Kandidaten laut werden, brachte aber keine Klärung. Als die neuen Aufsichtsratsmitglieder zur Abstimmung schritten, war das von allen gefürchtete Patt von zehn zu zehn Stimmen da. Es folgten lange Verhandlungen im Vermittlungsausschuß, aber als sich der Aufsichtsrat am 31. Januar 1980 traf, konnte man nach wie vor keinen gemeinsamen Vorschlag präsentieren. Herrhausen signalisierte schließlich, daß er im Zweifelsfall von seinem Doppelwahlrecht Gebrauch machen würde, und als die darauffolgende Abstimmung erneut ein Patt ergab, wurde Kauth schließlich mit der Zweitstimme des Aufsichtsratsvorsitzenden gewählt.[46] Der Eklat im Aufsichtsrat war damit perfekt, und die Arbeitnehmervertreter erwogen in ihrer ersten Reaktion, sofort und geschlossen ihre Ämter niederzulegen. Nach eingehender Beratung des Für und Wider verzichtete man aber schließlich darauf. Es war der mißlungenste Beginn des neuen Mitbestimmungsgesetzes, den Hahn durch seine kompromißlose Haltung dem neuen Aufsichtsrat und dessen Vorsitzen-

---

43 Vgl. Rede Benno Adams im Aufsichtsrat am 19. Dezember 1979, in: Registratur Vorstandssekretariat sowie auch Mitbestimmungsreport, S. 57 ff.
44 Vgl. auch noch die Forderungen gegenüber Kauth nach dessen Wahl und Vorstellung vor dem Gesamtbetriebsrat anläßlich der Betriebsausschuß-Sitzung vom 28. 10. 1980, in: Ablage Konzernbetriebsrat Continental.
45 Protokoll der Aufsichtsratssitzung vom 19. 12. 79, in: Registratur Vorstandssekretariat sowie Mitbestimmungsreport, S. 59.
46 Vgl. zu den Vorgängen Protokoll der Aufsichtsratssitzung vom 31. 1. 1980, in: ebd., sowie der Bericht in der Sitzung des Gesamtbetriebsrats vom 27. 3. 1980, in: Ablage Konzernbetriebsrat Continental.

dem Herrhausen verschafft hatte; und es war der denkbar schlechteste Start eines Arbeitsdirektors, der sich in den folgenden Wochen und Monaten dem geballten Mißtrauen der Belegschaft wie der Arbeitnehmervertreter gegenüber sah. Dennoch lösten sich die Konfrontationslinien bald auf. Man erkannte an, daß sich der neue Arbeitsdirektor allenthalben bemühte, Öl auf die Wogen zu gießen, »indem er in seiner praktischen Arbeit für die Anliegen der Arbeitnehmer ein offenes Ohr zur Verfügung hielt«.[47]

Relative Stabilisierung im Branchenvergleich

Die bilanzstatistischen Daten der Krisen- und Restrukturierungsdekade der 70er Jahre geben ein deutliches Spiegelbild der zurückliegenden Entwicklung. Schon das Betriebsergebnis glich einer Berg- und Talfahrt, und noch deutlicher zeigte sich das Auf und Ab bei einem Blick auf die Umsatzzahlen.

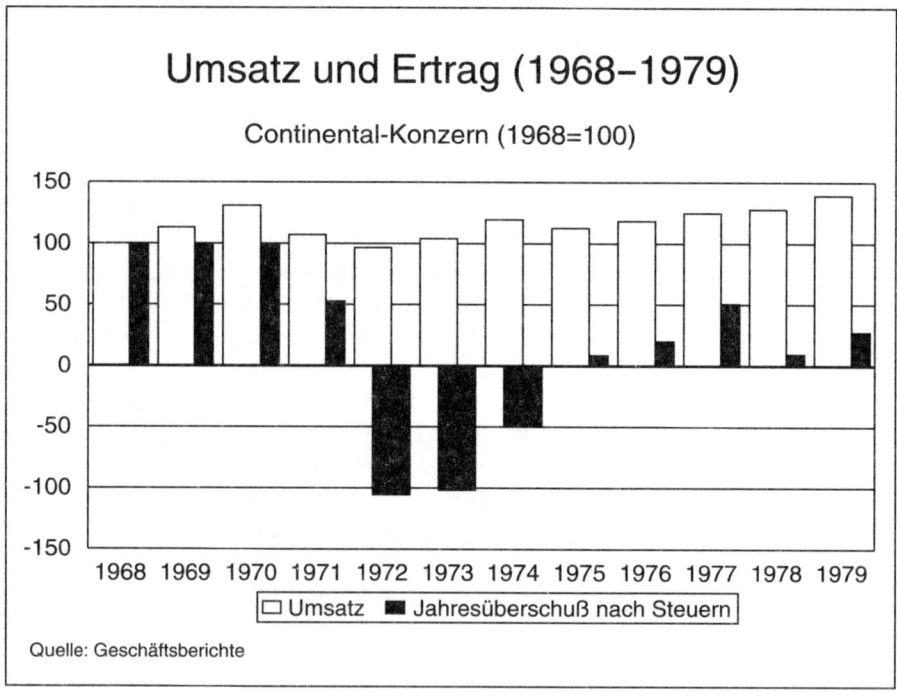

Die Entwicklung der Reinerlöse pro Beschäftigtem zeigt seit 1972 zwar eine kontinuierliche Steigerung. Die Reinerlöse pro Kopf in Höhe von ca. 75 000 DM im Jahr 1976 lagen jedoch noch weit unterhalb der Marktführer. Gegen-

47 Vgl. Mitbestimmungsreport, S. 67.

über amerikanischen Unternehmen war ein Abstand von ca. 25 Prozent und gegenüber japanischen Unternehmen ein Abstand von 40 bis 50 Prozent zu verzeichnen.

Die Krisenjahre hatten auch in der Finanzstruktur des Unternehmens deutliche Spuren hinterlassen. Der Eigenkapitalanteil war von 41,9 Prozent (1970) auf 33,9 Prozent (1974) gesunken, stieg 1977 mit 35,7 Prozent wieder an, ehe er 1979 erneut auf 34 Prozent absank. Bis 1978 bewegte sich der Cash-flow im negativen Bereich – nur unterbrochen von einer kurzen Erholung 1974 und 1977. Mit minus 62 Millionen DM bzw. minus 35 Millionen DM erreichte er dabei 1972 und 1978 einen Tiefpunkt.

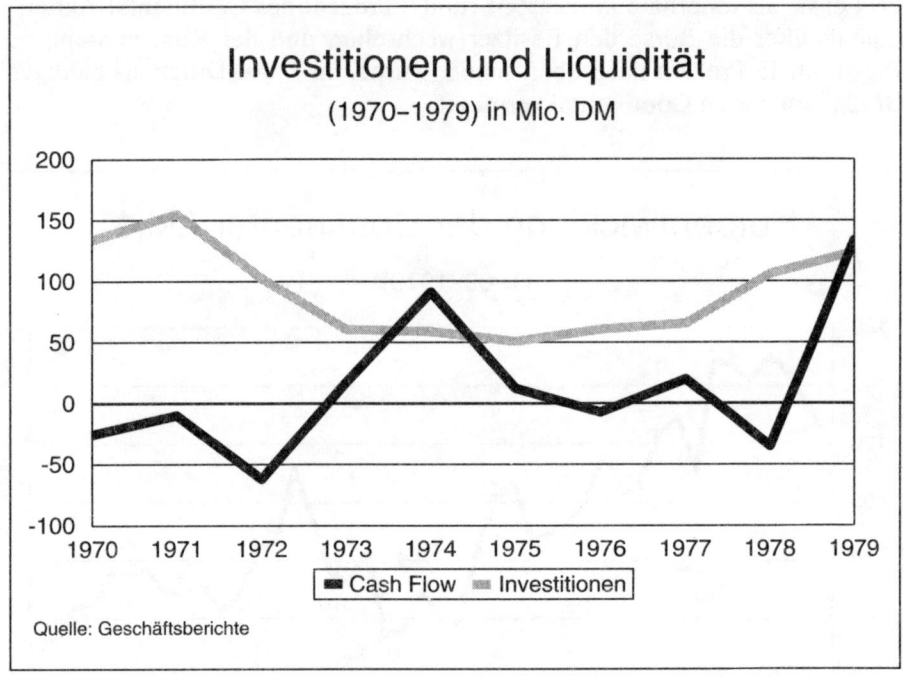

Investitionen und Liquidität

(1970–1979) in Mio. DM

Cash Flow — Investitionen

Quelle: Geschäftsberichte

Continental, das zeigte sich deutlich, bewegte sich seit langem an der Grenze der Finanzierbarkeit. Aber das Unternehmen besaß zwei wesentliche »Kapitalien«, die letztlich seine Kreditwürdigkeit nie in Frage stellten: der traditionell gute Name – jahrzehntelang gleichsam das Synonym für Reifen in Deutschland, und der Name Herrhausen als Aufsichtsratsvorsitzender, dessen guter Ruf und die dahinter stehende Deutsche Bank für finanzielle Seriosität bürgten.

Insgesamt zeigte sich eine langsame Aufwärtstendenz, die allerdings mit deutlichen Rückschlägen versehen war. Das spiegelte sich auch in der Entwicklung des Aktienkurses wider, der trotz aller externer Einflüsse gleichsam ein – allerdings mit entsprechenden Verzögerungen reagierender – Seismograph der Krisenwahrnehmung und Einschätzung ist, das heißt ein wesentlicher Indikator für das Vertrauen bzw. Mißtrauen in den unternehmenspolitischen Kurs von Continental: Es zeigte sich ein zunächst eher langsamer Kursrückgang bis 1972, ehe durch den Vorstandswechsel die Krise offenkundig wurde und der Kurs bis 1974 auf den Nennwert der Aktie absackte. Dann erfolgte die, nicht zuletzt auch im Zusammenhang mit den Fusions- und Kooperationsverhandlungen stehende rasche Erholung und ein erneuter Einbruch Ende 1976, nachdem die Sanierungsbemühungen anscheinend erfolglos blieben. Die großen Kursbewegungen nach oben hatten dabei regelmäßig Gerüchte über potente ausländische Aufkäufer hervorgerufen. Ende April 1974 etwa, als innerhalb kurzer Zeit rund 7 Prozent des Continental-Aktienkapitals über die Börse den Besitzer wechselten und der Kurs in wenigen Tagen um 15 Prozent nach oben schoß, wurde die Royal Dutch als baldiger Großaktionär von Continental vermutet.

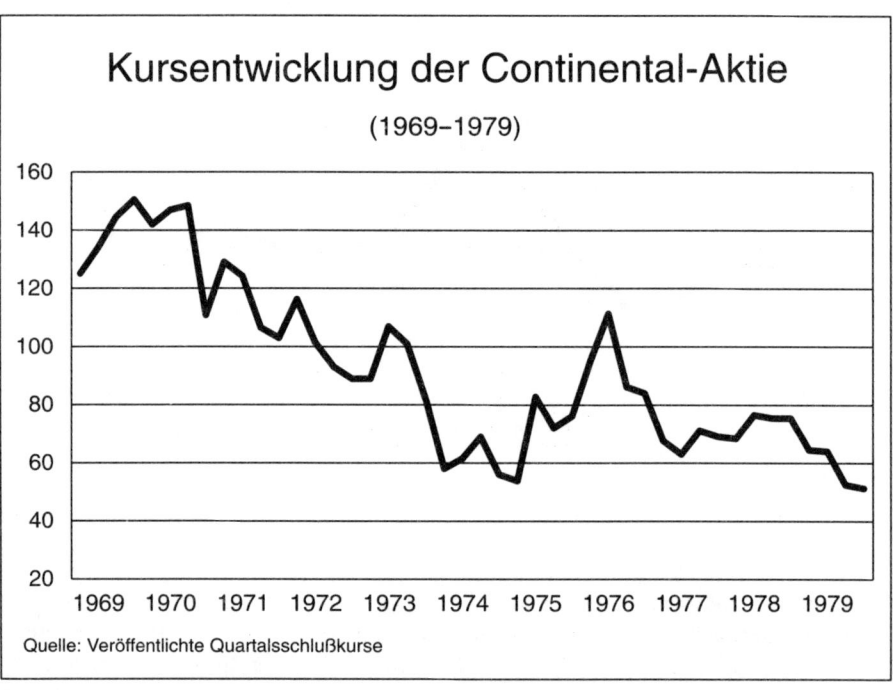

Im Branchenvergleich hatte Continental ihre Position, vor allem was die zukünftige Wettbewerbsfähigkeit anging, verbessern können. Drei Alternativen hatten sich den Konkurrenten als Reaktion auf die Preis- und Technologieführerschaft von Michelin gestellt: Aus dem Markt auszusteigen, eine

Marktnische für Spezialprodukte zu finden oder zu versuchen, den Rückstand aufzuholen und im Markt zu bleiben. Phoenix und Metzeler hatten nach langem verlustreichem Zögern den ersten Weg gewählt, und auch die meisten amerikanischen Reifenkonzerne sowie Bridgestone hatten zunächst den Rückzug aus dem von Michelin beherrschten europäischen Markt auf ihre noch unangefochtenen Heimatmärkte angetreten. Pirelli hatte den zweiten Weg gewählt und sich zum Breitreifenspezialisten profiliert. Allein Continental hat sich gezwungenermaßen für den dritten Weg entscheiden müssen. Zu groß, um in Nischen zu überleben, zu sehr auf Deutschland ausgerichtet, um ausweichen zu können, blieb nur der geradezu aussichtslos erscheinende Kampf ums Überleben. Einen Großteil dieses Weges hatte man aber inzwischen zurückgelegt. Dem Hannoveraner Konzern kam dabei zunehmend zugute, daß sich der gnadenlose Wettbewerb im europäischen Reifenmarkt, der fast ausschließlich in Deutschland als dem wichtigsten Reifenmarkt ausgetragen wurde, nun langsam in die USA als dem wichtigsten Weltmarkt zu verlagern begann.

Seit Mitte der 70er Jahre hatte sich Michelin daran gemacht, vom führenden europäischen Reifenkonzernen zur internationalen Nummer 1 in der Reifenindustrie aufzusteigen. Man war mit Investitionen von 600 Millionen Dollar zum Angriff auf den US-Markt angetreten. 1975 erst weniger als 2 Prozent Marktanteil in der amerikanischen Erstausrüstung und ganze 5 Prozent im Ersatzgeschäft besitzend, war es das Ziel, mindestens 10 Prozent des riesigen US-Reifenmarktes zu erobern. Was Continental gerade erst hinter sich hatte, stand den amerikanischen Reifenunternehmen damit erst noch bevor. Lange Zeit war in den Konzernzentralen der »Big Five« die Überzeugung vorherrschend gewesen, die Radialrevolution sei eine ausschließlich europäische Technologieentwicklung, der man keine große Aufmerksamkeit schenken mußte. Eigentlich hatte man den Schlüssel schon in der Hand gehabt, als 1958 sowohl Goodyear wie Firestone von Michelin eine Lizenz für seine Radialreifen erhalten hatten. Sie war jedoch niemals von diesen Unternehmen genutzt worden. 20 Jahre später sollte sich das bitter rächen. Zudem wurden die amerikanischen Reifenkonzerne durch die Entwicklung um so härter getroffen, da der Höhepunkt der Radialisierung (1975 betrug der Radialreifenanteil in der Erstausrüstung 61 Prozent, im Ersatzgeschäft dagegen erst 24 Prozent) in der zweiten Hälfte der 70er Jahre mit dem durch die steigenden Automobilimporte sowie die Ölkrise bedingten Niedergang der amerikanischen Automobilindustrie zusammenfiel.

Die Qualitätskatastrophen der amerikanischen Reifenindustrie, die ihren Höhepunkt 1978 mit der Rückrufaktion von Firestone für 1 Million Reifen erreichte, übertrafen dabei erheblich die deutschen Dimensionen.[48] Michelin hatte allerdings offenbar die amerikanischen Größenordnungen und Finanzkräfte unterschätzt, und auch die Vehemenz, mit der sich die amerikanischen

48 Vgl. auch Michael French, The US Tire Industry. A History, Boston 1991.

Konzerne gegen den Eindringling in das angestammte Revier wehrten. Das alles hatte Continental die Möglichkeit und Zeit gegeben, weitgehend unbehelligt von französischen Wettbewerbskämpfen um ihr Überleben zu kämpfen und sich zu restrukturieren. Ende der 70er Jahre war man daher vom Schlußlicht der Reifenindustrie wieder zum alten Vorzeigeunternehmen der deutschen Gummiindustrie geworden. Um weiter bestehen zu können, ergab sich allerdings nun zunehmend die Notwendigkeit, die Bewegung der Märkte mitzumachen und auf der internationalen Bühne mitzuspielen.

**Teil III
Aufbruch zum internationalen Konzern:
Wachstumsstrategie, Unternehmensstruktur
und Innovationsmanagement (1979–1989)**

**Kapitel 8
Fusionen, Akquisitionen und strategische Allianzen
in einer schrumpfenden Branche**

Continental war zum Wachstum verdammt. Trotz des erfolgreichen technologischen Aufholprozesses war das Unternehmen zu klein, um im internationalen Wettbewerb weiter bestehen zu können. Der Reifenmarkt war mit weltweit rund 20 großen Produzenten ein oligopolistischer Markt, der infolge des technischen Fortschritts und des sich abschwächenden Wachstums der Automobilindustrie zunehmend stagnierte. Auf der Preisebene waren dabei Wettbewerbsvorteilen enge Grenzen gesetzt. Abgesehen davon, daß die Automobilindustrie als Erstausrüster den Reifenherstellern praktisch die Preise diktierte, zogen die Wettbewerber bei Preissenkungen eines Herstellers sofort nach. Preissenkungen verpufften angesichts dieses Mechanismus in kürzester Zeit und waren teuer. Um innerhalb dieses Marktes bestehen zu können, bedurfte es für Continental einer neuen Strategie.

»In stagnierenden Märkten«, so Hahn gegenüber dem Aufsichtsrat, »kann Continental keine Marktanteile erobern, weil dies viel zu teuer wäre. Das Unternehmen hat deshalb nur die Chance, mit Hilfe sorgfältiger Selektion geeignete Partner zu finden. Diese Partner müssen über ein gutes Management und ausreichendes Know-how verfügen und sollten möglichst auch technische Produkte produzieren. Ihr Preis und die Folgeinvestitionen müssen für Continental finanzierbar sein. Was den Standort betrifft, so sollte es Europa sein, da es zunächst gilt, die Position hier abzusichern. Erst wenn dies verwirklicht ist, kann Continental sich weiter internationalisieren.«[1]

Vor dem Hintergrund dieser Wettbewerbslage war Ende der 70er Jahre zunächst in Europa eine neue horizontale wie vertikale Konzentrationsbewegung in Gang gekommen. Aus der Sicht der Reifenunternehmen ging es dabei um die Erhaltung der Marktmacht bzw. um die Erlangung, Wiederherstellung

1 Protokoll der Aufsichtsratssitzung vom 12. 12. 1980, in: Registratur Vorstandssekretariat.

und Sicherung von Wettbewerbsfähigkeit, aber auch um die Ausschaltung von Konkurrenten im Wettbewerb. Die horizontalen Zusammenschlüsse sollten nicht zuletzt dazu dienen, den Vorsprung Michelins aufzuholen und neue Vorsprünge zu verhindern. Angesichts der wachsenden Investitionskosten konnte das nur wenigen Herstellern gelingen. Der Trend zu derartigen Zusammenschlüssen machte ordnungspolitisch durchaus Sinn, denn er führte dazu, daß letztlich nicht nur viele, relativ schwache Unternehmen einem überragend starken Unternehmen gegenüberstanden. In den Dimensionen des Weltmarktes gedacht, waren die Konzentrationen in der europäischen Reifenindustrie auch für Michelin von entscheidender Bedeutung. Denn eine anfällige europäische Reifenindustrie bedeutete bei der allenthalben in Gang befindlichen Schlacht um die Führung auf dem Weltmarkt unter den großen Drei Michelin, Goodyear und inzwischen auch Bridgestone ein gefährliches Einfallstor für die Rückeroberung des europäischen Marktes durch die Japaner und Amerikaner. Eine europäische Reifenindustrie, die zwischen den Machtkämpfen der Trias zerrieben wurde, konnte kaum im Interesse des französischen Konzerns liegen. Michelin stand denn auch im Hintergrund nahezu aller damaligen Fusions- und Kooperationsgespräche in der europäischen Reifenindustrie. Es war ein kompliziertes, schwer entwirrbares Geflecht von Verhandlungen, Sondierungen und Abmachungen, das die Branche in den folgenden Jahren prägte. Nachdem sich die ersten Anläufe der Konzentrationswelle, die Kooperation von Semperit und Kléber sowie von Pirelli und Dunlop als instabil und wenig effektiv bzw. wettbewerbsfähig erwiesen hatten, war die Branche erneut auf der Suche nach einer neuen Struktur. Der wiedergenesenen Continental fiel dabei nun eine Schlüsselrolle zu.

Flucht nach vorn: Der Uniroyal-Coup

Am 4. Oktober 1978 trafen sich François Michelin, Alfred Herrhausen, Carl Hahn, Leopoldo Pirelli, dessen Vorstand Filiberto Pittini sowie Campbel Frazer, der Chairman von Dunlop, in Paris zu einem geheimen »Zwölf-Augen-Gespräch«. Der Gegenstand ihres Treffens: Planungen zu einem Zusammenschluß von Dunlop, Continental und Pirelli.

»Herr Michelin«, so hieß es in einer Gesprächsnotiz, »sprach von den gescheiterten Gesprächen mit Continental und der großen Produktivität der amerikanischen Industrie, der langfristig alle Europäer unterliegen müßten, würde man sich nicht zusammenschließen. In appellartiger Form forderte Herr Michelin die Beteiligten auf, zusammenzugehen. Auf Herrn Herrhausens Frage nach einer näheren Definition antwortete er, daß nur gemeinsam genügend Entwicklungspotential und Kostenoptimierung möglich sei, um sich gegen die Amerikaner und schließlich die Japaner erfolgreich behaupten zu können.«[2]

---

2 Gesprächsnotiz vom 17. Oktober 1978, in: 6610 Zg. 1/90, A 1.

Pirelli reagierte darauf zunächst »recht negativ«. Angesichts der schlechten Erfahrungen in der Dunelli-Ehe sei nicht einzusehen, daß ein Dreierbund konstruktiv sein könne. Auch Hahn stellte die Frage, »warum die kleine Conti das weltweite Gewicht der Kräfte entscheidend ändern würde, wenn nicht ein Zusammenschluß Michelin beinhalte«.[3] Man vereinbarte schließlich aber doch, ein Strukturmodell für das Zusammengehen zu entwickeln, nicht zuletzt, da die Deutsche Bank bereit war, das Vorhaben auch finanziell zu unterstützen, während François Michelin seine Bereitschaft erklärte, aus einzelnen Märkten Teile abzugeben, und auch technische Unterstützung in Aussicht stellte. Die Motive für Michelins außergewöhnliche Konzessionsbereitschaft, über die die Beteiligten noch rätselten, lagen auf der Hand: Man wollte für die in Gang befindlichen Auseinandersetzungen auf dem Weltmarkt in Europa den Rücken frei haben. Die drei zunehmend aufholenden Konkurrenten wären nach einem Zusammenschluß erst einmal mit sich selbst beschäftigt und gleichzeitig als Dreierbund für eine eventuelle Übernahme durch Goodyear oder Bridgestone zu groß.

Zwischen Continental und Pirelli begannen sofort intensive Vorgespräche. Man war sich dabei einig, daß nur ein »absoluter Zentralismus ohne Rücksicht auf die Vergangenheit« erfolgreich sein würde, das heißt ein gemeinsamer neuer Konzern.[4] Der Schwachpunkt bei all diesen Überlegungen war Dunlop, von der man Widerstände gegen das geplante Konzernmodell erwartete. Hahn plädierte daher dafür, »die neue Struktur so aufzubauen, daß von vornherein der point of no return überschritten würde«. Gelänge es nicht, daß durch Continental als Katalysator Dunlop einem »internationalen Zentralismus« zustimme, »dann müsse man die neue Konstruktion auf der Basis Pirelli/ Conti gründen«[5]. In Hannover und Mailand war man sich bewußt, daß das Projekt für beide Unternehmen erhebliche Risiken bedeutete, hieß doch das unter dem Stichwort »Tires Europe« diskutierte Modell einer Reifenunion die jeweilige vollständige Trennung und Verselbständigung der Reifen- und TP-Divisionen. Noch im Oktober wurde daher ein weiteres, umfassendes Fusionsmodell diskutiert, das den Fortbestand der drei Unternehmen unter dem Dach einer Schweizer Konzernholding vorsah. Der neue europäische Gummikonzern wäre vom Umsatz, Marktanteil und Entwicklungspotential her als Branchenvierter durchaus ein mächtiger Gegenpol zu Michelin, Goodyear und Bridgestone geworden, zumal auch die Integration der zum Teil bereits gemeinsam betriebenen Rohstoffgesellschaften bei Textil, Stahl und Ruß vorgesehen war. In einer internen Studie über »Strength and Weaknesses of PDC« machte man sich aber über die eigene Wettbewerbsfähigkeit keine allzu optimistischen Vorstellungen.

---

3 Ebd.
4 Vgl. u. a. Gesprächsnotiz vom 13. 10. 1978, in: ebd.
5 Ebd.

»Europe remains an independent market segment«, so hieß es in der Studie.
»If the rest of the world or at least the USA should become quickly integrated
with Europe in technology and product flows, the position of PDC remains one
of relative weakness compared to Goodyear and Michelin.« Vor allem im
Vergleich zu Michelin sah man ein deutliches »production cost gap« und ein
»fixed cost gap«. »The race to dominate the tire business world-wide«, so hieß
es in der Studie weiter, »is today a problem for us, because it leads the two
biggest competitors to sacrifice current profitability (theirs and ours) in favour
of hoped for long turn gains in marketshare and cost competitiveness.«[6]

Als sich die drei Unternehmensvorstände unter Führung Herrhausens am
13. November 1978 in Düsseldorf zu einem Gespräch über das weitere Vorgehen trafen, bewahrheiteten sich die Befürchtungen über die Rolle Dunlops.
Die Engländer verwiesen auf die großen steuerlichen, gesellschaftsrechtlichen
und politischen Probleme und plädierten dafür, daß jeder zunächst allein seine
Schwächen eliminieren sollte, um dann erst ein Zusammengehen von gesunden Gesellschaften vorzunehmen. Herrhausen und Hahn war vor dem
Hintergrund der Metzeler/Phoenix-Erfahrungen sofort klar, daß man bei der
Dunlop-Linie niemals zu einem Ergebnis kommen würde. Ungeachtet der
englischen Bedenken beschloß man daher, eine Arbeitsgruppe ins Leben zu
rufen, die sich mit den Detailfragen der Bewertung, Markt- und Zielbestim-
mung sowie der operativen Durchführung des Zusammenschlusses beschäftigen sollte.[7] Mitte Dezember lag schließlich ein »Fusionspapier« vor, in dem
bereits der Sitz der neuen Gesellschaft, Paris, genannt wurde; nur mit dem
künftigen Namen tat man sich schwer, denn Dunpico oder Pirduco waren
nicht gerade klangvolle Konzernbezeichnungen. Von Dunlop kamen aber
zunehmend massive Bedenken. Es war offensichtlich, daß die Engländer sich
in dem neuen Konzern von Pirelli und Continental über kurz oder lang an die
Seite gedrückt sahen, zumal man bei technischem Stand, Rentabilität und
Produktivität bei weitem am schlechtesten dastand. Als sich Anfang Januar
1979 die Arbeitsgruppe in London zu weiteren Beratungen mit Investment-
Bankern und Unternehmensberatern traf, hinterließ die von Dunlop über-
nommene Präsentation nicht nur »den Eindruck eines verstaubten Denkens,
sondern auch von völlig veralteten Fabriken«[8]. Hahn kam daher immer mehr
zu der Überzeugung, daß »Dunlop von seiner Mentalitäts- und Fabrikenstruk-
tur her eine gefährliche Hypothek darstellt«[9]. Im Continental-Vorstand war
man sich einig, daß man es »nicht ungern sehen würde, wenn man Pirelli aus
dem derzeitigen Verbund mit Dunlop ›herausbrechen‹ und mit Conti zu
einem Zweierbund zusammenführen könnte«[10].

6 Vgl. die Studie ohne Datum, in: ebd.
7 Vgl. Gesprächsnotiz vom 17. 11. 1978, in: ebd.
8 Vgl. Gesprächsnotiz vom 15. 1. 1979, in: ebd.
9 Ebd.
10 Gesprächsnotiz vom 16. 1. 1979 sowie vom 24. 1. 1979, in: ebd.

Mitte Januar 1979 änderten sich aber die Konstellationen in der europäischen Kautschukbranche schlagartig. In einem Telefongespräch informierte François Michelin den Continental-Vorstandsvorsitzenden vorab darüber, daß die Verbindung Kléber-Semperit beendet werden würde. Damit standen zwei neue, potentielle Kooperations- und Fusionspartner für die Hannoveraner zur Disposition. Michelin war zum Verkauf Klébers gezwungen, da ihm als Großaktionär, der über 50 Prozent des französischen Pkw-Reifenmarktes beherrschte, von der französischen Kartellgesetzgebung untersagt war, in die Geschäftsführung von Kléber einzugreifen und das Unternehmen zu integrieren. Hahn verlor keine Zeit. Es lag auf der Hand, daß Kléber der interessantere Kandidat war.[11] Das Unternehmen repräsentierte Ende der 70er Jahre einen französischen Konzern von internationaler Dimension, der in neun Werken bei einem Umsatz von 2 Milliarden FF mehr als 12 000 Arbeiter und Angestellte beschäftigte. Interessant war Kléber für Continental nicht nur wegen der führenden Position bei Ackerschlepperreifen und einem fast 20prozentigen Anteil in der französischen Erstausrüstung, sondern auch wegen seines TP-Bereichs. Hahn überlegte nicht lange: »Ich möchte vorschlagen«, so hieß es in einem Brief an François Michelin wenige Tage nach einem Gespräch in Clermont-Ferrand, »daß wir sofort prüfen, ob Conti allein in der Lage wäre, aus der Kombination mit Kléber ein gesundes Unternehmen zu entwickeln, das Ausgangspunkt einer neuen Kautschukgruppierung werden könnte.«[12] Ein neuer Strang im Geflecht der Branchenverhandlungen war dazugekommen.

Die aus Sicht von Continental entscheidenden Verhandlungen liefen aber weder mit Italienern, Engländern oder Franzosen, sondern mit Amerikanern. Es ging um den Kauf des europäischen Teils von Uniroyal, der ETTO-Gruppe, durch die Hannoveraner. Es war der eigentliche Coup, von dem lange keiner der europäischen Konkurrenten wußte. Die entscheidende Verhandlungsphase war im Herbst 1978, parallel zu den CDP-Gesprächen, eingeleitet worden. Fünf Jahre zuvor, als sich der Continental-Vorstand mit der Uniroyal-Spitze in Düsseldorf zu einem Gespräch über eine eventuelle Fusion von ETTO und Continental traf, hatte man von den Amerikanern mit Hinweis auf die desolate Verfassung von Continental noch eine deutliche Abfuhr bekommen. Jetzt war nicht einmal mehr von einer Fusion, sondern von einer Übernahme durch die Deutschen die Rede. Die Amerikaner waren auf dem Heimatmarkt in Schwierigkeiten geraten.[13] Sie brauchten Geld und waren

11 1910 als französisches Zweigwerk der B. F. Goodrich Company gegründet, hatte Kléber 1951 den ersten in Europa hergestellten schlauchlosen Reifen präsentiert. 1965 hatte Michelin von den Amerikanern die Aktienmehrheit übernommen.
12 Vgl. Brief vom 3. 2. 79, in: ebd.
13 Schwierigkeiten hatte Uniroyal u. a. auch beim ›funding‹ der Pensionskasse. Man mußte jährlich allein 70 Millionen US-$ verdienen, nur um seinen Pensionsverpflichtungen nachzukommen. Gleichzeitig erkannte man an den stark zurückgehenden Ergebnissen im Reifengeschäft, daß Uniroyal hier zunehmend verwundbar wurde. Uniroyal hatte sich daher entschlossen, in Amerika stärker in Richtung Chemie zu gehen.

daher bereit, sich aus Europa zurückzuziehen. Auch Baron Englebert sah die
Zukunft von Uniroyal Europa schon seit der Kooperation Anfang der 70er
Jahre mittelfristig bei Continental, während es bei Helmut Werner, dem
zweiten Mann im ETTO-Management, viel Überredungskraft gegenüber einer
skeptischen Haltung bedurfte.[14]

Die Strategie des Continental-Vorstandes in diesem dichten Verhandlungs-
geflecht war offenkundig: Es galt, mit allen Seiten so lange parallel zu verhandeln, »bis wir klar erkennen können, welcher Weg der für uns bessere sein
wird«[15]. Tatsächlich waren daher im Frühjahr 1979 die Verhandlungen mit
Dunlop und Pirelli, die nun unter dem Code-Namen »Projekt Ring« standen,
weitergelaufen.[16] Als sich am 23. März 1979 die drei Unternehmensvorstände
zusammen mit Herrhausen und Michelin in Düsseldorf zu einer Bestandsaufnahme der bisherigen Ring-Gespräche trafen, war aber rasch klar, daß sich die
Ausgangsbasis der Gespräche inzwischen grundlegend geändert hatte. »Michelin«, so hieß es in der Gesprächsnotiz, »offerierte, daß Kléber für die neue
Gruppe hilfreich sein könnte, jedoch aus Zeitgründen bereits Kontakte zu
Conti bestünden.« Trotz der daraufhin vorgebrachten Bedenken seitens Dunlop und Pirelli fand sich Hahn aber nicht bereit, die Kléber-Verhandlungen zu
suspendieren. »Da der Ring«, so Hahns Argumentation, »sich nur um die
Reifenseite kümmere, sei es für Continental von besonderer Wichtigkeit, falls
möglich, über Kléber eine stärkere Stellung im Ring zu erhalten und gleichzeitig seine Position in der Nicht-Reifenkautschuk-Seite zu verstärken.«[17] Es war
vor allem Herrhausen, der trotz »längerer Diskussionen mit unveränderten
Standpunkten« schließlich darauf drängte, ungeachtet des Kléber-Problems
das Ring-Thema mit allem Nachdruck weiter zu verfolgen. In der Tat wurden
die Fusionsverhandlungen erst Mitte Mai 1979 abgebrochen, aber der Grund
war nicht Kléber, sondern Uniroyal.

Die Nachricht über den geplanten Erwerb der Europa-Division von Uniroyal schlug wie eine Bombe ein. Allein François Michelin hatte Hahn schon
Ende März darüber informiert, daß Continental vorhabe, »US-Reifenherstel-
ler aus Europa herauszukaufen« und um entsprechende Unterstützung gebeten. Auch wenn der Unternehmens-Vorstand nun vor der Presse von der
Übernahme nur »vorbehaltlich des erfolgreichen Abschlusses unserer Verhandlungen, der Zustimmung der beiden Aufsichtsräte und der Kartellbehörden in Berlin und Brüssel« sprach, ging man allgemein davon aus, daß diesmal
alles glatt über die Bühne gehen würde.[18] Daß die seit Jahren ums Überleben
kämpfende Continental das Europageschäft des amerikanischen Gummirie-

---

14 Vgl. Interview Urban vom 15. 5. 1995.
15 Notiz Hahn vom 17. 10. 1978, in: 6610 Zg. 1/90, A 1.
16 Vgl. die Gesprächsnotizen und Protokolle der Detailverhandlungen von Januar bis März 1979, in: ebd.
17 Vgl. Gesprächsnotiz vom 23. 3. 1979, in: ebd.
18 Vgl. die zahlreichen Presseveröffentlichungen, zum Beispiel *Wirtschaftswoche* vom 23. 4. 1979, *Der
    Spiegel* 17/79 und *FAZ* vom 18. 4. 1979.

sen Uniroyal aufkaufte, »um in eine europäische Größenordnung hineinzuwachsen, die einfach nötig ist, um in den 80er Jahren zu bestehen«, wie Hahn verlauten ließ, hatte niemand erwartet. »Eigentlich hätte die große Uniroyal die Continental frühstücken müssen«, lautet der Tenor der Reaktionen aus den Konkurrenzfirmen. Die Vorteile des Erwerbs lagen dabei auf der Hand: Mit dem Zukauf intakter europäischer Fertigungs- und Vertriebsstrukturen, einem zusätzlichen Umsatzvolumen von 650 Millionen DM und Reifen-Marktanteilen im europäischen Ersatzgeschäft wie in der Erstausrüstung um 10 Prozent machte Continental den Sprung vom nationalen zum multinationalen Konzern und schob sich vom siebten auf den dritten Rang in der europäischen Reifenbranche vor. Wie die Hannoveraner allerdings angesichts der Defizite und Überkapazitäten im Reifengeschäft Gewinn aus der Übernahme schlagen wollten, wie man aus zwei so unterschiedlichen Technologien und Management-Kulturen Synergien herausholen und nicht zuletzt auch den Kauf finanzieren würde, darüber wurde in der Öffentlichkeit wie branchenintern Skepsis geäußert.

In einem Brief an den Aufsichtsrat vom 28. Mai 1979 legte Hahn Einzelheiten über Konzept und Zielsetzung des Kaufs von Uniroyal Europa dar.

»Alle Anzeichen deuten darauf hin«, so hieß es in dem Schreiben »daß die Verschärfung des Wettbewerbs im europäischen Reifenmarkt durch die dominierende Position der multinationalen Unternehmen Michelin, Goodyear und Bridgestone einerseits und die extreme Schwäche der übrigen Wettbewerber andererseits auch in Zukunft anhalten wird. Voraussetzung für das Überleben in diesem Eliminationswettbewerb sind kostengünstige Standorte, Mindestgrößenordnungen, hervorragende Technologie, effiziente Absatzorganisation und ausgezeichnetes Marketing. Mit dem Kauf von Uniroyal Europa vollzieht Continental eine Europäisierung in Produktion und Vertrieb, die sich positiv auf Kosten und Erlöse auswirken wird, und wächst in eine Größenordnung hinein, die durch Synergien die Bewältigung der Aufgaben der Zukunft ermöglicht [...] Gegenüber anderen, möglicherweise als Partner in Frage kommenden europäischen Unternehmen, zeichnet sich Uniroyal Europa durch wesentliche Stärken aus: Das Unternehmen verfügt über durch Michelin beeinflußte Technologien [...] und hat eine führende Positition bei der Entwicklung von Spezialmaschinen für die Reifenindustrie. Im Gegensatz zu anderen europäischen Unternehmen, die große Investitionsrückstände aufweisen, verfügt Uniroyal Europa über moderne Fabrikationsstätten, die sich, was Großbritannien und Frankreich anbetrifft, in Niedriglohnländern befinden. Im Marketing hat Uniroyal Europa durch die Einstellung ehemaliger leitender Mitarbeiter von Michelin von den Erfahrungen und Konzepten dieses erfolgreichen Wettbewerbs ebenfalls profitiert, so daß es Uniroyal gelingt, ihre Reifen auf einem verglichen mit dem Wettbewerb sehr hohen Preisniveau direkt nach Michelin in Europa zu vermarkten. Durch die bisherige Zugehörigkeit zu einem amerikanischen Konzern verfügt das Unternehmen zudem über eine straff organisierte Verwaltung und amerikanisches Kostenbewußtsein [...] Die Verbindung Continental/Uniroyal Europa ist [...] die letzte Chance für das Fortbestehen eines wettbewerbsfähigen Reifenunternehmens unter deutscher Führung.«[19]

Als der Uniroyal-Erwerb am 17. Juli 1979 im Aufsichtsrat schließlich offiziell zur Diskussion stand, rechnete der Vorstand nicht mehr mit grundsätzlichen Einwänden, zumal man darauf verwies, daß Zahlungsmodalitäten und Finanzierungsweise dafür sorgen würden, daß die voraussichtlich erforderlichen 120 Millionen DM Continental nicht erdrückten. Aber es zeigte sich, daß gegenüber der optimistischen Präsentation des Vorstandes deutlich auf die Risiken des Vorhabens hingewiesen wurde. »Continental«, so Herrhausen, »hat so etwas wie einen Ritt über den Bodensee vor sich.« Er sei nicht gegen das Konzept, aber man müsse sich bewußt sein, daß das Unternehmen mit Fremdkapital einen Erwerb vornimmt, wodurch ein Teil des vorhandenen finanziellen Spielraums in Form von Eigenkapital geopfert wird. An der strategischen Ausrichtung gab es für Herrhausen nichts zu rütteln, aber die zentrale Frage für ihn war, »wie sicher die Möglichkeit ist, über diesen Erwerb die Ertragskraft zu stärken, um das Eigenkapital wieder aufzufüllen«[20]. Gelinge dies nicht, stehe Continental in kurzer Zeit noch verwundbarer da. Der Vorstand war sich allerdings »voll bewußt, daß er sich eine Aufgabenstellung gegeben habe, die, wenn sie fehlschlägt, in der Katastrophe mündet«. Verharre man aber in der heutigen Struktur, so sei angesichts der Branchenentwicklungen mittel- bis langfristig der Tod des Unternehmens sicher.[21]

Der Aufsichtsrat gab schließlich einstimmig grünes Licht. Die vertraglichen Vereinbarungen, die am 20. Juli 1979 unterzeichnet wurden, gingen dabei weit über einen bloßen Kaufvertrag hinaus. Es war ein ganzes Konvolut von Verträgen über Gewährleistungen, Wettbewerbsverbot, Warenzeichenlizenzen und Know-how, über die ETTO-Exporte/Importe nach und von Übersee, Rohmaterialeinkäufe von Uniroyal Amerika und Dienstleistungsvereinbarungen, die mit geradezu teutonischer Gründlichkeit ausgehandelt worden waren. Es waren aus der Sicht von Continental alles in allem relativ günstige Vertragsbedingungen, nicht nur finanziell, sondern auch hinsichtlich der Vertriebsrechte. Uniroyal verzichtete für fünf Jahre auf jegliche Konkurrenz in Europa und den Ostblock-Staaten, während gleichzeitig aber Continental im amerikanischen Markt einen ersten Fuß in der Tür hatte. Bis 2004, so war geregelt, erhielt Continental in Europa ein Exklusivrecht für die Herstellung und den Verkauf von Reifen unter dem Markennamen Uniroyal. Außerhalb Europas durften Uniroyal-Markenreifen zwar verkauft, jedoch nicht hergestellt werden. Continental kaufte mit Uniroyal Europa einen »going concern«,

19 Brief Hahns vom 28. 5. 1979, in: 6610 Zg. 1/90, A 2.
20 Vgl. Protokoll der Aufsichtsratssitzung vom 17. 7. 1979, S. 27, in: Registratur Vorstandssekretariat.
21 Ebd.

der neben einem international erfahrenen Management, etablierten Marktanteilen und einer eingespielten Vertriebsorganisation auch über internationale Produktionsstätten verfügte, alles Dinge, die Continental fehlten. Vor allem aber besaß Uniroyal Europa eine Philosophie, die Continental durch jahrelange Zusammenarbeit bereits kennengelernt hatte. Allenthalben schienen damit die Voraussetzungen für einen »fliegenden Start« gegeben.

Das Zusammenführen beider Unternehmen gestaltete sich dann aber doch komplizierter als erwartet. Denn die Unterschiede waren erheblich: Sie begannen bei Organisation und Management, betrafen die Unternehmensausrichtung, die Positionierung und Bedeutung in den europäischen Hauptmärkten und zeigten sich schließlich beim Produkt- und Sortiment-Mix. Dem strategischen Ansatz der Uniroyal-Gruppe lag beispielsweise zugrunde, daß sich das Unternehmen in dem jeweiligen Land, in dem es produzierte, als akzeptierter nationaler Hersteller mit internationalem Hintergrund verstand. Das zwang Uniroyal Europa in eine sehr dezentralisierte Organisation. Während bei Continental eindeutig der Primat der Gewinnmaximierung und Ertragssicherung vor der Investition in Marktanteile herrschte, waren beide Ziele in der Unternehmensausrichtung von Uniroyal eher gleichrangig. Mit 2400 Artikeln gegenüber 4300 Artikeln besaß Uniroyal gegenüber dem Vollsortiment von Continental weit stärkere Produktschwerpunkte, vor allem bei Pkw-Reifen, während man im Lkw-Reifen Know-how vergleichsweise weniger Stärken aufwies.

Die größten Differenzen ergaben sich aber aus den jeweiligen Mentalitäten. Für Continental bedeutete der Uniroyal-Erwerb geradezu einen Kulturschock. 1977 erst hatte man sich mit einem einheitlichen Gelb ein dynamisches, modernes Gesicht zu geben versucht. Es markierte gleichsam den durch Hahn vorangetriebenen Aufbruch zu einer ›neuen Continental‹. Nun, kaum daß die Nachbeben der unternehmensinternen Umwälzungen abgeklungen waren, sahen sich die Continentäler von außen den neuen Herausforderungen durch die »roten« Uniroyaler gegenüber. Die eher technologieorientierten Hannoveraner trafen nun auf stark marketingorientierte Manager, die Erfahrung mit einer Zwei-Marken-Politik (Uniroyal und Englebert) mitbrachten, fließend Englisch sprachen und sich auf den internationalen Märkten zu bewegen wußten, während sich die Continental-Führungskräfte erst mühsam an die neue Konzernsprache Englisch gewöhnen mußten. Die zukünftige Markenpolitik bestimmte auch die neuen Organisationsstrukturen. Da Continental- wie Uniroyal-Reifen im Markt konkurrierten und komplementär positioniert wurden, änderte man auch an den Unternehmensorganisationen wenig.

»Wir haben uns entschlossen«, so Hahn, »unsere Zusammenarbeit nicht mit reorganisatorischen Maßnahmen, sondern mit konstruktiven, expansiven Maßnahmen einzuleiten. Mit Absicht wollten wir keine Zeit und Energie mit Organisieren verlieren. Aus der Praxis einer Zusammenarbeit, aus der Erfahrung werden sich organisatorische, neue Strukturen allmählich entwickeln lassen, jedoch nur wenige Bereiche in beiden Unternehmen berühren.«[22]

Konzernmutter und Leitungsgremium war daher formal Continental in Hannover. Vor Ort aber war das Management der regionalen Gesellschaften zuständig. Nach wie vor lag deren Koordinierung in der Uniroyal-Zentrale im belgischen Herstal, für die nun Werner verantwortlich war. »Die Continental«, so Finanzvorstand Urban vor den Arbeitnehmervertretern beider Gesellschaften im November 1979, »betrachtet sich mehr als Aufsichtsrat der Uniroyal«[23].

Die neue Gruppe wurde daher als eigener Unternehmensbereich im Continental-Konzern geführt, mit Werner an der Spitze und gleichzeitig Mitglied des Vorstandes, während Baron Englebert in den Aufsichtsrat gewählt wurde. Für Uniroyal änderte sich damit zunächst nicht viel. Der erste Schreck über den zerrissenen Schleier des allgemeinen Überlegenheitsgefühls war bald verflogen. Die Stimmung, die sich verbreitete, war, »daß es besser ist, daß Continental das Unternehmen kauft, als in der Unsicherheit der Amerikaner zu bleiben, die eines Tages doch die Schließung vollziehen könnten«[24]. Und es dauerte nicht lange, da hielten zunehmend auch in den Führungspositionen der zweiten und dritten Managementebene von Continental die »Roten« Einzug. Es war kein Wunder, daß sich daher in Hannover Unmut breitmachte. »Wer hat eigentlich wen gekauft?« hieß es bald überall. Man war es leid, vom Vorstand immer wieder auf Uniroyal als Vorbild verwiesen zu werden. Die Parole von der drohenden »Uniroyalisierung« von Continental machte die Runde.

Es war daher vor allem der interne Wettbewerb, der dem neuen Konzern zu schaffen machte. Es begann eine Phase der Glaubenskriege in der Produktionstechnik, in der sich keiner etwas vom anderen vorschreiben lassen wollte, in der der Ingenieurstolz gegen den »Konkurrenten« angestachelt wurde und darüber schließlich Produktionsvorstand Wenderoth seinen Hut nehmen mußte.[25] Und es begann eine Phase der Markenrivalitäten, in der der Kampf innerhalb des Konzerns zwischen den Marken teilweise heftiger ausgetragen wurde als gegen die Konkurrenz.[26] Lange Jahre war es Uniroyal-Marketing-Strategie gewesen, sich den Marktführer als »target« zu nehmen, und das war zumindest in Deutschland Continental gewesen. Mit der Übernahme hatte sich an dieser Einstellung zunächst nichts geändert.[27] Trotz aller Reibereien und Konflikte stand der Prozeß der Unternehmenskoordination und des Synergie-Managements von Anfang an aber nicht unter einem Vorzeichen des Auseinanderdriftens, sondern des »Zusammenraufens«, der gegenseitigen

22 Vgl. Interview Hahns, in: *Conti intern* vom September 1979, S. 5.
23 Besprechungsnotiz vom 11. 12. 1979, S. 3, in: Ablage Konzernbetriebsrat Continental.
24 Vgl. Bericht des Betriebsratsvorsitzenden Adam vor dem Aufsichtsrat am 17. 7. 1979.
25 Vgl. auch Interview Hahn vom 11. 5. 1995 und Interview Flothow vom 8. 2. 1995.
26 Vgl. Interview Urban vom 15. 5. 1995.
27 Vgl. Interview Werner vom 4. 7. 1995.

Ergänzung und Befruchtung der Kulturen. Daß Continental als Mutterkonzern über ihre »Arm's-length-Politik« so sanft mit der übernommenen Uniroyal-Gruppe umging, zeigte auch einen Teil von Hannoveraner Unternehmenskultur, der nicht nur Schwäche signalisierte, sondern letztlich eine Stärke ausmachte. In vielem befand sich Continental auch Ende der 70er Jahre noch in einer Art Schockzustand aus der Existenzkrise. Es würde, so der Eindruck, »mindestens ein Jahrzehnt dauern, um dieser Firma einen neuen, modernen Geist einzuhauchen«[28]. Die Uniroyal-Übernahme war der entscheidende Stoß, der Continental endgültig aus dieser Befindlichkeit, aus ihrer alten Trägheit und Selbstbezogenheit riß und den Weg, eine neue Unternehmenskultur aufzubauen, unumkehrbar machte. Hahn und der neue Vorstand allein hätten es trotz aller radikaler Eingriffe wohl nie geschafft, dauerhaft eine Veränderungskultur zu verankern.[29]

Geplatzte Reifenehe mit Folgen: Die gescheiterte Übernahme von Kléber

Währenddessen waren die Verhandlungen und Gespräche um eine Übernahme des französischen Kléber-Konzerns weitergegangen. Nach Hahns Vorstellungen sollte das der zweite große Coup werden. Nachdem er im Februar gegenüber Michelin erneut sein Interesse an einem Kauf signalisiert hatte, trafen sich Hahn, Michelin und eine Reihe von Kléber-Managern am 6. März 1979 in Paris. Der Continental-Vorstandsvorsitzende hatte dabei für eine Übernahme klare Prämissen. Man war sich bewußt, daß Kléber praktisch bankrott war und nur noch durch die finanzielle Hilfe Michelins am Leben erhalten wurde. Daß der Kaufpreis daher null DM betragen mußte und technische Hilfe von Michelin notwendig war, lag auf der Hand. Entscheidend aber war, ob Michelin auch die von Continental veranschlagten Strukturinvestitionen in Höhe von 175 Millionen DM tragen würde. Sonst war die Übernahme nicht zu finanzieren. In der Tat bestand von Anfang an zwischen Michelin und Hahn Einigkeit darüber, daß die zunächst notwendigen radikalen Sanierungsmaßnahmen nur durch Michelin erfolgen konnten.[30] Prinzipielles Einverständnis bestand auch über eine zweite Grundvoraussetzung: Keine Belastung der konsolidierten Gewinn- und Verlustrechnung von Continental. Es war klar, daß es für Continental ausgeschlossen war, die Bilanzrelationen, die Kléber aufwies, zu übernehmen. Dafür war der finanzielle Spielraum der Hannoveraner viel zu gering.

Als sich Hahn und François Michelin Ende April erneut in Paris trafen, zeigte sich, daß beide Verhandlungspartner unter Zeitdruck standen. Immer

28 Vgl. Interview Howaldt vom 15. 6. 1995.
29 Vgl. auch Interview Gogoll vom 2. 3. 1995.
30 Vgl. Gesprächsnotiz vom 6. 3. 1979, in: 6610 Zg. 1/90, A 6.

wieder hatte Michelin Pirelli als weiteren Kaufinteressenten ins Spiel gebracht, und für Hahn ging es daher darum, bei dem Wettlauf mit dem italienischen Konkurrenten die Nase vorn zu behalten. Aber auch für Michelin gab es
keine Zeit zu verlieren, befürchtete er doch weiterhin, daß die offensichtliche
Schwäche der europäischen Reifenkonkurrenten Einflußmöglichkeiten für
die amerikanischen und japanischen Reifenkonzerne bot. Dunlop, so sah das
düstere Zukunftsszenario des Franzosen aus, könnte bald in japanische Hände
fallen, oder es käme, wie in den 50er Jahren, zu einer Annäherung von
Firestone und Pirelli. Sorgen machte sich Michelin auch um die Eigentums-
verhältnisse bei Continental, bestand doch hier aus seiner Sicht die Gefahr,
daß durch deren Großaktionäre leicht der Einfluß in Richtung Goodyear oder
Bridgestone verlagert werden könnte.[31] Andererseits erschien der neue Dreierbund Kléber – Uniroyal – Continental als mächtiger Gegenspieler, vor allem
auch auf dem französischen Heimatmarkt Michelins. Obwohl Hahn Ende
Juni nach weiteren Gesprächen mit Michelin den Eindruck mitbrachte, daß in
Clermont-Ferrand das Interesse bestand, das Kléber-Projekt mit Continental
durchzuführen, blieben die Verhandlungen ohne Ergebnis.

Die Gesprächspause dauerte schließlich bis März 1980, während der Michelin Verhandlungen mit Pirelli aufgenommen hatte. In Hannover glaubte man
daher im Frühjahr 1980 kaum noch, eine Chance für Kléber zu haben. Wenig
später jedoch hatte sich plötzlich die Lage verändert. Michelin signalisierte
neue Verhandlungsbereitschaft. Offensichtlich waren die Gespräche mit Pirelli gescheitert, da, wie Hahn vermutete, »die Italiener zu sehr mit ihren
eigenen Problemen beschäftigt sind [...] Man sollte jedoch die Frage nicht
ausschließen, ob Pirelli von sich aus aufgrund der schlechten Kléber-Zahlen
Nein gesagt hat.«[32] Am 28. März läuteten Hahn und Michelin die zweite
Verhandlungsphase um Kléber ein. Die Gespräche kamen nun rasch voran.
Als kompliziert erwies sich aber die Frage des Verlustausgleichs. Michelin war
zwar bereit, Kléber ein Darlehen von 200 Millionen FF zu gewähren, aber die
Finanzdaten mit Gewinn- und Verlustrechnungen der Vergangenheit und
Vorschauen für die Jahre 1979 bis 1983, die man von Kléber erhielt, erschienen
den Continental-Analysten als viel zu optimistisch. »Das Risiko des Erwerbs
von Kléber«, so faßte ein internes Papier der Unternehmensplanung die
Verhandlungsergebnisse im Mai 1980 zusammen, »ist immer noch hoch. Der
Unterschied zwischen den Ergebnissen der bisherigen Besprechungen und
unseren Annahmen beziffert sich auf 350 Millionen FF.«[33]

Im Mai 1980 gerieten die Verhandlungen aufgrund eines weiteren Problems
in eine schwierige Phase. Mehr denn je drückte François Michelin die Sorge,
daß auch die neue Gruppe Continental-Uniroyal-Kléber durch Veräußerun-

31 Vgl. Gesprächsnotiz vom 27. 4. 1979, in: ebd.
32 Notiz vom 31. 3. 1980, in: ebd.
33 Notiz zum Akquisitionsvorhaben Kléber vom 14. 5. 1980, in: ebd.

gen der 34prozentigen Anteile der Großaktionäre in »falsche Hände« der amerikanischen und japanischen Konkurrenten fallen könnte. Das wollte Michelin auf jeden Fall verhindern. Er schlug daher die Gründung einer Holding in der Schweiz vor, an der er sich mittelbar mit 10 Prozent der Continental-Aktien beteiligt sehen wollte. Hahn und auch die Deutsche Bank waren offenbar zu Zugeständnissen bereit, aber über die zahlreichen komplizierten Modelle einer möglichst verdeckten bzw. indirekten Aktienbeteiligung Michelins an Continental konnte man keine Einigung erzielen.[34] Das Problem wurde dann aber aus den weiteren Verhandlungen zunächst wieder ausgeklammert, denn am 3. Juni 1980 trafen sich die Vertreter von Michelin und Continental, um einen ›letter of intent‹ zu unterzeichnen.

Am 17. Juni 1980 stellten Hahn und Urban das Kléber-Projekt im Vorstand zur Abstimmung, nicht ohne auf die erheblichen finanziellen Risiken hinzuweisen. Man war sich bewußt, daß Continental bei einem Kauf, keine zwölf Monate nach dem Uniroyal-Erwerb, für die nächsten drei bis vier Jahre praktisch keine Finanz- und Investitionsspielräume mehr besaß und man sich allein der Konsolidierung der Gruppe widmen mußte.[35] Das positive Votum des Vorstands war dennoch einstimmig. Zwei Tage später informierte man die Aufsichtsräte und lud, in Abstimmung mit Herrhausen, zu einer Sondersitzung am 4. Juli ein, in der der endgültige Beschluß über die Übernahme von Kléber getroffen werden sollte. In einer knappen Verlautbarung informierte man gleichzeitig auch die Presse von den Kaufabsichten. Damit war man zu einem Zeitpunkt an die Öffentlichkeit gegangen, als eine Reihe von Verhandlungspunkten noch völlig ungeklärt war.[36] Während in der Presse noch der neue Coup und Continentals Aufstieg zur Nummer 2 in Europas Kautschukindustrie mit einem zukünftigen Gesamtumsatz von 4,5 Milliarden DM und über 40 000 Beschäftigten gefeiert wurde, trafen sich die französischen und deutschen Verhandlungspartner am 2. Juli in Zürich, um dort die Vorverträge zu unterzeichnen. Perfekt sollten die Verträge erst dann sein, wenn die Zustimmung der Aufsichtsratsgremien vorlag, und vor allem aber, wenn über die ungeklärte Michelin-Beteiligung an Continental Einigung erzielt wurde.

Mit dem Züricher Verhandlungsergebnis trat der Continental-Vorstand am 4. Juli 1980 erneut vor den Aufsichtsrat. Eingehend legte Hahn das Für und Wider des Kléber-Erwerbs dar. Natürlich gebe es angesichts der Tatsache, daß Kléber anders als Uniroyal ein Sanierungsfall war, Zweifel, »ob es sich nicht um eine faule Sache handelt, mit der man Continental Verluste und Probleme anhängt, mit denen niemand fertig geworden ist und auch nicht fertig werden kann«. Viel plausibler sei demgegenüber aber, daß es Michelin um die strategische Absicherung des europäischen Marktes gegen die japanische und ameri-

---

34 Vgl. die entsprechenden Entwürfe und Schriftwechsel vom Mai bis Juni 1980, in: ebd.
35 Vgl. Protokoll der Vorstandssitzung vom 17. 6. 1980, in: Registratur Vorstandssekretariat.
36 Vgl. die zahlreichen Presseberichte vom 20. 6. 1980 in der *FAZ*, und *HAZ* sowie *SZ* sowie *Die Zeit* vom 27. 6. 1980.

kanische Konkurrenz ging, und mit der Garantie des Verlustausgleichs durch Michelin gewinne man drei Jahre Zeit, um Kléber zunächst auf plus/minus Null zu bringen. Im Aufsichtsrat und vor allem bei Herrhausen überwog aber die Skepsis, und man vertagte die Kléber-Entscheidung schließlich auf eine weitere, außerordentliche Sitzung eine Woche später.

Es war letztlich eine Abwägung der finanziellen Risiken gegenüber den strategischen Chancen, die den Entscheidungsprozeß bestimmte. Es gab drei wesentliche Voraussetzungen, um langfristig im Wettbewerb zu bestehen. Zum einen Internationalisierung in Produktion und Marketing, zum anderen technisches Know-how auf internationalem Niveau und schließlich finanzielle Kraft und Solidität. Die erste Voraussetzung würde Continental mit dem Kléber-Erwerb erfüllen und weiter verbessern und auch über die nötige technische Kompetenz verfügen; die finanzielle Stärke aber hatte Continental gewiß nicht und würde sie mit dem Kauf weiter verschlechtern. Mit einer durch den Erwerb letztlich überstrapazierten Finanzstruktur von 1,6 Milliarden DM kurzfristiger Schulden gegenüber einem Eigenkapital von 447 Millionen DM sank die Eigenkapitalquote auf 15 Prozent. Wenn andererseits Kléber mit seinem gut strukturierten und profitablen TP-Bereich in andere Hände fiel, waren nicht nur die von Continental erwarteten Vorteile zunichte, endlich auch hier einen wesentlichen Schritt in die Internationalisierung und einen Know-how-Sprung zu tun, sondern auch noch mit einem verschärften Wettbewerb zu rechnen. Die Aussicht auf eine langfristige, enge Kooperation mit Michelin gab dann aber letztlich den Ausschlag. Einstimmig faßte daraufhin der Aufsichtsrat den Beschluß zur Akquisition.[37]

Kaum war das positive Aufsichtsratsvotum gefallen, da überschlugen sich im Sommer 1980 die Ereignisse. Continental und Michelin hatten zunächst ihre Verhandlungen über das noch strittige Beteiligungsproblem wieder aufgenommen und waren gleichzeitig bemüht, die inzwischen aus Brüssel sich besorgt zu Wort meldenden Kartellwächter zu beruhigen. Da entdeckte der Continental-Finanzvorstand, daß die bei Kléber zu erwartenden Ergebnisse für das laufende Geschäftsjahr selbst die von den Hannoveraner Controllern getroffenen pessimistischen Abschläge gegenüber den vorgelegten Forecasts bei weitem in den Schatten stellten. Anstelle der ursprünglich geschätzten plus 30 Millionen FF, die später auf minus 60 Millionen FF zurückgenommen wurden, war nun mit einem Betriebsergebnis von minus 198 Millionen FF zu rechnen. Im ersten Moment des Schocks glaubte sich der Continental-Vorstand von den Franzosen hintergangen. Hahn und Urban fuhren am 21. August nach Paris, um Michelin mitzuteilen, »daß sich Continental nicht mehr in der Lage sieht, den Vollzug des beabsichtigten Erwerbs von Kléber in seiner jetzigen Form durchzuführen«. Vorstand und Aufsichtsrat hätten die Entscheidung zum Kauf auf einer völlig falschen Zahlenbasis getroffen, daher

---

37 Vgl. Protokoll der Aufsichtsratssitzung vom 14. 7. 1980, in: Registratur Vorstandssekretariat.

fühle man sich an den Vertrag nicht mehr gebunden. Man sei zwar weiterhin an einem Erwerb Klébers interessiert, allerdings nur bei weiterem finanziellen Entgegenkommen.[38] Michelin war aber zu einem Neu- oder Nachverhandeln des Vertrages nicht bereit. Als ein letztes Gipfeltreffen zwischen François Michelin und Hahn am 10. September 1980 keine Einigkeit brachte, wurden die Gespräche schließlich abgebrochen. Damit war der schlimmstmögliche Fall eingetreten. Die Kléber-Übernahme war gescheitert, François Michelin verärgert, und von seiten des Aufsichtsrats mußte man mit dem Vorwurf rechnen, daß der Vorstand schlampig recherchiert und allzu leichtfertig entschieden hatte. Dazu kam das lädierte Ansehen in der Presse, die sich in wilde Spekulationen über die Gründe der gescheiterten Reifenehe erging und vermutete, daß hier offenbar zu schnell, zu wenig sorgfältig und überhastet im Hinblick auf eine neue, große und spektakuläre Akquisition gehandelt worden war.[39]

Wie Michelin auf den Abbruch der Gespräche reagieren würde, war unklar. Die Franzosen hatten zwar Continental mit rechtlichen Schritten, insbesondere einer Klage vor dem Schiedsgericht der Internationalen Handelskammer in Paris, gedroht; aber offenbar zögerten die Franzosen noch mit juristischen Schritten.[40] Bis Anfang 1981 geschah nichts, und der Continental-Vorstand hoffte schon, mit einem blauen Auge davongekommen zu sein. Anfang März aber gab Michelin nach einer entsprechenden Erlaubnis der Kartellbehörden die vollständige Übernahme und Integration von Kléber in den Michelin-Konzern bekannt. Und wenige Wochen später lag die Schiedsklage der Franzosen zusammen mit einer Schadensersatzforderung über 120 Millionen DM auf dem Schreibtisch Hahns. Von Anfang an hatte man Continental dabei signalisiert, daß man sich zu diesem Schritt aus politischen Gründen gezwungen sehe und die Angelegenheit am liebsten möglichst schnell, geräuschlos und gütlich beilegen wolle. Dennoch dauerte es letztlich fast zwei Jahre, bis November 1983, ehe der Konflikt endgültig ausgeräumt wurde. In einem langwierigen Hin und Her waren in dicken Schriftsätzen minutiös die Argumente und Vorwürfe der Gegenseite zerpflückt worden.[41] Längst hatte Hahn seinen Vorstandssessel mit dem des Volkswagen-Konzerns getauscht und Werner Platz gemacht. Und auch Werner bemühte sich in neuen Gesprächen, eine Lösung der Angelegenheit zu finden. Erst Anfang 1983 begann sich die letztlich auch persönliche Verstimmung von François Michelin gegenüber Hahn und Herrhausen zu legen. Nicht zuletzt durch Hahns Wechsel zu VW war Michelin in die prekäre Lage geraten, einem seiner Hauptkunden bei einem Verhandlungstermin eventuell noch in aller Öffentlichkeit als Zeuge

---

38 Vgl. Notiz vom 21. 8. 1980, in: 6610 Zg. 1/90, A 6.
39 Vgl. etwa *FAZ* vom 17. 9. 1980 und *Der Spiegel* vom 22. 9. 1980 und 6. 10. 1980.
40 Vgl. auch Brief Herrhausen an François Michelin vom 16. 10. 1980, in: 6610 Zg. 1/90, A 6.
41 Vgl. Interview Howaldt vom 15. 6. 1995 und Interview Urban vom 15. 5. 1995 sowie die entsprechenden Gutachten und Memoranden in: 6610 Zg. 1/90, A 8.

gegenüberstehen zu müssen. Vor allem aber hatte sich inzwischen auch eine
›Morgengabe‹ gefunden, die es beiden Seiten erlaubte, bei einem Vergleich
intern wie extern das Gesicht wahren zu können: Continentals Patente und
Entwicklungs-Know-how für das neue Reifensystem CTS. Der am 4. November 1983 geschlossene Vergleich, der den Verzicht auf alle gegenseitigen
Ansprüche vorsah, beinhaltete denn auch die gemeinschaftliche Entwicklung
und Nutzung des Continental-Reifensystems sowie eine kostenlose Lizenzge-
währung an Kléber. Keiner hatte damit einen Sieg errungen, sondern in der
Tat eine freundschaftliche Beendigung im gegenseitigen Einvernehmen vollzogen, in die Michelin und Continental zugleich den Keim zu einer neuen,
weitreichenden strategischen Kooperation und Allianz legten.

»Die Politik des armen Mannes«:
Kooperationen in den USA und Japan

Zunächst war die Situation von Continental Ende 1980, unmittelbar nach dem
Scheitern des Kléber-Kaufs, allerdings keineswegs günstig gewesen. Der Traum
vom schnellen Weg zum »Euro-Player« und zur Nummer 2 hinter Michelin
war wie eine Seifenblase zerplatzt. Statt größerer Handlungsspielräume sah
man sich nun beim unternehmenspolitischen Agieren angesichts der Rücksichtnahme auf Michelin in erhebliche Zwangslagen mit eingeschränkter
Bewegungsfreiheit manövriert – und das alles in einem Branchenumfeld, das
von anhaltenden Unruhen erschüttert wurde. Weltweit waren inzwischen seit
1973 insgesamt 37 Reifenfabriken geschlossen, dagegen nur 27 neue in Betrieb
genommen worden. Gewinner dieses weltweiten Ringens um Marktanteile
waren die europäischen und japanischen Reifenproduzenten. Allein 24 der 37
stillgelegten Werke gehörten US-Firmen. 13 weitere amerikanische Reifenwerke in den USA und anderswo wurden verkauft. Nur eines der neu errichte-
ten Werke gehörte einem amerikanischen Hersteller. Damit hatten sich auch
Verschiebungen im Branchen-Ranking ergeben: 1980 verdrängte Michelin
erstmals Goodyear vom ersten Platz, und der japanische Konzern Bridgestone
schob sich von Platz sechs auf Platz vier vor. Sogar Continental rückte an den
beiden US-Konzernen Goodrich und Uniroyal vorbei auf Platz sieben.[42] Auch
in Europa waren seit 1977 beträchtliche Reifenkapazitäten stillgelegt worden,
insgesamt in Höhe von ca. 100 000 Reifen pro Tag. Am stärksten betroffen war
Großbritannien, wo Dunlop, Goodyear, Firestone und Michelin unrentable
Werke schlossen. Aber auch in Schweden, Deutschland, Italien und der Schweiz
wurden Tagesproduktionen für Tausende von Reifen eliminiert.[43] Dazu kam,
daß allein durch die nun massiv einsetzenden japanischen Automobilimporte

---

42 Michelin war dabei Anfang der 80er Jahre der Sprung auf den amerikanischen Markt geglückt,
    Bridgestone gelang sogar der Durchbruch sowohl in den USA wie in Europa.
43 Zur Branchenlage vgl. die diversen unternehmensinternen Zusammenstellungen sowie *Neue Reifen-
    zeitung* 3/1982.

die europäische Reifenindustrie vor allem in der Erstausrüstung ein Absatzpotential von 3,5 Millionen Reifen pro Jahr verlor.[44]

Der Einzug der Japaner auf den europäischen Reifenmarkt, nun auch mit Fertigungsstätten vor Ort, schien daher unaufhaltsam und war nur eine Frage der Zeit. Nach Uniroyal aus Europa entschloß sich im Frühjahr 1980 auch Firestone zum Rückzug. Der europäischen Reifenindustrie mußte alles daran gelegen sein, sich der brachliegenden Kapazitäten anzunehmen, die kranken Fabriken zu schließen und die gesunden nicht in die Hände der Japaner fallen zu lassen, um zu verhindern, daß Bridgestone in Europa Fuß fassen konnte. Continental bemühte sich denn auch (allerdings vergeblich) um den Kauf der spanischen Firestone-Werke, während Michelin sich der französischen Fabriken des US-Konzerns annahm. Für neue Turbulenzen sorgte schon wenig später das Scheitern der Dunelli-Verbindung, die am 1. Januar 1981 offiziell ihre letzten gemeinsamen Bande löste. Das Ende der Fusion war auch insofern bedeutsam, da es das Ende einer industriepolitischen Ära markierte: Denn als sich rund 15 Jahre zuvor ein Dutzend namhafter Firmen in der EG zu binationalen Konzernen zusammenschloß, waren sie noch als Vorkämpfer für ein einheitliches Europa gefeiert worden. Von den grenzüberschreitenden Fusionen, vom deutsch-niederländischen Stahl-Konzern Estel über Semkler, VFW-Fokker bis zur deutsch-belgischen AGFA-Gevaert und nun auch Dunlop/Pirelli hatte Anfang der 80er Jahre kaum eine überlebt.[45] Die rasante Globalisierung hatte Euro-Fusionen als unternehmensorganisatorische und strategische Antwort auf die weltweiten Wettbewerbsentwicklungen überholt. Viel mehr gefragt waren daher für die deutschen Unternehmen strategische Allianzen über die europäischen Grenzen hinaus. Das war der Weg, den nun auch Continental einschlug.

Trotz des Rückschlags mit Kléber trieb Hahn unbeirrt die Internationalisierung voran. Früher als viele andere deutschen Unternehmer richtete er seinen Blick auf die USA und Japan, nicht nur als potentielle Konkurrenten, sondern auch als zukünftige Märkte. Da sich Continental Milliarden-Investitionen für eigene Fabriken oder Akquisitionen in diesen beiden Ländern nicht leisten konnte, entwickelte Hahn eine für die Reifenbranche bisher völlig neue Unternehmensstrategie: Kooperationen, in die Continental gegen den Zugang zu Produktionskapazitäten und Vertriebskanälen ihr technisches Know-how einbrachte. Kooperationen als strategisches Instrument für den Know-how-Transfer und die Lizenzvergabe hatte es schon zuvor gegeben. 1957 etwa hatte Continental Kooperationen diesen Typs mit dem schwedischen Reifenhersteller Gislaved, 1972 mit dem indischen Modi-Konzern und 1979 mit General-Tire/Südafrika geschlossen. Bei dem neuen, zweiten Kooperationstyp ging es

---

44 Vgl. »Probleme mit den Pneus«, in: *Die Zeit* vom 6. 5. 1983, vgl. auch »Reifetest für Reifen. Der japanische Hersteller Bridgestone dringt auf den schwierigen deutschen Markt«, in: *Die Zeit* vom 30. 4. 1982.
45 Vgl. auch *Manager-Magazin* 10/1981, S. 126–132.

nun aber um die Zusammenarbeit von Partnern zur gegenseitigen Stärkung, den Austausch von vorhandenem Know-how sowie um die langfristige Öffnung des Marktes für die eigene Vertriebsorganisation. Im Frühjahr und Herbst 1980 war daher der Continental-Vorstand auf der Suche nach geeigneten Partnern zunächst in die USA gereist. Die strategische Überlegung dabei war, über die Lkw-Reifen einen Einstieg in den amerikanischen Markt zu bekommen, da man auf dem Pkw-Reifen-Sektor gegen die Fertigungs- und Marktmacht der US-Konzerne keine Chance hatte. Alle Marktprognosen deuteten zudem darauf hin, daß sich in naher Zukunft auch in den USA der Lkw-Ganzstahl-Radialreifen durchsetzen und eine rapide steigende Nachfrage bei nur geringen, vorhandenen Kapazitäten zu erwarten war. Aufgrund der Vertragsbeziehungen lag es nahe, sich zunächst an Uniroyal zu wenden, aber als Hahn zu ersten Gesprächen nach Amerika flog, stand Uniroyal gerade vor einer großen Rückrufkampagne und war dabei, zwei seiner Reifenfabriken zu schließen.[46] Peter, der F+E-Vorstand, der vor allem Goodrich und General Tire unter die Lupe genommen hatte, brachte dagegen aussichtsreiche Informationen mit nach Hannover. Die Fertigungskapazitäten für Lkw-Reifen seien zwar in den besichtigten Fabriken gering und allenthalben sei ein technologischer Rückstand festzustellen. Aber die Unternehmen bemühten sich fieberhaft, den Rückstand gegenüber Michelin aufzuholen. Am ehesten verfügte dabei General Tire über Lkw-Reifen-Know-how, allerdings überwiegend in der veralteten Diagonalbauweise.[47]

Hahn nahm schließlich noch Ende 1980 erste Gespräche mit General Tire auf, bei denen der amerikanische Konzern sein Interesse an einer Lizenznahme des inzwischen weit vorangeschrittenen Lkw-Know-hows von Continental bekundete. Doch die Gespräche zogen sich hin.[48] Schneller voran kamen demgegenüber die Kooperationsgespräche, die Continental-Manager gleichzeitig in Japan führten. Eine erste Initiative war dazu eigentlich von den Japanern selbst ausgegangen, als im Dezember 1980 Vertreter des Vorstandes der Toyo Rubber Industry Comp. Ltd. in Osaka, dem viertgrößten japanischen Reifenhersteller, um Know-how-Kontakte in Hannover anfragten. Hahn gab sich aber zunächst deutlich zurückhaltend, da der eigentliche Wunschkandidat für eine Kooperation Bridgestone war. Als man von dort jedoch einen Korb bekam und nicht zuletzt der japanische Reifenprimus inzwischen viel zu groß für eine gleichwertige Partnerschaft geworden war, begannen im Oktober 1981 die Verhandlungen mit Toyo. Von Anfang an ging es Continental dabei weniger um technische Zusammenarbeit: Vielmehr verfolgte man marketingstrategische Ziele. Über eine Zusammenarbeit mit Toyo, unter anderem in Form von Off-take-Fertigung von Reifen – das heißt, die Japaner fertigten

---

46 Notiz vom 13. 2. 1980, in: 6610 Zg. 1/90, A 2.
47 Vgl. Bericht Peter vom 23. 10. 1980, in: 6610 Zg. 1/90, A 9.
48 Vgl. dazu diverse Notizen und Gesprächsprotokolle vom Januar bis Juli 1981, in: ebd.

Continental-Reifen mit Continental-Know-how und auch unter dem deutschem Markennamen in ihren Werken – hoffte man, einen Zugang zur japanischen Erstausrüstung und zu den Ersatzmärkten im Fernen Osten zu bekommen, indirekt dadurch aber zugleich Marktanteile im europäischen Ersatzmarkt zu verteidigen oder gar zu gewinnen, die sonst an japanische Reifenhersteller verlorengingen. Und nicht zuletzt würde eine Kooperation Continental in einen internen Wettbewerb mit den Japanern hinsichtlich Effizienz und Herstellkosten zwingen, mit entsprechenden Einsparungseffekten auf seiten der Deutschen.[49] Im November 1981 wurde schließlich ein Kooperationsabkommen geschlossen, das einen bis dahin in der Reifenindustrie ungewöhnlich weitgehenden und offenen Know-how-Austausch vereinbarte.[50]

Die Gespräche mit General Tire waren inzwischen fortgeführt worden. Es gab dabei aus Sicht von Continental erhebliche Unsicherheitsfaktoren, die sowohl die zukünftigen Besitzverhältnisse als auch die grundsätzliche Reifenpolitik General Tires betrafen. Der amerikanische Konzern, die Nummer vier in der US-Reifenindustrie mit einem Umsatz von 2,1 Milliarden Dollar, hatte sich seit der Nachkriegszeit zu einem sehr diversifizierten Konzern entwickelt, in dem die Reifen nur noch eine eher untergeordnete Rolle spielten. Traditionell ein Familienunternehmen war der Konzern Anfang der 80er Jahre zunehmend ins Blickfeld von Spekulationsbeteiligungen und »raidern« geraten. Dennoch hatte man offenbar eine Reifenstrategie eingeschlagen, die zu Continentals Überlegungen weitgehend paßte: Man wollte im Reifengeschäft bleiben und hier insbesondere in den expandierenden Lkw-Radialreifenmarkt eindringen, den sich bis dahin im wesentlichen Michelin (40 Prozent), Goodyear (25 Prozent), Firestone (12 Prozent) und Bridgestone (10 Prozent) teilten. Die Markteintrittsbarrieren waren allerdings hoch, mußte man doch nicht nur von einem technologischen Aufholprozeß, sondern auch von hohen Nachholinvestitionen bei den Fertigungskapazitäten ausgehen. Mit Hilfe von Continental hoffte man hier auf eine deutliche Steigerung der Fertigungskompetenz und Wettbewerbsfähigkeit.

Am 23. September 1982 unterzeichneten beide Verhandlungspartner schließlich ein langfristiges »Technology Exchange and Cooperation Agreement« sowie ein »Off-Take Agreement«, das unter anderem eine Zahlung von 2,5 Millionen Dollar von General Tire an Continental für das Lkw-Know-how bei gleichzeitigem unlimitiertem Austausch von Know-how auf dem gesamten Reifengebiet vorsah und die Amerikaner verpflichtete, bis zu 500 000 Radialreifen pro Jahr für Continental zu fertigen. Continental verbesserte damit auf einen Schlag seine Wettbewerbsposition und internationale Marktpräsenz,

---

49 Vgl. Vorstandsprotokoll vom 28. 9. 1981 und vom 19. 10. 1981, in: Registratur Vorstandssekretariat sowie diverse Notizen in: 6610 Zg. 1/90, A 9.
50 Vgl. dazu auch »Conti arbeitet enger mit Fernost«, in: *Wirtschaftskurier* 12/1981.

konnte man doch nun unter anderem statt bisher 12 Prozent rund 70 Prozent des US-Marktes hinsichtlich der Reifendimensionen abdecken.[51] Die Verträge mit General Tire entsprachen in allen wesentlichen Einzelheiten den mit Toyo abgeschlossenen Abkommen. Schon bei den entsprechenden Verhandlungen mit den Amerikanern und Japanern war daher von Hahn die Idee verfolgt worden, die Reifenkonzerne Toyo und General Tire mit Continental als Bindeglied und Katalysator langfristig zu einem internationalen »Dreierbund« zusammenzuführen. Als die beiden Unternehmen im November 1983 die entsprechenden Verträge unterzeichneten, war ein einmaliger Kooperationsverbund mit weltweitem Technologie-Austausch entstanden. Das Ziel und der strategische Hintergrund der Zusammenarbeit General Tire, Continental und Toyo war es, die jeweiligen regionalen Stärken miteinander zu verbinden, um ihre internationalen Schwächen gegenüber den drei großen Wettbewerbern so gut wie möglich auszugleichen. Man hatte allerdings – darüber machte man sich zumindest in Hannover keine Illusionen – nur aus der Not eine Tugend gemacht. Die Vergabe von eigenem Know-how war prinzipiell, zumindest was die Reifenindustrie anging, immer ein Zeichen von Schwäche. Aber der neue, globale Reifenwettbewerb zwang zu neuen Formen der Überlebensstrategie.

Der Erwerb von Semperit

Das Umschwenken von der Akquisitions- zur Kooperationsstrategie nach dem gescheiterten Kléber-Kauf dauerte nicht lange. Noch während Continental an dem Dreier-Bund bastelte, führte Werner im Februar 1983 Verhandlungen über einen neuen Unternehmenszukauf. Die Gespräche mit Semperit hatten eine lange Vorgeschichte. Bereits im August 1979 war von seiten des VW-Vorstands an Hahn der Vorschlag gerichtet worden, den allein nicht mehr lebensfähigen österreichischen Reifenkonzern »durch Inkorporation zu konsolidieren«. Es war offensichtlich, daß auch die Automobilindustrie ein vordringliches Interesse an einem zweiten, starken europäischen Reifenkonzern nach Michelin und zudem wenig Interesse an einem Vordringen der Japaner und Amerikaner hatte. Angesichts der gerade anstehenden Uniroyal-Übernahme zeigte sich Hahn zwar wenig begeistert, nahm aber doch erste Kontakte zu Semperit auf. Im Frühjahr 1980 lagen schließlich doch unterschriftsreife Verträge vor, als sich für Continental plötzlich die Chance zum Erwerb des Kléber-Konzerns eröffnete. Da das französische Unternehmen für Continental das weitaus attraktivere Akquisitionsobjekt war, sagte der Continental-Vorstand, die Unterzeichnung ohne zu zögern ab.[52] Unmittelbar nach dem Scheitern des Kléber-Kaufs hatten sich Hahn und Urban aber um eine erneute Aufnahme der Gespräche bemüht. Im März 1981 wurde vereinbart, daß zwei

---

51 Vgl. dazu u. a. auch Business-Week vom 1. 11. 82 sowie *FAZ* vom 12. 10. 82.
52 Vgl. Interview Urban vom 15. 5. 1995.

kleine Teams aus dem Unternehmensbereich Reifen und TP für beide Unternehmen untersuchen sollten, welche Synergien sich durch eine engere Zusammenarbeit ergeben würden.[53] Wenig später brach allerdings nun Semperit die Gespräche ab. Man hatte die während der Semkler-Phase angehäuften Verluste von mehr als 1,5 Milliarden Schilling durch dreimalige Kapitalerhöhungen und einen Kapitalschnitt sowie durch die Auflösung von Finanzreserven aus der Bilanz weitgehend eliminieren können. Die kurzzeitige konjunkturelle Erholung 1981/82 sowie Subventionen der österreichischen Regierung von über 100 Millionen Schilling hatten den Semperit-Vorstand glauben lassen, daß man wieder allein auf die Füße kommen konnte. Die Ergebnisse aber blieben schlecht. Noch 1982 fuhr man ein negatives Ergebnis in zweistelliger Millionenhöhe ein, gefolgt von einem Rekordverlust für 1983 in Höhe von umgerechnet 60 Millionen DM.

Als sich Werner im Frühjahr 1983 in einem dritten Verhandlungsanlauf zu Gesprächen mit den Österreichern traf, kämpfte Semperit ums Überleben. Der Großaktionär, der staatliche Wiener Kreditanstalt Bankverein, der über 90 Prozent der Semperit-Aktien hielt, war es inzwischen leid, durch immer neue Kredite das endgültige Aus für den österreichischen Reifenhersteller hinauszuzögern. Mit einem Umsatz von über einer Milliarde DM und mehr als 8500 Mitarbeitern war man für eine Nischenstrategie in dem sehr begrenzten Heimatmarkt zu groß, für den internationalen Wettbewerb aber zu schwach. Mit einer Jahresfertigung von ca. 5 Millionen Pkw- und 500 000 Lkw-Reifen in 360 verschiedenen Reifentypen produzierte Semperit zu viele Dimensionen in zu geringer Stückzahl, um konkurrenzfähig zu sein. Deutlich hatte man inzwischen erkannt, daß ein Land ohne eigene nennenswerte Autoindustrie nicht allein Reifen herstellen konnte. Der Vorstandsvorsitzende Franz Leibenfrost und der Aufsichtsratsvorsitzende Hannes Androsch bastelten daher an einem Sanierungspaket, das darauf ausgerichtet war, »die Braut Semperit für einen künftigen großen, attraktiven Partner bestmöglich herauszuputzen«[54]. In Hannover, wohin sich die Österreicher nun wieder wandten, war das neue Werben zunächst eher zögerlich aufgenommen worden. Strategisch brachte ein Erwerb nicht viel Gewinn: Mit Semperit kaufte man keinen großen Markt und keinen internationalen Markennamen, dafür zwei mitten in der Umstrukturierung stehende Fabriken in Österreich und ein ziemlich heruntergekommenes Werk in Irland. Die Forderungen, die Werner in den Verhandlungen stellte, waren daher deutlich aus der Position der Stärke formuliert: Continental wolle im Rahmen eines Stufenplans zunächst nur eine Beteiligung erwerben. Semperit müsse von dessen Vorstand und mit Hilfe der Staatszuschüsse vor einer endgültigen Übernahme profitabel gemacht werden. Ob man den Reifen- und

---

53 Vgl. Protokoll der Vorstandssitzung vom 5. 3. 1981, in: Registratur Vorstandssekretariat.
54 Vgl. dazu u. a. »Semperit kämpft ums Überleben«, in: *KfZ-Anzeiger* vom 7. 7. 82 sowie *Profil* vom 28. 5. 1985, S. 26 f.

TP-Bereich von Semperit im Rahmen einer »großen Lösung« kaufen würde, oder nur die Reifenfabriken, hatte man noch offen gelassen. Jedenfalls war klar, »daß die Zahlung eines Kaufpreises für den von uns zu übernehmenden Anteil nicht in Frage kommt«[55].

Als Werner im Juli 1983 einen entsprechenden ›letter of intent‹ präsentierte, stieß man beim Semperit-Vorstand auf Ablehnung. Werner war jedoch – abgesehen von einigen geringfügigen Korrekturen beim Kaufpreis und der Übernahme des Dubliner Werkes – zu keinen Zugeständnissen bereit. Gegen Jahresende legte man in beiderseitigem Einverständnis eine Denkpause ein, aber die Zeit arbeitete letztlich für Continental. Als im Frühsommer 1984 Continental und Semperit die Verhandlungen wieder aufnahmen, wurde man sich schnell handelseinig. Im Mai 1985 wurde der Vertrag unterzeichnet. Er sah vor, daß Continental rückwirkend zum 1. Januar 1985 für einen Kaufpreis von 47 Millionen DM zunächst 75 Prozent der inzwischen aus dem Semperit-Konzern ausgegliederten Semperit-Reifen GmbH übernahm. Angesichts einer erfolgten Zusage der österreichischen Regierung, insgesamt 170 Millionen DM an Subventionen zur Gesundung und Modernisierung von Semperit zu gewähren, fielen für Continental letztlich aber keine finanziellen Belastungen an. Auf die restlichen 25 Prozent Semperit-Anteile wurde für Continental eine Option vereinbart. Im Aufsichtsrat gab es um die neue Akquisition keine lange Diskussion. Trotz der vor allem im Lkw-Reifenbereich bestehenden beträchtlichen technologischen Kompetenzen Semperits waren es überwiegend marketingstrategische Vorteile, die sich nun für Continental ergaben: Da war zum einen die starke Position von Semperit im Ersatzmarkt. Mit Semperit als Billigmarke neben den Premium-Marken Continental und Uniroyal war es nun leichter, in die wachsenden Segmente der mittleren und unteren Preisklassen einzudringen. Im Erstausrüstungsgeschäft profitierte man aufgrund der besonderen Stellung Österreichs im GATT-Abkommen, die Semperit einen Absatz von 900 000 Reifen in Japan einräumte.[56] Und schließlich ergab sich mittelfristig unter anderem auch über eine 27prozentige Beteiligung Semperits am jugoslawischen Reifenhersteller Sava die Chance, den zukunftsträchtigen osteuropäischen Markt zu erschließen. Mit Semperit baute Continental seinen Reifenmarktanteil in Europa von 13,5 auf 17 Prozent aus und machte einen Wachstumssprung bei Umsatz (3,5 auf 4,8 Milliarden DM), Mitarbeitern (26 000 auf 31 000) sowie Fertigungskapazitäten (neun auf zwölf europäische Reifenwerke).

Auch hinsichtlich der Unternehmenskultur verlief das Hinzukommen der »Blauen« weit unproblematischer als bei der Uniroyal-Übernahme. Technologische Grabenkämpfe waren durch die auf Continental-Maschinen ausgerichtete Modernisierung der Fertigung von vornherein ausgeräumt worden.

---

55 Vgl. Brief Werner vom 28. 4. 83 an Leibenfrost, in: 6610 Zg. 1/90, A 3.
56 Vgl. Protokoll der Aufsichtsratssitzung vom 28. 5. 1985, in: Registratur Vorstandssekretariat.

Bei der Markenpositionierung hatte man in Hannover allerdings auf die Empfindlichkeiten in Traiskirchen wenig sensibel reagiert, wo man sich heftig gegen das Billigmarken-Image wehrte. Der Grundtenor aber war, daß man letztlich selbst in die Arme der deutschen Konzernmutter geflüchtet war. »Zeit lassen zum Anpassen, kein Überstülpen der Konzernstruktur, die zu hohen Belastungen führen würde und Rücksichtnahme auf die Initiativen des Semperit-Managements« lautete die Devise.[57] Für die Continentäler wie Semperitler stellte sich insgesamt dennoch erneut die Herausforderung einer »cultural amalgamation«. Nicht zuletzt hatte sich durch das östereichische Unternehmen das Kräfteverhältnis zwischen »Reifen- und TP-Kultur« im Konzern verändert: Hatten die Umsatzanteile 1978 noch 60 Prozent (Reifen) bzw. 40 Prozent (TP) betragen und mit der Übernahme von Uniroyal bereits zu Lasten des TP-Bereichs verschoben, so wurde 1985 der Reifensektor mit nun insgesamt 72 Prozent erneut gegenüber dem technischen Produktebereich (28 Prozent) gestärkt.

Der Sprung über den Atlantik

Seit 1979 hatte die Internationalisierung des Konzerns deutliche Fortschritte gemacht. Das Zentrum der Anstrengungen ging aber nach wie vor dahin, Marktanteile in den europäischen Ländern zu gewinnen. In nahezu allen wichtigen europäischen Märkten besaß Continental Produktionsstandorte, mit allerdings – aus Sicht des Vorstandes – schmerzlicher Ausnahme von Italien und Spanien. Dennoch war man dem selbstgesteckten Ziel, als multinationaler Hersteller in allen wichtigen Märkten als Anbieter auftreten zu können, ein großes Stück nähergekommen. Daß man über kurz oder lang auch im amerikanischen Markt nicht nur über Kooperationsabkommen, sondern auch mit eigenen Fertigungsstätten präsent sein mußte, war abzusehen und lag gleichsam in der Logik der Internationalisierungsstrategie. Die Art und Weise sowie der Zeitpunkt von Continentals Engagement in den USA waren aber eher zufällig.

Hintergrund der folgenden Entwicklungen war eine Umstellung der Wettbewerbsorientierung der amerikanischen Reifenindustrie. Nach den radikalen Restrukturierungsbemühungen infolge des ›Michelin-Schocks‹ witterte man in den Führungsetagen von Akron wieder Morgenluft. Die Technologie hatte man inzwischen im Griff, und die Automobilkonjunktur verschaffte wieder Gewinne. In den Boards der amerikanischen Reifenkonzerne entschied man sich, von der Rückwärts- auf die Vorwärtsstrategie im Reifengeschäft umzuschalten und zum Angriff auf die Rückeroberung des europäischen Marktes zu blasen – ungeachtet der Tatsache, daß aus den meisten Reifenunternehmen inzwischen hochdiversifizierte Mischkonzerne geworden waren, die im Rei-

---

57 Vgl. Sitzung des Reifenausschusses vom 15. 4. 1986, in: Registratur Vorstandssekretariat.

fenbereich oft nur noch Teilkompetenzen besaßen.[58] Für ihre neue Strategie sowohl auf den Heimat- wie auf den Auslandsmärkten suchten die Reifenkonzerne nach starken europäischen Partnern, und mit ihren Beziehungen zu Uniroyal und General Tire schien Continental wie kein anderes Unternehmen hierfür geeignet. So erhielten die Hannoveraner Mitte der 80er Jahre als erster außeramerikanischer Reifenkonzern im Gefolge der turbulenten Branchenumbrüche auf dem US-Markt die Chance, das Akquisitions- und Fusionskarussell mit für sie ungeahnten strategischen Perspektiven in Gang zu setzen. Aber wo man 1984/85 die Speerspitze bildete, sollte man sich 1989 plötzlich am Ende der Fahnenstange wiederfinden.

Im Februar 1984 waren auf Initiative von Uniroyal Gespräche mit dem Continental-Vorstand zustande gekommen, in denen die Amerikaner eine wie immer geartete »große Lösung« im Bereich Reifen ins Spiel brachten. Eine Reihe von möglichen Modellen wurde diskutiert, von einem Joint-venture über eine stufenweise Übernahme der ausgegliederten Uniroyal Tire-Division bis hin zu einem Zusammenfügen von General Tire und Uniroyal unter Erwerb einer maßgeblichen Minderheitsbeteiligung von Continental.[59] Bei General Tire signalisierte man zwar grundsätzliches Interesse, entschloß sich dann aber für eine eher abwartende Haltung. Für einen Alleingang aber waren die finanziellen Ressourcen von Continental nicht ausreichend. Im August gab Werner daher Uniroyal zu verstehen, daß man noch die nächsten fünf Jahre benötige, um die anstehenden europäischen Probleme zu lösen, ehe man an ein derartiges Engagement in den USA denken könne. Im Frühjahr 1987 überschlugen sich aber die Ereignisse, als nun GenCorp, die inzwischen als Holding firmierende Muttergesellschaft von General Tire, sich einem unfreundlichen Übernahmeangriff ausgesetzt sah. Die zweite Hälfte der 80er Jahre war jene Phase, in der die amerikanische Industriewirtschaft von einer Welle unfreundlicher Übernahmeversuche durch spekulative Investmentgruppen erschüttert wurde. Die angeschlagenen Mischkonzerne der amerikanischen Reifenindustrie waren begehrte Objekte derartiger Angriffe, die zu ihrer Verteidigung zu allererst versuchten, ihre Reifen-Divisionen loszuschlagen und zu Geld zu machen. Im Sommer 1985 war bereits Uniroyal mit einem unfreundlichen Übernahmeversuch konfrontiert gewesen, rettete sich aber im Rahmen eines Management-buy-out in eine Fusion mit dem ebenfalls angeschlagenen Goodrich-Konzern.[60]

58 Die neue Offensive der US-Reifenindustrie erwies sich denn auch nur als ein Strohfeuer, ehe die Branche endgültig weitgehend von der Bildfläche der Reifenwelt verschwand. Vgl. dazu auch Michael French: The US Tire Industry. A History, S. 110 ff.
59 Vgl. Gesprächsnotizen vom Januar bis Mai 1984, in: 6610 Zg. 1/90, A 4.
60 Um das Bündnis zu stärken, lud man Continental ein, gemeinsam eine starke Dreier-Gruppe zu bilden. In Hannover lehnte man jedoch ab, denn allzu deutlich war abzusehen, daß Continental neben den nach wie vor vergleichsweise riesigen US-Konzernen bestenfalls eine Rolle als Juniorpartner spielen konnte. Vgl. Gesprächsnotiz zwischen Uniroyal, Goodrich und Continental vom 30. 9. 1986, in: ebd.

Mit dem Take-over-Angriff auf GenCorp war nun praktisch über Nacht der Weg zu einer Übernahme von General Tire frei. So plötzlich sich diese Akquisitionschance eröffnet hatte, so ergab sich gleichzeitig auf einmal auch die Gelegenheit zum Erwerb von Uniroyal-Goodrich. Continental, vor kaum zehn Jahren noch im deutschen Heimatmarkt ums Überleben kämpfend und ein potentielles Opfer der amerikanischen Reifenriesen, sah sich nun in der Lage, gleich zwei bzw. drei der vormaligen ›Big Five‹ ihrerseits zu übernehmen. Anfang Mai 1987 konnte der Vorstand daher dem Aufsichtsrat zwei Akquisitionsmöglichkeiten präsentieren. Man war sich bewußt, daß – für welches Unternehmen man sich auch immer entscheiden würde – es für Continental um einen gewaltigen qualitativen wie quantitativen Sprung ging. Der Aufsichtsrat gab daher zunächst einmal grünes Licht, die nötigen finanziellen und organisatorischen Voraussetzungen für den neuen Kraftakt zu schaffen. Anfang Juni sollte dann der Vorstand auf einer außerordentlichen Aufsichtsratsitzung seine endgültige Entscheidung zur Genehmigung vorlegen.

Die Wahl fiel schließlich auf General Tire, obwohl sich Urban wie Werner nach langem Überlegen zunächst für Uniroyal-Goodrich entschieden hatten. Dafür gab es gute Gründe: Uniroyal-Goodrich war zwar im Vergleich billiger zu haben, sie waren bei weitem größer und verfügten über die besseren Marken, vor allem mit einer starken Erstausrüstungsposition bei dem weltgrößten Automobilkonzern General Motors. Mit Uniroyal-Goodrich hätte sich Continental allerdings auch die größeren Verluste dazugekauft. Für General Tire sprachen demgegenüber vor allem die langjährigen Verbindungen, die zumindest ansatzweise bereits zu einer Continental-ähnlichen Fertigungsstruktur geführt hatten. General Tire, so schien es, würde weit geringere Folgeinvestitionen erfordern, auch was das US-Konzern-spezifische Problem der Rückstellungsverpflichtungen für Kranken- und Pensionskosten anging. Schließlich war General Tire von seinen Konzerndimensionen her ein leichter verdaulicher Brocken als die im Vergleich zur Continental drei- bis viermal größere Uniroyal-Goodrich. Man entschied sich daher für die »konservativere« und weniger riskante Vaiante.[61]

Daß sich Continental mit der US-Akquisition trotz aller Vorbeziehungen in völlig neuen Dimensionen des unternehmenspolitischen Umfeldes bewegte, zeigte sich schon beim Procedere des Kaufs. Um einen möglichst guten Preis zu erzielen, veräußert GenCorp General Tire im Wege einer »controlled auction«, bei der die Interessenten in versiegelten Umschlägen ihre Angebote abgaben und schließlich der Meistbietende den Zuschlag erhielt. Obwohl der Continental-Vorstand versucht hatte, sich in Vorfeldverhandlungen eine möglichst gute Ausgangsposition zu verschaffen, standen die Chancen nach der Ablieferung des Gebots über knapp 1,2 Milliarden DM 50 : 50. Kurz vor Ablauf

---

61 Vgl. Interview Urban vom 15. 5. 1995 und Interview Howaldt vom 15. 6. 1995 sowie Protokoll der Aufsichtsratssitzung vom 4. 5. und 5. 6. 1987, in: Registratur Vorstandssekretariat.

der Bieterfrist hatte sich das General Tire-Management zu einem »Buy out« entschlossen und ebenfalls ein chancenreiches Angebot eingereicht; und schließlich tauchten zudem auch Gerüchte um ein Konkurrenzgebot von seiten Pirellis auf.[62] Am 29. Juni 1987 unterzeichneten dann aber doch GenCorp und Continental als Vertragspartner in New York die Vereinbarung zum Kauf der General Tire. Zum 1. November wechselte, nun bereits unter Urban als neuem Vorstandsvorsitzenden der Continental, General Tire dann endgültig den Besitzer. Der Continental-Konzern stieg damit auf einen Schlag zum viertgrößten Reifenproduzenten der Welt auf. Es war der endgültige Durchbruch zum internationalen und nun auch zunehmend globalen Konzern, denn man erwarb nicht nur sechs Werke in den USA, davon eine Reifencord- und eine Synthese-Kautschuk-Fabrik, sondern auch Produktionsanlagen in Kanada und Mexico sowie Beteiligungen in Afrika, Portugal und Ecuador. Mit einem zusätzlichen Umsatz von 2,5 Milliarden DM und rund 10000 Beschäftigten mehr machte Continental einen gewaltigen Wachstumssprung. Schlagartig verbesserten die Hannoveraner mit dem Zukauf der General Tire-Marktanteile von 10 bis 11 Prozent auch ihre Position im amerikanischen Erstausrüster- und Ersatzgeschäftsmarkt.

General Tire wurde nicht in die Reifendivision der Continental AG integriert, sondern blieb ein selbständiges amerikanisches Unternehmen. Man glaubte, es mit der Entsendung einiger weniger deutscher Experten in Schlüsselbereiche wie Finanzen und Produktion bewenden lassen zu können und im übrigen die Führung und Kontrolle von Hannover aus im Rahmen monatlicher ›board-meetings‹ auszuüben. Es sollte wieder ein »fliegender Start« werden, wie noch Werner im Sommer 1987 gegenüber der Presse verkündete. In der Branchenwelt hatte man allerdings Zweifel. Mit seiner Größe, seinen weitverstreuten Fabriken und dem Restrukturierungsbedarf bei Pkw-Reifen war General Tire ein ganz anderes Kaliber als Semperit. Vor allem aber verfügten die Hannoveraner Konzernmanager bislang nur über marginale Business-Erfahrung in den USA. Vielen klang es allzu optimistisch, als Werner auf der ersten gemeinsamen Pressekonferenz davon sprach, daß General Tire ein profitables, schuldenfreies Unternehmen sei, mit einem »guten Management-Team«, in das man Vertrauen hinsichtlich seiner Kompetenzen habe.[63]

Erst langsam merkte der Vorstand nach dem Weggang Werners, daß man mit General Tire ein Unternehmen gekauft hatte, das nicht nur finanziell, sondern auch managementmäßig an den Kräften Continental zehrte. Man entdeckte, daß neben dem beträchtlichen Kaufpreis Nachfolgeinvestitionen in Milliardenhöhe nötig waren: Verglichen mit europäischen Maßstäben haperte es an der Produktivität und Qualität, und außer bei Pkw-Reifen saß man auf

---

62 Vgl. auch *HAZ* vom 19. 6. 87 sowie Interview Gilbert Neal vom 29. 3. 1995 sowie *Neue Presse* vom 1. 7. 1987.
63 Vgl. *Rubber and Plastic News* vom 13. 7. 1987.

veralteter Technologie. Drei der neuen Fabriken waren nicht existenzfähig, und in den restlichen Werken konnte schon wegen des ungünstigen Produktmix nicht rationell gearbeitet werden. Jahrelang hatte die frühere Muttergesellschaft GenCorp in ihre Reifendivision kaum etwas investiert und sie regelrecht »ausgecashed«.[64] Viel zu spät hatte man im Continental-Vorstand begriffen, daß General Tire ein »turn-around case« war und eigentlich auch so von Anfang an hätte gemanagt werden müssen.[65] Ein Aufeinanderprallen zweier völlig unterschiedlicher Unternehmens- und Managementkulturen kam hinzu, die, anders als bei Uniroyal, um so mehr auseinanderdrifteten, je stärker nun Urban General Tire an die Kandarre nahm und auch das amerikanische Management auswechselte.[66] Dazu kam, daß sich das Branchenumfeld in Amerika seit den ersten Übernahmegesprächen radikal zu Ungunsten Continentals verändert hatte. Im Frühjahr 1987 bekam General Tire gerade innerhalb der kränkelnden US-Reifenindustrie Aufwind, und es bestand die Hoffnung, sich zusammen mit Continental von den Konkurrenten beträchtliche Marktanteile holen zu können. Doch dann wurde seit Anfang 1988 die amerikanische Reifenindustrie zum Ziel einer Welle von Auslandsinvestitionen: Nach heftigen Übernahmekämpfen mit Pirelli und Michelin kaufte Bridgestone Firestone, Pirelli übernahm den Reifenproduzenten Armstrong und Michelin eineinhalb Jahre später Uniroyal-Goodrich. Continental befand sich mit ihrer US-Erwerbung plötzlich in einem Markt, in dem sich sozusagen die großen Haie Goodyear, Michelin und Bridgestone bewegten und gegenseitig zu fressen versuchten. Die großen Konkurrenten hatten akquisitionsstrategisch gleichsam nachgezogen und die Continental von ihrer günstigen Vorreiterposition auf die hinteren Ränge verwiesen.[67]

Continental, so zeigte sich im Rückblick, expandierte durch eine Politik der Akquisitionen. Der dominierende Wachstumsimpuls der Branche kam nicht von innen, sondern durch Zukauf von Marktanteilen und Fertigungskapazitäten. Dieses Wachstumsmuster zog beträchtliche unternehmenspolitische Implikationen nach sich: Es bedeutete eine spezifische Richtung der Investitionen (für Kauf und Restrukturierung statt für den Bau neuer Werke), einen spezifischen Umgang mit dem eigenen technischen Kow-how (Management des Technologie-Transfers), beeinflußte nachhaltig die Marketingstrategie

---

64 Vgl. Interview Urban vom 15. 5. 1995 sowie auch »Die Reifenprüfung«, in: *Manager Magazin* 10/1988 und *Neue Reifenzeitung* 10/1988.
65 Vgl. Interview Howaldt vom 15. 6. 1995.
66 Zum 1. 1. 1990 übernahm Technikvorstand Wilhelm Borgmann anstelle von Gilbert Neal die Position des Chief Executive Officers.
67 Vgl. Interview Howaldt vom 15. 6. 1995 sowie zur Branchenlage insgesamt »A Time of turmoil in the US«, in: *European Rubber Journal* vom Oktober 1987, »A global Tire War«, in: *Rubber and Plastics News*, Special Edition, August 1988 sowie »In Amerikas Reifenindustrie werden die Karten neu gemischt«, in: *FAZ* vom 13. 7. 88 und vgl. auch *Wirtschaftswoche* vom 16. 9. 1988. Die Marktanteile am Weltreifenmarkt 1988 betrugen: Goodyear 19 Prozent, Michelin 18,2 Prozent, Bridgestone 16,5 Prozent, Continental 8 Prozent, Sumitomo 6,5 Prozent und Pirelli 5,9 Prozent. Vgl. auch *World Tyre Report*, Special Edition des *European Rubber Journal* 1987/1988 sowie The Global Tire Market 1987, in: *Rubber and Plastics News* vom 24. 8. 1987.

(›Multi-brand‹-Politik) und prägte auf spezifische Weise die Konzernkultur (Koexistenz verschiedener Unternehmenskulturen). In den historischen Dimensionen der sich bis dahin eher in langsamen Veränderungszyklen bewegenden Kautschukbranche war dieser Prozeß in geradezu atemberaubender Geschwindigkeit vor sich gegangen. Man war dabei das Tempo der in Bewegung geratenen Branchenkonstellationen und Marktverhältnisse nicht nur mitgegangen, sondern hatte es zeitweise auch selbst bestimmt. Über die Ambivalenzen dieses Prozesses machte man sich im Vorstand aber, trotz der gelegentlichen Mahnungen des Aufsichtsrates, oft erst im Nachhinein Gedanken. Die Übernahmen bedeuteten, daß man sich oft auch am Rande des ›Sich Übernehmens‹ befand und mit der Chance auf wachsende Handlungsspielräume auch das zum Teil größere Risiko neuer Zwangslagen in Kauf nahm. Vieles war dabei strategisches Agieren, aber ebensooft folgte man nur dem Zwang der Branchenkonzentration und dem Sog der Globalisierung. In seinen Grundzügen und Perspektiven war diese Expansions- und Wachstumsstrategie von Hahn entworfen und auch noch eingeleitet worden. Werner und Urban gingen diesen Weg nur konsequent weiter.

Kapitel 9
Auf der Suche nach Wachstumsmärkten: Mehrmarkenstrategie und Innovationsmanagement

Nachdem Continental in den 70er Jahren zunächst alle Kraft in Technologie und Qualität der Produkte gesteckt hatte, rückte seit Anfang der 80er Jahre mehr und mehr das Marketing in den Vordergrund. Einen Teil des Weges zur Rückeroberung der verlorengegangenen Position bei den Erstausrüstungs- wie Ersatzgeschäftkunden war bereits zurückgelegt worden. Dem Reifenmarketing der 80er Jahre stellten sich aber vielfältige neue Herausforderungen: Es gab in Deutschland und Westeuropa kaum mehr ein Wachstum der Märkte, die Innovationsgeschwindigkeit wuchs und das Kundenverhalten änderte sich.[1] »Ein Wachstum per se«, so Marketing-Vorstand Schäfer 1983 resümierend, »gibt es nicht mehr. Es gibt nur noch ein Wachstum zu Lasten von Wettbewerbern. Dieses Phänomen muß gemanagt werden.«[2]

Dynamisierung der Märkte

Stagnation zeichnete den Reifenmarkt aber nur hinsichtlich der Volumenentwicklung aus. Von einer damit verbundenen Erstarrung konnte keine Rede

---

1 Vgl. auch Wilhelm Schäfer: »Reifenmarketing der 80er Jahre in den europäischen Ersatzmärkten«, in: *Gummibereifung* 8/1978.
2 Vgl. *Gummibereifung* 1/1983, S. 5.

sein. Im Gegenteil: Je mehr sich die Zuwachsraten verlangsamten und auf den Minusbereich zubewegten, desto heftigere Bewegungen vollzogen sich gleichsam unterhalb der Mengenentwicklung. Bereits auf der Ebene von Erstausrüstung und Ersatzgeschäft zeigten sich Veränderungen. Die Zunahme von Modellen in der Automobilindustrie etwa zwang die Reifenhersteller zu immer neuen Reifendimensionen. Fast jährlich kamen die Fahrzeughersteller mit neuen Typen auf den Markt, für die entsprechend maßgeschneiderte Reifen erforderlich waren. Statt der als rationell angesehenen 50 bis 60 Reifendimensionen führte Continental Mitte der 80er Jahre ca. 600 Dimensionen im Programm. Der Zwang zur Produktdifferenzierung wurde durch die Differenzierung der Geschwindigkeitsklassen noch verstärkt: anstelle der vormaligen Dreiteilung in SR-, HR- und VR-Reifen kamen bald Zwischenklassen (T) und neue Klassifizierungen hinzu. Radikale Veränderungen vollzogen sich auch im Ersatzgeschäft. Abnehmendes Marken- und zunehmendes Preisbewußtsein, gestiegenes Qualitäts- und Sicherheitsbedürfnis sowie Veränderungen des Fahrverhaltens insgesamt machten die Verbraucher zu einer zunehmend komplexeren Bezugsgröße. Die Folge war auch hier eine weitere Segmentierung des Marktes zwischen Premium- und Economy-Bereich sowie einem wachsenden >budget-brand< (No-Name-Reifen-)Bereich. Nicht nur was die Anforderungsprofile an die Reifenqualität anging, folgten Erstausrüstungs- und Ersatzgeschäftmarkt dabei ihren eigenen Mechanismen, sondern auch hinsichtlich der produktspezifischen Differenzierung. Der Pkw- und Lkw-Reifenmarkt reagierte nach je eigenen Gesetzen. >Cost per mile< hieß der fast alles entscheidende Bewertungsgrundsatz der Lkw-Reifenkunden. Und auch hier zeigten sich seit Beginn der 80er Jahre bemerkenswerte Veränderungen. Fabrikneue Pneus mußten Marktanteile abgeben, während runderneuerte Reifen – im Pkw-Reifenbereich von geringer Bedeutung – sich auf dem Vormarsch befanden. Obwohl der Lkw-Reifenmarkt in Deutschland 1982 mit ca. 4 Millionen abgesetzten Reifen nur einen Bruchteil des jährlichen Pkw-Reifengeschäfts mit 36 Millionen Stück ausmachte, behielt er aufgrund des größeren Erlösvolumen-Potentials pro Kunde seine Bedeutung.

Erstausrüstung und Ersatzgeschäft waren vom Volumen zumindest in Deutschland insgesamt nahezu gleichgroße Nachfragemärkte, auf denen im Zeichen von Überkapazitäten tendenziell sinkende Preise herrschten und die Reifenproduzenten in ein >profit squeeze< brachten. Der beständige Kampf der Hersteller, die Veränderungen des Marktes dazu zu nutzen, aus der Zwangsjacke der für sie ruinösen Preismechanismen herauszukommen, zieht sich wie ein roter Faden durch die neuere Geschichte des Reifenmarketings. Die geographische Verlagerung der Marktdynamik in Folge der Abwanderung der Volumenmärkte aus Europa in den nord- und südamerikanischen sowie südostasiatischen Raum, bot dazu eine Chance. Der radikale Strukturwandel innerhalb der Marktsegmente, der sich gleichzeitig in Europa in Richtung einer Spezialisierung und einer Umschichtung zu qualitativ höheren Produkten vollzog, eröffnete weitere Möglichkeiten, die mageren Erträge zu steigern. So waren in Spezialbereichen – bei Motorradreifen, Winterreifen, Hochgeschwindigkeitsreifen und vor allen Dingen Breitreifen – vergleichsweise hohe Zuwachsraten zu erreichen. Insbesondere in letztere setzte Mitte der 80er Jahre die Reifenindustrie ihre Hoffnungen, nachdem dort für Europa Marktzuwachsraten von über 50 Prozent (in Deutschland sogar 74 Prozent) zu verzeichnen waren.[3] Die Verschiebung der einzelnen Marktsegmente erzwang entsprechende Verschiebungen im Produkt-Mix der Reifenhersteller: Betrug Anfang der 80er Jahre der Absatzanteil der Standardreifen noch 75 Prozent, bei Breit- und Hochgeschwindigkeitsreifen ca. 15 Prozent und bei Winterreifen 10 Prozent, so waren es acht Jahre später nur noch 59,2 Prozent Standardreifen, dafür 25,5 Prozent Breit- und Hochgeschwindigkeits-Reifen sowie 15,3 Prozent Winterreifen, die aus den Heizpressen rollten.[4]

Das Reifenmarketing war dabei mit einigen produktspezifischen Absatzbedingungen konfrontiert: Erstens fiel die Entscheidung über Marktanteile weitgehend bereits in der Erstausrüstung, das heißt, die an die Automobilhersteller gelieferten Reifen erzeugten über die Verbraucherloyalität positive Mengeneffekte in den Ersatzmärkten. Zweitens war die spezifische Langlebigkeit von Markennamen im Reifengeschäft zu berücksichtigen. Oft über Jahrzehnte lang hatte sich eine Markenidentität entwickelt, die nicht beliebig zusammen mit den an ihr hängenden Marktanteilen auf eine andere Marke transferierbar war – und wenn, dann bestenfalls unter Kosten, die den potentiellen Anteilszuwachs weit überstiegen. Drittens schließlich ging auch die »innere« Markenidentität so tief, daß an eine Fertigung des sogenannten »grünen Reifens«, das heißt eines einheitlichen Rohlings mit beispielsweise nur unterschiedlichen Laufflächenprofilen und unterschiedlichen Namen, nicht zu denken war. Insbesondere die Erstausrüster ließen derartigen Überlegungen keine Chance, da man sich dort nur für einen Reifen entscheiden würde und die andere Marke der große Verlierer wäre. Für die Reifenkonzerne hieß das, der Gefahr des ›single sourcing‹ der Erstausrüster durch getrennte und damit aber auch aufwendigere Reifenentwicklung bei den Marken zu begegnen. Hinter jedem Markennamen stand – äußerlich zwar nicht unterscheidbar – auch ein unterschiedliches Produkt mit spezifischer Technologie, die sich ebenfalls der beliebigen Übertragbarkeit entzog.

Zur wachsenden Komplexität der Märkte kam, dadurch bedingt, ein Wandel der Vertriebsstrukturen. Der in Deutschland traditionell dominierende Reifenfachhandel war zunächst in der ersten Hälfte der 70er Jahre durch Warenhäuser und Supermärkte in Bedrängnis geraten. Nur noch 50 Prozent des Ersatzgeschäfts lief über die Reifenhändler, während die Kfz-Betriebe und

---

3 Vgl. dazu diverse Berichte in den Sitzungen des Reifenausschusses 1985, in: Registratur Vorstandssekretariat.
4 Vgl. Unternehmensinterne Unterlagen sowie allgemein *Gummibereifung* 4/1986, S. 1 und *VDI-Nachrichten* 15. 5. 87.

Tankstellen einen Anteil von 30 Prozent hielten und die Warenhäuser ihren Anteil auf 20 Prozent hatten steigern können.[5] Anfang der 80er Jahre zeichnete sich ein neuer Trend ab: Nicht zuletzt aufgrund des veränderten Verbraucherverhaltens, in dem Qualitätsbewußtsein, Beratung und Service eine zunehmende Rolle spielten, konnte der Reifenhandel wieder Boden gutmachen und seinen Anteil auf 66 Prozent steigern. Der große Verlierer waren die Warenhäuser, die nur noch 8 Prozent des Ersatzgeschäfts bestritten, während Autohäuser und Tankstellen ihren Anteil knapp behaupteten. Im Reifenfachhandel selbst aber machte sich gleichzeitig eine zunehmende Konzentration bemerkbar; firmeneigene Fachhandelsketten gewannen unaufhaltsam an Bedeutung und drängten die kleineren und mittleren, unabhängigen Reifenhändler in den Hintergrund. Sechs große Handelsketten vereinigten 1981 allein über 30 Prozent, die 100 größten über 80 Prozent des Gesamtumsatzes auf sich, während auf der anderen Seite rund 3400 Händler sich weniger als 20 Prozent des Reifenersatzgeschäfts teilen mußten. Diese Entwicklung hielt, von den Reifenherstellern zum Teil selbst beschleunigt, bis in die 90er Jahre hinein an, allerdings begleitet von einer weiteren Strukturverschiebung. Unterstützt von ihren Vertriebsorganisationen, aber auch von der Reifenindustrie, begannen die Autohäuser und Kfz-Betriebe ihre Marktanteile im Ersatzgeschäft bis auf 30 Prozent auszuweiten. Nicht nur die Autohäuser bemühten sich, das einträgliche Reifengeschäft ins eigene Haus zurückzuholen, sondern auch die Reifenindustrie sah, daß sich hier neue Vertriebswege eröffneten.[6]

Wettbewerbsstrategie im Ersatzgeschäftmarkt

Mit dem Erwerb von Uniroyal Europa war Continental angesichts der »Concord«-Erfahrungen der späten 60er Jahre zwar nicht zum ersten Mal, aber doch in ganz anderem Ausmaß mit dem Problem einer Zwei-Marken-Strategie konfrontiert. Die zukünftige Positionierung im Markt erforderte eine sorgfältige Abstimmung aufeinander, wollte man nicht nur Marktanteilsverluste riskieren oder eine bloße Addition der Marktanteile erreichen, sondern letztlich auch Synergieeffekte, das heißt einen Zugewinn im Reifenmarkt realisieren.[7] Für Continental und Uniroyal schien dabei eine graduelle Differenzierung Vorteile zu versprechen: Continental mehr in Richtung Standardreifen, Uniroyal mehr in Richtung Spezialist – mit entsprechend unterschiedlicher Konzentration auf ›Angriffsziele‹ wie Dunlop bzw. Pirelli – letztlich aber auf demselben Produkt- und Imageniveau.[8] »Beide Marken«, so konstatierte Ende 1983 der Vorstandsvorsitzende Werner zufrieden, »sind so groß, daß sie

5 Vgl. Statistische Angaben, in: *Autohaus* 20/1983.
6 Vgl. u. a. auch »Wer gewinnt die Reifenschlacht«?, in: *Auto-Motor-Zubehör* 3/1989.
7 Zu den Problemen bei der Abstimmung der Preispositionierung von Continental und Uniroyal vgl. Protokoll des Reifenausschusses vom 12. 8. 1980, in: Registratur Vorstandssekretariat.
8 Vgl. Protokoll der Aufsichtsratssitzung vom 15. 12. 1982, in: Registratur Vorstandssekretariat.

sich eine Eigenständigkeit in der Produktphilosophie leisten können.«[9] Das Hinzukommen von Semperit komplizierte aber diese Marketingkonzeption zunächst. Eine »gleichberechtigte« Erweiterung zu einer Drei-Marken-Strategie barg Risiken, und so entschied man sich für eine abgestufte ›Multi-brand‹-Politik. »Pflege der Markenkonturen gegenüber dem Markt, um jeder Tendenz zur Nivellierung vorzubeugen« lautete die Prämisse. Die Marken Uniroyal, Continental und Semperit traten getrennt und im Wettbewerb zueinander im Markt auf, abgestimmt allerdings auf die unterschiedlichen Marktsegmente.[10] Anders als Continental und Uniroyal war Semperit beispielsweise eine eher ersatzgeschäftsorientierte Marke und konnte damit einen wichtigen ausgleichenden Beitrag zur stärkeren Erstausrüsterorientierung der beiden ›premium-brands‹ leisten.[11] Da inzwischen alle europäischen Reifenhersteller etwa dieselben Produktionskosten hatten, konnte man über den Preis kaum neue Marktanteile hinzugewinnen. Der Schlüssel zum Erfolg war vielmehr die Fähigkeit, die Händler mit allen Produkten ausstatten zu können, die sie brauchten und nachfragten. Mit ihrem inzwischen angelegten »Marken-Portfolio« besaß Continental eine günstige und zunehmend stärker werdende Wettbewerbsposition.

Bei aller Internationalisierung hätte man aber fast übersehen, daß der Heimatmarkt und damit die nach wie vor bestehende Basis wegzubrechen drohte. Im Gegensatz zu allen anderen großen Wettbewerbern war Continental mit der Reifenmarke Conti nicht Marktführer im eigenen Land. Ein ungesicherter Heimatmarkt, auf dem man nur eine Nebenrolle spielte, konnte den Lebensnerv des Konzerns bedrohen. Unter der Überschrift »Conti 2000« startete man daher im November 1985 eine Marketingoffensive. »Profitable Wachstumsstrategie für das deutsche Ersatzgeschäft unter Berücksichtigung der weltweiten Gesamtinteressen der Marke Conti« lautete das Motto. Das Ziel war, die strukturellen Schwächen der Marke Continental im deutschen Ersatzgeschäft zu überwinden und ihr bis zum Jahr 2000 eine angemessene Marktstellung – sprich Marktführerschaft – im eigenen Land zu sichern.[12] Denn die Erfolge im deutschen Ersatzgeschäft in den vorangegangenen Jahren waren überwiegend auf das außergewöhnliche Wachstum bei Winterreifen zurückzuführen und damit in Zukunft sehr gefährdet.

Im Mittelpunkt der neuen Marketing-Politik stand zunächst das Bemühen, Handlungsfreiheiten innerhalb der ruinösen Preismechanismen zu gewinnen. Während der Anfang der 80er Jahre noch im Zeichen der Mengenpolitik, das heißt der Kapazitätsauffüllung, stand, galt es nun, das gewonnene Terrain

---

9 Interview Werner, in: *Auto-Motor-Sport* 16/1983. Vgl. auch *Neue Reifen-Zeitung* 2/1982, Interview mit Uniroyal-Geschäftsführer Karl-Heinz Kufferath zur Zwei-Marken-Politik sowie ein weiteres Interview, in: *Gummibereifung* 5/1983.
10 Vgl. auch Interview Werner, in: *Schweizer Handelszeitung* vom 12. 9. 1985.
11 Vgl. Notiz vom 8. 8. 1984, in: 6610 Zg. 1/90, A 3 sowie Konzeption der Unternehmensplanung vom 11. 1. 1984, in: ebd.
12 Vgl. dazu Konzept Conti 2000, in: 99201, Zg. 1/95, A 2.

nach ertragsstarken Märkten, Vertriebswegen und Produkten zu sondieren und nur da auszubauen und zu halten, wo mittel- und langfristig Ertragspotential zu erwarten war. Die Preispolitik der Konkurrenten ließ für eine Umsetzung dieser Ziele aber wenig Chancen. »Die Preise der Konkurrenten Dunlop/Sumitomo und Pirelli für Reifen«, so beklagte sich Werner im Januar 1985, »sind als rein politische Preise anzusehen, da sie erheblich niedriger als Continental liegen, obwohl sie höhere Herstellungskosten haben.«[13] Dazu kam ein bis dahin vor allem von Michelin praktiziertes System der Rabatt-Politik: Man kündigte eine Preiserhöhung von beispielsweise 5 Prozent an, veranlaßte dadurch den Handel zu Vorratskäufen, die den Griff nach den Konkurrenzmarken blockierten, und leitete schließlich eine Rabattaktion ein, die die Preiserhöhungen mehr als kompensierten. Anfang 1984 hatte Continental daher bereits versucht, ein neues, eigenes Preissystem durchzusetzen und sich damit von den Preisgestaltungen Michelins unabhängiger zu machen. Der streikbedingte Produktionsausfall in der Automobilindustrie im Herbst 1984 machte aber einen Strich durch die Rechnung. Mindestens 1,5 Millionen Reifen konnten die Hersteller nicht wie geplant in der Erstausrüstung absetzen. Diese Reifen drängten nun zusätzlich ins Ersatzgeschäft und lösten einen neuen, harten Preiswettbewerb aus.[14]

Ein weiterer Schlüssel zur Verbesserung der Marktposition lag in einer veränderten Distributionspolitik. Die Marketing-Manager von Continental sprachen selbst von einem »gestörten Verhältnis zum Fachhandel«, das es dringend zu verbessern galt.[15] Die Spannungen reichten bis Mitte der 70er Jahre zurück, als Schäfer mit seiner Forderung nach einem leistungsfähigeren und serviceorientierteren Handel für erheblichen Wirbel in der Branche der Reifenfachhändler gesorgt hatte.[16] Der Hintergrund war der grundlegende Wandel des Reifenmarktes vom Verkäufer- zum Käufermarkt, in dem nicht nur die Großkunden eine wachsende Nachfragemacht ausübten. Die reine Verteilerfunktion des Handels war Vergangenheit. Gefragt war ein marketingversierter Verkäufer und damit aus Sicht von Continental als Hersteller eine Professionalisierung der Händler. Die Parole, die Schäfer ausgab, hieß »neue Partnerschaft zwischen Hersteller und Fachhandel« und implizierte nicht nur ein umfassendes Betreuungs- und Beratungsangebot, sondern auch die Zusicherung, beim Ausbau der firmeneigenen Handelskette Vergölst defensiv zu agieren.[17] Anfang 1983 war es aber zu einem offenen Dissens zwischen Continental und dem Deutschen Reifenhändler-Verband gekommen, da der Hersteller mehr und mehr Geschäfte mit Großhandelshäusern und Autohändlern

---

13 Vgl. Protokoll der Reifenausschuß-Sitzung vom 23. 1. 1985, in: Registratur Vorstandssekretariat.
14 Vgl. auch »Der Reifenmarkt quillt über«, in: *FAZ* vom 4. 9. 1984. Vgl. auch *Neue Reifenzeitung* 3/1986, S. 1-4.
15 Vgl. Konzept »Conti 2000«, S. 13, in: 99201, Zg. 1/95, A 2.
16 Vgl. »Denkanstöße aus Hannover«, in: *Gummibereifung* 3/1975. Vgl. auch Interview mit Schäfer: »Der Reifenfachhandel muß auf der Höhe seiner Zeit sein«, in: ebd. 10/1977.
17 Vgl. *Neue Reifenzeitung* vom 15. 7. 1981.

und damit aus Sicht des Fachhandels zu ihren Lasten machte.[18] Tatsächlich sprang auch Continental auf den immer schneller fahrenden Zug der vertikalen Konzentration auf. Nicht zuletzt aufgeschreckt durch die Bemühungen Michelins, durch Kauf selbständiger Händler seine firmeneigene Handelskette auszubauen und auch durch Bridgestones Akquisitionen von Reifenhändlern zum Aufbau eines eigenen Distributionsnetzes, beteiligte man sich nun am Wettlauf um die selbständigen Händler: 1986 und 1989 übernahm man eine Reihe von ehemals selbständigen Niederlassungen in eigene Regie.[19]

Was die Rückeroberung von Marktanteilen für die Marke Continental im deutschen Reifenersatzmarkt betrifft, ging die Rechnung der Marketing-Manager letztlich nur bedingt auf. Der Blick auf die Entwicklung der Marktanteile zeigt seit 1985 kaum gravierende Veränderungen.

Im europäischen Ersatzgeschäft aber konnte man deutlich Marktanteile hinzugewinnen. Lag man 1979 bei Pkw- und Lkw-Reifen noch bei jeweils etwa 10 Prozent, so kletterten die Verkäufe bis 1989 auf 15 Prozent. Schon als Continental 1979 nach dem Uniroyal-Erwerb seine Mittelfriststrategie beim Reifen-

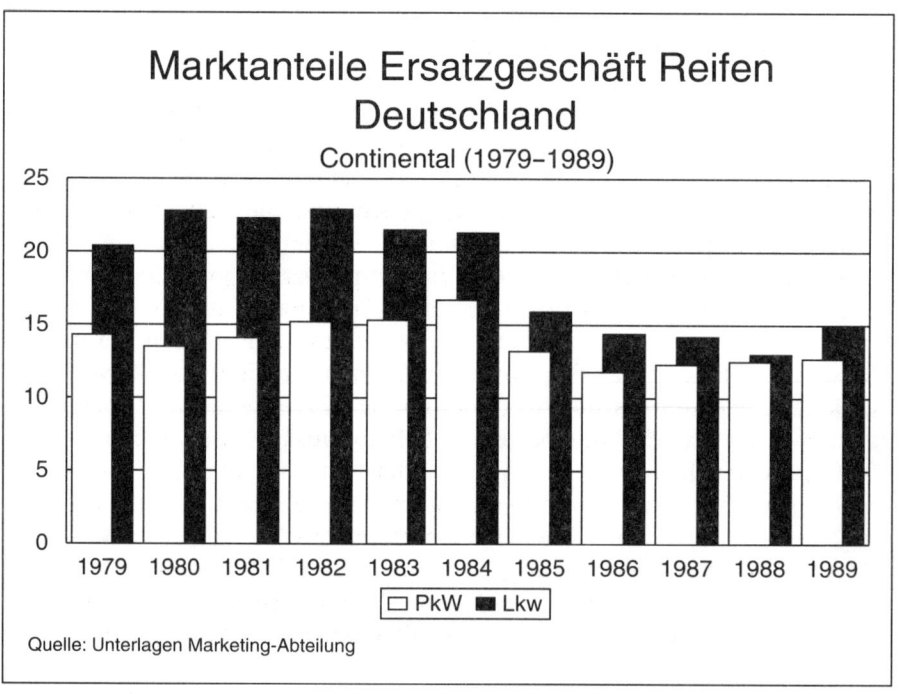

Marktanteile Ersatzgeschäft Reifen Deutschland

Continental (1979–1989)

Quelle: Unterlagen Marketing-Abteilung

18 Vgl. *Gummibereifung* 1/1983 sowie auch Protokoll der Vorstandssitzung vom 30. 4. 1984, in: Registratur Vorstandssekretariat sowie *Gummibereifung* 11/1984.
19 Vgl. auch »Reifenmarkt Deutschland. Leistungsfähiger durch vertikale Konzentration?«, in: *Neue Reifenzeitung* 1/1989.

marketing festlegte, war Deutschland neben der Schweiz und den Benelux-Staaten als Ausbaumarkt mit einer anvisierten Umsatzrendite von 10 Prozent festgelegt worden. Großbritannien, Österreich und Frankreich galten als Aufbaumärkte, während Skandinavien, Italien und die USA als Erhaltungsmärkte (mit mindestens 2 Prozent Umsatzrendite) eingestuft wurden. Afrika, Südamerika und Japan hatte man zunächst noch kaum im Blick; sie galten als Chancenmärkte.[20] Trotz der bereits bestehenden eigenen Vertriebsgesellschaften erhielt Continental erst durch Uniroyal einen direkten Zugang zum europäischen Reifenmarkt, wo man es mit völlig unterschiedlichen Vertriebsstrukturen zu tun hatte. In Großbritannien etwa dominierten große, an die Hersteller gebundene Händlerketten das Reifenersatzgeschäft, in das Continental als ›late-comer‹ kaum einzudringen vermochte. In Frankreich wiederum bestimmte zwar der Reifenfachhandel die Distributionskanäle, aber anders als in Deutschland hatten hier die Tankstellen und Autohäuser an Bedeutung verloren, während die Supermärkte die großen Gewinner waren.[21] Die Entwicklung zu einem EG-Binnenmarkt verstärkte aber die Angleichung der europäischen Distributionsstrukturen. »Continental«, so hieß es in einem Bericht Schäfers vor dem Aufsichtsrat im Mai 1985, »muß sich angesichts des zunehmenden Verdrängungswettbewerbs dieser Entwicklung stellen und die Vermarktung durch Kooperationen, Beteiligungen und gegebenenfalls Erwerb von Händlern oder Ketten beeinflussen.«[22] 1983 hatte man darauf zunächst mit der Zusammenfassung der Vertriebsgesellschaften von Continental und Uniroyal in Großbritannien und Frankreich reagiert, während man in der Schweiz und Skandinavien noch weiter getrennt agierte. Nur halbherzig hat man daher die Umstrukturierung von der Marken- zur Marktorientierung beim Vertrieb vorgenommen. Erst Ende der 80er Jahre gelang schließlich in Großbritannien der Einstieg in die Händlerketten.[23]

Sehr viel schwerer tat sich Continental bei ihrer Marketingpräsenz auf dem amerikanischen Markt. 1976 hatte man dort mit der Continental-Caoutchouc-Corporation (CCC) erstmals eine eigene Vertriebsgesellschaft begründet und 1978 einen ersten Anlauf genommen, über ein zusätzliches Netz von 250 ausgewählten Händlern in den USA Fuß zu fassen. »The german radial« hieß das Motto, unter dem man Continental-Reifen an den Mann zu bringen versuchte.[24] Continentals frühes US-Engagement war aber wenig Erfolg beschieden gewesen. Nahezu jährlich wurde die Strategie entsprechend dem Auf

20 Vgl. Continental-Planungshandbuch 1981–1983, in: Conti-Archiv, o. Sign.
21 Vgl. Protokoll der Vorstandssitzung vom 12. 12. 84 sowie Helmut Werner: »Noch große Chancen im Reifenersatzgeschäft«, in: *Auto-Motor-Zubehör* 11/1987, S. 1–3.
22 Vgl. Protokoll der Aufsichtsratsitzung vom 7. 5. 1986, in: Registratur Vorstandssekretariat.
23 Mitte 1989 erwarb Continental eine Minderheitsbeteiligung am britischen Reifenhandelsunternehmen Birkenshaw Tyre Ltd. (Smiley) und wenige Monate später Anteile am Reifenhandelskonzern Kwik-fit. Zu den wechselvollen Geschichten des Erwerbs beider Handelsketten vgl. Interview Urban sowie *Neue Reifenzeitung* 11/1989.
24 Vgl. auch *Modern Tyre Dealer* 5/1978.

und Ab der Währungsrelationen geändert, nur minimale Investitionen in US-spezifische Produkte wie Weißwandreifen, besondere Lkw-Reifendimensionen und Motorradreifen sowie später auch Ganzjahresreifen getätigt, und vor allem gab es unterschiedliche Auffassungen zwischen Marketing, F+E und Produktion über die Bedeutung und Bedürfnisse des US-Marktes.[25] Erst 1982 stufte man den US-Markt als Expansionsmarkt ein und versuchte, offensiver aufzutreten. Mit dem Image von deutscher Qualität und einer modernen Produkttechnik zielte man auf den Premium-Markt, geriet dann aber Anfang der 80er Jahre auch hier rasch in die Preisschlachten zwischen Goodyear, Michelin und Bridgestone, die mit bis zu 25prozentigen Preisabschlägen einander das Leben schwerzumachen versuchten. Es dauerte lange, bis man mühsam die Lektionen der Eigengesetzlichkeiten des amerikanischen Marktes gelernt hatte: Die ganz anderen Bedeutungen und Zusammenhänge von Erstausrüstung und Ersatzgeschäft, die andersartige Struktur des customer-dealer-systems, sowie die unterschiedlichen Mechanismen der Markenwahrnehmung.[26] Die Kooperation mit General Tire half schließlich, sich auf dem amerikanischen Markt immer besser zurecht zu finden, und mit dem Erwerb des Reifenkonzerns konnte man auch im brand marketing eine aktivere Rolle einnehmen. Mitte 1989 verstärkte Continental schließlich sein Engagement im Händler-System: Für 6 Millionen Dollar erwarb man eine Minderheitsbeteiligung an der US-Reifenhandelsgesellschaft Big O Tires, Inc.

Das Hauptproblem des Continental-Marketings aber blieb bestehen: Trotz aller Bemühungen verfügte man – anders als Goodyear, Bridgestone und Michelin – letztlich nicht über eine Weltmarke. So stark die einzelnen Marken in Continentals ›brand portfolio‹ auf den regionalen Märkten waren, über eine überragende und auf allen Märkten nahezu gleichmäßige Bedeutung verfügte auch Continental als Premium-Marke des Konzerns nicht. Das war und ist gleichsam der ›Erbfehler‹ der NS- und Nachkriegszeit, denn bis Anfang der 30er Jahre genoß Continental einen Ruf als Weltmarke wie nur noch Michelin. Mehr als mit der Marke Continental besaß man daher im Konzern seit 1979 mit ›Uniroyal‹ einen Reifen mit dem Image einer weltweit vertretenen Marke, und vor diesem Hintergrund erklären sich auch die anhaltenden Bemühungen, die Warenzeichenrechte von Uniroyal zu verteidigen und zu erhalten.[27] Die Frage, die sich für das Marketing daher stellte, war, Continental weiter zur Weltmarke aufzubauen – ein angesichts der Zählebigkeit des einmal bestehenden Markenimages kostspieliges und langwieriges Unterfangen –, oder aber

---

25 Vgl. Protokoll der Reifenausschuß-Sitzung vom 9. 2. 1982 sowie Bericht zur Aufsichtsratssitzung vom 30. 6. 1982, in: Registratur Vorstandssekretariat.
26 Vgl. u. a. auch Interview Frangenberg vom 30. 3. 1995 sowie Interview Gilbert Neal und Garry O'Neil vom 29. 3. 1995.
27 Bereits im Oktober 1981 etwa hatte Uniroyal, Inc. mit nahezu allen Mitteln versucht, die gesamten Warenzeichenrechte wieder zurückzubekommen. Vgl. Notizen vom 28. Oktober 1981, in: 6610 Zg. 1/90, A 2.

sich auf ein variables, regionales Markenmanagement zu konzentrieren – ein gegenüber dem ›one-brand-marketing‹ ebenfalls zunächst einmal aufwendigeres Vorgehen.[28]

Das Schicksal des Zuliefererstatus

Die Beziehungen von Kautschukindustrie und Automobilindustrie waren seit je her über ein bloßes Lieferanten-Kunden-Verhältnis hinaus gegangen. Insbesondere prägte ein akribisch betriebenes Prüfungs- und Erprobungssystem durch die Automobilhersteller die Geschäftsbeziehungen. Die Freigabepolitik erlaubte es den Autokonzernen, Art und Umfang des eingeräumten Zuliefererstatus zu steuern und bei Reifen am Erstausrüstungsmarkt eine erhebliche Nachfragemacht auszuüben. Es war dabei ein ungeschriebenes Gesetz, daß Angebotsmonopole nicht akzeptiert wurden, weder was einen zu kleinen Kreis von Zulieferanten noch was technologische Exklusivität eines Herstellers anging. Und die Erstausrüster verstanden es dabei glänzend, die Reifenhersteller gegeneinander auszuspielen.[29] Dieses Zuliefersystem hatte weitreichende Folgen für das Qualitätsmanagement und die Entwicklungsaktivitäten der Reifenhersteller. Permanent war man mit sich ändernden Qualitäts- und Entwicklungsanforderungen der Autohersteller konfrontiert, die damit nicht nur die Art und Weise, sondern auch das Tempo der Innovationsaktivitäten der Reifenhersteller vorgaben.

Unter dem wachsenden Wettbewerbsdruck der Automobilindustrie wurde im Laufe der 80er Jahre das Beziehungsgeflecht zwischen Zulieferern und Autoherstellern reorganisiert und in wesentlichen Teilen völlig neu gestaltet. Zum einen nahm der Druck auf die Qualität der Reifen enorm zu. Im Juni 1986 etwa konfrontierte Ford die Reifenhersteller mit einer neuen Qualitätsrichtlinie, die in einem ausgefeilten System die Qualitätsanforderungen des Autobauers an seine Lieferanten definierte. Erwartet wurde eine Fehlerreduzierung auf annähernd Null. Auch Continental war damit zu einer umfassenden Überprüfung der Fertigungsprozesse gezwungen.[30] Zum anderen gerieten auch die Preise unter wachsenden Druck. Mehr denn je nutzten die Automobilhersteller ihre Nachfragemacht, um die Reifenpreise oft bis zur Kostendeckungsgrenze und zum Teil auch darunter zu drücken. Allein 1988 erzwang die Autoindustrie Preissenkungen von 15 bis 18 Prozent. Klagen der Reifenhersteller wurden mit dem Hinweis auf lukrative Folgegeschäfte im Ersatzgeschäftsmarkt sowie beträchtliche Rationalisierungspotentiale in den

---

28 Vgl. auch die Analyse von Continentals Vier-Marken-Strategie, in: *Tires and Accessories* 1/1988, S. 43–59.
29 Vgl. dazu eine Reihe von Beispielen in den Sitzungs-Protokollen des Reifenausschusses, in: Registratur Vorstandssekretariat.
30 Vgl. Protokoll der Vorstandssitzung vom 10. 6. 1986, in: Registratur Vorstandssekretariat.

Reifenfabriken vom Tisch gewischt. Aber auch im Ersatzgeschäft bröckelten auf breiter Front die Preise.[31]

Einen fundamentalen Wandel im Verhältnis zwischen Zulieferer und Autohersteller bedeutete schließlich die Neuverteilung der Aufgaben, die darauf hinauslief, Wertschöpfung und Fertigungstiefe bei den Autoherstellern zu Lasten der Zulieferunternehmen zu vermindern. Erst spät hatte man in der europäischen Autoindustrie erkannt, daß in der Dezentralisierung der Automobilfertigung erhebliche Kostensenkungspotentiale lagen. Etwa 40 Prozent aller Komponenten eines Autos wurden Anfang der 80er Jahre in Europa von Zulieferern entwickelt und produziert; in Japan allerdings lag dieser Anteil bereits bei 60 Prozent. Mehr und mehr gingen die Automobilhersteller dazu über, F+E-Funktionen, Lagerhaltung und Beständemanagement sowie Logistikaufgaben den Zulieferern zu übertragen. Für die Kautschukindustrie, die im Mittelpunkt des neuen Zuliefersystems stand, bedeutete diese Ausweitung der Zuliefererleistungen Chancen wie Risiken. Schließlich wurde man nun stärker in die Strukturen und Systeme der Automobilkonzerne integriert und damit von deren Schicksal noch abhängiger. Zwangsläufig erhielten die Erstausrüsterkunden mehr Einblick in die Forschung und Entwicklung, die Fertigungstechnik und die Kapitalstruktur, um die Innovationskompetenz abzuschätzen, die Qualität und Flexibilität der Produktion beurteilen und sich Vorstellungen über die langfristige Finanzkraft der Zulieferer machen zu können. Es ging nicht mehr nur um den Kauf eines Zubehörteils, sondern letztlich darum, das gesamte Leistungspotential des gleichsam »gläsernen« Zulieferers in die Unternehmensstrategie der Automobilproduzenten mit einzubeziehen.[32] Geradezu beschwörend sprach Werner von einer neuen Partnerschaft mit gegenseitiger Abhängigkeit, einer Art Industrieverbund, freilich ohne gegenseite Kapitalbindung.[33] Es war aus Sicht der Kautschukindustrie eine Beziehung, die auf Langfristigkeit und Stetigkeit angelegt sein mußte, da die Reifenentwickler nun mehr denn je schon von Anfang an bei der Konzeption neuer Fahrzeugmodelle mit am Tisch saßen, und bis zur Serienreife fünf bis acht Jahre Entwicklungszeit vergingen.

Im Mittelpunkt der neuen Aufgabenverteilung stand die Beschleunigung des gesamten Materialdurchlaufs mit einer drastischen Verringerung der Bestände und einer entsprechenden Verminderung der Kapitalbindung und Verbilligung der gesamten Teileversorgung. Hinter dem nach dem japanischen

---

31 Vgl. Protokoll der Vorstandssitzung vom 11. 10. 1982, in: ebd. Vgl. auch Interview Frangenberg vom 30. 3. 1995 und Interview Schäfer vom 10. 5. 1995. Der Index-Vergleich zeigt das deutliche Nachhinken der Reifenpreise zwischen 1980–1987: Reifen von 100 auf 106, Lebenshaltungskosten 100 auf 121, Automobilkosten von 100 auf 120,5, Lohnkosten auf 122 und Rohstoffkosten auf 226.

32 Vgl. Peter Haverbeck: »Der Zulieferer im Verbund mit der Automobilindustrie«, in: *Kautschuk Gummi Kunststoffe* vom 18. 7. 1985 sowie Werner in einem Pressegespräch, vgl. dazu *FAZ* vom 29. 11. 1984.

33 Vgl. Helmut Werner: »Der neue Dollar – Folgen für die Zulieferer der Automobilindustrie«, in: *Stahl und Eisen* 16/1987, S. 1–4.

Vorbild als Kan-ban-System und Just-in-time-Prinzip bekannt gewordenen Konzept stand eine Revolution der Unternehmenslogistik. Zulieferteile wie Reifen und technische Gummiartikel sollten schnell und direkt an die Produktionsbänder der Automobilhersteller geliefert werden, die auf diese Weise ihre Teilelager auf ein Minimum beschränkten und zudem ihre Produktionsabläufe erheblich flexibilisieren konnten. Es war ein System, das auch in der Zuliefererindustrie entsprechende Veränderungen im Materialfluß und der Fertigungssteuerung erforderte und daher prinzipiell Kostensenkungen versprach. Die Initiative zur Einführung dieses Systems war dabei, anders als vielfach vermutet, von der Zuliefererindustrie ausgegangen, und Continental betätigte sich dabei als Vorreiter. Früher als alle anderen waren die Hannoveraner durch ihre Kooperationskontakte mit den Japanern auf deren Organisation des Zuliefersystems aufmerksam geworden. So wenig man an neuen Erkenntnissen über die Reifen-Fertigungstechnik aus Japan mitbrachte, so reichhaltig waren die Informationen, die die Continental-Manager über Arbeitsorganisation und Produktionssteuerung bekamen. Noch im Mai 1980 hatte Hahn daher das Kan-ban-System als unternehmensinternes Fertigungsprinzip in der Formartikel-Fertigung des Werkes Limmer eingeführt und mit positiven Erfahrungen erprobt.[34] Ende 1980 bot Hahn daraufhin Opel die Umstellung der Lieferbeziehungen auf das neue System an. Der Vorschlag von Continental wurde in der Tat aufgegriffen und 233 Teile für einen ersten Versuch ausgewählt. Über Anfangsgespräche kam man schließlich aber nicht hinaus, da Opel zu viele Schwierigkeiten sah.[35] Die Einführung des neuen Systems war auch innerhalb der Continental nicht unumstritten gewesen. Als sich am 30. März 1981 der Reifenausschuß zu einem »Bericht über den Produktivitätsvorsprung in Japan und Vorschläge zur weiteren Vorgehensweise« traf, wurde Skepsis aufgrund der zunächst erheblichen Kostenanforderungen laut. Die erforderliche Verkürzung der Umrüstzeiten bei den Reifenwickelmaschinen zwischen verschiedenen Reifendimensionen, die schnelle Bereitstellung von Materialien und die hohe Verfügbarkeit der Maschinen erforderten nicht nur zusätzliche Sachkosten und Investitionen, sondern auch umfangreiche arbeitsorganisatorische Änderungen. »Nur um Kan-ban einzuführen«, so das Fazit, »erschienen diese Anforderungen als überzogen, da nicht ein Fertigungssteuerungssystem gebraucht wird, sondern ein Ansatz zu deutlicher Produktivitätssteigerung.«[36]

Kaum daß Hahn als Vorstandsvorsitzender zu VW gewechselt war, begann er aber nun dort, die Einführung des Kan-ban-Systems voranzutreiben. Ende Juli 1982 wandte er sich daher seinerseits an Continental. Bis Ende des Jahres wurde ein gemeinsames Konzept erarbeitet, das zunächst sieben TP- und

34 Vgl. Protokoll der Vorstandssitzung vom 2. 6. 1980, in: Registratur Vorstandssekretariat.
35 Vgl. Unterlagen zur Vorstandssitzung vom 21. 1. 1985 mit einem Rückblick auf die Entwicklung von Kan-ban, in: Registratur Vorstandssekretariat.
36 Protokoll der Reifenausschuß-Sitzung vom 30. 3. 1981, in: ebd.

einen Reifenartikel im Kan-ban-Liefersystem umfaßte. Anfang Februar 1983 startete man schließlich einen Modellversuch. Schon wenige Monate später pries man bei VW allenthalben die sehr guten Erfahrungen. Bei Continental aber war man weit skeptischer. Der bald auf vier Artikel zusammengeschrumpfte und allein die nahe beieinanderliegenden Werke Stöcken von Continental und das Hannoveraner VW-Transporterwerk umfassende Modellversuch spiegelte kaum die Realität wider. Vor allem aber sah man, daß das neue Zuliefersystem letztlich auf eine bloße Abwälzung der Lagerhaltungskosten auf den Reifenhersteller hinauszulaufen drohte.[37] Als man im Continental-Vorstand Mitte Januar 1985 eine Zwischenbilanz über die Erfahrungen mit dem Kan-ban-System zog, sah man sich in diesen Befürchtungen bestätigt. Nach mehreren Anläufen war zwar inzwischen auch wieder bei Opel und erstmals bei Daimler Benz mit Kan-ban experimentiert worden, aber überall waren die Versuche »bisher nicht sehr erfolgreich gelaufen« und über ein Anfangsstadium nicht hinausgekommen. Allen praktizierten Systemen war gemeinsam, »daß sie zu mehr Kosten für den Lieferanten, sei es in der Lagerhaltung oder in den Frachten für die häufigere Belieferung führten«. Positiv war lediglich eine Beschränkung in der Zahl der Zulieferer, die dieses System bedingte.[38]

Steckengebliebene oder gescheiterte Innovationen? CTS und EOT

Lange war der Kampf um Marktanteile zwischen den Reifenkonzernen mit den »wirkungsvollsten und schädlichsten Marketinginstrumenten«[39] ›Preis und Konditionen‹ ausgetragen worden. Ende der 70er Jahre zeichnete sich nun ein Wandel ab. Die Reifenindustrie bewegte sich auf das Ende der Radialisierungsphase zu, das heißt, der Stahlcord-Radialreifen hatte sich für fast alle Einsatzgebiete etabliert. Mehr und mehr begann sich daher der Konkurrenzkampf auf Produktinnovationen, neue Reifensysteme und Reifen-Technologien zu verlagern.[40] Der Wettbewerb spielte sich zunächst aber in den Labors und Entwicklungsabteilungen der Kautschukunternehmen ab. Hier fielen die Würfel darüber, wer in Zukunft die Nase vorn haben würde. In welche Richtung die künftige Reifenforschung und -entwicklung gehen würde, war dabei klar absehbar: Erhöhung der Fahrsicherheit auf nasser und winterlicher Fahrbahn, Erhöhung der Sicherheit bei Druckverlust im Reifen, Verminderung des Energieverbrauchs für Herstellung und Betrieb der Reifen und damit Schonung der begrenzten Rohstoffvorräte sowie Verbesserung des Umweltschutzes durch Reduzierung des Reifenfahrbahngeräusches – so lauteten die

37 Vgl. auch »Gnadenloses System«, in: *Der Spiegel* 50/1983.
38 Vgl. Vorstandsprotokoll vom 21. 1. 1985, in: Registratur Vorstandssekretariat. Vgl. auch Interview Werner, in: *Wirtschaftswoche* vom 20. 1. 1984.
39 Vgl. Interview Schäfer vom 10. 5. 1995.
40 Vgl. auch Wilhelm Schäfer: Reifenindustrie an neuer Entwicklungsschwelle, in: *Gummibereifung* 4/1978.

Hauptthemen.[41] Da jede Änderung des Materials oder der konstruktiven Auslegung des Reifens nicht ohne Auswirkungen auf alle anderen Gebrauchseigenschaften und »technologische Parameter« des Reifens blieben, waren sich die Reifenentwickler von Anfang an bewußt, daß eine Kombination dieser Forschungsziele letztlich auf ein neues technisches System »Reifen« hinauslief.

Beim Wettlauf um den Reifen der Zukunft schien zunächst abermals Michelin als Sieger durchs Ziel zu gehen. Bereits Ende 1975 hatten die Franzosen unter dem Kürzel TRX ein neues Reifensystem angekündigt, das offenbar alle geforderten Eigenschaften von der besseren Laufqualität über eine neue Felgenkonstruktion bis zur Fahrtüchtigkeit auch nach einem plötzlichen Druckverlust besaß. Aber Continental war diesmal dem französischen Konzern dicht auf den Fersen. Nur wenige Monate später präsentierten die Hannoveraner Reifeningenieure ein eigenes System mit neugestalteter Reifen-Felgen-Kombination. Es hieß LFC (Low Flange Conti) und zeichnete sich durch höhere Tragfähigkeit, großzügigeren Einbauraum für Bremse und Radaufhängung sowie mehr Komfort aus.[42] Was das Entwicklungsziel der Sicherheit im Pannenfall anging, erprobte man gleichzeitig ein zweites, eigenes Reifen-Notlaufsystem: Es bestand aus einem inneren Stützschlauch, der den Reifen bei einem Defekt trug. Der Vorteil war, daß Felgen und Reifen herkömmlichen Baumustern entsprachen und damit auf das Reserverad verzichtet werden konnte.[43] Auch wenn Continental im Gegensatz zu Michelin die Integration beider Systemeigenschaften und Vorteile noch nicht gelungen war, zeigte sich schnell, daß auch TRX bei weitem nicht die von einem neuen Reifensystem geforderten Eigenschaften und Entwicklungsziele erreichte.

Irgendwann im Herbst 1979 kam man beim monatlichen brain-storming im Continental-Reifenlabor auf die Idee einer Einheit von Reifen und Felge, hinter der die Umrisse eines völlig neuartigen Reifens sichtbar wurden und die die angedachten Entwicklungen zu einem tragfähigen Systemkonzept vereinigte. Kennzeichen des zunächst als CNR-System (Conti-Notlauf-Reifensystem) firmierenden Konzepts war, daß die Reifen nicht mehr auf den äußeren Flächen der Felge saßen, sondern von außen um die Felge herumgriffen und ihren Wulstsitz auf den radial innenliegenden Flächen hatten. Schlagartig

---

41 Vgl. auch Julius Peter, Gerhard Mauk: Entwicklungsstand und Tendenzen der Reifenindustrie in der BRD, Manuskript 1977 sowie Rüdiger Rudzewitz: Wohin rollt der Reifen? Manuskript 1985. Vgl. auch Ordner F+E 1978, Bl. 617 f.: »Förderungswürdige Forschungs- und Entwicklungsvorhaben im Reifenbereich«.

42 Vgl. auch der Bericht in *FAZ* vom 3. 11. 1976 sowie *Gummibereifung* 12/1976.

43 Die Versuche, einen pannensicheren Reifen zu konstruieren, durchziehen von Anfang an die Geschichte der Reifenindustrie. Bereits im Jahr 1907 wurde ein Patent über »Abwerfsicherung durch Tiefbettfüllung« erteilt. Erst Anfang der 70er Jahre aber hatten die Reifenkonzerne ihre Forschungsbemühungen auf dieses Ziel hin konzentriert und zahlreiche unterschiedliche Notlaufsysteme entwickelt, von denen sich allerdings keines endgültig durchsetzen konnte. Vgl. dazu »Pannensichere Reifen: Noch nicht reif für den Markt?«, in: *KfZ-Betrieb und Automarkt* 17/1977 sowie Ordner F+E 1978, Bl. 728 f.

eröffnete sich damit ein Entwicklungspotential für eine Reihe von Gebrauchseigenschaften, die mit dem damaligen Reifen nicht erreichbar waren. Geringeres Systemgewicht und größerer Einbauraum eröffneten dem Fahrzeughersteller konzeptionelle Vorteile; Federungskomfort, Kraftübertragung auf nasser Fahrbahn und Sicherheit gegen Aquaplaning ließen sich deutlich verbessern, und der Rollwiderstand wurde spürbar kleiner, ohne daß andere Reifeneigenschaften nachhaltig beeinflußt wurden. Bemerkenswert war aber eine weitere Eigenschaft: Das CNR-System behielt seine Fahrfähigkeit auch bei einer Reifenpanne. Der Pannenlauf im drucklosen Zustand über mehrere hundert Kilometer machte das Mitführen eines Reserverads in Zukunft entbehrlich. Nicht zuletzt besaß das neue Reifensystem den großen Vorteil, daß es ein Normgitter schuf, durch das die ausufernde Anzahl von Reifenausführungen und Dimensionen, die durch das TRX-System sich noch vervielfacht hätte, auf einige wenige Dimensionen reduziert werden konnte. In fünf Jahren, das heißt bis Ende 1987, so die ersten Planungen der Continental-Entwickler, konnte das neue Reifensystem bei entsprechender Intensivierung der Arbeiten produktionsreif sein.[44] Continental verfügte damit Anfang der 80er Jahre über ein – wenn auch noch im Entwicklungsstadium stehendes – neues Reifensystem, das die Reifenwelt revolutionieren konnte und den Hannoveraner Konzern mit einem Schlag in eine dominierende Wettbewerbsposition zu bringen versprach. Die Erfolgsaussichten waren um so besser, als Michelin Anfang der 80er Jahre allenthalben Verluste aus seinem USA-Engagement machte und auch in der deutschen Erstausrüstung Probleme hatte. Der Branchenvorreiter war angeschlagen und hatte, nachdem 1982 das TRX-System endgültig gescheitert war, auch keine technische Neuentwicklungen mehr in der Hinterhand.[45] Aber nur wenn mehrere Reifenhersteller die neuen Räder anboten, das wußte man in Hannover, würde die Automobilindustrie die nötigen Konstruktionsänderungen am Automobil vornehmen. Auch die Händler waren nur dann bereit, viel Geld für neue Montage- und Auswuchtsysteme auszugeben.

Schon aus diesen marktstrategischen Gründen lag es nahe, das Gespräch mit Michelin zu suchen. Im Januar 1983 hatte sich nach einem Besuch Werners bei François Michelin das durch den Kléber-Streit frostig gewordene Klima deutlich gebessert. Anfang Juli kam es zu einem ersten Meinungsaustausch zwischen den Reifeningenieuren beider Häuser, bei dem die Franzosen einen ersten Eindruck von Continentals CNR-System erhielten.[46] François Michelin zögerte nicht lange. Am 11. Juli 1983 signalisierte er in einem Telefongespräch gegenüber Werner, daß man in Continentals CNR-Konzept

---

44 Vgl. Ordner F+E 1982, Bl. 821009.
45 Vgl. auch Alain Jemain: Michelin. Un siècle de secrets, Paris 1982, S. 257 ff. und *Financial Times* vom
    3. Juli 1985 sowie *Der Spiegel* vom 24. Juni 1984.
46 Vgl. Gesprächsnotiz vom 4. 7. 1983, in: 6610 Zg. 1/90, A 10.

gute Entwicklungsmöglichkeiten sehen und aus diesem Grunde eine Kooperation beider Unternehmen in diesem Bereich begrüßen würde. Die Zusammenarbeit bei weiteren Tests, die Klärung der Lizenzfrage, die Entwicklung einer gemeinsamen Vorgehensweise bei der Erstausrüstung und die Abstimmung der kommerziellen Konzepte vorausgesetzt, könnte das neue Reifensystem in kürzerer Zeit als von Continental vorgesehen zur Produktionsreife und Vermarktung gebracht werden.[47] Michelins Anruf sorgte im Continental-Vorstand für helle Aufregung. Das Kooperationsangebot stellte eine für den französischen Konzernchef vollkommen ungewöhnliche Vorgehensweise dar, war doch bisher die Maxime seines Handelns immer durch das Bestreben diktiert gewesen, dem Unternehmen seine Unabhängigkeit und technologische Exklusivität zu erhalten.

Am 25. Juli 1983 befaßte sich der Vorstand eingehend mit dem Für und Wider der möglichen Kooperation sowie mit der weiteren »CNR-Strategie«. Was die Einschätzung des neuen Reifensystems anging, sah man sich durch die weiteren Zwischenergebnisse der Entwicklungsarbeiten in seiner optimistischen Haltung bestätigt. Der neue Reifen versprach in Lenkverhalten, Fahrstabilität, vermindertem Rollwiderstand und Notlaufeigenschaften gleichermaßen bessere Ergebnisse als alles Vorangegangene und repräsentierte gleichsam eine »universelle« Technologie für Pkw- wie Lkw-Reifen. So schnell wie möglich mußte nun daran gegangen werden, einen umfassenden Patentschutzwall zu errichten. Beträchtliche finanzielle und personelle Ressourcen für die Weiterentwicklung wurden bereitgestellt. Und schließlich war man sich einig, daß Continental so bald wie möglich als alleiniger Erfinder des CNR-Systems vor die Öffentlichkeit treten sollte.[48] Was den Entwicklungspartner anging, entschied sich der Vorstand trotz der bestehenden Risiken, in Verhandlungen mit Michelin einzutreten. Marktposition, Kapitalstärke und F+E-Potential des französischen Konzerns waren groß genug, dem neuen Reifensystem zum Durchbruch zu verhelfen. Man formulierte schließlich eine Liste von Wunschvorstellungen und Kooperationsbedingungen, die, so gut es ging, Continentals Partnerrolle entsprechend vorteilhaft absichern sollte.[49] Drei Tage später, am 28. Juli 1983, begannen die Verhandlungen, bei denen man sich als Basis der Zusammenarbeit darauf einigte, »daß in regelmäßigen Besprechungen der Entwicklungsgruppen neue Erkenntnisse ausgetauscht werden, der Partner auf entstandene Probleme hingewiesen und über bereits gefundene Lösungen für diese Probleme hinsichtlich Art und Lösungsweg informiert wird«[50].

Aber als sich Ende September 1983 die Reifentechniker beider Seiten zum ersten Mal trafen, stellten die Hannoveraner Ingenieure fest, daß »ein erheb-

47 Vgl. Notiz Werner vom 11. 7. 1983, in: ebd.
48 Vgl. Protokolle und Anlagen zur Vorstandssitzung vom 25. 7. 1983, in: Registratur Vorstandssekretariat.
49 Ebd.
50 Gesprächsnotiz vom 28. 7. 1983, in: 6610 Zg. 1/90, A 10

liches grundsätzliches Mißverständnis seitens Michelin über die von uns angestrebte Zusammenarbeit vorliegt«[51]. Während Continental von Anfang an CNR als umfassendes Konzept in Richtung einer neuen Reifentechnologie angedacht hatte und daher alle Reifenkategorien in den Informationsaustausch und die Entwicklungskoperation einbezogen wissen wollte, betrachtete Michelin das neue Reifensystem offenbar als reines Pkw-Notlaufsystem und war daher allein an einer entsprechenden Begrenzung interessiert. Nur zu deutlich zeigte sich, wie schwer es Continental haben würde, den mächtigen Partner in die Pflicht zu nehmen und die Weichen so zu stellen, daß man am Ende der geplanten Kooperation nicht nur als bloßer Know-how-Geber dastand und von den eigenen, vielversprechenden strategischen Perspektiven nichts mehr übrigblieb. Und auch über das weitere Vorgehen gab es unterschiedliche Vorstellungen. Nachdem am 4. November 1983 offiziell ein ›CNR-Vertrag‹ mit dem entsprechenden Junktim der Beendigung der Kléber-Angelegenheit geschlossen worden war,[52] drängte Werner, kaum daß die Tinte auf den Verträgen trocken war, darauf, das neue Reifensystem der Continental in einer großen Presseaktion der Öffentlichkeit vorzustellen. Die Pläne stießen bei François Michelin auf erhebliche Bedenken, denn die Maxime des Franzosen war es, ein Projekt zunächst produktionsreif zu machen, um dann erst an die Öffentlichkeit zu gehen. Die Chancen bestünden 1 : 3, aus der CNR-Idee einen wirklich funktionsfähigen und den existierenden Konzepten überlegenen Reifen zu machen, so lauteten die Einwände. Durch eine zu frühe und zu klare Aussage in der Presse lege man sich sehr früh fest. Genau das war aber das Kalkül Werners. Man wollte durch eine möglichst frühzeitige Veröffentlichung Michelin in Zugzwang hinsichtlich der Entwicklung des neuen Konzeptes bringen. Werner setzte sich schließlich gegen die Einwände Michelins durch, war aber bereit, zwei Einschränkungen zu akzeptieren. Zum einen schien es ratsam, im Produktversprechen weniger absolut und konkret zu sein. Zum anderen sollte jeder namentliche und erkennbare Hinweis auf die bereits geschlossene Kooperation und Michelin als deren Partner unterbleiben.

Die Pressekonferenz des Continental-Vorstandes, die Ende November eine minutiös geplante PR-Aktion einläutete, versetzte die Reifenwelt in hellen Aufruhr. Stolz sprach man von einer Weltpremiere, die die konventionelle Technik buchstäblich umkrempeln werde und gab sich überzeugt, daß sich das inzwischen als CTS (Conti Tire System) firmierende Reifensystem in einigen Jahren als Standardausrüstung durchsetzen werde.[53] »Continental hat den Reifen neu erfunden«, verkündete man selbstbewußt in Werbeanzeigen. Die erwarteten Vorzüge des Systems wurden dabei schon sehr detailliert herausge-

---

51 Vgl. Besprechungsnotiz vom 30. 9. 1983, in: ebd.
52 Vgl. das Agreement sowie den entsprechenden Schriftwechsel und Notizen vom September/Oktober 1983, in: ebd.
53 Vgl. u. a. *Neue Reifenzeitung* 12/1983.

stellt: je 10 Prozent mehr Fahrkomfort, bessere Rundlaufeigenschaften, mehr Kraftschluß bei Nässe und weniger Systemgewicht, 15 Prozent mehr Einbauraum für Bremsen und geringerer Rollwiderstand und ein gar um 25 Prozent verbessertes Aquaplaningverhalten – und das alles bei einer erstmals garantierten Pannenlauffähigkeit über mehrere hundert Kilometer. Von einem zurückhaltenden Produktversprechen konnte keine Rede sein. Michelin und die Kooperation wurden aber in der Tat nicht erwähnt. Continental werde Partner in der Reifenindustrie brauchen, wenn das System sich erfolgreich durchsetzen wollte, äußerte Werner vieldeutig auf einer weiteren Pressekonferenz in London.[54] Die Frage nach dem nötigen Partner, der dem neuen Reifen zum Durchbruch verhelfen würde, war dann auch der am meist diskutierte Aspekt in der Fachpresse.[55]

In der Tat klopften in den folgenden Tagen und Wochen eine Reihe von Konkurrenten, darunter Goodyear, in Hannover an die Tür und bekundeten ihr Interesse an einer Zusammenarbeit. Drängende Fragen kamen aber auch von seiten der Kooperationspartner General Tire und Toyo.[56] Werner versuchte die Interessenten hinzuhalten, sah sich aber Anfang Februar 1984 seinerseits dazu veranlaßt, drängende Fragen an den französischen Partner zu richten: Wann würde Michelin bereit sein, die Zusammenarbeit mit Continental zu veröffentlichen? »Durch das anhaltende Schweigen«, so Werner in einem Brief an Michelin, »würden Michelin wie Continental infolge der bereits kursierenden Gerüchte in die Defensive gedrängt.«[57] Werner drängte mithin darauf, das Kooperationsabkommen endlich mit Leben zu füllen. Durch die frühzeitige Bekanntgabe waren die Reifentechniker »unter einen ungeheuren Druck geraten«, da VW, Daimler Benz und Peugeot bereits für Mitte 1984 den neuen CTS-Reifen zu Testzwecken angefordert hatten.[58] Zudem hatte man erfahren, daß in den USA bereits auch Goodyear und Firestone Tests mit CTS-ähnlichen Prinzipien machten und daher für General Tire/Continental Eile geboten war, um als erster Anbieter bei der amerikanischen Automobilindustrie auftreten zu können. Aus Clermont-Ferrand kamen aber hinhaltende Antworten. Man sehe weiter erhebliche Probleme im Produktionsprozeß und der Montagetechnik und wolle die bisherigen Entwicklungsergebnisse daher erst einer eingehenderen Prüfungsphase unterziehen.[59]

Aus Sicht von Michelin gab es für die Hinhaltetaktik gute Gründe. Zum einen gewann man die nötige Zeit, um eingehend den technologischen und damit auch wettbewerbsstrategischen Gehalt der Continental-Innovation ab-

54 Vgl. *Financial Times* vom 29. 11. 1983: »Conti seeks partners in new tire-project«.
55 Vgl. zum Beispiel *European Rubber Journal* vom Februar 1984.
56 Vgl. Notiz vom 8. 11. 1983, in: 6610 Zg. 1/90, A 10 sowie Interview Howaldt am 15. 6. 1995.
57 Vgl. Notiz Werner vom 7. 2. 1984, in: 6610 Zg. 1/90, A 10.
58 Vgl. Bericht Borgmann auf der Vorstandssitzung vom 16. 1. 1984, in: Registratur Vorstandssekretariat sowie Protokoll der Reifenausschuß-Sitzung vom 28. 11. 1983, in: ebd.
59 Vgl. Notiz Werner vom 7. 2. 84, in: 6610 Zg. 1/90, A 10. Vgl. auch Brief Werner an François Michelin vom 27. 2. 1984, in: ebd.

zuschätzen. Zum anderen erhielt man auch die nötigen Informationen, um mit »CTS-Know-how« das eigene TRX-System – dessen Weiterentwicklung man inzwischen wieder aufgenommen hatte – evtl. zu verbessern und damit Continentals Technologievorsprung abzuschöpfen. Und schließlich war man insgesamt weit mißtrauischer hinsichtlich der Produkt- und Marktfähigkeit des neuen Systems als Continental und daher zögerlicher mit dem schnellen Einsatz von Management- und Entwicklungskapazitäten. Je mehr Werner aufs Tempo zu drücken versuchte, um den erwarteten Wettbewerbsvorteil endlich wahrzunehmen und man sich zunehmend beschwerte, daß »die Zusammenarbeit mit Michelin zu wünschen übrig läßt«, desto häufiger kamen nun von dort Einwände und Bedenken.[60]

In den Entwicklungsabteilungen von Continental hatte man inzwischen allerdings deutliche Fortschritte gemacht. In Zusammenarbeit mit Felgenherstellern war die Auslegung von Technik und Design der neuen Felge weitgehend abgeschlossen. Bei Lenkverhalten, Fahrstabilität und Fahrsicherheit hatte man die Sollziele bereits erreicht, bei Fahrkomfort, Rollwiderstand und Fahrsicherheit fehlten nur noch wenige Prozent.[61] »Für kleinere Fahrzeuge Erstausrüster-Anforderungen nahezu erreicht«, berichtete man daher bereits Mitte 1984 an den Vorstand.[62] Gleichzeitig hatten die Continental-Reifeningenieure auch intensiv an der Entwicklung des Fertigungsverfahrens gearbeitet. In allen Produktionsschritten waren Modifikationen und zum Teil auch völlige Neuentwicklungen erforderlich, an deren Lösung man sich in enger Zusammenarbeit mit der hauseigenen Formen- und Maschinenfabrik und auch auswärtigen Maschinenherstellern machte. Und schließlich hatte man nach den ersten Vorführungen mit den Entwicklungschefs der Autokonzerne engen Kontakt aufgenommen und begonnen, die von dort kommenden Anregungen und Vorschläge in die Entwicklungsarbeit einzubeziehen.[63] Regelmäßig trafen nun auch Michelin-Techniker in Hannover zur Diskussion technischer Problemstellungen ein. Die Franzosen versicherten dabei immer wieder, daß die Produkt- und Verfahrensentwickler in Clermont-Ferrand mit höchstem Druck an den offenen Fragen arbeiteten. Bei den Continental-Forschern machte sich demgegenüber ein anderer Eindruck breit. »Die Zusammenarbeit mit Michelin«, so hieß es in einer Zwischenbilanz im Dezember 1984, »beschränkt sich bisher weitgehend darauf, daß Michelin die von uns mitgeteilten Informationen überprüft und die dabei gewonnenen Ergebnisse wieder übermittelt.«[64] Von einer Homogenität der Entwicklungsarbeiten konnte unter diesen Umständen keine Rede sein.

---

60 Vgl. Notiz vom 12. 12. 1984, in: ebd.
61 Vgl. »CTS – Entwicklungsstand – Gebrauchseigenschaften«, in: Ordner F+E 1984, Bl. 840437.
62 Vgl. Ordner F+E 1984, Bl. 840635.
63 Vgl. dazu auch *Manager Magazin* 5/1984.
64 Vgl. Notiz vom 12. 12. 1984, in: 6610 Zg. 1/90, A 10.

Im Lauf des Jahres 1985 zeichnete sich ab, daß Michelins Bewertung des CTS-Systems aufgrund der im Bereich Produktionsverfahren und Fertigungskosten auftretenden Schwierigkeiten negativ ausfallen würde. Wenig ermutigende Reaktionen aus Sicht der Continental-Forscher kamen auch aus der deutschen Erstausrüstung, wo man sich über die bisher erreichte Notlaufleistung wenig befriedigt zeigte. Und schließlich machten auch die Konkurrenten zunehmend Schwierigkeiten. Dunlop etwa verwickelte Continental in einen Patentstreit, bei dem die Engländer trotz ihrer absurden Argumentation der mangelnden Erfindungshöhe gegenüber einem eigenen Patent aus dem Jahre 1893 (!) zunächst Recht bekamen.[65] Unbeirrt hielt man in Hannover aber an dem Konzept des neuen Reifensystems fest und installierte noch im Februar ein eigenes »Projekt-Team CTS«. Die Kooperation Michelin/Continental bestand zu diesem Zeitpunkt bereits nur noch auf dem Papier.

Anfang 1986 aber erst machten sich im Continental-Vorstand grundsätzliche Zweifel an der Kooperation breit. Statt der erhofften Beschleunigung waren die Entwicklungsarbeiten dadurch letztlich eher verzögert worden.

»Auch 1985«, so lautete das Fazit eines Berichts der F+E-Abteilung an den Vorstand, »lag der Schwerpunkt aller CTS-Aktivitäten eindeutig bei Continental [...] Michelin vermittelt nicht den Eindruck, durch eigene Ideen und Vorstellungen das Erreichen von Fortschritten zu beschleunigen. Der input von Michelin ist zur Zeit gering. Als eher defensiv muß auch die Haltung gegenüber der Erstausrüstung beurteilt werden. Die Bemusterungen erfolgen etwas ›lustlos‹, ohne bei den Erstausrüstern den Eindruck zu hinterlassen, daß Michelin selbst vom Konzept überzeugt ist.«[66]

Langsam aber sicher schwand nicht nur der technologische Vorsprung, sondern auch der strategische Vorteil: Die von Michelin inzwischen geforderte Einbeziehung von Pirelli lief letztlich darauf hinaus, daß Continental investierte und seinen Entwicklungsvorsprung beseitigte; Pirelli brauchte nichts zu tun, erhielt aber Munition, um das Projekt bei der Erstausrüstung zu torpedieren; ein Wechsel der Entwicklungskooperation zu Goodyear war inzwischen unmöglich, obwohl man nach wie vor versuchte, das Interesse von Goodyear als Lizenzpartner wachzuhalten. Und schließlich verlor auch die durch den Aufbau von Patentbarrieren betriebene Absicherung des CTS-Know-hows zunehmend an Wirksamkeit.[67] So viele Handlungsoptionen sich dem Continental-Vorstand bei der ersten Präsentation des CTS-Systems drei Jahre zuvor noch eröffnet hatten, so eng waren nun die Aktionsspielräume des Innovationsmanagements geworden. Continental blieb nicht viel mehr übrig, als die eigenen Entwicklungsarbeiten weiter voranzutreiben und Michelin

---

65 Vgl. Notiz vom 19. 6. 1985, in: ebd.
66 Vgl. Bericht vom 2. 1. 1986, in: ebd.
67 Vgl. Bericht an den Vorstand vom 24. 1. 1986, in: ebd.

zum wiederholten Male dazu zu drängen, sein Engagement endlich zu verstärken.

Die Reifeningenieure in Hannover hatten das neue Reifensystem in der Tat deutlich weiterentwickelt. Im Juni 1986 präsentierte man im Vorstand ausführlich den »Stand des CTS-Projektes auf dem Gebiet der Produktentwicklung, des Fertigungsprozesses und der erwarteten Umsetzung in die Serienfertigung«[68]. Die Produktentwicklungsprobleme waren demnach entweder bewältigt oder es konnte erwartet werden, daß sie gelöst werden würden. Im Bereich des Fertigungsprozesses waren die Probleme bei den kleineren Dimensionen überschaubar, während bei den großen Dimensionen, das heißt vor allem bei Lkw-Reifen, die grundsätzliche Anwendbarkeit des CTS-Prinzips noch nicht endgültig geklärt war. Völlig ungelöst allerdings waren die Fragen der Fertigungskosten, der ›tire uniformity‹, des Fahrens im drucklosen Zustand auf der Hinterachse und der dabei auftretenden Beeinträchtigung von Fahrwerk und Karosserie.[69] Auch von seiten der Erstausrüstung wurde nach strengen Tests einigen Reifendimensionen attestiert, daß Continental das geforderte Entwicklungsziel fast erreicht hatte. Bei einer Reihe von Reifentypen lagen Continental-Forscher und Automobilentwickler in der Bewertung allerdings noch weit auseinander. Bis Mitte 1987 war man in der Reifenentwicklungsabteilung jedoch so weit, daß die CTS-Reifen bei allen Gebrauchseigenschaften im Normalbetrieb und im Pannenlauf Standardreifen-Qualität erreichten und zum Teil weit übertrafen. Ein enormer Fortschritt, der eine wesentliche Voraussetzung für die potentielle Durchsetzung des neuen Systems am Markt darstellte, war, daß eine Anpassung des Fahrwerks der Automobile an den neuen Reifen nicht mehr nötig war und daher auch das nachträgliche Umrüsten auf CTS kein Problem mehr darstellte.[70] Was die technische Entwicklung des neuen Systems anging, war man damit am Ziel. CTS war technisch praktisch ausgereift und aufgrund der eigenen Bemühungen eine enorme Teilstrecke auf dem Weg zur Serienfertigung zurückgelegt. Für den Vorstand war das Grund genug, diese Ergebnisse in einer zweiten großen Presseaktion der Öffentlichkeit vorzustellen. »1988/89«, so erklärte man selbstbewußt, »wird das erste Auto mit dem neuen Reifensystem CTS über die Straßen rollen.«[71] Es waren dann allerdings nur eine kleine Zahl von Automobilmodellen, die mit CTS ausgerüstet wurden. Aus dem einst umfassenden neuen Reifenkonzept war schließlich doch ein auf die spezifische Pannenlaufeigenschaft zugeschnittener Spezialreifen geworden, der zwar in Serie produziert wurde, aber aufgrund der hohen Fertigungskosten sich nicht auf breiter Basis durchsetzen konnte.

68 Vgl. Vorstandsprotokoll vom 10. 6. 1986, in: Registratur Vorstandssekretariat.
69 Vgl. auch »Entwicklungsstand CTS«, in: Ordner F+E 1986, Bl. 860112 ff.
70 Vgl. »Entwicklungsstand CTS«, in: Ordner F+E, 1987, Bl. 870811.
71 Vgl. zum Beispiel *Gummibereifung* 7/1987 sowie Interview Mauk, in: *KfZ-Betrieb* vom 10. 7. 1987; vgl. auch »Dreiviertel des Weges sind zurückgelegt«, in: *Neue Reifenzeitung* 6/1987.

Die anfängliche CTS-Euphorie war daher deutlicher Ernüchterung gewichen, die aber erst Werners Nachfolger Urban auch nach außen hin eingestehen mußte. Was das unternehmensinterne Innovationsmanagement anging, so mußte sich der Continental-Vorstand im Rückblick nichts vorwerfen. Finanziell wie personell erhielten die Reifenforscher jede nur denkbare Unterstützung durch den Vorstand. Auch daß man zu einem Zeitpunkt die Idee nach außen getragen hatte, als deren technische Realisierbarkeit letztlich noch nicht abzusehen war und man sich damit unter Zugzwang gesetzt hatte, erschien plausibel. Angesichts des dichten Verfolgerfeldes mußte sich Continental das Geburtsrecht für das neue Reifensystem sichern. Die Folge war zudem ein immenser Imagegewinn, der nicht nur den Börsenkurs, sondern auch das Stimmungsbarometer innerhalb des Konzerns in die Höhe schnellen ließ. Das CTS-Projekt wurde zu einem Identifikationsobjekt, das die kaum vergangenen schweren Zeiten endgültig vergessen ließ. Daß die technische Neuerung letztlich scheiterte, lag an den Problemen, denen sich das unternehmensexterne Innovationsmanagement gegenübersah. Es war von Anfang an klar, daß Continental aufgrund der zu geringen Finanzkraft sowie der Wettbewerbsmechanismen im Erstausrüstermarkt das neue Reifenkonzept nicht allein durchsetzen konnte. Zwei unabdingbare Partner – die Automobilindustrie und einer oder mehrere Mitkonkurrenten – waren es, die Continental benötigte. Die Unterstützung hielt sich allerdings in Grenzen. Im Juli 1986 hatte Werner denn auch auf der Hauptversammlung darauf hingewiesen, daß »die Antwort auf die Frage, inwieweit und in welchem Zeitraum CTS in den Markt gebracht werden kann, wie schnell es umgesetzt werden kann, mehr davon abhängt, was die Automobilindustrie tut und will, als davon, was wir selber tun«[72]. In der Tat zeigte ein internes ›ranking‹ der F+E-Abteilung, daß außer bei Daimler Benz und VW die Continental-Entwickler auf eine geringe oder gar keine Kooperationsbereitschaft getroffen waren.[73]

Die unbefriedigende Entwicklung des CTS-Projektes war um so bitterer, als Continental auch in der Lkw-Reifenentwicklung einen Rückschlag einstecken mußte. In diesem Bereich hatten sich seit Mitte der 70er Jahre große technologische Sprünge vollzogen. Nach Radialisierung und schlauchloser Ausführung arbeiteten die Reifenentwickler seit den Energiekrisen Mitte und Ende der 70er Jahre an einem »Energiesparreifen«. Sein Prinzip war sowohl die Reduzierung des Rohstoffverbrauchs bei der Reifenherstellung als auch die Verminderung des Kraftstoffverbrauchs bei der Nutzung durch die Verbraucher. 1980 hatte Continental in Zusammenarbeit und mit Förderung des Bundesministeriums für Forschung und Technologie eine Grundlagenstudie »Untersuchung der konstruktiven und materialtechnischen Einflußgrößen auf

---

72 Vgl. Hauptversammlungsprotokoll vom 9. 7. 1986, S. 31, in: Conti-Archiv o. Sign.
73 Vgl. »CTS-Kooperationsbereitschaft der Erstausrüstung«, in: Ordner F+E 1986, Bl. 860121.

den Rollwiderstand von Nutzfahrzeugen« begonnen.[74] Anders als bei Pkw-Reifen besaß Michelin Anfang der 80er Jahre im Lkw-Reifenbereich nach wie vor einen beträchtlichen technologischen Vorsprung. Die Continental-Ingenieure witterten daher die Chance, »daß der Konzern als Pionier bei der Lösung des Energieproblems auf der Reifenseite hervortreten könnte« und der technologische Abstand zumindest wettgemacht werden konnte.[75] Noch im Rahmen der Grundlagenstudie entwickelte man eine Reihe von Lösungsansätzen: 1981 etwa präsentierte Continental einen »brauen Lkw-Reifen«, bei dem Kieselsäure einen Großteil des erdölabhängigen Füllstoffs Ruß ersetzte.[76] Im Zusammenhang mit der Pkw-Reifenforschung wurde man auch auf die große Bedeutung des Laufstreifens für das Ausmaß des Rollwiderstands aufmerksam und hatte dort auch mit dem ›Cap-and-base-Prinzip‹, das heißt abriebfeste Laufflächenmischungen mit dämpfungsarmen kombiniert, einen neuen Dreistofflaufstreifen entwickelt, mit dem ein bis zu 15 Prozent geringerer Rollwiderstand und damit Kraftstoffeinsparungen von rund 2,5 Prozent erreicht werden konnten – bei gleichzeitiger Verminderung der Rollgeräusche.[77]

Unmittelbar nach Abschluß der Grundlagenstudie startete Continental 1982 daher unter dem Kennwort EOT (Energy Optimized Tyre) ein großangelegtes F+E-Projekt, an dessen Ende ein Reifen mit einem um 25 Prozent geringeren Rollwiderstand bei gleichzeitig um 30 Prozent erhöhter Kilometerlaufleistung stehen sollte.[78] Der neue Lkw-Reifen repräsentierte kein völlig neues Konzept und erforderte daher nicht wie bei CTS die Hilfe und Kooperation von Erstausrüstung und Konkurrenz für die Marktdurchsetzung. Mit knapp über 20 Millionen DM Investitionskosten war zudem der Entwicklungsaufwand im Vergleich zu dem für CTS verausgabten 100 Millionen DM relativ gering.[79] Hinter dem Konzept stand eine klare Kosten/Nutzen-Analyse, die den Lkw-Kunden pro Jahr und durchschnittlichem Lastzug eine Einsparung von über 3000 DM bringen sollte. Der EOT-Reifen basierte damit auf einer Wirtschaftlichkeitsrechnung, die auch bei sinkenden Kraftstoffpreisen und trotz des etwa 10 Prozent höheren Produktpreises überzeugend erschien. Die Lkw-Reifeningenieure präsentierten schließlich einen Terminplan, wonach sich die Entwicklungs- und Versuchsarbeiten von Mitte 1983 bis 1987 hinzogen. Erst dann war mit einem technisch ausgereiften, ausgetesteten und marktfähigen Produkt zu rechnen. Die Marketingleute aber drückten aufs

---

74 Vgl. auch »Zukunftstrends der Lkw-Reifenentwicklung«, in: Ordner F+E 1980, Bl. 800340 ff. sowie Bl. 820123. Vgl. auch einige Ergebnisse der Studie unter dem Titel »Energieverbrauch durch Reifen«, in: *Veröffentlichungen des Instituts für Verkehrssicherheit Baden-Württemberg*, Jg. 1981.
75 Vgl. Protokoll der Reifenausschuß-Sitzung vom 28. 11. 1980, in: Registratur Vorstandssekretariat.
76 Vgl. *Gummibereifung* 11/1981.
77 Vgl. *Gummibereifung* 5/1984.
78 Vgl. Protokoll der Reifenausschuß-Sitzung vom 5. 12. 1983 und vom 18. 12. 1984, in: Registratur Vorstandssekretariat sowie Interview Flothow vom 8. 2. 1995.
79 Vgl. auch Protokoll der Reifenausschuß-Sitzung vom 2. 4. 1984 inklusive Anlagen, in: ebd.

Tempo und legten ein ganz anderes ›timing‹ vor: Mitte 1986 sollte bereits die umfassende Markteinführung erfolgen. Das setzte allerdings voraus, daß die für die Reifenentwicklung spezifische langwierige Testphase erheblich abgekürzt werden mußte. Das Marktpotential, das bis 1990 auf 250 000 bis 300 000 Reifen veranschlagt wurde, sollte so früh wie möglich ausgeschöpft werden.

Die Entwicklung der EOT-Reifen wurde schließlich dem offensiven und aggressiven Marketingkonzept untergeordnet. Die Konstellationen für die hinter der Innovation stehende Wirtschaftlichkeitsrechnung hatte sich zwar Anfang 1986 verschlechtert. Die Dieselkraftstoffpreise waren auf den Stand vor 1979 gesunken, so daß sich angesichts der höheren Einstandspreise für EOT-Reifen die errechnete Kostenersparnis mit nur noch 1500 DM halbierte. In den USA, einem der Hauptzielmärkte der EOT-Strategie, ergaben sich gegenüber den dort inzwischen angebotenen Niederquerschnittsreifen sogar keine Vorteile mehr.[80] Dennoch präsentierte man im Juni 1986 in einer großangelegten Demonstration die inzwischen serienreif entwickelten EOT-Reifen.»Ein neues Continental-Reifenkonzept für Nutzfahrzeuge. Leistungsstark, kostendämpfend, umweltfreundlich« lautete die Botschaft für die von der Fachpresse allenthalben als Weltneuheit gelobte Reifeninnovation. Kaum ein Jahr später aber waren die neuen Reifen praktisch vom Markt verschwunden.»Bei den von Continental forcierten EOT-Reifen«, so mußte Werner in einem seiner letzten Berichte vor dem Aufsichtsrat im Dezember 1987 eingestehen,»haben sich Probleme ergeben, die sofort sowohl konstruktiv als auch in der Produktion angepackt worden sind.«[81] Die Kundenversprechen in Bezug auf die Laufleistung hätten bisher nicht erfüllt werden können. Nicht nur, daß die EOT-Reifen eine bisher nicht gekannte Präzision der Fertigung erforderten, die in der relativ kurzen Entwicklungszeit nicht erreicht worden war. Die Probleme lagen auch in der strukturellen Haltbarkeit der Gürtelkanten. EOT besaß hier eine konstruktionstechnische Schwäche, die mit den damals zur Verfügung stehenden reifenmathematischen Prüfmethoden und Testinstrumenten nicht erkannt werden konnte. Aufschlüsse über die Haltbarkeit konnten daher nur langfristige Test- und Erprobungsfahrten ergeben, auf deren Ergebnisse man aber auf Drängen der Marketingabteilung nicht hatte warten können. Erst als die Reifenforschungsabteilung wenig später einen Cray-Hochleistungscomputer erhielt, konnte man mathematisch ganz deutlich die Schwachstelle orten.[82] Aus der erhofften Lkw-Reifeninnovation und dem »Einholen« von Michelin war ein Marketingdesaster geworden.»Das Image im Lkw-Reifengeschäft«, so mußte der Vorstand im August 1989 sich eingestehen,»befindet sich auf Talfahrt.«[83] Durch eine kostspielige Aus-

---

80 Vgl. Protokoll der Vorstandssitzung vom 25. 2. 1986, in: Registratur Vorstandssekretariat.
81 Vgl. Protokoll der Aufsichtsratssitzung vom 11. 12. 1987, in: ebd.
82 Vgl. Interview Mauk vom 15. 2. 1995 und Interview Flothow vom 8. 2. 1995.
83 Vgl. Protokoll des Wirtschaftsaussschusses vom 23. 8. 1989, in: Ablage Konzernbetriebsrat Continental.

tausch-Aktion hatte man immerhin verhindern können, daß Marktanteile verlorengingen. EOT war als Marketingprojekt gescheitert. Als Innovationsprojekt aber blieb das Thema Energieeinsparung auf der Tagesordnung; es floß daher – wie auch die CTS-Erfahrungen – mit allen schmerzlichen Lernprozessen in die nächsten Reifenentwicklungen mit ein.

F+E zwischen Zentralisierung und Dezentralisierung: Organisationsstruktur, Forschungsbudget und F+E-Potential

Trotz des Mißerfolgs der Neuentwicklungen hatte Continental eine erhebliche Innovationsfähigkeit unter Beweis gestellt. Durch die großen F+E-Projekte waren erhebliche Gelder in die Entwicklungsabteilungen geflossen, dazu kam im Zusammenhang mit den Akquisitionen auch ein externer Zuwachs des F+E-Potentials. Organisatorisch war der F+E-Bereich Anfang der 80er Jahre aus einer Zentralfunktion herausgelöst und jeweils funktional in die Unternehmensbereiche TP und ›Technik Reifen‹ eingegliedert worden. Innerhalb des TP-Bereichs war eine weitere, stark dezentrale und produktspezifische Aufgliederung in die dort gebildeten Geschäftsbereiche erfolgt. Innerhalb des Reifenbereichs blieb F+E stärker zentral organisiert. Aber auch hier standen die Chemiker und Konstrukteure mit den Ingenieuren der Reifenfertigung sowie den Marketingfachleuten in enger Verbindung. Die vormals auf den oberen Organisationsebenen angesiedelte Aufsplitterung der Funktionen war dabei immer weiter nach unten verlagert worden. Innerhalb von »F+E-Reifen« fand sich daher Mitte der 80er Jahre eine Mischung aus produktspezifischen (Pkw-, Lkw-Reifen), sach- und funktionsspezifischen (Konstruktion, Prüfung, Materialentwicklung), projektspezifischen (EOT, CTS) und »stufendominierten« (Grundlagenforschung, angewandte Forschung, Entwicklung) Organisationseinheiten.

Aus den vormals zwei Hannoveraner Entwicklungszentren (je eines TP und Reifen) waren inzwischen fünf geworden: Durch Uniroyal war ein Entwicklungszentrum in Aachen und mit Semperit deren F+E-Zentrale in Traiskirchen (Österreich) hinzu gekommen. Dazu kamen das inzwischen nach Korbach verlegte Entwicklungszentrum für Zweiradreifen sowie neben dem »Contidrom« Testgelände in Jeversen die Versuchsgelände in Rocroix (Frankreich) von Uniroyal und in Kottingsbrunn (Österreich). Schließlich folgten die F+E-Zentren von General Tire in den USA. Die Koordination der damit plötzlich regional stark zersplitterten Forschung und Entwicklung erwies sich zunächst als schwierig. Mit Wilhelm Borgmann als Leiter des Unternehmensbereichs Technik/Reifen hatte 1982 ein Uniroyal-Techniker das Ruder übernommen, der im Erhalt der Eigenständigkeit der F+E-Zentren größere Vorteile sah als in einer Zusammenfassung der Aktivitäten, während die F+E-Manager von Continental eher eine Zentralisierung befürworteten.[84] So fruchtbar ein

---

84 Vgl. Interview Mauk vom 15. 2. 1995.

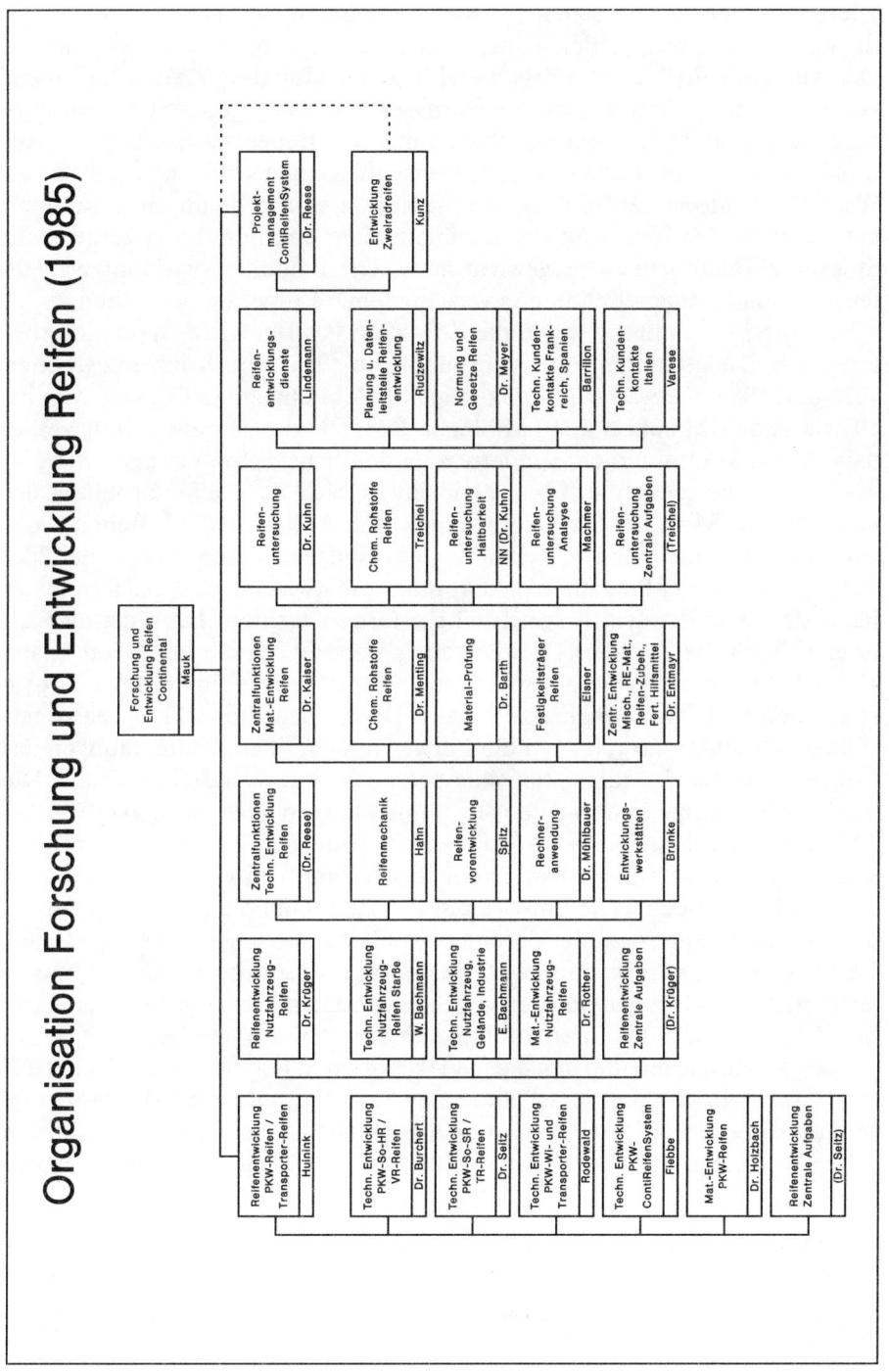

Organisation Forschung und Entwicklung Reifen (1985)

interner Wettbewerb zwischen den Reifeningenieuren sein konnte, so schwierig war es gleichzeitig, den konzerneigenen ›Not-invented-here-Effekt‹ zu
überwinden.[85] Erst nach und nach gelang es, eine funktionierende Aufgabenverteilung nach dem Prinzip ›gemeinsam forschen, getrennt entwickeln‹
durchzusetzen: Die Grundlagenforschung wie Reifenmechanik, EDV-An-
wendung, Prüf- und Fertigungsverfahrensentwicklung sowie die Analyse von
Wettbewerbsprodukten und die F+E-Planung wurde demnach zusammen
betrieben, wobei hier schon rein zahlenmäßig das Forschungszentrum in
Stöcken ein deutliches Übergewicht hatte. Die Produktentwicklung erfolgte
dagegen markenspezifisch in den verschiedenen Entwicklungszentren.[86]

Schon rein quantitativ waren die Zuwächse des Innovationspotentials beträchtlich. Die gesamten F+E-Aufwendungen stiegen im Konzern zwischen
1980 und 1989 in etwa 3- bis 4prozentiger Anlehnung an den Umsatz von ca.
70 Millionen DM auf etwa 350 Millionen DM. Die Budgetentwicklung verlief
dabei nicht kontinuierlich, sondern wies deutliche Schwankungen der Zuwächse auf, bei denen sich vor allem im Bereich der Reifenforschung der
»CTS-Boom« Mitte der 80er Jahre abhob. Innerhalb von »F+E-Reifen« vollzog sich dabei auch eine Verschiebung der Budgetstruktur. Anfang der 80er
Jahre gingen nur 11 Prozent in die Grundlagenentwicklung. Acht Jahre später
hatte sich dagegen der Budgetanteil für Grundlagenforschung deutlich erhöht.[87] Auch die Zahl des F+E-Personals war von ca. 500 (1980) auf knapp
1500 (1989) gestiegen, wobei Continental und GT etwa je ein Drittel, Uniroyal
sowie Semperit zusammen das weitere Drittel des Entwicklungspersonals
stellten. Deutlich spiegelt auch die Entwicklung der Patentanmeldungen das
Wiedererstarken der Innovationskompetenz in den 80er Jahren wider: Die
Zahl der Erfindungen und Patent-Erstanmeldungen stieg von 166 (1979) auf
195 (1989) und sollte 1994 schließlich 348 erreichen. Mitte der 80er Jahre
schlug dabei die umfangreiche Patentabsicherung von CTS allein mit etwa
50 Patenten zu Buche. Die Entwicklung der Patentanmeldungen zeigt zudem
die wachsende Internationalisierung bzw. Globalisierung der F+E-Strategie.
Wurden zwischen 1974 und 1985 erst ca. 25 Prozent der Erstanmeldungen
auch im Ausland angemeldet, so waren es zwischen 1985 und 1994 bereits 40
bis 45 Prozent, um den internationalen Wettbewerbern den technologischen
Zugang zu versperren und den eigenen technischen Fortschritt abzusichern.[88]
1990 etwa verfügte Continental über einen Patentbestand von 300 Patenten im
Inland, dagegen von 1680 Patenten im Ausland. Die quantitativen Indikatoren
geben allerdings den tatsächlichen Zuwachs des Forschungspotentials nur

---

85 Vgl. Protokoll der Reifenausschuß-Sitzung vom 30. 3. 1981, in: Registratur Vorstandssekretariat.
86 Vgl. Geschäftsbericht 1987, S. 12 sowie Ordner F+E 1986 »Konzernstrategie«, Bl. 860904 ff. und
   Bl. 880209 ff.
87 Vgl. die Angaben in den Planungshandbüchern Continental 1981–1988, in: Conti-Archiv o. Sign.
88 Vgl. dazu auch Notiz der Patentabteilung vom 14. 5. 1984 und Bericht vor dem Vorstand am 30. 7. 1984,
   in: Registratur Vorstandssekretariat.

teilweise wieder. Von ausschlaggebender Bedeutung war die gleichzeitig vollzogene wachsende Qualifikation des Entwicklungspersonals und die erheblich gestiegene Leistungsfähigkeit der Entwicklungsmethoden sowie vor allem die zunehmende Qualität der Patente. In Deutschland rangierte Continental Mitte der 80er Jahre unter den zehn forschungsintensivsten Aktiengesellschaften überhaupt.[89]

Die Anforderungen an den F+E-Bereich Continentals waren dabei erheblich gewachsen. Galt es in den 50er Jahren noch acht geforderte Eigenschaften eines Pkw-Reifens zu beachten, so waren es 1987 bereits 56 Merkmale, die man entsprechend den Vorgaben der Erstausrüster in einem ausgewogenen Produktkonzept erfüllen mußte. Gleichzeitig hatte sich der Produktlebenszyklus des Reifens erheblich verkürzt. Anfang der 70er Jahre lag er noch bei etwa acht bis zehn Jahren, 15 Jahre später bei drei bis vier Jahren. Dazu kam der wachsende Einfluß der Gesetzgebung auf die Reifenentwicklung, sowie nationale wie internationale Normrichtlinien.[90] Als geradezu gefährlich für die Innovationsfähigkeit der Reifenproduzenten erschien dabei in den Augen der Entwickler insbesondere ein Gesetz zur Einführung einer generellen Geschwindigkeitsbegrenzung. »Bei einem Tempolimit«, so warnte Werner Anfang 1985, »würden nur noch Reifen mit weniger ›technologischem Inhalt‹ produziert«, mit der Folge, daß bei den Zulieferern der Technologievorsprung gegenüber dem Ausland verlorenginge.[91]

Bei den Innovationsanstößen gab es eine deutliche Hierarchie. Die Mehrzahl kam von den Erstausrüsterkunden der Automobilindustrie, dann folgten Produktideen aus den unternehmensinternen Entwicklungszentren wie etwa bei CTS, während die Verbraucherbeobachtung, das heißt das Marketing, erst an dritter Stelle der Erfindungsimpulse lag. Von den Zulieferern der Reifenbranche, der Chemieindustrie und den Stahlcordherstellern, kam kaum etwas, nicht zuletzt, da man dort nicht »in Reifen« dachte.[92] Unternehmensintern waren es vor allem Vorstand, Qualitätssicherung und Marketing, die neben den F+E-Ingenieuren selbst die Prioritäten der Reifenentwicklung bestimmten. Mit der Produktion, der hauseigenen Formen- und Maschinenfabrik, den Finanzcontrollern, der Materiallogistik und nicht zuletzt dem Betriebsrat wurden dann Kapazitäten und Mittel abgeklärt. Die zentrale Funktion der Abstimmung und Verständigung der einzelnen »Fakultäten« übernahm seit 1979 der Reifenausschuß, bis er unter dem Vorstandsvorsitz von Urban 1987 eingestellt wurde.[93]

---

89 Vgl. *Capital* 10/1984.
90 Vgl. »Durch Normen und Gesetze festgelegte Reifenmerkmale«, in: Ordner F+E 1984, Bl. 840901. ETRTO (European Tyre and Rim Technical Organization) war die 1964 gegründete Standardisierungsbehörde der europäischen Reifenbranche.
91 Vgl. *Gummibereifung* 1/1985.
92 Vgl. Interview Mauk vom 15. 2. 1995.
93 Vgl. ebd. sowie »Aufgabenfluß in der Reifenentwicklung«, in: Ordner F+E 1982, Bl. 496 und 820921.

In den F+E-Abteilungen vollzog sich gleichzeitig eine Revolution der Arbeitsmethoden. Die wachsende Komplexität des technologischen Produkts Reifen sowie des unternehmensinternen wie konzernübergreifenden Entwicklungsumfeldes erforderten schnellere und dabei aber auch exaktere Konstruktionslösungen. Das rechnergestützte Konstruieren und Entwickeln, CAD/CAM und Cray, und damit die Computerisierung und Rationalisierung von F+E, hielt seit Mitte der 80er Jahre auch bei Continental Einzug. Ein Zentralrechner im Stöckener Entwicklungszentrum verband nun die regionalen F+E-Abteilungen. Gleich wo man saß, lieferte ein mit Bildschirmarbeitsplätzen verbundener Computer beispielsweise Reifenprofilentwürfe mit den Bemaßungen, bot Alternativvorschläge an und zeichnete dreidimensionale, perspektivische Darstellungen. Außerdem nahm der Rechner eine optimale Abstimmung der Baukomponenten, Karkasse, Gürtel, Gummimischungen und Profilgestaltung unter Berücksichtigung der gewünschten Laufeigenschaften und Leistungszeile vor. Selbst die auf den rollenden Reifen einwirkenden Kräfte konnten vom Computer vorausberechnet werden, so daß der Konstrukteur bereits beim Konzipieren eines neuen Profils beurteilen konnte, wie sich ein Laufflächenmuster auf das Fahrverhalten des Reifens auf nasser und trockener Fahrbahn auswirken würde. Ein Reifenmathematiker berechnete damit statt vorher zwei Rollwiderstände pro Tag nun 20, die Zeit für die Erstellung einer Konstruktionszeichnung verkürzte sich um mehr als ein Viertel, vom Profilentwurf bis zur fertigen Reifenform vergingen ein Drittel weniger Stunden, und die gleichstark gebliebene F+E-Mannschaft entwickelte etwa doppelt so viele Reifenprototypen wie noch Anfang der 80er Jahre.[94]

Die Forscher und Entwickler von Continental profitierten schließlich auch von den Kontakten zu den Universitäten. Ende 1982 wurde unter maßgeblicher Unterstützung des Konzerns an der TU Hannover das Deutsche Institut für Kautschuk-Technologie (DIK) mit dem Schwerpunkt in der Grundlagenforschung begründet. Für Continental diente das Kautschukinstitut in der Folgezeit bald als »verlängerte Werkbank für Grundsatzentwicklung«[95]. Alles in allem: Spätestens Mitte der 80er Jahre hatte Continental das »Radial-Syndrom« endgültig überwunden und ein beträchtliches F+E-Potential aufgebaut. Man vollzog damit nicht nur den tiefgreifenden Wandel der Kautschukindustrie zur High-Tech-Branche, sondern war zugleich auch in seiner Innovationsstrategie vom Aufholen und Imitieren zum Innovieren übergegangen.

---

94 Zwei neue Methoden spielten bei den Forschungs- und Entwicklungsaktivitäten der 80er Jahre im Reifenbereich eine besondere Rolle: die Thermographie und die »Finite Elemente-Methode«. Vgl. den Bericht in *CIM* vom 7. 8. 1988.
95 Vgl. Protokoll der Vorstandssitzung vom 14. 8. 1984, in: Registratur Vorstandssekretariat sowie Peter: Erinnerungen, S. 160 ff. und »Continental intensiviert Hochschulkontakte«, in: *Neue Reifenzeitung* 1/1989.

Kapitel 10
Wiedererstarken im Windschatten der Konjunktur

So stark eine Marketing- und Innovationsorientierung die Unternehmenspolitik der Continental in den 80er Jahren prägte, so intensiv waren gleichzeitig die Bemühungen, den wachsenden Kostendruck und den zugleich anschwellenden Kapitalbedarf in den Griff zu bekommen. Angesichts der beträchtlichen Akquisitionsaufwendungen und der dann oft noch einmal in selber Höhe fälligen Nachfolgeinvestitionen in den neuen Werken drohte die Kostenstruktur aus dem Ruder zu laufen. Um so dringlicher war es daher, die Produktionsstruktur so zu organisieren, daß wettbewerbsfähige Kostenvorteile und Rationalisierungseffekte erzielt werden konnten. Es war jener Bereich, in dem die Handschrift von Urban deutlich zu spüren war. Er hatte als Finanzvorstand die Unternehmenspolitik Hahns und Werners finanzstrategisch begleitet und abgesichert. Spätestens mit seiner Ernennung zum Vorstandsvorsitzenden von Continental Ende 1987 rückten Kostendenken und Finanzmanagement in den Vordergrund und wurden zur dominierenden Perspektive unternehmenspolitischen Handelns.

Neuordnung der Produktionsstandorte

Die Eingliederung der fünf Uniroyal-Fabriken machte schlaglichtartig die konzernweite Zersplitterung und Vermischung der Fertigungsstrukturen deutlich. Nach wie vor waren nahezu überall unter demselben Dach nicht nur Pkw- und Lkw-Reifen mit ihren je eigenen Fertigungslinien beheimatet, sondern auch noch eine Reihe von TP-Produktionsanlagen. Alle Werke produzierten praktisch alles – mit oft entsprechend ungenügender jeweiliger Auslastung. Eine umfassende Bereinigung der Fertigungsstruktur durch Zusammenlegung unrentabler Kleinfertigung und Kapazitätsumschichtungen tat daher Not. In Stöcken etwa plante man Kapazitätserweiterungen und damit eine entsprechende Schwerpunktbildung bei Lkw-Reifen, in Korbach die weitere Konzentration der Fertigung technischer Schläuche. Bei Uniroyal dagegen begann man, die Produktion von Lkw-Reifen in Herstal (Belgien) zu konzentrieren, das französische und schottische Werk in Clairoix bzw. Newbridge auf Pkw-Reifen zu spezialisieren und Aachen zum Zentrum der Fertigung von Transporter-Reifen (Lkw) zu machen.[1] Statt bisher maximal fünf würden dann nur noch maximal zwei Produktgruppen in jedem Werk produziert, wozu auch Teilproduktionen, etwa von Industriereifen und Reifenschläuchen, in Continental-Fabriken verlagert wurden. Das Ziel war letztlich auch, eine Standard-Werksorganisation für alle Reifenbereiche, das heißt, eine

---

1 Vgl. Planungshandbuch Continental 1981–83, in: Conti-Archiv, o. Sign. sowie Bericht Fortmanns vor dem Aufsichtsrat am 7. 5. 1981, in: Registratur Vorstandssekretariat.

Harmonisierung der Continental- und Uniroyal-Fabriken auch zur kostenmä-
ßigen Vergleichbarkeit zu erreichen.[2]

Man war sich im klaren, daß die Restrukturierung und Strukturbereinigung
ein langwieriger Prozeß sein würde. Das laufende Geschäft erforderte daher
zunächst, sich auf die technische Zusammenarbeit von Continental/Uniroyal
zu konzentrieren und so schnell wie möglich die Entwicklung und Fertigung
zu koordinieren. Oberstes Koordinations- und Entscheidungsgremium war
der bereits erwähnte Reifenausschuß, dem drei Koordinatoren – Wilhelm
Borgmann als Koordinator Technik/Reifen Continental/Uniroyal, Friedrich
Flothow als Produktionskoordinator und Gerhard Mauk als Koordinator Reifenentwicklung Continental/Uniroyal vorgeschaltet waren. Detailliert wurden
in einem Strategiepapier die jeweiligen Kompetenzen, Produktionsrichtlinien
und Verantwortlichkeiten sowie die Kommunikations- und Entscheidungsab-
läufe bestimmt und festgelegt.[3]

Als grundsätzliche Schwierigkeit des Synergiemangaments erwies sich aber
bald die unterschiedliche Geschwindigkeit der Koordinationsabläufe. Das
Problem war, wie man unterschiedlich strukturierte und je nach eigenen Fertigungsverfahren produzierende Fabriken führen sowie auch zwei F+E-Abtei-
lungen miteinander harmonisieren konnte, ohne Verluste an Kreativität und
Effizienz zu erleiden. Erst nach und nach gelang das gewünschte ›stream-
lining‹ der Produktion, etwa die Angleichung der Reifenformen oder die
Homogenisierung der Mischungen sowie vor allem die bessere Nutzung kapi-
talintensiver Maschinen. Ein weiteres Problem stellte die Einführung eines
›inter-company pricing systems‹ dar, das heißt die Frage nach den Richtlinien
der Kostenerhebung und deren Vergleichbarkeit zwischen den Werken. Bei
Uniroyal wurde die Effizienz und Rentabilität der Werke in ›kilos per man
hour‹ (Mannstunden) gemessen, was die Lkw-Reifenfabriken wegen deren
größerer Materialgrundlage begünstigte, während bei Continental die Ak-
kordminuten pro Reifen zugrunde gelegt wurden.[4] Je nach Berechnung
schnitten bei einem Werksvergleich die Continental-Werke Korbach und Saargemünd am besten ab, während nach der Uniroyal-Methode deren eigene
Werke, insbesondere in Frankreich und Großbritannien, besser dastanden.
Die teuersten Standorte waren demnach in jedem Fall Herstal (Belgien) und
Stöcken, deren Werksleiter aber gegen diese Kostenrechungen vehement
Sturm liefen.[5]

---

2 Vgl. Notiz Kauth vom 24. 11. 1980, in: 6610 Zg. 1/90, A 11.
3 Vgl. dazu für Details das umfangreiche Konzeptpapier »Technische Zusammenarbeit Continental/
Uniroyal«, in: 6610 Zg. 1/90, A 4.
4 Vgl. dazu Interview Flothow vom 8. 2. 1995 sowie Schreiben ETTO/Herstal vom 3. 6. 1982, in: 6610 Zg.
1/90, A 4.
5 Vgl. dazu Protokoll der Reifenausschuß-Sitzung vom 4. 8. 1982, in: Registratur Vorstandssekretariat
sowie Interview Flothow vom 8. 2. 1995.

Bei der Koordination der Fertigungsstrukturen hatte man sich aus naheliegenden Gründen zunächst vor allem auf die deutschen Werke konzentriert. Wie dringend aber auch ein Durchleuchten der Fertigungskosten und Produktionsstruktur in den europäischen Uniroyal-Werken war, zeigte sich spätestens Ende 1981. Hauptsorgenkind war das schottische Werk in Newbridge, wo man vor der Frage stand, aufgrund von hohen Lohnsteigerungen bei niedrigen Produktivitätsfortschritten dieses Werk zu schließen oder zu sanieren.[6] Aber auch die anderen Uniroyal-Werke schrieben tiefrote Zahlen, hinter denen ein erheblicher Investitions- und Kapitalbedarf sichtbar wurde. In Clairoix hatten sich Absatzprobleme, veraltete Fertigungsmaschinen und Produktionsausfälle infolge von Streiks zu einem Bilanzverlust von fast 50 Millionen FF summiert. In Herstal begann sich die Effizienz im Rahmen der Umstrukturierung zu einem reinen Lkw-Werk zwar zu bessern, aber hohe Lohnkosten und eine nur 50prozentige Auslastung ließen auch hier Verluste auflaufen.[7] Diese plötzlichen Verluste von Uniroyal kamen für den Vorstand unerwartet und bescherten dem Konzern insgesamt einen drastischen Ertragseinbruch, der um so größer ausfiel, als auch bei Continental das Betriebsergebnis durch eine rückläufige Nachfrage erheblich geschrumpft war. Vorstand wie Aufsichtsrat mußten sich daher auf der Hauptversammlung im Juni 1982 die kritische Frage gefallen lassen, ob man mit dem Erwerb der Uniroyal-Fabriken nicht eine Fehlentscheidung getroffen hatte.[8] Nur langsam gelang es, die »Uniroyal-Krise« zu meistern. 1982 arbeitete das Werk Newbridge nach einer Kapitalspritze aus Hannover wieder rentabel, 1983 war die Umstellung des Werks Clairoix als reines Pkw-Reifenwerk abgeschlossen und begann, sich auszuzahlen. Das Lkw-Reifenwerk Herstal allerdings blieb ein Problemfall. Weitere Investitionen, Kostensenkungen und Maßnahmen zur Effizienzsteigerung waren nötig, ehe im April 1986 auch das belgische Werk wettbewerbsfähig geworden war. Erst Mitte der 80er Jahre konnte Werner daher verkünden, daß die Integration von Uniroyal nun abgeschlossen war und gute Früchte trug. Mit Produktivitätssteigerungen bei der Fertigung von Pkw-Reifen seit 1979 um 20 Prozent und bei der Lkw-Reifenfertigung um 30 Prozent wies der Continental-Konzern die günstigste Kostenstruktur aller europäischen Reifenhersteller auf. Der gesamte Investitionsaufwand dafür hatte aber immerhin mehr als 100 Millionen DM betragen.[9]

Unter Rentabilitätsdruck waren aber auch die deutschen Continental-Fabriken geraten. Im internen Vergleich wie auch im Vergleich zu den sanierten Uniroyal-Werken bereitete dem Vorstand vor allem das Vahrenwalder Stammwerk Sorgen. Bereits 1976 war der Standort in die Diskussion geraten, und man

---

6 Vgl. Aufsichtsratssitzung vom 7. 5. 81, Präsentation Uniroyal, in: Registratur Vorstandssekretariat.
7 Vgl. auch Bericht vor dem Aufsichtsrat am 6. 5. 82, in: ebd. sowie »Bericht über die Vermögens- und Ertragslage zum 31. 12. 1981 der ausländischen Uniroyal-Gesellschaften«, in: 6610 Zg. 1/90, A 4.
8 Vgl. Protokoll der Hauptversammlung vom 30. 6. 1982, S. 1 f., in: Conti-Archiv, o. Sign.
9 Vgl. auch *Handelsblatt* vom 26. 3. 1985 sowie Protokoll der Reifenausschuß-Sitzung vom 20. 2. 1985, in: Registratur Vorstandssekretariat.

hatte erste Umstrukturierungsmaßnahmen vorgenommen. Da der Lohnanteil an der Produktion bei Pkw-Reifen verhältnismäßig hoch war, wurden die entsprechenden Fertigungslinien in die kostengünstigeren Werke Korbach und Saargemünd verlagert. Von den in Hannover überdurchschnittlich hohen Bruttolöhnen war auch das Werk Stöcken betroffen, aber dort war schon früh eine Spezialisierung auf Lkw- und Hochgeschwindigkeits-Pkw-Reifen erfolgt, deren höhere Erlöse die Arbeitskosten noch abdeckten. In der Vahrenwalder Fabrik dagegen befanden sich Anfang der 80er Jahre außer Transporterreifen nur noch wenig zukunfts- und renditeträchtige Produktionslinien. Gegenüber Stöcken verfügte man nicht nur über den weit ungünstigeren Produktmix, sondern auch über veraltete Werksanlagen in Etagenbauweise. Im September 1982 sah sich der Vorstand daher veranlaßt, »die Frage des Standorts Vahrenwald für die Produktion von Reifen grundsätzlich zu überdenken«[10]. Unter Leitung des Vahrenwalder Werkleiters Joachim Kost wurde ein Projektteam eingesetzt, das die Auswirkungen einer Schließung des Reifenwerks auf die Produktionsstruktur des gesamten Standorts Hannover untersuchen sollte. Die Ankündigung der Werksstillegung löste einen erheblichen Wirbel aus, da befürchtet wurde, daß der gesamte Fertigungsstandort zur Disposition stand.[11] Die von der Kost-Kommission schließlich vorgelegten Restrukturierungsmaßnahmen leiteten in der Tat ein umfangreiches Rationalisierungsprogramm mit einem Gesamtinvestitionsbedarf von über 100 Millionen DM ein. Bis 1985 wurde stufenweise die Lkw-Reifen- und Landwirtschaftsreifen-Fertigung nach Stöcken verlagert, die Produktion von Flugzeugreifen und EM-Reifen ganz aufgegeben. Vahrenwald blieb als Werkstandort erhalten, nun aber als reines TP-Werk.

»Gewinner« der Umstrukturierung war das Werk Stöcken, das nun zur wichtigsten Reifenfabrik von Continental aufstieg, allerdings auf Kosten einer größeren Differenzierung seiner Fertigungsstruktur und als nun bei weitem teuerster Produktionsstandort. Ende 1979 war hier mit dem letzten der insgesamt gefertigten 37,5 Millionen Käfer-Diagonalreifen eine Ära zu Ende gegangen. Massive Investitionen in die neuesten Fertigungstechnologien hatten Stöcken seitdem zum modernsten Continental-Werk werden lassen. Im Juni 1984 war zudem der Beschluß gefallen, die noch verbliebene Schaumfertigung auszulagern bzw. aufgeben und Stöcken zu einem reinen Reifenwerk zu machen. Profitiert hatte von der Restrukturierung auch das Korbacher Werk. Sowohl der TP- wie der Reifenbereich wurden im Rahmen der Umstrukturierung verstärkt und modernisiert. Nach japanischem Vorbild wurde der Mischsaal mit Prozeßrechnern ausgerüstet und gleichzeitig die Konfektionieranlagen auf den neuesten technischen Stand gebracht. Statt 262 konnten damit nun in Korbach 426 Reifen pro Schicht gewickelt werden.[12] Die Krise im

---

10 Vgl. *Conti intern* vom November 1982 S. 6.
11 Vgl. den umfangreichen Schriftwechsel zwischen Betriebsrat und Vorstand von Oktober 1982 bis Januar 1983, in: 6610 Zg. 1/90, A 11. Vgl. auch *HAZ* vom 24. 11. 1982.
12 Vgl. Protokoll der Vorstandssitzung vom 8. 1. 1985, in: Registratur Vorstandssekretariat.

Reifengeschäft hatte dennoch auch vor Korbach nicht haltgemacht: Aus Kostengründen plante der Vorstand 1982 die Verlagerung der Industriereifen-Produktion in ein spanisches Zweigwerk.[13] Tiefrote Zahlen schrieb zudem der Zweiradbereich. Bei Motorradreifen hatte Continental gegenüber den Wettbewerbern einen deutlichen technischen Rückstand, den man nur langsam aufzuholen begann. Und das Fahrradreifengeschäft war Mitte 1982 »auf dem absoluten Nullpunkt angelangt«[14]. Um das Kostengefüge dieser Geschäftsbereiche wieder in den Griff zu bekommen, unternahm man einen für den Reifensektor ungewöhnlichen und bis dahin als undurchführbar gehaltenen Schritt: Man subdivisionalisierte den Reifensektor beim Zweiradbereich, daneben auch im Bereich Landwirtschaftsreifen (»grüne Division«) und Industrie-Reifen und bildete je eigene Geschäftsbereiche. In ihnen waren nun in eigener Ergebnisverantwortung die entsprechenden F+E-, Fertigungs- und Marketingabteilungen unter einem organisatorischen Dach. Tatsächlich ergaben sich bald deutlich verbesserte Zahlen.

So wirksam man auch die Kostenstruktur der Produktionsstandorte in Ordnung gebracht hatte, der scharfe Wettbewerb machte die weitere Reduzierung der Kosten zu einer permanenten Aufgabe. Mittelfristig errechnete man 1985 einen Sonderinvestitionsbedarf von 200 Millionen DM, wollte man bei den Fertigungskosten wettbewerbsfähig bleiben. Intensive Restrukturierungsbemühungen löste auch das Dazukommen der Semperit-Werke aus. Vor allem der hohe Investitionsbedarf des Werkes in Dublin, zu dessen Erhalt man sich schließlich entschloß, drohte das Kostengefüge der Werke im Konzernverbund wieder durcheinanderzubringen, ehe man Ende 1985 schließlich doch die Produktkonsolidierung zwischen den Uniroyal-, Continental- und Semperit-Werken mit entsprechenden effizienteren Losgrößen so weit erreicht hatte, daß sich ein erwartetes Kostenverbilligungspotential im Konzern »in der Größenordnung eines zweistelligen Millionen DM-Betrages pro Jahr« errechnete.[15]

Ein bedeutendes Rationalisierungspotential eröffnete sich auch in der Prozeßoptimierung der Produktionstechnik. Da bei dem Naturrohstoff Kautschuk Schwankungen der Materialeigenschaften unvermeidlich sind, wurden beispielsweise Methoden der Qualitätskontrolle und Qualitätssteuerung ein immer wichtigeres Thema. Erst wenn es gelang, durch rechnergesteuerte Mischer bereits am Ausgangspunkt der Verarbeitung Qualitätsschwankungen auf ein Minimum zu reduzieren, würde auch die Optimierung der Folgeprozesse erfolgreich durchführbar sein.[16] Millionen konnten dadurch allein bei der Reduzierung der Retourenkosten eingespart werden. Deutlich geringere

---

13 Vgl. »150 Arbeitsplätze in Gefahr?«, in: *Waldeckische Landeszeitung* vom 9. 6. 1982.
14 Vgl. Schreiben Wilhelm Schäfer an Werner vom 12. 7. 1982, in: Anlage Reifenausschuß-Protokolle.
15 Vgl. Protokoll der Vorstandssitzung vom 24. 9. 1985, in: Registratur Vorstandssekretariat.
16 Vgl. dazu auch die Beilage über Kautschuk im *Handelsblatt* vom 26. Oktober 1989, S. 7.

Qualitätskosten[17] der Werke erreichte man auch durch eine Anfang 1983 abge-
schlossene Qualitätssicherungsvereinbarung mit den Zulieferern, die unter
anderem dazu führte, daß die Eingangsinspektion für Rohmaterialien bei dem
Reifenproduzenten abgebaut werden konnte. Auch die Entdeckung und Bekämpfung der »waste-factory« durch die Erfassung von Qualitätskosten machte
darauf aufmerksam, »daß es zur Gewinnerhöhung neben Marktanteilserhö-
hung und Preispolitik eine dritte, vielversprechende Möglichkeit gibt, nämlich
die Reduzierung von Fehlern und den daraus resultierenden Kosten«[18]. In der
Tat handelte es sich um Beträge in der Größenordnung dreistelliger Millio-
nensummen pro Jahr. Für 1984 etwa errechneten die Qualitätssicherer kon-
zernweit Qualitätskosten von 184 Millionen DM, wovon 112,6 Millionen auf
Reifen und 71,2 Millionen auf TP entfielen.[19] Es schien oft erfolgversprechen-
der, das Ziel »Fehlerreduzierung um 20 Prozent« zu verfolgen als »Preise um
3 Prozent zu erhöhen«.

Trotz der erreichten Kostensenkungen sah sich der Vorstand Anfang 1988
zu einem weiteren, umfassenden Konstensenkungsprogramm veranlaßt. »Obwohl wir heute im Vergleich zu früher besser dastehen«, so notierte der Vorstandsvorsitzende Urban in einem Schreiben an die Führungskräfte, »müssen
wir uns gegen die langfristig erkennbare Ergebnisverschlechterung zur Wehr
setzen. Jetzt, in vergleichsweise guten Jahren, gilt es, das Haus sturmfest zu
machen.«[20] Unter dem Kürzel OIS (Optimale Infrastruktur) wurde daher
zunächst für die europäischen und insbesondere deutschen Unternehmensbereiche mit Hilfe einer Unternehmensberatungs-Gesellschaft eine Mobilisie-
rungskampagne zur Senkung von Fixkosten und zur Flexibilisierung der
Organisationsstrukturen eingeleitet. Hinter dem OIS-Projekt stand letztlich
eine umfassende Gemeinkosten-Wertanalyse, in die 200 Unternehmenseinheiten einbezogen wurden. Bis 1990 wollte man so Einsparungen in Höhe von
bis zu 50 Millionen DM erreichen.

Der Bereich Technische Produkte: Vom Sorgenkind zum Musterknaben

Ein Restrukturierungsbedarf und ein Überdenken der Produktionsstandorte
stellte sich auch im TP-Bereich. 1979/80 wurde die von Hahn vorausgesehene
und befürchtete Krise durch den Ausstieg vieler Kautschukhersteller aus dem
Reifengeschäft und die Konzentration auf den TP-Bereich mit entsprechend

---

17 Als Qualitätskosten werden diejenigen Kosten bezeichnet, die dadurch entstehen, daß Konstruktio-
    nen, Materialspezifikationen, zugelieferte Rohstoffe, Fertigungsverfahren und menschliche Arbeit
    nicht oder nicht immer oder nicht auf Anhieb ein einwandfreies Produkt ergeben. Man gliedert sie
    üblicherweise in Fehlerkosten (intern und extern), Prüfkosten und Verhütungskosten. Bei Continen-
    tal wurden zum Beispiel auch verfahrensbedingte Abfälle zu den Qualitätskosten gezählt. Vgl. dazu
    Konzeption der Leitung Qualitätssicherung/Konzern vom November 1985, in: Anlage zu den Vor-
    standsprotokollen, Registratur Vorstandssekretariat sowie Interview Stark vom 1. 3. 1995.
18 Vgl. ebd.
19 Ebd.
20 Vgl. Schreiben vom 10. 5. 1988, in: 6608 Zg. 1/90, A 5.

verschärftem Wettbewerb und wachsenden Überkapazitäten spürbar und begann sich auf die Unternehmensergebnisse durchzuschlagen. Obwohl bei Continental ein Großteil der 1977 eingeleiteten Restrukturierungsbemühungen weitgehend abgeschlossen war, erwies sich dennoch die Fixkostenstruktur der TP-Bereiche nach wie vor als ungünstig. Die Dezentralisierung war noch mitten im Gange.[21] Die Einrichtung der Geschäftsgruppen stand vielfach nur auf dem Papier und begann sich erst Mitte der 80er Jahre auszuwirken.

»Die begonnene Dezentralisierung«, so berichtete dazu Haverbeck vor dem Aufsichtsrat, »ist vor dem Hintergrund zu sehen, daß Conti viele Jahre lang funktional organisiert war. Eine Divisionalisierung im Sinne dezentraler Profit-Center-Politik erfordert ein beachtliches Umdenken in den einzelnen Funktionen. Das läßt sich nicht von heute auf morgen bewerkstelligen und wird noch dadurch erschwert, daß Conti im Vergleich zum Wettbewerb den Nachteil hat, sich nicht aus mehreren kleinen Firmen zusammenzusetzen.«[22]

Nachdem der TP-Bereich jahrelang durch seine positiven Ergebnisse die Verluste des Reifengeschäfts mitgetragen hatte, begann sich nun die Ertragslage umzukehren. Im März 1980 wiesen die Forecasts für den Reifenbereich ein positives Betriebsergebnis von plus 55,9 Millionen DM auf, bei TP dagegen war ein Verlust von minus 7 Millionen DM zu erwarten. Selbst wenn man berücksichtigte, daß im Zuge einer Neuverteilung der Gemeinkosten im Konzern 13,5 Millionen DM Fixkosten vom Reifen- auf den TP-Bereich verlagert worden waren, so bedeutete das voraussichtliche Gesamtergebnis des Unternehmensbereichs TP mit letztlich insgesamt minus DM 21,9 Millionen dennoch eine dramatische Ergebnisverschlechterung. Hahn, Haverbeck und Wenderoth setzten sich daher noch im Frühjahr zusammen, um ein »Crash«-Programm für den TP-Bereich zu diskutieren. Als man dabei die damalige Langfristplankurve mit der Ist-Entwicklung verglich, stellte man bereits im ersten Jahr ein Auseinanderlaufen fest. Ursache war die zu optimistische Einschätzung in bestimmten Produkt- und Marktsegmenten (Keilriemen und Luftfederung), ein wesentlich schnellerer Abbau von Produkten bzw. deren Verlagerung als ursprünglich angenommen sowie die rascher als erwartet eingetretene Marktschrumpfung bei Hartgummi.

Was die Wettbewerbsposition anging, so präsentierten sich Ende 1980 die Geschäftsgruppen Transportbänder, beschichtete Gewebe, Schläuche, Antriebselemente und Luftfedern mit einem befriedigenden Ergebnis. Die großen Verlustbringer waren aber nach wie vor Formartikel und Profile. 1980 hatte der Geschäftsbereich Profile ein negatives Betriebsergebnis von 15,1 Millionen DM erwirtschaftet – das entsprach 20 Prozent vom Umsatz – und damit etwa die Hälfte aller negativen Ergebnisse des Unternehmensbereichs TP ver-

---

21 Vgl. dazu Bericht Haverbeck vor dem Aufsichtsrat am 12. 12. 1980, in: Registratur Vorstandssekretariat.
22 Vgl. ebd.

ursacht. Die schlechte Wettbewerbsposition dieser beiden Geschäftsgruppen war nicht zuletzt darauf zurückzuführen, daß die Aufarbeitung des technologischen Rückstands erst spät in Angriff genommen worden war. Mehr als die Hälfte der Formartikel wurde zwar inzwischen mit moderner Einspritztechnologie (EPDM-Technologie) hergestellt. Trotzdem mußte man erkennen, daß der Umgang mit diesen modernen Verfahren noch nicht voll beherrscht wurde, denn die Ergebnisse brachen häufig nach der Durchführung von Modernisierungsinvestitionen ein.[23] In dem scharfen Verdrängungswettbewerb, der auch bei Profilen und Formartikeln herrschte, stand es um die langfristigen Überlebenschancen nicht zum Besten.

Im Laufe der Jahre 1981 und 1982 spitzte sich die Lage deutlich zu. Mit einem negativen Betriebsergebnis von minus 26,7 Millionen DM verschlechterte sich die Ergebnisentwicklung im Unternehmensbereich TP insgesamt rapide. Zur Erreichung des break-even bei gleichen Fixkosten fehlten Ende 1981 ca. 100 Millionen DM Umsatz, zur Erreichung einer Rendite von 3 Prozent weitere 100 Millionen DM, das heißt insgesamt »fehlte« eine Umsatzsteigerung von 30 Prozent.[24] In allen TP-Geschäftsbereichen waren aber eher stagnierende und zum Teil zurückgehende Umsätze zu verzeichnen. Hauptverlustträger war mit minus 11,5 Millionen DM weiterhin der Geschäftsbereich Profile. Eine kurzfristige Lösung durch Kostensenkungen, die man durch verstärktes Umsetzen von Mitarbeitern in den Reifenbereichen und Kurzarbeit für bis zu 25 Prozent der TP-Arbeiter bislang praktiziert hatte, versprach angesichts dieser Entwicklung keinen Erfolg. Abermalige Großinvestitionen zur Verbesserung der Fertigungsstrukturen erschienen aber angesichts der Überkapazitäten ebensowenig sinnvoll und waren auch nicht zu finanzieren. Die Geschäftsbereiche Formartikel und Profile und damit auch die TP-Standorte Vahrenwald und Limmer standen somit erneut zur Disposition.[25]

Beide Werke hatten als TP-Standorte im Laufe der Aufgabe unrentabler Warengruppen wie Automatten und Batteriekästen sowie durch die Verlagerung von Fertigungszweigen in die moderneren TP-Werke in Korbach, Northeim, Dannenberg und Gohfeld immer mehr an Produktvolumen verloren. Die Kostenstruktur hatte sich damit laufend verschlechtert, und »die verbliebenen Produkte drohten an diesen Kostenbelastungen zu sterben«[26]. Im März 1983 hatte die Kost-Kommission auch hierzu einen umfassenden Maßnahmenkatalog vorgelegt, der im Vorstand dann beschlossen wurde. Er sah die Fortführung beider TP-Werke, allerdings in reduzierter Form vor. Im einzelnen wurden nun die Geschäftsbereiche Antriebselemente, Luftfedern und

23 Vgl. die verschiedenen TP-Ausschußprotokolle für 1980ff., in: Registratur Vorstandssekretariat.
24 Vgl. Notiz in der Anlage zum Vorstandsprotokoll vom 28. 9. 1981, in: ebd.
25 Vgl. auch die Debatte um den TP-Bereich im Aufsichtsrat am 22. 1. 1982, in: ebd.
26 Vgl. Interview Kost, in: *Conti intern* vom Oktober 1983, S. 2.

Profile in Vahrenwald angesiedelt, während in Limmer die Formartikelfertigung, Schuhbedarf und Materialvorbereitung sowie die Formen- und Maschinenfabrik konzentriert wurden. Für 7 Millionen DM entstand in dem ehemaligen Excelsior-Werk Europas modernste Anlage zur Herstellung von Kautschukmischungen.[27] Insgesamt 30 Produkte wurden letztlich aus beiden Werken in andere Betriebsstätten verlagert oder deren Fertigung eingestellt. Mit einem Investitionsaufwand für diese Strukturmaßnahmen von ca. 70 bis 80 Millionen DM hoffte der Vorstand, die technischen Produkte aus Hannover bis 1987 zurück in die Gewinnzone zu führen. Dabei mußte berücksichtigt werden, daß Investitionen in Strukturmaßnahmen wesentlich langsamer ergebnisverbessernd wirken als zum Beispiel Rationalisierungsmaßnahmen oder auch Erweiterungsinvestitionen. Andererseits lag auf der Hand, daß nur derartige Strukturmaßnahmen im Falle von Standortnachteilen zu strategischen Positionsverbesserungen führten und Wachstum ermöglichten.[28] Mit der schon früher eingeleiteten Konzentration der Schlauchfertigung in Korbach, der Transportbänder- und Drucktücherfertigung in Northeim, der Kunststoffartikel-Fertigung in Dannenberg sowie der Schaumproduktion in Gohfeld begann Continental nun endlich gegenüber den steckengebliebenen bzw. nur teilweise betriebenen Restrukturierungsmaßnahmen von 1966 und 1977 weitgehend wettbewerbsfähige TP-Standorte aufzuweisen. 1983, noch ehe sich die Restrukturierungsmaßnahmen auch in den Ergebnissen niederschlugen, konnte man bereits wieder erstmals seit 1978 im TP-Bereich mit plus 4 Millionen DM schwarze Zahlen schreiben.[29] Der Pro-Kopf-Umsatz war von 78 Millionen DM im Jahr 1980 auf inzwischen 101 Millionen DM, das heißt um 30 Prozent, gestiegen.[30]

Mehr und mehr gelang es auch, die Technologien in den Griff zu bekommen. Seit 1983 wurde die Forschung und Entwicklung in den TP-Bereichen deutlich intensiviert. Waren dafür zwischen 1981 und 1983 jährlich insgesamt etwa 21,5 Millionen DM verausgabt worden, so stieg das F+E-Budget bis 1985 auf 26,9 Millionen DM.[31] Im Zusammenhang mit der eingeschlagenen Strategie der Abkehr von Standardprodukten und Konzentration auf technisch hochwertige Spezialprodukte waren die Anforderungen auch an die TP-Entwickler erheblich gestiegen. Der Hauptanteil der F+E-Aufwendungen war zunächst als »Nachhol-Investitionen« in den Bereich Formartikel, Antriebstechnik und Profile gegangen. Mehr und mehr kam man aber mit geschäftsbereichseigenen Innovationen auf den Markt. Als ›Perle‹ erwies sich dabei die

27 Vgl. auch *Conti intern* vom Februar 1982 und vom Juli 1983.
28 Vgl. »Strukturinvestitionen TP Hannover« vom 20. 10. 1983 sowie »Strukturplanung TP Hannover« vom 26. 5. 83, in: 6610 Zg. 1/90, A 11. Vgl. auch Protokoll der Aufsichtsratssitzung vom 31. 10. 83, in: Registratur Vorstandssekretariat.
29 Vgl. im einzelnen Bericht zur Aufsichtsratssitzung vom 31. 10. 1983 sowie Anlagen dazu über die Situation der Geschäftsgruppen, in: Registratur Vorstandssekretariat.
30 Vgl. auch Bericht Haverbeck vor dem Aufsichtsrat am 19. 12. 83, in: Registratur Vorstandssekretariat.
31 Zusammengestellt aus diversen Statistiken in den Anlagen der Protokolle der Aufsichtsratssitzungen.

Luftfedertechnologie, die nun für ein breites Einsatzspektrum – neben Lkw
und Schienenfahrzeuge auch für Pkw – entwickelt wurde.[32] Auch der Geschäftsbereich Profile konnte mit einer Reihe von Innovationen und einer
außergewöhnlichen Entwicklungsgeschwindigkeit aufwarten, so daß man bereits 1984 den ›break-even‹ erreichte: Man fand Verfahren zur Verbesserung
der Gleit- und Abriebeigenschaften von Gummiprofilen und konnte durch die
Einführung der Beflockungstechnologie sowie neuer Vulkanisationsverfahren
die Produktpalette bei gleichzeitig erheblich gestiegener Qualität deutlich
erweitern.[33] Im Bereich Antriebselemente entwickelte man eine neue Keilrie-
mengeneration, die sich durch lange Haltbarkeit und höhere Hitzebeständig-
keit bei gleichzeitiger Servicefreiheit auszeichnete. Stetig weiterentwickelt
wurde auch die Schlauchtechnologie. Neue Kautschuk- bzw. Elastomer-Mi-
schungen sowie bei den Festigkeitsträgern eine zunehmende Substitution von
Baumwolle und Rayon durch Aramide hatte zu Produkten mit weit größerer
Hitze- und Druckbeständigkeit geführt.[34] Mehr als im Reifenbereich suchten
die Entwickler dabei die enge Zusammenarbeit mit den Universitäten und
kleineren, spezialisierten Ingenieurbüros.

Um das Tempo der F+E-Entwicklungen zu steigern, gleichzeitig die dafür
notwendigen Aufwendungen zu reduzieren, und vor allem um auch insgesamt
ihre Position auf den TP-Märkten zu sichern, verstärkte Continental schließlich auch in diesem Sektor seine Kooperations- und Akquisitionsaktivitäten.
Im Oktober 1980 liefen Verhandlungen mit Goodrich, im Mai 1981 mit Semperit und im Juni 1981 mit Uniroyal. Größere Kooperationen kamen aber
nicht zustande. Im September 1983 prüfte man schließlich, ob auch General
Tire ein geeigneter Kooperationspartner für TP sein würde, und im Oktober
wurde mit der unter DiversiTech General firmierenden TP-Division ein Informationsaustausch vereinbart.[35] Erfolgreich waren auch die analogen Gespräche mit japanischen TP-Unternehmen. Ende 1983 wurde mit dem Toyoda
Gosai-Konzern, einer Tochter des Autounternehmens Toyota, ein »gentle-
man's agreement« abgeschlossen, das den Japanern vor allem deutsches Produkt-Know-how, Continental dagegen japanische Fertigungstechnik verschaffte. Verhandlungen mit Kléber und Firestone, die ihre TP-Bereiche verkaufen
wollten, folgten im Jahr 1984, blieben aber ohne Ergebnis. Die Europäisierung
des TP-Bereichs kam damit weit langsamer voran als im Reifenbereich. Erst
Ende der 80er Jahre erfolgte hier der Durchbruch zur Internationalisierung.
Die im Frühjahr 1986 eingeleiteten Verhandlungen um den Erwerb der Ano-
flex, eines französischen Unternehmens, das technische Schläuche produzierte, konnten 1988 erfolgreich abgeschlossen werden.[36] 1989 folgten schließlich Beteiligungen an einem Schlauchhersteller in der Türkei und einem

32 Vgl. *Kautschuk Gummi Kunststoff* vom 22. 5. 1986 und *Blick durch die Wirtschaft* vom 13. 5. 86.
33 Vgl. TP-Ausschußprotokoll vom 12. 11. 1984 und 10. 5. 84, in: Registratur Vortandssekretariat.
34 Vgl. u. a. Stand der Produktentwicklung bei KfZ-Schläuchen, in: *Kautschuk Gummi Kunststoff* 10/1989.
35 Vgl. dazu den ›letter of intent‹ vom 24. 10. 83, in: 6610 Zg. 1/90 A 9.

Profilproduzenten, der Elastorsa, in Spanien. Ein Jahr später sollte schließlich noch der Erwerb des italienischen Profil- und Formteile-Unternehmens Ages sowie des schwedischen Schlauchunternehmens Hycop folgen.[37]

Der Erwerb ausländischer Produktionsstätten und Kooperationspartner, die oft weit günstigere Fertigungskosten gegenüber den deutschen Standorten aufwiesen, verstärkte den Druck auf die heimischen TP-Werke. Zur Absicherung der deutschen Geschäftsbereiche hatte man daher auch eine engere Anbindung der inländischen Beteiligungsgesellschaften eingeleitet und eine stärkere Arbeitsteilung bei Entwicklung und Produktion organisiert. Die unmittelbar zu den jeweiligen Geschäftsbereichen stehenden Tochterunternehmen wie die Schlauchspezialisten Techno-Chemie Kessler & Co. GmbH sowie die Karifix-Transportband-Technik GmbH wurden nun in den Unternehmensbereich TP eingegliedert. Anfang 1986 kaufte man im Spezialgarnbereich die Firma Kühn & Vierhaus (KVC). Kleine hochinnovative Spezialisten ergänzten damit das TP-Know-how der Konzerngeschäftsbereiche.

Trotz der Ergebnisverbesserungen und Umsatzsteigerungen des Konzernbereichs Technische Produkte blieben aber vor allem die in den Werken Vahrenwald und Limmer angesiedelten Geschäftsbereiche Sorgenkinder. Ungeachtet aller Modernisierungs- und Strukturverbesserungsmaßnahmen hatte sich das Betriebsergebnis der fünf Hannoveraner Geschäftseinheiten von minus 4 Millionen DM (1983) auf minus 14 Millionen DM (1987) verschlechtert. Insgesamt waren damit in den vergangenen fünf Jahren 50 Millionen DM Verluste aufgelaufen.[38] Im Dezember 1987 stand daher die Zukunft des Produktionsstandortes Hannover erneut auf der Tagesordnung. Man gehe davon aus, so versicherte Urban kurz nach seinem Amtsantritt als neuer Vorstandsvorsitzender gegenüber der Presse, »daß beide Standorte 1990 noch bestehen. Was danach kommt, weiß keiner.« Man werde alles tun, um die Produktionskosten zu senken und die Produktivität zu erhöhen. »Wenn uns das im Herzen Hannovers nicht gelingt, muß man aus einem Standort verschwinden.«[39] Die geplanten Verbesserungen, so zeigte sich im Rückblick, waren zwar eingetreten. Aber der Wettbewerb war in der Zwischenzeit nicht stehengeblieben. »Dies hat dazu geführt, daß wir den größten Teil unserer Einsparungen inzwischen leider an den Markt weitergeben mußten.«[40] An eine Schließung der

36 Seit 1979 war Continental zwar mit einer kleinen Vertriebsgesellschaft auf dem französischen TP-Markt tätig. Erfolgreich war es nach und nach gelungen, als Zulieferer technischer Gummiprodukte für die französische Erstausrüstung in der Automobilindustrie zu fungieren, auch auf dem Transportband- und Keilriemenmarkt vorzudringen und schließlich 1986 als Exklusivpartner der französischen Eisenbahn SNCF den Auftrag zur Lieferung von Luftfedersystemen für die Hochgeschwindigkeitszüge TGV zu erhalten. Mit dem Kauf der Anoflex-Gruppe, die einen Umsatz von 75,1 Millionen DM aufwies, erwarb man aber erstmals einen Fertigungsstandort in Frankreich und damit eine deutlich stärkere Marktposition.
37 Vgl. Geschäftsbericht 1990, S. 35.
38 Vgl. Vorstandsbericht vor dem Aufsichtsrat am 11. 12. 1987, in: Registratur Vorstandssekretariat.
39 Vgl. *HAZ* vom 30. 12. 1987.
40 Urban auf der Hauptversammlung vom 22. 6. 1988. Vgl. Protokoll der Hauptversammlung, S. 15, in: Conti-Archiv, o. Sign.

Standorte dachte der Vorstand aber letztlich nicht. Im September 1988 wurde vom Aufsichtsrat ein neues Investitionsprojekt über 15 Millionen DM zur Verbesserung der Struktur des Werks Vahrenwald genehmigt. In drei Jahren, so lautete das Ziel, würde mit diesen Maßnahmen eine Umsatzrendite von mindestens 5 Prozent erreicht werden.[41] Was aber aus Sicht des Vorstandes das Dilemma eines Wirtschaftsstandortes darstellte, war in den Augen der betroffenen Hannoveraner Betriebsräte eher ein Versagen der Unternehmenspolitik. Die Continentäler hätten die günstigeren Standorte im Ausland letztlich erst ermöglicht und es sei »eine himmelschreiende Erbärmlichkeit, wenn wir zum Dank wegrationalisiert werden«[42]. Insgesamt konnten jedoch zunächst deutliche Verbesserungen verzeichnet werden. Gegenüber 1979 verdoppelte sich nahezu der Umsatz je Mitarbeiter pro Jahr von 93 513 DM auf 191 245 DM (1989).

Unternehmensorganisation und Konzernstruktur

Nach dem Hinzukommen von Uniroyal Europa bestand Continental als Konzern aus vier Bereichen, die letztlich über lange Jahre ihre eigene Identität entwickelt hatten. Bezogen auf die Anzahl der beschäftigten Mitarbeiter, zeigte sich dabei eine relativ ausgewogene Organisationsstruktur: ca. 9300 »Reifen-Continentäler« standen 5800 Uniroyal-Leuten gegenüber, insgesamt aber über 15 000 Reifenbeschäftigte etwa 12 100 TP-Beschäftigten (inklusive der in den Beteiligungen Arbeitenden, die überwiegend dem TP-Bereich zugeschlagen werden konnten). Das Ziel war von Anfang an, nach und nach Uniroyal in den Unternehmensbereich Reifen zu integrieren – ein Prozeß, der sich bis 1983 hinzog. Mitte 1981 waren in einem ersten Schritt die operativen Vorstandszuordnungen der Bereiche neu geregelt worden. Neben Peter und Haverbeck als Verantwortliche für Technik bzw. Marketing/TP stand nun Werner den Bereichen Technik/Reifen und Uniroyal/Marketing vor, während Schäfer den Bereich Marketing/Continental leitete. Urban als Finanzvorstand unterstanden die Beteiligungen.[43] Der entscheidende Schub zur Integration von Uniroyal war dann mit der Berufung Werners am 1. Januar 1982 zum Vorstandsvorsitzenden von Continental erfolgt. Die Entscheidung hatte bei der Belegschaft Befürchtungen ausgelöst, daß »aus dem bisherigen Aufgabenbereich des Vorstandes heraus bewußt oder unbewußt aus alter Anhänglichkeit und gewohnter Übung der neue Vorsitzende versucht sein könnte, die Interessen der Uniroyal-Englebert-Gruppe zu Lasten der Produktion und damit der Beschäftigung in den Betrieben der Continental-Muttergesellschaft

---

41 Vgl. Protokoll der Aufsichtsratssitzung vom 21. 9. 1988, in: Registratur Vorstandssekretariat. Vgl. auch Interview Haverbeck vom 22. 3. 1995 und Interview Grothe vom 12. 4. 1995.
42 Vgl. »Hannoversche Continentäler beginnen das Jahr 1988 in großer Sorge«, in: *Neue Reifenzeitung* 1/1988, S. 1 f.
43 Vgl. Geschäftsbericht 1981.

verstärkt in den Vordergrund zu rücken«.[44] Noch einmal wurden die Kultur-
konflikte virulent, genährt durch den Beschluß des Vorstandes Ende Juni
1983, den Bereich Technik/Reifen nach der Zusammenführung beider Reifenmarken nach Aachen ins Uniroyal-Entwicklungszentrum zu verlegen. Erneut
machte daher das Wort von der ›Uniroyalisierung‹ in Hannover die Runde.[45]

Continental war daher Anfang der 80er Jahre alles in allem ein nahezu
unverändert »matrixorganisierter« Konzern, mit einem Vorstandsvorsitzenden, der zahlreiche Kompetenzen und Funktionen direkt an sich gezogen
hatte.[46]

Bis Mitte der 80er Jahre vollzogen sich allerdings unter dem Zwang der
Marktentwicklung drei wesentliche Veränderungen. Um Schlagkräftigkeit
und Flexibilität der Hauptproduktbereiche zu erhöhen, wurde der bei Urban
angesiedelte Unternehmensbereich Beteiligungen aufgelöst und dem ›zuständigen‹ Unternehmensbereich Reifen oder TP zugeordnet. Nur noch einige
Tochtergesellschaften blieben unter der Regie des Finanzvorstandes. Im
TP-Bereich wurde gleichzeitig die Divisionalisierung mit der Stärkung der
Geschäftsbereiche im Rahmen der »TP-Reform« 1983 intensiviert und nach
dem altersbedingten Ausscheiden von Peter die Ein-Mann-Verantwortlichkeit
durch Haverbeck eingeführt. Im Reifenbereich schließlich setzte sich nach
dem Erwerb von Semperit eine markt- und markenbezogene Organisationsstruktur durch. Unter dem nach wie vor bestehenden Dach der funktionalen Zwei-Mann-Verantwortlichkeit von Schäfer (Marketing) und Borgmann
(Technik) rangierten der zum 1. September 1985 neu angeworbene Generalbe-
vollmächtigte Helmut Gieselmann, vormals Mitglied der Geschäftsleitung in
der deutschen Goodyear und nun zuständig für Continental-Reifen, zusammen mit Bernd Frangenberg (Uniroyal) und Günther Sieber (Semperit). Damit waren Mitte der 80er Jahre in der Continental letztlich alle gängigen
Organisationsformen vertreten; weder in der AG noch im Konzern gab es eine
einheitliche Standardorganisation. Besonders deutlich zeigten sich die Orga-
nisationsunterschiede am Beispiel der Geschäftsbereiche Reifen und TP:
Während die Sparte Reifen – und zwar sowohl Marketing als auch Technik –
betont zentral/funktional strukturiert und auf die Erfüllung von Plänen hin
organisiert war, gliederte sich die Sparte Technische Produkte divisional und
teilte die Arbeit ergebnisorientiert. »Da diese strukturellen Unterschiede auch
künftig erhalten bleiben werden«, so hieß es in einem unternehmensinternen
Papier, »wird im Conti-Konzern keine einheitliche Organisationsstruktur und
keine Standardorganisation möglich werden.«[47]

---

44 Vgl. Erklärung der Arbeitnehmervertreter im Aufsichtsrat vom 14. 12. 1981, in: Registratur Vorstands-
    sekretariat.
45 Vgl. Protokoll der Aufsichtsratssitzung vom 29. 6. 1983, in: ebd. Drei Jahre später, am 1. 10. 1985,
    wurde aber der erneute Umzug der Leitung Technik/Reifen zurück nach Hannover beschlossen.
46 Vgl. auch Strategiepapier »Führungsprinzipien im Konzern« vom Juni 1985, in: 99201 Zg. 1/95, A 1.
47 Vgl. Ausarbeitung Datan von 1986, in: 99201 Zg. 1/95 A 2.

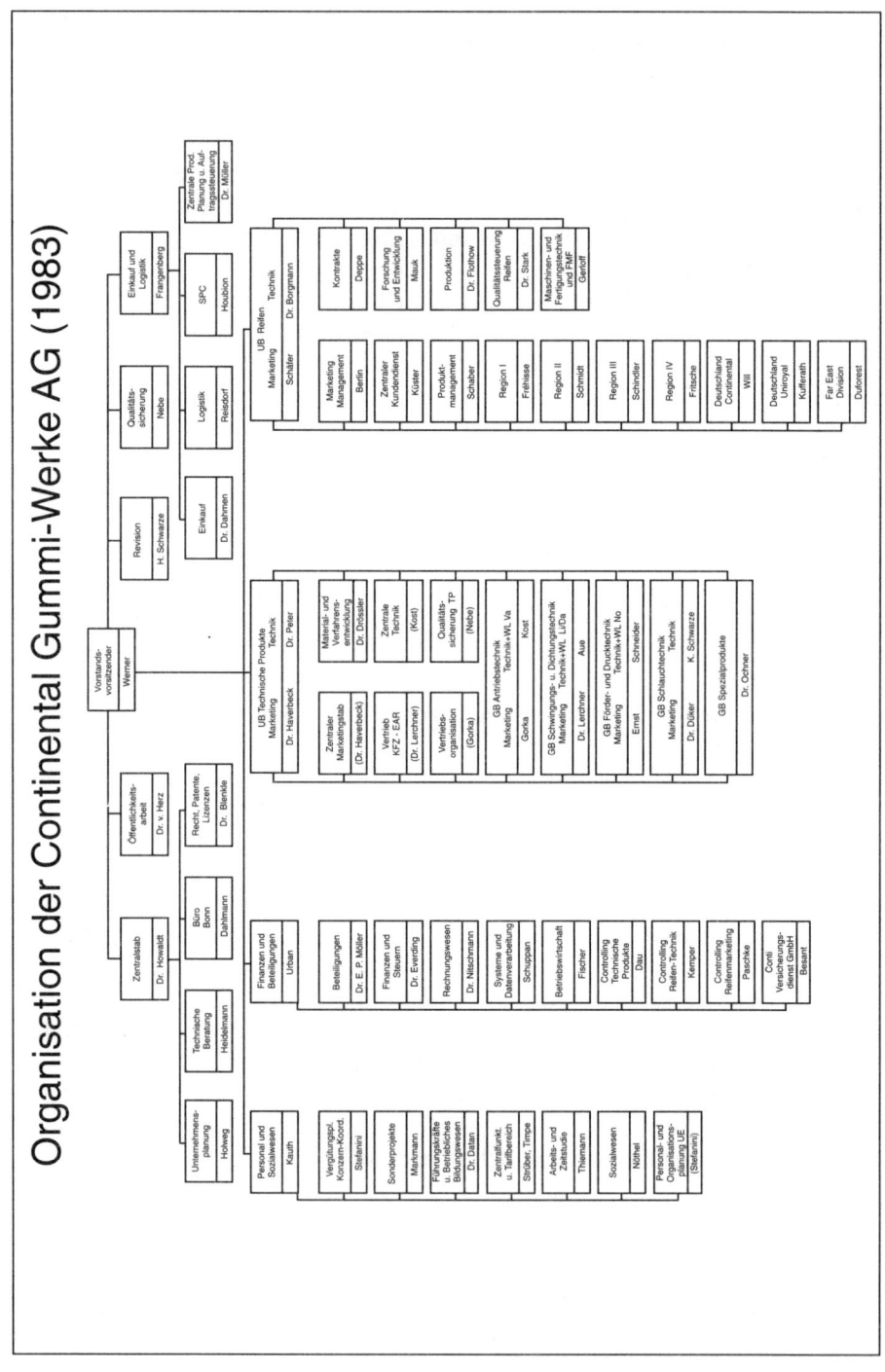

Organisation der Continental Gummi-Werke AG (1983)

Was den von Hahn angeheuerten »Sanierungsvorstand« anging, so hatte sich bis dahin an seiner Zusammensetzung nicht allzuviel geändert. Erst als Werner im Herbst 1987 den Vorstandsvorsitz von Mercedes Benz übernahm und Urban ab 1. November 1987 sein Nachfolger wurde, setzte ein umfangreiches Revirement im Vorstand ein. Urban war mit Borgmann ein stellvertretender Vorstandsvorsitzender an die Seite gestellt, Anfang 1990 aber als Sanierer zu General Tire in die USA »weggelobt« worden.[48] Auseinandersetzungen um die General-Tire-Politik innerhalb des Vorstandes führten auch zum Weggang von Schäfer, der zum 1. November 1987 nach Österreich geschickt wurde, um als Vorstandsvorsitzender Semperit »konzernfähig« zu machen.[49] An seine Stelle rückte Sieber als neuer Konzernvorstand für Marketing und Vertrieb Reifen. Neu in den Vorstand berufen wurde schließlich ab 1. November 1987 auch Wilhelm P. Winterstein für den Bereich Controlling und Logistik sowie ab 2. Mai 1988 Ingolf Knaup, der von Urban den Finanzbereich übernahm. Continental präsentierte damit Ende der 80er Jahre eine neue Vorstandsmannschaft, von der allerdings drei Jahre später bereits bis auf Haverbeck und Kauth keiner mehr in Amt und Würden war – was deutlich die Turbulenzen widerspiegelte, die Continental noch bevorstehenden sollten.

Zunächst aber gab sich Continental neben der neuen Vorstandsmannschaft auch in der Konzernorganisation ein neues Gesicht. Je mehr sich das Unternehmen internationalisierte und von einem Ein-Marken-Unternehmen zu einer Mehr-Marken-Unternehmensgruppe entwickelte, desto mehr wurde es notwendig, den Konzern im Rahmen einer Holdingstruktur zu organisieren und auch im äußeren Erscheinungsbild von der traditionellen Wort-Bild-Marke »Continental« mit der Farbe Orange zu trennen. Auf der Hauptversammlung Mitte 1987 war daher beschlossen worden, das Unternehmen von »Continental-Gummi-Werke AG« in »Continental AG« umzubenennen. Das Konzern-Logo »Continental Aktiengesellschaft« in türkisgrünem Schriftzug stand nun als Identifikationszeichen für die Dachfunktion. Das neue Erscheinungsbild war sichtbares Zeichen dafür, wie sich Continental selbst sah: als deutscher Konzern mit Tradition, mit Produktionsstandorten in ganz Europa sowie weltweiter Marktpräsenz durch Kooperationen und als globales Kautschukunternehmen, verläßlich und finanziell gesund, innovativ und wachstumsorientiert.[50] Die Betonung und Abgrenzung von Konzern und Holdingstruktur von den operativen, produktorientierten Bereichen war mehr als nur eine Marketing- und PR-Aktion, sondern vor allem eine nachholende, organisatorische Bereinigung der längst entwickelten Eigenständigkeiten innerhalb der »corporate identity«. Im Reifenbereich etwa wurde die »Marken-Divisionalisierung« weiter verstärkt: Continental, Uniroyal und Semperit als Reifen-

---

48 Vgl. Geschäftsbericht 1987, S. 4 sowie auch Interview Schwarze vom 1. 3. 1995.
49 Vgl. Interview Schäfer vom 10. 5. 1995.
50 Vgl. Geschäftsbericht 1988, S. 1.

marken erhielten eine eigene Geschäftsleitung, in der Marketing, Produktion, Logistik und F+E eng zusammenarbeiteten. Im TP-Bereich wurde der längst vollzogenen organisatorischen Verselbständigung nun auch begrifflich eine eigene Identität gegeben und die inzwischen in vier Sparten organisierten Geschäftsbereiche unter dem Namen »ContiTech« zusammengefaßt.

Auch ohne gesellschaftsrechtliche Änderung brachte die Holdingstruktur eine Reihe von Vorteilen: eine Flexibilisierung der Unternehmensstruktur durch differenzierte Marktbearbeitung, die Nutzung und Verstärkung von (Sub)Kulturunterschieden einzelner Geschäftsbereiche, die sich zu Lasten einer Einheitskultur mit den »Kundenkulturen« verkoppelten, die strategische Nutzung der jeweiligen, zu unterschiedlichen Zeitpunkten marktfähigen Innovationspotentiale (»milking the Cash-Cows«) sowie die Gewinnung von Transparenz über den Erfolg oder Mißerfolg einzelner Betätigungsfelder bei gleichzeitiger Steuerung der Kapitalströme (Abführungs- und Reinvestitionspolitik). Und schließlich war damit auch insgesamt eine Entbürokratisierung von Organisationsstrukturen verbunden. Continental war alles in allem damit der Typus einer Strategieholding,[51] die sich Entscheidungen nicht nur über die Unternehmenspolitik der Gruppe insgesamt, sondern auch über die der Bereiche vorbehielt.

Im Rückblick zeigt sich, daß in einer wettbewerbsintensiven Branche wie der Kautschukindustrie der Markt letztlich Art und Weise der unternehmens- und konzernorganisatorischen Veränderungen bestimmte. Sosehr man sich dabei auch bei Continental bemühte, in Strategieentwürfen die künftigen Marktentwicklungen vorwegzunehmen, so zeigte sich in der Praxis doch letztlich eine Ungleichzeitigkeit zwischen dem Wandel der Markt- und Organisationsstrukturen. Nicht ›structure follows strategy‹, sondern ›structure follows market‹ lautete daher das Prinzip in der Organisationsgeschichte von Continental. So gut es ging, versuchte man dabei, den ›time lag‹ bei der organisatorischen Reaktion auf Marktveränderungen so gering wie möglich zu halten. Ungleichzeitigkeiten hatten dabei auch die Entwicklungsabläufe der Reifen- und TP-Organisationsstrukturen gezeigt. Denn seit Ende der 70er Jahre vollzog sich im Reifenbereich mit der Expansion und Internationalisierung vor allem ein Wandel in der »äußeren« Organisationsstruktur, während im TP-Bereich vor allem binnenorganisatorische Veränderungen vor sich gingen. Gegen Ende der 80er Jahre drehten sich diese unterschiedlichen organisatorischen Entwicklungspfade um: Jetzt wuchs im Zuge der Europäisierung der TP-Bereich mehr und mehr in seinen Außenstrukturen; der Reifenbereich hingegen erfuhr stärkere Umorganisationen in seinen Binnenstrukturen.

Die Markendominanz der Produkte zwang Continental dabei weit früher als viele andere deutsche Unternehmen in die Rolle einer »multi domestic com-

---

51 Im Unterschied zu einer reinen Finanzholding.

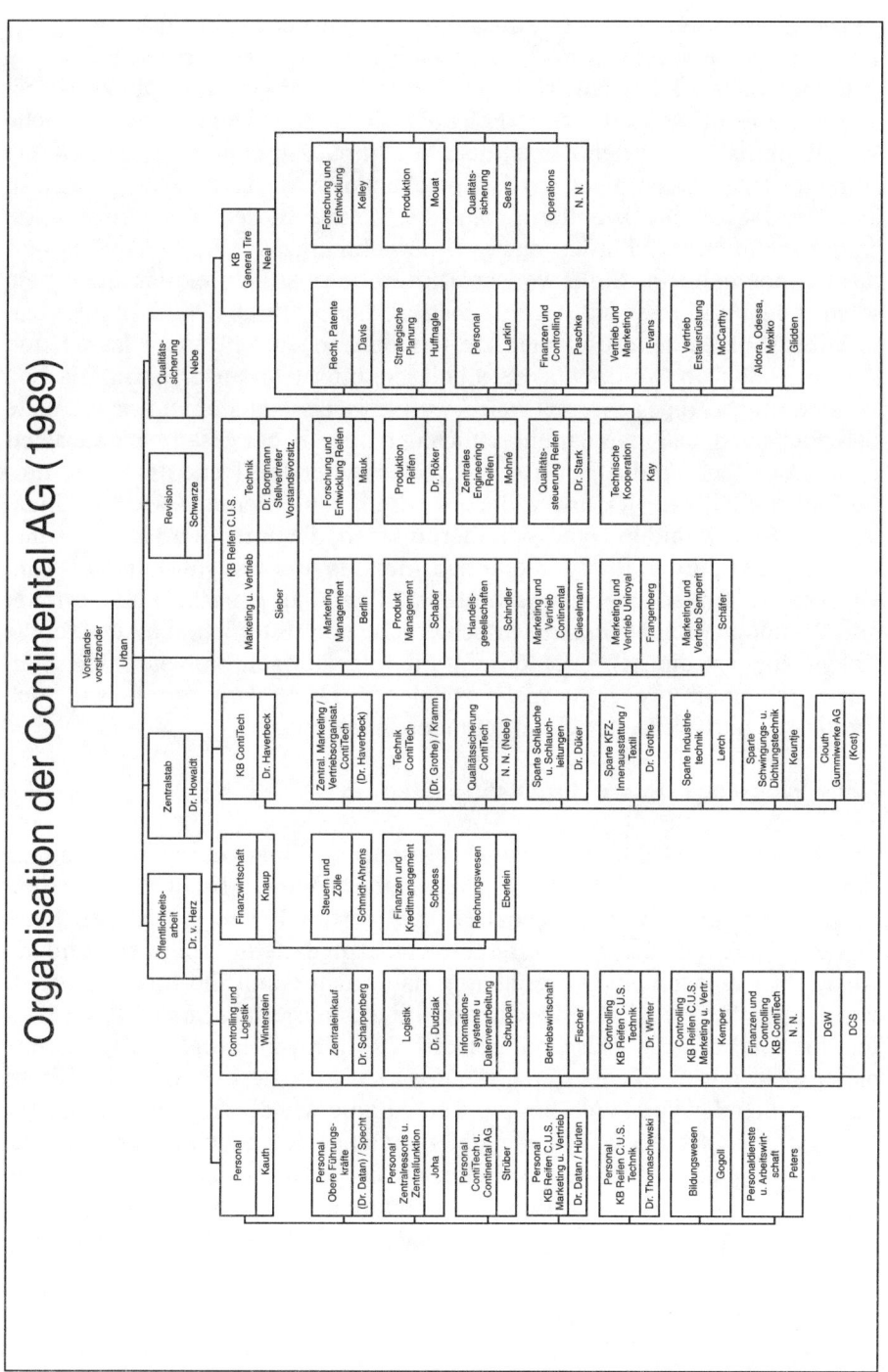

Organisation der Continental AG (1989)

pany«, die in ihrer Matrix-Organisation – zuerst bei Reifen, dann auch bei
TP – das Prinzip »think globally, act locally« umzusetzen versuchte. Was die
dominierenden Bestimmungsfaktoren der Unternehmens- und Konzernorganisation angeht, so läßt sich dabei im historischen Ablauf eine deutliche
Verschiebung der Gewichte erkennen. War zunächst, in den 70er Jahren, die
Nutzung der Kernkompetenzen das entscheidende Merkmal, so dominierte in
den 80er Jahren die Orientierung auf die Märkte. In den 90er Jahren sollte
dann zunehmend die Förderung des Unternehmergeistes in den Vordergrund
rücken, das heißt im Sinne von »culture follows structure« das Bemühen,
solche Organisationsstrukturen zu schaffen, die spezifische Werte und Verhaltensweisen, habituelle und mentale Orientierungen, entstehen lassen und
fördern.[52] So früh Continental bei all diesen unternehmensorganisatorischen
Veränderungen angesichts des Wettbewerbszwangs auch immer war, so zeigte
sich doch auch, daß man damit letztlich den dann in der gesamten deutschen
und europäischen Industriewirtschaft vorherrschenden Trend der konzernorganisatorischen Entwicklung widerspiegelte.[53] Unternehmen wie Continental, so ließe sich mithin verallgemeinernd sagen, die unter den Mechanismen
eines nahezu perfekt funktionierenden Marktes und fast vollständiger Kon-
kurrenzverhältnisse agieren und bestehen, fungieren gleichsam als Vorreiter
und Seismograph für industriewirtschaftliche und unternehmensstrukturelle
Entwicklungen, die sich in einem Großteil der übrigen Branchen und Konzerne erst ein bis zwei Jahre später vollziehen. Diese Vorreiterrolle galt auch
für die Art und Weise der Unternehmensfinanzierung.

Neue Wege der Unternehmensfinanzierung

Bis 1979 hatte sich Continental auf »klassische« Art finanziert: durch Reduzierung der Vorräte bzw. des Umlaufvermögens, durch Abschreibungen und
Entnahmen aus den Rücklagen bzw. Abbau des Eigenkapitals. Die Krise
zwang schließlich auch zur Aufnahme von Bankdarlehn. Mit Mühe und auf
Kosten der eigenen Kapitalverfassung hatte man damit die Investitionsaufwendungen für die Modernisierung und Rationalisierung innerhalb des Unternehmens bestritten. Als Continental 1979 Uniroyal-Europa kaufte, rätselte
daher nicht nur die Konkurrenz, wie der Kauf finanziert worden war. Eisern
schwieg sich der Vorstand über die Kaufsumme wie die Modalitäten des Erwerbs aus. Was keiner wußte, war, daß man lange Zeit auch in der Vorstandsetage der Continental keine Idee hatte, wie der Kauf finanziert werden sollte.
    »Wir haben das alles als völlige Hasardeure gemacht, der Hahn und ich«,
erinnerte sich Finanzvorstand Urban später. »Wir hatten bis zur letzten Se-

---

52 Vgl. Interview Gogoll vom 2. 3. 1995.
53 Vgl. auch das allgemeine Phasenmodell bei Peter Gomez: Neue Trends in der Konzernorganisation,
    in: ZFO 3 (1992), S. 171 f.

kunde keinen Schimmer einer Ahnung, wie wir das bezahlen sollten. Wir waren blank wie die Kirchenmäuse. Hahn und Urban flogen zum Schlußgespräch mit Uniroyal nach New York, und wir haben uns im Flugzeug unterhalten. Ich als Finanzmann sagte zu ihm: ›Herr Hahn, wir reisen jetzt da rüber zur Vertragsunterschrift. Ich habe keinen blassen Schimmer, wie wir das finanzieren sollen.‹ Der Kaufpreis war in der Größenordnung von ungefähr 70 Millionen DM, wenn ich mich nicht täusche. Für unsere Verhältnisse damals eine unvorstellbar große Summe, die Conti nie im Leben hatte. Wir hatten beide keine Ahnung. Wir wußten nur, wenn uns das nicht gelingt, können wir die restliche Conti vergessen. Wir müssen dieses Risiko eingehen, und irgendwie werden wir schon einen Weg finden. An öffentliche Märkte, Bankenfinanzierung oder dergleichen, war nicht zu denken, da Conti viel zu schwach war. Wir haben das dann so geschafft, um es kurz zu sagen, daß uns die Amerikaner einen Großteil des Kaufpreises über viele Jahre stundeten, und der Hahn, der ging mit dem Hut in der Hand durch die Gegend.«[54]

Hahn besuchte in der Tat der Reihe nach die Vorstandsvorsitzenden der deutschen Automobilindustrie, der befreundeten Unternehmen wie Bosch, die im Aufsichtsrat vertreten waren, und schließlich der Großbanken als Anteilseigner. Sein einziges Argument war der Appell, Continental als letzten deutschen Reifenhersteller nicht dem Ausverkauf der Amerikaner preiszugeben und daher in einem Akt der Solidarität der deutschen Industrie den Hannoveranern mit finanziellen Hilfen unter die Arme zu greifen. Zusammen mit Herrhausen hatte man sich als Finanzierungsinstrument privat plazierte Wandeldarlehn ausgedacht, das heißt das Versprechen, die geliehene Summe später einmal in Aktien umzuwandeln. Es war das einzige, was Continental bieten konnte, denn große Sicherheiten konnten die Hannoveraner nicht leisten. Und für eine seit der letzten Kapitalerhöhung von 1966 längst notwendige Eigenkapitalaufstockung war der Konzern nicht attraktiv genug. Es war daher die blanke Not, die den Vorstand zu dieser ungewöhnlichen Finanzierungsmethode hatte greifen lassen. Eine ganze Reihe von Vorstandsvorsitzenden winkte ab, aber Hahn erhielt doch von einer Handvoll Unternehmen eine Zusage. Letztlich waren es sechs bis sieben Firmen, die Continental mit Einzelbeträgen von etwa 5 Millionen insgesamt knapp 40 Millionen DM und damit die Hälfte des Uniroyal-Kaufpreises, vorstreckten.[55]

Auf der Sitzung des Aufsichtsrats am 17. Juli 1979 präsentierte Urban schließlich den endgültigen Finanzierungsablauf. Der Gesamtkaufpreis sollte voraussichtlich 45 Millionen Dollar betragen – er war noch nicht endgültig festgelegt worden, da die Wertermittlung aufgrund der vereinbarten Kaufpreisformel noch nicht abgeschlossen war. Finanziert wurde die Summe mit einer Wandelanleihe in zwei Tranchen, einmal in Höhe von 11 Millionen Dol-

---

54 Vgl. Interview Urban vom 15. 5. 1995 und auch Interview Hahn vom 11. 5. 1995.
55 Vgl. ebd.

lar, die Uniroyal gezeichnet hatte, und einmal 56 Millionen DM durch die deutschen Darlehnsgeber. Damit waren rund 40 Millionen Dollar finanziert. Der Rest sollte von den Gesellschaften in Frankreich und Großbritannien kurz-, mittel- und langfristig aufgenommen werden.[56] In bar zu zahlen waren von Continental lediglich 25 Prozent, das heißt rund 11 Millionen Dollar bei endgültiger Unterzeichnung des Vertrages, die zweite Rate über weitere 11 Millionen Dollar in Verrechnung gegen das Wandeldarlehn. Der Restkaufpreis über rund 23 Millionen Dollar war zum 31. Dezember 1980 fällig und ab 1. Januar 1980 mit 7,5 Prozent zu verzinsen. Alles in allem war das ein Kaufpreis, der nicht bei einer Bank geliehen werden mußte und daher auch die Finanz- und Bilanzstruktur nicht sehr belastete. Der Wandlungspreis war verglichen mit dem Börsenkurs von 1979 mit 100 bzw. 120 DM pro 50-DM-Aktie relativ hoch, und Continental hatte hinsichtlich der Übertragbarkeit der später gewandelten Aktien gewisse Bremsen eingebaut, die eine vorherige Zustimmung der Hannoveraner vorsahen. Man hatte sich zudem gegenüber den deutschen Darlehnsgebern verpflichtet, absolute Vertraulichkeit zu wahren. An Kosten fielen demnach zunächst allein die Zinszahlungen an, die allerdings mit 6 Prozent »sensationell niedrig« waren.[57] Dazu kam, daß sich in Deutschland nun auch weitere Darlehnszeichner gefunden hatten, so daß Continental durch die Begebung der Wandelschuldverschreibung inzwischen 60 Millionen DM an Kapital zugeflossen waren – Finanzmittel, die man nicht nur allein für den Uniroyal-Kauf, sondern dann auch für Verbesserungen der eigenen Finanzstruktur einsetzte.[58]

Das Instrument einer langfristigen Schuldverschreibung gegen ein Aktienbezugsrecht setzte Continental auch für die weitere Kapitalbeschaffung ein. Die umfangreichen Rationalisierungs- und Restrukturierungsmaßnahmen in den Fabriken sowie die ehrgeizigen F+E-Projekte konfrontierten Continental Anfang der 80er Jahre mit einem sprunghaft wachsenden Investitionsbedarf. 1983 errechnete man kurz- und mittelfristig benötigte zusätzliche Finanzmittel von rund 600 Millionen DM. Inzwischen stand aber angesichts der gestärkten Position des Unternehmens auch der heimische Kapitalmarkt offen, und Anfang 1984 plazierte man daher eine nun öffentliche Optionsanleihe über 70 Millionen DM, mit einer Laufzeit von zehn Jahren und einer Nominalverzinsung von 5 Prozent. Es war nach wie vor der problemlosere Weg, sich frisches Kapital zu besorgen, als über eine Kapitalerhöhung. Daß Börse und Anleger positiv reagierten, lag zum einen an der inzwischen gefestigten Verfassung des Konzerns. Das Umlaufvermögen war soweit wie möglich abgebaut, die Bankenverbindlichkeiten waren zurückgeführt worden. Und man besaß

---

56 Vgl. Protokoll der Aufsichtsratssitzung vom 17. 7. 79, S. 21 f, in: Registratur Vorstandssekretariat.
57 Vgl. Interview Hahn, in: *Conti intern* vom September 1979, S. 5.
58 Vgl. Interview Hahn vom 11. 5. 1995.

ein gutes Produktimage, aus dem sich im wahrsten Sinne des Wortes erfolgreich Kapital schlagen ließ.[59]

Kaum ein Jahr später sorgte Continental mit einer weiteren Finanzinnovation für Aufsehen. Früher als andere deutsche Unternehmen nutzte der Reifenkonzern die internationalen Finanz- und Kapitalmärkte. Noch 1984 hatte Urban in Amsterdam die Intercontinental Rubber Finance BV, eine Finanzierungsgesellschaft, gegründet. Zweck der als internationaler ›cash pool‹ fungierenden Gesellschaft war es, sich langfristig in den zugänglichen Märkten zu verschulden und diese Gelder den Konzerngesellschaften kurz- oder langfristig in gleicher oder anderer Währung zur Verfügung zu stellen. Mitte Juni 1985 legte Continental nun über die holländische Finanzierungsgesellschaft als erstes deutsches Unternehmen einen auf DM laufenden Zero-Bond mit einem Volumen von 150 Millionen DM und einer Laufzeit von 15 Jahren auf.[60] Continental beschaffte sich damit 55 Millionen DM (nach 15 Jahren mußten 150 Millionen zurückgezahlt werden), die vor allem zur Finanzierung einer amerikanischen und britischen Tochtergesellschaft dienten. Um das Kursrisiko über die Laufzeit auszuschalten, wurde dabei eine komplizierte »Weiterverleihung« des Geldes über eine amerikanische Bank und die Weltbank praktiziert, ehe das Geld dann an die Continental-Gesellschaft in den USA ging.[61] Urban hat es damit früh verstanden, von der Restliberalisierung des deutschen Kapitalmarktes Mitte der 80er Jahre zu profitieren, und er spielte risikobereit und perfekt auf der Klaviatur der sich nun bietenden neuen Instrumente des Finanzmanagements.

Die unkonventionellen Wege der Langfristfinanzierung, die Continental beschritt, waren dabei nur ein Merkmal des sich im Zuge der Internationalisierung vollziehenden Zwangs zum Einstieg in eine auch multinationale Unternehmensfinanzierung. Die internationalen Standorte der Werke hatten die konzerninternen Kapitalströme schlagartig anschwellen lassen und gleichzeitig kompliziert. Tag für Tag wurden innerhalb des Konzerns Beträge in Millionenhöhe bewegt. Diese nicht nur transparenter zu machen, sondern auch strategisch zu steuern und vor Währungsrisiken zu schützen, war das Ziel. Continentals »Cash-Philosophie« war dabei, daß die Liquidität des Konzerns und die Risikenabdeckung nur zentral effizient und einheitlich gestaltbar war. Kurze Reaktionszeiten und Entscheidungswege waren notwendig. Die neu eingerichtete Organisationseinheit »Zentrales Finanzmanagement« hatte daher Durchgriffsrecht in alle in- und ausländischen Konzernteile und war für die konzernweite Steuerung der Liquidität verantwortlich. Ein rechnerge-

59 Vgl. auch Interview Urban, in: *Conti intern* vom Februar 1984 sowie Interview Werner, in: *Wirtschaftswoche* vom 20. 1. 84.
60 Vgl. Protokoll der Vorstandssitzung vom 27. 5. 85, in: Registratur Vorstandssekretariat sowie *FAZ* vom 28. 8. 85.
61 Vgl. dazu und zum Folgenden: Horst Urban: Die Unternehmensfinanzierung wird multinational, in: *Börsenzeitung* vom 1. 8. 86, S. 1 f.

stütztes Cash-Managementsystem verband dabei in jedem Land eingerichtete sogenannte Cash-Pools. Sie übernahmen in Form von Landesfinanzierungsgesellschaften die Rolle des Finanziers für die jeweiligen Konzerngesellschaften.[62] Die Finanzabteilung des Konzerns übte damit Funktionen aus, die noch wenige Jahre zuvor die Hausbank übernommen hatte. Ihre traditionelle Rolle als Geldgeber und Finanzdienstleister verschob sich mehr und mehr zugunsten eines Kreises international tätiger Banken und zu Investmentbankern. Die lang zurückreichenden Beziehungen von Unternehmen und Hausbank verloren nicht an Bedeutung, aber der Charakter der Beziehungen änderte sich grundlegend.

Urban war sich trotz aller Modernisierung des Finanzmanagements bei Continental im klaren darüber, daß die Basis aller Kapitalstrategien eine gesunde Eigenkapitalausstattung war. Sein Ziel blieb deshalb, auf Dauer wenigstens 30 Prozent der Bilanzsumme durch Eigenkapital zu finanzieren. Was die Aktiengesellschaft anging, so war man selbst in den Krisenjahren der 70er Jahre nie unter diese Marke gerutscht und hatte sich seit 1982 auf ein Niveau über 35 Prozent eingependelt, 1986 sogar die 40 Prozent-Marke erstmals seit 1971 wieder übersprungen und 1987 bis 1989 bis auf 60 Prozent gesteigert. Im Konzern dagegen war die Eigenkapitalquote mit dem Uniroyal-Kauf auf knapp 20 Prozent gerutscht und trotz laufender Verbesserungen in den Folgejahren 1985 mit dem Erwerb von Semperit auf diesem niedrigen Niveau letztlich verharrt, bis man 1987 bis 1989 immerhin knapp 30 Prozent erreichte.[63] Der Konzern stand mithin finanziell auf schwachen Füßen. Eine Verbesserung der Kapitalstrukturen zeichnete sich aber durch abermalige Finanzierungsaktionen ab, die Urban 1986 und 1987 startete. Im August 1986 wurde eine neue Optionsanleihe über 150 Millionen DM begeben. Der Finanzvorstand hatte sich auch diesmal ein Novum ausgedacht: Die Emission lief als Zwillingsanleihe, das heißt, daß nicht nur Optionsscheine auf Aktien ausgegeben wurden, sondern auch Bond Warrants beigefügt waren, die die Option zum Erwerb einer Anleihe beinhalteten. Die neue Anleihe wurde ein durchschlagender Erfolg und zum Börsenrenner. Innerhalb weniger Stunden war die sie vollständig gezeichnet und plaziert.[64]

Über eine Euro-Optionsanleihe, diesmal allerdings kombiniert mit einer Kapitalerhöhung, beschaffte sich Continental schließlich auch das Geld für den Kauf der 1,2 Milliarden DM teuren General Tire. Das Ziel war von Anfang an, den Kaufpreis voll von außen zu finanzieren und damit den finanziellen Bewegungsspielraum des Konzerns so wenig wie möglich einzuschränken. Bis September 1987 waren Continental durch die nur wenige Monate vorher

---

62 Vgl. dazu auch 6610 Zg. 1/90, A 9.
63 Die in den Geschäftsberichten ausgewiesenen Quoten basieren auf den nachträglich geänderten Jahresabschlüssen und liegen daher etwas höher als real zum damaligen Zeitpunkt. Vgl. auch Urban vor dem Aufsichtsrat am 14. 12. 81 sowie am 28. 5. 85, in: Registratur Vorstandssekretariat.
64 Vgl. auch »Jubel und Ärger über Conti-Gummi Zwillingsanleihe«, in: *Börsenzeitung* vom 27. 8. 1986.

aufgelegte Optionsanleihe mit drei Währungstranchen (in DM, Dollar und Schweizer Franken) bereits 580 Millionen DM zugeflossen. Weitere 720 Millionen DM beschaffte sich der Konzern nun durch eine Kapitalerhöhung, die in zwei Stufen ablief. Bei der ersten handelte es sich um eine internationale Plazierung von nominal 60 Millionen DM, die von Ende September an durchgeführt wurde.[65] Ohne Probleme ging diese erste Emissionsphase schließlich über die Bühne. Die zweite Kapitalerhöhung, die im Oktober 1987 erfolgte, geriet aber plötzlich mitten in den Strudel des großen Börsenkrachs. Die jungen Aktien blieben bei den Emissionsbanken hängen, die damit ungewollt zu Aktionären von Continental geworden waren und in den Büchern plötzlich einen Wertberichtigungsbedarf, das heißt, einen Verlust von 120 Millionen DM stehen hatten.[66] Der Reifenkonzern hatte aber davon unbeschadet seine »Kriegskasse« gerade noch rechtzeitig füllen können, in der noch aus der vorjährigen Optionsanleihe rund 300 Millionen DM lagen. »Continental was fortunate«, so erklärte Urban als neuer Vorstandsvorsitzender beim Abschluß des General-Tire-Vertrages erleichtert, »to have made financing arrangements to buy General before the recent stock market crash.«[67] Der Börsenkrach läutete aber insgesamt das Ende der geradezu unbegrenzten Aufnahmefähigkeit der Kapitalmärkte für die Unternehmensanleihen ein. Ende der 80er Jahre kehrte man in der Finanzabteilung des Reifenkonzerns daher mehr und mehr wieder zu den klassischen Finanzierungsmethoden zurück.[68]

Durch die im Vergleich zu den anderen deutschen Industriekonzernen ungewöhnlichen – von einer Reihe von Unternehmen aber bald nachgeahmten – Finanzierungsmethoden hatte Continental seine Liquidität und Kapitalstruktur trotz der gleichzeitigen Expansion deutlich verbessert. Die Fristigkeitsstruktur der Verbindlichkeiten war bei insgesamt weiterem Schuldenabbau von kurz- auf langfristige Verschuldungen verschoben worden. Im Konzern wie in der Aktiengesellschaft verdreifachte bzw. versechsfachte sich der Cashflow zwischen 1979 und 1989 auf knapp 300 bzw. 600 Millionen DM. Nicht zuletzt hatte sich das Anlagevermögen seit 1979 im Konzern mehr als verdoppelt, in der Aktiengesellschaft nahezu verdreifacht. Begleitet war diese Entwicklung von einem rasanten Investitionstempo, das Continental vor allem seit 1983 vorlegte.

Ein Investitionsrekord jagte bald den anderen. Obwohl die weltweite Reifennachfrage Ende der 80er Jahre nur noch leicht stieg, befand sich nicht nur Continental, sondern die gesamte Branche in einem regelrechten Investitions-

---

65 Vgl. Protokoll der Aufsichtsratssitzung vom 4. 5. 1987, in: Registratur Vorstandssekretariat und *HAZ* vom 3. 9. 87 sowie Börsenzeitung vom 3. 9. 87.
66 Vgl. *Börse On line* vom 22. 1. 88 und *Börsenzeitung* vom 4. 11. 87 sowie Protokoll der Aufsichtsratssitzung vom 11. 12. 87, in: Registratur Vorstandssekretariat.
67 Vgl. *Beacon Journal* vom 6. 11. 87.
68 1989 zum Beispiel erfolgte die Konzernfinanzierung zu 58,6 Prozent aus Abschreibungen, 8,7 Prozent durch Eigenkapital und 32,8 Prozent durch Verringerung des Umlaufvermögens. Vgl. Geschäftsbericht 1989, S. 36.

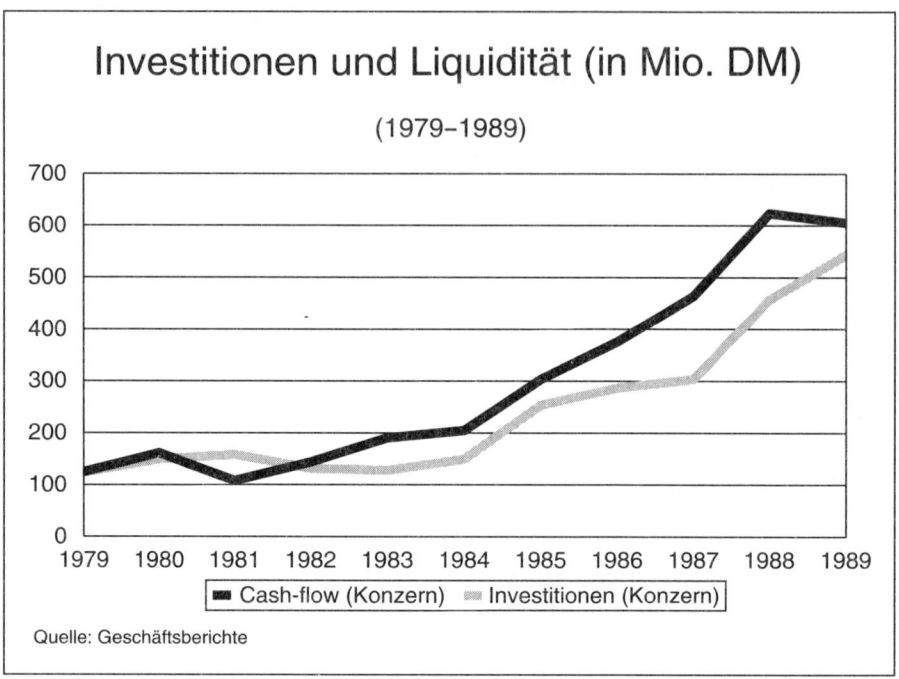

Investitionen und Liquidität (in Mio. DM)

(1979–1989)

Cash-flow (Konzern)   Investitionen (Konzern)

Quelle: Geschäftsberichte

boom. Marktentwicklung und technischer Fortschritt hatten dabei die zunächst eher moderaten Investitionsrahmen-Planungen der Hannoveraner oft kurzfristig über den Haufen geworfen. 1981 beispielsweise setzten die Controller für 1985 gerade mal knapp 130 Millionen DM an Finanzmittel für TP und Reifen an, während vier Jahre später dann tatsächlich 237 Millionen DM investiert wurden.[69] Das war ein deutliches Indiz dafür, daß man sich nicht nur in Investitionsspielräumen bewegte als vielmehr auch Investitionszwängen ausgesetzt sah. Es war wohl auch mit ein Grund dafür, daß die Selbstfinanzierungsquote deutliche Schwankungen aufwies, das heißt, daß trotz überwiegender Finanzierung aus Eigenmitteln immer wieder auch auf Fremdmittel zurückgegriffen werden mußte.[70]

Anders als in den 70er Jahren verliefen die Investitionen nun im Zyklus des allgemeinen Konjunkturverlaufs. Art und Richtung der Investitionen, das heißt das Muster des Investitionsverhaltens, zeigten dabei aber auffallende Verschiebungen. Erstens nahm im Zuge der Internationalisierung und Globalisierung der Anteil der Auslandsinvestitionen deutlich zu. Gingen 1982 noch

---

69 Vgl. Planungshandbuch 1982–85 sowie diverse Unternehmensunterlagen, in: *Conti-Archiv*, o. Sign.
70 Von 110,1 Prozent (1979) war die Selbstfinanzierungsquote im Konzern 1981 auf 69,1 Prozent abgesackt, bis 1983 wieder auf 170,4 Prozent gestiegen, ehe sie 1985 mit 113,1 Prozent erneut einen Tiefpunkt erreichte. Bis 1987 stieg die Quote auf 150,9 Prozent, sank aber schließlich 1989 auf 94,4 Prozent ab. Vgl. Geschäftsberichte.

80,2 Prozent aller Konzerninvestitionen in die deutschen Werke, so schrumpfte dieser Anteil 1984 auf 78,5 Prozent, 1986 auf 52,7 Prozent und unterschritt
1988 erstmals mit 47,5 Prozent die Fünfzigprozent-Marke. Erst 1989 war mit
57,3 Prozent wieder ein Anstieg bemerkbar.[71] Wo man noch bis 1979 Export
von Gütern und Dienstleistungen praktizierte, wurden nun mehr und mehr
Direktinvestitionen in den Auslandsmärkten getätigt. Der mit Abstand größte
Brocken der Investitionen floß dabei seit 1988 zu General Tire in die USA.
Während die Restrukturierung der Uniroyal-Werke noch mit weniger als
10 Prozent der Gesamtinvestitionen zu Buche geschlagen hatte, absorbierten
die Aufwendungen für die Wettbewerbsfähigkeit von General Tire allein 1988
mehr als 20 Prozent und 1989 sogar 38 Prozent der gesamten Investitionen.[72]

Im Zusammenhang mit General Tire verabschiedete der Aufsichtsrat im
September 1988 das größte Investitionsprogramm in der Geschichte von
Continental mit über fast 3 Milliarden DM für die kommenden vier Jahre.[73]
Kernstück war dabei neben der Modernisierung der veralteten General Tire-
Werke die Finanzierung eines Joint-ventures im Lkw-Reifenbereich. Unter
Beteiligung der japanischen Kooperationspartner Yokohama und Toyo wurde
im General Tire-Werk Mt. Vernon (Illinois) eine Gemeinschaftsproduktion
aufgebaut, wobei die industrielle und kaufmännische Führung bei General
Tire/Continental lag.[74] Es galt dabei vor allem, als Koordinator zwischen den
beiden konkurrierenden japanischen Reifenunternehmen zu fungieren, die
man schließlich sogar zu einer gegenseitigen Kapitalbeteiligung drängte.[75]
Das gemeinsame Lkw-Reifenwerk von Mt. Vernon sollte bald von der Rentabilität wie der Produktivität her zum Vorzeigewerk nicht nur des Konzerns,
sondern der gesamten Branche werden. Als erstes »dreiseitiges« Joint-venture
überhaupt zwischen Amerikanern, Deutschen und Japanern, das das technische Wissen von vier Unternehmen und drei unterschiedliche technisch-
ökonomische Kulturen miteinander verband, stellte es zudem auch industrie-
politisch ein Novum dar.

Als zweites Merkmal zeigt sich, daß Rationalisierungsinvestitionen zunehmend gegenüber Erweiterungsinvestitionen an Bedeutung gewannen. 1979
bereits wurden 13 Prozent der Investitionsmittel für die Erhöhung der Produktionskapazitäten eingesetzt, 31 Prozent dagegen für die Senkung der Kosten.
Mehr und mehr Gelder wurden auch in die Qualitätssicherung gesteckt und
als Anpassungsinvestitionen (Energieversorgung, Umweltschutz) verausgabt.[76]
1987 bis 1989 dominierten bereits wieder mit 28,8 Prozent die Erweiterungs-

---

71 Vgl. die Investitionspläne mit den jeweiligen Ist-, Plan- und Forecast-Angaben, in: Planungshandbücher 1983–1987 sowie diverse Konzernunterlagen.
72 Vgl. diverse Unternehmensunterlagen im Vorstandssekretariat.
73 Vgl. Vorlage zur Aufsichtsratssitzung vom 21. 9. 1988, in: Registratur Vorstandssekretariat.
74 Vgl. Memorandum vom 4. 5. 1986, in: 6610 Zg. 1/90, A 9.
75 Vgl. Interview Urban vom 15. 5. 1995 sowie Memorandum der Besprechungen vom 20. 2. 1987 und
   vom 16. 7. 1987, in: 6610 Zg. 1/90, A 9.
76 Vgl. Konzerninvestitionen, in: Planungshandbücher 1981–83 und 1982–84, in: Conti-Archiv, o. Sign.

und auch Anpassungsinvestitionen, Rationalisierungsinvestitionen schlugen dagegen nur noch mit 8,6 Prozent zu Buche.[77] Was dabei die Produktbereiche anging, so ergab sich, drittens, eine deutliche Schwerpunktverlagerung der Investitionen in den Reifenbereich. 1986 flossen mit 200 Millionen DM bereits doppelt soviel Gelder in den Reifen-Sektor, 1989 schließlich 540 Millionen DM, gegenüber nach wie vor knapp 100 Millionen DM im TP-Bereich.

»Von den drei großen Voraussetzungen«, so hatte Herrhausen auf der Hauptversammlung am 16. Juli 1980 geäußert, »die erfüllt sein müssen, um im Konkurrenzkampf mit den Großen unserer Branche bestehen zu können: Produktqualität, Internationalität und finanzielle Stabilität und Ertragskraft, haben wir zwei erreicht. Die dritte, eine gesunde finanzielle Basis und eine bessere nachhaltigere Rentabilität, bleibt die Herausforderung der unmittelbaren Zukunft.«[78] Sechs Jahre nach dieser Zwischenbilanz hatte Continental auch diese letzte Voraussetzung erfüllt. Von Jahr zu Jahr waren nach dem kurzfristigen Einbruch der »Uniroyal-Krise« 1981 Umsatz und Gewinne gestiegen.

Der überwiegende Anteil des Umsatzwachstums war daher allerdings durch Zukauf von außen erfolgt. 1979, 1985 und 1988 machte Continental deutliche

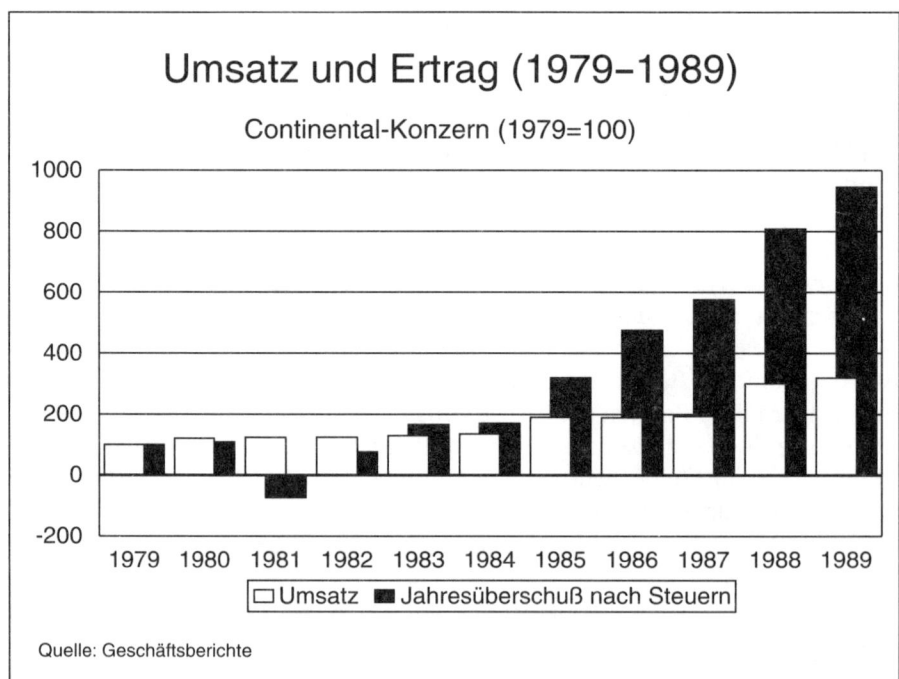

77 Ebd., Planungshandbuch 1989–91.
78 Protokoll der Hauptversammlung vom 16. 7. 1980, S. 5, in: Conti-Archiv, o. Sign.

Umsatzsprünge. Aber auch das Binnenwachstum nahm im Windschatten eines gesamtwirtschaftlichen Konjunkturaufschwungs und eines kräftigen Automobilbooms zu und ließ Continental an die Grenzen seiner Produktionskapazitäten stoßen. In einer Zeit, als die Konkurrenten bis auf Pirelli zum Teil erhebliche Verluste hinnehmen mußten, kletterte Continental von Erfolgsjahr zu Erfolgsjahr.[79] 1985 konnte Werner dem Aufsichtsrat einen gegenüber dem Vorjahr verdoppelten Jahresüberschuß von DM 37,2 Millionen präsentieren und ein Jahr später einen abermaligen Ertragssprung um fast 50 Prozent. 1987 erzielte Continental erneut mit einem Konzern-Jahresüberschuß von 138,8 Millionen DM ein Rekordergebnis, dem bis 1989 weitere Gewinnsteigerungen auf schließlich 227,8 Millionen DM folgten. Der konjunkturelle Rükkenwind, dessen Ausbleiben Hahn bei seinen Rettungsmaßnahmen in den 70er Jahren so vermißt hatte, war nun da. Und dennoch profitierte Continental von den »goldenen 80ern« im Vergleich zu den anderen Wirtschaftsbranchen weit weniger. Wenn auch die Gewinne schneller als die Umsätze stiegen, so blieb insgesamt gesehen die Ertragslage unbefriedigend. Die Umsatzrendite kletterte zwischen 1979 und 1989 gerade von knapp 1 auf 2,8 Prozent, die Eigenkapitalrentablilität von 6 auf 14 Prozent.[80]

Auf den Ertrag drückten zum einen zunehmend die Wechselkursschwankungen, die in den 80er Jahren durch Dollarverfall und wachsende DM-Stärke geprägt waren. Dazu kamen immer wieder Preisexplosionen bei Naturkautschuk, vor allem aber die sinkenden Reifenpreise, die durch die Volumensteigerungen nur knapp ausgeglichen werden konnten. Statt aus einer Preiskonjunktur nährte sich der Gewinn von Continental allein aus einer Mengenkonjunktur. Anders als in den anderen Branchen lag der Break-even-Punkt in der Kautschukindustrie bei einer Kapazitätsauslastung von 90 Prozent und damit überdurchschnittlich hoch. Es genüge allerdings nicht, so hatte schon Herrhausen auf der Hauptversammlung im Juli 1981 hingewiesen, »den break-even-point zu überwinden. Um wieder aufatmen zu können, muß Continental auf Dauer und deutlich in die Gewinnzone kommen«[81]. Eine Analyse der unterschiedlichen Faktoren hinsichtlich der Ergebnissensibilität machte aber deutlich, in welch engen Spielräumen sich der Reifenkonzern dabei befand. Denn das Unternehmensergebnis reagierte am stärksten auf die Preise, deren Einfluß fast dreimal so hoch war wie entsprechende Fixkosten- und Mengenveränderungen. Mit anderen Worten: Continental mußte, um die ruinösen Preisentwicklungen aufzufangen, doppelte und dreifache Fixkosteneinspa-

---

79 Vgl. zu Michelin *SZ* vom 8. 1. 83 und *Nachrichten für den Außenhandel* vom 29. 8. 1985.

80 »Continental«, so mußte denn auch der Vorstandsvorsitzende Urban Ende 1986 vor dem Aufsichtsrat eingestehen, war »eine der ertragsschwächsten Gesellschaften mit relativ geringem Eigenkapital, aber guter Invest- und Abschreibungsquote«. Vgl. Protokoll der Aufsichtsratssitzung vom 15. 12. 1986, in: Registratur Vorstandssekretariat.

81 Vgl. Protokoll der Hauptversammlung, zitiert nach: *Wirtschaftskurier* vom 7. 7. 1981.

rungen und Volumenausweitungen vornehmen.[82] Dazu kam schließlich, daß die stärkere Ertragskraft 1983 genutzt wurde, um bei den Abschreibungen von der linearen zur degressiven Methode zurückzukehren. Um steuerliche Verlustvorträge zu nutzen, hatte Urban rückwirkend die Jahresabschlüsse 1979 bis 1983 entsprechend geändert. Dadurch erhöhte sich gleichzeitig aber der Abschreibungsbedarf und trug Continental die höchste Abschreibungsquote in der Branche ein. Allein 1985 beispielsweise resultierte daraus ein Mehrbedarf von 20 Millionen DM. »Das hat«, so räumte der Finanzvorstand Urban im August 1985 ein, »natürlich unsere Erträge belastet.«[83]

Ungeachtet dieser Ertragsentwicklung erlebte die Continental-Aktie in den 80er Jahren einen wahren Höhenflug. Nach dem Absturz Ende der 70er Jahre war der Kurs bis 1982 zunächst auf einem niedrigen Niveau verharrt, das zum Teil unter den Nennwert von 50 DM rutschte. Dann aber setzte Mitte 1982 eine rasche Erholung ein. Anfang 1983 kursierten daher Gerüchte über gezielte Aufkäufe, und besorgt ließ der Vorstand bei den Banken entsprechende Recherchen anstellen. Von dort kamen beruhigende Auskünfte. Im Juni machte sich aber erneut tiefe Verunsicherung in Hannover breit. Unvermittelt hatten die drei Großaktionäre Deutsche Bank, Bayer und Münchner Rück den Verkauf ihrer Anteile bekanntgegeben. Continental stand damit plötzlich ohne den jahrelangen Schutz insbesondere der Deutschen Bank da und sah sich mehr denn je als Spekulationsobjekt und potentielles Übernahmeopfer. Nach außen begründeten die Großaktionäre ihren Schritt als Vertrauensbeweis für den wiedererstarkten Reifenkonzern, der nun auf eigenen Füßen stehen könnte. Intern war aber selbst Herrhausen von der industriepolitischen Kehrtwende überrascht worden, die auf einen stärkeren Rückzug aus den Industriebeteiligungen abzielte. Schonend hatte er daher Werner die neue Politik der Deutschen Bank beizubringen versucht.[84] Was mit den insgesamt 30 Prozent des Aktienkapitals passieren würde, wußte keiner; daß aber die Wertpapiere neue Käufer fanden, war an der Kursentwicklung abzulesen, die unvermindert weiter nach oben verlief.

Insgesamt waren 1983 an den Börsen Continental-Aktien für ca. eine Milliarde DM umgesetzt worden, das entsprach dem Vierfachen des gesamten Grundkapitals. Es war ein Indiz, daß offenbar kein neuer Großaktionär in Sicht war und Continental sich zu einer echten Publikumsgesellschaft entwickelte. Vorstand wie Aufsichtsrat befürchteten dennoch, daß hinter dem Run auf die Conti-Aktien entweder ein Ölpotentat aus Nahost oder ein ausländi-

---

82 Vgl. Vorlage zur Aufsichtsratsitzung vom Dezember 1981 und Protokoll der Aufsichtsratsitzung vom 12. 5. 1979, in: Registratur Vorstandssekretariat.

83 Vgl. *FAZ* vom 28. 8. 1985 sowie Geschäftsbericht 1983.

84 Vgl. Interview Werner vom 4. 7. 1995 und *Börsenzeitung* vom 30. 6. 1983. Vgl. auch die Antwort Herrhausens auf die besorgten Fragen des Gesamtbetriebsratsvorsitzenden Nöthel anläßlich der Hauptversammlung vom 29. 6. 1983, in: Benno Adams: Mitbestimmungsreport. 1979–1984. Fünf Jahre externer Arbeitnehmervertreter im Aufsichtsrat, Manuskript Hannover 1984, S. 125 ff.

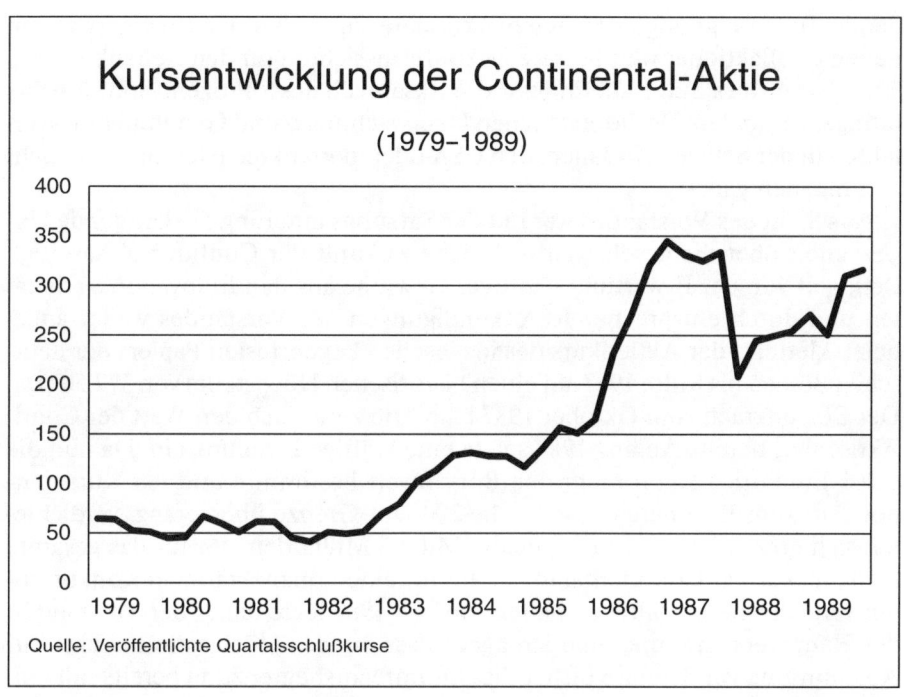

Kursentwicklung der Continental-Aktie

(1979–1989)

Quelle: Veröffentlichte Quartalsschlußkurse

scher Konkurrrent stecken könnten, der sich das Innovationspotential und den sich abzeichnenden Erfolg der Hannoveraner billig kaufte. Daß tatsächlich zumindest auch professionelle Spekulanten hinter der Hausse standen, zeigte sich, als Ende Juni 1984 Goodyear ein Conti-Aktienpaket angeboten wurde.[85] Die Amerikaner lehnten ab, aber für den Vorstand war die Entwicklung Grund genug, der Hauptversammlung eine Stimmrechtsbegrenzung vorzuschlagen, die dann im Juli 1984 auch beschlossen wurde. In Anlehnung an die Deutsche Bank, Mannesmann, Daimler-Benz, Siemens und andere deutsche Großkonzerne, die zum Teil bereits Mitte der 70er Jahre entsprechende Limits eingeführt hatten, um unerwünschte Paketkäufer vor allem aus Nahost abzuschrecken, legte nun auch Continental ein fünfprozentiges Höchststimmrecht fest.[86] Die Einführung des Stimmlimits war dabei heftig umstritten. Die Befürworter sahen auf diese Weise die Unabhängigkeit einer Publikumsgesellschaft am besten gewährleistet, und Werner wies auf die Belastungen der im Markt kursierenden Spekulationen über einen möglichen Großaktionär für die Gespräche mit Kooperationspartnern und Kunden hin, denen in Zukunft die Grundlage entzogen würde. Die Gegner beklagten dagegen eine »anma-

---

85 Vgl. *FAZ* vom 4. 7. 1984.
86 Das heißt unabhängig vom Umfang des Aktienbesitzes beschränkt sich das Stimmrecht eines Aktionärs auf max. 5 Prozent des Grundkapitals.

ßende Teilenteignung« der freien Aktionäre und sahen langfristig in einem neuen Großaktionär weit bessere Zukunftsaussichten für den Reifenkonzern. Viele Experten stellten allerdings die Wirksamkeit des 5-Prozent-Stimmrechts infrage, das anders als die staatlichen Überwachungs- und Genehmigungsverfahren in der Schweiz, in Japan, den USA oder in Frankreich letztlich als leicht zu umgehen galt.[87]

Aus Sicht des Vorstandes war mit der Satzungsänderung die lähmende Ungewißheit über die gesellschaftrechtliche Zukunft der Continental beseitigt. Beflügelt von der Erwartung künftiger Gewinne aus den Innovationsaktivitäten und durch entsprechende Ankündigungen des Vorstandes weiter angeheizt, kletterte der Aktienkurs des inzwischen begehrtesten Papiers der deutschen Börsen bis Mitte 1987 auf einen historischen Höchstkurs von 377,50 DM. Der Börsenkrach vom Oktober 1987 halbierte zwar auch den Wert der Conti-Aktie, aber bereits Anfang 1988 setzte eine kräftige Erholung ein. Da nun die »CTS-Euphorie« kaum mehr den Börsenwert bestimmte und der Kurs dennoch im Juni 1989 bereits wieder die 300-DM-Grenze übersprang, verdichteten sich erneut Übernahmegerüchte. Mit 2,5 Milliarden DM für das gesamte Aktienpaket war Continental in der Tat für einen finanzkräftigen Konkurrenten vergleichsweise billig zu haben. Im Juli 1989 legte daher der Vorstand in der Hauptversammlung eine strengere Fassung des Höchststimmrechts zur Abstimmung vor. Konnte bisher die Stimmrechtsbegrenzung bereits mit einfacher Mehrheit wieder beseitigt werden, so sollte dies in Zukunft nur noch mit der Mehrheit von drei Vierteln der Stimmen möglich sein.[88] Obwohl auf der Hauptversammlung die entsprechende Satzungsänderung beschlossen wurde, verstummten die Spekulationen und Gerüchte um Continental nicht, zumal die Klage eines Kleinaktionärs die endgültige Einführung der Stimmrechtsregelung zunächst hinausschob.

Interne wie externe Debatten hatte es dabei auch um die Dividendenpolitik gegeben. 1983, nach 12 dividendenlosen Jahren, die nur 1980 kurz durch eine magere Ausschüttung unterbrochen worden waren, kehrte der Reifenkonzern in den Kreis der dividendenfähigen deutschen Unternehmen zurück. 3 DM je 50-DM-Aktie (6 Prozent) und damit praktisch der gesamte Unternehmensgewinn wurden an die Aktionäre ausgezahlt. Der Weg zur Wiederaufnahme der Dividendenzahlungen wurde Continental dabei durch eine steuergesetzliche Hürde wesentlich erschwert, denn die Körperschaftsteuerreform belastete gerade die Unternehmen, die Verlustjahre hinter sich hatten, in besonderem Maße.[89] Für Continental bedeutete die Last des sogenannten negativen EK 56

---

87 Vgl. zur Hauptversammlungs-Debatte u. a. *FAZ* vom 7. 7. 84 sowie *HAZ* vom 7. 7. 84 und *Mitbestimmungsreport*, S. 133 f. sowie das Interview Urbans dazu in: *Die Welt* vom 25. 6. 84.
88 Vgl. Protokoll der Hauptversammlung vom 5. 7. 1989, S. 17, in: Conti-Archiv, o. Sign. sowie *Börsenzeitung* vom 6. 7. 89.
89 Vgl. Protokoll der Hauptversammlung vom 16. 7. 1980, S. 8 f. und S. 42. Vgl. auch Geschäftsbericht 1980, S. 6.

einen Kraftakt, denn von 100 DM Gewinn vor Körperschaftssteuer blieben noch ganze 28 DM für eine Ausschüttung übrig. Diese Regelung bewirkte eine paradoxe Umkehr der unternehmerischen Steuerbelastungen, die eine Ausschüttung von Unternehmensgewinnen gleichsam bestrafte und die Einbehaltung des Jahresüberschusses belohnte.[90]

Erst 1985 hatte Continental das negative EK 56 soweit abgetragen, daß es das Unternehmensergebnis und die Dividendenpolitik nicht mehr belastete. Die Dividenden stiegen in der Folge denn auch rasch auf 10 Prozent (5 DM) und bis 1989 schließlich auf 16 Prozent (8 DM) je 50-DM-Aktie, wobei die Ausschüttungsquote allerdings deutlich bis auf zeitweise 33 Prozent des Konzernergebnisses sank. Während die Anteilseigner und Aktionäre diese konservative Dividendenpolitik kritisierten, gerieten die Dividendenerhöhungen Anfang 1987 zunehmend unter Beschuß der Arbeitnehmervertreter im Aufsichtsrat. Allenthalben, so die Kritik, klage der Vorstand über die hohen Kosten der deutschen Standorte und versuche, Löhne und außertarifliche Leistungen zu kürzen. Die Gewinne müßten daher eher zur Verbesserung der unternehmensinternen Lage verwandt werden. Nahezu geschlossen verweigerten daher die Arbeitnehmervertreter die Zustimmung. Nur mit 11 Ja-Stimmen gegen 9 Nein-Stimmen brachte der Vorstand seinen Gewinnverwendungsvorschlag für 1986 im Aufsichtsrat durch.[91] Die Debatte um die Beteiligung der Belegschaft an den Konzerngewinnen war noch durch einen Aktien-Optionsplan nach amerikanischem Vorbild angeheizt worden, den Werner Mitte 1986 ins Spiel gebracht hatte und der einem ausgewählten Kreis von Führungskräften privilegierte Bezugsrechte einräumte.[92]

Die Streuung des Aktienkapitals war vergleichsweise gering. Von etwa 40 000 Aktionären Anfang der 70er Jahre schrumpfte die Gesamtzahl im Verlauf der Krisenjahre schließlich auf 30 000, unter denen die drei Corona-Großaktionäre die dominierende Rolle einnahmen. Erst im Gefolge der Internationalisierung erfuhr die Zahl der Aktionäre einen neuen Aufschwung und zugleich einen tiefgreifenden strukturellen Wandel. Als etwa anläßlich der Hauptversammlung 1984 unternehmensintern eine Analyse des angemeldeten Kapitals vorgenommen wurde, zeigte sich, daß inzwischen wieder ca. 45 000 Aktionäre Besitzer von Continental waren. Nach wie vor repräsentierte die Deutsche Bank, auch nach dem Ausscheiden als Großaktionär, mit 13,8 Prozent den Hauptteil des vertretenen Kapitals, die übrigen Banken vertraten ohne nennenswerten Eigenbesitz weitere 22,3 Prozent. Dennoch hatten sich

90 Vgl. auch Herrhausen auf der Hauptversammlung am 3. 7. 1981 sowie die umfangreichen Unterlagen dazu vom Frühjahr 1983, in: 6635 Zg. 1/90, A 1. Die überdurchschnittliche Steuerbelastung Continentals wurde 1983 zum Auslöser einer weitreichenden steuerpolitischen Debatte, in deren Verlauf sich auch der BDI und das Bundesfinanzministerium einschalteten, das einen »Webfehler« im Gesetz eingestand.
91 Vgl. Protokoll der Aufsichtsrats-Sitzung vom 4. 5. 1987, in: Registratur Vorstandssekretariat sowie zur Kritik der Aktionäre auf der Hauptversammlung vgl. *Börsen-Zeitung* vom 26. 6. 1987.
92 Vgl. auch *Der Spiegel* vom 26. 5. 1986.

deutliche Umschichtungen ergeben, denn der Aktienbesitz der Kleinaktio-
näre und der sie vertretenden Schutzgemeinschaften hatte sich insgesamt
versiebenfacht und repräsentierte nun 5,5 Prozent des Grundkapitals.[93] Seit
1986 bemühte man sich gezielt auch um internationale Anleger. Im Dezember
erfolgte die Börseneinführung der Conti-Aktie in der Schweiz und in Österreich. Im Herbst 1987 eröffnete man eine international ausgerichtete Präsenta-
tions-Kampagne, in der Urban vor potentiellen Anlegern den Konzern in
Zürich, Genf, Tokio, New York und London präsentierte. Die Pflege der
Investoren und die Beachtung des ›shareholder value‹ wurden nun zentrale
Bestandteile eines Finanzmarketings. Man entwickelte ein Langzeit-Inve-
stor's Relation-Programm und bereitete 1989 als zweites deutsches Unternehmen nach VW durch ein sogenanntes ›Sponsored ADR-Program‹ (American
Depositary Receipt), das heißt handelbare Hinterlegungsscheine von Aktien,
den Gang an die New Yorker Börse vor.[94] Als der Continental-Vorstand für
1986 und 1989 eine Vergleichserhebung seiner Aktionärsstruktur anfertigen
ließ, zeigte sich allerdings, daß sich schon 1986 mit 53 Prozent mehr als die
Hälfte des Aktienbesitzes in ausländischen Händen befand – ein Anteil, der
bis 1989 zugunsten des Inlandsbesitzes wieder auf 38,8 Prozent sank.[95] Die
Gesamtzahl der Aktionäre war gleichzeitig deutlich auf 57 650 gestiegen. Ein
Drittel der Aktien war im Besitz von Privatpersonen, unter denen die Arbeitnehmer mit ca. 50 Prozent der Privatdepots den Hauptanteil stellten. Der
Anteil von Versicherungen und Banken war dabei zwischen 1986 und 1989
ebenfalls auf ein Drittel, vor allem zugunsten von Investmentgesellschaften
und gewerblichen Unternehmen, geschrumpft. Alles in allem war das eine
keineswegs beunruhigende Entwicklung der Aktionärsstruktur, hinter der
keine in- oder ausländischen Interessenzusammenballungen zu erkennen
waren. »Auch der Kurs der Aktie«, so schrieb Urban im Geschäftsbericht für
1989, »entspricht der allgemeinen Börsenentwicklung und der Bewertung
anderer großer Reifenhersteller. Für die zeitweilig kursierenden Aufkaufge-
rüchte fanden sich keinerlei konkrete Hinweise.«[96] Nur wenig später zeigte
sich aber, daß der Schein trog.

---

93 Vgl. Anlage zur Aufsichtsratssitzung vom 15. Juli 1984, in: ebd.
94 Vgl. Geschäftsbericht 1988 und 1989.
95 Vgl. dazu und zum Folgenden die detaillierte Erhebung in: Registratur Finanzabteilung.
96 Vgl. Geschäftsbericht 1989, S. 5.

Kapitel 11
Der Produktionsprozeß als soziales System:
Neue Formen der Arbeitsorganisation

Voraussetzung für das Wiederstarken war nicht nur eine Neuordnung der Finanz- und Organisationsstrukturen, sondern auch der innerbetrieblichen Arbeitsprozesse. Die Stärkung der Wettbewerbsfähigkeit zwang zu neuen Rationalisierungskonzepten und einer Veränderung der Lohn- und Arbeitszeitregelungen. Anfang der 70er Jahre hatte sich in Staat, Wirtschaft und Gesellschaft der Bundesrepublik ein neues Verständnis von betrieblicher Rationalisierung und ihren Arbeitsfolgen angebahnt. Es war Teil eines tiefgreifenden Wertewandels, der den Mensch im Betrieb nicht als Produktionsfaktor, sondern als personales Wesen mit sozialen Kompetenzen neu entdeckte. Die »Humanisierung des Arbeitslebens« wurde gefordert, die Selbstverwirklichung und Erweiterung der Handlungs- und Entscheidungsspielräume, Partizipation und Autonomie. Der Aufstand gegen das Fließband und die Entmündigung des Menschen bei der Arbeit war ein Paradigmen-Wechsel, nachdem jahrzehntelang die betrieblichen Abläufe durch den Taylorismus bestimmt worden waren. Nun fanden plötzliche neue Begriffe wie job-rotation, job-enlargement und job-enrichment Eingang in den Sprachschatz der Manager, Wirtschaftspolitiker und Gewerkschaftsfunktionäre und wurden zu Schlüsselwörtern moderner Unternehmensführung.[1] Der Abbau rigider Arbeitsbedingungen, die Reduktion von Monotonie im Arbeitsprozeß und die Chancen qualifiktionsgerechten Arbeitseinsatzes standen dabei im Zentrum.

Anfänge der Gruppenarbeit

Spätestens als die Bundesregierung im Mai 1974 ihr »Aktionsprogramm Forschung zur Humanisierung des Arbeitslebens« startete und gleichzeitig auch der DGB ein entsprechendes tarifpolitisches Konzept beschloß, waren auch bei Continental Belegschaft, Betriebsrat und Unternehmensleitung sensibilisiert, entsprechende Veränderungen einzuleiten. In den Mittelpunkt des Interesses waren die Arbeitsplätze der Reifenwickler gerückt. Man hatte festgestellt, daß die Kurve für den Altersaufbau dieser Belegschaftsangehörigen abweichend vom Gesamttrend nach dem 40. Lebensjahr steil nach unten verlief. Die Reifenwickler waren überdurchschnittlich jung und Mitte der 70er Jahre nur 10,6 Prozent von ihnen älter als 45 Jahre. Auf der Suche nach den

---

1 Vgl. u. a. Dietmar Gottschall: Management optimal. Die Psychodynamik erfolgreicher Unternehmensführung, Frankfurt 1987, S. 10 ff. sowie mit weiteren Literaturhinweisen Peter Winkelmann u. a. (Hrsg.): Entwicklung der Gruppenarbeit in Deutschland. Stand und Perspektiven, Frankfurt 1993. In Deutschland war dieser in den USA entwickelte und auch aus England kommende Ansatz zur Arbeitsgestaltung und Arbeitsorganisation erst relativ spät aufgegriffen worden. Vgl. dazu ebd., S. 187.

Gründen entschloß sich die Unternehmensleitung Anfang 1975 zu einer eingehenden Untersuchung.[2] Das Ziel war, die Verweildauer am Arbeitsplatz als Reifenwickler hinauszuschieben; angestrebt wurde ein Alter von 50 bis 52 Jahre. Außerdem sollten die speziellen Belastungen an diesen Arbeitsplätzen durch technische Entwicklungen reduziert werden.

Das Projekt lief unter dem Titel »Anpassung der Arbeitsanforderungen beim Reifenwickeln an die Leistungsfähigkeit älterer Reifenwickler«, und als Ende 1979 die ersten Zwischenergebnisse vorgelegt wurden, wußte man über das Phänomen der »Wickler-Fluktuation« in der Tat weit besser Bescheid.[3] Der Konfektionierplatz war teilmechanisiert. Auf einer drehbaren und in sich zusammenklappbaren Trommel wurden Bänder aus gummiertem Textil- oder Drahtcordgewebe, vorbereitete Gummistreifen, runde Drahtkerne und Gummilaufstreifen zu einem hohlzylinderähnlichen Reifenrohling zusammengesetzt. Charakteristisch für diese Arbeit war die verhältnismäßig kurze Zykluszeit (etwa eine Minute für normale Pkw-Reifen), in der eine Vielzahl manueller Aufbringungs-, Führungs-, Justier-, Trenn- und Einstreichvorgänge, kombiniert mit Hand- und Fußschalterauslösungen zur Steuerung der Trommeldrehung, zu erledigen war. Das stellte hohe Anforderungen an die Konzentration auf den Arbeitsablauf, an die Reaktionsfähigkeit und die Bewegungskoordination. Korrekturen waren wegen der Klebekraft des Materials kaum möglich. Möglicher Ausschuß und Nacharbeit verursachten hohe Kosten. Das Hauptproblem ihrer Tätigkeit war aus Sicht der Reifenwickler, daß neben den hohen Stückzahlvorgaben aufgrund der ständig weiter verkürzten Zykluszeiten insbesondere bei der Pkw-Reifenfertigung vor allem die in Form von Maschinenstörungen, schwankender Materialbeschaffenheit, Umsetzung an andere Maschinen und Programmwechsel auftretenden Arbeitsunterbrechungen und Störungen bzw. Unregelmäßigkeiten den alltäglichen Produktionsablauf bestimmten. Die Reifenwickler reagierten darauf mit einem spezifischen Arbeitsverhalten: Um das Schichtsoll dennoch zu erreichen, erbrachte man in der ersten Schichthälfte bei korrektem Lauf der Maschinen überdurchschnittliche Leistungen und schuf sich dadurch ein entsprechendes »Zeitpolster«. Dadurch waren bereits in der ersten Schichthälfte erfahrungsgemäß bis zu zwei Drittel des Tagespensums abgearbeitet, so daß sich hieraus ein unregelmäßiges Arbeits- und Leistungsverhalten über die Schicht hinweg ergab. Die Reifenwickler erreichten damit das Schichtsoll in der Regel entsprechend ihrem persönlichen Leistungsplan schon ein bis eineinhalb Stunden vor Schichtende und beendeten die Schicht mit einer entsprechend langen Ruhe-

---

2 Vgl. auch Protokoll der Sitzung des Gesamtbetriebsrats vom 12. 11. 76, in: Ablage Konzernbetriebsrat Continental sowie *Waldeckische Landeszeitung* vom 24. 12. 1976.
3 Vgl. dazu »Forschungsbericht: Humanisierung des Arbeitslebens. Anpassung der Arbeitsanforderungen an den Leistungswandel älterer Mitarbeiter am Beispiel von Reifenkonfektionären«. Teilbericht 5 der sozialwissenschaftlichen Begleitforschung von H. P. Euler u. a., Universität Karlsruhe, Manuskript April 1985, S. 1415.

pause.[4] Das traf aber nur auf die jüngeren Reifenwickler zu, während ihre älteren Arbeitskollegen das Arbeitspensum nur mühsam in den vorgegebenen Zeiten schafften. Es war daher allgemein geübte Praxis nicht nur bei Continental, als Reifenwickler 20, wenn es hoch kam 25 Jahre lang »reinzuhauen« und »Geld zu machen«. Wenn man den Akkord dann nicht mehr zu 145, sondern nur noch zu 135 Prozent schaffte, kündigte man oder suchte sich leichtere Arbeit. Dem Unternehmen gingen damit erfahrene und zuverlässige Arbeitskräfte verloren. Für den älteren Reifenwickler bedeutete der Arbeitsplatzwechsel aber gleichzeitig einen sozialen Abstieg. Er mußte nicht nur eine herbe Einkommensminderung, sondern auch Verlust an Ansehen in Betrieb und Familie hinnehmen.

In den Werkshallen hatte man nun Anfang der 80er Jahre zu testen begonnen, ob und wie die Reifenwickelmaschinen umgebaut, die Entlohnung den älteren Arbeitnehmern angepaßt, die Pausen besser gestaltet sowie Lärm und Hitze verringert werden konnten. Eine Reihe von Verbesserungen der Arbeitsbedingungen lag schließlich auf dem Tisch, etwa die Mechanisierung des vormals per Hand vorgenommenen Wechsels der schweren Materialrollen. In den Reifenfabriken in Stöcken, Vahrenwald und Korbach wurden eigene Modellbereiche eingerichtet, die die Wirksamkeit arbeitsorganisatorischer Änderungen erproben sollten.[5] Vor allem die Einführung einer neuen Generation von Wickelmaschinen (KM 70, K-Unit, SAV) brachte einen einschneidenden Wandel. Die Haupttätigkeitsanteile des Reifenwicklers lagen nun nicht mehr in der Herstellung der Karkasse, sondern in der Kontrolle des Montagevorgangs der Karkasse und der Maschinenfunktionen sowie schließlich in der Be- und Entladetätigkeit. Der körperlichen Entlastung für den Reifenwickler stand allerdings eine erhöhte Anforderung an die Aufmerksamkeit gegenüber. Die Tätigkeit an den neuen Konfektionierautomaten verlangte in verstärktem Maße die Auseinandersetzung mit der Maschine, während die vorher geforderten Kenntnisse im Umgang mit dem Material nun an Bedeutung verloren. Auf lange Sicht entwickelte sich damit die Qualifikation der Reifenwickler vom Produkt weg hin zur Regelung des Produktionsprozesses bis in die Nähe von handwerklich qualifizierter Wartung und Instandhaltung. Die neuen Maschinen erlaubten schließlich kaum noch eine zeitliche Variation des Wickelzyklus bzw. des Arbeitstempos. Dieser war nun weitgehend durch die Eigenlaufzeit der Maschine bestimmt. Der Dispositionsspielraum, der die bisherige Reifenwickeltätigkeit entscheidend charakterisiert hatte, die Zyklusgeschwindigkeit nahezu frei bestimmen und dem eigenen Tagesrhythmus anpassen zu können, fiel damit fast vollständig weg. Durch diese technologische Veränderung der Reifenkonfektionierung waren die charakteristischen Merkmale der herkömmlichen Reifenwickeltätigkeit praktisch nicht mehr gegeben. Im üb-

---

4 Vgl. ebd., S. 1579 sowie auch Interview Flothow vom 8. 2. 1995.
5 Vgl. *Conti intern* vom Dezember 1979.

rigen war die Leistungsfähigkeit der Maschinen erheblich größer, wobei die Zykluszeiten um ca. 45 bis 50 Prozent gesenkt werden konnten.[6]

Änderungen wurden auch im Arbeitsumfeld der Reifenwickler vorgenommen. In den Werkshallen herrschten hocharbeitsteilige Einzelarbeitsplätze vor, die einer mehrfachen Kontrolle unterlagen. Sie war einmal durch die unmittelbaren Vorgesetzten, die Schichtmeister, gegeben. Intensivere Kontrollfunktionen, insbesondere bezüglich der Qualitätsleistung, erfolgten durch die Qualitätssteuerung, einer dahintergeschalteten ›over-inspection‹ und einer noch weiter übergeordneten Audit-Kontrollinspektion. Ferner wurden Arbeitsplatz und Tätigkeit des Reifenwicklers durch den Materialversorger (Materialprüfung) und den Instandhalter (Einstellung der Maschine) kontrolliert. Über diese kontrollierte Einzelarbeitsplatzsituation wurden weitere Kontrollfunktionen durch die Werksleitung, die Fertigungsleitung, die Abteilungsleitung, den Meister und die Schichtführung ausgeübt. Ein strenges Kontroll- und Unterweisungsverhältnis war, alles in allem, prägend. Die Produktqualität wurde demnach über einen in mehreren hierarchischen Ebenen angesiedelten Kontrollapparat »herbeikontrolliert«. Mitte 1982 begann man daher im Werk Korbach erstmals mit Gruppenarbeit zu experimentieren, das heißt, die arbeitsplatzbezogenen Kontrollfunktionen wurden praktisch vollständig in den Handlungsspielraum des Reifenwicklers übertragen. Er war Mitglied einer fünfköpfigen Mannschaft, in der die Gruppenführerrolle ständig von einem anderen gespielt wurde. Bei dem Versuch wurde aber nicht nur der sogenannte Libero-Posten ständig von einem anderen Gruppenmitglied besetzt, auch an den Maschinen, an denen vier weitere Arbeiter Reifen zusammensetzten, fand alle zwei Tage ein Wechsel statt. Da es sich bei den vier Produktionsanlagen um zwei verschiedene Maschinentypen handelte, waren alle Mitglieder der Mannschaft in der Lage, jeweils drei verschiedene Funktionen bei der Reifenproduktion zu übernehmen.[7] Der Reifenwickler als Teil eines Arbeitsteams montierte, kontrollierte, versorgte, disponierte und mußte gemeinsam mit seinen Kollegen im Produktionszusammenhang mitdenken. Nachdem er seine eigene Qualitätsleistung auch selbst kontrollieren mußte und für sie Verantwortung trug, lag es von vornherein in seinem eigenen Interesse, Qualität zu produzieren. Die Einstellarbeit und Materialversorgertätigkeit eröffnete dem Reifenwickler weitere Möglichkeiten, die Qualität seiner Leistung an der Maschine zu beeinflussen. Gleiches galt für die unmittelbare Zusammenarbeit mit der Instandsetzung und in bezug auf die Wartung der Maschinen. Die Produktqualität wurde demnach in der neuen Organisationsform nicht über aufwendige Instanzen »herbeikontrolliert«, sondern unmittelbar produziert. Entscheidend wurde dabei, daß der Qualitätsbegriff gegenüber der alten Ar-

---

6 Vgl. Forschungsbericht, S. 1700 f.
7 Vgl. ebd., S. 1366 sowie auch Continental – Versuche mit langem Atem, in: *Management-Wissen* 12/1985, S. 39 ff.

beitssituation vom Produkt auf alle Belange und Probleme der Arbeitssituation ausgedehnt wurde.[8]

So vielversprechend diese Neukonzeption der Arbeitsprozesse erschien, so zeigte sich doch, daß bei der praktischen Umsetzung bald erhebliche Probleme auftauchten. Die an ihren »Arbeitsindividualismus« gewöhnten Reifenwickler sahen sich nun plötzlich mit gruppendynamischen Prozessen konfrontiert, die soziale statt technischer Kompetenzen verlangten. Sei es, daß es um die Bestimmung des Gruppenführers ging, um die Unterschiede der nun gruppenbezogen bewerteten Arbeitsleistung, um die neue Hierarchieposition gegenüber dem Schichtmeister oder um die Abhängigkeit der individuellen Lohnhöhe vom Arbeitsergebnis der Gruppe – allenthalben gab es, trotz langwieriger, vorbereitender Schulungen und externer Moderatoren, heftige und kontroverse Debatten unter den betroffenen Reifenwicklern. Bei der Belegschaft stießen die arbeitsorganisatorischen Experimente daher auf deutliche Skepsis.[9] Schon um eine genügend große Zahl von freiwilligen Gruppenmitgliedern zu finden, hatte man sich schwergetan. Selbst minimale Veränderungen am Arbeitsplatz wurden abgelehnt, geschweige denn das ungeliebte »Springen« zwischen unterschiedlichen Maschinen. Die sich konstituierende sogenannte »Euler-Gruppe« wurde dann wegen ihrer vermeintlichen Privilegien mißtrauisch beobachtet. Erst nach und nach zeigten sich positive Effekte des arbeitsorganisatorischen Experiments: Die Gruppenmitglieder lernten die Abwechslung im Arbeitsalltag zu schätzen und entwickelten untereinander ein größeres Solidaritätsgefühl. Das Unternehmen dagegen verzeichnete deutlich abnehmende Krankenraten und verfügte nun über einen Stamm besonders qualifizierter Ersatzgruppenführer, die durch den turnusmäßigen Wechsel bei den ständigen technischen Veränderungen ständig auf dem laufenden waren.

Von einer systematischen Einführung der Gruppenarbeit bei Continental konnte aber keine Rede sein. Die Korbacher »Euler-Gruppe« blieb zunächst ein singuläres Experiment. Diese neue Form der Arbeitsorganisation war nur aus der Froschperspektive einzelner Arbeitssysteme konzipiert worden und trug mit dieser Beschränkung immer das Problem in sich, sich gegen die dominierenden Hierarchiestrukturen durchsetzen zu müssen, in die sie eingebettet waren.[10] Eine Verbreitung der neuen Arbeitsorganisation konnte letztlich nur durch einen umfassenden Umbau des gesamten Fertigungssystems erfolgen, vor dem angesichts des ungewissen Ausgangs alle zurückschreckten. So aufgeschlossen sich viele Werksleiter zunächst auch zeigten, letztlich überwogen die Bedenken gegen die Kontrollverluste auf der Shop-floor-Ebene und die Ungewißheit bei der Steuerung der Fertigung.

---

8 Vgl. Forschungsbericht, S. 1366 f.
9 Vgl. Interview Köhler vom 24. 1. 1995.
10 Vgl. Winkelmann, S. 71.

Im Verlauf der 80er Jahre bekamen die arbeitsorganisatorischen Experimente aber einen neuen Akzent. Sie erschienen nun als Reaktion und Antwort auf die in aller Schärfe sichtbar werdende »japanische Herausforderung«. Die Umstrukturierungen der Arbeitsorganisation wurde nun integraler Bestandteil umfassenderer »neuer Produktionskonzepte«[11]. Was nun als »Gruppenarbeit« diskutiert wurde, war dabei ein Konglomerat unterschiedlicher Konzepte, in denen sich zum Teil frühere, weiterlaufende Ansätze mit neuen Ideen überlappten, oft aber auch unverbunden nebeneinander herliefen, da die neuen Lösungsmöglichkeiten oft ohne Bezug zu den Vorgängen entwickelt wurden. Ende 1980 bereits waren Continental-Ingenieure von einer Informationsreise zu den japanischen Reifenfirmen mit dem Eindruck eines dort »exzellent organisierten Arbeitsflusses« zurückgekehrt.[12] Es folgten weitere Besuche, insbesondere bei Toyo, Continentals Kooperationspartner, und Anfang März 1983 führte man mit 460 Mitarbeitern, Qualitätsingenieuren, Fabrikleitern, Betriebsräten, Meistern und Bildungsexperten sowie externen Fachleuten einen sogenannten Konvent zu »Neue Formen der Arbeitsorganisation« durch. Aus erster Hand berichteten die Ingenieure über die Erfahrungen bei Toyo mit der Einführung der total quality control (TQC). Begeistert erzählte man von den Qualitätszirkeln als »das schönste und wertvollste Element der neuen Arbeitsorganisation«[13]. In den Gruppen werde eine Fülle von Themen wie »Reduktion von Störungen der Aufbaumaschinen« bearbeitet und mit erstaunlicher Selbstverständlichkeit dabei komplizierte Analysemethoden angewendet.

Trotz aller Begeisterung für die japanische Qualitätszirkelbewegung war man sich in Hannover klar, daß naive Übertragungsversuche auf deutsche Verhältnisse ohne Kenntnis der Erfahrungshintergründe und der Anwendungsprobleme zum Scheitern verurteilt waren. Dennoch konnte man auf dem Konvent bereits eine Fülle von »Mustergärten arbeitsorganisatorischen Neulands« präsentieren, die deutlich machten, daß bei Continental das Produktionssystem als soziales System insgesamt in Bewegung geraten war und langsam begann, sich grundlegend zu verändern. 1978 schon war etwa im Geschäftsbereich Antriebselemente im Werk Vahrenwald das sogenannte AMF-Projekt (Arbeitszufriedenheit verbessern, Motivation erhöhen und Fehlzeiten normalisieren) angelaufen, in dessen Gefolge 1980 15 Arbeitsgruppen gebildet wurden. In ihnen diskutierten und analysierten – angeleitet von sogenannten Moderatoren und flankiert von einem Qualitätssteuerkreis – Führungskräfte, Betriebsräte, Vertrauensleute und Mitarbeiter gemeinsam die Situation und Probleme der Arbeitsbedingungen im Geschäftsbereich. Das Ziel war »die

---

11 Vgl. dazu im einzelnen ebd. S. 192 f.
12 Vgl. *Conti intern* vom Dezember 1980.
13 Vgl. »Neues aus Japan – ein Bericht über die Erfahrungen unseres Kooperationspartners Toyo«, in: Dokumentation Konvent '83. Neue Formen der Arbeitsorganisation (Ms), S. 64 ff.

Mitwirkung der Mitarbeiter bei der Lösung von Problemen durch verstärkte Integration und bessere Kommunikation«. Drei Jahre später nun konnte man in der Tat zählbare Erfolge vorweisen: Das Führungsverhalten war deutlich mitarbeiterorientierter geworden, die Produktivität um 11 Prozent gestiegen bei gleichzeitiger Senkung der Fehlzeiten um 30 Prozent; Gesamtabfall, Betriebsstörungen, Nachbesserungskosten und Rüstkosten waren ebenfalls deutlich zurückgegangen.[14] Ähnliche Ziele erreichte auch das sogenannte Mitmach-Projekt in der benachbarten Geschäftsgruppe Luftfedern und Kompensatoren. In fünf, den jeweiligen Schichtmeistern zugeordneten »Federbalgteams« trafen sich Mitarbeiter und Führungskräfte zu regelmäßigem Informations- und Meinungsaustausch über den Produktionsablauf und dabei zu erzielende Qualitätsverbesserungen. Neben diesen sogenannten integrativen Modellen gab es im Aachener Werk und in der Formartikelfertigung des Werks Limmer stärker arbeitsorganisatorisch ausgerichtete Projekte. ›Produktivität und Selbstkontrolle verbessern‹ lautete etwa das Motto im Uniroyal-Werk, das letztlich zur Reorganisation ganzer Fertigungslinien, vom Mischraum über die Vorbereitung (Kalander, Extruder) bis zum Reifenbau führte.[15] Und schließlich gab es auch Projekte, in deren Mittelpunkt Informations- und Kommunikationsgruppen standen. Im Saargemünder Werk versuchte man durch Mitarbeiterschulung das Qualitätsbewußtsein zu verbessern; im Aachener Werk experimentierte man dagegen mit dem sogenannten Lernstatt-Modell, bei dem in Kontaktgruppen »neue Kommunikationsformen zwischen gewerblichen Mitarbeitern und der unteren Führungsebene« erprobt wurden.[16]

Es war mithin ein breites Spektrum arbeitsorganisatorischer Projekte, mit dem bei Continental, angepaßt an die spezifische Fertigungsstruktur und Abteilungsorganisation, Anfang der 80er Jahre experimentiert wurde. Man knüpfte damit gewissermaßen an Entwicklungen in der früheren Unternehmensgeschichte an, denn spätestens seit der »Bedauxisierung« in den 20er Jahren besaß Continental eine Tradition unternehmens- und arbeitsorganisatorischen Experimentierens, die auch in der NS- und Wirtschaftswunderzeit nie ganz verschüttet worden war. Wie ein roter Faden zog sich das Ziel der Unternehmensleitung durch alle Ansätze: die Verbesserung von Produktqualität und Arbeitsproduktivität. Um das zu erreichen, waren bei Belegschaft wie Führungskräften Lern- und Veränderungsbereitschaft notwendig. »Wir müssen«, so lautete 1984 die Forderung des Vorstandes, »noch systematischer, noch schneller und noch mehr veränderungs›minded‹ werden«[17].

Auf weiteren arbeitsorganisatorischen Konventen 1984 und 1985 präsentierte Continental denn auch eine Fülle neuer Projekte: In der Materialvorbereitung des Northeimer TP-Werks wurde ein Gruppenarbeitsmodell einge-

14 Vgl. dazu Dokumentation Konvent '83, S. 22 ff.
15 Vgl. ebd., S. 40 ff.
16 Vgl. ebd., S. 59 ff.
17 Vgl. ebd., S. 2.

führt, ebenso im Reifenwerk Stöcken in der Pkw- wie Lkw-Fertigung und im
TP-Werk Dannenberg; dazu kam nun die Einführung von Qualitätszirkeln in
den Werken in Herstal und Aachen, die Ausweitung von Kontaktgruppen im
Werk Clairoix sowie weitere Gruppenarbeitsprojekte in der Materialvorbereitung und in der Walzenfertigung in Vahrenwald. Continental wurde bald zum
Mekka der Arbeitswissenschaftler, Bildungsexperten, Journalisten und Wirt-
schaftsfachleute, die die neuen Lehren von der Mitarbeitermobilisierung und
partizipativen Führungskultur in der Praxis studieren und den offenbar erfolgreichen eigenen, deutschen Weg zwischen amerikanischem und japanischem Rationalisierungs- und Restrukturierungsmodell zu sehen bekommen
wollten.[18]

Im Unternehmen selbst machte sich aber bereits Ernüchterung breit. Vier
Jahre und zum Teil länger waren die neuen Formen der Arbeitsorganisation
nun in Erprobung, aber über eng begrenzte, auf vergleichsweise nur wenige
Mitarbeiter bezogene Projekte war man nicht hinausgekommen. Probleme
hatten sich unter anderem dadurch ergeben, daß arbeitsorganisatorische Veränderungen nur punktuell, in einzelnen Abteilungen vorgenommen worden
waren, ohne die Rückwirkungen auf die vor- und nachgelagerten, nach traditionellen Mustern arbeitenden Bereiche, das heißt auf den gesamten Fertigungsprozeß, zu bedenken. Dazu kamen organisatorische Eingriffe von außen,
die den Pilotgruppen die Funktionsgrundlage entzogen. In der Federbalg-
abteilung des Werks Vahrenwald zum Beispiel waren 1985/86 von der Geschäftsleitung umfassende Organisationsänderungen vorgenommen worden.
In deren Gefolge wurde die Produktion in größere Räume verlagert, die Produktpalette bei gleichzeitig stark angestiegener Produktionsmenge erweitert
sowie zahlreiche neue Mitarbeiter eingestellt. All das brachte für die Meister,
die gleichzeitig die Moderatoren und damit Träger des Projekts waren, neue
Aufgaben und führte letztlich zu deren Überlastung. Die Folge war der Zusammenbruch aller Gruppen.[19] In vielen Arbeitsgruppen der anderen Werke
hatte sich Frustration breit gemacht, da bei den Gruppengesprächen zwar viele
Probleme aufgedeckt und erkannt wurden, deren Abstellung – sobald es um
bereichsübergreifende Zusammenhänge ging – jedoch nur langsam oder gar
nicht erfolgte. Nicht jeder Arbeiter war zudem bereit, volle Selbstverantwor-
tung zu übernehmen. Das mußte dann durch die Mehrarbeit der Gruppe und
insbesondere der Gruppenführer kompensiert werden. Was der damalige
Vorstandsvorsitzende Werner 1984 als »sichtbaren Ausdruck eines großen
Veränderungsprozesses« lobte, war wenig später oft nur noch eine auf ein-

18 Vgl. die Berichte über Continental u. a., in: *Gummibereifung* 7/1984, »Lernen als gemeinsame Aufgabe«, in: *Management Wissen* 9/1984, S. 15–20, *Manager Magazin* 12/1985, S. 212–218 sowie D. Gottschall: Management optimal. S. 304 ff.
19 Vgl. den rückblickenden Bericht zum Mitmach-Projekt Vahrenwald, in: Dokumentation Konvent '87,
   S. 92 ff.

zelne, traditionelle Maßnahmen wie etwa das betriebliche Vorschlagswesen geschrumpfte Methode der Personalführung und Fertigungssteuerung. Ausschlaggebend für die »Krise der Gruppenarbeit« bei Continental war nicht zuletzt, daß die Unterstützung durch die Unternehmensleitung nachließ. Obwohl die Managementexperten auf dem Konvent 1985 dem Vorstand noch die warnenden Worte mit auf den Weg gegeben hatten, »daß eine neue Philosophie schnell formuliert ist. Für eine neue Organisation und Denkweise brauchen wir aber zehn Jahre«, ging dem Continental-Vorstand die Entwicklung zu langsam. Gut fünf Jahre seien die ersten Conti-Gruppen alt, und noch immer sei der Funke nicht übergesprungen, weder auf alle Bereiche der Produktion noch auf Marketing oder Verwaltung, so klagte Technikvorstand Borgmann.[20]

Anfang 1988 – zehn Jahre nach den ersten Anfängen von Gruppenarbeit – zog Personalvorstand Kauth eine kritische Bilanz über die arbeitsorganisatorischen Experimente. Qualitätszirkel, Lernstattgruppen oder das betriebliche Vorschlagwesen seien Selbstverständlichkeiten für einen Großteil der Unternehmen geworden. Aber man müsse sich davor hüten, sie als der Weisheit letzter Schluß zu verstehen, um die Nase im internationalen Wettbewerb vorn zu halten. »Die kritische Masse im Unternehmen, die den Veränderungsprozeß selbsttätig tragen müßte, scheint mir längst nicht erreicht. Der humanistische Ansatz von Lernstatt kontrastiert scharf mit den ingenieurwissenschaftlichen Vorstellungen und muß mit außerordentlichem Einsatz aufrechterhalten werden.«[21] Man erkannte nach und nach, daß der Einbau von den nach dem Prinzip der Gleichberechtigung funktionierenden Gruppen in einem hierarchisch organisierten Betrieb seine Tücken hatte und von der Struktur abgekoppelte Qualitätszirkel und andere Kleingruppen deshalb unweigerlich scheitern mußten. In der Tat überlebten die Gruppenarbeitsansätze bei Continental nur in den Konzernbereichen, in denen ein entsprechender, umfassender Wandel im organisatorischen Umfeld vorgenommen worden war: einerseits im TP-Bereich, wo kleine, flexible Geschäftsgruppen gebildet worden waren, andererseits aber auch im Reifenbereich von Uniroyal Aachen, wo die Verschmelzung von ressortübergreifender Gruppenstruktur und tradierter Hierarchie durch rigide Umstrukturierungsmaßnahmen der Geschäftsführung möglich wurde.[22] In allen anderen Bereichen schliefen die arbeitsorganisatorischen Projekte im Verlauf der zweiten Hälfte der 80er Jahre ein. Die Entwicklung bei Continental war exemplarisch für die gesamte deutsche Industrie: Gruppenarbeit war überwiegend Mittel zur Flexibilisierung starrer Strukturen, Instrument zur Schließung von Produktivitätslücken oder aber

---

20 Vgl. den Bericht in: *Manager Magazin* 12/1985, S. 218 f. Vgl. auch insgesamt Interview Gogoll vom 2. 3. 1995 und Interview Köhler vom 24.1. 1995.

21 Vgl. Hans Kauth: Methoden des Übergangs?, in: *Personalführung* 4/1988, S. 233 ff.

22 Vgl. für den TP-Bereich Dokumentation Konvent '87 sowie für den Bereich Uniroyal *Manager Magazin* 2/1988, S. 186–190.

partizipatorisches Element bei der Einführung neuer Technologien gewesen. Trotz erfolgreicher Experimente und Pilotprojekte fand jedoch eine Weiterentwicklung des Gruppenprinzips zu einem Kernelement einer neuen Fabrik- und Fertigungsorganisation nicht statt. Gruppenorientierte Organisationsform galt letztlich kaum als Alternative zu den nach wie vor dominierenden tayloristisch-fordistischen Strukturen, die dem Management noch hinreichend produktiv und flexibel sowie vor allem auch kalkulierbarer erschienen als grundsätzliche organisatorische Innovationen.[23] Schneller als erwartet sollten die neuen Formen der Arbeitsorganisation aber Anfang der 90er Jahre eine Wiedergeburt und damit ihren dritten Anlauf unternehmensinterner Organisationsentwicklung erleben, als aus dem renommierten Massachusetts Institute of Technology (MIT) die verheißungsvolle Botschaft kam, daß mit schlanken Organisationen und Gruppenarbeit die anhaltenden Probleme der Unternehmen lösbar seien.

Wandel der innerbetrieblichen Hierarchien:
Vom Meister zum First-Line-Manager

Mit dem Umbruch der Kautschuk- und Reifentechnologie sowie der Arbeitsprozesse war ein jahrzehntelang herrschendes Hierarchie- und Qualifikationsgefüge in Bewegung geraten. In den Fertigungsbereichen verringerten sich die Kontrollaufgaben der Meister rapide. Von ihnen wurden nun als Gruppenpromotoren die Weiterentwicklung des Arbeitssystems und die Motivation der Mitarbeiter, und damit statt technischer weit mehr soziale Kompetenzen verlangt. Die Vorarbeiter und Meister kamen mit der neuen Rolle nur schwer zurecht. Mit den steigenden Anforderungen aus der Fertigungstechnik wuchs die fachliche Kompetenz der Facharbeiter, die traditionelle Autorität des Meisters schwand. Für neue Aufgaben im Zusammenhang mit der Modernisierung der Fertigungtechnik waren die alten Führungskräfte zudem nur selten voll qualifiziert. »Die Reibungsverluste bei der Einführung von Innovationen«, so klagte die unternehmensinterne Ausbildungsstelle, »sind bedrückend.«[24] Status, Autorität und Verantwortlichkeiten der Meister wurden das drängendste und schwierigste Problem des Personalmanagement, denn es zeigte sich, daß im Gefolge der neuen Arbeitsorganisationen die Hierarchieebene der alten Handwerkerkaste überhaupt infrage gestellt wurde. In der Vahrenwalder Luftfederabteilung zum Beispiel war im Gefolge der arbeitsorganisatorischen Experimente die Abteilungsmeisterebene weggefallen. Gebraucht wurde ein neuer Typ von Führungspersonal, der theoretisch fundierte technische Grundkenntnisse mit Praxisbezug, Kenntnisse der Organisation von Veränderungsprozessen sowie extrafunktionale Kompetenz in der Füh-

23 Vgl. auch Winkelmann, S. 32 f.
24 Zitiert nach *Manager Magazin* 11/1985.

rung qualifizierter Mitarbeiter mitbringen sollte.[25] Eine geregelte Ausbildung auf dieses neue Qualifikationsprofil hin, einer Zwischenebene zwischen Akademiker und Schichtvorarbeiter, gab es allerdings nicht. Das Problem der Unternehmensleitung war letztlich, daß man nicht wußte, welche Führungsebene sich in fünf oder sechs Jahren entwickeln würde. Unübersehbar war, daß mit der Automatisierung die alten Hierarchien verschwammen. Die Qualifikationslinien zwischen qualifizierten Facharbeitern, Handwerkern/Meistern und Ingenieuren wurden durchlässiger. Dahinter kamen die Konturen eines neuen Typs von Führungspersonal zum Vorschein, der als First-line-Manager innerhalb der Arbeitsorganisation verortet werden sollte.[26] So schnell diese Entwicklung vor sich ging, so resistent erwies sich demgegenüber aber das jeweilige traditionelle soziale Selbstverständnis der betroffenen Belegschaftsgruppierungen.

Continental sah sich mithin als Folge des raschen technischen und arbeitsorganisatorischen Wandels mit einer Ausbildungslücke konfrontiert. Die firmeninterne Weiterbildung und erst recht die staatlichen Ausbildungsinstitutionen hinkten hinter den neuen Qualifikationsanforderungen hinterher. Im Vorstand hatte man das Problem aber schon früh erkannt. Bereits Mitte der 70er Jahre war damit begonnen worden, Chemiefacharbeiter innerbetrieblich auszubilden und entsprechend »umzuqualifizieren«. Im Sommer 1979 erfand man schließlich mit dem »Kautschuk- und Kunststoff-Formgeber« einen neuen Ausbildungsberuf, in dem das chemische Wissen mit Kenntnissen der kautschukspezifischen Maschinenkunde und Verfahrenstechnik kombiniert wurde. Unterstützt und in Zusammenarbeit mit den staatlichen Bildungsstellen installierte man einen Modellausbildungsgang mit staatlich anerkanntem Meisterabschluß.[27] Die Institutionalisierung des Kautschuk- und Kunststoff-Formgebers als neues Berufsbild leitete eine Trendwende in der Conti- wie branchenspezifischen Berufsbildung ein: Zum einen stand nun, anders als noch wenige Jahre zuvor, die chemisch-technische Ausbildung gegenüber der gewerblich-technischen und kaufmännischen Ausbildung im Vordergrund. Zum anderen wurde das traditionelle, längst nicht mehr zeitgemäße Anlernverfahren durch eine Kombination von innerbetrieblicher Weiterbildung und staatlichen, außerbetrieblichen Qualifikationslehrgängen abgelöst. Die ehemals für die Kautschukindustrie so prägende bzw. charakteristische »Kultur der Ungelernten und Angelernten« ging zu Ende. Aber nicht nur auf der Shopfloor-Ebene, auch beim mittleren Management des Produktionsbereichs initiierte man eine Innovation in der Berufsbildung. Jahrelang hatte man mit dem Problem zu kämpfen gehabt, daß die von der Universität kommenden Diplomingenieure Maschinenbauer waren, ohne aber verfahrenstechnische

25 Vgl. ebd.
26 Vgl. auch Interview Gogoll vom 2. 3. 1995.
27 Vgl. auch *Conti intern* vom Juli 1979, S. 5.

Kenntnisse zu besitzen. Mitte der 80er Jahre richtete man daher in Zusammenarbeit mit der Universität Hannover einen Studiengang »Diplomingenieur Fachrichtung Produktionstechnik« ein, der gleichzeitig den Kautschuk- und Kunststoff-Formgebern Aufstiegschancen in das mittlere Management eröffnete.[28] Die Betriebsbildungsexperten bei Continental hatten aber erst nach und nach entdeckt, daß man mit den Kautschuk- und Kunststoff-Formgebern anstelle der gewünschten gut ausgebildeten Facharbeiter tatsächlich gute Meister bekommen hatte, für die aber zunächst ausbildungsadäquate Arbeitsplätze fehlten.[29]

Der qualitative Umbruch in der Belegschaftsstruktur war daher weit gravierender, als es die quantitative Entwicklung widerspiegelt. Der Belegschaftsabbau war seit 1982 sogar zum Stillstand gekommen und hatte sich in der Aktiengesellschaft auf einen Stand von knapp 16 000 Mitarbeitern eingependelt. Im Konzern war die Zahl der Mitarbeiter bis 1989 infolge der Zukäufe mit 47 500 stark gestiegen. Und die Konzernbelegschaft war im Gefolge der Expansion deutlich internationaler geworden. 1988 standen den 17 700 deutschen Arbeitern und Angestellten 22 900 Konzernangehörige aus neun Ländern gegenüber. Die jährlichen Fluktuationsraten, angesichts der stabilen Gesamtbelegschaftsgröße ein Indikator für Arbeitszufriedenheit und Konzernzugehörigkeitsgefühl, blieben dabei sehr hoch. Auffallend war auch, daß sich an der tendenziellen Überalterung der Belegschaft nichts änderte. 1987 betrug das Durchschnittsalter 42 Jahre und sollte erst in den 90er Jahren zu sinken beginnen. Die Zahl der Unfälle (je Million geleisteter Stunden) konnte zwar infolge der Automatisierung deutlich von 51 (1980) auf 18,2 (1989) gesenkt werden. Dennoch signalisierten die anhaltend hohen Krankenraten, daß die damit gleichzeitig gestiegene Verdichtung der Arbeit und die wachsenden psychischen Anforderungen ihre Spuren hinterließen.[30] Auffallend war allerdings, daß die Krankenrate in den deutschen Werken doppelt so hoch lag wie in den ausländischen Fertigungsstandorten. Die Geschäftsleitung machte dafür die in Deutschland eingeführte Lohnfortzahlung im Krankheitsfall verantwortlich.

Vom Akkordlohn zum Arbeitsentgelt: Der Wandel von Arbeitsbewertung und Arbeitszeit

Die Veränderung der wirtschaftlichen Konstellationen auf dem Weltmarkt machte sich mit abnehmenden Wachstumsraten, anhaltendem Konkurrenzdruck und Betriebsschließungen bemerkbar. Galt es aus Sicht der Arbeitnehmervertreter daher die Besitzstände bei Löhnen und Arbeitsplätzen zu

28 Vgl. im Detail Interview Gogoll vom 2. 3. 1995.
29 Vgl. ebd.
30 Vgl. auch Protokoll der Sitzung des Betriebsausschusses vom 24./25. 11. 1988, in: Ablage Konzernbetriebsrat Continental.

verteidigen, so zielten die Strategien der Unternehmer – wollten sie im Preiswettbewerb mit den Konkurrenten mithalten – auf eine Senkung oder zumindest Festschreibung der Lohnkosten. Da ein kräftiger Lohnabbau weder aufgrund der Tarifverträge möglich noch wegen der daraus erwachsenden innenpolitischen wie innerbetrieblichen Konflikte erwünscht war, konzentrierten sich die Unternehmensstrategien auf die Steigerung der Produktivität, die zu einer Senkung der Lohnstückkosten führen sollte sowie auf eine Flexibilisierung von Arbeitszeit und Fertigungsabläufen. Eine wachsende Heterogenität der entlohnungsrelevanten Arbeitsbedingungen war die Folge, deren Auswirkungen auf die Einkommen der Belegschaftsangehörigen für die Betriebsräte immer schwieriger einzuschätzen waren. Die Tarifverhandlungen wurden komplizierter und der Regelungsbedarf immer größer, je mehr sich nun die Verhandlungsgegenstände und Interessenlagen von quantitativen Lohnzuwächsen weg und hin zu qualitativen Aspekten der Lohnarbeit verschoben.

Vor diesem Hintergrund sorgte Continental 1984 mit einem ungewöhnlichen Schritt für Aufregung in der tarifpolitischen Landschaft: Die Unternehmensleitung kündigte an, zum 1. Januar 1985 vom Arbeitgeberverband der Kautschukindustrie (AdK) in den Verband der Chemischen Industrie zu wechseln. Seit Anfang 1983 schon hatte es im Vorstand Unzufriedenheit darüber gegeben, daß man in zwei Arbeitgeberverbänden organisiert war. Die Continental AG war Mitglied im Kautschukverband, Uniroyal Aachen sowie die Tochtergesellschaften dagegen im Chemieverband vertreten. Alle Bemühungen, die deutsche Kautschukindustrie in einem gemeinsamen Arbeitgeberverband zusammenzuführen, waren gescheitert. »Wir sind daher laufend mit der Frage konfrontiert«, so klagte Kauth in einer Vorstandssitzung, »mit welcher Tarifpolitik wir uns identifizieren. Die IG Chemie sorgt in der Gestaltung der Tarifverträge immer wieder dafür, daß diese maßgeschneidert sind, das heißt die Entgeltbedingungen der Continental nicht aufgesogen werden. Daneben wird regelmäßig verlangt, übertarifliche Leistungen der Continental abzusichern. Der Arbeitgeberverband der Kautschukindustrie ist aufgrund seiner Größenordnung nicht in der Lage, ausreichend Schutz zu bieten.«[31] In der Tat war es dem Unternehmen immer weniger gelungen, eine auf die Besonderheiten der Gummiindustrie abgestellte und von der Chemieindustrie unabhängige Tarifpolitik zu betreiben. Die Tarifwerke von Chemie und Kautschuk drifteten zudem immer weiter auseinander und komplizierten die Arbeitsbeziehungen zusätzlich. Die Vorteile des Arbeitgeberverbandwechsels lagen daher auf der Hand: Abgesehen von einem einheitlichen Tarifwerk für den gesamten Konzern bot der Tarifvertrag der Chemieindustrie wegen der fehlenden Conti-spezifischen Ausrichtung und Präzisierungen neue Flexibilitäten. Das Hannoveraner Unternehmen mußte nicht mehr die Vorreiterrolle

---

31 Vgl. Protokoll der Vorstandssitzung vom 9. 5. 1983, in: Registratur Vorstandssekretariat.

in den Tarifauseinandersetzungen spielen, und die dominierende Rolle der Continentäler in der gewerkschaftlichen Tarifkommission wurde zurückgedrängt.

Im Betriebsrat löste der angekündigte Arbeitgeberverbandwechsel helle Empörung aus. Nicht nur, daß man sich des tarifpolitischen Machtverlustes bewußt war; man befürchtete auch, daß die Unternehmensleitung den Wechsel zu Lohnkürzungen nützen würde, und die Mitarbeiter bei der komplizierten Umstufung in neue Gehaltsgitter auf der Strecke blieben.[32] In der Belegschaft machte sich daher im Sommer 1984 Unruhe breit. »Niemand weiß, wieviel er künftig kriegt«, faßte ein Betriebsrat die Stimmung zusammen, und alle befürchteten, daß die übertariflichen Zulagen nun nicht mehr zu retten waren und künftig mit Tariferhöhungen verrechnet würden. Der Verbandswechsel, so der Tenor, sei letztlich ein Griff in die Lohntüten der Belegschaft.[33] Als Personalvorstand Kauth Anfang Juli vor dem Gesamtbetriebsrat die Haltung der Unternehmensleitung erläuterte und beschwichtigte, »daß es dem Vorstand bei diesen ganzen Dingen nicht so sehr darum geht, nunmehr durch einen Verbandswechsel Einsparungen zu erzielen, sondern darum, eine langfristige Entscheidung für das Haus Continental zu treffen«, schlug ihm daher Mißtrauen entgegen.[34]

Das Hauptproblem beim gleitenden Übergang der tarifvertraglichen Regelungen auf die Chemietarife bildete das Conti-spezifische 22stufige Lohnsystem und das damit verbundene Leistungsbewertungssystem. Der dortige Manteltarifvertrag sah nur vier Lohnstufen vor, die auf der Basis eines Prämienlohnsystems abgewickelt und bewertet wurden, während das Leistungsbewertungssystem bei Continental sich an einer analytischen Arbeitsplatzbewertung orientierte.[35] Die Unternehmensleitung sicherte schließlich zu, in den nächsten Jahren diesbezüglich keine Änderungen vorzunehmen und erklärte sich auch bereit, die Diskrepanzen aus den unterschiedlichen Abschlüssen der laufenden Tarifrunde zwischen Kautschuk- und Chemieindustrie finanziell zumindest teilweise auszugleichen. Am 18. Dezember 1984 unterzeichneten Arbeitnehmervertreter und Vorstand schließlich eine Betriebsvereinbarung als Übergangsregelung, die im Betriebsrat allerdings erst nach heftigen und kontroversen Debatten Zustimmung gefunden hatte. »Das Jahr 1985«, so prophezeite ein Betriebsrat, »wird uns sicherlich erst die Nachwehen dieses Verbandswechsels bringen.«[36] In der Tat kündigte die Geschäftsleitung

32 Vgl. Protokoll der Gesamtbetriebsratssitzung vom 5. 7. 1984, in: Ablage Konzernbetriebsrat Continental.
33 Vgl. *Neue Presse* vom 12. 10. 1984.
34 Vgl. Protokoll der Gesamtbetriebsratssitzung vom 5. 7. 1984, in: Ablage Konzernbetriebsrat Continental.
35 Vgl. Protokoll der Sitzung des Gesamtbetriebsrats vom 22. 11. 1984, in: ebd.
36 Vgl. die außerordentliche Sitzung des Gesamtbetriebsrats vom 22. 11. 84 sowie Protokoll der Sitzung vom 14. 12. 84, in: ebd.

noch Mitte Dezember 1984 fünf »Zielvorstellungen und vorgesehene Maßnahmen für die nächsten Jahre, verbunden mit dem Verbandswechsel« an: 1. Förderung der Mitarbeiterbeteiligung in Betrieben, zum Beispiel über Qualitätszirkel, Gruppenarbeit usw. 2. Umsetzung der Bedingungen der Tarifverträge der chemischen Industrie in die Conti-Wirklichkeit. 3. Anpassung des Lohnsystems an neue Arbeitsstrukturen. 4. Ablösen reiner Mengenbezahlungssysteme und Berücksichtigung von Qualitäts- und anderen Leistungsmaßstäben bei Bezahlungssystemen. Und 5. schließlich sollte der Samstag verstärkt in die Arbeitszeit mit einbezogen werden, um Investitionen zu sparen.[37]

Das verkrustete Lohnsystem aufzubrechen sollte sich als langwierig und schwierig erweisen. Noch immer wurde im Prinzip das aus den späten 20er Jahren herrührende Bedaux-System praktiziert, das einerseits zu einem ausschließlich auf der Menge basierenden Akkordsystem verändert worden war. Andererseits erfolgte nach wie vor eine detaillierte Erfassung und Analyse der einzelnen Arbeitstätigkeiten durch einen Zeitstudieningenieur, mit dessen Hilfe sich bis auf Bruchteile genau die in jedem gefertigten Stück steckenden Arbeits- wie Materialkosten bestimmen ließen.[38] Für einen Hochgeschwindigkeitsreifen ließ sich beispielsweise nicht nur exakt ermitteln, daß 68 Prozent der Kosten Materialanteil, 20 Prozent Lohn- und 12 Prozent Anlagenanteil waren, sondern auch, daß innerhalb der Kostenarten 22,7 Prozent der Aufwendungen für Festigkeitsträger und 43,2 Prozent für die Mischung anfielen sowie 3,1 Prozent der Kosten durch das Mischen und Kalandern, 5,8 Prozent durch das Vorbereiten und 5,9 Prozent durch das Wickeln verursacht wurden.[39] Dieses Arbeitsbewertungs- und Lohnermittlungssystem war im Laufe der Zeit immer mehr ausgeufert und hatte sich schließlich zu einem ganz auf Continental zugeschnittenen, spezifischen Lohnsystem verfeinert. Daß schließlich 98 Prozent der gewerblichen Mitarbeiter, einschließlich der Putzfrauen im Bedauxschen Leistungslohn bezahlt wurden, hatte der Unternehmensleitung dabei lange die Illusion einer produktiven Arbeitsorganisation vorgegaukelt. In den 60er und 70er Jahren war dieses System nun in Tarifverträge gegossen und damit festgeschrieben worden. Daß sich dieses Lohnsystem so lange hatte halten können, lag aber vor allem auch daran, daß es zu einem ausgefeilten und kaum überbietbaren betrieblichen Rechnungswesen geführt hatte. Wöchentlich verfügte die Finanzabteilung infolge der »Durchbedauxisierung« jedes einzelnen Artikels über exakte Übersichten der angefallenen Material- und Arbeitskosten und damit über präzise Kalkulationsgrundlagen. Das Bedaux-Lohnsystem präformierte damit das Kostendenken. Keiner rechnete im Unternehmen ausgehend von Marktpreisen »rückwärts«, sondern alle rechne-

37 Vgl. Protokoll der Gesamtbetriebsratssitzung vom 13. 12. 1984, in: ebd.
38 Vgl. auch Interview Strüber vom 15. 2. 1995.
39 Vgl. die Aufstellung, in: Ordner F+E 1984, Bl. 840805.

ten von den Arbeits- und Produktionskosten ausgehend »vorwärts« – ein, wie
schon 1971 im Aufsichtsrat moniert worden war – Kostendenken, das nicht
markt- und kundenorientiert, sondern fertigungs- und produktorientiert war
und letztlich zu einer stark ausgebildeten »Kontroll- und kaufmännischen
Betriebsrechnungskultur« bei Continental geführt hatte.[40] Einer Änderung
des Lohnsystems stand daher die gleichzeitig notwendige Änderung des
betrieblichen Rechnungswesens entgegen.

Die Nachteile des überkommenen Lohnsystems lagen für die Unternehmensleitung auf der Hand: Qualitative Gesichtspunkte blieben unberücksich-
tigt, den Vorgesetzten war der Einfluß auf wesentliche Teile der Personalkosten
entzogen, und individuelle Leistungsunterschiede wurden nicht honoriert.
Das Lohnsystem hinkte damit bei Continental deutlich hinter der Entwicklung der Arbeitsorganisation und des Fertigungssystems hinterher. Denn mit
der fortschreitenden Automatisierung wurde der Anteil der Zeiten für Ar-
beitsausführungen, die vom Wickler beeinflußbar waren, immer geringer. Der
Eigenlaufcharakter der Maschine wurde immer ausgeprägter, und angesichts
des steigenden Automatisierungsgrades der Reifenkonfektionierung verlor
das gegenwärtige Akkordsystem damit seine Anwendungsgrundlagen. Tätig-
keitselemente wie Qualitätskontrolle, Absprache mit Kollegen oder vorbeu-
gende Instandhaltung zum Beispiel waren nur schwer akkordisierbar und
kontrollierbar. Konflikte um den »angemessenen« Akkordwert waren somit
unausweichlich. Die immer größer werdende Bedeutung der Produktqualität
zur Sicherung der Marktposition hatten einen Prozeß des Umdenkens eingeleitet. Das früher allgegenwärtige Stückzahldenken wurde immer mehr durch
ein Qualitätsdenken abgelöst.

Im Sommer 1986 setzten nun intensive Verhandlungen zu einer Reform des
Lohnsystems ein. Den Arbeitgebern ging es dabei vor allem darum, endlich
vom Conti-spezifischen Lohnsystem zu einem allgemeinen Lohnsystem zu
kommen, das einen möglichst großen nicht tariflich gebundenen Lohnteil
enthielt. Das eröffnete die Möglichkeit, Tariferhöhungen mit den außertariflichen Leistungen aufzurechnen und damit eine erhebliche lohnpolitische
Flexibilisierung.[41] Die Arbeitnehmervertreter dagegen verteidigten zäh das
alte System und die dahinterstehende Arbeitsbewertung und Lohnberech-
nung und waren bestenfalls zu einer Modifizierung bereit. Mitte Februar 1987
unterzeichneten schließlich beide Seiten eine Betriebsvereinbarung. Sie legte
fest, daß aus dem 1984 ausgehandelten Provisorium der Übergangsregelung
ein fünf Jahre dauernder Interimszustand wurde, das heißt, erst zum Zeitpunkt der Tariferhöhung 1989 die endgültige Umstellung auf die Lohngrup-
pen und Tarifsätze der chemischen Industrie erfolgen sollte. Das bedeutete
letztlich, daß sich Tariferhöhungen dann nicht mehr auf die Effektivverdien-

40 Vgl. auch Interview Gogoll vom 2. 3. 1995.
41 Vgl. Protokoll der Vorstandssitzung vom 7. 7. 86, in: Registratur Vorstandssekretariat.

ste, das heißt Grundlohn plus sämtliche Zuschläge, sondern nur noch auf den Grundlohn bezogen. Anfang 1990 erst sollten auch die Vorgabezeiten und damit die Berechnungsgrundlage für die Leistungslöhne anstelle der Bedaux-Methode nach den REFA-Grundsätzen ermittelt werden. Das betraf vor allem die sogenannten Erholzeitzuschläge, die bei REFA geringer ausfielen und damit Lohnkürzungen nach sich zogen. Bis die komplizierte Umstellung und Umrechnung auf das neue Arbeitsbewertungssystem endgültig erfolgte, sollte eine Vorweganpassung um 5 Prozent bereits Mitte 1987 vorgenommen werden.[42] 60 Jahre nach Einführung des Bedaux-Systems war Continental damit nun formal auf das REFA-System übergegangen, das zu diesem Zeitpunkt im Grunde genommen selbst schon lange überholt war.

Die Kürzung des Akkord-Richtsatzes löste Proteste und Unmut in der Belegschaft aus. Allenthalben geriet der Betriebsrat ins Kreuzfeuer der Kritik. Auf tumultartigen Betriebsversammlungen hatte er alle Mühe, den Mitarbeitern zu einem Zeitpunkt, als das Unternehmen einen Rekordgewinn erzielte und höhere Dividenden ausschüttete, die Zustimmung zu den Lohnkürzungen plausibel zu machen.[43] Ein neues Lohnsystem hatte die Betriebsvereinbarung nicht gebracht. Nach wie vor dominierte der Akkordlohn mit seiner Mengenbezahlung. Angesichts des Widerstandes des Betriebsrates mußte der Vorstand daher eine Neuregelung auf Anfang der 90er Jahre verschieben. Ein grundlegender Wandel der Tarifstrukturen hatte sich jedoch noch im Sommer 1987 im Gefolge der unternehmensübergreifenden Entwicklung der Tarifpolitik ergeben. Seit Ende der 70er Jahre hatte die IG Chemie ihre tarifpolitischen Bemühungen zu einer gemeinsamen Entgeltregelung für Arbeiter und Angestellte intensiviert. Nach und nach hatte man bei den Tarifverhandlungen durch Annäherungen der Gehaltsgruppen die Basis für ein »integriertes Tarifsystem« geschaffen.[44] Im Juli 1987 kam es schließlich zum Abschluß eines umfassenden Entgelttarifvertrages für die gesamte Chemieindustrie. Sozialpolitisch und tarifhistorisch markierte das »Jahrhundertwerk« tatsächlich eine Zäsur, da es die traditionelle Trennung der Arbeiter und Angestellten bei der Bezahlung aufhob und die tarifpolitischen »Klassenschranken« auflöste. Der Entgelttarifvertrag zog den Strich unter eine Entwicklung, die sich im Unternehmensalltag mit der Angleichung der Arbeitssituation und damit auch der

---

42 Vgl. im Detail die Regelungen in: *Conti intern* vom März 1987, S. 1 f. sowie auch Protokoll der Gesamtbetriebsratssitzung vom 6./7. 8. 1987, in: Ablage Konzernbetriebsrat Continental. Wie kompliziert und zugleich konfliktbeladen die Umstellung der Arbeitsbewertungssystematik war, zeigte sich noch im Sommer 1987, als es zwischen dem Personalvorstand bzw. der Geschäftsleitung und dem Korbacher Betriebsrat zu heftigen Auseinandersetzungen um die dort ermittelten REFA-Werte kam. Vgl. dazu Protokoll der Gesamtbetriebsratssitzung vom 6./7. 8. 87 sowie vom 4./5. 2. 88, in: ebd.

43 Vgl. u. a. auch *Neue Presse* vom 31. 1. 87 und vom 4. 2. 87 sowie Interview Köhler vom 24. 1. 1995 und auch *Conti intern* vom Dezember 1986.

44 Vgl. Sitzungsprotokoll Gesamtbetriebsratssitzung vom 25./26. 6. 79 sowie vom 17. 2. 82, in: Ablage Konzernbetriebsrat Continental. Im März 1981 war es erstmals gelungen, auch bei Continental die technischen und kaufmännischen Angestellten mit den Meistern in einer Gehaltssäule unterzubringen.

Qualifikation zwischen Chemiefacharbeitern und technischen Angestellten im Gefolge des Strukturwandels der Wirtschaft längst vollzogen hatte, auch wenn Mentalitätsunterschiede und vor allem sozialversicherungsrechtliche Differenzen bestehen blieben.[45]

Es war mithin eine Mischung aus »nachholender« und »vorauseilender« Modernisierung, die sich bei Continental in der tariflohnpolitischen Entwicklung der 80er Jahre widerspiegelt. So deutlich man ein Nachzügler bei der Anpassung des unternehmensspezifischen Lohnsystems an die gewandelten Verhältnisse war, so gehörte man gleichzeitig mit der Entgelttarifregelung zum Kreis der tarifpolitischen Vorreiter in der deutschen Wirtschaft. Die Ausrichtung der beiden Reformen war dabei ganz unterschiedlich, zielte doch die Flexibilisierung der Löhne auf eine Senkung der Lohnkosten und Erhöhung der Leistungssteuerung und damit auf eine Verbesserung der Wettbewerbsfähigkeit des Unternehmens ab. Die Entgeltregelung dagegen fiel eher in die Tradition betrieblicher Sozialpolitik und diente damit der innerbetrieblichen Loyalisierung und Sicherung des Betriebsfriedens. Die neuen Regelungen des Tarif- und Lohnsystems zogen tiefgreifende Folgen der innerbetrieblichen Beziehungen nach sich. Mit der Entwicklung von der Akkord- zur Prämienentlohnung war eine Tendenz zur Verbetrieblichung der Lohngestaltung verbunden. Die neuen Vereinbarungen umfaßten nur Rahmenregelungen, an deren konkreter Ausgestaltung nun zunehmend die Betriebsräte beteiligt waren. Gleichzeitig vollzog sich eine Entdifferenzierung des Lohngefüges, die von einer Verschiebung von der quantitativen, monetären Lohnpolitik weg, hin zu einer qualitativen Lohnpolitik begleitet war.[46] Sie geriet nun, als Lohnstrukturpolitik, Arbeitszeitpolitik und Rationalisierungsschutzpolitik betrieben, auch bei Continental gegen Ende der 80er Jahre in den Mittelpunkt der Interessenkonflikte zwischen Betriebsrat und Unternehmensleitung.

Kaum, daß die Tinte auf der Betriebsvereinbarung über die Senkung der Akkordzuschläge trocken war, da schockten neue Forderungen des Vorstandes zur Sicherung des Produktionsstandortes und der Wettbewerbsfähigkeit Belegschaft und Betriebsrat. Ende Dezember 1987 erschien in der Hannoverschen Allgemeinen Zeitung ein Artikel, in dem sich Urban als neuer Vorstandsvorsitzender kritisch zur Überlebenschance der beiden TP-Werke Limmer und Vahrenwald äußerte. Insbesondere die ultimative Forderung Urbans, daß »wir keine Mark mehr in beide Werke stecken, wenn die Belegschaft nicht bereit ist, durch Arbeit am Sonnabend und notfalls auch sonntags die Produktivität zu steigern«, sorgte für Empörung.[47] Der Unmut war um so größer, als

---

45 Vgl. *Handelsblatt* vom 26. 5. 87 sowie *SZ* vom 23. 7. 87 und »Abschied vom 19. Jahrhundert«, in: *Die Zeit* vom 24. 7. 87.
46 Vgl. allgemein Karin Tondorf: Modernisierung der industriellen Entlohnung. Neue Modelle der Entgeltgestaltung und Perspektiven gewerkschaftlicher Tarifreform, Berlin 1994.
47 Vgl. *gp-Magazin* vom 3. 2. 88 sowie *HAZ* vom 30. 12. 87.

gleichzeitig auch Pläne zum Personalabbau bekannt wurden. Im Januar 1988 präsentierte die Unternehmensleitung dem Betriebsrat, der von den rigiden Sparplänen »völlig überrascht« wurde, einen zunächst auf fünf, dann auf neun und schließlich auf 15 Punkte erweiterten Forderungskatalog.[48] »Weitere Kürzung von Vorgabewerten und damit schnellere Einführung von REFA, Einfrieren des Lohnniveaus für alte Mitarbeiter, das heißt Kündigung des Arbeitsplatzschutzabkommens, stärkere Absenkung des Lohnniveaus für neu einzustellende Mitarbeiter, Einführung der 6-Tage-Woche ohne Mehrkosten, sowie grundsätzliche Neugestaltung des Lohnsystems, was letztlich eine stärkere Anrechnung der zukünftigen Tariferhöhungen auf bestehende übertarifliche Bezahlungsbestandteile bedeutete« – so lauteten die Kernpunkte. In »exploratorischen Gesprächen« mit den Betriebsratsvorsitzenden hatte der Vorstand allerdings rasch gemerkt, daß »wir uns auf einer Gratwanderung befinden zwischen unseren Forderungen und dem, was der Betriebsrat mitzutragen bereit ist. Unser Ziel muß sein, eine Vereinbarung zu erreichen. Ein Scheitern der Verhandlungen würde bedeuten, keine Kosteneinsparungen zu bewirken.«[49] Die Verhandlungsstrategie der Geschäftsleitung war daher, »den Forderungskatalog umfassender anzulegen als was zu vereinbaren möglich war«. Der Betriebsrat sollte die Gelegenheit bekommen, seine »Stärke« zu zeigen und Ablehnungen auszusprechen. Bei der Aufstellung des Forderungskatalogs mußte aber ebenfalls »das Risiko von spontanen Arbeitsniederlegungen minimiert werden«[50]. In der Tat schlugen die Arbeitnehmervertreter ungewöhnlich kämpferische Töne an. Als Vorbedingung, überhaupt mit der Geschäftsleitung in weitere Verhandlungen zu treten, forderte man »eine konkrete Sicherheitsgarantie zum Erhalt der Standorte der Continental AG in der Bundesrepublik«. Im einzelnen bedeutete das, eine Vereinbarung mit einer möglichst langen Laufzeit zu treffen, die dem Betriebsrat die Sicherheit gab, daß die Unternehmensleitung nicht nach kurzer Zeit wieder Gespräche mit dem Ziel der Veränderungen der Entgeltbedingungen beginnen würde. Es geht »dem Betriebsrat weniger darum, eine bestimmte Anzahl von Mitarbeitern in irgendeinem Standort garantiert zu sehen, sondern darum, daß, solange es nicht wirtschaftlich völlig sinnlos ist, kein Standort infrage gestellt wird«[51]. Der Continental-Betriebsrat war sich allerdings bewußt, daß er letztlich nicht am längeren Hebel saß und um Zugeständnisse nicht herumkommen würde, da die Unternehmensleitung nirgendwo tarifliche Leistungen infrage stellte. Im gesamten Einsparungskatalog ging es nur um Dinge, die im übertariflichen Bereich lagen.[52]

---

48 Vgl. dazu und zum Folgenden 99201 Zg. 1/95, A 3 sowie Ordner »15-Punkte-Programm«, in: Ablage Konzernbetriebsrat Continental.
49 Vgl. Notiz Kauth vom 3. 3. 88, in: 99201, Zg. 1/95, A 3.
50 Ebd.
51 Vgl. Notiz Kauth vom 30. 3. 1988, in: ebd.
52 Vgl. Protokoll der Gesamtbetriebsratssitzung vom 30. 6./1. 7. 1988, in: Ablage Konzernbetriebsrat Continental.

Welches Erdbeben innerhalb des Unternehmens der 15-Punkte-Katalog des
Vorstandes ausgelöst hatte, zeigte sich daran, daß Gesamtbetriebsrat wie Geschäftsleitung seitens Belegschaftsangehöriger und Werksleitungen gleichermaßen massiv unter Beschuß gerieten.[53] Ende April 1988 nahmen Betriebsrat
und Geschäftsleitung schließlich Detailverhandlungen auf und handelten
nach langwierigen Gesprächen am 12. Juli schließlich eine Betriebsvereinbarung aus, die die strittigen Punkte regelte. Unter anderem war vorgesehen,
tarifliche Lohnerhöhungen in Zukunft nur noch zu zwei Drittel an die Conti-
Belegschaft weiterzugeben. Dazu kam eine gezielte, abermalige Anhebung
der Leistungsanforderungen für die im Leistungslohn beschäftigten Mitarbeiter um 2 Prozent. Bei der Jahresgratifikation wurde gleichzeitig ein größerer
Teil dividendenabhängig gemacht und das Niveau leicht gesenkt sowie das
Arbeitsplatzschutzabkommen zum September 1988 gekündigt.[54] Im Gegen-
zug sicherte der Vorstand zu, mindestens bis Ende 1991 an den bestehenden
Produktionsstandorten festzuhalten. Bis dahin sollten die Verluste beseitigt
und in allen Geschäftsgruppen eine positive Ertragslage erreicht werden. Sollten die Verluste allerdings nicht abgebaut worden sein, »könnte es notwendig
werden, die Verhandlungen zur Standortsicherung und Festlegung von neuen
Entgelt- und Leistungsbedingungen wieder aufzunehmen«. Für das Unternehmen ergaben sich durch die Vereinbarung deutliche Einsparungen bei den
übertariflichen Leistungen und eine Senkung der Lohnstückkosten um 7 bis
8 Prozent. Kernpunkt aus Sicht des Vorstandes war aber die Rahmenvereinba-
rung über die Ausdehnung der Arbeitszeit über 15 Schichten pro Woche, das
heißt den 5-Tage-Arbeitsrhythmus hinaus, die eine Flexibilisierung der Arbeitszeit bedeutete.

Traditionelle Formen der Arbeitszeitflexibilisierung hatte es in Form von
Mehr-, Kurz- und Schichtarbeit schon lange gegeben. Die neuen Arbeitszeit-
muster unterschieden sich aber dadurch, daß sie kaum mehr kollektiv- und
tarifvertraglich geregelt und damit Genehmigungsprozeduren durch das Mit-
bestimmungsrecht weitgehend entzogen waren, so daß sie aus Sicht der
Unternehmensleitung schneller und kostensparender den jeweiligen Betriebs-
zeiten angepaßt werden konnten.[55] Diese »neue Arbeitszeitpolitik« der Arbeitgeber, die auf das Aufbrechen des starren Arbeitszeitsystems abzielte, war
seit den 70er Jahren Thema innerbetrieblicher Verhandlungen gewesen. Anfang 1979 hatte die Unternehmensleitung schon versucht, den Betriebsrat auf
eine stärkere Nutzung der Samstagsarbeit mit mehreren Schichten einzustellen. Solange es sich nur um temporäre Regelungen bei hoher Auftragslage

---

53 Vgl. zum Beispiel das Schreiben der Northeimer Vertrauensleute vom 24. 3. 1988, in: Ordner »15-
Punkte-Programm« sowie das Schreiben des Korbacher Werksleiters Hayn an Urban vom 25. 3. 1988,
in: 99201 Zg. 1, 95, A 3.
54 Vgl. das Flugblatt bzw. Infoblatt des Betriebsrats vom 12. 7. 88 sowie die Betriebsvereinbarung vom
26. 8. 88, in: Ordner »15-Punkte-Programm«, Ablage Konzernbetriebsrat Continental.
55 Vgl. allgemein auch Edwin Schudlich: Die Abkehr vom Normalarbeitstag. Entwicklung der Arbeitszeiten in der Industrie der Bundesrepublik seit 1945, Frankfurt 1987, S. 70 ff.

handelte, hatte sich der Betriebsrat kompromißbereit gezeigt.[56] Angesichts der steigenden Arbeitslosenzahlen und nicht zuletzt vor dem Hintergrund der nur schwer in Übereinstimmung zu bringenden Interessen betrieblicher Arbeitszeitregelungen mit den Zielen gewerkschaftlicher Arbeitszeitpolitik geriet der Betriebsrat aber immer mehr in eine Zwickmühle.

In der Tat prägten 1984 heftige Tarifauseinandersetzungen um die Einführung der 35-Stunden-Woche das innenpolitische Klima in Deutschland und führten in der Druck- und Metallindustrie zu einem der härtesten Arbeitskämpfe in der Nachkriegszeit.[57] Aus Sicht der Unternehmensleitung von Continental war dabei ein Problem gewesen, daß lange nicht absehbar war, ob sich das Arbeitszeitmodell der IG-Metall, das heißt Verkürzung der Wochenarbeitszeit, oder das der IG Chemie (Verkürzung der Lebensarbeitszeit) durchsetzen würde. Im Vorstand gab man »aus Überzeugung« und naheliegenden Gründen eindeutig dem IG-Chemie-Modell mit seiner Vorruhestandsregelung den Vorzug.[58] Gleichzeitig forcierte man aber auch den Druck auf den Betriebsrat, einer stärkeren Entkoppelung der Arbeitszeit von der Betriebsmittelzeit zuzustimmen. »Continental«, so verkündete der Vorstand Ende 1985, »könne es sich angesichts längst vollzogener entsprechender Änderungen bei den Konkurrenten nicht länger leisten, die Maschinenkapazitäten mindestens 25 Prozent der Zeit stillstehen [zu lassen].«[59] Man werde in Zukunft konsequent die Arbeitszeitreserven ausschöpfen, bevor Erweiterungsinvestitionen erfolgen. Das Ziel sei die 7-Tage-Fabrik, die man schon teilweise aufgrund der weniger restriktiven Arbeitsgesetze im Luxemburger und britischen Uniroyal-Werk praktizierte.[60] Auch in der Aachener Fabrik war aufgrund dort geltender spezifischen Arbeitszeitordnung eine flexiblere Schichtregelung dauerhaft verankert worden. Für die Continental-Werke lehnte der Betriebsrat aber eine generelle Regelung weiterhin strikt ab.[61]

Der Trend zur Ausdifferenzierung der Arbeitszeit war aber nicht aufzuhalten. Im Sommer 1987 war die IG Chemie auf das Arbeitszeitmodell der IG-Metall umgeschwenkt, nachdem zu erwarten war, daß die Gesetzesgrundlage zur Vorruhestandsregelung bald auslaufen würde. Mehr und mehr sahen Gewerkschafter wie Betriebsrat, daß eine Ausweitung der Betriebsnutzungs-

---

56 Vgl. Notiz des Personalvorstandes vom 5. 3. 1979, in: 6610 Zg. 1/87, A 1. sowie dazu auch entsprechende Berichte auf der Sitzung des Gesamtbetriebsrats vom 24. 1. 1986, in: Ablage Konzernbetriebsrat Continental.
57 Vgl. Schudlich, S. 99 sowie allgemein auch Michael Schneider: Streit um Arbeitszeit. Geschichte des Arbeitskampfes um Arbeitszeitverkürzung in Deutschland, Bonn 1984, sowie Günther Scharf: Geschichte der Arbeitszeitverkürzung. Der Kampf der deutschen Gewerkschaften um die Verkürzung der täglichen und wöchentlichen Arbeitszeit, Bonn 1987.
58 Vgl. die Notizen in: 99201, Zg. 1/95, A 2.
59 Vgl. den Bericht in *FAZ* vom 15. 11. 1985.
60 Vgl. auch *HAZ* vom 1. 3. 86.
61 Vgl. Protokoll der Gesamtbetriebsratssitzung vom 24. 1. 86, in: Ablage Konzernbetriebsrat Continental sowie allgemein dazu auch Karl Hinrichs, Motive und Interessen im Arbeitszeitkonflikt. Eine Analyse der Entwicklung von Normalarbeitszeitstandards, Frankfurt 1988, S. 137 ff. sowie S. 278 ff.

zeiten im Unternehmensinteresse notwendig erschien, zumal sich zum Teil damit auch die Chance zur Schaffung neuer Arbeitsplätze ergab.[62]

»In einer Zusammenkunft der IG Chemie«, so stellte ein Betriebsrat dazu fest, »an der alle Vorsitzenden der Reifenwerke Deutschlands teilnahmen, wurde festgestellt, daß wir bei Conti und hauptsächlich Hannover die einzigsten sind, die traditionell, wenn keine Überstunden gemacht werden, am Samstagmorgen mit Arbeiten aufhören und am Montagmorgen wieder anfangen. Die Betriebsräte der einzelnen Werke werden unter Druck gesetzt, entweder die verlangte Arbeitszeit einzuführen oder Arbeitsplätze zu verlieren. Unter diesem Druck ist man als Betriebsrat gezwungen, sich für andere Arbeitszeiten zu entscheiden.«[63]

Mit der Betriebsvereinbarung vom Juli 1988 war nun auch bei Continental der Einstieg in die Samstags- und Wochenendarbeit durch Einführung von 16, 17 oder 18 Wechselschichten vollzogen. Aus Sicht des Betriebsrats hatte man nur »mit der Faust in der Tasche« zugestimmt und um Schlimmeres zu verhindern. Unternehmensleitung wie Arbeitnehmervertreter hofften nun aber, daß damit nach den konfliktreichen Jahren, in denen sich der Betriebsrat zunehmend in die Defensive gedrängt sah und die den Belegschaftsangehörigen zahlreiche und schmerzhafte Opfer abverlangt hatten, eine Vereinbarung getroffen worden war, »die über viele Jahre hält« und »jetzt für längere Zeit Ruhe einkehrt«[64]. Es sollte aber nicht lange dauern, bis es zu noch weit heftigeren, wenn auch nun von außen ausgelösten Turbulenzen kommen sollte, die dem Unternehmen seine zweite Existenzkrise in den letzten 25 Jahren bescherten.

---

62 Vgl. Sitzungsprotokoll Gesamtbetriebsrat vom 4./5. 2. 1988, in: Ablage Konzernbetriebsrat Continental.
63 Vgl. Sitzungsprotokoll Gesamtbetriebsrat vom 5. 11. 1987, in: ebd.
64 Vgl. Interviews von Kauth und des Gesamtbetriebsratsvorsitzenden Alt, in: *Conti intern* vom Oktober 1988.

Teil IV
Vom Wachstum zur Profitabilität:
Die unternehmensstrategische Wende
in den 90er Jahren

Kapitel 12
Projekt Varus: Der gescheiterte Übernahmeversuch
durch Pirelli

Anfang der 90er Jahre geriet die Reifenindustrie weltweit in eine ihrer schwersten Rezessionsphasen. Schneller und drastischer als es die Unternehmen je vorhergesehen hätten, wurden die Schattenseiten des rasanten Konzentrationsprozesses der Branche spürbar. Vom Gedanken an Marktmacht und auf sinkende Stückkosten mit steigenden Stückzahlen sowie damit der Aussicht und Hoffnung auf eine bessere Verhandlungsposition gegenüber der Autoindustrie zu immer neuen Übernahmeschlachten getrieben, mußte man in den Konzernzentralen nun registrieren, daß man sich in eine sich beschleunigende Ertragskrise manövriert hatte. Die zur falschen Zeit oder falsch gehandhabten Akquisitionen hinterließen Schuldenberge, die angesichts der gesunkenen Margen und der unerwartet hohen Zinsen die Bilanzen noch lange belasteten. Weltweite Überkapazitäten von rund 20 Prozent waren zudem entstanden, deren Auswirkungen sich im Gefolge der gleichzeitig deutlich zurückgehenden Automobilkonjunktur verschärften. Geprägt von dem traditionellen Denken in Marktanteilen reagierten die Reifenkonzerne mit einem selbstmörderischen Preiskrieg. Um Marktanteile im prestigeträchtigen Erstausrüstungsgeschäft hinzuzugewinnen bzw. zu halten, waren die Anbieter bereit, den Automobilkonzernen Preisnachlässe bis zu 25 Prozent zu gewähren. Diese waren im Ersatzgeschäft allerdings nicht mehr aufzufangen; im Gegenteil mußte man angesichts des auch hier ausgebrochenen Verdrängungswettbewerbs ebenfalls Preisabschläge vornehmen, um die Volumina zu halten. Michelin, den Weltmarktführer, traf es mit einem jähen Sturz von 2,65 Milliarden FF Gewinn (1989) auf minus 5,3 Milliarden FF (1990) vor allem infolge von Kauf- und Restrukturierungskosten für Uniroyal/Goodrich am härtesten. Aber auch Goodyear, als einziger der großen Konzerne nicht am Konzentrationskarussell beteiligt, hatte infolge eines fehlgeschlagenen Diversifizierungsversuchs und der Nachwirkungen eines feindlichen Übernahmeangebots mit einem

hohen Schuldenberg zu kämpfen. Riesige Verluste wies auch der Branchen-
dritte, Bridgestone, auf, die aus dem weit überteuerten Erwerb von Firestone,
dem daraufhin gleichzeitig erfolgten Einbruch der Erstausrüstungsanteile in
der amerikanischen Automibilindustrie sowie einem ersten fehlgeschlagenen
Sanierungsversuch resultierten.[1]

Trotz der günstigen Sonderkonjunktur im Gefolge der Wiedervereinigung
wurde auch Continental von der Rezession voll erfaßt.

»Angesichts des Kriegs in der Erstausrüstung«, so klagte die Unternehmensleitung in einem Bericht vom Mai 1990, »diktiert die Automobilindustrie
die Preise. Im vergangenen und in diesem Jahr haben wir im Konzern aus
Preisverhandlungen etwa 120 Millionen DM verloren. Es ist sehr schwer, da
mitzuhalten. Wir versuchen mit Vergrößerung des Volumens etwas auszugleichen [...] Wie es begonnen hat, ist nicht so klar nachzuvollziehen, aber der
Mechanismus, der in Gang gesetzt worden ist, hat eine Automatik bekommen, die schwer anzuhalten ist, und noch schwieriger wird es sein, die verrot-
teten Preise, die mittlerweile in der Erstausrüstung gang und gäbe sind, wieder
auf ein erträgliches Niveau anzuheben.«[2]

Wurden überdies bisher Preisverhandlungen immer nur für ein Jahr geführt, so verhandelte man mittlerweile über einen Zeitraum von drei bis fünf
Jahren, mit Preisklauseln, die sich nach unten entwickelten. Dazu kamen stark
gestiegene Qualitätsanforderungen der Autoindustrie, die man zum großen
Teil noch nicht erfüllte. Das Ertragstal, in das Continental fiel, war um so
tiefer, als 1989/90 der dritte »grüne« Winter den traditionellen Gewinnzweig
Winterreifen des Konzerns auf den Nullpunkt hatte schrumpfen lassen. Mit
einem Minus von 39,3 Prozent von 165,5 auf 100,5 Millionen DM brach daher
das Vorsteuerergebnis des Konzerns bereits im ersten Halbjahr 1990 ein und
summierte sich letztlich auf ein mit plus 93,4 Millionen DM um fast zwei Drittel geschrumpftes Jahresergebnis.[3] Erheblich auf das Ergebnis drückte dabei
aber vor allem die Entwicklung bei General Tire. Im Herbst 1989 hatte ein sich
67 Tage hinziehender Lohnstreik das Unternehmen erschüttert. Das amerikanische Unternehmen verzeichnete gerade mal einen Umsatzzuwachs von
einem Prozent, der sich aufgrund der verschobenen Währungsparitäten in DM
auf ein Minus von 14 Prozent summierte. Dazu kamen laufend beträchtliche
Restrukturierungskosten: In allen General-Tire-Werken mußten die Misch-
säle hinsichtlich Kapazität und Prozeßtechnologie verbessert, F+E-Einrich-

1 Zur Branchenlage vgl. Geschäftsbericht 1990 sowie »Rote Zahlen mit schwarzen Reifen«, in: *Börse online* vom 5. 7. 1991 sowie *Business Week* vom 26. 2. 90.
2 Vgl. Bericht der Geschäftsleitung vor dem Konzernbetriebsrat am 17. 5. 90 und auch am 25. 9. 90, in: Ablage Konzernbetriebsrat Continental.
3 Der Rückgang fiel um so größer aus, als man 1989 durch den Übergang von der degressiven auf die in der Branche übliche lineare Abschreibungsmethode den Gewinnausweis noch um 26,7 Millionen DM auf insgesamt 227,8 Millionen DM gehievt hatte.

tungen aufgebaut und vor allem die Werke in Kanada und Mexiko von Grund auf modernisiert werden.

Continental befand sich, trotz der im TP-Bereich weit weniger ungünstigen Entwicklung, unübersehbar auf Talfahrt. Es war daher kein Wunder, daß im Aufsichtsrat zunehmend Kritik an der Unternehmenspolitik des Vorstandes laut wurde: General Tire sei zu teuer gekauft worden und offenbar eine Fehlinvestition, die zudem von Hannover falsch gesteuert werde. Auch wenn Urban damit Managementfehler angelastet wurden, die auch in die Zeit vor seiner Übernahme des Vorstandsvorsitzes fielen, so gab es doch eine Reihe weiterer Kritikpunkte. Sie betrafen insbesondere den ungebrochenen Akquisitionsdrang Urbans, der in den Augen manches Aufsichtsratsmitglieds gefährliche Züge anzunehmen drohte. Für 400 Millionen DM erwarb Continental Anfang 1990 von Michelin die englische Reifenhandelskette National Tire Service (NTS), ein Preis, der sich in den Augen der Kritiker bestenfalls unter strategischen, nicht aber unter ökonomischen Aspekten rechtfertigen ließ. Im Mai 1990 kündigte Urban dann die Übernahme von zunächst 49 Prozent des schwedischen Reifenherstellers Nivis mit den Marken Gislaved und Viking (Umsatz 360 Millionen DM und 1700 Beschäftigte), den Erwerb des italienischen TP-Herstellers Ages, mit einem Umsatzvolumen von 200 Millionen DM und 1100 Mitarbeitern, sowie die Einigung über eine 30prozentige Beteiligung und Kooperation mit der japanischen Toyo Tire and Rubber Company Ltd. an, die aber nicht zustande kam.[4] Dazu plante man Kooperations- und Übernahmeprojekte mit dem damaligen DDR-Reifenkombinat Fürstenwalde (Marke Pneumant) sowie im TP-Bereich, die insgesamt auf ein Investitionsvolumen von 200 bis 300 Millionen DM hinausliefen.[5] Und schließlich hatten erste Überlegungen und Gespräche zu einem Einstieg Continentals bei dem polnischen Reifenhersteller Stomil und dem tschechischen Pneuunternehmen Barum begonnen. Es war, alles in allem, eine Expansionspolitik, die das zunehmend dünner werdende Liquiditätspolster im Rücken weiter strapazierte. Den Einwänden des Aufsichtsrats, anstelle weiterer Expansionen sich stärker auf die dringend notwendige Konsolidierung des Konzerns zu konzentrieren, begegnete Urban mit dem Hinweis auf die günstigen Gelegenheiten und erhielt damit letztlich die Zustimmung des Kontrollgremiums. »Continental«, so das ehrgeizige Ziel des Vorstandsvorsitzenden, »hat nicht nur eine gute Chance, seine Position als leader der Verfolger auf die großen Drei zu behalten, sondern auch den Abstand zu diesen zu verkleinern.«[6]

---

4 Vgl. *Handelsblatt* vom 9. 5. 90 sowie *HAZ* vom 26. 5. 90.
5 Vgl. »Continental auf dem Weg in die DDR«, in: *Neue Reifenzeitung* 6/1990 sowie *Börsenzeitung* vom 31. 5. 90. Bereits im August 1990 wurde das »DDR-Engagement« aber aus Gründen der Kosten und der Strategie wieder fallengelassen.
6 Vgl. Urban in: *Business Strategy International* 1/1990.

Hinter der zunehmenden unternehmensinternen Debatte über den weiteren Weg von Continental stand ein Wandel des bisherigen Kräftegleichgewichts zwischen Aufsichtsrat und Vorstand. Mit der Ermordung von Herrhausen im November 1989 war eine Ära zu Ende gegangen, auf die eine dreimonatige Interimszeit folgte, in der mit Wolfgang Schultze als stellvertretendem Aufsichtsratsvorsitzenden formal ein Arbeitnehmervertreter dem Aufsichtsrat vorstand, ehe im März 1990 Ulrich Weiss, Vorstandsmitglied der Deutschen Bank, den verwaisten Aufsichtsratsvorsitz übernahm. Urban war sich der starken Position, die das deutsche Aktienrecht dem Vorstandsvorsitzenden einräumte, bewußt und ließ das den Aufsichtsrat und seinen neuen Vorsitzenden auch spüren. Bei den gewerblichen Mitarbeitern saß allerdings noch der Groll über den harten Sparkurs des 15-Punkte-Programms tief, und nicht zuletzt gab es auch innerhalb des Vorstandes nicht nur Zustimmung zu Unternehmensstrategie und Führungsstil eines Vorstandsvorsitzenden, der sich seit der Hauptversammlung 1989 mit anhaltenden Spekulationen über eine bevorstehende Übernahme Continentals konfrontiert sah.[7] Die Gerüchte über einen neuen Großaktionär reichten dabei von VW über Flick bis zu Pirelli und »raidern«, auf spekulative Unternehmenskäufe und Verkäufe zielende Investorengruppen. Der Continental-Vorstand sah jedenfalls Grund genug, auf der Hauptversammlung im Juni 1990 erneut die Verschärfung der Stimmrechtsbeschränkung als Schutzmaßnahme zu beantragen, deren Beschluß ein Jahr zuvor aufgrund der Klage eines Aktionärs nicht hatte wirksam werden können.[8] Daß sich tatsächlich wesentliche Veränderungen innerhalb des Aktionärskreises von Continental vollzogen haben mußten, zeigte das mit 51,1 Prozent bei gleichzeitig hoher Enthaltungsquote knappe Abstimmungsergebnis gegen die Abschaffung des Höchststimmrechts. Vor allem aber war der gleichzeitig vom Vorstand eingebrachte Antrag zur dringend benötigten Kapitalbeschaffung von 200 Millionen DM abgelehnt worden.[9] Der finanzielle Handlungsspielraum des Reifenkonzerns war damit deutlich eingeengt worden. Die Abstimmungsniederlage war nur ein weiteres Signal dafür, daß Continental strukturell Ansatzpunkte für einen Angriff von außen bot, der jetzt auch nach außen hin sichtbar wurde.

Als am Samstag, dem 15. September 1990 auf dem Flughafen von Hannover Gianbatista de Giorgi, der Leiter der Reifendivision von Pirelli, an Urban einen »Proposal« zur gemeinsamen Fusion übergab, war das bereits der Kulminationspunkt einer verwickelten Vorgeschichte, der zugleich aber eine komplizierte, in der deutschen Industriegeschichte bislang einmalige Ent-

---

7 Zu den in der Öffentlichkeit publizierten Spekulationen über die unternehmensinterne Lage vgl. u. a. *Manager Magazin* 5/1990. Sie wurden von den gleichen Journalisten publiziert, die schon im Feldmühle/Nobel-Fall Partei für die ›raider‹ ergriffen hatten. Vgl. zur Stimmungslage auch Interview Schwarze vom 1. 3. 1995, Interview Köhler vom 24. 1. 1995 sowie Interview Urban vom 15. 5. 1995.
8 Vgl. *FAZ* vom 26. 2. 90 und vom 25. 6. 90.
9 Vgl. *Handelsblatt* vom 28. 6. 90 und *FAZ* vom 28. 6. 90.

wicklung einläutete. Auslöser der Aktienkäufe von 1989 war ein »raider« gewesen, der im Windschatten der auf Europa überschwappenden Welle der »hostile takeovers« spekulative Aufkäufe in der Größenordnung von etwa 20 Prozent getätigt hatte. Wenige Monate später, im Mai 1990, war mit dem Verkauf des Mischkonzerns Feldmühle/Nobel an Veba ein erster, aufgrund des deutschen Aktienrechts bislang nicht für möglich gehaltener, unfreundlicher Übernahmeversuch über die Bühne gegangen mit entsprechend schnellen und hohen Gewinnen für die damaligen Zwischenhändler der Aktienpakete. Continental, so das Kalkül, könnte der zweite derartige Übernahmecoup werden. Mit etwa 2 Milliarden DM war das Unternehmen dabei vergleichsweise billig zu haben. Auf der Suche nach Käufern klopfte man offenbar zuerst bei Michelin an, doch in Clermont-Ferrand winkte man ab und verwies auf mögliches Interesse bei Pirelli. In Mailand zeigte man sich in der Tat interessiert, kaufte aber wohl nur einen Teil des angebotenen Aktienpakets und ließ sich den Rest veroptionieren. Um an das schnelle Geld zu gelangen, galt es daher aus Sicht der Spekulanten, auf Continental in der Öffentlichkeit Druck zu machen, einer Übernahme zuzustimmen. Nur so läßt sich die beispiellose Medienkampagne mit lancierten Informationen, Intrigen, Strohmännern, Halbwahrheiten, Spekulationen und gekauften Journalisten erklären, die in den folgenden Wochen und Monaten tobte. Pirelli hingegen informierte im Frühjahr 1990 den neuen Continental-Aufsichtsratsvorsitzenden Weiss über den Erwerb der Conti-Aktien und fühlte wegen einer eventuellen Fusion der beiden Konzerne vor. Bei der Deutschen Bank signalisierte man, daß eine entsprechende Initiative Pirellis strategisch interessant sein könne und daher geprüft werden müsse.[10] Die Haltung von Weiss war um so mehr verständlich, als zur selben Zeit auch Urban in mehreren Telefongesprächen mit de Giorgi ein gemeinsames Treffen und brainstorming über eventuelle Kooperationen anregte.[11] Ermutigt durch die Reaktionen des Aufsichtsratsvorsitzenden und offenbar auch einiger weiterer Vertreter der Anteilseigner wie Friedrich Schiefer, dem Allianz-Vorstand, begann man daraufhin in Mailand – ohne Urban über die Pläne zu informieren – einen ausgefeilten Übernahmeplan auszutüfteln. Mit verdeckten weiteren Aktienkäufen Mitte 1990 durch befreundete Unternehmen und Banken angesichts der 5%igen Stimmrechtsbeschränkung leitete man den Coup ein und hielt sich daher noch auf der Hauptversammlung im Juli bedeckt. Inzwischen hatte Weiss am 1. Juli Urban bei einem Zwischenstopp auf dessen Rückreise von einem Management-Meeting bei General Tire von der Anfrage Pirellis zu einer Fusion informiert. Urban reagierte ablehnend, versprach aber, sich entsprechende Gedanken zu machen.

Im September nun glaubte man bei Pirelli, vollendete Tatsachen geschaffen zu haben. Man gab an, zusammen mit den befreundeten Unternehmen über

10 Vgl. Stellungnahme Weiss, in: *Wirtschaftswoche* vom 11. 3. 91.
11 Vgl. Interview Urban vom 15. 5. 1995.

eine Aktienmehrheit zu verfügen, glaubte sich nach wie vor der Zustimmung des Aufsichtsratsvorsitzenden von Continental sowie der Unterstützung weiterer Anteilseigner sicher, und auch aus Clermont-Ferrand war kein Veto gekommen. Am Freitag, dem 14. September bat de Giorgi in einem Telefonat Urban um ein Treffen am folgenden Tag und informierte den Vorstandsvorsitzenden auf entsprechende Nachfragen, daß es um den letztlich nur noch formalen Akt der praktisch schon vollzogenen Übernahme der Continental durch Pirelli ginge.[12] Der Proposal, den de Giorgi dann an Urban übergab, enthielt – um die »freundliche Absicht« zu betonen – ein Fusionskonzept, das die gegenseitige Verschmelzung des Reifengeschäfts der Pirelli Tyre Holding und der Continental AG vorsah.[13] Angesichts der schlechten fundamentalen Verfassung beider Konzerne schien eine Fusion in der Tat ein Gebot der industriellen Logik. Gemeinsam, so das Kalkül, könnten beträchtliche Synergien freigelegt werden, die die Wettbewerbsfähigkeit auf den Weltmärkten stärken würden. Das Produktspektrum und die jeweilige Marktposition ließen sich zu bedeutenden gemeinsamen Marktanteilen ergänzen. Vor allem aber würde aus Sicht Pirellis die vergleichsweise gute Kapitalverfassung von Continental den eigenen, finanziell ausgebluteten Konzern auf einen Schlag sanieren. Continental, so rechneten später die Hannoveraner Finanzmanager aus, hätte durch die Fusion insgesamt eine Milliarde DM Verluste in die Bücher bekommen. Entgegen dem ursprünglich wohl auch der Deutschen Bank gegenüber vorgestellten Fusionskonzept, wonach das Reifengeschäft von Pirelli bei Continental im Wege der Sacheinlage gegen Ausgabe neuer Aktien eingebracht werden sollte, hatten die Italiener nun aber eine abgeänderte Fassung präsentiert: Die Einbringung der Reifendivision sollte gegen Barzahlung – zwischen 1,85 und 2,25 Milliarden DM – erfolgen.[14] Das war ein Vorschlag, der nicht nur den Vorwurf des Continental-Managements provozieren mußte, Pirelli wollte Continental ausplündern und veranlassen, die eigene Übernahme zu einem überhöhten Preis selbst zu finanzieren, sondern auch früher oder später ein Abrücken der Deutschen Bank nach sich ziehen würde. Von einer unvoreingenommenen Prüfung zweier gleichberechtigter Partner für ein freundschaftliches Zusammengehen konnte auch deshalb nicht die Rede sein, da Pirelli – siegessicher und zugleich aber auch geprägt vom »Dunelli-Trauma« – unverhohlen die industrielle Führung in dem neuen Reifenkonzern forderte.[15] Wenn bei den Gesprächen, so bedeutete man zudem Urban, nicht ein Ergebnis nach den Vorstellungen von Pirelli erzielt werde, komme es eben aufgrund der Aktienmehrheit zu einer unfreundlichen Übernahme.[16]

---

12 Vgl. ebd.
13 Vgl. Übersetzung des englischen Textes vom 14. 9. 1990, Anschreiben zum Proposal, S. 1, ›Vertraulich‹, in: Ablage Vorstand.
14 Vgl. ebd., Anhang 5.
15 Vgl. auch *Manager Magazin* 3/1991, *Der Spiegel* vom 4. 12. 90 und 11. 3. 91 sowie *Die Zeit* vom 2. 11. 90 und *Capital* 2/1992.
16 Vgl. Interview Urban vom 15. 5. 1995.

Es war im Urteil von Investmentbankern »the most outrageous proposal we have ever seen«, mit dem Pirelli dem deutschen Konzernvorstand bildlich gesprochen »die Folterwerkzeuge gezeigt hatte«. Ultimativ wurde Urban aufgefordert, am Montag, den 17. September eine vorbereitete, gemeinsame Presseerklärung über das Fusionsvorhaben an die Presse zu geben. Nicht nur der Inhalt, sondern auch die Art und Weise der »Gesprächseröffnung« ließen bei Continental daher von Anfang an den Eindruck eines unfreundlichen und überfallartigen Übernahmeversuchs entstehen. Der Vorstand war nicht zuletzt auch deshalb mißtrauisch, da das Vorgehen der Italiener Reminiszenzen an früher gescheiterte Fusionsgespräche geweckt hatte. Im Herbst 1981, noch unter Hahn, hatten Continental und Pirelli bereits intensive Gespräche über ein Zusammengehen geführt. Denkmodell und von Continental vorgeschlagene Lösung war schon damals der Erwerb von Pirellis Reifenbereich durch Continental gegen bar oder neue Aktien, während Pirelli den TP-Bereich von Continental kaufen sollte. Die Verhandlungen waren allerdings von seiten Continentals sofort abgebrochen worden, als nach dem Ausscheiden Hahns Pirelli unter Umgehung des neuen Vorstandsvorsitzenden Werner direkt mit Herrhausen weiter verhandelte. Offensichtlich hatte Pirelli neun Jahre später nun auf die alten Verhaltensmuster und Verhandlungskonzepte zurückgegriffen.[17]

Was von einem Teil der sich bald polarisierenden deutschen Medienlandschaft als »geschickt eingefädelte Übernahme« gerühmt wurde und in den Augen Pirellis ein in wenigen Monaten bis zum Jahresende 1990 abwickelbarer Fusionsprozeß erschien, entwickelte sich dann aber zu einer Schlacht zwischen den beiden Reifenkonzernen, die sich drei Jahre, bis Mitte 1993, hinziehen sollte. Es war eine Geschichte mit undurchsichtig manövrierenden Akteuren, wechselnden Interessenlagen und zahlreichen Handlungssträngen, die vor allem jeweils eine unkontrollierte Eigendynamik entwickelten und deren Beben immer weitere Kreise zog. Ging es zunächst und vor allem nur um viel Geld, dann um die durch das deutsche Aktienrecht geschützte »Festung Deutschland« als Industrieland, um die Macht und Rolle der Banken in der Industriepolitik der Bundesrepublik, die Position von Aufsichtsrat und Vorstand in den deutschen Aktiengesellschaften sowie um die Rivalität von Investmentbankern, so spielten letztlich und am Ende auch die Wettbewerbslage und das zukünftige Schicksal zweier Reifenkonzerne eine Rolle.

Urban ging ohne lange zu zögern auf Konfrontation. Anstelle der von Pirelli geforderten gemeinsamen Presseerklärung ließ er am Montag eine eigene Mitteilung verteilen, in der – nur die eine Hälfte des Proposals wiedergebend – das Verkaufsangebot des Reifenbereichs von Pirelli gegenüber Continental erwähnt wurde. Man werde, so hieß es weiter knapp, den Vorschlag prüfen.[18]

---

17 Vgl. die Verhandlungsnotizen vom Oktober bis Dezember 1981, in: 6610, Zg. 1/90, A 1. Vgl. auch Interview Howaldt vom 15. 6. 1995.
18 Vgl. *FAZ* vom 18. 9. 90 und *SZ* vom 18. 9. 90.

Eine Woche blieben weitere Stellungnahmen des Vorstandes aus, währenddessen der niedersächsische Ministerpräsident Gerhard Schröder nach einem
Besuch von Leopoldo Pirelli sich bereits für ein künftiges gemeinsames Auftreten der beiden Reifenkonzerne aussprach. Die Frage sei nicht ob, sondern
nur noch wie die Zusammenlegung sinnvoll konstruiert werden könne.[19]
Verhalten positive Äußerungen kamen auch – während der Vorstand weiter
schwieg – vom Aufsichtsratsvorsitzenden Weiss, der sich für offene und unvor-
eingenommene Verhandlungen aussprach und davor warnte, »daß die Trans-
aktion einen Scherbenhaufen hinterlassen würde, wenn sich entweder Conti
oder Pirelli uneinsichtig zeigten«.[20] Am Montag, den 24. September 1990 gab
Urban schließlich in einer aufsehenerregenden Pressekonferenz die Ablehnung des Pirelli-Vorschlags durch den Vorstand bekannt. Das dabei den
Italienern entgegengeschleuderte »So nicht, Herr Pirelli!« war ein bewußt
kalkulierter Affront gegen die Angreifer, aber auch eine Spitze gegen den
Aufsichtsrat und dessen Prüfungs- und Verhandlungsauftrag. Spätestens jetzt,
so war allen klar, befanden sich beide Reifenkonzerne praktisch im »Kriegszu-
stand«[21]. Pro forma erklärte Urban zwar seine prinzipielle Gesprächsbereitschaft, stellte aber Ende Oktober 1990 seinerseits für Pirelli unannehmbare
Vorbedingungen für den Eintritt in Verhandlungen. Man ließ den Italienern
ein zehnseitiges »Stand-Still-Agreement« zukommen, das neben umfangreichen Geheimhaltungsklauseln im Falle des Informationsaustausches in einer
Bewertungsphase die Verpflichtung enthielt, für drei Jahre keine Aktien des
Partners zu kaufen oder zu verkaufen und auch während dieser Zeit auf die
Ausübung der Aktionärsrechte zu verzichten.[22] Pirelli sollte, das bedeuteten
die Bestimmungen im Klartext, keine Möglichkeit haben, eine außerordentliche Hauptversammlung einzuberufen um dort eine Abschaffung der Stimmrechtsbeschränkung auf die Tagesordnung setzen zu können. Aktienrechtlich
war die Zulässigkeit dieser Forderungen strittig, unternehmensstrategisch
aber aus Sicht des Continental-Vorstandes legitim.

Von Anfang an war die Verteidigungsstrategie des Vorstandes auf Zeitge-
winn ausgerichtet. Einer kleinen Zeitungsnotiz hatte man entnommen, daß
Pirelli für das laufende Geschäftsjahr ein Plus-minus-null-Ergebnis erwartete.
Angesichts der vorausgegangenen Gewinnausweise und der sich weiter verschlechternden Konjunktur konnte man sich leicht ausrechnen, daß der italienische Reifenkonzern in tiefrote Zahlen abstürzte und auf absehbare Zeit
keine Besserung in Sicht sein würde. Je länger man wartete, so das Kalkül,
desto deutlicher würde sein, daß von einem attraktiven, potenten Käufer oder
Partner keine Rede sein konnte, zumal vor allem die Zinslasten aus der

---

19 Vgl. *Börsenzeitung* vom 20. 9. 90.
20 Ebd.
21 Vgl. *FAZ* vom 25. 9. 90 und *Wirtschaftswoche* vom 21. 9. 90.
22 Vgl. *FAZ* vom 7. 11. 90 und Aktionärsbrief der Continental AG vom 30. 9. 90, S. 4.

Finanzierung der Aktienkäufe sowie der sinkende Aktienkurs weitere empfindliche Kostenbelastungen bedeuteten.[23] Was daher nach außen hin eher nach »Management by Aussitzen« aussah, war vor dem Hintergrund der Branchenentwicklung eine kalkulierte Abwehrstrategie: Die Reifenindustrie erhielt nennenswerte Impulse nur noch aus dem vereinigten Deutschland. In diesem Markt aber hatte Continental die Nase vorn und konnte daher ruhig abwarten, wie sich beim Konkurrenten Pirelli die Ertragsrelationen verschlechterten und der Anspruch auf die industrielle Führung entsprechend abdiskontierte.[24] Urban hatte sich für seine Strategie dabei die ausdrückliche Zustimmung und Unterstützung des Aufsichtsrats geben lassen. Dennoch wurden in der Öffentlichkeit allenthalben verwirrende und immer neue »Frontverläufe zwischen Italien und Deutschland« beim Kampf um Continental ausgemacht. Vor allem die Deutsche Bank und Weiss als Aufsichtsratsvorsitzender von Continental waren in die Schußlinie der Kritik geraten; und »das in der Öffentlichkeit erkennbare Verhalten hatte erhebliche Irritationen ausgelöst«[25]. Weiss verstand sich einerseits als Makler zwischen den Parteien, andererseits aber auch als Sachwalter der Continental-Interessen – und war damit letztlich zwischen alle Stühle geraten. Dazu kam, daß John Craven als Vorstandskollege von Weiss bei der Deutschen Bank und zugleich aber Chef von Morgan Grenfell als Berater des Continental-Vorstands dezidiert auf der Seite der Verteidiger stand. Die im »Küchenkabinett« von Vorstandsvorsitzendem, Finanzvorstand Knaup, PR-Chef von Herz und dem Generalbevollmächtigten für Recht und Unternehmensplanung Howaldt ausgeklügelte Verteidigungsstrategie war dabei um so aggressiver, als der Continental-Vorstand von Anfang an mit dem Rücken zur Wand stand und Urban trotz gegenteiliger Äußerungen – und von einem Teil der Presse heftig geschürt – Zweifel an der Loyalität des Continental-Aufsichtsratsvorsitzenden hatte.[26] Als in der Öffentlichkeit auch Gerüchte über Verhandlungen Urbans mit der japanischen Reifenindustrie lanciert wurden, kamen Irritationen bei den deutschen Automobilkonzernen hinzu, die nur mit Mühe davon überzeugt werden konnten, daß Continental keine »Abwehrfusion« mit den Japanern plante.[27]

Mindestens die Rücknahme des Pirelli-Vorschlages, so ließ Urban schließlich Anfang Dezember 1990 verlauten, nachdem Pirelli das Stillhalteabkommen abgelehnt hatte, sei Bedingung für Verhandlungen. Aufsichtsrat und Vorstand seien einer Meinung, daß Continental die Zukunft auch ohne Pirelli meistern könne. Man sei aber bereit, »daß Finanzberater der beiden Unter-

---

23 Vgl. Interview Howaldt vom 15. 6. 1995 und auch *Börsenzeitung* vom 2. 11. 90.
24 Vgl. auch *Börsenzeitung* vom 21. 12. 90. Die Investmentbanker von Goldman Sachs hatten daher in Anlehnung an den römischen Feldherrn Varus, der bei seinem Angriff gegen die Germanen in den Sümpfen steckengeblieben war, der Abwehrstrategie den Codenamen ›Varus‹ gegeben.
25 Vgl. Lothar Gall u. a.: Die Deutsche Bank 1870–1995, München 1995, S. 652.
26 Vgl. Interview Urban vom 15. 5. 1995.
27 Vgl. zu den Spekulationen *HAZ* vom 14. 11. 90.

nehmen auf der Basis veröffentlichter Daten die Frage [des Finanzwertes] von Conti und Pirelli kurzfristig gemeinsam prüfen«[28]. Die Italiener stimmten zu, und bis Mitte Januar, bis dann die Gutachten vorliegen sollten, hatte man in Hannover weitere Zeit gewonnen. Seit der Übergabe des Proposals waren damit drei Monate vergangen, in denen beide Seiten statt zu verhandeln nahezu ausschließlich über die Medien miteinander kommuniziert hatten. Bei Continental war man sich aber klar, daß die Hinhaltetaktik rasch obsolet werden würde, sobald Pirelli eine außerordentliche Hauptversammlung beantragen und die Abschaffung der Stimmrechtsbegrenzung durchsetzen würde. Aus dem bisher geführten Schlagabtausch würde dann ein offener Übernahmeangriff werden. Um das bislang geltende Höchststimmrecht auszuhebeln, benötigte Pirelli allerdings die Zustimmung und Abstimmungsoption auf elf 5prozentige Stimmpakete, deren Kauf auf eigene Rechnung und damit die Bildung eines Kontrollsyndikats aktien- und satzungsrechtlich aber verboten war. Immer wieder hatte Pirelli behauptet, zusammen mit befreundeten Anteilseignern die Stimmenmehrheit bei Continental zu besitzen, den wahren Umfang des Aktienbesitzes und die Nennung der »Freunde« aber hartnäckig verweigert. Im Continental-Vorstand war man von Anfang an überzeugt, daß die Italiener blufften; Sicherheit über die tatsächliche Zusammensetzung des Aktionärskreises und dessen eventuelles Abstimmungsverhalten hatte man trotz aller wilden Spekulationen in der Presse über die Kräfteverteilung und Zugehörigkeit von Anteilseignern zu den beiden feindlichen Lagern aber nicht.

Noch im Dezember flatterte tatsächlich dem Continental-Vorstand ein Antrag auf Einberufung einer außerordentlichen Hauptversammlung auf den Tisch, gestellt allerdings nicht – zumindest nicht direkt – von Pirelli, sondern von einem einzelnen Aktionär.[29] Fünf trickreich und mit Hilfe professioneller Investmentanwälte formulierte Tagesordnungspunkte sollten endlich Klarheit über die Mehrheitsverhältnisse und den Fusionskurs bringen. Die Abstimmung betraf dabei zwei alternative Antragspunkte: Entweder sollten die Aktionäre sich für die Selbständigkeit des Unternehmens entscheiden oder aber die Weichen für ein Zusammengehen mit einem geeigneten Partner stellen. Im ersten Fall sollten entsprechende Änderungen in der Satzung vorgenommen werden: Die Abschaffung der Stimmrechtsbeschränkung, die Abberufung der Aufsichtsratsmitglieder und die Veräußerung wesentlicher Konzernteile sollten nur mit Zustimmung von drei Vierteln des Kapitals möglich sein. Im zweiten Fall aber sollte die Stimmrechtsbeschränkung abgeschafft und der Vorstand beauftragt werden, für die nächste ordentliche Hauptversammlung eine Fusion mit Pirelli vorzubereiten. Diese Fusion sollte dann in der Form einer Kapitalerhöhung durch Sacheinlage über die Bühne

---

28 Vgl. *Neue Presse* vom 23. 11. 90 und *Die Welt* vom 1. 12. 90.
29 Es handelte sich um Alberto Vicari. Vicari wurde in der Presse als Verfechter der Aktionärsdemokratie gefeiert, vgl. etwa *Capital* vom 31. 5. 91. Seine Hauptversammlungsrede übermittelte das Büro Weickert der *FAZ* drei Tage vor Beginn der Hauptversammlung. Vgl. Pressearchiv Continental.

gehen.[30] Der Beschluß von Aufsichtsrat und Vorstand in Hannover, der dann als Abstimmungsempfehlung an die Aktionäre weitergegeben wurde, war – mit Ausnahme des Allianz-Vertreters – einhellig. Die Höchststimmrechtsbeschränkung sollte verschärft und einer Fusion mit Pirelli eine Absage erteilt werden. Continental, so unterrichtete man auch Pirelli, sei zum gegenwärtigen Zeitpunkt nicht zu weiteren Fusionsgesprächen bereit, stehe aber Kooperationen offen gegenüber. Nicht zuletzt die inzwischen erfolgte Veröffentlichung der Bewertungsgutachten hatte gezeigt, daß man bei der jeweiligen Analyse weit auseinanderklaffte. Während eine Studie des Hamburger Bankhauses Warburg ebenso wie das von Pirelli beauftragte Gutachten von Merril Lynch ein Synergiepotential von 400 Millionen DM und letzteres auch einen Kaufwert der Mailänder Reifendivision von rund 2 Milliarden DM errechneten, kamen die für Continental erarbeiteten Studien von Morgan Grenfell und Goldman Sachs unabhängig voneinander gerade auf weniger als die Hälfte jener Wertansätze.[31] Für Außenstehende war es praktisch unmöglich zu beurteilen, ob eine Fusion von Pirelli und Continental Vorteile für die Hannoveraner brachte. Transparenz der Vorgänge hatten letztlich alle Beteiligten verhindert. Gezielt einseitige Informationen und penetrantes Schweigen machten wechselseitig die Runde. Erst als Pirelli Anfang Februar in einem Aktionärsbrief seine Überlegungen und Berechnungen darlegte, war ein begrenzter Vergleich der beiden Positionen überhaupt möglich. Dabei stellte sich vor allem heraus, daß Continental und Pirelli offenbar sogar bei Fakten zwei Sprachen sprachen. Die Entwicklung der Marktanteile oder der Rentabilitäten zum Beispiel wurden auf ganz unterschiedlichen Grundlagen ermittelt.[32]

Die bevorstehende außerordentliche Hauptversammlung versprach, Bewegung in den verbissenen Stellungskrieg zu bringen und die Schlachtordnung zumindest einigermaßen zu beleuchten. Pirelli hatte seinerseits angekündigt, daß man für die Abschaffung des Höchststimmrechts votieren, sich aber bei der Frage der Fusion der Stimme enthalten werde. Jeder der Kontrahenten begann nun im Vorfeld der Hauptversammlung, seine Bataillone um sich zu sammeln, und vieles sprach dafür, daß sich inzwischen das Blatt zugunsten von Continental gewendet hatte und der deutsche Reifenkonzern die besseren Karten besaß. Denn der Vorstand baute nicht nur auf die Unterstützung der Banken, sondern auch auf die deutsche Automobilindustrie, die kleinere Pakete von Conti-Aktien erworben hatte.[33] Da mit einer erforderlichen Mehrheit von 75 Prozent des vertretenen Grundkapitals die Hürde für den Fusionsbeschluß besonders hoch lag, reichte schon ein Aktionärsblock von 25 Prozent

---

30 Vgl. *SZ* vom 13. 12. 90 und auch *Capital* 2/1991 sowie *Börsenzeitung* vom 12. 3. 91.
31 Vgl. Mitteilung von Morgan Grenfell vom 22. 11. 90 an Continental, in der von 0,84 Milliarden DM für die Pirelli Tyre Holding und von 1,8 Milliarden DM für Continental die Rede war.
32 Vgl. auch *SZ* vom 11. 3. 91.
33 Die deutsche Autoindustrie war gegen die Fusion; vgl. Protokoll der ao. Hauptversammlung vom 14. 3. 91, S. 7, in: Conti-Archiv, o. Sign.

zur Blockade.[34] Dazu kam, daß auch Betriebsräte, Belegschaft und Führungskräfte auf Versammlungen den Schulterschluß mit dem Vorstand demonstrierten.[35] Die erneute Verschiebung in der Struktur der Anteilseigner bedeutete aber keine Garantie für die weitere Fassung des Höchststimmrechts,
dessen Festlegung zumal noch aufgrund verschiedener Anfechtungsklagen
seit der Hauptversammlung der Vorjahres Gegenstand gerichtlicher Untersuchungen war. Überhaupt zeichnete sich ab, daß die Beschlüsse und Abstimmungen der bevorstehenden Hauptversammlung von einer Flut von weiteren
Anfechtungsklagen gefolgt werden würden. Zweifel wurden etwa an der Neu-
tralität des Aufsichtsratsvorsitzenden als Versammlungsleiter sowie an der
Rechtmäßigkeit der in der Presse als Abwehrpool der deutschen Autokonzerne bezeichneten Aktienbeteiligung geäußert. Vor allem aber war klar, daß –
ob die Stimmrechtsbeschränkung nun fiel oder nicht – ein Gerichtsverfahren
die Umsetzung der Mehrheitsentscheidung auf unbestimmte Zeit verzögern
konnte.

Die mit Spannung erwartete außerordentliche Hauptversammlung vom
13. März 1991 brachte denn auch keine Klärung der verworrenen Mehrheits-
und Interessenkoalitionen. Nach heftigen Debatten zwischen den rivalisie-
renden Aktionärsgruppen wurde mit 47,6 Prozent Nein- und nur 5,6 Prozent
Ja-Stimmen die Fusion abgelehnt, mit der Mehrheit von 66 Prozent der
Aktionäre aber das seit 1984 existierende Höchststimmrecht von 5 Prozent
abgeschafft. Allerdings wurden, wie erwartet, zahlreiche Widersprüche und
Klageankündigungen zu Protokoll gegeben, und bei all dem war die Mehrheit
des »Pirelli-Kontroll-Syndikats« weiter unklar geblieben.[36] Letztlich blieb
damit zunächst alles beim alten. Beide Reifenkonzerne fühlten sich als Sieger.
Continental hatte weiter wertvolle Zeit gewonnen, Pirelli aber das für eine
Übernahme nötige Schleifen der aktienrechtlichen Abwehrmauern des Unternehmens erzwungen.

Ehe aber die Stunde der Entscheidung damit erst vier Monate später, auf der
nächsten ordentlichen Hauptversammlung, im Juli 1991, kam, überschlugen
sich unternehmensintern die Ereignisse. Vor allem der Continental-Aufsichtsratsvorsitzende drängte dazu, einen neuen Anlauf zu Gesprächen vorzunehmen. Das Spiel, so Weiss, fange bei Null an. Jetzt könne eine neue Phase
beginnen. Die Zeit sei gekommen, positive Schritte in Richtung Kooperation
zu gehen. Er stelle sich vor, daß man vom schweizerisch-schwedischen Modell
der Fusion von Asea und Brown Bovery inspiriert werden könnte.[37] Hinter der
neuen Gesprächsbereitschaft stand letztlich das Bemühen der Deutschen

34 Vgl. *FAZ* vom 1. 2. 91, *SZ* vom 1. 2. 91 und *Börsenzeitung* vom 2. 2. 91.
35 Vgl. »Continental Betriebsrat Hannover informiert«, Flugblatt vom 25. 9. 90 sowie Erklärung des
   Sprecherausschusses der Leitenden Angestellten vom 14. 11. 90, in: Pressearchiv Continental.
36 Vgl. im Detail Protokoll der Hauptversammlung sowie *Börsenzeitung* vom 15. 3. 91, *Handelsblatt* vom
   14. 3. 91, *FAZ* vom 15. 3. 91 und *SZ* vom 14. 3. 91.
37 Vgl. *Finanz + Wirtschaft* vom 3. 4. 91 sowie *Wirtschaftswoche* vom 5. 4. 91.

Bank, neue Konflikte und Diskussionen über die Rolle der Beteiligten auf der Hauptversammlung zu vermeiden und die Angelegenheit vorher intern zu bereinigen. Ende April reiste Weiss nach Mailand, um mit Leopoldo Pirelli einen Ausweg aus der verfahrenen Situation auszuloten. Pirelli beharrte zunächst auf zügigen Fusionsverhandlungen und forderte zwei Aufsichtsratsmandate, erklärte sich dann aber bereit, vorerst auf die industrielle Führerschaft zu verzichten und zunächst allgemeine, »konstruktive Gespräche auf allen Ebenen, ohne Wenn und Aber« zu führen. Zurück in Deutschland beriet der Aufsichtsrat unter Beisein von Urban auf seiner ordentlichen Sitzung am 2./3. Mai die neue »Südpolitik« und stimmte über einen Fünf-Punkte-Vorschlag ab, der letztlich einen Verhandlungsauftrag an den Vorstand enthielt.

Es war wohl die längste und dramatischste Aufsichtsratssitzung in der Geschichte von Continental, denn Urban akzeptierte zwar einen prinzipiellen Gesprächsauftrag, wehrte sich aber vehement gegen das Mandat, daß die Gespräche »offen und konstruktiv und nicht als ›Abwehrgespräche‹ geführt werden«, und daher auch das Verhandlungsteam anders als bisher zusammengesetzt werden sollte.[38] Vor allem aber weigerte sich Urban strikt, eine von Weiss vorformulierte Presseerklärung abzugeben, die der Vorstandsvorsitzende so verstand, »daß wir es begrüßen, wenn Pirelli uns kauft«. Weiss stellte Urban daraufhin vor die Wahl, entweder die Presseerklärung abzugeben oder aber in Zukunft zwei Pirelli-Vertreter im Aufsichtsrat zu akzeptieren – ein Ansinnen, das Urban schon aufgrund des traditionellen Konkurrenzverhältnisses als inakzeptabler Affront erscheinen mußte. Von Weiss seinerseits in die Ecke gedrängt, suchte der Vorstandsvorsitzende Unterstützung bei den Arbeitnehmervertretern im Aufsichtsrat, auf deren negatives Votum er bei der schließlich erfolgenden Abstimmung zählte. Das Votum des Aufsichtsrats fiel jedoch einstimmig aus. Urban stellte daraufhin nach der Sitzung Weiss zur Rede und kündigte an, die Vertrauensfrage an den Aufsichtsrat zu stellen und eventuell zurückzutreten. Schon wenige Tage später berief Weiss daraufhin eine außerordentliche Aufsichtsratssitzung ein, auf der nach kurzer Diskussion dem überraschten Urban eröffnet wurde, daß der Aufsichtsrat ihm sein Vertrauen entziehe und den Rücktritt annehme. Am 10. Mai 1991 gab der Aufsichtsrat öffentlich bekannt, daß Urban mit sofortiger Wirkung aus dem Amt des Vorstandsvorsitzenden ausscheide und sich »beide Parteien wegen unterschiedlicher Auffassung über die Geschäftsentwicklung des Unternehmens im gegenseitigen Einvernehmen« trennten. Der Dissens über die Verhandlungsstrategie gegenüber Pirelli war aber Anlaß, nicht Ursache des Ausscheidens von Urban. Er markiert den Schlußpunkt in einer langen Geschichte

---

38 Große Teile der Interna dieser Sitzung wurden kurze Zeit später aus dem Aufsichtsrat dem *Manager Magazin* und dem *Spiegel* zugespielt und dort veröffentlicht. Vgl. *Manager Magazin* vom 27. 5. 91, *Der Spiegel* vom 13. 5. 91; vgl. auch Interview Urban vom 15. 5. 1995, Interview Köhler vom 24. 1. 1995 und Interview Schultze vom 12. 4. 1995.

eines von Mißverständnissen und Mißtrauen geprägten Klimas zwischen Auf-
sichtsratsvorsitzendem und Vorstandsvorsitzendem.

Mit dem Ausscheiden Urbans war der Weg für neue Verhandlungen endgültig frei. Der Wechsel auf dem Continental-Chefsessel hatte nicht allein die
Pirelli-Gruppe ihrem Ziel eines Zusammengehens beider Konzerne ein gutes
Stück näher gebracht. Vor allem jene, mehr im Verborgenen agierende Gruppe
von Investoren, die sich den Mailändern als Steigbügelhalter der Machtergrei-
fung bei Continental empfohlen hatten, konnte sich die Hände reiben. Mit
dem Sturz Urbans war nicht nur der Widersacher einer Fusion von Continental und Pirelli aus dem Weg geräumt, sondern auch das psychologische Hin-
dernis für ein konsequenteres Vorgehen der italienischen Seite, die von Anbe-
ginn den aus ihrer Sicht freundlichen Charakter ihres Ansinnens betonte.
Denn die nach außen zurückhaltende Art der Pirellis, die auch noch in der
außerordentlichen Hauptversammlung in Hannover vom März trotz ihrer
behaupteten Mehrheit den leisen Ton pflegten und die Tür für weitere Gespräche nicht zuschlagen wollten, konnte nicht im Interesse jener Investoren
sein, die seit längerem auf ihren Pirelli angedienten Conti-Paketen saßen und
mit diesen »müden« Papieren endlich Kasse machen wollten.[39] Eine Phase der
Geheimdiplomatie setzte ein, in der Continental aber, nicht zuletzt als Ver-
dienst Urbans, nun eine weit bessere und gleichberechtigte Verhandlungsposition einnahm. Pirelli hatte sämtliche Konditionen vom Tisch genommen,
auch wenn die nun vor allem als Verhandlungsziel genannten Kooperationen
bei F+E, Rohstoffeinkauf und Vertrieb eine Vorstufe zur Fusion darstellten.
Die Unterredungen liefen dabei auf zwei Ebenen parallel nebeneinander – der
Vorstandsebene unter Leitung des interimsweise nominierten »Vorstands-
sprechers« Wilhlm P. Winterstein und auf der Ebene der jeweiligen Konzern-
vorstände von Marketing, F+E und Einkauf. Das Verhandlungsklima hatte
sich zudem insofern entspannt, als Ende Juni auch auf italienischer Seite mit
der Entlassung von de Giorgi als Vorstandsvorsitzendem und Ludovico Grandi
als Leiter der Reifendivision eine personelle »Bereinigung« stattfand und nun
mit Pirellis Schwiegersohn, Marco Tronchetti-Provera ein pragmatischer Vorstandsvorsitzender die Führung übernahm.[40] Allerdings zeigte sich schnell,
daß trotz des Ausscheidens von Urban in der Verhandlungslinie von Continental grundsätzlich keine Kehrtwende stattgefunden hatte. Nach wie vor gab
es Skepsis gegenüber einer einseitig zu Lasten der Hannoveraner konzipierten
Kooperation, insbesondere auch solange keine befriedigende Antwort auf die
anhaltend drohende Reaktion der Automobilkonzerne, einem vereinten Konzern »Continelli« nur noch eine geringere Quote in der Erstausrüstung einzuräumen, gefunden worden war. Vor allem aber hing nach wie vor über Conti-

---

39 Vgl. auch *Börsenzeitung* vom 14. 5. 91.
40 Vgl. *Handelsblatt* vom 1. 7. 91

nental das Damoklesschwert der Stimmrechtsänderung, das Pirelli jederzeit Anlaß für einen zweiten Übernahmeangriff bot.

Auf der Hauptversammlung im Juli 1991 blieb eine neue Machtprobe aber aus. Im Gegenteil wurde lanciert, daß man sich über »eine irgendwie geartete Zusammenarbeit« schon recht nahe gekommen sei.[41] Bei der Abstimmung der Tagesordnungspunkte demonstrierten beide Gesprächspartner denn auch Harmonie, die nur kurzzeitig infolge eines dann abgelehnten Aktionärsantrags auf Sonderprüfung des Verhaltens der Unternehmensleitung in den vorangegangenen Monaten ins Wanken geriet.[42] Pirelli, so ließ deren Präsident gleichzeitig vermelden, glaube an eine Einigung mit Continental bis zum Jahresende. Hinter den Kulissen belauerten sich beide Konkurrenten aber weiterhin. Eine in letzter Minute von einem Aktionär eingebrachte Anfechtungsklage gegen den Abschaffungsbeschluß des Höchststimmrechts auf der außerordentlichen Hauptversammlung vom März sorgte bei den Italienern ebenso für Verstimmung wie die Berufung des neuen Continental-Vorstandsvorsitzenden Hubertus von Grünberg zum 10. Juli 1991 ohne vorherige Rückfrage in Mailand.[43] Vor allem die Anfechtungsklage sorgte für Aufsehen, versuchte sie doch nachzuweisen, daß Pirelli die Stimmrechtsbegrenzung nur dadurch hatte umgehen können, daß es ein »Kontrollsyndikat« gebe, in dem die befreundeten Anteilseigner ihre Conti-Aktien auf Rechnung Pirellis hielten. Der Reifenkonzern habe sich vertraglich verpflichtet, bis Jahresende die Abnahme der Continental-Aktien zum Einstandspreis zuzüglich Finanzierungskosten zu garantieren.[44] Bis zur endgültigen Klärung des Sachverhalts blieb damit nun per Gerichtsbeschluß die alte Stimmrechtsbegrenzung weiter in Kraft.

Daß tatsächlich ein Poolvertrag existierte, zeigte sich bald im wachsenden Druck, den Pirelli zur Beschleunigung der Verhandlungen auszuüben versuchte. Im September wurden in der Presse Informationen lanciert, daß eine Holdingkonstruktion an Konturen gewinne, in die Pirelli seine und die bei den befreundeten Unternehmen gehaltenen Conti-Aktien von geschätzten 30 Prozent des Grundkapitals einbringen wollte.[45] Später wurden schließlich Details einer offenbar geplanten Überkreuz-Beteiligung bekannt, wonach Continental und Pirelli Tyre Holding sich jeweils mit 20 Prozent aneinander beteiligen sollten. Mitte November schließlich lagen unterschriftsreife Verträge vor und damit aus Sicht Pirellis noch rechtzeitig eine Einigung. Die Italiener befanden sich dabei unter einem doppelten Zeitdruck, wurden doch im Dezember nicht nur die Rechnungen für die befreundeten Conti-Pakethalter fällig, sondern

---

41 Vgl. *Börsenzeitung* vom 11. 7. 91 und *FAZ* vom 8. 7. 91.
42 Vgl. auch *Conti intern* vom September 91 sowie *Milan Finanza* vom 13. 7. 91.
43 Vgl. im einzelnen *Finanz + Wirtschaft* vom 13. 7. 91 sowie zur Interimszeit bei Continental *Wirtschaftswoche* vom 12. 7. 91 und *Der Spiegel* vom 8. 7. 91.
44 Vgl. *Wirtschaftswoche* vom 7. 6. 91.
45 Vgl. *Handelsblatt* vom 13. 9. 91.

auch die Finanzbelastungen infolge der sich weiter verschlechternden Branchenlage immer bedrohlicher. Der italienische Reifenkonzern war bei weiterschrumpfenden Erträgen mit einem akuten Liquiditätsproblem konfrontiert, das auf 200 bis 300 Millionen DM kurzfristige und mehr als 4 Milliarden DM Gesamtschulden geschätzt wurde. Aber auch Continental steuerte auf einen historischen Rekordverlust von minus 17,1 Millionen DM in der Aktiengesellschaft bzw. minus 128,2 Millionen DM auf Konzernebene zu.

Die gesamte Branche steckte noch immer tief in dem von ihr selbst ausgelösten Teufelskreis von Überkapazitäten und Preisdumping.[46] Daß unter diesen Umständen ein Zusammengehen nicht machbar war, da man nicht zwei Gesellschaften restrukturieren und gleichzeitig fusionieren konnte, lag eigentlich auf der Hand.

»Die beiden Konzerne«, so äußerte sich von Grünberg daher auch gegenüber dem Konzernbetriebsrat, »liegen in ihrer Kraft und in ihrer Sanierungsfortschrittsgeschwindigkeit auf unterschiedlichen Höhen. Wenn sie beides zusammenpacken, erreichen sie einen Mittelwert. Dabei wird der untere heraufgezogen, deswegen drückt er so, und der obere runtergezogen. Wir wollen im Moment aber nicht runtergezogen werden und die Not der brasilianischen Aktivitäten und noch Amstrong von Pirelli mit sanieren, wir haben schon genug zu tun mit General Tire. Pirelli wird dramatisch noch einmal unter Vorjahr liegen, denn schlechte Erstausrüsterzahlen von Fiat, die Pirelli überproportional treffen, gehen voll in die Fabrikkapazitäten. Wir haben da im Moment nichts zu gewinnen.«[47]

Von Anfang an war es angesichts dieser Entwicklung daher ein Teil der Strategie auch der neuen Continental-Führung gewesen, auf Zeit zu spielen und das rettende Ufer des 1. Dezember 1991 zu erreichen. Und dennoch lag nun im November eine unterschriftsreife Kooperationsvereinbarung auf dem Tisch, die – auch wenn sie nur auf Teilgebiete begrenzt war – die Italiener über kurz oder lang ans Ziel gebracht hätte. Die Entscheidung, die dann schließlich auch diese Vereinbarung scheitern ließ, fiel allerdings weder in Hannover noch in Mailand, sondern in Frankfurt. Rund 15 Bankiers und Finanzmanager berieten dort am 26. November über die gleichzeitig gestellte Forderung von Pirelli, den Italienern durch den Rückkauf eines Teils der Conti-Aktien aus der finanziellen Klemme zu helfen, allerdings zu einem Kurs, der ca. 50 DM über dem Tageskurs lag. Die deutschen Anteilseigner erteilten dem aber eine klare Absage.[48] Anfang Dezember brach Pirelli daraufhin alle Verhandlungen mit Continental ab und gab den Verzicht auf eine Kooperation bekannt. Mit insgesamt 900 Millionen DM Verlust für 1991, davon allein 500 bis 600 Millionen

---

46 Vgl. *SZ* vom 11. 7. 91 sowie zur Branchenlage *European Rubber Journal* 9/1991 und *Börsenzeitung* vom 27. 11. 91.
47 Vgl. Sitzungsprotokoll Gesamtbetriebsratsitzung vom 2. 4. 92, in: Ablage Konzernbetriebsrat Continental.
48 Vgl. im Detail *Wirtschaftswoche* vom 30. 4. 1992 und *Der Spiegel* vom 9. 12. 91.

aus dem Kursverlust und Zinsbelastungen der Conti-Aktien, stand Pirelli vor einem Scherbenhaufen seiner Geschäfts- und Akquisitionsstrategie.[49]

Die Bedrohung durch Pirelli war aber für Continental noch lange nicht vorbei. Die Italiener hielten nach wie vor 5 Prozent der Conti-Aktien im Eigenbesitz sowie Optionen auf weitere 34 Prozent des Aktienkapitals. Mit der sich daraus ergebenden 39prozentigen Verfügungsmacht war Pirelli in der Stellung eines neuen Großaktionärs der Hannoveraner mit allen sich daraus ergebenden Einflußmöglichkeiten. Bei Continental läuteten daher alle Alarmglocken, als bekannt wurde, daß Pirelli trotz seiner akuten Finanzprobleme nicht an einen Verkauf der Conti-Aktien dachte und überdies auch für 110 bis 170 Millionen DM die Optionsrechte auf die übrigen Aktienpakete der befreundeten Unternehmen erworben hatte. Von einer bloßen »Finanzinvestition«, wie Leopoldo Pirelli gegenüber der Presse verlauten ließ, konnte keine Rede sein. Wenn es Continental nicht gelang, Pirelli dazu zu bewegen, die Conti-Aktien herauszugeben und jemanden zu finden, diese zu übernehmen, dann drohte vielmehr, daß Pirelli – eben erst durch die Hintertür entschwunden – als Großaktionär durch die Vordertür wieder hereinkam.[50] Während man in Italien und auch bei der Deutschen Bank offenbar die Hoffnung auf eine wie auch immer geartete Kooperation zu einem späteren Zeitpunkt noch nicht aufgegeben hatte,[51] bemühte sich von Grünberg, den »für die Mannschaft als so nicht mehr lange haltbaren« und lähmenden Schwebezustand so rasch wie möglich zu beenden und potentielle institutionelle Anleger für ein langfristiges Engagement bei Continental gewinnen zu können, um so »aus der Spekulation herauszukommen«[52]. Anfang März 1992 mußte der Vorstand aber besorgniserregende Bewegungen im Aktionärskreis registrieren. Offenbar waren strategische Umschichtungen im Gange. Im April setzte zudem ein steiler Kursanstieg der Conti-Aktie ein, der das Rätselraten um die künftigen Aktionärsverhältnisse beim deutschen Reifenkonzern verstärkte. Mit Erleichterung reagierte man bei Continental daher auf Äußerungen Pirellis Ende April, die Conti-Aktien über kurz oder lang verkaufen zu wollen. Aber obwohl sich im Mai Gerüchte über einen entsprechenden deutschen Aktionärspool aus Autoindustrie und Banken verdichteten, blieb die Frage um eine Neuverteilung der Aktionärsstruktur ungelöst.

Je näher die nächste Hauptversammlung von Continental rückte, desto spannungsgeladener wurde wieder das Klima zwischen Hannover und Mailand. Vieles deutete darauf hin, daß Pirelli, ohne die Sanierungspause abzuwarten, einen neuen Angriff auf die Hürde des Höchststimmrechts von Continental vorbereitete. Daß die angeschlagenen Italiener überhaupt einen zweiten Übernahmeversuch starten konnten, lag an der massiven finanziellen

---

49 Vgl. auch *FAZ* vom 2. 12. 91 und *SZ* vom 2. 12. 91.
50 Vgl. auch *Die Zeit* vom 5. 12. 91 sowie *Börsenzeitung* vom 3. 12. 91 und 14. 1. 92.
51 Vgl. dazu etwa das Interview von Weiss am 6. 12. 91, in: *L'Independente.*
52 Vgl. *Handelsblatt* vom 24. 2. 92.

Unterstützung durch Italiens größte Industriefinanzierungsgesellschaft Mediobanca, einem Großaktionär bei Pirelli.[53] Die Hannoveraner drängten daher auf eine beschleunigte gerichtliche Entscheidung über die noch anstehenden Anfechtungsklagen und verwiesen, nachdem Pirelli auch offiziell den Abschluß eines Poolvertrages und Kurssicherungsabkommens mit den befreundeten Unternehmen zugegeben hatte, auf das satzungswidrige Zustandekommen der Abschaffung des Höchststimmrechts in der Hauptversammlung vom 3. Juli 1992.[54] Während hinter den Kulissen intensive Gespräche zwischen Continental und Pirelli in Gang gekommen waren – die sich sowohl um einen Erwerb des TP-Bereichs drehten als auch den Kauf der Reifendivision betrafen –, um so noch vor der Hauptversammlung zu einer Einigung zu kommen, spitzte sich im Mai nach außen hin die Lage weiter zu.[55] Denn während der Continental-Vorstand die dringend benötigte Kapitalerhöhung um 200 Millionen DM auf die Tagesordnung hatte setzen lassen, kam von Pirelli abermals der Antrag auf Abschaffung des Höchststimmrechts. Wie schon zwei Jahre zuvor standen damit die beiden Hauptkonfliktpunkte im Mittelpunkt der Hauptversammlung. Eine Neuauflage der Auseinandersetzungen war damit vorprogrammiert. In der Tat wurden die Töne zwischen Hannover und Mailand schärfer. Continental, so von Grünberg, betrachte das Vorgehen von Pirelli als unfreundlich und als Angriff auf den Vorstand und das Unternehmen. Man sehe keinen Anlaß, jetzt die Stimmrechtskontrolle auf Pirelli zu übertragen. Die Stimmrechtsbeschränkung sei für Continental kein philosophisches Thema, sondern eine Überlebensfrage, hätte sie doch erst gleichberechtigte Verhandlungen mit Pirelli ermöglicht. Inzwischen gehe es aber den Italienern nicht mehr um produktstrategische Interessen, sondern nur noch um finanzielle Vorteile. Man wehre sich entschieden dagegen, das Unternehmen zum Spielball der Branche zu machen. »Aus einem kameradschaftlichen Würgegriff sind noch selten dauerhafte Partnerschaften entstanden.«[56]

Auf der Hauptversammlung im Juli 1992 kam es erneut zum offenen Ringen um die Macht bei Continental. Die Entscheidung des Landgerichts Hannover, daß die Abschaffung des Höchststimmrechts vom März 1991 wegen der Stimmrechtsbindungsverträge zwischen Pirelli und den übrigen italienischen Anteilseignern gegen Aktiengesetz und Satzung verstoßen hatte, verschaffte dabei dem Continental-Vorstand Rückenwind. Der Konzern verklagte daraufhin auch Pirelli auf Rückzahlung der für 1990 erhaltenen Dividende von knapp 9 Millionen DM, da aus diesen Aktien weder das Stimmrecht noch das Dividendenrecht ausgeübt werden könnte. Vor allem aber ergab sich aus dem Urteil die Möglichkeit, Pirelli und Mediobanca bei der Hauptversammlung als einheitliche Gruppe einzustufen und damit statt der 38 Prozent nur mit

53 Vgl. *Börsenzeitung* vom 23. 5. 92.
54 Vgl. *HAZ* vom 7. 2. 92 und *Finanz + Wirtschaft* vom 11. 3. 92.
55 Vgl. *SZ* vom 11. 5. 92 und *Handelsblatt* vom 5. 5. 92 zu den Kaufgesprächen.
56 Vgl. *Welt am Sonntag* vom 28. 6. 92 sowie *FAZ* vom 26. 6. 92 und 22. 5. 92 und *Handelsblatt* vom 22. 5. 92.

insgesamt 5 Prozent der Stimmen bei den anstehenden Abstimmungen zuzu-
lassen. Die von den Italienern repräsentierte Hauptversammlungsmehrheit
wäre damit hinfällig. Einen Tag vor der Hauptversammlung reichte daher der
Continental-Vorstand beim Landgericht Hannover vorsorglich eine entsprechende Feststellungsklage ein.[57] Die Entscheidung über die Zulassung zur
Abstimmung auf der Hauptversammlung selbst traf allerdings zunächst der
Aufsichtsratsvorsitzende Weiss als Versammlungsleiter. Um eine entspre-
chende Beschränkung zu verhindern, hatten Pirelli und Mediobanca den
Aufsichtsratsvorsitzenden einen Tag vor der Hauptversammlung die Options-
verträge vorgelegt. Für Weiss ergab sich jedoch daraus, daß die Aktien für
Rechnung Pirellis gehalten wurden, und er ließ daher, trotz massiven Drucks
und wütender Proteste der Italiener (»Pirelli und Freunde seien schließlich
Großaktionäre von Conti, die – wenn es sein müsse – sich auch einen neuen
Aufsichtsratsvorsitzenden denken und dafür sorgen könnten«), von dem gesamten Aktienpaket nur 5 Prozent zur Abstimmung zu. Im Rahmen seines
Ermessens verfuhr Weiss dann so, daß er bei der Abstimmung über das Höchststimmrecht von vornherein 33,4 Prozent vom stimmberechtigten Kapital ab-
zog; bei den übrigen Tagesordnungspunkten aber zog er nur die tatsächlich
identifizierbaren Stimmen ab. Identifizierbar als Pirelli-Gruppe waren die
jeweils 5 Prozent von Pirelli selbst sowie von der Mediobanca gehaltenen
Aktien. Dieses Verfahren führte schließlich dazu, daß das Höchststimmrecht
bestehen blieb, die Genehmigung zur Kapitalerhöhung allerdings, für die eine
Dreiviertel-Mehrheit des vertretenen Kapitals erforderlich war, erneut abgelehnt wurde.[58] Für ein Aufatmen blieb bei Continental nicht viel Zeit. Der
Großaktionär Pirelli konnte seinen Einfluß zwar weiterhin nicht ausüben, aber
zum zweiten Mal hatten die Italiener verhindert, daß Continental das dringend benötigte neue Kapital bekam. Der Konzern blieb unabhängig, mußte
aber mit einer immer dünneren Kapitaldecke jonglieren. Mitten in einer Phase
des Verdrängungs- und Modernisierungswettbewerbs war der Handlungsspielraum des Unternehmens damit stark eingeengt. Alle strategischen Vorhaben mußten aus der eigenen Kasse bezahlt werden, die ohnehin schon ein
großes Loch aufwies. An eine langfristige Unternehmensplanung war kaum zu
denken, und im Vorstand spielte man daher mit dem Gedanken, sich durch
den Gang von ContiTech an die Börse aus der Finanzklemme zu befreien.[59]
Im Kampf Conti/Pirelli, so zeichnete sich im Sommer 1992 ab, konnte
niemand mehr gewinnen. Beiden Konzernen ging es schlechter als schon vor
zwei Jahren, als der Übernahmeversuch gestartet worden war. Zusätzlich zu
den schwierigen Verhältnissen am Reifenmarkt hatte der Kampf, den sich die
Konzerne lieferten, beträchtlichen Anteil an der desolaten Verfassung. Con-

57 Vgl. *HAZ* vom 3. 7. 92 und *FAZ* vom 1. 7. 92.
58 Vgl. *SZ* vom 4. 7. 92 und *Börsenzeitung* vom 4. 7. 92.
59 Vgl. *Börsenzeitung* vom 4. 7. 92.

tinental war mangels Kapital finanziell unbeweglich, Pirelli durch die teuren Aktienkäufe am Ende seiner Finanzkraft. Obschon Pirelli gegen die Beschlüsse der Hauptversammlung aufgrund des Abstimmungsmodus Klage erhob, konzentrierten sich beide Seiten nun mehr und mehr darauf, eine Bereinigung der verfahrenen Situation zu finden, die beiden einen möglichst geringen finanziellen wie psychologischen Gesichtsverlust gestattete. Die Italiener signalisierten denn auch, daß sie endgültig bereit waren, ihre Conti-Anteile zu verkaufen. Ihnen gehe es »einzig und allein darum, daß die deutschen institutionellen Anleger und Banken, die Pirelli seinerzeit zum Kauf von Continental-Quoten ermunterten, jetzt endlich einsehen, daß das Paket einen strategischen Wert besitzt, einen Wert, den wir mit einem Verkauf auch honoriert sehen wollen«[60]. Im September war aufgrund der Ergebniserholung beider Unternehmen zwar kurzzeitig wieder ein Konzept für eine Schachtelbeteiligung von je 20 Prozent entworfen worden, das trotz des Dementis des Vorstandsvorsitzenden hinsichtlich Dauer und Inhalt der Gespräche bis Ende Oktober aktuell blieb und in der Öffentlichkeit neue Spekulationen über unterschiedliche Verhandlungsinteressen zwischen Vorstandsvorsitzenden und Aufsichtsratsvorsitzenden auslöste.[61] Noch vor Jahresende ging es aber in langwierigen Verhandlungen letztlich nur noch um die Konditionen der Übernahme von Pirellis Conti-Aktien Ende März 1993, geschürt durch Gerüchte über das Interesse japanischer Investoren und abgefedert durch einen erholten Börsenkurs sowie vor allem durch eine 30prozentige Aufwertung der DM gegenüber der Lira, fand man eine Einigung. In zwei Stufen wurden mit Hilfe der Deutschen Bank zunächst 15 Prozent des Kapitals von einer Gruppe niedersächsischer Banken und Unternehmen übernommen, deren Engagement durch eine Art Kurs- und Ausschüttungsgarantie der Landesregierung gestützt wurde. Die restlichen 18,25 Prozent des Conti-Kapitals aus dem Pirelli-Bestand wurden außerbörslich bei einer zweiten Gruppe institutioneller deutscher Anleger plaziert, wobei die Deutsche Bank dabei selbst ihre Beteiligungsquote von 5 Prozent auf 10 Prozent aufstockte.[62] Die Übernahme- und Beteiligungsversuche zwischen den beiden Reifenkonzernen waren damit endgültig beendet. Prekärer Umstand der Abwicklungsaktion war allerdings, daß der durch die deutschen Anleger gezahlte Preis von 235 DM pro Aktie nur wenig später im Gefolge der »zweiten General-Tire-Krise« rapide einbrach.

Der Kampf zwischen Continental und Pirelli hatte nicht zuletzt dadurch seine Brisanz erhalten, da er ein Schlaglicht auf die Struktur und Verfassung der Industriewirtschaft in Deutschland warf. Ungeachtet des europäischen Binnenmarktes erschien die deutsche Industrie als eine nach außen abgeschottete Festung, die ähnlich wie in Japan die Globalisierung der Märkte

---

60 Vgl. Interview Tronchetti-Proveras in *Finanz + Wirtschaft* vom 29. 7. 92.
61 Vgl. *FAZ* vom 18. 9. 92 sowie *Platows Brief* vom 9. 11. 92.
62 Vgl. im einzelnen *FAZ* vom 27. 3. 93 und vom 6. 4. 93.

durch immer stärkere nationale Beschränkungen unterlief. Eine heftige wirt-
schafts- und industriepolitische Debatte um den wachsenden Wirtschaftsna-
tionalismus der Bundesrepublik und die Macht der Banken entbrannte denn
auch im Gefolge der Auseinandersetzungen zwischen den beiden Konzernen,
die zum Prüfstein und zum Lehrstück dieser Mechanismen ernannt wurden.
Kritisiert wurde ein immer feineres Netz von kapitalmäßigen Verflechtungen
zwischen Banken, Versicherungen und Großunternehmen, das die institutionellen Besitzverhältnisse in Deutschland prägte, denen gegenüber Kartellver-
bot und Fusionskontrolle sich immer machtloser zeigten.[63] Vor allem über das
Depotstimmrecht und das Jonglieren mit Stimmrechtsbestimmungen hätten
es die Banken gelernt, auch mit 5%-Beteiligungen ein Unternehmen zu beeinflussen.[64] Und dennoch hatte der Fall Continental/Pirelli gezeigt, daß die
unüberwindbaren Hindernisse des deutschen Kapitalmarktes für Fusionen
und Übernahmen letztlich ein Mythos waren und sich die deutschen Großbanken selbst in den expandierenden Markt der Unternehmenskäufe und
-verkäufe stürzten.[65] Continental gegen Pirelli war nicht nur ein Duell zwischen Unternehmen, sondern auch ein erbitterter Wettstreit der Sekundanten
aus den USA und Europa und ihren unterschiedlichen Merger-&-Acquisition-
Philosophien – und nicht zuletzt der Schlüsseldeal für deren Glaubwürdigkei-
ten im M&A-Geschäft in Deutschland. In die Debatte mischten sich schließlich auch Aktienrechtler ein, die gegenüber den Strategien von Vorstand und
Aufsichtsrat den übergeordneten Anlegerschutz und die Interessen der Aktionäre sowie den Erhalt der Aktie selbst als fungibelstes und effizientestes Instrument zur Eigenfinanzierung am Kapitalmarkt betonten. Der Vorstand, so
das am Beispiel von Continental/Pirelli von der einen Seite gewonnene Fazit,
»darf sich nicht ›seine‹ Aktionäre und damit seine Kontrolleure aussuchen;
aus gesamtwirtschaftlichen Überlegungen sind daher Abwehrmaßnahmen
der Verwaltung gegen Übernahmen abzulehnen«[66]. Die andere Seite dagegen
kam zu dem Ergebnis, daß ein Vorstandsvorsitzender im Falle einer drohenden feindlichen Übernahme nicht nur berechtigt sondern sogar verpflichtet
sei, eine Reihe von Gegenmaßnahmen einzuleiten.[67] Es wurde nur zu deut-

---

63 Vgl. dazu etwa auch das Interview von Kartellamtspräsident Kartte vom 6. 4. 92, in: *Der Spiegel* sowie
zur Debatte auch *Wirtschaftswoche* vom 13. 12. 91.

64 Der Vorwurf – gezielt von einigen den ›raidern‹ nahestehenden Medien verbreitet – gipfelte darin, daß
auch im Falle Continental/Pirelli auf den Hauptversammlungen – nicht nur was die Höchststimm-
rechtstrategie der Banken anging, sondern auch hinsichtlich der darüber vollzogenen Abstimmungen – entsprechende Kunstgriffe praktiziert worden seien. Vgl. einige Hinweise im *Manager Magazin*
5/1992.

65 Vgl. *Financial Times* vom 20. 2. 91 und *Wirtschaftswoche* vom 7. 12. 90 sowie *Börsenzeitung* vom 19. 4.
91.

66 Vgl. Ulrich Immenga: Das Spiel von Conti und Pirelli, in: *FAZ* vom 9. 3. 91 sowie auch *Börsenzeitung*
vom 20. 4. 1991.

67 Vgl. dazu Klaus-Peter Martens: Der Einfluß von Vorstand und Aufsichtsrat auf Kompetenzen und
Struktur der Aktionäre – Unternehmensverantwortung contra Neutralitätspflicht, in: Festschrift für
Karl Beusch zum 68. Geburtstag, hrsg. von Heinrich Beisser, Berlin 1993.

lich, daß die bei Continental/Pirelli offenkundig gewordene Gestaltung neuer Mehrheiten bei Publikumsgesellschaften durch die Bündelung institutioneller Anleger und die wirtschaftliche Verwertung solcher Pakete vorbei an der Börse und den übrigen Aktionären Fragen nach einem besseren Schutz des Streubesitzes aber auch der Steuergesetzgebung aufwarf.[68] Und schließlich rückte auch das industriepolitische Lehrstück besonderer Art in den Mittelpunkt der Diskussionen, das die Landesregierung von Niedersachsen praktiziert hatte. Zunächst hatte der Ministerpräsident die Absicht Pirellis gutgeheißen, war dann aber wieder umgeschwenkt und hatte sich aktiv und mit Steuergeldern an der Übernahme der Aktien engagiert. Im Falle Continental/ Pirelli war daher durch die Politisierung, Verrechtlichung und vor allem die »Medialisierung« der unternehmenspolitischen Entscheidungen eine neue Qualität in der langen Geschichte der Merger-&-Acquisitions-Wellen entstanden. Was früher in internen Gesprächen und Verhandlungen gerungen und entschieden wurde, das trug man nun in einer beispiellosen Medienschlacht in aller Öffentlichkeit aus und übertrug es den Entscheidungskompetenzen der Gerichte.

Gegenüber diesen industriepolitischen und volkswirtschaftlichen Debatten ging es für Continental aber vor allem um das unternehmenspolitische und betriebswirtschaftliche Überleben. Und erneut zeigte sich, daß, wenn Vorstand, Aufsichtsrat und Belegschaft an einem Strang zogen, ein von außen gestarteter Übernahme- oder Fusionsversuch gegen deren Willen sehr schwierig durchzusetzen ist. Der Vorstand war allerdings in seiner Abwehrhaltung zunächst isoliert gewesen, auch wenn der Aufsichtsrat sich insgesamt wohlwollend bis neutral verhielt. Vor allem von seiten Michelins war keine Schützenhilfe zu erwarten gewesen, seitdem 1990 das langwierig aufgebaute Vertrauens- und Gesprächsverhältnis nach der Abwerbung von Heimo Fortmann, dem Produktionsvorstand im deutschen Michelin-Werk, auf den Null-Punkt gesunken war. Urbans Abwehrstrategie hatte ohne Zweifel Continental das Überleben gesichert.[69] Die Art und Weise seiner Verteidigungspolitik wie auch die Angriffstrategie von Leopoldo Pirelli, der ebenso sein Amt verlor, zeigten aber, daß letztlich ungeachtet aller aktienrechtlichen Kalküle und betriebswirtschaftlichen Logik mentale und klimatische Faktoren entscheidend sein können.[70]

---

68 Denn letztlich dienten die von langer Hand hinter den Kulissen vorbereiteten Transaktionen auch dazu, Bestimmungen des Einkommensteuergesetzes (§ 50 c) auszuhebeln, um gewünschte steuerliche Effekte aus der Art der Anschaffungskosten der Aktien ziehen zu können. Vgl. *Börsenzeitung* vom 14. 5. 91.

69 Vgl. dazu auch *SZ* vom 11. 12. 91: »Urbans später Sieg«.

70 Die *SZ* vom 6. 7. 92 zog folgendes Fazit: »Daß nach Gesellschaftsstatut gültige Stimmrechtsbeschränkungen bei Continental Einflüsse auf den Konzern abwehren sollen und gültig waren, als Pirelli und die von ihr angeheuerte Seilschaft zum Sturm auf die Festung Hannover ansetzte, war den Mailändern bekannt. Ihr Pech, daß weder die eigene Finanzkraft noch das Verhandlungsgeschick die Hürde überspringen konnte.«

Kapitel 13
Vom Reifen zum Fahrzeugsystem:
Unternehmenspolitik und Wettbewerbsstrategie

Die Struktur- und Konjunkturkrise der Kautschukindustrie hielt auch nach dem Umsatz- und Ertragseinbruch von 1990/91 an. Für die weltweite Absatzkrise in der Automobilindustrie war kein Ende abzusehen, und in Deutschland ging ein zehnjähriger Wirtschaftsaufschwung zu Ende. In die Absatz- und Preiszange genommen wurde die Reifenindustrie darüber hinaus durch den steigenden Importdruck. Anbieter aus Korea, Malaysia, aber auch aus Ungarn, Tschechien, aus Israel und der Türkei faßten mehr und mehr im unteren Preissegment der europäischen Märkten Fuß. Da zudem auch die meisten großen Hersteller den Volumenrückgang in der Erstausrüstung durch verstärkte Absatzbemühungen im zunächst noch profitablen Ersatzgeschäft zu kompensieren suchten, kamen die Margen nun auch in diesem Markt unter Druck. Dennoch zeigte sich der Continental-Vorstand für das Geschäftsjahr 1992 vorsichtig optimistisch, stand man doch im Branchenvergleich noch vergleichsweise gut da und erwartete vor allem, die dreistelligen Millionenverluste bei General Tire zu halbieren und 1993 die Verlustphase endgültig abschließen zu können.[1]

In der Tat zeichnete sich im Verlauf des ersten Halbjahres 1992 eine deutliche Erholung ab. Der Konzernüberschuß vor Steuern vervierfachte sich gegenüber der Vorjahreszeit. Aber noch vor Jahresende brach die Nachfrage der Automobilindustrie um eine zweistellige Prozentzahl plötzlich ein, begleitet von einer ungünstigen Veränderung der Währungsparitäten. Mit einem Konzern-Jahresüberschuß von 133 Millionen DM hatte man dennoch die Rückkehr in die schwarzen Zahlen geschafft. Für 1993 erwartete der Vorstand daher eine weitere Ertragsstabilisierung und Ergebnisverbesserung. Nach dem langen Abschwung befand sich die Branche jetzt auf einer »Durststrecke«, deren Ende aber, zumindest was Continental anging, offenbar bald abzusehen war.[2] Bereits in den ersten Wochen und Monaten des neuen Geschäftsjahres machten aber erneute Absatz- und Produktionsrückgänge insbesondere in der deutschen Automobilindustrie alle Hoffnungen zunichte. Als man Ende 1993 Bilanz zog, hatten sich nicht nur die Gewinne bei ContiTech und Pkw-Reifen mehr als halbiert, sondern auch im Lkw-Reifenbereich erhebliche Verluste ergeben. Vor allem aber wies General Tire entgegen dem intern erwarteten 30-Millionen-US-Dollar-Gewinn plötzlich einen Betriebsverlust in nahezu dreistelliger Millionenhöhe auf. Die Gründe für diese zweite »General-Tire-Krise« lagen in einer verfehlten Marketingpolitik des nach wie vor selbständig operierenden amerikanischen Managements. Entscheidungen zum Produkt-

---

1 Vgl. *Börsenzeitung* vom 23. 12. 91 und *FAZ* vom 21. 12. 91.
2 Vgl. entsprechende Äußerungen des Vorstandes in: *Börsenzeitung* vom 23. 11. 92.

mix waren am Markt vorbeigegangen. Während die Lkw-Division im Plan lag, hatte sich in der Pkw-Reifensparte beim Erstausrüstungsgeschäft die Abhängigkeit von Ford und General Motors negativ ausgewirkt, und im Ersatzgeschäft wurde der Absatz praktisch nur über eine Discountkette vollzogen – und alles zu Billigstpreisen, die dann ein Loch in die Kasse rissen. Eine unabhängige starke General Tire, so mußte man sich im Vorstand eingestehen, war daher nicht die Lösung. Man hatte großes Vertrauen in das amerikanische Management gesetzt, zumal dieses die für 1992 angekündigte Verlusthalbierung auch realisiert hatte. Die Konzern-Tochter war daher an langer Leine geführt worden und durfte die Sanierung selbständig managen.[3] Der Vorstand fühlte sich nicht zuletzt auch deshalb vom General-Tire-Management schwer enttäuscht, da die Zielverfehlung für 1993 in Hannover als Überraschung präsentiert wurde und wie eine Keule traf, die Gründe in Akron also weder rechtzeitig erkannt noch korrigiert worden waren.[4] Der Vorstandsvorsitzende griff daraufhin hart durch. Nach der bereits 1991 vollzogenen Schließung das kanadischen General-Tire-Werks wurden nun auch die beiden Fabriken in Mexiko verkauft. Die verantwortlichen US-Manager wurden entlassen und durch eigene Manager aus der deutschen Zentrale ersetzt sowie die beiden Reifendivisionen der direkten Kontrolle durch den Vorstand in Hannover unterstellt. Dennoch war der Imageverlust der Marke General Tire beträchtlich – obwohl die Qualität stimmte.[5]

Alles in allem halbierte sich für 1993 der Konzerngewinn gegenüber dem Vorjahr auf 65,1 Millionen DM. Continental war, wie der Aufsichtsrat kritisierte, in einem noch nie dagewesenen Maße vom Plan abgewichen, obwohl man die Unternehmensleitung noch im Dezember 1992 vor allzu großem Optimismus gewarnt hatte. Da half es nur wenig, daß man im Vergleich zu den anderen Reifenkonzernen deutlich in der Gewinnzone geblieben war und in der Aktiengesellschaft mit 71,2 Millionen DM einen doppelt so hohen Jahresüberschuß ausweisen konnte.[6] »1993«, so von Grünberg, »sind wir im Umsatz, Absatz und Ertrag in ein tiefes Loch gefallen.« Bis hin zum Verkauf von General Tire wurden alle Möglichkeiten in Erwägung gezogen, um die weiteren Sanierungszwänge zu Lasten der Substanz der Muttergesellschaft zu beenden, die sich zudem auch noch mit weiteren insgesamt 60 Millionen DM an Restrukturierungskosten für Clouth, das belgische Lkw-Reifen-Werk in Herstal und das französische Werk in Saargemünd belastet sah. Ein Rückzug aus dem amerikanischen Markt erschien aber nicht mehr möglich. Continental war mit General Tire in den USA zum Erfolg verdammt. Im Vorstand leitete

3 Vgl. auch Alan Ockene, Präsident von General Tire und Vorstandsmitglied bei Continental, in: *Conti intern* vom Dez. 1991.
4 Vgl. auch Interview von Grünberg vom 9. 2. 1996.
5 Vgl. auch *HAZ* vom 9. 4. 94 und *SZ* vom 22. 10. 93 sowie *Manager Magazin* 11/1993.
6 Zur internationalen Branchenlage 1993, dem schwierigsten Jahr für die Kautschukindustrie in der Nachkriegszeit, vgl. den umfassenden Bericht in: *Financial Times* vom 4. 3. 94.

man angesichts dieser Entwicklungen daher eine unternehmensstrategische Wende ein, die den Konzern aus der Defensive wieder in die Offensive bringen sollte. Continental, so lauteten die Anfang 1992 in einem Zehn-Punkte-Programm formulierten Ziele, wolle nicht das größte, aber das beste und profitabelste Unternehmen werden. Das Wachstum durch eigene Entwicklungserfolge und durch ertragsstarke Fertigungsstrukturen werde in den Vordergrund gestellt. »Wir wollen nicht in Größe, sondern in Ertrag investieren. Technologische Führerschaft und die Erweiterung des Produktangebots über den Reifen hinaus lautet die Zielsetzung. Das bedeutet, daß wir zukünftig auch Systeme und nicht nur das Produkt Reifen allein anbieten werden. Außerdem werden wir uns regional um den Ausbau unserer Positionen in den USA und in den mittelfristig immer mehr an Bedeutung gewinnenden Märkten Osteuropas bemühen.«[7] Der Konzern, so ein weiterer Punkt im neuen Unternehmensprogramm, verfolge zudem einen »pro-aktiven Umweltschutz«, der neue Möglichkeiten für einen industriellen Zulieferer biete. »Wir werden einen Beitrag leisten, um veränderte Transportbedürfnisse zu befriedigen, umweltverträgliche Produkte herzustellen und deren Entsorgung schon in den Entwicklungsprozeß mit einzubeziehen. High-Tech wird nicht mehr nur größer, breiter, schneller bedeuten, sondern komfortabler, energiesparender und recyclingfähig.« Dementsprechend arbeite man daran, das Gewicht und den Rollwiderstand von Reifen zu reduzieren, den Kraftstoffverbrauch zu senken und den Rohstoffeinsatz zu mindern. Und schließlich werde die Gewinn- und Verlustverantwortung bei Continental zukünftig bis tief in die Organisationsstrukturen hinein dezentral verankert. Dies gelte auch für die notwendige Sanierung von General Tire.

Es war eine strategische Wende, die die gesamte Branche vollzog. Das lange geltende Gesetz »wachs oder stirb« hatte ausgedient. Anstelle von Wachstum galt nun Rentabilität als neuer Schlüssel für das Überleben im Wettbewerb. Die Reifenkonzerne verfolgten dabei im einzelnen allerdings verschiedene »Gesundungsphilosophien«: Während sich etwa Pirelli auf seine alten Kernkompetenzen Kabel und Reifen konzentrierte und von technischen Produkten trennte, betrieb Continental den Ausbau des Bereichs ContiTech. Konzentration auf das eigene Produkt-Know-how und die eigene Innovationskraft, Ergänzung des Geschäfts um lukrative Service- und Ingenieurleistungen, das Angebot von Systemen und Modulen sowie Integration bereits getätigter Akquisitionen, so lauteten die Kernsätze einer neuen Unternehmenspolitik, die für Continental nach 1973 eine abermalige, tiefgreifende Umbruchphase einleitete, um das Unternehmen gestärkt aus der Krise zu führen.

Zum 1. März 1992 beschloß der Vorstand zunächst eine umfassende Neuordnung der Organisationsstrukturen, die eine weitere Divisionalisierung des

---

7 Vgl. dazu und zum Folgenden: Hubertus von Grünberg: »Conti: Aus der Defensive in die Offensive«, in: *Börsenzeitung* vom 28. 3. 92.

Organisation der Continental AG (1994)

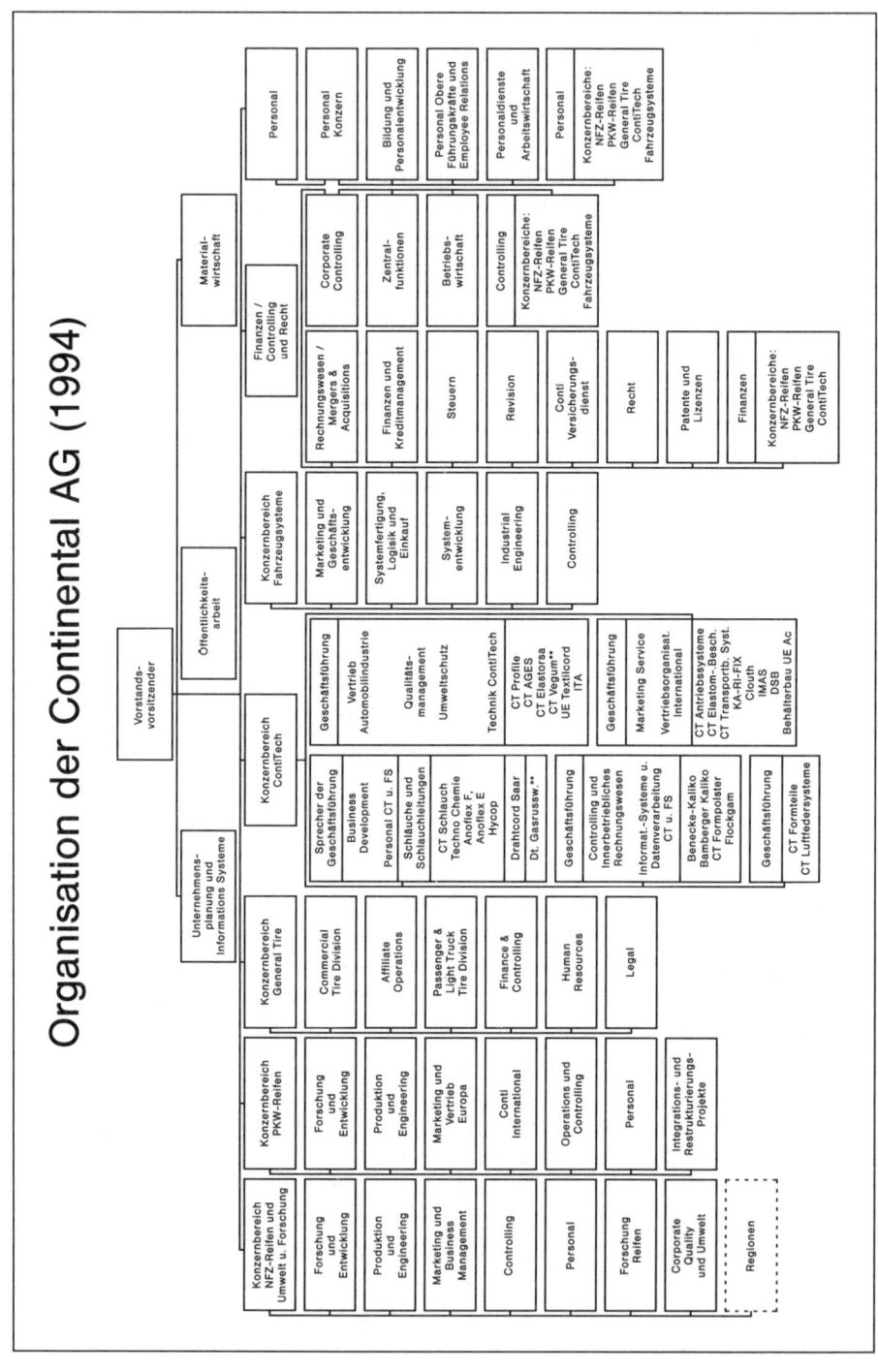

Konzerns bedeutete. Betroffen davon war insbesondere der Konzernbereich Reifen, der nun in drei operative Einheiten – die Konzernbereiche Pkw-Reifen, Nutzfahrzeug-Reifen/Umwelt und Forschung sowie General Services – aufgegliedert wurde. Ziel der Dezentralisierung war es, die Bereiche von der Konzernsteuerung zu entlasten und mit Ergebnisverantwortung für die Aktivitäten auszustatten. Die Gründe für die Neuorganisation lagen daher nicht im Markt, sondern im operativen Bereich, das heißt in der Focussierung auf Problemfelder und Verlustquellen. »Wir wollen damit flexibler werden und mit hoher Reaktionsgeschwindigkeit und Kundennähe auch unsere Erträge verbessern«, so erläuterte der Vorstandsvorsitzende die neue Ausrichtung. »Es sollen Freiräume für eigenverantwortliches, unternehmerisches Handeln geschaffen werden.«[8] Im Reifenbereich kam es in den neuen Divisionen damit erstmals zu einer auch organisatorisch verankerten engen Verknüpfung von Marketing, Produktion und F+E.

Die Ausgliederung in zwei strategische Geschäftseinheiten war letztlich eine logische Fortentwicklung der bisherigen Unternehmensorganisation, die sich nun aber deutlich markt- und kundenorientierter präsentierte. Die Bündelung der Ergebnisverantwortung für die Produktfelder, die damit soweit wie möglich in die Märkte und Produktionsstätten delegiert wurde, ermöglichte schnellere Entscheidungswege sowie effektivere Verfolgung der Ziele durch den Abbau funktionaler Barrieren. Vor allem aber deckte es diejenigen Verlustträger auf, die sich bisher hinter den gewinnbringenden Geschäftsbereichen verstecken konnten.

Noch im Laufe der folgenden beiden Jahre kamen weitere Veränderungen in der Konzernorganisation hinzu. Der Bereich »General Services« wurde wieder aufgelöst und ein neuer Konzernbereich Fahrzeugsysteme geschaffen. Im Vorstand selbst vollzogen sich im Gefolge dieser Entwicklung zahlreiche personelle Veränderungen. Als Leiter der neuen für Nutzfahrzeug-Reifen und Umwelt/Forschung zuständigen Division rückte Klaus-Dieter Röker in den Vorstand; der schon 1990 anstelle von Borgmann als Produktionsvorstand fungierende, ehemalige Michelin-Manager Heimo Fortmann übernahm, bis zu seinem plötzlichen Tod im August 1992, den Bereich »General Services«, und Günter H. Sieber, der die Pkw-Reifen-Division geleitet hatte, mußte im Mai 1993 Schäfer Platz machen, der von Semperit wieder in die Konzernzentrale zurückgeholt wurde. Im Februar 1992 hatte bereits Winterstein für den ausscheidenden Finanzvorstand Knaup das Ressort übernommen. 1994 trat er in den Ruhestand. Sein Ressort übernahm nun der neu in den Vorstand berufene Jens Howaldt, der daraus ein Ressort »Finanzen, Controlling, Recht« formte. 1994 schied auch der bislang für den Konzernbereich General Tire verantwortlich Alan Ockene aus dem Vorstand aus, und dessen Bereich wurde nun in die direkte Verantwortung des Vorstandsvorsitzenden von Grünberg

---

8 Vgl. *Conti intern* vom März 1992.

übernommen. Bei all diesen Umbesetzungen hatte es sich letztlich um interne Revirements gehandelt. Nur von Grünberg selbst und der für den Konzernbereich Fahrzeugsysteme vom Autozulieferer Teves nach Hannover gewechselte Hans Albert Beller waren von außen kommende Vorstandsmitglieder. Gegenüber den 80er Jahren markierte der neue Continental-Vorstand dabei zwei grundsätzliche Veränderungen. Zum einen kamen mit von Grünberg und Beller zwei von der Zuliefererindustrie geprägte Manager in die bislang von Automobil- und Gummi-Managern geprägte Vorstandsriege, was letztlich auch den Entwicklungstrend der Branche widerspiegelt. Nach zwei Marketingvorständen und der Dominanz der Finanzmanager unter Urban waren nun erstmals mit von Grünberg und Röker die Techniker stärker in der Unternehmensführung repräsentiert. Vor allem aber schrumpfte der Konzernvorstand erheblich. Von den noch 1990 amtierenden acht Mitgliedern waren, nachdem Arbeitsdirektor Kauth im März 1995 und Schäfer im Frühjahr 1996 in den Ruhestand traten, nur noch fünf Mitglieder übrig. Kauths Ressort übernahm nun zusätzlich der für ContiTech verantwortliche Peter Haverbeck, während die Pkw-Reifendivision vom Vorstandsvorsitzenden mit übernommen wurde. Es war eine Entwicklung, die letzlich auch aus neuen Organisations- und Führungsphilosophien resultierte, die mehr und mehr Entscheidungs- und Handlungskompetenzen an die operativen Einheiten und Bereiche abgaben und dem Konzernvorstand vor allem die strategischen Aufgaben überließen.

Tiefgreifende Veränderungen in der Organisationsstruktur ergaben sich aber nicht nur im Reifen- sondern auch im TP-Bereich. Im Januar 1991 trat die seit langem geplante Neuformierung von ContiTech in Kraft, die die gesellschaftsrechtliche Ausgliederung einer Holding GmbH aus der AG mit sich brachte. Die ursprünglich für den 1. Januar 1990 vorgesehene Verselbständigung von ContiTech hatte unter der betroffenen Belegschaft für erheblichen Wirbel gesorgt, da man in den nun als eigenständigen GmbHs fungierenden Geschäftsgruppen die Arbeitsplätze eher gefährdet sah. Zudem stieß der erzwungene Identitätswechsel vom Continentäler zum »ContiTech'ler« durch die »Spaltung der Continental« auf wenig Gegenliebe. Erst nach intensiven Verhandlungen mit dem Betriebsrat sowie dem Abschluß einer Betriebsvereinbarung über die Sicherung der Arbeitsbedingungen und der Vertretung der Arbeitnehmerinteressen in den neuen GmbHs konnte ContiTech nun auch als gesellschaftsrechtlich eigenständige Unternehmensgruppe neben der AG gegründet werden.[9]

Unter dem Dach der Holding versammelten sich – den vier klassischen Sparten zugeordnet – insgesamt 20 operative Gesellschaften, unter ihnen vor allem die aus den früheren Geschäftsgruppen entstandenen sieben konzerneigenen Tochtergesellschaften. Die Management-Holding hatte dabei die Auf-

---

9 Zu den Verhandlungen und der Stimmung in der Belegschaft vgl. Protokolle der Sitzungen des Gesamtbetriebsrats vom 29. 7. 89 und 16. 11. 89 sowie *Waldeckische Landeszeitung* vom 27. 7. 89 und 14. 12. 89.

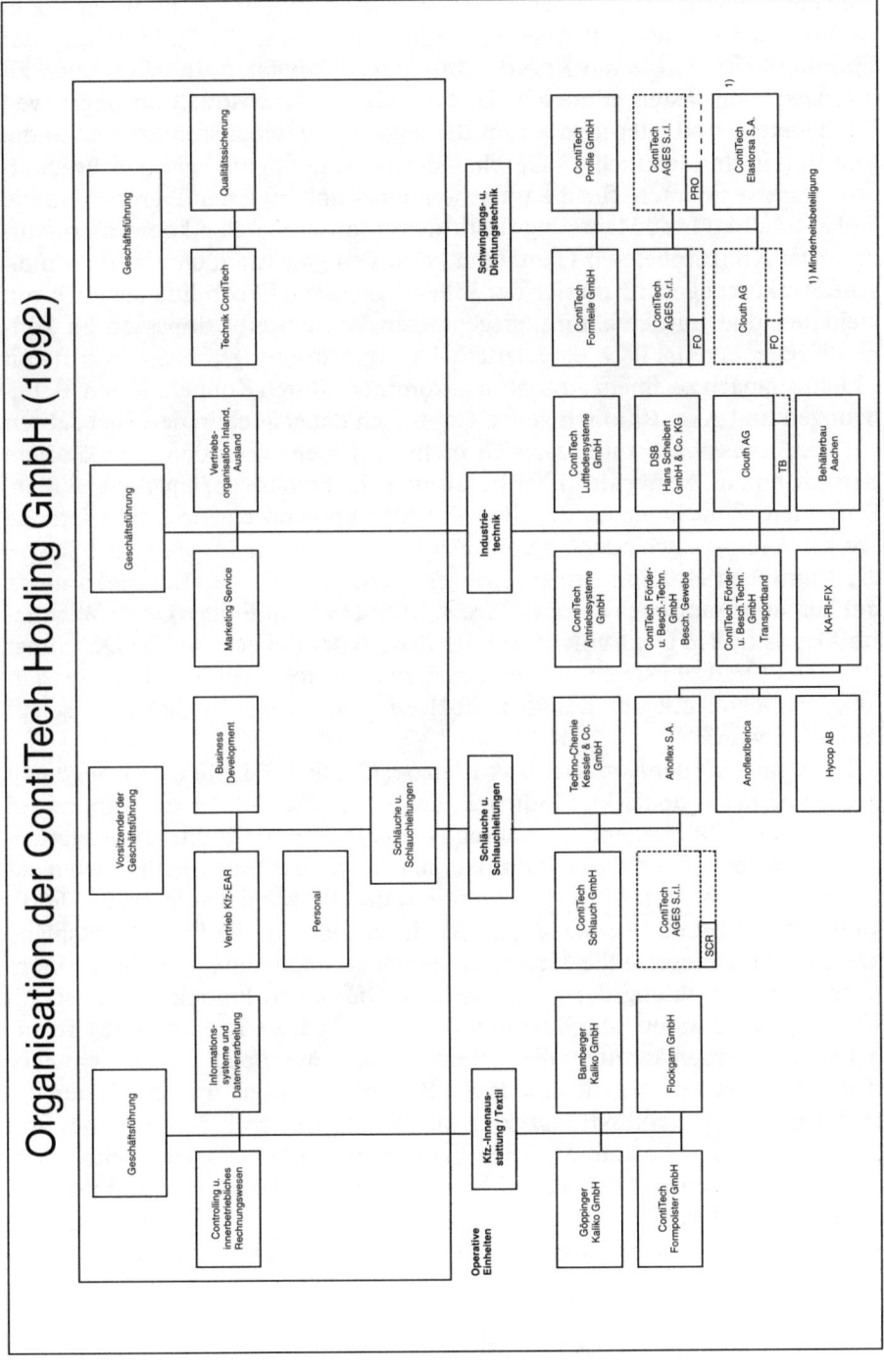

Organisation der ContiTech Holding GmbH (1992)

gabe der Ergebniskontrolle der 20 Gesellschaften, die Abstimmung der strategischen Planung für den gesamten Konzernbereich, die Entwicklung der Führungskräfte sowie die Koordination aller Aktivitäten, um Synergien zu erzeugen. Ansonsten genossen die GmbHs ein Höchstmaß an operativen Freiheiten. Ein »Unternehmertum der Ingenieurgeschäftsführer« prägte die Führung in den letztlich 13 Geschäftsfeldern mit 80 strategischen Produkt- und Marktsegmenten, für die unternehmens- und regionenübergreifend die F+E-, Produktions-, Marketing- und Investitionsaktivitäten koordiniert wurden. Der Konzernbereich ContiTech hatte sich gleichsam eine mittelständische Struktur gegeben, um sich der Schnelligkeit und Flexibilität des auch von kleineren und mittleren Firmen geprägten Wettbewerbs anpassen zu können.[10] Der bereits 1977 eingeleitete Umstrukturierungsprozess war damit 13 Jahre danach zu einem Abschluß gekommen. Durch Kooperationen, Beteiligungen und Akquisitionen zeigte ContiTech dabei auch in den 90er Jahren ein deutliches Wachstum, das sich mehr und mehr über den europäischen Bereich hinaus erstreckte. 1996 besaß man in Frankreich, Spanien, Italien, Schweden, Griechenland, der Slowakei und England eigene produzierende Werke, Beteiligungen oder Gemeinschaftsunternehmen. Im März 1995 schloß die ContiTech Holding zudem ein weitreichendes Kooperationsabkommen mit der amerikanischen Cooper Tyre & Rubber Co. in Finlay/Ohio. Wichtigste Akquisition in Deutschland war der Erwerb der Benecke AG im Dezember 1993, eines traditionsreichen Konkurrenten im Bereich der Kfz-Innenausstattung, der dann mit der Kaliko GmbH zu einer neuen Tochtergesellschaft fusioniert wurde.

Der Umbruch der Konzernstrukturen bei Continental folgte dem allgemeinen Trend in der deutschen Industrie, der in den 90er Jahren zunehmend auf den Abbau traditioneller Entscheidungs- und Hierarchiestrukturen ausgerichtet war. Hochtechnologische Produkte, so hatte man erkannt, ließen sich nicht mehr nach dem alten Muster hierarchisch und funktional aufgebauter Fertigung entwickeln und herstellen, in der die Ingenieure die Produktionspläne ausarbeiteten, diese an die Meister weitergaben und dann an die Maschinenteams zur Abwicklung der Arbeit gingen. Die neuen Produkte und technischen Systeme waren zunehmend so komplex, daß sie nur noch von Teams beherrscht werden konnten, die zudem auf das gewandelte Umfeld schneller reagieren konnten: Der wirtschaftliche Bereich war insgesamt unsicherer, die Innovations- und Produktionszyklen kürzer, die Geschwindigkeit höher und die Kundenwünsche immer differenzierter geworden. Es ging mithin um einen Paradigmenwechsel in den Philosophien und Maximen unternehmenspolitischen Agierens. Unternehmerisches Denken und Handeln als tragendes Element der Unternehmenskultur, so lautete das neue Credo auch bei Conti-

---

10 Vgl. auch *ContiTech Initiativ* vom März 1993.

nental, ist ein wesentlicher Faktor zur Sicherung der Wettbewerbsfähigkeit. Auf die Umsetzung dieses Managementprinzips in entsprechende Strukturen und Systeme und damit die Mobilisierung des auf allen Ebenen vorhandenen unternehmerischen Potentials als Voraussetzung für eine nachhaltige Ergebnisverbesserung zielte denn auch die in Gang gesetzte Neuorganisation.

Unternehmenskultur wurde dabei von Continental als gezielter Strategie- und Steuerungsfaktor begriffen. 1990 bereits hatte man im Vorstand in sogenannten »Basics« eine Reihe von Unternehmensgrundsätzen und Visionen formuliert, auf die als bewußtseinsformende und verhaltenbestimmende Anspruchs- und Handlungsmaximen die Mitarbeiter verpflichtet werden sollten. Commitment für Qualität, für den Kunden, die Mitarbeiter, für Gewinn, Kostenbewußtsein, Innovation, globales Handeln und Umweltschutz lauteten die Stichworte. Es lag auf der Hand, daß sich aus der Diskrepanz von erwünschter Unternehmenskultur und erfahrbarer Realität, aber auch aus der Verteidigung der alten Wahrnehmungs-, Denk-, Entscheidungs- und Verhaltensmuster Konflikte und Widerstände ergaben. Die ›business units‹ förderten nicht nur das Ertragsdenken, sondern auch den Bereichsegoismus. Eindringlich appellierte Röker denn auch im Frühjahr 1996, »die Polarisierung zwischen den beiden Hälften des Konzerns« zu überwinden, trotz der in gewisser Weise schizophrenen Zumutung, getrennt marschieren und dennoch vereint verdienen zu sollen.[11] Vor allem um die Zentralfunktionen wie Logistik, Controlling und Forschung kam es bald zwischen der Pkw- und Lkw-Division zu Reibereien, während sich die Konzernbereiche ContiTech und Fahrzeugsysteme um Zuordnungen von Umsatzanteilen und Kompetenzverteilungen stritten. Glaubenskriege wurden zudem darüber ausgefochten, ob der Reifen sich von seinen unterschiedlichen Technologien her zwar gut trennen lassen, hinsichtlich Markt und Kunden aber sperrig gegen eine Divisionalisierung erweisen würde.[12] Und schließlich wehrten sich viele Continentäler gegen eine mit dem neuen Vorstandsvorsitzenden und dessen von 20jähriger Managementerfahrung in den USA geprägten Unternehmensführung in den Konzern Einzug haltende (dritte) »Amerikanisierung« der Unternehmenskultur.[13]

Mit der Neuorganisation des Konzerns war auch eine Umorientierung des Marketings verbunden. Was die Entwicklung der Märkte anging, so hatten sich die bereits in den 80er Jahren deutlich gewordenen Trends verstärkt. Erstausrüstungs- und Ersatzgeschäftsmarkt wiesen zunehmend heftige Schwankungen auf, angesichts derer es für die Reifenkonzerne immer schwieriger wurde, die Volumen- und Preisentwicklungen einzuschätzen und zu antizipieren. Seit Anfang der 90er Jahre war der Weltreifenmarkt nur mehr langsam gewachsen.

11 Vgl. *Continental aktuell* 10/1996
12 Vgl. Interview Howaldt vom 15. 6. 1995 und Interview Steinmetz vom 15. 3. 1995.
13 Vgl. auch Interview von Grünberg vom 9. 2. 1996.

1995 wurden weltweit knapp eine Milliarde Reifen pro Jahr für rund 70 Milliarden US-Dollar abgesetzt. Mehr denn je aber zerfielen die Märkte in immer kleinere, auf den speziellen Kundenwunsch zugeschnittene Segmente. In solchen Nischen, etwa dem Breitreifen- und Hochgeschwindigkeitsreifen-Sektor oder aber im Bereich des umweltfreundlichen Reifens sowie bei den Transporterreifen (Lkw-Reifen) steckten die eigentlichen Wachstumspotentiale. Auch geographisch waren die Volumenmärkte weiter in Bewegung geblieben. Während Europa vom Gesamtvolumen her auch in den 90er Jahren stagnierte, verzeichnete der amerikanische Markt deutliche Absatzzuwächse bei Pkw- wie Lkw-Reifen. Als neue Wachstumsmärkte der 90er Jahre aber eröffneten sich den Reifenkonzernen Osteuropa (insbesondere Rußland), Asien (China) und Südamerika (Brasilien). Der Trend zur Internationalisierung und Globalisierung der Nachfrage setzte sich damit verstärkt fort. Vor allem aber verschob sich insgesamt im Zeichen der technischen Reife des Produkts das Verhältnis zwischen den Markensegmenten. Während der 25prozentige Anteil von ›premium brands‹ erhalten blieb, vollzog sich zu Lasten der ›medium brands‹ eine starke Ausweitung des Billigreifensektors (›economy brands‹). Der Reifen folgte damit der Entwicklung des technischen Systems »Automobil«, dessen Markt sich immer mehr von Autobesitzern zu bloßen Autobenutzern wandelte. Der Trend zu Billigautos war in den 90er Jahren unübersehbar; statt Prestige spielte der Preis die Hauptrolle und sicher bzw. umweltfreundlich wog schwerer als sportlich und schnell.[14]

Es war – was den Produktlebenszyklus des Reifens betraf – eine Entwicklung, die in ihrem Grundmuster auch in der Spätphase der Diagonalreifen-Ära Mitte der 60er Jahre zu beobachten gewesen war. Anders als damals saßen die großen Reifenhersteller diesem Trend gegenüber nun aber in der »Erstausrüsterfalle«. Das Versprechen, die auf ein immer höheres technisches Niveau getriebenen Reifen der Erstausrüstung auch in den Ersatzmarkt zu geben und der von technisch orientierten Unternehmen wie Michelin angeheizte Wettbewerb über technische Fortschritte und Produktentwicklungen hatten bei den Entwicklungsaufwendungen eine nach oben gerichtete Kostenspirale entstehen lassen. Immer neue, mit hohen Aufwendungen verbundene Produktverbesserungen trafen auf eine Nachfrage und einen Bedarf, der mit einem weniger ausgefeilten technischen Niveau zu befriedigen war und gingen daher zunehmend am Markt vorbei. Eine Entkoppelung dieser Anfang der 70er Jahre erst in Gang gesetzten »technologischen Gleichsetzung« von Erstausrüstung und Ersatzgeschäft war mühsam und zeitaufwendig.[15] Die Subdivisionalisierung des Pkw- und Lkw-Reifenbereichs in jeweils getrennt für Erstausrüstungen und Ersatzgeschäft zuständige Unternehmensbereiche war eine erste organisatorische Reaktion auf dieses Problem. Hinter ihr stand nicht

---

14 Vgl. auch *Die Zeit* vom 3. 3. 1995.
15 Vgl. auch Interview Schäfer vom 10. 5. 1995.

zuletzt auch die Erkenntnis, daß der von den Automobilkonzernen propagierte und von der Reifenindustrie lange geglaubte Automatismus von Erstausrüstung und markentreuer Wiederbeschaffung im Ersatzgeschäft ein »böses Mißverständnis« war.[16]

Um aus diesem technologischen Zwangsmechanismus zwischen Erstausrüstungs- und Ersatzgeschäftmarkt auszubrechen, sah sich Continental mit seinem inzwischen auf neun Marken angewachsenem »Reifenportfolio« aber plötzlich in einem strategischen Vorteil gegenüber der »One-Brand-Politik« der meisten großen Wettbewerber. Und dennoch war es Michelin, der 1993 mit der Einführung einer sogenannten zweiten Linie (Classic) mit um 20 Prozent niedrigeren Preisen Continental auf dem europäischen Ersatzmarkt einen Absatzeinbruch bescherte, der die Pkw-Division eine dreistellige Millionensumme im Vergleich zum Plan kostete. Spätestens jetzt war man in Hannover dazu gezwungen, seiner Mehrmarkenstrategie und den darin enthaltenen Reifenmarken eine neue Ausrichtung und ein neues Profil zu geben. Eine Analyse zeigte in der Tat erhebliche Schwächen.[17] Keine der Konzernmarken besaß, anders als Michelin, Goodyear und Pirelli, international ein ausreichendes, eigenständiges Markenprofil. Die Marken Continental, Uniroyal und Semperit vertrieben Produktprogramme, die sich überschnitten und waren auch, was Continental und Uniroyal anging, auf einem annähernd identischen Preisniveau angesiedelt. Auch im Erstausrüstungsgeschäft wurden die wichtigsten Automobilhersteller gleichzeitig von Continental und Uniroyal beliefert. Zudem zeigte sich, daß die geographische Verbreitung der Marken historisch gewachsen war und weniger absatzstrategischen Überlegungen folgte. Allenthalben tat eine stärkere Markendifferenzierung not. In der Erstausrüstung ging es etwa um eine Fokussierung von Reifenmarken auf Automobilklassen (zum Beispiel Continental-Reifen auf Porsche), im Produktprogramm um eine Mixverbesserung und Bereinigung, die unter anderem auf den Rückzug von Uniroyal aus dem Lkw-Reifen-Sektor hinauslief; eine Markendifferenzierung über das Preisniveau bedeutete eine deutliche Zuordnung von Continental auf den ›premium-‹, Uniroyal auf den ›medium-‹ und Semperit auf den ›economy level‹, bei gleichzeitiger Ausrichtung auf spezifische Vertriebskanäle. Und schließlich bot sich die Möglichkeit zu einer stärkeren regionalen Markendifferenzierung, die allerdings angesichts des Zusammenwachsens Europas das Risiko von »Kannibalisierungseffekten« in sich barg.

Die Entscheidung, die man bei Continental angesichts dieser Optionen und Problemlagen schließlich traf, war ein grundsätzlicher Wechsel vom ›Brand-Management-Konzept‹ zu einem ›Regional-Management-Konzept‹. Anstelle der jeweiligen Markenverantwortlichen traten nun sogenannte General-Mar-

---

16 Vgl. ebd.
17 Vgl. »Mehrmarkenstrategie des Continental Konzerns«, Roland Berger-Studie vom 6. 6. 1990, in: Conti-Archiv, o. Sign.

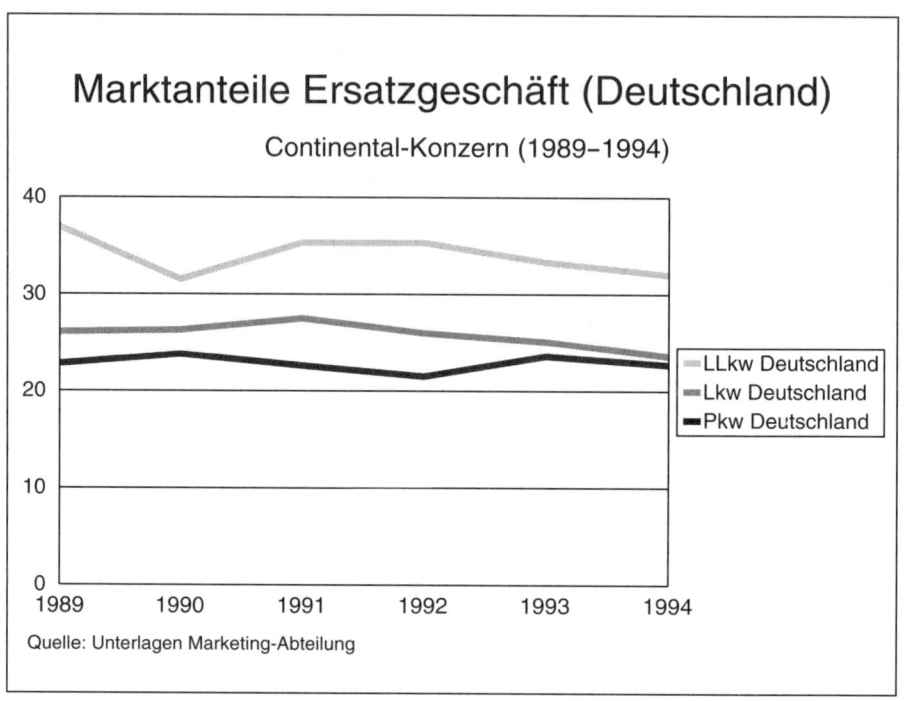

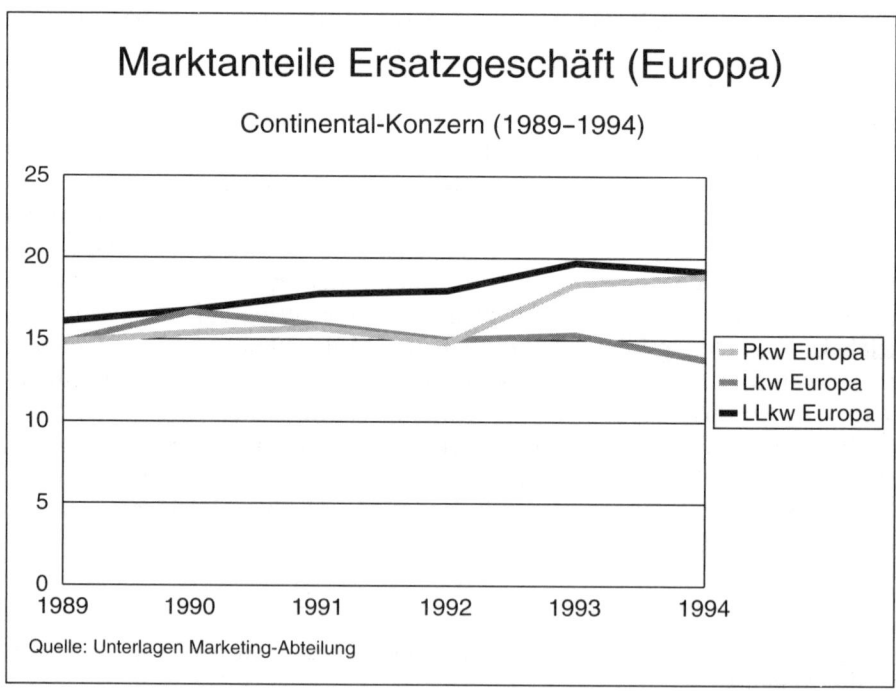

ket-Manager, die mit Ergebnisverantwortung die markenübergreifende Ge-samtsteuerung des Konzernmarkenverkaufs auf regionaler beziehungsweise Ländergruppen-Ebene übernahmen. Es war eine Ausrichtung, die in ihrem »ganzheitlichen« Denken radikal mit der traditionellen Marketing-Kultur von Continental brach. In der Vergangenheit hatte man bewußt die Marken gegen-einander in Wettbewerb gestellt. Mit dem Hinzukommen der fünf »Spektrum-erweiterungsmarken« (Sava, Barum, Viking, Gislaved und Mabor) zu den vier Hauptreifenmarken (Continental, Uniroyal, Semperit, General Tire) besaß man nun die Möglichkeit, eine auf die Kunden in den Märkten zugeschnittene Vertriebs- und Verkaufspolitik zu betreiben, die den bisherigen konzernin-ternen Wettbewerb beendete. Drei regionale Geschäftsfelder »Europa-Kernge-schäft«, »Conti-International« und »Nordamerika« bestimmten nun die Mar-ketingorganisation.[18] Ohne den kostspieligen und langwierigen Aufbau neuer »Billigmarken« war Continental – gestützt auch durch den steigenden Produk-tionsanteil in Tschechien und Portugal – damit in der Lage, dem in den Regionen je unterschiedlich ausgeprägten Trend zu Niedrigpreisreifen flexibel und schnell zu folgen.

Trotz aller organisatorischer und strategischer Maßnahmen ergaben sich für Continental insgesamt nur marginale Marktanteilsgewinne. Am deutlichsten waren noch die Zugewinne im Pkw-Reifenersatzgeschäft in Europa und die starke Marktposition bei Lkw-Reifen. Aber angesichts der Preiskämpfe war es schon ein Erfolg, etwa die ca. 30 Prozent Marktanteile in der Erstausrüstung in Deutschland verteidigt zu haben. Das offensichtliche Sorgenkind war in den 90er Jahren der Lkw-Reifenabsatz, wo man Marktanteile verlor. Seit den 80er Jahren hatte man jedoch insgesamt auf allen Märkten die Anteile nahezu ver-doppeln können, allerdings ohne die nach wie vor dominierende Rolle Miche-lins auch im Heimatmarkt Deutschland erschüttern zu können. Das Vordrin-gen von von Bridgestone und Goodyear auf den europäischen Reifenmarkt, das im Gefolge des Preiskrieges drohte, ließ beide Konzern dann aber zu einer gemeinsamen Verteidigung zusammenrücken und brachte Continental und Michelin Anfang 1995 in einer »Europa-Allianz« näher. Die mit nur etwa 5 Prozent in der europäischen Erstausrüstung vertretenen Japaner hatten mit ihren bewußt kalkulierten Dumpingpreisen den beiden in Europa 40 Prozent bzw. 20 Prozent haltenden Marktführern erhebliche finanzielle Verluste zuge-fügt. Um sich den Rücken im Heimatmarkt Europa für das Engagement auf den Weltmärkten freizuhalten, beabsichtigten beide Konzerne daher, auf einer Reihe von Gebieten zusammenzuarbeiten. Sie umfassen, erstens, die Intensivierung des Umweltschutzes durch Ausbau der Runderneuerung und Anwendung von Lösungen zur Wiederverwertung von Gebrauchtreifen, zwei-tens die Verbesserung des Servicegrades, insbesondere durch Lieferung von Komotetträdern an die Automobilindustrie, sowie Maßnahmen zur Unter-

18 Vgl. ebd. und auch *Neue Reifenzeitung* 4/1994.

stützung unabhängiger Reifenhändler, drittens insgesamt einscheidende Kostenreduzierungen in der Größenordnung von 100 Millionen DM pro Jahr, hauptsächlich im Bereich Rohstoffe und Halbfabrikate und viertens schließlich den gemeinsamen Aufbau von Produktionskapazitäten zur Herstellung von Niedrigpreisreifen, auch »dritte Linie« genannt, wobei man durch eine geeignete Vermarktungsstrategie eine »Banalisierung« des Hochtechnologieproduktes Reifen vermeiden wollte. Continental will in das Joint-venture Produktionskapazitäten sowie Anteile einer Vertriebsgesellschaft einbringen, Michelin dagegen vor allem die Markenrechte von Uniroyal in Europa, was für Continental die Verlängerung ihrer Uniroyal-Markenrechte bedeutet, die andernfalls im Jahr 2004 ausgelaufen wären und in Hannover bereits intensive Überlegungen zu einer dann notwendig gewordenen Neuformulierung der Markenstrategie ausgelöst hatte. Die beabsichtigte Allianz wurde in der Öffentlichkeit nicht unumstritten beurteilt. Entscheidend aber ist, daß damit zumindest aus Sicht der Hannoveraner ein neues Kapitel in der wechselvollen Beziehungsgeschichte der beiden Konkurrenten aufgeschlagen wurde, das langfristig angelegt und für weitere Kooperationen offen ist. Die geplante Allianz löste nicht zuletzt zugunsten Continentals einen strategischen »Dominoeffekt« aus, der den deutschen Konzern im europäischen wie internationalen Wettbewerbsgefüge eine auch psychologisch gewichtigere Position verschaffte.[19] Um auf den neuen Wachstumsmärkten außerhalb Europas und Nordamerikas stärker präsent zu sein und den dort gerade mit 5 Prozent erwirtschafteten Umsatzanteil zu erhöhen, ging Continental eine Reihe weiterer strategischer Allianzen und Kooperationen ein: Anfang 1994 unterschrieb man das Abkommen für ein Joint-venture in Indien, und Ende 1995 schloß man mit einem indonesischen Reifenhersteller eine Kooperation.[20]

Die beste Voraussetzung, die eigene Marktposition zu verbessern und Continental als europaweite ›premium brand‹ erfolgreich zu vermarkten, war allerdings eine Produktaussage, die auf einer Innovation aufbaute. Nach der unternehmensorganisatorischen Neustrukturierung und der Umorientierung des Marketings intensivierte man daher – gleichsam als dritte krisenstrategische Maßnahme – die F+E-Bemühungen. Man befand sich dabei in einer Phase, in der keine technischen Sprünge wie etwa der Kunststoffreifen zu erwarten waren, gleichzeitig aber die technischen Anforderungen an den Reifen immer weiter stiegen, weltweite Standards für die Erstausrüstung sich durchsetzten, die Rüst- und Entwicklungszeiten immer kürzer wurden und sich schließlich die Integration des Reifens in eine Baugruppe als Fahrzeugsystem abzuzeichnen begann. Die erwarteten Folgen für die F+E-Ingenieure waren ambivalent: Einerseits blieb damit der Reifen ein »Commodity-Pro-

---

19 Vgl. auch Interview von Grünberg vom 9. 2. 1996 und Interview Howaldt vom 15. 6. 1995 sowie zur kritischen Beurteilung *Neue Reifenzeitung* 11/1995 und *Focus* 31/1995.
20 Vgl. u. a. *Börsenzeitung* vom 5. 12. 95. Die noch 1989 geplante Gemeinschaftsproduktion in Japan mit Toyo wurde allerdings im März 1992 auf unbestimmte Zeit verschoben.

dukt« ohne »Eigenleben«, mit weniger Forschung und mehr Entwicklung
sowie einem wachsenden Trend zum Massen- und Serienprodukt; andererseits wurde der Reifen aber auch mit neuen technischen Inhalten angereichert
und umgeben, für die neue Forschungskompetenzen erworben werden mußten und zugleich verloren dabei die ›economies of scale‹ zugunsten der ›economies of scope‹ an Bedeutung.[21]

Zunächst galt es aber, die sich unmittelbar öffnenden F+E-Chancen zu nutzen. Ein vom Wettbewerb noch nicht besetztes Innovationsfeld waren zum
Beispiel Regenreifen. Mit der 1991 auf den Markt gebrachten neuen Produktlinie »AquaContact« stieß Continental in diese Lücke. Der AquaContact war
ein im Breit- und Hochleistungsreifen-Segment positioniertes innovatives
Produktkonzept, das vor allem mit einer speziellen Profilgestaltung deutlich
mehr Sicherheit gegenüber Aquaplaning bot. Der Markterfolg des neuen
Regenreifens war allerdings relativ gering, da er nur für den Ersatzmarkt
gedacht war, wo er jedoch letztlich nur ein sehr kleines, spezifisches Segment
der Nachfrage abdecken konnte. Als weit aussichtsreicheres und profitableres
Produktfeld, das von den Konkurrenten noch unbesetzt war, erwies sich
dagegen der »Umweltreifen«. Intensiv war noch in den 80er Jahren bei Continental an einer Wiederbelebung der Idee des rollwiderstandsarmen und damit
umweltverträglichen Reifens gearbeitet worden. Verstärkter Einsatz nach-
wachsender Rohstoffe, also Naturkautschuk, Gewichtsersparnis (»Leichtrei-
fen«) und die Fähigkeit zur Runderneuerung lauteten die damit verbundenen
weiteren Entwicklungsziele. Im Sommer 1992 präsentierte man in Hannover
schließlich als einer der ersten europäischen Hersteller mit dem »EcoContact«
eine neue Produktlinie, deren Technologie auf eine Ausweitung auf die gesamte Produktpalette hin angelegt war. Der neue »grüne Reifen« wies ein um
21 Prozent reduziertes Abrollgeräusch, eine größere Sicherheitsreserve durch
kürzere Bremswege auf nasser Fahrbahn, ein um 10 Prozent niedrigeres
Gewicht bei gleichzeitig erhöhter Laufleistung, eine verbesserte Runderneuerungsfähigkeit sowie vor allem einen um 24 Prozent geringeren Rollwiderstand auf, der den Kraftstoffverbrauch um etwa 5 Prozent senkte. Der Reifen
bot nicht nur eine höhere Umweltverträglichkeit und Schonung der Energie-
serven, sondern zeichnete sich auch durch Verbesserungen im Fahrkomfort
aus.[22] Es war ein umweltschonendes Reifenkonzept, das nicht nur bei Verbesserung der technischen Leistung zu Einsparungen der Rohstoffe im Fertigungsprozeß beitrug, sondern auch den Kraftstoffverbrauch und damit den
Kohlendioxid-Ausstoß senkte. Obwohl Wettbewerber wie Michelin zeitgleich
an diesem technologischen Konzept arbeiteten und mit eigenen Entwicklungen folgten, so zeichnete sich doch nach ersten Anlaufschwierigkeiten – nicht

---

21 Vgl. allgemein dazu auch Interview Röker vom 9. 2. 1996.
22 Vgl. u. a. *Conti intern* vom September 1992, *Neue Züricher Zeitung* vom 8. 7. 92 und *FAZ* vom 24. 8. 93.

zuletzt infolge des hohen Preisniveaus – 1995 ein sprunghafter Anstieg der Absatzentwicklung ab.[23]

Im Zentrum der F+E-Bemühungen rückte daneben vor allem aber der Lkw-Reifen. Lange Zeit war dieser Bereich im Schatten der Pkw-Reifen-Entwicklung gestanden und daher eher vernachlässigt worden. Nach dem Rückschlag des EOT-Konzeptes mußte man sich eingestehen, daß weder Produktqualität noch Sortiments- und Produktinnovationen die Anforderungen des Marktes ausreichend erfüllten. Zu geringe und parallele F+E-Leistungen bei Continental und Semperit, zu lange Lebenszyklen und zum Teil veraltete Produkte kennzeichneten Anfang der 90er Jahre die Lage. Anders als bei Pkw-Reifen besaß Michelin noch immer einen erheblichen Innovationsvorsprung. Sinkende Marktanteile und hohe negative Betriebsergebnisse von Lkw-Reifen bei allen Konzernmarken waren die Folge. Die Kapazitätsauslastung sank – bei einem break-even von 95 Prozent – zeitweise auf 60 Prozent. Solange man die Zahlen zurückbetrachten konnte, hatte Continental bei den Lkw-Reifen nicht einmal im Ersatzgeschäft Geld verdient.[24] Es war eine dramatische Entwicklung, die den Ausstieg aus diesem Produktbereich nahelegte. Im Vorstand entschloß man sich aber, nicht nur im Lkw-Reifen-Sektor zu bleiben, sondern statt kurzfristiger Sanierungsbemühungen »ein Konzept der aggressiven Weiterentwicklung des Unternehmensbereichs« zu verfolgen.[25] Dies war letztlich der Hintergrund für die Divisionalisierung und Einrichtung des neuen Konzernbereichs Lkw-Reifen/Umwelt/Forschung, in dem nun ein schlagkräftiges Entwicklungsteam gebildet wurde. Das technologische Konzept war auch hier, die Idee eines umweltschonenden Reifens wieder aufzugreifen und in Anknüpfung an die EOT-Erfahrungen einen neuen »Eco-Lkw-Reifen« zu entwickeln. Das interne Ziel hieß letztlich, in drei Jahren, das heißt bis 1995, den technischen Stand des Marktführers Michelin zu erreichen. Anfang 1996 konnte man schließlich mit dem »Eco-plus« eine neue Lkw-Reifengeneration präsentieren, die sich vor allem aufgrund einer neuen Gürtelkonstruktion und Profilgestaltung durch niedrigeren Rollwiderstand, hohe Lebenserwartung und verbesserte Runderneuerungsfähigkeit auszeichnete. Langsam bewegte sich damit der Konzernbereich aus der Verlustzone und konnte dem Rückgang der Marktanteile Einhalt gebieten.

Die Fortschritte in der Produktentwicklung wären allerdings ohne Verfahrensinnovationen nicht denkbar gewesen. Zu einem bedeutenden Durch-

23 Ein zunehmendes Aufgabengebiet der Reifenforschung und -entwicklung war in diesem Zusammenhang auch die Frage des Reifenrecyclings. Da der Wiederverwendung von Altgummi in der Neuproduktion enge Grenzen gesetzt waren, konzentrierten sich die Untersuchungen vor allem auf die Verbesserung der Runderneuerungstechnologie sowie die Entsorgung als Brennstoff in der Zementindustrie. Auch mit ihrer 1992 gegründeten Reifenentsorgungsgesellschaft mbH (REG) war Continental unter den Reifenkonzernen in der Abfalltechnologie weltweit führend. Vgl. Interview Röker, in: *Gummi, Fasern, Kunststoffe* 2/1993.
24 Vgl. von Grünberg vor dem Gesamtbetriebsrat, Sitzungsprotokoll vom 2. 4. 92.
25 Vgl. auch *Conti intern* vom November 1994.

bruch kam es vor allem in der Mischungstechnologie. Neue Erkenntnisse auf dem Sektor der Polymer-Chemie ergaben, daß neben dem nun in kleineren Mengen verarbeiteten Verstärkerfüllstoff Ruß der verstärkte Einsatz von mineralischen Füllstoffen (Silikat auf Kieselsäurebasis) die Molekularstruktur der Polymere, die den Rollwiderstand wie auch den Kraftschluß beeinflussen, sich deutlich verbesserte.[26] Obwohl Continental in dieser sogenannten Silika-Technologie in den 70er Jahren ein Vorreiter gewesen war, präsentierte Michelin 1992 den Autoherstellern einen neuen Reifen, der auf der neuen Mischungstechnologie basierte. Durch einen entsprechenden Hinweis der Erstausrüster erfuhr man schließlich wenig später auch bei Continental von der Innovation. Sofort wurde ein F+E-»Task Force Project: Neue Laufflächenmischung« gebildet. Im November 1992 gelang es, an einen der neuen Michelin-Reifen zu kommen, und im Mai 1993 konnte man schließlich nachziehen und die Silika-Technologie beherrschen. Nicht mehr – wie in den 80er Jahren – in der Reifenkonstruktion lagen nun die Innovationsschwerpunkte der Reifentechnologie,[27] sondern in der Mischungs- und Rohstofftechnologie. Die auf jeden Reifentyp hin maßgeschneiderten Mischungsverhältnisse und die Mischungsherstellung und -verarbeitung erfuhren einen deutlichen Wandel. Kaltbeschickte Extruder anstelle der früher warmgespeisten Machinen, neue Schwefelsorten und Ruße, neuartige Beschleuniger sowie auch eine Fülle neuer Synthese-Kautschuktypen prägten neben Silica das Bild. Eine wohl nur mit der Entwicklung der 20er und 30er Jahre vergleichbare Dominanz der Reifenchemie kennzeichnete die Kautschuk-Innovationsgeschichte der 90er Jahre.

Ein revolutionärer Umbruch zeichnete sich schließlich auch in der Fertigungstechnik ab. Um die Wettbewerbsfähigkeit zu verbessern, entwickelten die Reifenkonzerne sogenannte »Lean-Tire-Konzepte« die darauf hinausliefen, die Bauteilvielfalt des Reifens zu verringern sowie die Anzahl der Dimensionen pro Werk zu reduzieren und damit insgesamt den nach wie vor arbeitsintensiven Produktionsprozeß weiter zu automatisieren. In enger Zusammenarbeit mit der konzerneigenen Formen- und Maschinenfabrik setzten wie in der Branche zum Beispiel bei Michelin[28] und Pirelli auch bei Continental intensive Entwicklungsanstrengungen ein, um mit einer neuen Produktionstechnik deutlich weniger Personal, Energie, Rohstoffe und Platz zu brauchen. Nach zwei Jahren hatte man in Hannover mit der Ein-Stufen-Aufbaumaschine (ESA) eine Produktionstechnik entwickelt, auf der Pkw-Reifen aus zwanzig Aufbauteilen vollautomatisch gewickelt werden konnten.[29]

---

26 Vgl. auch Interview von Grünberg, in: *MOT* 11/1993.
27 Allerdings gab es auch hier Neuerungen wie zum Beispiel die Einführung der Spulbandagentechnologie in der neuen Gürtelbauweise.
28 Vgl. dazu *Wirtschaftswoche* vom 17. 1. 1992.
29 Vgl. dazu im einzelnen Interview von Grünberg, in: *Finanz + Wirtschaft* vom 2. 6. 93 sowie auch Interview Röker vom 9. 2. 1996.

Das Konzept der vollautomatischen Reifenfertigung barg nicht zuletzt die Gefahr in sich, daß sich die Reifenindustrie noch weiter in den Teufelskreis von Überkapazitäten und Preisverfall hineinmanövrierte. So wie man aus der »technologischen Falle« durch Entkoppelung von Erstausrüstung und Ersatzgeschäft zu entkommen versuchte, so suchte man bei Continental nun einen Weg, auch aus der »Preisfalle« auszubrechen. Unter Wahrung der Kernkompetenzen, aber auch unter Zugewinn neuen Know-hows stieg das Unternehmen in die Fahrwerkstechnik ein und begann, sich als Systemlieferant zu profilieren. Nicht nur im traditionellen Radsystem (Reifen plus Felge), auch im Bereich der elektronischen Fahrwerkregelung, der Fahrzeugakustik, der Reifendruckkontrolle und der Luftfedersysteme für Personen- wie Lastkraftwagen ergaben sich zahlreiche »Systembrücken« zwischen Reifen und Technischen Produkten. Das neue Standbein war dabei nicht darauf ausgerichtet, das Reifengeschäft durch das Geschäft mit Modulen und Komponenten zu ersetzen, sondern zielte vielmehr auf eine Ergänzung und Stützung des klassischen Kerngeschäfts des Konzerns ab. Es eröffneten sich damit neue Ertragschancen in einem zukunftsträchtigen Feld, das noch von kaum einem Konkurrenten besetzt war. Wie groß das Wachstumspotential des neuen Geschäftsfelds einmal sein würde, war nur schwer abzuschätzen. Deutlich abzusehen war aber, daß die Systemtechnologie in der Lage war, konstruktive »Flaschenhälse« und technologische Sackgassen zu überwinden und neue Technologie- und Entwicklungspfade zu eröffnen. Das Potential zur Geräuschminimierung auf dem Gebiet der Reifenkonstruktion ist beispielsweise nahezu ausgeschöpft, und eine weitere Verschärfung der gesetzlichen Vorschriften für Pkw- und Lkw-Reifen bedroht daher die Marktposition. Das Panc-System (passive and active noise cancellation) bietet demgegenüber einen Ausweg. Das Systemgeschäft ist nicht zuletzt auch eine Versuch, die von der Automobilindustrie schon weitgehend diktierten technischen Inhalte des Reifens in der Hand zu behalten bzw. zurückzugewinnen. Wer als Reifenproduzent die Fahrwerktechnologie selbst verstand und beherrschte, der wußte frühzeitig, wohin die Entwicklung der Reifentechnologie in Zukunft gehen wird. Dazu kam, daß Continental – als einziger der großen Konzerne auch im TP-Bereich hoch diversifiziert – mit den Komplementärkompetenzen von ContiTech einen spezifischen Wettbewerbsvorsprung besaß, der kaum einzuholen war.

In den ContiTech-Gesellschaften selbst intensivierte man ebenfalls die F+E-Anstrengungen. Die Innovationen steckten oft im Detail, eröffneten aber zahlreiche Wachstumsmärkte mit neuen Ertragschancen. Bei Schläuchen etwa entstand ein Markt für Autoklimaanlagen, für den ContiTech einen neuartigen, bruchfesten, geräuschdämpfenden und hitzebeständigen Schlauch für Kältemittel entwickelte. Ein weiterer Wachstumsmarkt waren Bremsschläuche, und auch hier konnte man sich mit neuen Produktangeboten erfolgreich positionieren. Deutliche Leistungssteigerungen und eine Diversifizierung der Systemvarianten wie Rollen- und Schlauchgutförderer sowie Steil- bzw. Senkrechtförderung waren Ergebnisse der Entwicklungsbemühungen im Bereich der Transportbänder. Charakteristisch waren hier vor allem umfangreiche und in enger Zusammenarbeit mit den Hochschulinstituten und der Arbeitsgemeinschaft industrieller Forschungsvereinigungen durchgeführte Grundlagenforschungen.[30] Neue Fertigungsverfahren und hochspezialisierte Produktinnovationen prägten auch die Bereiche Antriebs- und Formelemente. Längst ging es dabei nicht mehr um die Herstellung einzelner Produkte. Vielmehr ist eine komplexe Palette anwendungsorientierter High-Tech-Werkstoffe aus verschiedenen Elastomer-Typen vorherrschend, die im Verbund mit anderen Materialien wie Metalle und Kunststoffe als sogenannte ›composites‹ oder montiert zu Systembauteilen ihre Funktionen erfüllen.[31] Wie beim Reifen ging auch hier der Trend zu Innovationskonzepten, die auf Ressourcen schonende, geräuschoptimierte und umweltfreundliche Produkte hinausliefen, die in den 90er Jahren ein wachsendes Marktpotential darstellen.

Continental begann schließlich auch organisatorisch sein F+E-Potential neu zu strukturieren. Entsprechend dem Abschied vom Drei-Marken-Konzept mit dezentraler Forschung und Entwicklung kündigte man noch unter Urban im Frühjahr 1991 eine zentrale Koordinierung der Reifenentwicklung durch den Standort Aachen an. Ziel war vor allem die Kostensenkung durch Verringerung von Doppelarbeit. Deutlich davon getrennt sollte aber in Zukunft die Grundlagenforschung und das Versuchswesen sein, die jeweils für alle Marken in Hannover bzw. für die Erprobung auf dem Testgelände Contidrom und in Österreich konzentriert wurden. Schon Anfang 1994 allerdings waren diese Pläne überholt. Der Vorstand beschloß, die gesamte Forschung und Entwicklung auch organisatorisch in einem neuen Technologiezentrum in Stöcken zu zentralisieren. Mit einem Investitionsaufwand von 100 Millionen DM sollten dort in den nächsten drei bis fünf Jahren die zentrale Reifenforschung, die Pkw- und Nutzfahrzeugreifen-Entwicklung sowie die Entwicklung von Fahrzeugsystemen unter ein Dach gebracht werden. Nach der Verlagerung der Entwicklungsabteilungen aus Aachen und Traiskirchen würden dann in Hannover etwa tausend Forschungs- und Entwicklungsingenieure arbeiten. Neben den Effizienzverbesserungen durch den rascheren Know-how-Transfer versprach man sich Kosten- und Kommunikationsvorteile auch durch die direkte Anbindung des neuen F+E-Zentrums an die benachbarte hauseigene Formen- und Maschinenfabrik. In Aachen und Traiskirchen stießen die Ankündigungen allerdings auf heftigen Widerstand, befürchtete man doch nicht nur einen Abbau des F+E-Personals, sondern insgesamt den Anfang vom Ende der Standorte. Die einst stolzen, langjährig gewachsenen F+E-Abteilungen von Uniroyal und Semperit gingen nun im

---

30 Vgl. *Fördern und Heben* 10/1992 sowie *Braunkohle* 5/1992.
31 Vgl. *Kautschuk Gummi Kunststoffe* 1/1991 sowie Manfred Grothe: Technische Elastomer-Produkte. Beachtliche Innovationen der Verarbeiter, in: *Handelsblatt* vom 25. 6. 91 sowie auch *ContiTech-Initiativ* Jahrgang 1990 ff.

großen Konzern-Innovationszentrum auf und ließen nur noch bloße Fertigungsstandorte zurück.[32]

Zusammen mit den etwa 470 F+E-Ingenieuren bei General Tire verfügte Continental letztlich über ein Forschungs- und Entwicklungspersonal von knapp 1500 Personen und hatte damit sein Innovationspotential weiter wesentlich vergrößert. Mit etwa 4 Prozent Anteil des F+E-Budgets vom Umsatz lag der Konzern von der relativen Höhe her gesehen gleichauf mit Michelin, absolut mit knapp 400 Millionen DM (1994) allerdings deutlich niedriger. Auch unter den 100 forschungsintensivsten Konzernen der deutschen Industrie lag man im oberen Drittel der Rangordnung. Inhaltlich vollzog sich dabei auch in der Philosophie des F+E-Managements ein Wandel. Dominierte früher das Verhältnis zwischen Geschäftseinheiten zu Forschung und Entwicklung wie Kunde zu Lieferant, so bildete nun eine Partnerschaft zwischen F+E und den anderen Funktionsbereichen mit interdisziplinären Projekten und interdisziplinärem Lenkungsausschuß die Basis. Ein Hauptproblem blieben aber Sprach- und Kommunikationsbarrieren. Die F+E-Leitung mußte nicht nur laufend die unterschiedliche Denkweise der an der Reifenentwicklung beteiligten »Fakultäten« wie Chemiker, Physiker, Ingenieure, Informatiker und Ökologen unter einen Hut bringen, sondern auch ständig die Resultate ihrer Entwicklungszentren in Deutschland, Österreich und den USA integrieren. »Das Management von Forschung und Entwicklung«, so Forschungsvorstand Röker, »wird auf diese Weise zum Kulturmanagement, das unterschiedliche nationale Werthaltungen zusammenbringt und ein gemeinsames Verständnis für Inhalte herstellt.«[33]

---

32 Zu den heftigen Protesten, in die sich auch politische Interventionen mischten, vgl. u. a. *Aachener Volkszeitung* vom 1. 3. 94 und *Kurier* vom 1. 3. 94.
33 Vgl. *High-Tech* 8/1991 und auch Interview Röker vom 9. 2. 1996.

Kapitel 14
Industrial Relations im Schatten
neuer Rationalisierungskonzepte

Anfang der 90er Jahre machte sich in der deutschen Industrie ein neuer Rationalisierungstyp breit. Sein wesentliches Merkmal war, daß – anders als die bislang auf einzelne Verarbeitungsprozesse und dabei anfallende Personalkosten ausgerichtete Rationalisierung – zunehmend die Perspektive einer Reorganisation des gesamten betrieblichen Ablaufs dominierte. Als primär gesamtsystembezogene, »systemische« Rationalisierung war sie darauf gerichtet, die betrieblichen Teilbereiche im Hinblick auf eine Optimierung gesamtbetrieblicher Abläufe zusammenzufassen und neu zu ordnen. Das Rationalisierungskonzept machte nicht an den Grenzen des Unternehmens halt, sondern bezog die außerbetrieblichen Liefer-, Bearbeitungs- und Distributionsprozesse mit ein. Das mit dem amerikanischen Schlagwort der »lean production« bezeichnete Ziel war es, die Produktivität und Rationalität des gesamten inner- und überbetrieblichen Produktionssystems zu steigern und gleichzeitig die Kapitalbindung im System zu verringern.[1] Das neue Rationalisierungsmodell bedeutete endgültig die Ablösung des alten tayloristisch-fordistischen Produktionskonzeptes und brachte die Reorganisation der gesamten Wertschöpfungskette sowie den Aufbau unternehmensübergreifender Produktionsnetzwerke mit sich.

Auch bei Continental wurde die aus den USA kommende »Lean-production-Bewegung« aufgegriffen.[2] Zunächst und vor allem aber sah man sich als Zulieferer von den entsprechenden Reorganisationsbemühungen der europäischen Automobilindustrie betroffen. Die Verschlankung der Produktion bei den Erstausrüstern brachte weitreichende Veränderungen für den Konzern, die tief in die unternehmensinternen Arbeits- und Organisationsabläufe eingriffen und den Zuliefererstatus grundlegend neu bestimmten. Mehr denn je senkten etwa die Automobilhersteller die Fertigungstiefe auf lediglich 30 bis 35 Prozent Eigenproduktion und wälzten die entsprechenden Produktionsstufen auf die Zulieferer ab. Die neuen Lösungsansätze gingen sogar so weit, daß Zulieferer in die Automobilmontage direkt integriert wurden. Ende 1994 vereinbarten etwa ContiTech und VW für die Schlauchmontage in Servolenkungen und Klimaanlagen entsprechende arbeitsorganisatorische Grundsätze.[3] Ins Zentrum der Rationalisierungsbemühungen rückte dabei das Logistik-

---

1 Vgl. auch Norbert Altman u. a.: »Ein neuer Rationalisierungstyp« – Neue Anforderungen an die Industriesoziologie. In: *Soziale Welt* 1/1986 S. 191 ff. sowie Michael Stahlmann: Lean Production. Humanere Arbeit oder »Management by Stress«? In: *Aus Politik und Zeitgeschichte* B5/95 vom 27. 1. 95, S. 33 f. und Manfred Deiß, Volker Döhl (Hrsg): Vernetzte Produktion. Automobilzulieferer zwischen Kontrolle und Autonomie, Frankfurt am Main 1992.
2 Vgl. Interview Gogoll vom 2. 3. 1995.
3 Vgl. *SZ* vom 21. 11. 94.

und Distributionsmanagement. Mit 8 bis 9 Prozent des Umsatzes lagen die
Logistikkosten überdurchschnittlich hoch. 1990 bereits hatte man europaweit
ein EDV-gestütztes integriertes Logistiksystem in den Niederlassungen eingeführt, aber erst im Sommer 1995 nahm man mit dem sogenannten Projekt
»Copernicus« (Conti performance to meet the needs of international custo-
mers) eine Neuorganisation der gesamten logistischen Prozeßkette im Reifenbereich in Angriff.[4] Die Forderung der Automobilindustrie nicht nur nach
mehr Vorproduktion sondern auch nach rascher und direkter Lieferung ans
Band erzwang neue Zuliefermethoden. Nach dem ›Just-in-time-Prinzip‹ lieferte beispielsweise die ContiTech Antriebssystem GmbH nicht mehr nur den
einzelnen Keilriemen, sondern komplette Antriebe aus Riemen, Spannsystem
und Scheiben an die Automobilhersteller, während die Continental-Tochter
Vergölst in Kooperation mit einem Felgenhersteller die Bänder im VW-Werk
Mosel und im Mercedes-Benz-Werk Ludwigsfelde mit Kompletträdern für
Pkw und Lkw beschickte. Voraussetzung dafür war der Übergang der vollen
Verantwortung für die Qualität der Fahrzeugteile auf den Zulieferer, die
anstelle des »statistischen Denkens« der letzten Jahrzehnte auf ein »Nullfeh-
lerdenken« umschalten mußten.
  Zuliefererunternehmen wie Continental befanden sich im Spannungsfeld
einer neuen Rollenverteilung, in denen die überkommenen Strukturen und
Machtverhältnisse in der Wertschöpfungskette sowie in der Kommunikation
vollständig zur Disposition gestellt wurden. Rigorose Einkaufspraktiken, radikale Qualitätsansprüche und drastische Forderungen nach entsprechend
kapitalintensiven Vorleistungen bestimmten das Bild. Die Rationalisierungsgewinne der Zulieferer mußten nahezu vollständig über niedrigere Verkaufspreise an ihre Abnehmer abgeführt, vertrauliche Unterlagen den Konkurrenten
weitergegeben oder Entwicklungsergebnisse offengelegt werden. Die Forderungen der Automobilindustrie nach Systemlieferung bedeutete die Externa-
lisierung des Risikos in der Entwicklung und Produktion zu Lasten der Zulieferer, zugleich aber die Internationalisierung von deren Produktions- und
Liefersteuerung.[5] Verstärkt durch die drastische Verringerung der Zulieferer-
kreise bei den einzelnen Automobilkonzernen setzte angesichts dieser Bedingungen ein rasanter Strukturwandel der Zulieferbranche ein. In der überwiegend von mittelständischen und kleineren Unternehmen geprägten Branche
begann ein Konzentrationsprozeß, der zu einer deutlichen Hierarchisierung
und »Pyramidisierung« innerhalb der Zulieferer führte. Als Direktzulieferer
überlebte nur ein kleiner Kreis von zumeist großen Unternehmen, die in der
Lage waren, die nötigen kapitalintensiven Vorleistungen sowie F+E-Funktio-
nen für die Automobilhersteller zu übernehmen. Continental als drittgrößter

---

4 Vgl. *Conti intern* vom Februar/März 1996.
5 Vgl. u. a. auch *Wirtschaftswoche* vom 30. 8. 91, *Der Spiegel* vom 26. 4. 93, *Börsenzeitung* vom 17. 9. 93
  und *Wirtschaftswoche* vom 12. 2. 93.

Zulieferer in Europa gehörte denn auch zu jenen Konzernen, die den Umbruch relativ gelassen hinnehmen und als Gewinner aus dem Strukturwandel hervorgehen konnten. Aus Hannover kamen im Frühjahr 1993 in die allenthalben aufgeheizte Debatte um das gespannte Verhältnis von Autoimobilindustrie und Zulieferer daher auch beschwichtigende Töne.

»Für viele Zulieferer, insbesondere die kleineren«, so schrieb Vorstandsmitglied Haverbeck, »bedeuten die auf sie zukommenden Herausforderungen die Existenzfrage. Die erfolgreichen Lieferanten dagegen profitieren durch höhere Wertschöpfung von der Verlagerung des Gleichgewichts der Kräfte zu ihren Gunsten und werden durch längerfristige Lieferverträge, als sie früher bestanden, und durch Partnerschaft mit ihren Abnehmern belohnt. Für die Zuliefererindustrie insgesamt ist der Zwang zur Rationalisierung, Produktivitätssteigerung und insbesondere von Nullfehlerprodukten nur positiv zu bewerten, haben wir uns doch auch in der Vergangenheit einen Wettbewerbsvorsprung durch unsere Technologie und Qualität erkämpft.«[6]

Bei Continental hatte man gleichzeitig begonnen, auch im eigenen Konzern schlanke Strukturen einzuführen. Die Maßnahmen betrafen dabei zunächst eine neue Restrukturierung der Produktionsstandorte, die darauf hinauslief, die kapitalintensiven Produkte weiter im Inland herzustellen, während die mit hohen Arbeitsintensitäten verbundenen Produkte im Ausland gefertigt wurden. Mehr denn je begann nun der Vorstand, Arbeit und Produkte dorthin zu verlagern, »wo die Kosten stimmen«[7]. Fast 10000 Arbeitsplätze wurden zwischen 1990 und 1994 in den Kerngesellschaften gestrichen.

Von dem Arbeitsplatzabbau blieb auch keiner der deutschen Produktionsstandorte verschont, am härtesten traf es aber den Bereich der Pkw-Reifenfertigung. Im Konzern selbst blieb die Zahl der Belegschaftsangehörigen aufgrund des hohen Anteils der neu erworbenen Gesellschaften und der dort zum Teil noch aufgestockten Zahl der Werksangehörigen weitgehend konstant. Und das Tempo der Produktionsverlagerungen ins Ausland bei Continental wurde immer schneller. Kamen 1991 nur ein Prozent der Reifenfertigung aus der Produktion in Niedriglohnländern, so waren es Ende 1993 bereits 11 Prozent, Ende 1994 dann 17 Prozent, 1995/96 sogar 25 Prozent und als Ziel für 1998 schließlich 40 Prozent. Dabei handelte es sich vor allem um Großserien und technisch weniger anspruchsvolle Produkte, die nun verstärkt in Tschechien, Portugal und Slowenien, aber auch bei Partnern in Polen und Thailand hergestellt wurden. Insbesondere in das Ende 1992 für etwa 100 Millionen DM mehrheitlich erworbene tschechische Reifenwerk Barum begann Continental mehr und mehr die Reifenfertigung zu verlagern, nachdem für 165 Millionen DM umfangreiche Investitionen in die Modernisierung des Maschinenparks getätigt worden waren. Aufgrund der niedrigen Löhne ließen

---

6 Peter Haverbeck: Die Zuliefererindustrie im Spannungsfeld einer neuen Rollenverteilung, in: *Kautschuk Gummi Kunststoffe* 1/1991, S. 6.
7 Vgl. von Grünberg in: *Conti intern* vom Dezember 1993.

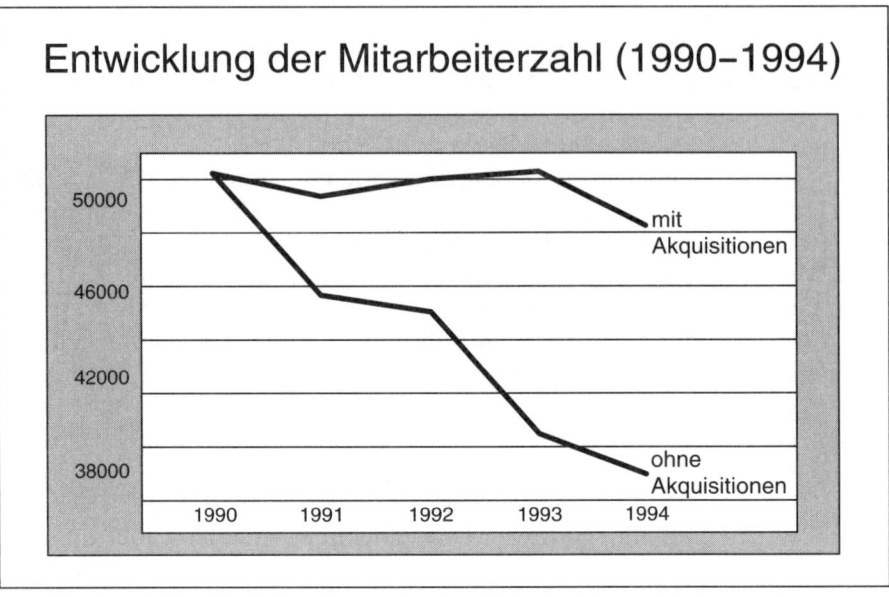

Entwicklung der Mitarbeiterzahl (1990–1994)

sich diese Aufwendungen zu einem erheblichen Teil aus dem erwirtschafteten Cash-flow finanzieren, denn mit einer Umsatzrendite von ca. 5 Prozent zählte Barum zu den rentabelsten Konzernwerken.[8] Als zweitgrößtes und eines der produktivsten europäischen Reifenwerke wurde daneben das Werk Lousado der portugiesischen Tochter Mabor ausgebaut. Mit einem Investitionsaufwand von 180 Millionen DM – davon rund 80 Millionen DM öffentliche Hilfe aus Brüssel und Lissabon – entstand ein auf modernstem Fertigungs- und Qualitätsstandard ausgerichteter Produktionsstandort, in dem nur 30 Prozent der hannoverschen Kosten je Arbeitsstunde anfielen.[9] Aber nicht nur der Reifenbereich, auch ContiTech begann mit der neuen Gesellschaft Vegum in der Slowakei angesichts dort erreichter 1712 Jahresarbeitsstunden (gegenüber 1440 in Deutschland) bei Lohnstundenkosten von 3,40 DM (gegenüber 39 DM in Deutschland) mit der Verlagerung von Teilen der Produktion in Niedrigkostenländer.

Massiver als je zuvor begann angesichts dieser Entwicklung unternehmensintern eine neue Debatte um die Zukunft der traditionellen Konzernstandorte in Deutschland. Im Mittelpunkt der Restrukturierungspläne stand abermals das Werk Limmer. Im Juli 1991 kündigte der Vorstand die Stillegung der Produktion von Hartgummi, Schuhabsätzen und Gummiwalzen an, begleitet von einem massiven Belegschaftsabbau. Mehr als ein Drittel des Werksgeländes sollte verkauft werden. Umfangreiche Investitionen, so das Kalkül des

---

8 Vgl. auch *Gummibereifung* 4/1994, *Manager Magazin* 3/1994 sowie Interview Schäfer vom 10. 5. 1995.
9 Vgl. dazu *Conti intern* vom Dezember 1995/Januar 1996 und auch *Handelsblatt* vom 24. 11. 95.

Vorstandes, um die heterogene technische Ausstattung des Werks zu verbessern und auf eine verbesserte Ertragslage zu bringen, zahlten sich nicht mehr aus, zumal es wegen des hohen Altersdurchschnitts der Werksangehörigen für eine »sozialverträgliche Lösung« keine Probleme gebe.[10] Sprach man aber insgesamt noch davon, daß »Limmer etwas kleiner ausfallen wird«, so kam Anfang 1995 das endgültige Aus für den einstigen Stammsitz der Excelsior. Alle Sanierungsbemühungen seit Mitte der 70er Jahre waren damit letztlich aufgrund der ungünstigen Kosten- und Infrastruktur fehlgeschlagen. Bis zum Jahr 2000, so die Pläne, sollten die verbliebenen Bereiche mit insgesamt knapp 1600 Mitarbeitern, darunter insbesondere die Formen- und Maschinenfabrik, nach Stöcken verlagert werden.[11]

Anfang der 90er Jahre zeichnete sich ab, daß kein Standort mehr in seiner Existenz gesichert war. Im Februar 1992 war auch die Zukunft des Werks Stöcken Gegenstand der Sanierungs- und Restrukturierungspläne des Vorstandes. Auch hier drohten die Kosten vor allem durch den Lkw-Bereich aus dem Ruder zu laufen. Man beschloß schließlich, mit Investitionen in Höhe von 84 Millionen DM die Lkw-Reifenfertigung in Stöcken zu konzentrieren und auszubauen sowie den Standort insgesamt durch die Ansiedlung des Konzernbereichs Fahrzeugsysteme sowie des zentralen Forschungszentrums aufzuwerten. Aber trotz der erheblichen Rationalisierungs- und Produktivitätsfortschritte – wo 1990 noch fast 4000 Arbeiter jährlich 2,8 Millionen Reifen fertigten, da produzierten nun knapp 3000 Belegschaftsangehörige 3,3 Millionen Reifen – blieb das Werk weiter in den roten Zahlen. Stöcken, so zeigten die Berechnungen des Vorstandes, war der teuerste der weltweit 21 Reifen-Standorte von Continental geworden. Nach wie vor fertigte man eine große Zahl unterschiedlicher Reifentypen in kleinen Mengen, und für jede Serie fielen lange Umrüstzeiten der Maschinen an, die sich auf bis zu 40 Prozent der Maschinenlaufzeiten summierten.[12] Im Oktober 1995 schließlich beschloß der Vorstand auch für Stöcken eine drastische Reduzierung und Verlagerung der Pkw-Reifen-Produktion. 1,5 Millionen Reifen, das heißt die Hälfte der Fertigung, sollten nach und nach in die Standorte Saargemünd und Aachen verlagert werden, begleitet von einem entsprechenden Abbau des Stöckener Werkspersonals.[13] Das lothringische Werk stellte seinerseits zum Jahresende 1993 die Lkw-Reifenfertigung ein. Die Reifen wurden in Zukunft bei Barum gewickelt. Dem Traum von Blaupausen in Deutschland und Produktion in Indonesien oder Usbekistan erteilte man im Vorstand als Basis unternehmenspolitischer Logik dennoch eine Absage.

---

10 So Vorstandsmitglied Haverbeck in einem Gespräch mit der *HAZ* vom 20. 7. 91. Vgl. auch *HAZ* vom 5. 9. 91.
11 Vgl. *Conti intern* vom Juni 1995 sowie Protokoll der Sitzung des Konzernbetriebsrats vom 5./6. 10. 94, in: Ablage Konzernbetriebsrat Continental.
12 Vgl. *HAZ* vom 30. 10. 95.
13 Vgl. *FAZ* vom 26. 10. 95, *SZ* vom 24. 11. 95 und *Conti intern* vom Dezember 1995/Januar 1996.

Die Umsetzung des Lean-production-Konzeptes bedingte schließlich auch die weitere Veränderung der innerbetrieblichen Arbeitsorganisation, wobei ungeachtet aller theoretischen Vorgaben von Eigenverantwortlichkeit und Mobilisierung der vom Taylorismus und Fordismus verschütteten menschlichen Ressourcen es letztlich darum ging, mit weniger Personal mehr und besser zu produzieren.[14] Auch bei Continental griff man in den 90er Jahren abermals nach der Gruppenarbeit. In breiter Front wurden seit 1993 entsprechende Bemühungen unternommen, und in diesem dritten Anlauf gelang es schließlich mehr und mehr, die Gruppenarbeit anders als in den 80er Jahren von einem singulären zu einem strategischen Prinzip der Gestaltung industrieller Produktion zu entwickeln. Erst jetzt wurden auch die traditionellen Hierarchieebenen hinterfragt und die klassische Stab-Linien-Organisation zur Disposition gestellt. Neues Zentrum der Gruppenarbeit war diesmal die Reifenfabrik Stöcken. Fast 83 Prozent der 1250 Reifenwerker wurden nach dem neuen Arbeitsmodell organisiert. Dazu hatte man zunächst quer zu den klassischen Produktionslinien von Mischsaal, Vorbereitung, Konfektionierung, Heizung und Vulkanisation sowie Endkontrolle drei ›business units‹ gebildet, die funktionsübergreifend und gesamtverantwortlich organisiert waren. Innerhalb dieser Teams agierten wiederum 80 Gruppen mit je elf Mitarbeitern im Druchschnitt, in denen ebenfalls die frühere funktionale Arbeitsteilung – allerdings nun bezogen auf kleinere Einheiten im Fertigungsprozeß – aufgelöst worden war.[15] Die ›business units‹ koordinierten dabei die Arbeit der jeweils ihnen zugeordneten Arbeitsgruppen. Jeden Morgen kamen die einzelnen Gruppenmitglieder zehn Minuten zu einer Besprechung – dem »Morgen-Briefing« – zusammen, um die anstehenden aktuellen Aufgaben und Probleme zu besprechen, und jede Woche räumte man eine halbe Stunde Zeit für allgemeinere Gruppengespräche ein. Eine deutliche Reduzierung von Abfall und Maschinenstörzeiten, so zeigte sich bald, konnte dadurch erreicht werden.

Aber es war auch noch Sand im Getriebe der neuen Arbeitsabläufe: Der Betreuungsaufwand der Gruppen war erheblich, hohe Ausbildungskosten zu Beginn der neuen Arbeitsorganisation fielen an, Vorschläge der Gruppen nach Veränderungen im Fertigungsprozeß wurden nur mangelhaft umgesetzt. Vor allem der Prozeß des Umdenkens bei Vorgesetzten wie Arbeitern erwies sich als langwierig. Jahrzehntelang »waren die Mitarbeiter nur auf Stückzahl dressiert«, nun stand plötzlich eine ergebnisorientierte Verantwortung im Vordergrund.[16] Schwierigkeiten ergaben sich auch aus der geforderten Selbstkontrolle als zentrales Merkmal des neuen Qualitätsverständnisses. 1990 hatte man sich bei Continental entschieden, nun auch offiziell Total Quality Ma-

---

14 Vgl. u.a. *SZ* vom 18. 7. 94 und Winkelmann, S. 108 f.
15 Vgl. Interview Steinmetz vom 15. 3. 1995 sowie *Conti intern* vom Dezember 1995/Januar 1996.
16 Vgl. Bericht des Betriebsratsvorsitzenden Dombrowski gegenüber *Conti intern* vom Dezember 1995/ Januar 1996.

nagement einzuführen. Ein detailliert ausgearbeitetes, umfassendes Qualitätssicherungssystem wurde verabschiedet, in dessen Gefolge ein weit gefächerter und kurz- wie mittelfristig angelegter Zielkatalog erstellt wurde.[17] In einem Top-down-Prozeß wurde zunächst ein TQM-Seminar für ca. hundert Senior Manager, das heißt der leitenden Angestellten, abgehalten, die ihrerseits dazu angehalten wurden, Trainigs- und Workshops einzurichten, »um den Gedanken des Total Quality kaskadenartig im Unternehmen umzusetzen«[18]. In Fortschreibung der seit Hahns Qualitätsverbesserungsprogramm von 1977 immer wieder neu formulierten Qualitätsrichtlinien wurde jede Organisationseinheit dazu verpflichtet, jährlich im Zusammenhang mit der Budgetplanung auch ihre Qualitätsziele festzulegen. Merkmal des nun zugrunde gelegten Qualitätsbegriffs war nicht mehr nur das Produkt, sondern ausdrücklich alle Tätigkeiten und Leistungen eines jeden Mitarbeiters. Die Selbstkontrolle der Mitarbeiter war deshalb letztlich der Kern des neuen Qualitätsmanagements. Die Belegschaftsangehörigen an den einzelnen Abschnitten der Fertigung – von der Mischanlage über den Reifenbau bis zur Vulkanisation – sollten so eigenverantwortlich handeln, »daß sie nicht nur produzieren, sondern gleichzeitig auch selbständig den Prozeß überwachen und bei jedem auftauchenden Problem auch die nötige Initiative ergreifen«. Das hieß zum Beispiel, mit Hilfe teils sehr komplexer Kontrollsysteme die Chemikalienmischungen zu überwachen, eigenverantwortlich die Kontur der Laufstreifen nach vorgegebenen Maßen zu überprüfen oder Temperatur und Druck von Wasser und Dampf zu kontrollieren.

Auch bei ContiTech wurde die Einführung von Gruppenarbeit intensiviert. Koordinierende und initiierende Instanz war hier die Holding, die in regelmäßigen »Lean-Konferenzen« die einzelnen Gesellschaften zur Umsetzung der neuen Formen der Arbeitsorganisation anregte, die Führungskräfte entsprechend schulte und den Erfahrungsaustausch organisierte. Aufbauend auf die früheren arbeitsorganisatorischen Experimente wurde vor allem im Bereich der Vahrenwalder ContiTech Luftfedersysteme GmbH ein neues Gruppenarbeitsmodell eingeführt und praktiziert. Anders als in den Jahren zuvor war die neue Arbeitsorganisation diesmal eng an eine Veränderung der gesamten Organisationsstruktur in der Gesellschaft gebunden sowie in das Total Quality Konzept eingebunden worden.[19] 20 Werker organisierten nun ihre Arbeitsabläufe weitgehend selbständig und prüften gemeinsam mit Technikern und Meistern Vorschläge zur Optimierung der Produktion. Wo früher Fertigungsplaner bestimmten, welcher Arbeitsaufwand erforderlich war, um eine bestimmte Menge Luftfederbälge zu einem festgelegten Zeitpunkt in Nullfehlerqualität herzustellen, da entschieden nun die Gruppenmitglieder. Wie in

17 Vgl. Interview Stark vom 1. 3. 1995 und diverse Unterlagen der Abteilung »Qualität und Umwelt«.
18 Vgl. »Total Quality Management«, Manuskript Stark v. 20. 1. 92.
19 Vgl. K. Pohlmann u. a.: Entwicklung einer Philosophie zur dauerhaften Erhöhung und Sicherung der Produktivität, in: *Kautschuk Gummi Kunststoffe* 4/1992, S. 1–5 und *ContiTech Intiativ* vom Mai 1993.

Vahrenwald, so zeigten sich auch in den anderen Betriebsstätten erste Erfolge: Die Fehlzeitquoten sanken, die Unfallhäufigkeit ging drastisch zurück und auch die Kosten wurden reduziert. Jede Neuorganisation der Arbeitsabläufe in den Gruppen mußte allerdings spezifisch nach den jeweiligen Produkt- und Fertigungsstrukturen vorgenommen werden. Die Gefahr dabei war, daß es zwar innerhalb der betroffenen Gesellschaftseinheiten zu erheblichen Aus-wirkungen auf Kostenreduzierung und Produktivitätssteigerung kam, aber kaum zu Ergebnisverbesserungen in der gesamten Unternehmensgruppe. Erst wenn es gelang, die noch isolierten Gruppenarbeitsprojekte zu einem ganz-heitlichen Veränderungsprojekt zu bündeln, konnte aus Sicht der Geschäfts-leitung von einer »schlanken Holding« die Rede sein.[20]

Das dritte Element nach den dezentralisierten Geschäftseinheiten und der Gruppenarbeit im Lean-production-Konzept war das neue Lohnsystem. Die gängigen Entgeltregelungen erwiesen sich spätestens jetzt als Hemmschuh der Restrukturierung. Viele Verzögerungen und Krisen bei der Einführung von Gruppenarbeit ergaben sich aus der fehlenden, verspäteten oder unange-messenen Regelung der Entgeltproblematik. Das ohnehin prekäre Problem der immer schwerer werdenden Abgrenzung zwischen Arbeiter- und Ange-stelltentätigkeit wurde durch die Einführung von Gruppenarbeit verschärft.[21] Auch bei Continental kam es trotz der schon lange laufenden Gespräche zwi-schen Betriebsrat und Geschäftsleitung erst Mitte der 90er Jahre zu Lösungs-ansätzen dieses Problems. Der Druck zu Verhandlungen war nicht zuletzt vom Betriebsrat ausgegangen, der endlich die noch aus den Übergangsregelungen des Tarifsystemwechsels resultierenden komplizierten Lohnregelungen zu einem neuen Lohnsystem mit klarer Transparenz zusammengeführt wissen wollte. Immer wieder hatte die Umsetzung der tarifpolitischen Vereinbarung aus dem »15-Punkte-Programm« zu erheblichen Auseinandersetzungen mit dem Betriebsrat geführt, der auf die extensive Auslegung durch die Unterneh-mensleitung mit der Ablehnung von Überstunden und zusätzlicher Schichten reagierte. Beide Seiten suchten nun im Frühjahr 1992 die strittigen Fragen, wie die Anrechnung der Besitzstände aus dem Wechsel des Arbeitgeberverban-des, die Anpassung der Lohntabellen, die Reduzierung der Jahresgratifikation und vor allem die Anrechnung der Tariferhöhungen auf die Effektivverdienste endgültig zu klären.[22] Im Februar 1994 einigte man sich schließlich auf ein neues Festlohnsystem mit persönlicher Leistungszulage, das endgültig den Übergang von einem zeit- und mengenabhängigen zu einem qualitätsabhängi-

---

20 Vgl. Bericht über das ContiTech Management-Forum 94, in: *ContiTech Intitativ* vom November 1994. Vgl. zur Gruppenarbeit auch entsprechende Äußerungen von Gogoll, in: *Wirtschaftwoche* vom 16. 10. 92 sowie »Management of Change. Internes Consulting.« Bildungsprogramm 1993 der Continental AG.

21 Vgl. W. Kötter: Die Regelung der Entgeltfrage – Vom Hemmschuh zum tragenden Gestaltungsele-ment bei der Einführung von Gruppenarbeit, in: Winkelmann, S. 307 ff.

22 Vgl. 99201 Zg. 1/95 A 6.

gen Entlohnungssystem markiert. Basis der neuen Regelung war eine sogenannte verstetigte Grundvergütung, das heißt ein monatlicher Festlohn aus
tariflichem Grundlohn und für alle Betriebsangehörigen geltender Conti-
spezifischer Mengenprämie. Dazu kam nun als dritter Bestandteil eine indivi-
duell und flexibel gestaltbare Leistungszulage.[23] Anstelle der vorher 40 Lohnstufen und -gruppen gab es nun acht Entgeltgruppen mit nur noch insgesamt
15 Zwischengruppen. Hauptbestandteil des neuen Lohnsystems und Gegenstand langwieriger Verhandlungen zwischen Betriebsrat und Unternehmensleitung war die Frage der Leistungsbewertung und -kontrolle. Nach wie vor auf
der Basis der REFA-Methode wurde schließlich ein kompliziertes Raster aus
Leistungskennziffern und Punktesystemen je nach Beurteilungsstufe geschaffen. Systemnutzung und Materialwartung (das heißt sachgemäße Behandlung
der Betriebsmittel), Qualität, Quantität und persönliche Beurteilung (Einsatz-
barkeit, Qualifikation, Arbeitseinsatz) bildeten dabei die Hauptmerkmale.
Ausdrücklich wurde dabei festgehalten, daß, »wenn das Unterschreiten der
vorgebenen Leistung im Leistungsverhalten des/der Mitarbeiters/in liegt, und
die vorgesehenen Maßnahmen wie Training, Umsetzung auf einen anderen
Arbeitsplatz nicht durchgeführt werden können, dann [...] arbeitsrechtliche
Maßnahmen eingeleitet werden«[24]. Bis sich die Reglungen des neuen Lohnsystems auch in der Praxis einspielten und vor allem die ambivalenten Auswirkungen von monetärem Anreiz und drohenden Lohneinbußen erfahrbar wurden, war noch nicht abzusehen. Für das Unternehmen jedenfalls brachte die
neue Lohnregelung nicht nur Kosteneinsparungen, sondern auch die dringend benötigte Flexibilisierung und Anpassung des Lohnsystems an die veränderten Arbeitsanforderungen.

Mit der Umstellung des Lohnsystems ging schließlich auch eine weitere
Flexibilisierung der Arbeitszeit einher. Als Ergebnis der Vereinbarungen in
den 80er Jahren existierten bei Continental inzwischen mit gleitender Arbeitszeit, differenzierter Teilzeitarbeit und unterschiedlichen Schichtsystemen (von
den normalen 15 Schichten bis zu 16 und 17 Schichten) drei Arbeitszeitmo-
delle. Seit Januar 1990 waren dabei nach den anderen Werken auch in Korbach
16 Schichten und damit die Samstagsarbeit zur Regel geworden. Die neuen
Bestimmungen waren bei der Belegschaft zunächst auf wenig Gegenliebe
gestoßen, zumal eine Koordinierung mit der Fertigungssteuerung anfangs nur
unzulänglich funktionierte.[25]

Ungeachtet dessen gab es aber von seiten der Unternehmensleitung weitere
Pläne, die Arbeitszeit generell auf über 18 Schichten auszudehnen und damit
auch Sonntagsarbeit zur Regel zu machen. Vorreiter dieser Entwicklung sollte

23 Vgl. dazu und zum Folgenden Interview Köhler vom 24. 1. 1995 sowie diverse Unterlagen, in: Ablage
Konzernbetriebsrat Continental, Ordner »Lohn«.
24 Vgl. Schreiben von Kauth an den Konzernbetriebsratsvorsitzenden Mierswa vom 3. 2. 94, in: 99201
Zg. 1/95, A 6 sowie Ablage Konzernbetriebsrat Continental, Ordner »Lohn«.
25 Vgl. dazu u. a. Protokoll Konzernbetriebsratssitzung vom 20. 10. 89, in: Ablage Konzernbetriebsrat
Continental.

das Aachener Uniroyal Werk sein, wo sich nach vehementen Widerständen des dortigen Betriebsrats Anfang 1989 Arbeitnehmervertreter und Geschäftsleitung schließlich daran machten, ein neues Arbeitszeitmodell zu entwickeln. Was dabei herauskam, las sich ziemlich revolutionär: Zusätzlich zu den bestehenden Schichten unter der Woche sollten nunmehr zwei Schichten jeweils am Samstag und am Sonntag von 6 bis 18 Uhr eingerichtet werden. Hinzu kam noch eine Schicht am Freitag oder an irgendeinem anderen Tag in der Woche von 8 Stunden, der Rest der Woche war Freizeit. Dies bedeutete, daß ein Wochenendschichtarbeiter lediglich 32 Arbeitsstunden zu absolvieren hatte, aber die tariflich zum 1. Juli 1989 geltenden 39 Wochenstunden bezahlt bekam. Überdies erhielt er einen Sonntagszuschlag, über dessen Höhe man sich jedoch noch nicht einig war. Ferner war sichergestellt, daß die Arbeitnehmer mit Blick auf die Rentenversicherung so gestellt waren, als würden sie tatsächlich 39 Stunden in der Woche arbeiten. Wenn es zum Abschluß dieses Betriebstarifvertrags käme, dann bedeutete dies, daß für die zusätzlichen Wochenendschichten die bisher 1500 Mitarbeiter umfassende Belegschaft um weitere 400 aufgestockt werden mußte. Sowohl für den Betriebsrat als auch für die Gewerkschaft besonders wichtig war die Tatsache, daß es sich hier um ein Angebot handelte, von dem jeder Gebrauch machen, niemand jedoch zur Wochenendarbeit vergattert werden konnte. Der arbeitsrechtliche und sozialpolitische Sprengsatz, den eine solche Vereinbarung in sich trug, bestand in der Begründung der Sonntagsarbeit. Anders als in der Glasindustrie, der Mineralölwirtschaft oder auch in Teilen der Chemie, wo ein Abschalten der Öfen oder Maschinen einen wirtschaftlich nicht vertretbaren Verlust mit sich brächte, spielten solche Überlegungen bei Uniroyal keine Rolle. Wenn es mitunter auch schwierig war, die technologisch bedingte Sonntagsarbeit von der wirtschaftlichen zu trennen, so lag hier ganz klar auf der Hand, daß es sich ausschließlich um wettbewerbssichernde Überlegungen handelte. Die Bänder am Samstag anzuhalten war jedenfalls für den Reifenproduzenten kein technisches Problem. Die letzte Entscheidung über die Einführung dieses neuen Arbeitszeitmodells traf allerdings die nordrhein-westfälische Landesregierung, die nach der Gewerbeordnung die bis dahin unzulässige Sonntagsarbeit genehmigen mußte und dabei Gefahr lief, entweder den arbeitsrechtlichen Damm um die Sonntagsarbeit auf breiter Front zu brechen oder aber den Verlust von Arbeitsplätzen in Kauf zu nehmen. Die Einstellung zur Wochenendarbeit sorge aber auch innerhalb des Gewerkschaftslagers für einen tiefen Riß quer durch die Reihen. Während die IG Metall jede Ausweitung kategorisch ablehnte, gab sich die IG Chemie wesentlich konzilianter, geriet aber ihrerseits auch von seiten der Vertrauensleute in den Betrieben unter Beschuß.[26] Im Sommer 1989 kam aus Düsseldorf aber das Veto des Arbeitsministeriums, und auch ein zweiter Anlauf von Werksleitung und Betriebsrat mit

---

26 Vgl. dazu etwa eine entsprechende Resolution der Vertrauensleute des Werks Stöcken vom 3. 2. 89.

einem modifizierten Modell scheiterte wenig später an der geltenden gesetzlichen Arbeitszeitordnung.[27]

Erst Anfang der 90er Jahre ergaben sich im Gefolge von Gesetzesänderungen neue Flexibilisierungsmöglichkeiten zur Ausweitung der Schichtarbeit auf das gesamte Wochenende. Im Sommer 1992 etwa ging die Korbacher Werksleitung daran, nach und nach eine 19-Schichten-Regelung einzuführen. Zu den bisher 16 Schichten kamen drei weitere hinzu: Eine kurze Schicht am Freitagvormittag, eine lange Schicht am Samstag und eine Nachtschicht am Sonntag ab 18 Uhr. Die im Vergleich zu den übrigen Kollegen insgesamt kürzere Arbeitszeit am Wochenende wurde durch zusätzliche Zahlungen aufgefangen. Der Betriebsrat war nicht grundsätzlich gegen die Einführung der Wochenendschichten. Bedingung aber war, daß die Arbeiter, die in der Reifenherstellung tätig waren, nicht gegen ihren Willen ins Wochenende gedrängt wurden.[28] Heftige Auseinandersetzungen zwischen Gesamtbetriebsrat und Geschäftsleitung gab es aber um die Verknüpfung dieses Modells mit den gleichzeitig tariflich festgelegten Arbeitszeitverkürzungen. Im neuen Manteltarifvertrag war im Juni 1992 die 37,5 Stunden Woche ab 1. April 1993 festgelegt worden. Bei kontinuierlicher Schichtarbeit mußte der Ausgleich über zusätzliche Freischichtgewährung erfolgen. Noch Ende 1992 erklärte nun aber der Vorstand gegenüber dem Betriebsrat, daß die Arbeitszeitverkürzung voll in Anrechnung von Pausen umgesetzt, das heißt aus der Arbeitszeitverkürzung eine neue Pausenregelung gemacht werden würde.[29]

Am 2. Mai 1994 einigte man sich schließlich in Korbach auf ein Arbeitszeitflexibilisierungs-Abkommen. Es legte eine regelmäßige tägliche Schichtzeit von 7,5 Stunden sowie weitere 0,5 Stunden fest, die als Arbeitszeitguthaben geführt wurden. Auch die über die normale tägliche Arbeitszeit hinaus geleistete Arbeitszeit war keine Mehrarbeit, sondern führte zu einem Arbeitszeitguthaben, das einen Saldo von 40 Stunden per Monatsende nicht überschreiten sollte. Die Pausen betrugen täglich 0,7 Stunden, wobei sich 0,2 Stunden aus den Arbeitszeitverkürzungen ergaben. Sie waren unbezahlt und mußten spätestens nach sechs Stunden Arbeitszeit realisiert werden. Die Lage der Pausen bestimmte der Mitarbeiter selbst nach Arbeitsfortschritt. Nach Einführung der elektronischen Zeiterfassung bestand zudem die Möglichkeit, Beginn und Ende der täglichen Schichtzeit flexibel zu gestalten. Zeitguthaben bzw. Zeitschulden, die im Laufe dieses »gleitenden Schichtwechsels« entstanden, wurden im Zeitkonto erfaßt.[30] Nach und nach spielten sich damit auf die einzelnen Werke zugeschnittene, spezifische Arbeitszeitsysteme ein. In Stök-

---

27 Vgl. *Handelsblatt* vom 28. 7. 89 und vom 8. 8. 95.
28 Vgl. *Waldeckische Landeszeitung* vom 23. 6. 92.
29 Vgl. Sitzungsprotokoll Gesamtbetriebsrat vom 20. 8. 93, in: Ablage Konzernbetriebsrat Continental.
30 Vgl. die Betriebsvereinbarung, in: Ablage Konzernbetriebsrat Continental, Ordner »Betriebsvereinbarungen«.

ken etwa galt seit August 1995 ein sogenanntes »Sportschaumodell«, bei dem samstags von 6 bis 18 Uhr inklusive Pausen gearbeitet wurde. Der zweite Teil der Wochenendschicht begann Sonntag um 18 Uhr und endete Montag früh um 6 Uhr. Diese Variante wurde von speziellen Teams (insgesamt etwa 100 Beschäftigte) praktiziert. Die Mitarbeiter arbeiteten nur am Wochenende und verdienten rund 70 Prozent des Monatsgehalts eines normalen Continental-Arbeiters.[31]

Betriebsrat und Gewerkschaften waren dieser in allen deutschen Großunternehmen praktizierten neuen Rationalisierungs- und Restrukturierungspolitik der Unternehmensleitungen gegenüber zunehmend machtlos. Vergeblich protestierte man gegenüber dem »stupiden Arbeitsplatzabbau« und verwies auf die viel zu wenig genutzten Möglichkeiten der Arbeitszeitverkürzung ohne Lohnausgleich. Klagen wurden beim Continental-Betriebsrat auch über die unzulänglichen Informationen des Vorstandes laut, als man etwa im April 1993 erst aus der Presse von massiven Plänen zur Reduzierung der Belegschaft erfuhr.[32] Nahezu jeden Monat kamen von den Werksbetriebsräten neue Hiobsbotschaften von Kurzarbeit, Produktionskürzungen und Entlassungen. Die Betriebsvereinbarung von 1988 über eine Standortgarantie, die man vergeblich einmahnte, war offenbar nur noch Makulatur. »Der Standort Tschechien«, so stellte man etwa im August 1993 auf einer Sitzung des Konzernbetriebsrats resigniert fest, »scheint der große Favorit zu sein. Aber es wird nicht nur über Produktverlagerungen nachgedacht, wo wir hier mit Preisen und Deckungsbeiträgen nicht zurechtkommen, sondern auch bei Produkten, wo wir nachweislich auskömmliche Preise erzielen. Das ist die große Gefahr, der Standort Deutschland wird geplündert, und wir müssen überlegen, wie wir dem entgegensteuern.«[33] Bereits 1992 hatten daher die Arbeitnehmervertreter im Aufsichtsrat heftigen Protest gegen den Erwerb einer italienischen TP-Fabrik angemeldet. Man befürchtete den weiteren Verlust von deutschen Arbeitsplätzen und forderte eine Überprüfung des Investments durch eine Aufsichtsratskommission. Der Vorstand lehnte das aber als Zumutung und Akt des Mißtrauens ab und erhielt daraufhin vom Aufsichtsrat alle notwendigen Vollmachten. So gut es ging und um Schlimmeres zu verhindern, bemühte sich der Betriebsrat daher vor allem darum, den Einsatz der neuen, computerisierten Fertigungsmaschinen und die neuen Arbeitszeitregelungen sozialverträglich zu gestalten.[34] Aber auch was die übertariflichen Lohnzusagen und betrieblichen Sozialleistungen anging, so sahen sich die Arbeitnehmervertreter immer mehr schwindenden Verhandlungs- und Forderungsspielräumen

---

31 Vgl. auch *Conti intern* vom Dezember 1995/Januar 1996 sowie *Handelsblatt* vom 8. 8. 95.
32 Vgl. u. a. Protokoll der Sitzung des Konzernbetriebsrats vom 21. 4. 93, in: Ablage Konzernbetriebsrat Continental.
33 Vgl. Protokoll der Sitzung des Konzernbetriebsrats vom 19./20. 8. 93, in: ebd.
34 Vgl. zur Bilanz ihrer jeweiligen Betriebsratsarbeit die Interviews und Stellungnahmen von Hans-Joachim Nöthel und Richard Köhler, in: *Conti intern* vom Mai 1984 sowie vom März/April 1994.

gegenüber. Vergeblich waren etwa die Proteste im Juli 1991 gegen die Aufrech-
nung von freiwilligen Zulagen auf die Tariferhöhungen, die jährliche Ver-
dienstausfälle von 700 DM bedeuteten. Mehrere hundert Beschäftigte der
Werke Vahrenwald, Stöcken und Limmer hatten daraufhin kurzfristig ihre
Arbeit niedergelegt, aber die harte Haltung der Unternehmensleitung war
durch die 15-Punkte-Vereinbarung rechtlich abgedeckt.[35] Auch Forderungen
über eine Erhöhung der Betriebsrenten wurden Ende 1991 vom Vorstand mit
dem Hinweis auf die schlechte Lage von Continental abgelehnt und erst nach
langwierigen Verhandlungen Ende 1992 immerhin die Bereitschaft der Unternehmensleitung zur Zahlung des Inflationsausgleichs erreicht.[36]

Eine Schwächung des Betriebsrates ergab sich nicht zuletzt auch durch die
veränderten Konzernstrukturen. Die rechtliche Verselbständigung der Conti-
Tech-Gesellschaften bedeutete nicht nur eine zahlenmäßige Reduzierung der
bis dahin 131 freigestellten Betriebsräte; die Auswirkungen einer Dezentralisierung der Betriebsratsarbeit – so befürchtete man bei den Arbeitnehmervertretern – »wären für die zukünftige Zusammenarbeit katastrophal«[37]. Denn
die kleinen Betriebsratsgremien waren aller Erfahrung nach gegenüber Forderungen der Unternehmensleitung weniger widerstandsfähig. In langen Verhandlungen rangen daher die Betriebsräte mit der Unternehmensleitung um
eine neue, ab 1994 geltende Betriebsratsstruktur. Die Arbeitnehmervertreter
drängten dabei massiv auf die Bildung von Standortbetriebsräten, für die die
Geschäftsleitung aber nur eine Wahl in Wahlkreisen zugestehen wollte. Als
man sich schließlich Anfang Mai 1993 verständigte, hatten sich die Arbeitnehmervertreter zwar durchsetzen können, aber aus Sicht der Unternehmensleitung ergaben sich dennoch deutliche Vorteile, waren doch nicht nur schnellere
Entscheidungsprozesse auf Werksebene zu erwarten, sondern vor allem auch
eine stärkere Orientierung der Betriebsräte an den Werksbelangen und damit ein Partikularisierung der Interessen sowie eine Abschwächung der ge-
werkschaftspolitischen Orientierung. Am traditionell hohen gewerkschaftlichen Organisationsgrad in den hannoverschen Stammwerken von Continental änderte sich allerdings wenig. Seitdem die Gründungsversammlung der
niedersächsischen IG Chemie nach 1945 im Werk Stöcken stattgefunden
hatte, lag der Anteil der Gewerkschaftsmitglieder unter den gewerblichen
Mitarbeitern in allen Betrieben bei nahezu 100 Prozent und auch bei den
Angestellten mit etwa 60 Prozent überdurchschnittlich hoch – während etwa
im ehemaligen Uniroyal-Werk in Aachen auch 1988 nur 34,5 Prozent bei den
Arbeitern und 12,6 Prozent bei den Angestellten gewerkschaftlich organisiert
waren. Im April 1992 war es den Belegschaftsvertretern immerhin als erstem

---

35 Vgl. *HAZ* vom 5. 7. 91 und vom 10. 08. 90 über die Unruhe in den Betrieben.
36 Vgl. Sitzungsprotokoll Gesamtbetriebsrat vom 6. 11. 91 sowie die Betriebsvereinbarung vom 14. 12.
   92, in: Ablage Konzernbetriebsrat Continental.
37 Vgl. Schreiben des Betriebsrats Schille vom 26. 4. 89, in: ebd.

deutschen Konzernbetriebsrat gelungen, mit der Gründung eines Europa-Forums die grenzüberschreitende Zusammenarbeit zwischen den Arbeitnehmervertretern aus den verschiedenen Continental-Standorten zu organisieren und institutionalisieren. Einmal im Jahr tagte eine europäische Betriebsräteversammlung, bei der es nicht zuletzt um eine Koordination der Interessendivergenzen zwischen den Hannoveraner und etwa portugiesischen Arbeitnehmervertretern im Sinne einer »solidarischen Standortauslastung« ging.[38]

Der Anfang der 90er Jahre eingeleitete Wechsel des Rationalisierungsmodells und der damit ausgelöste Siegeszug von ›lean production‹ und ›lean management‹ hat die bisherigen Muster der innerbetrieblichen Interessenvertretung nachhaltig verändert. Die gesetzlichen Mitbestimmungsregelungen hatten sich längst bewährt und nicht zu einer bloßen Harmonisierung der Interessen geführt, sondern mit ihren konfrontierenden neben den kooperativen Elementen die betrieblichen Interessenkonflikte gleichsam ritualisiert und zu einer relativ dauerhaften und Befriedigung verschaffenden gesellschaftspolitischen Dramaturgie gemacht.[39] Noch vor der Krise der 90er Jahre setzte aber eine Verbetrieblichung der Interessenvertretung ein, die zwar weit entfernt war von einer Annäherung an die Form der industriellen Beziehungen in Japan, aber doch eine deutliche Bedeutungs- und Kompetenzzunahme der Betriebsräte gegenüber den Gewerkschaften mit sich brachte. Mehr und mehr spielen Betriebsvereinbarungen gegenüber Tarifverträgen nicht nur als betriebsspezifisches Anpassungselement, sondern auch als prinzipielles Regelungsinstrument für Arbeits- und Wirtschaftsbedingungen eine Rolle.[40] Der Bedeutungszuwachs der betrieblichen »Verhandlungsarena« hat aber nicht verhindern können, daß sich die arbeits- und interessenpolitischen Konfliktlinien innerhalb der Betriebe verschärft haben und zudem auch keinen Machtzuwachs der Betriebsräte mit sich gebracht. Der Machtzuwachs der Arbeitgeberseite – nicht zuletzt vor dem Hintergrund einer weiter wachsenden Arbeitslosigkeit – führte dazu, daß sich die Belegschaftsvertretungen »von der ihnen traditionell zugewiesenen Rolle einer sozial- und arbeitspolitisch reaktiven Reparaturkolonne nicht wirklich lösen [konnten]«.[41] Die Betriebsräte gerieten letztlich in einen Rollenkonflikt zwischen fortschreitender Interessendifferenzierung innerhalb der Belegschaftsgruppen, aber auch neuen Solidarisierungen und Mitbestimmungschancen auf der einen Seite und dem neuen Partizipations-Management der Unternehmensleitung im Rahmen ihrer Rationalisierungsstrategie auf der anderen Seite. Zu einem schwierigen Spagat gezwungen, das Wohl der Beschäftigten und des Unternehmens zu berücksichtigen, gerieten sie schnell zwischen alle Stühle. Die Durchsetzung

---

38 Vgl. auch Interview Köhler vom 24. 1. 1995.
39 Vgl. auch Interview Schultze vom 12. 4. 1995.
40 Vgl. auch *SZ* vom 15. 1. 96 sowie Norbert Altmann: Japanisierung der Interessenvertretung bei systemischer Rationalisierung? In: Deis/Döhl (Hrsg.): Vernetzte Produktion, S. 81 ff.
41 Vgl. Michael Schumann u. a.: Trendreport Rationalisierung, Berlin 1994, S. 337.

von ›lean production‹ und ›lean management‹ einerseits sowie die verbrieften Ansprüche der Arbeitnehmer andererseits scheinen die deutsche Volkswirtschaft in eine schwierigere Lage zu manövrieren, als vielen erkennbar ist. Es ist aber Teil des notwendigen Umbaus des Standort Deutschlands. Die Problematik, die sich daraus ergibt, lastet jedoch nicht allein auf den Vorstandsetagen. Noch schwerer haben nach Gesetz- und Positionsverständnis vor allem die Betriebsräte zu tragen.

Mit der umfassenden Restrukturierung der Unternehmenorganisation, des Marketingbereichs, von F+E sowie der Fertigungsabläufe gelang es Continental, aus der Krise letztlich gestärkt hervorzugehen. Bereits im November 1994 konnte der Vorstand für das laufende Geschäftsjahr einen Gewinnzuwachs melden, der sich schließlich vor Steuern auf 92 Millionen DM belief und damit um 24 Prozent höher als 1993 ausfiel, nach Steuern allerdings mit 70,8 Millionen DM nur 8,7 Prozent über dem Vorjahresergebnis lag. Der Ertrag stieg auch deutlich stärker als der Umsatz (plus 5,4 Prozent, das heißt von 9,4 auf 9,9 Milliarden DM) Die Konzernbereiche profitierten dabei in unterschiedlicher Weise vom Nachfrageanstieg. Pkw-Reifen verzeichneten trotz eines guten Winterreifengeschäfts nur eine leichte Umsatzsteigerung und blieben mit 209,6 Millionen DM in der Gewinnentwicklung um 17 Prozent unter dem Vorjahr. Bei Lkw-Reifen verzeichnete man dagegen einen deutlichen Absatzanstieg, der die Verluste von minus 49,3 auf minus 29,9 Millionen DM erheblich verringern half, ohne den Bereich aber aus den roten Zahlen zu führen. Einen deutlichen Umsatz- und Gewinnsprung (plus 17 Prozent bzw. plus 21 Prozent) vollzog dagegen ContiTech. Vor allem aber zeichnete sich endlich eine Wende bei General Tire ab. Bei Pkw- wie Lkw-Reifen verbesserte sich der Umsatz um insgesamt 3 Prozent. Im operativen Ergebnis wurde damit der break-even erreicht, wenn auch unter dem Strich aufgrund der laufenden Restrukturierungsmaßnahmen noch ein Verlust von 9,9 Millionen DM ausgewiesen werden mußte. Seit Januar 1994 hatte Bernd Frangenberg zunächst als Executive Vice President, dann als CEO bei dem inzwischen als Continental General Tire Corp. firmierenden Konzern das Ruder übernommen und einen tiefgreifenden Restrukturierungs- und Rationalisierungsprozeß eingeleitet, der von der Beendigung der Unvereinbarkeit der Kulturen zwischen deutschem Mutterkonzern und amerikanischer Tochter (›transatlantic link‹ bzw. ›transatlantic alliance‹) über die Neupositionierung im für europäische Verhältnisse ungewöhnlich stark von ›private brands‹ geprägten amerikanischen Reifenmarkt bis zur Verlagerung der Konzernzentrale aus dem Traditionsstandort Akron zum neuen General-Tire-Hauptquartier in Charlotte (North Carolina), wo bereits eine Fabrik stand, reichte.[42] Die positiven Konzernjahresergebnisse wogen dabei um so schwerer, als sie trotz weiterbestehendem

---

42 Vgl. auch Interview Frangenberg vom 30. 3. 1995 sowie *European Rubber Journal* 11/1995, *Global Tire Report* 1995/96.

extremen Preisdruck auf den Märkten, ungünstigen Währungskurseffekten und insbesondere explodierenden Rohkautschukpreisen (um bis zu 70 Prozent gegenüber dem Vorjahr) erreicht wurden. Diese externen Einflüsse fraßen einen Großteil der durch Umstrukturierung und Effizienzsteigerungen erzielten Ergebnisverbesserungen wieder auf.

Dennoch machte sich im Vorstand Optimismus breit, daß man mit der neuen Strategie der Profitabilität auf dem richtigen Weg war. Den in der Branche weit verbreiteten und seit Jahrzehnten bewiesenen Zusammenhang, daß Reifen und Profit ein Widerspruch in sich sind, wollte man nicht anerkennen. Innerhalb eines Industriezweigs, der durch sein Preisgebaren zeigte, daß es ihm mehr um Menge und Marktanteil ging als um Preis und Profit, wollte sich Continental mit dem Ziel absetzen, bis zur Jahrtausendwende mit einer Nachsteuerrendite von 5 Prozent Branchenprimus zu werden.[43] »Conti«, so wandelt von Grünberg einen Wettbewerbsnachteil in eine Chance um, »hat mehr Verbesserungspotential als jemand, der schon ausgereizt ist.« Der Konzern sei das am stärksten durch Akquisition gewachsene Reifenunternehmen, allerdings müßten die Synergien auch gehoben werden. Aber auch bei den Konkurrenten zeigte sich infolge von radikalen Rationalisierungsmaßnahmen und einer Wiederbelebung der Nachfrage Mitte der 90er Jahre eine Rückkehr zu den schwarzen Zahlen. Michelin wies 1994 einen Umsatzzuwachs von 9,5 Prozent, Bridgestone von 8,4 Prozent und Goodyear von 6,5 Prozent auf, die sich aufgrund durchgesetzter Preiserhöhungen auch in entsprechenden Erträgen niederschlugen.[44]

Die wiedereinsetzende konjunkturelle Belebung in der Automobilindustrie – im wesentlichen getragen vom Wirtschaftswachstum in den USA und Europa – sowie die lebhafte Nachfrage auf allen Märkten des Ersatzgeschäftes waren auch die Basis für die weitere Gewinnverbesserung im Jahre 1995. Während für die meisten deutschen Unternehmen das Geschäftsjahr aufgrund der anhaltenden DM-Stärke, die die zuvor erzielten massiven Personal- und Sachkosteneinsparungen weitgehend zunichte machte, aufgrund der Tarifabschlüsse und der schließlich überraschend zu lahmen beginnenden Konjunktur eher enttäuschend ausfiel, konnte Continental mit 155 Millionen DM den Gewinn mehr als verdoppeln und erstmals einen Umsatz über 10 Milliarden DM verzeichnen. Ein neuer Rekordabsatz bei Winterreifen sowie eine steigende Nachfrage bei Nutzfahrzeugreifen ließen das Ergebnis in der Pkw-Reifendivision um 20 Prozent deutlich ansteigen und erstmals auch die Nutzfahrzeugreifen-Division vor Zinsen und Steuern ein ausgeglichenes Ergebnis erwirtschaften. ContiTech steigerte den Umsatz um 12,7 Prozent auf 2,8 Milliarden DM. In diesen Zahlen waren allerdings Gesellschaften enthalten, die 1995 aus dem Pkw-Reifenbereich zu ContiTech kamen.[45] Nach wie vor hatte

43 Vgl. Interview von Grünberg, in: *SZ* vom 29. 11. 94.
44 Vgl. u. a. »A break from the cycle of recession«, in: *Financial Times* vom 29. 1. 96.
45 Vgl. *SZ* vom 7. 3. 96.

vor allem das hohe Niveau der Rohstoffpreise die Ertragslage beeinflußt, aber erstmals seit langem war es gelungen, in zwei Preisrunden höhere Verkaufspreise sowohl in der Erstausrüstung wie im Ersatzgeschäft durchzusetzen und damit die Kostenerhöhungen weiterzugeben. Die anhaltenden Währungsturbulenzen hatten den Reifenkonzern zudem wegen des inzwischen ausgewogenen ›Standortmixes‹ nur noch wenig belastet.

Die Krise der 90er Jahre hatte insgesamt in den Bilanzen von Continental tiefe Spuren hinterlassen. Ein heftiges Auf und Ab bei Umsatz wie Erträgen prägte das Bild, das in vielem dem der 70er Jahre ähnelt.

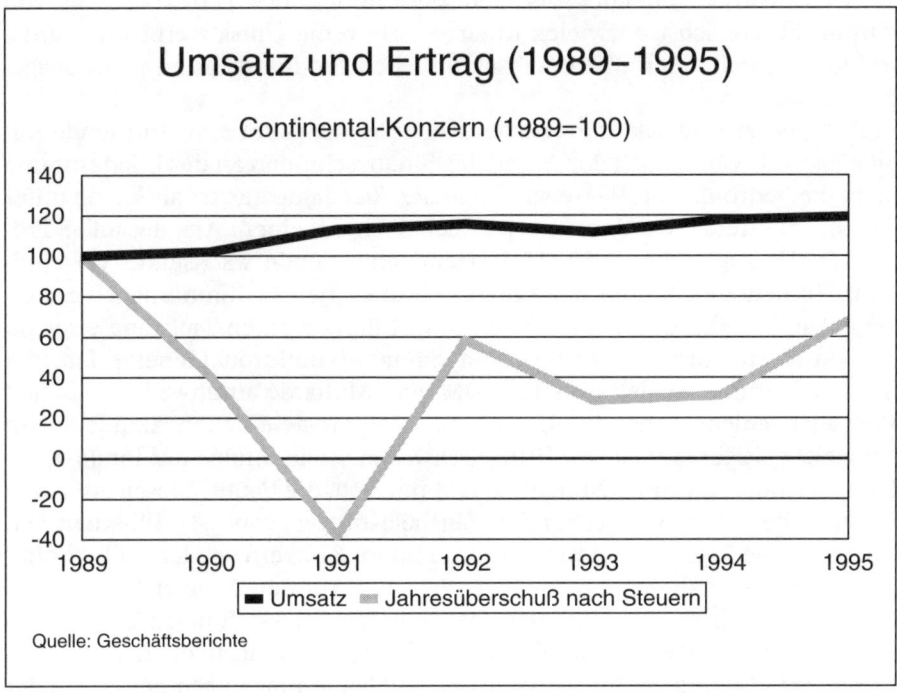

Umsatz und Ertrag (1989–1995)

Continental-Konzern (1989=100)

Quelle: Geschäftsberichte

Hinter der in absoluten Zahlen nur leicht ansteigenden Umsatzentwicklung versteckte sich ein fluktuierendes Muster von Unternehmenswachstum, in dem sich jährliche Schrumpfungsraten von minus 10 Prozent (1992) mit Steigerungsraten von plus 8 Prozent (1994) abwechselten. Von dem mittelfristigen Ziel, an die Umsatzrendite von 2,7 Prozent (1989) anknüpfen zu können, war man nach dem Absturz in minus 1,5 Prozent (1991) und einer Stagnation bei 0,7 Prozent (1993 und 1994) auch 1995 (1,5 Prozent) noch entfernt. Anders als in den expansiven 80er Jahren hielt sich dabei nun externes und internes Unternehmenswachstum die Waage. Auch konzernintern verschoben sich die Gewichte. Hatte sich an der groben Aufteilung von drei Viertel Reifen- und ein Viertel TP-Anteil am Gesamtumsatz wenig geändert, so zeigte sich doch, daß seit 1993 ContiTech stärker wuchs. Der Konzernbereich, der damals 23 Prozent des Umsatzes repräsentierte, erreichte infolge einer bewußten strategischen Umorientierung 1995 bereits 27 Prozent und sollte am Ende der Dekade zu Lasten des Reifenbereichs auf über 30 Prozent steigen.

Mit einem zwischen 1989 und 1995 um 16,8 Prozent von 178 700 DM auf 208 830 DM steigenden Umsatz je Beschäftigtem hatte Continental seine Produktivität deutlich verbessert. Selbst in der Abschwungphase Anfang der 90er Jahre war es dabei gelungen, den Pro-Kopf-Umsatz zu erhöhen, und auch das vorübergehende Absinken 1993 infolge des Dazukommens von Barum, wo zunächst mit vielen Mitarbeitern wenig Umsatz erbracht wurde, war rasch durch einen überdurchschnittlichen Produktivitätszuwachs ausgeglichen worden.

Trotz dieser Entwicklung wies der Konzern insgesamt eine drückende Kapitallage auf. Wenn auch der Anteil der Finanzschulden an der Bilanzsumme nicht die bedrohlichen Werte wie Ende der 70er Jahre zeigte, als knapp unter 50 Prozent erreicht wurden, so zeigte sich doch mit einem Anstieg auf 35 Prozent (1992) gegenüber 1989 (18 Prozent) eine rapide wachsende Verschuldung. In den 80er Jahren hatte man sich um einen kontinuierlichen Schuldenabbau bemüht und 1984 mit DM 594 Millionen einen Tiefstand erreicht, ehe unter anderem der Erwerb von Semperit und von General Tire die Schuldensumme wieder auf knapp DM eine Milliarde anschwellen ließ. Seit 1990 aber schleppte man infolge von Nachfolgekosten, neuen Akquisitionen bei gleichzeitiger jahrelanger Ertragsschwäche sowie infolge der Pirelli-Krise Gesamtschulden von 1,5 Milliarden DM mit sich, die bis 1992 rasch auf einen Schuldenberg mit entsprechenden Zinsbelastungen von 2,4 Milliarden DM wuchsen. Die Eigenkapitalquote sank damit im Konzern wieder auf bedrohliche 22,9 Prozent ab, hatte man doch allein 1991 für den Ausgleich der ersten General-Tire-Krise 500 Millionen DM aus den Rückstellungen entnehmen müssen. Es war daher kein Wunder, daß trotz der nach oben zeigenden Ertragsentwicklung im Aufsichtsrat Ende 1994 die Frage nach dem Grad der Verletzlichkeit des Unternehmens beim nächsten Konjunkturabschwung aufkam. Mit einer Eigenkapitalquote von 25,3 Prozent und einer Verschuldungsquote von 27 Prozent wies der Konzern 1995 aber bereits wieder eine deutlich verbesserte Kapitallage auf.

Das Investitionsverhalten war dabei von der Finanzlage weitgehend unberührt geblieben. Ungebrochen und entgegen dem Konjunkturzyklus behielt man das hohe Investitionstempo und -niveau auch Anfang der 90er Jahre bei. Jahrelang lagen die Investitionen dabei über dem Netto-Cash-flow, was die Verschuldung weiter anwachsen ließ, ehe seit 1993 die Investitionen deutlich zurückgeführt wurden und sich auf 5 bis 6 Prozent des Umsatzes als »Normalmaß« einpendelten, um wieder ein besseres Gleichgewicht zwischen Abschreibungen und Neuinvestitionen zu bekommen.

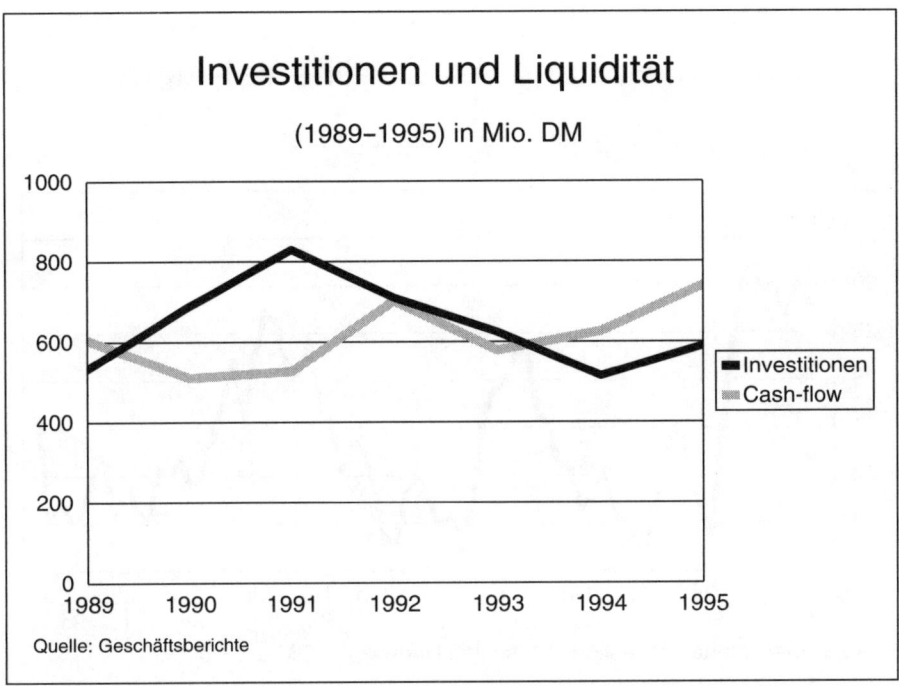

Investitionen und Liquidität

(1989–1995) in Mio. DM

Quelle: Geschäftsberichte

Die Entwicklung spiegelte deutlich die Investitionszwänge des kapitalintensiven Modernisierungswettbewerbs wider. Mehr denn je waren dabei auch die Investitionsmittel als Erweiterungsinvestitionen oder aber als finanzinvestiver Beteiligungserwerb als Alternative zur Erweiterung ins Ausland geflossen,[46] während die Inlandsinvestitionen, deren Anteil wieder deutlich unter 50 Prozent der Gesamtinvestsumme geschrumpft war, vor allem für Rationalisierung der Produktionsabläufe eingesetzt wurden.

Trotz der drückenden Finanzprobleme dachte man im Vorstand nicht an eine Kapitalerhöhung. In den lokalen Finanzmärkten bot sich nach wie vor eine breite Palette von alternativen Möglichkeiten zur Fremdkapitalbeschaffung. Continental verfügt über syndizierte Eurofacilitäten von einer Milliarde DM und 80 Millionen Pfund, fährt ein Commercial-Paper-Programm über 600 Millionen DM und nutzt verstärkt in den USA und Deutschland das Instrument von sogenannten asset back securities (ABS). Nach Aufstockung des ABS-Programms in Deutschland und dem Start von zwei weiteren Programmen in Europa wird sich das ABS-Volumen auf rund 600 Millionen DM belaufen. Generell, so die Strategie, reduziert Continental schrittweise die Finanzschulden, um damit ausreichend flexibel zu sein, den Zeitpunkt einer

---

46 Gegenüber 1989 hatten sich die Erträge aus Beteiligungen von DM 3,8 Millionen auf DM 9,4 Millionen nahezu verdreifacht.

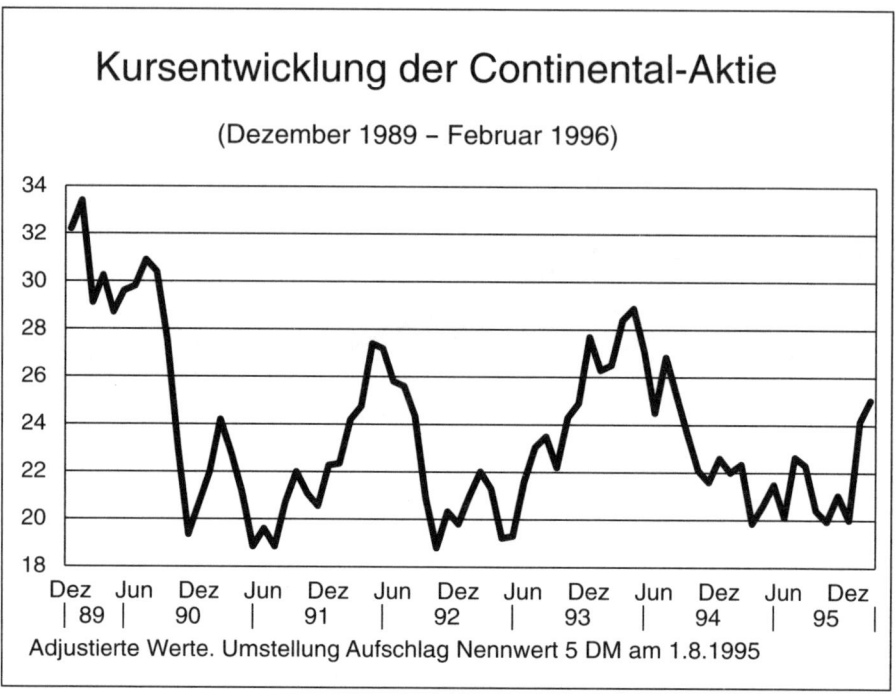

Kapitalerhöhung zu bestimmen und bessere Kurszeiten abzuwarten.[47] In der Tat brach der Kurs der Conti-Aktie Anfang der 90er Jahre deutlich ein und sackte, nicht zuletzt auch im Schatten des Golfkrieges, von 341 (Jan. 1990) auf 185 (Mitte 1991) ab, ehe er sich seit 1995 wieder nachhaltig zu erholen begann.

Für heftige spekulative Auf- und Abbewegungen hatten aber vor allem auch die Verhandlungen mit Pirelli gesorgt, an dessen Ende zudem eine neue Aktionärsstruktur stand. Mit der Norddeutschen Landesbank (16,9 Prozent des Aktienkapitals), der Deutschen Bank (10,2 Prozent) und der Dresdner Bank (6,5 Prozent) waren nun wieder die Banken die größten Anteilseigner von Continental.

Mit einem neuen Belegschaftsaktienmodell versuchte der Vorstand im Oktober 1995 auch für eine breitere Streuung des Aktienkapitals zu sorgen. Neu an dem Modell war gegenüber früheren Aktionen die steuerbegünstigte Fremdfinanzierung mit Kurssicherung, die es den Mitarbeitern erlaubte, bei gleichem Geldeinsatz deutlich mehr Papiere zu erwerben. Bereits 1987 waren Überlegungen zur Ausgabe von Belegschaftsaktien angestellt worden. Angesichts des Börsenkrachs war man damals aber heilfroh, die Ausgabe entspre-

---

47 Vgl. *Börsenzeitung* vom 6. 10. 95 und allgemein auch Arnold Fischer: Steuerung und Planung im Konzern. Controlling Systeme in der Unternehmenspraxis – Das Beispiel Continental, in: *Blick durch die Wirtschaft* vom 4. 2. 92.

chender Aktien noch nicht eingeleitet zu haben. Belegschaft wie Vorstand hatten nur allzu deutlich noch die traumatische Erfahrung mit der ersten Belegschaftsaktienaktion anläßlich des Jubiläums 1971 in Erinnerung, als der Kurs kurz danach ins Bodenlose abgesackt war. Zum zentralen Ziel des Continental-Managements, nämlich der Sicherung der Unabhängigkeit bei gleichzeitig optimaler Versorgung mit Kapital, wird die Belegschaftsaktie vorläufig kaum beitragen können, beträgt der sogenannte ›free-float‹ doch etwa 60 Prozent des Continental-Aktienkapitals, von denen 11 Prozent des Kapitals und damit knapp ein Fünftel des Streubesitzes nach jüngsten Erhebungen in Großbritannien und USA gehalten werden. Nach zwei dividendenlosen Krisenjahren 1991 und 1992 und einer ansonsten seit 1990 unveränderten Dividende von 4 DM je Aktie im Nennwert von 50 DM verstärkt der Continental-Vorstand seine Bemühungen, der Pflege der Kapitalmärkte und der Kommunikation mit deren Akteuren künftig wieder mehr Gewicht einzuräumen. Denn Schutz vor »feindlicher« Übernahme bietet langfristig nur die Steigerung des ›shareholder value‹.[48]

---

48 Vgl. auch *Börsenzeitung* vom 6. 10. 95.

Schluß

Die Gummiindustrie und mit ihr Continental hat in den über 100 Jahren ihres Bestehens dramatische Veränderungen erfahren, deren Tempo in den letzten 25 Jahren deutlich zunahm. Mag das Bild als Industriebranche heute noch so diffus sein, einige wesentliche Entwicklungen durchzogen ihre Geschichte wie ein roter Faden und werden sie auch in Zukunft prägen: Da ist zum einen der von Anfang an und wie in kaum einer anderen Branche tobende nationale wie internationale Wettbewerb, der zwischen den Unternehmen zu Kooperationen, Konzentrationen und Konkurrenz oft zur gleichen Zeit führte; da ist zum anderen die prägende Bedeutung der Erfindung des Reifens und seiner technischen Entwicklung, die ins Zentrum der Branchenentwicklung gerückt ist und als technologische und ertragsmäßige Abhängigkeit von der Autoindustrie sowie dem Status einer Zuliefererbranche ohne eigenständige Wachstumsdynamik das Schicksal der Kautschukunternehmen bestimmt; und schließlich ist da nicht zuletzt die Komplexität der Verarbeitung des Naturprodukts Kautschuk, der sich nach wie vor gegenüber einer automatisierten Massenfertigung gleichbleibender Qualitätsprodukte als widerspenstig und daher arbeits- und kostenintensiv erweist.

In der historischen Langzeitperspektive relativiert sich der oft vorherrschende Eindruck der Besonderheit und Einmaligkeit der gegenwärtigen Lage. Die 90er Jahre des 20. Jahrhunderts sind nicht unsicherer und schwieriger – sei es das Wettbewerbsumfeld, der technische Wandel oder die finanz- und fertigungsstrukturellen Rahmenbedingungen – als etwa die Jahre der Zwischenkriegszeit. Die spezifischen Konstellationen haben sich geändert, aber die grundsätzliche Herausforderung kostengünstiger Fertigung, organisatorischer Anpassung und innovativer Produktentwicklung blieb. Um im Wettbewerb mithalten und zeitweise auch dessen Regeln mitbestimmen zu können, mußte das Unternehmen große Anstrengungen aufbringen. Sie waren – besonders in Krisenphasen – begleitet von Lernprozessen, aber auch – vor allem in Prosperitätszeiten – von Selbstgefälligkeit und ›Verschüttung‹ der Erfahrungen. Continental hat gelernt, sich auf fremden Märkten zu bewegen, die Unternehmensfinanzen global zu managen und die Produktion in außerdeutschen Fabriken zu koordinieren. Man hatte aber dazwischen auch immer wieder verlernt, auf Rentabilität zu achten, das Konkurrenzumfeld zu beobachten und neue technologische Pfade einzuschlagen.

Die Einbettung der letzten 25 Jahre in den langen Gesamtprozeß der unternehmenshistorischen Entwicklung läßt dabei viele subjektiv wie kollektiv kaum so empfundene Kontinuitäten deutlich werden, gleichzeitig aber auch Zäsuren schärfer ins Bewußtsein rücken. Da ist zum einen die prägende Abhängigkeit von den Preiskonjunkturen des Rohkautschuks, ehe die wirtschaftliche Lage seit der Nachkriegszeit immer mehr von den Rhythmen der Automobilkonjunktur bestimmt wurde. Da ist zum anderen seit den 70er Jahren das fundamentale Umschlagen vom Verkäufer- zum Käufermarkt mit oligopolistischen Strukturen, die aber aufgrund der Rationalisierungseffekte sowie des technischen Fortschritts eine eigene Dynamik entwickelten: Statt sich preislich ›einzurichten‹, verschärfte sich der Kampf um Marktanteile; statt bei zunehmender Konzentration schwächer zu werden, wurde der Wettbewerb zwischen den Unternehmen härter. Es gerät die Prosperitäts- und von kriegswirtschaftlichen und staatspolitischen Reglementierungen geprägte Phase ins Blickfeld, die als Zäsur hinsichtlich der verlorenen bzw. verlernten Wettbewerbsfähigkeit nicht nur für die Reifenindustrie bisher noch gar nicht richtig beachtet wurde und die es daher neu zu bewerten gilt. Demgegenüber treten stärker die Kontinuitäten in der Entwicklung der Unternehmensorganisation zutage, das aufholende Unternehmenswachstum durch Fusionen und Akquisitionen in den 20er und 80er Jahren und der sich letztlich lange hinziehende Prozeß der Divisionalisierung, begleitet vom Wechselspiel von oben gesteuerter, behutsamer Umorganisation und plötzlichem organisatorischem Wandel infolge von Zukäufen. In die letzten 25 Jahre der Unternehmensgeschichte fällt der Umbruch des Fertigungssystems vom tayloristisch-fordistischen Modell hocharbeitsteiliger Massenfertigung zum posttayloristischen, japanisch geprägten Rationalisierungs- und Produktionskonzept. Durch frühe Wahrnehmung zeigte sich Continental hier als einer der Vorreiter, der aber auch mit zahlreichen, langwierigen Lernprozessen bei der Adaption und Assimilation dieser Konzepte in die spezifische, von deutschen »Fertigungstraditionen« geprägte Unternehmenswirklichkeit konfrontiert war.

Was den technischen Umbruch anging, so reiht sich die Stahlgürtel-Technologie zunächst ein in die Kontinuität langfristigen technischen Wandels, der die Reifenindustrie prägte. Es gab letztlich nur vier zentrale Innovationssprünge – die Erfindung und Entwicklung des Luftreifens selbst in den 90er Jahren des vorigen Jahrhunderts, den Cord-Reifen in den 20er Jahren, den Diagonalreifen der 40er und 50er Jahre und den Radialreifen der 70er Jahre –, auf die jeweils zahlreiche Verbesserungen und langwierige Weiterentwicklungen folgten. Daß sich der Radialreifen dann doch zu einer säkularen Zäsur in der Geschichte der Reifenindustrie entwickelte, lag nicht an der Technologie, sondern am Verhalten aller – deutscher wie amerikanischer – Wettbewerber,

die durch ihre auf Stolz und Eitelkeit begründete Ablehnung des neuen
technologischen Pfades erst das »Sich-Absetzen« von Michelin ermöglichten
und dem französischen Konkurrenten damit zunächst das gesamte technologische Feld kampflos überließen.

Von starken Kontinuitäten geprägt ist auch die Unternehmenskultur von
Continental. Eine große Bandbreite unterschiedlicher Kulturen kennzeichnet
sie seit 1929, die Ende der 70er Jahre zusätzlich aus den geographischen Besonderheiten der verschiedenen internationalen Zweige und Gesellschaften
resultiert. Trotz aller Trends zur Beeinflussung durch amerikanische Manage-
mentstile in den 20er, Ende der 40er und in den 90er Jahren blieb Continental
in seiner ›corporate identity‹ ein sehr deutsches Unternehmen. Ein wesentlicher Teil der Unternehmenskultur ist auch das praktisch seit der Gründung
Continentals bestehende Konkurrenzverhältnis zu Michelin. Beide Unternehmen sind je in unterschiedlicher Weise mit ihrer von Kooperation und
Konfrontation geprägten Beziehungsgeschichte Teil der Unternehmenskultur
des anderen geworden. Die letzten 25 Jahre bilden dabei eine dramatische
Phase dieser ›special relationship‹, in der der Umbruch der Wettbewerbsposi-
tionen infolge der Radialrevolution für Continental zu einer traumatischen
Erfahrung wurde. Hinter dem »Michelin-Trauma« stand, daß man als bis
dahin in Europa technologisch Führender sich nun plötzlich nicht nur als der
Kleinere, sondern auch der technisch weniger Angesehene, Zweitrangige
wiederfand. Daß die Verbraucher in der Erstausrüstung wie im Ersatzmarkt
dem Konkurrenten einen Qualitäts- und Leistungsvorteil zugestanden, den
sie auch mit der Bereitschaft zu Mehrpreiszahlung honorierten, bedeutete für
das gegenüber Michelin zudem mit den höheren Standortkosten behaftete
deutsche Unternehmen ein betriebswirtschaftliches Grundproblem von un-
ternehmensbedrohender Dimension.

Mit dem Trauma verschaffte Michelin dem deutschen Konkurrenten aber
zugleich auch die beständige Motivation und das Ziel, die Verhältnisse
wieder umzukehren. Es ist ein mächtiger Antrieb für Continental, den
Thron, von dem man gestoßen wurde, zurückzuerobern. Der Weg dazu führt
über Technologie. Den ersten Anlauf hatte Continental mit CTS genommen.
Der zweite Anlauf wurde mit der Konzentration auf die Systemtechnologie
eingeleitet. In einer Zeit, in der die Komponente ›Reifen‹ ausoptimiert ist
und das System Automobil, das den Reifen umfaßt, stärkere Bedeutung
bekommt, macht sich Continental daran, die Zusammenhänge zu optimie-
ren, in denen sich die Komponente Reifen befindet. Während die Konkurrenten noch auf das Zulieferteil Reifen blicken, hat Continental den Blick
schon auf die Systemzusammenhänge gerichtet. Bis diese Strategie allerdings
nachhaltig wettbewerbsrelevant werden wird, gilt es, gegenüber dem weiter
wachsenden Konkurrenz- und Kostendruck zu bestehen. Die Zeiten, in
denen man in Deutschland noch glaubte, daß Unternehmen und erst recht
Branchen nicht sterben können, sind nicht zuletzt seit den Tagen der Reifen-

industrie-Krise in den 70er Jahren längst vorbei. Der Konzentrationsprozeß in der Branche ist auch in den 90er Jahren noch nicht zur Ruhe gekommen. Der »final shake-out of winners and loosers« steht noch bevor. Größe allein bietet in einer Ära, die das Ende der Großkonzerne einläuten könnte, dabei keine zwingenden Wettbewerbsvorteile mehr. Schon jetzt prägen mehr und mehr mittelständische, flexible Unternehmen die Branche, spalten sich die Großkonzerne in kleinere, selbständige Unternehmenseinheiten auf, und die Rangliste in Profitabilität führen nicht die Branchenriesen Michelin, Goodyear und Bridgestone an, sondern das vergleichsweise kleine amerikanische Kautschukunternehmen Cooper.

Die 60er Jahre standen im Zeichen des technischen Umbruchs, die 70er im Zeichen der Rohstoffe; in den 80er Jahren dominierten die Finanzen die Märkte. Die ausgehenden 90er Jahre stehen angesichts verschärften Kostendrucks und Wettbewerbs im Zeichen des sich wandelnden, lernenden Unternehmens und globaler, strategischer Allianzen. Continental, ein mehr denn je vom Reifen geprägter Konzern geworden, erfuhr in dieser Dekade schmerzhaft, daß große Akquisitionen nicht automatisch zur Verbesserung von Marktpositionen und Wettbewerbsfähigkeit führen. Man besann sich wieder darauf, daß die deutschen Kosten in Europa und auf den Weltmärkten nicht konkurrenzfähig sind, dafür aber deutsche Technologie, und begann, über technische Kompetenz anstelle von Finanzen in die Märkte vorzudringen. Dafür, daß unzweifelhaft eine neue technologische Revolution die Reifen- und Kautschukindustrie im 21. Jahrhundert prägen wird, die wieder eine Entkoppelung des augenblicklichen Trends einläuten könnte, den Märkten folgen zu müssen und auf Gedeih und Verderb mit dem Schicksal der Automobilindustrie verbunden zu sein, dafür sieht man sich in Hannover jedenfalls gut gerüstet.

Anhang

Quellenverzeichnis

– Ungedruckte Quellen:

1. Continental-Archiv

Bestand 6500 (Betriebsleitung)

Zg. 1/58, A 2,1

Bestand 6600
(Geschäftsleitung Vahrenwald)

Zg. 2/56, A 5,
Zg. 1/57, A 29

Bestand 6603
(Gesamtunternehmensleitung)

Zg. 1/74, A 1,
Zg. 1/75, A 1,1,
Zg. 1/75, A 1,2,
Zg. 1/85, A 7,1,
Zg. 1/85, A 7,2,
Zg. 3/85, A 3

Bestand 6607 (Werksarchiv)

Zg. 1/64, A 2

Bestand 6608 (Presseabteilung)

Zg. 1/90, A 5

Bestand 6610 (Direktionssekretariat)

Zg. 1/56, A 8–9,
Zg. 1/57, A 1-,
Zg. 1/57, A 24,1–2
Zg. 2/57, A 1–2,
Zg. 1/63, A 1–3,
Zg. 1/65, A 30,
Zg. 1/73, A 1,
Zg. 1/73, A 2,
Zg. 1/73, A 3,
Zg. 1/73, A 4,
Zg. 1/73, A 6,
Zg. 1/73, A 7,
Zg. 1/73, A 9,
Zg. 1/73, A 10,
Zg. 1/73, A 11,
Zg. 1/73, A 13,
Zg. 1/73, A 25–27,
Zg. 7/73, A 1,
Zg. 7/73, A 9,
Zg. 1/76, A 4,
Zg. 1/78, A 1,1,
Zg. 1/78, A 1,2,
Zg. 1/78, A 1,3,
Zg. 1/80, A 1,
Zg. 1/85, A 3,
Zg. 1/87, A 1,
Zg. 1/90, A 1,
Zg. 1/90, A 2,
Zg. 1/90, A 3,

Zg. 1/90, A 4,
Zg. 1/90, A 6,
Zg. 1/90, A 9,
Zg. 1/90, A 10,
Zg. 1/90, A 11

Bestand 6615 (Personalabteilung)

Zg. 1/73, A 1,
Zg. 1/93, A 1

Bestand 6635 (Finanzabteilung)

Zg. 1/90, A 1

Bestand 6621 (Rechtsabteilung)

Zg. 1/92, A 1,1,
Zg. 1/92, A 1,2

Bestand 6745 (Werbeabteilung)

Zg. 1/60, A 1

Bestand 99201 (Arbeitsdirektor)

Zg. 1/95, A 1,2,
Zg. 1/95, A 1,
Zg. 1/95, A 2,
Zg. 1/95, A 3,
Zg. 1/95, A 5

Ordner F&E (1979–1992)

2. Registratur Vorstandssekretariat:

Bestand: Vorstandsprotokolle 1970 ff.
Bestand: Aufsichtsratsprotokolle 1970 ff.
Bestand: Protokolle des Reifenausschusses 1979 ff.
Bestand: Protokolle des TP-Ausschusses 1982 ff.

3. Ablage Gesamtbetriebsrat Continental (Korbach)

Bestand: Protokolle 1970 ff., Ordner »Lohn«, Ordner »15-Punkte-Programm«, Ordner »Betriebsvereinbarungen«

4. Interviews:

Dr. Hans-Henning Datan	am 22. 3. 1995
Dr. Friedrich Karl Flothow	am 8. 2. 1995
Bernd Frangenberg	am 30. 3. 1995
Wolf Dieter Gogoll	am 2. 3. 1995
Dr. Manfred Grothe	am 12. 4. 1995
Dr. Hubertus von Grünberg	am 9. 2. 1996
Dr. Carl H. Hahn	am 11. 5. 1995

Dr. Peter Haverbeck	am 22. 3. 1995
Dr. Jens P. Howaldt	am 15. 6. 1995
Dr. Dieter von Herz	am 22. 12. 1994
Richard Köhler	am 24. 1. 1995
Gerhard Mauk	am 15. 2. 1995
Gilbert Neal	am 29. 3. 1995
Gerry O'Neil	am 29. 3. 1995
Dr. Julius Peter	am 25. 8. 1995
Dr. Klaus-D. Röker	am 9. 2. 1996
Wilhelm Schäfer	am 10. 5. 1995
Dr. Wolfgang Schultze	am 12. 4. 1995
Heinz Schwarze	am 1. 3. 1995
Dr. Rainer Stark	am 1. 3. 1995
Robert Steinmetz	am 15. 3. 1995
Heinz Strüber	am 15. 2. 1995
Horst W. Urban	am 15. 5. 1995
Helmut Werner	am 4. 7. 1995

– Gedruckte Quellen:

Geschäftsberichte 1871 ff.

Die Gummi-Zeitung, Berlin 1887 ff.

Conti intern 1970 ff.

Der technische Handel 1924 ff.

Dokumentation Konvent 1983 ff.

Pressespiegel 1971/74 ff.

Adams, Benno: Mitbestimmungsreport (Manuskript 1985).

Forschungsbericht: Humanisierung des Arbeitslebens. Anpassung der Arbeitsanforderungen an den Leistungswandel älterer Mitarbeiter am Beispiel von Reifenkonfektionären. Teilbericht 5 der sozialwissenschaftlichen Begleitforschung von H. P. Euler u. a., Universität Karlsruhe, Manuskript April 1985.

Knorr, Peter: Continental. Werk Korbach 1970–1988 (Manuskript 1988).

Peter, J.; Mauck, G.: Entwicklungsstand und Tendenzen der Reifenindustrie in der BRD, (Manuskript 1977).

Rudzewitz, Rüdiger: Wohin rollt der Reifen? (Manuskript 1985).

Schmidt, Th.: Continental 1871–1971. Ein Jahrhundert Fortschritt und Leistung, Hannover 1971.

»Weißbuch: Continental Gummiwerke AG. Der Versuch einer Situationsanalyse. Vorschläge zur Beseitigung von Schwachstellen – Aufzeigen von möglichen Wegen zur Wiedergesundung«, das Aufsichtsrat wie Vorstand übergeben wurde (Manuskript 1973), 23 Seiten.

Literatur

Altmann, Norbert u. a.: Ein neuer Rationalisierungstyp – Neue Anforderungen an die Industriesoziologie, in: *Soziale Welt* 1/1986.

Altmann, Norbert: Japanisierung der Interessenvertretung bei systemischer Rationalisierung? In: Deiß, Manfred; Döhl, Volker (Hrsg.): Vernetzte Produktion. Automobilzulieferer zwischen Kontrolle und Autonomie, Frankfurt am Main 1992, S. 81 ff.

Asperger, Karl-Heinz: Von Glanzstoff zu Enka (1969–1985), Wuppertal 1990.

Barlow, Colin u. a.: The World Rubber Industry, London 1994.

Berghahn, Volker: Unternehmer und Politik in der Bundesrepublik, Frankfurt am Main 1985.

Berghahn, Volker, Friedrich, Paul J.: Otto A. Friedrich, ein politischer Unternehmer. Sein Leben und seine Zeit, 1902–1975, Frankfurt am Main 1993.

Deiß, Manfred; Döhl, Volker (Hrsg.): Vernetzte Produktion. Automobilzulieferer zwischen Kontrolle und Autonomie, Frankfurt am Main 1992.

French, Michael: The US Tire Industry. A History, Boston 1991.

Gall, Lothar u. a.: Die Deutsche Bank 1870–1995, München 1995.

Gottschall, Dieter: Management optimal. Die Psychodynamik erfolgreicher Unternehmensführung, Frankfurt am Main 1987.

Hinrichs, Karl: Motive und Interessen im Arbeitszeitkonflikt. Eine Analyse der Entwicklung von Normalarbeitszeitstandards, Frankfurt am Main 1988.

100 Jahre Industriegewerkschaft Chemie-Papier-Keramik, 1890–1990, hrsg. vom Hauptvorstand der IG Chemie, Köln 1990.

Jemain, Alain: Michelin. Un siècle de secrets, Paris 1982.

Jürgensen, Harald: Entwicklung der Mitbestimmung in der Bundesrepublik Deutschland, in: Pohl, Hans (Hrsg.): Mitbestimmung. Ursprünge und Entwicklung, Wiesbaden 1981, S. 74 ff.

Karow, Gustav: Der deutsche Reifenmarkt. Struktur und Wettbewerbsverhältnisse, Diss. Köln 1963.

Lange, Otto: Die deutsche Gummiindustrie nach dem Kriege, Diss. Leipzig 1926.

Meißner, Heinz Rudolf u. a.: Die Teile und die Herrschaft. Die Reorganisation der Automobilproduktion und der Zulieferbeziehungen, Berlin 1994.

Osswald, Richard: Lebendige Arbeitswelt. Die Sozialgeschichte der Daimler-Benz AG von 1945 bis 1985, Stuttgart 1986.

Peter, Julius: Dehnbare Erinnerungen. 1000 Stunden Gummiindustrie, Ratingen 1993.

Pohl, Hans (Hrsg.): Mitbestimmung. Ursprünge und Entwicklung, Wiesbaden 1981.

van Rossem, A.: Die amerikanische Gummiindustrie und ihre wissenschaftliche Arbeit, Berlin 1928.

Sander, Friedrich: Untersuchungen über die Strukturwandlungen in der deutschen Kautschukindustrie gegenüber der Vorkriegszeit, Diss. Innsbruck 1930.

Scharf, Günther: Geschichte der Arbeitszeitverkürzung. Der Kampf der deutschen Gewerkschaften um die Verkürzung der täglichen und wöchentlichen Arbeitszeit, Bonn 1987.

Schneider, Michael: Streit um Arbeitszeit. Geschichte des Arbeitskampfes um Arbeitszeitverkürzung in Deutschland, Bonn 1984.

Schudlich, Edwin: Die Abkehr vom Normalarbeitstag. Entwicklung der Arbeitszeiten in der Industrie der Bundesrepublik seit 1945, Frankfurt am Main 1987.

Schumann, Michael u. a.: Trendreport Rationalisierung, Berlin 1994.

Stahlmann, Michael: Lean Production. Humanere Arbeit oder »Management by Stress?« In: *Aus Politik und Zeitgeschichte*, B5/1995 vom 27. 1. 95, S. 33 ff.

Teuteberg, Hans-Jürgen: Ursprünge und Entwicklung der Mitbestimmung in Deutschland, in: Pohl, Hans (Hrsg.): Mitbestimmung. Ursprünge und Entwicklung, Wiesbaden 1981, S. 7 ff.

Treue, Wilhelm: Gummi in Deutschland. Die deutsche Kautschukversorgung und Gummi-Industrie im Rahmen weltwirtschaftlicher Entwicklung, München 1955.

Tondorf, Karin: Modernisierung der industriellen Entlohnung. Neue Modelle der Entgeltgestaltung und Perspektiven gewerkschaftlicher Tarifreform, Berlin 1994.

Vaas, Wilhelm: Die Kautschukwarenindustrie Deutschlands, Diss. Berlin 1921

Wagner, D.; Zander, E. u. a. (Hrsg.): Handbuch der Personalleitung, München 1992.

Waring, Stephen P.: Taylorism Transformed. Scientific Management Theory since 1945, London 1991.

Winkelmann, Peter u. a.(Hrsg.): Entwicklung der Gruppenarbeit in Deutschland. Stand und Perspektiven, Frankfurt am Main 1993.

Verzeichnis der Schaubilder

Umsatzrendite 1877–1914   S. 23
Investitionsquote 1913–1937   S. 36
Entwicklung der Produktivität 1936–1969   S. 52
F+E-Organisation 1969/70   S. 59
Fertigungsablauf Radial-Reifen   S. 63
Organisation der Continental Gummi-Werke AG 1971   S. 72
Organisation der Continental Gummi-Werke AG 1977   S. 101
Marktanteile Ersatzgeschäft Reifen Deutschland 1970–1979   S. 105
Umsatz und Ertrag 1968–1979   S. 136
Investitionen und Liquidität 1970–1979   S. 137
Kursentwicklung der Continental-Aktie 1969–1979   S. 138
Marktanteile Ersatzgeschäft Deutschland 1979–1989   S. 174
Organisation F+E-Reifen 1985   S. 193
Organisation der Continental AG 1983   S. 210
Organisation der Continental AG 1989   S. 213
Investitionen und Liquidität 1979–1989   S. 220
Umsatz und Ertrag 1979–1989   S. 222
Kursentwicklung der Continental-Aktie 1979–1989   S. 225
Organisation der Continental AG 1994   S. 276
Organisation der ContiTech Holding GmbH 1992   S. 279
Marktanteile Ersatzgeschäft Deutschland und Europa 1989–1994   S. 284
Entwicklung der Mitarbeiter 1990–1994   S. 296
Umsatz und Ertrag 1989–1995   S. 309
Investitionen und Liquidität 1989–1995   S. 311
Kursentwicklung der Continental-Aktie 1989–1996   S. 312

Register
(Personen-, Orts- und Firmennamen)

Aachen 35, 76, 94, 192, 197, 209,
235 f., 249, 291, 297, 302, 305
Abs, Hermann Joseph 76, 78 80 ff.,
85, 87 f.
Adams, Benno 129, 134 f.
Afrika 166, 175
Ages 207, 253
Akron/Ohio 48, 163, 274, 307
Allianz AG 255, 261
Amsterdam 26, 217

Bartilla, Günter 91, 127
Barum 253, 285, 295 ff., 310
Bayer AG 18, 78 f., 90, 109, 115–118,
120, 224
Belgien 46, 197 f.
Berlin 39 f., 42, 44, 146
Borgmann, Wilhelm 167, 192, 198,
209, 211, 237, 277
Brasilien 97 f., 282
Bridgestone 9, 77, 139, 142 f., 147,
152, 156–159, 167, 174, 176, 252, 285,
308, 317
Brüssel 14, 146, 154, 296

Clairoix 197, 199, 236
Clermont-Ferrand 145, 152, 185, 256
Cluth Rheinische Gummiwarenfabrik
AG 97, 274
Continental Caoutchouc Export
AG 43, 97
ContiTech 212, 269, 273, 275, 278,
280 f., 290, 293 f., 296, 299, 305, 307 f.,
310
Cooper Tyre & Rubber Co. 280, 317

Corona GmbH 85, 87 f., 90, 114–120,
227

Dahlström, Norbert 99, 102, 110, 112
Daimler Benz AG 109, 180, 185, 189
Dannenberg 52, 83, 112, 204 f., 236
Deutsche Bank 65, 77 ff., 85, 88, 119,
137, 143, 153, 224 f., 227, 259, 270
Deutschland 9, 11, 13, 17, 21, 26,
29 f., 32, 35, 38, 41, 50, 52, 54 f., 57,
64, 69, 76, 104, 106, 110, 116, 121 f.,
131, 137, 139, 150, 156, 168 ff., 175,
195, 216, 229, 240, 249 f., 257, 259,
263, 270 f., 273, 280, 285, 292, 296 f.,
304, 307, 311, 316
Drahtcord-Saar GmbH 85, 97
Düsseldorf 87, 144 ff., 302
Dunelli 77, 143, 157, 256
Dunlop 16 f., 20, 22, 35, 43, 47, 49 ff.,
55, 61 f., 76 f., 88, 95, 99, 110, 142 ff.,
146, 152, 156 f., 171, 173, 187

ECSA 97 f.
England (Großbritannien) 9, 16 f., 22,
52, 97, 147, 156, 175, 198, 216, 229,
280, 313
Englebert, Fils & Co. 22, 35, 149, 208
Englebert, Albert Baron 94, 146, 150
Europa 16, 21, 27 ff., 94, 106, 141,
143, 145–149, 153, 156 f., 162, 169 ff.,
178, 205, 208, 211, 214, 255, 271, 282 f.,
285 f., 295, 306, 308, 311, 316 f.
ETTO (European Tire and Textil-
Operations) 94, 145 f., 148
Excelsior AG 23, 33 ff., 123, 205, 297

Feldmühle/Nobel   254 f.
Firestone   16, 29, 48, 76–79, 85, 109,
   139, 152, 156 f., 159, 167, 185, 206,
   252
Frangenberg, Bernd   209, 307
Frankfurt/Main   34, 81, 86 f., 117, 266
Friedrich, Otto A.   31, 50
Ford AG   177, 274
Fortmann, Heimo   272, 277
Frankreich   9, 17, 22, 46, 94, 97, 147,
   175, 192, 198, 206, 216, 226, 280
Fulda Gummi-Werke AG   49, 76

GenCorp   164 f., 167
General Motors   38, 165, 274
General Tire   48 f., 55, 77, 158 ff.,
   164–167, 176, 185, 192, 206, 211,
   218 f., 221, 252 f., 255, 266, 270,
   273 ff., 277, 285, 292, 307, 310
de Giorgi, Gianbattista   254 ff., 264
Gislaved   45, 157, 253, 285
Gohfeld   204 f.
Goldman Sachs   259, 261
Goodrich Company   23, 25, 28 f., 35,
   37 f., 44 f., 48, 55, 76 f., 109, 111, 145,
   156, 158, 164 f., 167, 206, 251
Goodyear   9, 16, 23, 25, 30, 35, 48 f.,
   44, 67, 76 ff., 96, 104, 106, 108, 115,
   139, 142 ff., 147, 152, 156, 159, 167,
   176, 185, 187, 225, 251, 283, 285, 308
von Grünberg, Hubertus   265–268,
   274, 277 f., 308

Hahn, Carl H.   90–94, 96–100, 102 f.,
   106 f., 110–120, 125 f., 134 f., 141–147,
   149, 151–155, 157 f., 160, 168, 179,
   197, 202 f., 211, 214 f., 223, 257, 299
Hamburg   20, 83, 119, 122, 261
Hannover   13 f., 18, 22, 34, 42 f., 48,
   57, 73, 77, 82, 84, 91, 100, 112, 124,
   133, 143, 150, 152, 158, 160 f., 163,
   166, 182, 185–188, 196, 199 f., 205,
   207, 209, 224, 234, 240, 250, 253 f.,
   260 f., 264, 266–269, 274, 278, 283,
   286 f., 289, 291, 295, 317
Hannoversche Gummi-Kamm-
   Compagnie   13 f., 16, 20, 23
Haverbeck, Peter   99, 203, 208 f., 211,
   278, 295

Herrhausen, Alfred   65–68, 70 f., 75,
   78 f., 81 f., 84–90, 92, 97, 103, 108 ff.,
   114 f., 118, 120, 134–137, 142, 144,
   146, 148, 153 ff., 215, 222 ff., 254, 257
Herstal   150, 197 ff., 236, 274
Hessen   122, 124
Holland   43 f.
Howaldt, Jens P.   259, 277

Internationale Continental Caoutchouc-
   Compagnie (Interconti)   26, 44
Irland   101, 201
Israel   54, 274
Italien   22, 43, 52, 56, 66, 97, 121, 156,
   163, 175, 259, 267 f., 280

Japan   54, 156 ff., 162, 175, 178 f., 226,
   270, 306

Kaliko und Kunstlederwerke GmbH
   97, 280
Kanada   166, 253
Kauth, Hans   99, 134 f., 211, 237,
   241 f., 278
Klasen, Karl   65, 121
Kléber   10, 89, 106, 142, 145 f.,
   151–157, 160, 182, 184, 206
Knaup, Ingolf   211, 259, 277
Könecke, Fritz   40, 45
Kolb, Hans Werner   81 ff., 85 ff.
Korbach   34, 43, 56, 83, 91, 107, 124, 192,
   197 f., 200 f., 204 f., 231 ff., 301, 303
Korea   50, 273
Kost, Joachim   134, 200, 204

Labortex   97 f.
Liga-Gummiwerke AG   33 f.
Limmer   34, 112, 122 ff., 179, 204 f.,
   207, 235, 246, 296 f., 305
Lohauß, Gerhard   99, 127, 134
London   144, 185, 228

Magnus, Moritz   13, 15
Mailand   143, 255, 263, 265–268
Malaysia   40, 273
Mauk, Gerhard   73, 198
McKinsey   68 f., 71, 73, 98, 100
Mediobanca   268 f.
Merkle, Hans L.   67 f.

Metzeler AG   20, 49, 54f., 76f., 106, 110f., 115–118, 120, 139, 144
Mexiko   253, 274
Michelin & Cie   9f., 17, 22f., 29, 35, 41f., 44f., 50, 55ff., 60ff., 65, 67f., 76ff., 83, 85, 88f., 93–96, 104, 106ff., 138f., 142–147, 151–160, 163, 167, 173f., 176, 181–187, 190f., 251, 253, 255, 272, 277, 282f., 285–289, 292, 308, 315f.
Michelin, François   96, 142f., 145f., 151f., 155, 182, 184
Mittelland Gummiwerke AG   34, 97
Morgan Grenfell   259, 261
Müller, Oskar   58, 73
Münchner Rück   78, 90, 224

Newbridge   197, 199
New York   166, 215, 228
Niedersachsen   129, 272
Niemeyer, Adolf   57, 83ff., 87f., 99
Northeim   52, 83, 91, 112, 204f., 235, 248

Österreich   97f., 161f., 175, 192, 211, 228, 291f.
Opel AG   107, 179f.
von Opel, Georg   37, 65, 78
Osteuropa   54, 275, 282

Paris   22, 142, 144, 151, 154f.
Peter, Julius   96, 99f., 158, 208f.
Peters-Union AG   33ff.
Phoenix Gummiwerke AG   10, 20, 34, 39, 44, 48–51, 54, 67, 75–90, 95, 106, 108f., 111, 114, 116–120, 139, 144
Pirelli S.p.A.   10, 45, 49, 61f., 76f., 88, 95, 110, 139, 142ff., 146, 152, 157, 166f., 171, 173, 187, 223, 251, 254–272, 275, 283, 289, 310, 312
Pirelli, Leopoldo   142, 258, 263, 267, 272
Polen   44, 46, 295
Portugal   52, 97, 166, 285, 295
Prinzhorn, Adolf   15, 17f.

Rhein-Conti-Kunststoff-Technik GmbH   97f.

Röker, Klaus-D.   272f., 281, 292
Rußland   46, 282

Sarreguemines (Saargemünd)   52, 56, 91, 96, 107, 198, 200, 235, 274, 297
Sava   162, 285
Schäfer, Wilhelm   99f., 168, 173, 175, 208f., 211, 277f.
Schweden   22, 54, 97, 156, 280
Schweiz   43, 98, 143, 153, 156, 175, 226, 228
Seligmann, Sigmund   14f., 32
Semkler   157, 161
Semperit AG   44, 89, 96, 99, 142, 145, 160–163, 166, 172, 192, 194, 201, 206, 209, 211, 218, 277, 283, 285, 288, 291, 310
Sieber, Günther   209, 211, 277
Slowakei   280, 296
Spanien   43, 97f., 163, 207, 280
Stark, Hans   74, 99
Stöcken   42, 56, 91, 96, 104, 107, 123f., 128, 180, 194, 196ff., 200, 231, 236, 291, 297f., 302, 305
Stomil   44, 253
Sumitomo   167, 173
Südafrika   52, 97, 157
Südamerika   175, 282

Tischbein, Willy   32, 34, 40
Titan B. Polack AG   33, 35
Toyo Rubber Industry Comp. Ltd.   158, 160, 185, 206, 221, 234, 253, 286
Traiskirchen   163, 192, 291
Tschechien   273, 285, 295, 304
Türkei   206, 273

Uniroyal   10, 48, 75ff., 88, 94, 96, 104, 115, 141, 145–153, 156ff., 160, 152–165, 167, 171f., 174ff., 192, 194, 197ff., 201, 206, 208f., 211, 214ff., 218, 221f., 235, 237, 241, 249, 251, 283, 285f., 291, 302, 305
Urban, Horst W.   99f., 117f., 150, 153f., 160, 165–168, 189, 195, 197, 202, 207ff., 211, 214f., 217ff., 224, 228, 246, 253–259, 263f., 272, 278, 291

USA (Amerika) 16 f., 22 f., 26–31, 40,
43, 48, 54, 94, 98, 116, 139, 144 f.,
156 ff., 163 f., 166 f., 175, 182, 185,
191 f., 211, 217, 221, 226, 229, 271,
274 f., 281, 292 f., 308, 311, 313

Vahrenwald 42, 47, 112, 122 ff., 128,
199 f., 204 f., 207 f., 231, 234, 236, 238,
246, 299 f.
Veith AG 76 f.
Vergölst GmbH 97 f., 173, 294
Viking 253, 285
Volkswagen AG 74, 90, 99, 155, 160,
179 f., 185, 189, 228, 254, 293 f.

Weinlig, Peter 87, 116, 119 f.
Weiss, Ulrich 254 f., 258 f., 262 f., 269
Wenderoth, Hans-Georg 99, 102, 150,
203
Werner, Helmut 146, 150, 155, 160 ff.,
164 ff., 168, 171, 173, 178, 182, 184 ff.,
189, 191, 195, 197, 199, 208, 211,
223 ff., 227, 236, 257
Winterstein, Wilhelm P. 211, 264, 277

Zürich 153, 228